Mindestlohngesetz
Basiskommentar

D1919023

auss. Mi

[redacted]

Thomas Lakies

Mindestlohngesetz

Basiskommentar zum MiLoG und zu den Branchen-Mindestlöhnen

5., überarbeitete und aktualisierte Auflage

BUND
VERLAG

Bibliografische Information der Deutschen Nationalbibliothek
Die Deutsche Nationalbibliothek verzeichnet diese Publikation in der Deutschen Nationalbibliografie; detaillierte bibliografische Daten sind im Internet über *http://dnb.d-nb.de* abrufbar.

5., überarbeitete und aktualisierte Auflage 2021
© Bund-Verlag GmbH, Emil-von-Behring-Straße 14,
60439 Frankfurt am Main, 2015

Umschlag: Ute Weber, Geretsried
Satz: Dörlemann Satz, Lemförde
Druck: CPI books GmbH, Birkstr. 10, 25917 Leck

ISBN 978-3-7663-7081-5

Das Werk einschließlich aller seiner Teile ist urheberrechtlich geschützt. Jede Verwertung außerhalb der engen Grenzen des Urheberrechtsgesetzes ist ohne Zustimmung des Verlages unzulässig und strafbar. Das gilt insbesondere für Vervielfältigungen, Übersetzungen, Mikroverfilmungen und die Speicherung und Verarbeitung in elektronischen Systemen.

www.bund-verlag.de

Vorwort

Seit 2015 gibt es einen allgemeinen Mindestlohn für ganz Deutschland. Galten zunächst 8,50 Euro brutto pro Stunde, sind es seit Januar 2021 9,50 Euro mit weiteren beschlossenen Erhöhungen ab Juli 2021 (9,60 Euro), Januar 2022 (9,82 Euro) und Juli 2022 (10,45 Euro). Daneben gibt es in einzelnen Branchen allgemeingültige Mindestlöhne oberhalb des allgemeinen Mindestlohns, der für alle Branchen gilt. Dieses Zusammenspiel von allgemeinem Mindestlohn und speziellen Branchen-Mindestlöhnen wird umfassend und praxisnah dargestellt. Die Branchen-Mindestlöhne sind wegen der großen Bedeutung für die Praxis in einem eigenen Abschnitt zusammengefasst (Anhang zu § 1 MiLoG). Neben der Erläuterung der einzelnen Paragrafen des Mindestlohngesetzes (MiLoG) werden in einer Einleitung weitere Fragen der staatlichen Lohnregulierung erörtert. Hier geht es vor allem um Regelungen zur Garantie angemessener Löhne, wie Tariftreuegesetze und Vergabemindestlöhne der Bundesländer, die Allgemeinverbindlicherklärung nach § 5 TVG und der Rechtsanspruch auf eine angemessene Ausbildungsvergütung und Mindestausbildungsvergütung. Auch wird die Rechtsprechung zum »Lohnwucher« erläutert.
Das Thema »Corona/Covid19-Pandemie und Mindestlohn« wird bei § 1 MiLoG Rn. 133 zusammenfassend erörtert.
In der Neuauflage wird die Rechtsentwicklung seit der Einführung und den Erhöhungen des allgemeinen Mindestlohns kommentiert. Vor allem wird die Rechtsprechung zur Auslegung und Anwendung des MiLoG und auch zu den Branchen-Mindestlöhnen umfassend dargestellt.
Urteile werden durchgehend nach Entscheidungsdatum und Aktenzeichen zitiert, um ein Auffinden in Datenbanken zu erleichtern. Die aktuellen Entscheidungen des Bundesarbeitsgerichts können kostenfrei im Internet abgerufen werden (*www.bundesarbeitsgericht.de*).
Ein kurzes Wort zur Sprache: Das MiLoG ist streng »gegendert«, d.h., stets ist von »Arbeitnehmerinnen und Arbeitnehmern«, »Praktikantinnen und Praktikanten« die Rede – Arbeitgeber werden jedoch nicht als »Arbeitgeberinnen und Arbeitgeber« bezeichnet. Im Kommentar wird aus Platzgründen und aus Gründen der Lesbarkeit auf diese Doppelungen in

der Regel verzichtet – selbstverständlich sind aber stets alle Geschlechter gemeint.

Berlin, im Januar 2021 Thomas Lakies

Inhaltsverzeichnis

Abkürzungsverzeichnis

a. A.	anderer Ansicht
a. a. O.	am angegebenen Ort
Abl.	Amtsblatt
Abl. EG	Amtsblatt der Europäischen Gemeinschaft Ausgabe L
ABM	Arbeitsbeschaffungsmaßnahme
Abs.	Absatz
AEntG	Arbeitnehmer-Entsendegesetz
AEUV	Vertrag über die Arbeitsweise der Europäischen Union
a. F.	alte Fassung
AG	Aktiengesellschaft
AGB	Allgemeine Geschäftsbedingungen
AGG	Allgemeines Gleichbehandlungsgesetz
AiB	Arbeitsrecht im Betrieb (Zeitschrift)
AktG	Aktiengesetz
Anm.	Anmerkung
AO	Abgabenordnung
AP	Arbeitsrechtliche Praxis (Entscheidungssammlung)
ArbG	Arbeitsgericht
ArbGG	Arbeitsgerichtsgesetz
ArbRB	Arbeits-Rechtsberater (Zeitschrift)
ArbSchG	Arbeitsschutzgesetz
ArbStättV	Verordnung über Arbeitsstätten (Arbeitsstättenverordnung)
ArbZG	Arbeitszeitgesetz
Art.	Artikel
ASiG	Arbeitssicherheitsgesetz
AsylbLG	Asylbewerberleistungsgesetz
AT	Allgemeiner Teil
ATZG	Altersteilzeitgesetz
AufenthG	Aufenthaltsgesetz
Aufl.	Auflage
AÜG	Arbeitnehmerüberlassungsgesetz

AuR	Arbeit und Recht (Zeitschrift)
AVE	Allgemeinverbindlicherklärung
AVR	Allgemeine Arbeitsvertragsrichtlinien
Az.	Aktenzeichen
BA	Bundesagentur für Arbeit
BAföG	Bundesausbildungsförderungsgesetz
BAG	Bundesarbeitsgericht
BAGE	Entscheidungssammlung des Bundesarbeitsgerichts
BAnz	Bundesanzeiger
BAuA	Bundesanstalt für Arbeitsschutz und Arbeitsmedizin
BayObLG	Bayerisches Oberstes Landgericht
BB	Betriebs-Berater (Zeitschrift)
BBiG	Berufsbildungsgesetz
BDA	Bundesvereinigung der Deutschen Arbeitgeberverbände
BDI	Bundesverband der Deutschen Industrie
BDSG	Bundesdatenschutzgesetz
BDZV	Bundesverband Deutscher Zeitungsverleger
BeckOK-ArbR	Beck Online Kommentar Arbeitsrecht
BEEG	Bundeselterngeld- und Elternzeitgesetz
Bek.	Bekanntmachung
BetrAVG	Gesetz zur Verbesserung der betrieblichen Altersversorgung – Betriebsrentengesetz
BetrVG	Betriebsverfassungsgesetz
BFD	Bundesfinanzdirektion
BFDG	Bundesfreiwilligendienstgesetz
BFH	Bundesfinanzhof
BG	Berufsgenossenschaft
BGB	Bürgerliches Gesetzbuch
BGBl.	Bundesgesetzblatt
BGH	Bundesgerichtshof
BGHSt	Entscheidungen des Bundesgerichtshofs in Strafsachen
BGremBG	Bundesgremienbesetzungsgesetz
BMAS	Bundesministerium für Arbeit und Soziales
BPersVG	Bundespersonalvertretungsgesetz
BR	Bundesrat
BR-Drs.	Bundesratsdrucksache
BRTV	Bundesrahmentarifvertrag
BSG	Bundessozialgericht
BSGE	Entscheidungssammlung des Bundessozialgerichts
BT	Deutscher Bundestag

BT-Drs.	Bundestagsdrucksache
BUrlG	Bundesurlaubsgesetz
BVerfG	Bundesverfassungsgericht
BVerfGE	Entscheidungssammlung des Bundesverfassungsgerichts
BVerfGG	Bundesverfassungsgerichtsgesetz
BVerwG	Bundesverwaltungsgericht
BVerwGE	Entscheidungssammlung des Bundesverwaltungsgerichts
BWP	Berufsbildung in Wissenschaft und Praxis (Zeitschrift)
bzw.	beziehungsweise
CDU	Christlich Demokratische Union
CGB	Christlicher Gewerkschaftsbund
CSU	Christlich Soziale Union
dbb	Deutscher Beamtenbund und Tarifunion
DB	Der Betrieb (Zeitschrift)
DFB	Deutscher Fußballbund
DGB	Deutscher Gewerkschaftsbund
d. h.	das heißt
DIW	Deutsches Institut für Wirtschaftsforschung
DJV	Deutscher Journalistenverband
DKKW	Däubler/Kittner/Klebe/Wedde (siehe Literaturverzeichnis)
Drs.	Drucksache
DVBl.	Deutsches Verwaltungsblatt (Zeitschrift)
DVO	Durchführungsverordnung
EBV	Entgeltbescheinigungsverordnung
EFZG	Entgeltfortzahlungsgesetz
EG	Europäische Gemeinschaft
EGBGB	Einführungsgesetz zum Bürgerlichen Gesetzbuch
Einf.	Einführung
Einl.	Einleitung
Entsch.	Entscheidung
Entsende-RL	Richtlinie 96/71/EG des Europäischen Parlaments und des Rates vom 16. Dezember 1996 über die Entsendung von Arbeitnehmern im Rahmen der Erbringung von Dienstleistungen
ErfK	Erfurter Kommentar zum Arbeitsrecht (siehe Literaturverzeichnis: *Müller-Glöge/Preis/Schmidt)*

ESC	Europäische Sozialcharta
EStG	Einkommenssteuergesetz
EU	Europäische Union
EuGH	Gerichtshof der Europäischen Union (Europäischer Gerichtshof)
EuGVVO	Verordnung (EG) Nr. 44/2001 des Rates vom 22. 12. 2000 über die gerichtliche Zuständigkeit und die Anerkennung und Vollstreckung von Entscheidungen in Zivil- und Handelssachen
EuZA	Europäische Zeitschrift für Arbeitsrecht (Zeitschrift)
EuZW	Europäische Zeitschrift für Wirtschaftsrecht (Zeitschrift)
EVertr	Einigungsvertrag
EVG	Eisenbahn- und Verkehrsgewerkschaft
evtl.	eventuell
EWG	Europäische Wirtschaftsgemeinschaft
EzA	Entscheidungssammlung zum Arbeitsrecht
FA	Fachanwalt Arbeitsrecht (Zeitschrift)
FDP	Freie Demokratische Partei Deutschlands
f., ff.	(fort)folgende
FKS	Finanzkontrolle Schwarzarbeit
Fn.	Fußnote
GaststG	Gaststättengesetz
GbR	Gesellschaft bürgerlichen Rechts
GBl.	Gesetzblatt
GdF	Gewerkschaft der Flugsicherung
GDL	Gewerkschaft Deutscher Lokomotivführer
GdP	Gewerkschaft der Polizei
gem.	Gemäß
GEW	Gewerkschaft Erziehung und Wissenschaft
GewO	Gewerbeordnung
GG	Grundgesetz für die Bundesrepublik Deutschland
ggf.	gegebenenfalls
GKG	Gerichtskostengesetz
GmbH	Gesellschaft mit beschränkter Haftung
GmbHG	Gesetz betreffend die Gesellschaften mit beschränkter Haftung
GmbH & Co. KG	Gesellschaft mit beschränkter Haftung und Compagnie Kommanditgesellschaft
GMBl.	Gemeinsames Ministerialblatt
GO	Geschäftsordnung

GÖD	Gewerkschaft Öffentlicher Dienst und Dienstleistungen
GRC	Charta der Grundrechte der Europäischen Union
GSA Fleisch	Gesetz zur Sicherung von Arbeitnehmerrechten in der Fleischwirtschaft
GüKG	Güterkraftverkehrsgesetz
GVBl.	Gesetz- und Verordnungsblatt
GVG	Gerichtsverfassungsgesetz
GWB	Gesetz gegen Wettbewerbsbeschränkungen
HAG	Heimarbeitsgesetz
HDE	Handelsverband Deutschland
HGB	Handelsgesetzbuch
HK-ArbR	Handkommentar Arbeitsrecht (siehe Literaturverzeichnis: *Däubler/Hjort/Hummel/Wolmerath (Hrsg.)*)
h. M.	herrschende Meinung
Hrsg.	Herausgeber
HWK	Henssler/Willemsen/Kalb (siehe Literaturverzeichnis)
HwO	Handwerksordnung
i.A.	im Auftrag
IAB	Institut für Arbeitsmarkt- und Berufsforschung (Institut der Bundesagentur für Arbeit)
IAO	Internationale Arbeitsorganisation
IAQ	Institut Arbeit und Qualifikation
i. d. F.	in der Fassung
IG BAU	Industriegewerkschaft Bauen – Agrar – Umwelt
IG BCE	Industriegewerkschaft Bergbau, Chemie und Energie
IG Metall	Industriegewerkschaft Metall
IHK	Industrie- und Handelskammer
IMK	Institut für Makroökonomie und Konjunkturforschung
InsO	Insolvenzordnung
i. S. d.	im Sinne des/der
i. S. v.	im Sinne von
IT	Informationstechnologie
i.V.	in Vertretung
i. V. m.	in Verbindung mit
IW	Institut der deutschen Wirtschaft
JArbSchG	Jugendarbeitsschutzgesetz
JAV	Jugend- und Auszubildendenvertretung

JFDG	Jugendfreiwilligendienstgesetz
JGG	Jugendgerichtsgesetz
jM	juris – Die Monatszeitschrift (Zeitschrift)
JuS	Juristische Schulung (Zeitschrift)
JuSchG	Jugendschutzgesetz
JVEG	Justizvergütungs- und -entschädigungsgesetz
KG	Kommanditgesellschaft
KindArbSchV	Kinderarbeitsschutzverordnung
KKS	Kaufkraftstandard
KrWG	Kreislaufwirtschaftsgesetz
KSchG	Kündigungsschutzgesetz
LAG	Landesarbeitsgericht
LAGE	Entscheidungssammlung der Landesarbeitsgerichte
lfd.	laufende
LFZG	Lohnfortzahlungsgesetz
LKW	Lastkraftwagen
LSchlG	Ladenschlussgesetz
LSG	Landessozialgericht
MAE	Mehraufwandsentschädigung
MB	Marburger Bund – Verband der angestellten und beamteten Ärztinnen und Ärzte Deutschlands
MiArbG	Mindestarbeitsbedingungengesetz
MiLoAufzV	Mindestlohnaufzeichnungsverordnung
MiLoDokV	Mindestlohndokumentationspflichten-Verordnung
MiLoG	Mindestlohngesetz
MiLoGMeldStellV	Verordnung zur Bestimmung der zuständigen Behörde nach § 16 Abs. 6 MiLoG
MiLoMeldV	Mindestlohnmeldeverordnung
MiLoV	Mindestlohnanpassungsverordnung
Mio.	Millionen
MOE	Mittel- und Osteuropa
MünchArbR	Münchener Handbuch zum Arbeitsrecht (siehe Literaturverzeichnis)
MuSchG	Mutterschutzgesetz
m. w. N.	mit weiteren Nachweisen
NachwG	Nachweisgesetz
n. F.	neue Fassung
NGG	Gewerkschaft Nahrung – Genuss – Gaststätten
NJW	Neue Juristische Wochenschrift (Zeitschrift)

NJW-RR	NJW Rechtsprechungs-Report Zivilrecht
Nr.	Nummer
Nrn.	Nummern
NRW	Nordrhein-Westfalen
NStZ	Neue Zeitschrift für Strafrecht (Zeitschrift)
NStZ-RR	NStZ Rechtsprechungs-Report (Zeitschrift)
NVwZ	Neue Zeitschrift für Verwaltungsrecht (Zeitschrift)
NW	Nordrhein-Westfalen
NZA	Neue Zeitschrift für Arbeitsrecht (Zeitschrift)
NZA-RR	NZA Rechtsprechungs-Report Arbeitsrecht (Zeitschrift)
NZS	Neue Zeitschrift für Sozialrecht (Zeitschrift)
OECD	Organisation for Economic Co-operation and Development (= Organisation für wirtschaftliche Zusammenarbeit und Entwicklung)
OGH	Oberster Gerichtshof der Republik Österreich
OHG	Offene Handelsgesellschaft
OLG	Oberlandesgericht
ÖPNV	Öffentlicher Personen-Nahverkehr
OVG	Oberverwaltungsgericht
OWiG	Gesetz über Ordnungswidrigkeiten
PersR	Der Personalrat (Zeitschrift)
PersVG	Personalvertretungsgesetz
PflegeArbbV	Pflegearbeitsbedingungenverordnung
PflegeZG	Pflegezeitgesetz
PostG	Postgesetz
RdA	Recht der Arbeit (Zeitschrift)
RdErl.	Runderlass
RL	Richtlinie
Rn.	Randnummer
Rom-I-VO	Verordnung (EG) Nr. 593/2008 des Europäischen Parlaments und des Rates vom 17. Juni 2008 über das auf vertragliche Schuldverhältnisse anzuwendende Recht
Rspr.	Rechtsprechung
RTV	Rahmentarifvertrag
RVG	Rechtsanwaltsvergütungsgesetz
RVO	Rechtsverordnung
RVVerkG	Gesetz über die Verkündung von Rechtsverordnungen

s.	siehe
S.	Seite
SchwarzArbG	Schwarzarbeitsbekämpfungsgesetz
SeeArbG	Seearbeitsgesetz
SGB I	Sozialgesetzbuch Erstes Buch (Allgemeiner Teil)
SGB II	Sozialgesetzbuch Zweites Buch (Grundsicherung für Arbeitsuchende)
SGB III	Sozialgesetzbuch Drittes Buch (Arbeitsförderung)
SGB IV	Sozialgesetzbuch Viertes Buch (Gemeinsame Vorschriften für die Sozialversicherung)
SGB V	Sozialgesetzbuch Fünftes Buch (Krankenversicherung)
SGB VI	Sozialgesetzbuch Sechstes Buch (Rentenversicherung)
SGB VII	Sozialgesetzbuch Siebtes Buch (Unfallversicherung)
SGB VIII	Sozialgesetzbuch Achtes Buch (Kinder- und Jugendhilfe)
SGB IX	Sozialgesetzbuch Neuntes Buch (Rehabilitation und Teilhabe behinderter Menschen)
SGB X	Sozialgesetzbuch Zehntes Buch (Sozialverwaltungsverfahren und Sozialdatenschutz)
SGB XI	Sozialgesetzbuch Elftes Buch (Soziale Pflegeversicherung)
SGB XII	Sozialgesetzbuch Zwölftes Buch (Sozialhilfe)
SGG	Sozialgerichtsgesetz
SILC	Survey on Income and Living Conditions
SOEP	Sozio-oekonomisches Panel
sog.	sogenannt/e/r/s
SozR	Sozialrechtliche Entscheidungssammlung
SPD	Sozialdemokratische Partei Deutschlands
SR	Soziales Recht (Zeitschrift)
StGB	Strafgesetzbuch
StPO	Strafprozessordnung
SvEV	Sozialversicherungsentgeltverordnung
Tarifautonomiestärkungsgesetz	Gesetz zur Stärkung der Tarifautonomie
TV	Tarifvertrag
TVG	Tarifvertragsgesetz
TVgG	Tariftreue- und Vergabegesetz
TzBfG	Teilzeit- und Befristungsgesetz
Ü	Übereinkommen

u. Ä.	und Ähnliches
u. a.	unter anderem
UFO	Unabhängige Flugbegleiterorganisation
Unterabs.	Unterabsatz
UrhG	Urhebergesetz
usw.	und so weiter
UStG	Umsatzsteuergesetz
u. U.	unter Umständen
UVV	Unfallverhütungsvorschriften
v.	vom
VA	Verwaltungsakt
VC	Vereinigung Cockpit
ver.di	Vereinte Dienstleistungsgewerkschaft
VergRModG	Vergaberechtsmodernisierungsgesetz
VermBG	Vermögensbildungsgesetz
VG	Verwaltungsgericht
vgl.	vergleiche
VO	Verordnung
Vorbem.	Vorbemerkung
VwGO	Verwaltungsgerichtsordnung
VwVfG	Verwaltungsverfahrensgesetz
VwVG	Verwaltungsvollstreckungsgesetz
Wirtschaftsdienst	Zeitschrift für Wirtschaftspolitik (Zeitschrift)
WRV	Weimarer Reichsverfassung
WSI	Wirtschafts- und Sozialwissenschaftliches Institut in der Hans-Böckler-Stiftung
WSI-Mitteilungen	Zeitschrift des WSI (Zeitschrift)
WZB	Wissenschaftszentrum Berlin für Sozialforschung
ZAF	Zeitschrift für Arbeitsmarktforschung (Zeitschrift)
z. B.	zum Beispiel
ZDH	Zentralverband des Deutschen Handwerks
ZESAR	Zeitschrift für Europäisches Sozial- und Arbeitsrecht (Zeitschrift)
ZEW	Zentrum für Europäische Wirtschaftsforschung
ZfA	Zeitschrift für Arbeitsrecht (Zeitschrift)
Ziff.	Ziffer
ZIP	Zeitschrift für Wirtschaftsrecht (Zeitschrift)
ZPO	Zivilprozessordnung
ZTR	Zeitschrift für Tarifrecht (Zeitschrift)

Literaturverzeichnis

Amlinger/Bispinck/Schulten, Niedriglohnsektor – Jeder Dritte ohne Mindestlohn? Ausnahmen vom geplanten Mindestlohn und ihre Konsequenzen, WSI-Report 12/2014.

Amlinger/Bispinck/Schulten, Jugend ohne Mindestlohn? – Zur Diskussion um Ausnahme- und Sonderregelungen für junge Beschäftigte, WSI-Report 14/2014.

Amlinger/Bispinck/Schulten, Kein Mindestlohn für Langzeitarbeitslose?, WSI-Report 15/2014.

Andelewski, Staatliche Mindestarbeitsbedingungen, 2001.

Antonczyk/Fitzenberger/Sommerfeld, Anstieg der Lohnungleichheit, Rückgang der Tarifbindung und Polarisierung, ZAF 2011, S. 15–27.

Barczak, Mindestlohngesetz und Verfassung, RdA 2014, S. 290–298.

Bayreuther, Tariftreue vor dem Aus – Konsequenzen der Rüffert-Entscheidung des EuGH für die Tariflandschaft, NZA 2008, S. 626–630.

Bayreuther, Inländerdiskriminierung bei Tariftreueerklärungen im Vergaberecht, EuZW 2009, S. 102–107.

Bayreuther, Der gesetzliche Mindestlohn, NZA 2014, S. 865–874.

Bayreuther, Rechtsfragen des Mindestlohns in der betrieblichen und anwaltlichen Praxis – ein Update, NZA 2015, S. 385–392.

Bayreuther, Generalunternehmerhaftung nach dem Mindestlohngesetz und dem Arbeitnehmerentsendegesetz, NZA 2015, S. 961–970.

Bayreuther, Mindestlohnwirksame Leistungen im Geltungsbereich des Entsenderechts, EuZA 2014, S. 189–201.

Bayreuther, Begriff und Bestimmung des Mindestlohns im Entsenderecht, EuZA 2015, S. 346–357.

Bayreuther, Rufbereitschaft als Arbeitszeit?, NZA 2018, S. 348–351.

Bayreuther, Einrichtung eines Systems der Arbeitszeiterfassung, NZA 2020, S. 1–9.

Benedict, Sekundärzwecke im Vergabeverfahren, 2012.

Bepler, Null-Stunden-Verträge, FA 2016, S. 362–367.

Bepler, Stärkung der Tarifautonomie – Welche Maßnahmen empfehlen sich?, NZA 2014, S. 891–894.

Bepler, Gutachten B zum 70. Deutschen Juristentag, Stärkung der Tarifautonomie – Welche Änderungen des Tarifvertragsrechts empfehlen sich?, 2014.

Bergmann/Dienelt (Hrsg.), Ausländerrecht, 12. Aufl. 2018.

Bertzbach, Zur Zulässigkeit von sogenannten »Einfühlungsverhältnissen«, FA 2002, S. 340–342.

Bieback/Dieterich/Hanau/Kocher/Schäfer, Tarifgestützte Mindestlöhne, 2007.

Bieder, Der Null-Stunden-Vertrag – zulässiges Flexibilisierungsinstrument oder Wegbereiter für ein modernes Tagelöhnertum?, RdA 2015, S. 388–399.

Bispinck (Hrsg.), Zwischen »Beschäftigungswunder« und »Lohndumping«? – Tarifpolitik in und nach der Krise, 2011.

Bispinck/Schäfer/Schulten, Argumente für einen gesetzlichen Mindestlohn, WSI-Mitteilungen 2004, S. 575–577.

Bispinck/Schulten, Aktuelle Mindestlohndebatte – Branchenlösungen oder gesetzlicher Mindestlohn?, WSI-Mitteilungen 2008, S. 151–158.

Bissels/Falter/Krings, Gesetzlicher Mindestlohn: Keine Haftung des Auftraggebers für insolvente Nachunternehmer, DB 2015, S. 1962–1965.

Bitterich, Tariftreue vor dem EuGH – Vergabefremde Zielsetzung öffentlicher Auftraggeber als Problem gemeinschaftsrechtskonformer Vertragsgestaltung – zugleich Besprechung EuGH v. 3.4.2008 – Rs. C-346/06, ZIP 2008, 1288 – Rüffert, ZIP 2008, S. 1455–1463.

Boeck, Das Verhältnis von Mindestlohn und Sittenwidrigkeitsrechtsprechung, RdA 2018, S. 210–216.

Boemke, Fahrzeiten als Arbeitszeiten, RdA 2020, S. 65–74.

Boemke, Lohnanspruch (§ 611 I BGB) und Mindestlohn (§ 1 MiLoG), JuS 2015, S. 385–394.

Böggemann, Arbeitsgerichtliche Rechtsprechung zum Lohnwucher, NZA 2011, S. 493–496.

Bontrup, Lohn und Gewinn – Volks- und betriebswirtschaftliche Grundzüge, 2. Aufl. 2008.

Bosch/Kalina/Weinkopf, Niedriglohnbeschäftigte auf der Verliererseite, WSI-Mitteilungen 2008, S. 423–429.

Bosch/Weinkopf, Wirkungen der Mindestlohnregelungen in acht Branchen, Expertise im Auftrag der Friedrich-Ebert-Stiftung, 2012.

Bosch/Weinkopf, Mindestlöhne in Großbritannien – Ein geglücktes Realexperiment, WSI-Mitteilungen 2006, S. 125–129.

Brecht-Heitzmann/Sadat Khonsari, Beachtung der Europäischen Sozialcharta durch Deutschland, ZESAR 2017, S. 463–468.

Brenke, Mindestlohn – Zahl der anspruchsberechtigten Arbeitnehmer wird weit unter fünf Millionen liegen, DIW-Wochenbericht 5/2014.

Brenke/Müller, Gesetzlicher Mindestlohn – Kein verteilungspolitisches Allheilmittel, DIW-Wochenbericht 39/2013.

Brenke/Wagner, Gesetzliche Mindestlöhne – Mit der Einführung kommen die Tücken der Umsetzung, Wirtschaftsdienst 2013, S. 751–757.

Brors, Europäische Rahmenbedingungen für den neuen Mindestlohn und seine Ausnahmen, NZA 2014, S. 938–942.

Brors/Böning, Rechtliche Rahmenbedingungen für 24-Stunden-Pflegekräfte aus Polen in Deutschland, NZA 2015, S. 846–850.

Bruttel/Ohlert, Die Bedeutung des gesetzlichen Mindestlohns für Geflüchtete, WSI-Mitteilungen 2020, S. 110–118.

Burgi/Dreher (Hrsg.), Beck'scher Vergaberechtskommentar, 3. Aufl. 2017.

Datenreport 2018 – Ein Sozialbericht für die Bundesrepublik Deutschland, Bonn 2018.

Däubler, Das Gesetz zu Korrekturen in der Sozialversicherung und zur Sicherung der Arbeitnehmerrechte, NJW 1999, S. 601–608.

Däubler, Der gesetzliche Mindestlohn – doch eine unendliche Geschichte?, NJW 2014, S. 1924–1929.

Däubler, Der vergaberechtliche Mindestlohn im Fadenkreuz des EuGH – Auf dem Weg zu Rüffert II?, NZA 2014, S. 694–701.

Däubler, Tariftreue statt Sozialkostenwettbewerb? – Zur Verfolgung sozialpolitischer Ziele durch die Vergabe öffentlicher Aufträge, ZIP 2000, S. 681–688.

Däubler (Hrsg.), Tarifvertragsgesetz mit Arbeitnehmer-Entsendegesetz, Kommentar, 4. Aufl. 2016.

Däubler/Hjort/Schubert/Wolmerath (Hrsg.), Arbeitsrecht, Handkommentar, 4. Aufl. 2017 (zitiert: HK-ArbR-*Bearbeiter*).

Deckers, Der Mindestentgeltbegriff in § 1a AEntG, NZA 2008, S. 321–325.

Degenhart, Pressefreiheit als Vertriebsfreiheit – Verfassungsfragen eines gesetzlichen Mindestlohns für die Zeitungszustellung, 2013.

Deinert, Illegale Ausländerbeschäftigung, NZA 2018, S. 71–77.

Deinert, Arbeitnehmerentsendung im Rahmen der Erbringung von Dienstleistungen innerhalb der Europäischen Union, RdA 1996, S. 339–352.

Deinert/Heuschmid/Zwanziger (Hrsg.), Arbeitsrecht, Handbuch für die Praxis, 10. Aufl. 2019.

Deinert/Kittner, Die arbeitsrechtliche Bilanz der Großen Koalition 2005–2009, RdA 2009, S. 265–279.

Deinert/Walser, Tarifvertragliche Bindung der Arbeitgeber, 2015.

di Fabio, Mindestlohn und Pressefreiheit – Zu den Auswirkungen eines allgemeinen gesetzlichen Mindestlohns auf den Pressevertrieb deutscher Zeitungshäuser, 2014.

Dieterich/Ulber, Zur Verfassungsmäßigkeit von Tariftreuepflicht und Repräsentativitätserfordernis, ZTR 2013, S. 179–188.

Dollmann, Praktikum und Vergütungsanspruch – Zwischen Einfühlungsverhältnis und verschleierter Probeanstellung, ArbRB 2006, S. 306–309.

Dommermuth-Alhäuser/Heup, Anrechnung von Trinkgeld auf den Mindestlohn?, NZA 2015, S. 406–410.

Dribbusch/Birke, Die DGB-Gewerkschaften seit der Krise – Entwicklungen, Herausforderungen, Strategien. Studie im Auftrag der Friedrich-Ebert-Stiftung, April 2014.

Dribbusch, Tarifkonkurrenz als gewerkschaftliche Herausforderung: Ein Beitrag zur Debatte um die Tarifeinheit, WSI-Diskussionspapier Nr. 172, 2010.

Düwell/Schubert (Hrsg.), Mindestlohngesetz, Handkommentar, 2. Aufl. 2017.

Ellguth/Kohaut, Tarifbindung und betriebliche Interessenvertretung: Ergebnisse aus dem IAB-Betriebspanel 2019, WSI-Mitteilungen 2020, S. 278–285.

Eichenhofer, Ausnahme vom gesetzlichen Mindestlohn nach § 22 IV MiLoG und Freizügigkeit (Art. 45 AEUV), AuR 2014, S. 450–452.

Fedorets/Grabka/Schröder/Seebauer, Lohnungleichheit in Deutschland sinkt, DIW-Wochenbericht 7/2020, S. 92–97.

Fischer-Lescano, Verfassungs-, völker- und europarechtlicher Rahmen für die Gestaltung von Mindestlohnausnahmen, Rechtsgutachten, März 2014.

Fischer-Lescano/Preis/Ulber, Verfassungsmäßigkeit des Mindestlohns, 2015.

Fitting/Engels/Schmidt/Trebinger/Linsenmaier/Schelz, Betriebsverfassungsgesetz, Kommentar, 30. Auflage 2020.

Fitzenberger/Seidlitz, Die Lohnungleichheit von Vollzeitbeschäftigten in Deutschland: Rückblick und Überblick, IAB-Discussion Paper 19/2020.

Forst, Mindestlohn für Arbeitnehmer auf der Durchreise?, ZESAR 2015, S. 205–210.

Forst, Null-Stunden-Verträge, NZA 2014, S. 998–1003.

Forst/Degen, Mindestlohn und Sittenwidrigkeit, DB 2015, S. 863–867.

Frenz, Soziale Vergabekriterien im Spiegel aktueller Judikatur von EuGH und BVerfG, NZS 2011, S. 321–326.

Gerner, Einführung eines vergabespezifischen Mindestentgelts für Aus- und Weiterbildungsdienstleistungen nach dem SGB II oder SGB III – eine kleine »Revolution« im Verborgenen, NZS 2018, S. 302–306.

Giesen, Staatsneutralität bei der Verbindlicherklärung von Tarifverträgen, ZfA 2008, S. 355–382.

Grabka/Göbler, Der Niedriglohnsektor in Deutschland – Falle oder Sprungbrett für Beschäftigte?, Bertelsmann-Stiftung, 2020.

Greiner, Die Praktikantenregelung in § 22 MiLoG, NZA 2016, S. 594–599.

Greiner, Vergaberegeln im öffentlichen Personennahverkehr – ein Angriff auf die Tarifautonomie, ZTR 2013, S. 647–652.

Greiner, Von der Tariftreue zum Landesvergabemindestlohn – Bestandsaufnahme und europarechtliche Bedeutung, ZIP 2011, S. 2129–2135.

Greiner/Hanau/Preis, Die Sicherung der Allgemeinverbindlichkeit bei gemeinsamen Einrichtungen der Tarifvertragsparteien, Soziales Recht, Sonderheft 2014.

Greiner/Strippelmann, Mindestlohn für Nichtarbeit?, BB 2015, S. 949–952.

Griese/Preis/Kruchen, Neuordnung der geringfügigen Beschäftigung, NZA 2013, S. 113–122.

Grzeszick, Ausnahmen vom gesetzlichen Mindestlohn – verfassungsrechtlich zulässiger Kompromissweg, ZRP 2014, S. 66–69.

Hassel/Schroeder, Gewerkschaften 2030 – Rekrutierungsdefizite, Repräsentationslücken und neue Strategien der Mitgliederpolitik, WSI-Report 44/2018.

Hempel, Die Tariftreueerklärung im Lichte des deutschen und europäischen Arbeitsrechts, 2011.

Henssler, Mindestlohn und Tarifrecht, RdA 2015, S. 43–56.

Henssler/Willemsen/Kalb (Hrsg.), Arbeitsrecht Kommentar, 9. Aufl. 2020 (zitiert: HWK/*Bearbeiter*).

Heuschmid/Hlava, Die Durchsetzungsmechanismen des Mindestlohngesetzes, NJW 2015, S. 1719–1724.

Hlava, Der gesetzliche Mindestlohn – Reichweite, Durchsetzung und Auswirkungen, SR 2016, S. 17–35.

Höfling, Tariftreue oder Verfassungstreue?, RdA 2007, S. 360–366.

Höpfner, Die Tarifgeltung im Arbeitsverhältnis, 2015.

Hofmann, Noch einmal: Die Auswirkung von Rüffert, RdA 2010, S. 351–354.

Huhnekuhl/Dohna-Jaeger, Ausweitung des Arbeitnehmer-Entsendegesetzes auf die Zeitarbeitsbranche – Im Einklang mit der Verfassung?, NZA 2007, S. 954–958.,

Insam/Hinrichs/Tacou, Der Mindestlohn für Arbeitnehmer von Werk- bzw. Dienstleistungsunternehmen – Haftung des Auftraggebers um jeden Preis?, NZA-RR 2014, S. 569–574.

Jarass/Pieroth, Grundgesetz für die Bundesrepublik Deutschland, Kommentar, 16. Aufl. 2020.

Jares, Was gehört alles zum Mindestlohn?, DB 2015, S. 307–310.

Jedlitschka, Die Anwendbarkeit arbeitsrechtlicher Vorschriften auf Volunteer-Programme bei Sportgroßveranstaltungen, NZA-RR 2017, S. 513–517.

Jöris/Steinau-Steinrück, Der gesetzliche Mindestlohn, BB 2014, S. 2101–2106.

Junker, Gesetzlicher Mindestlohn und Europäische Grundfreiheiten, EuZA 2015, S. 399–400.

Kalina/Weinkopf, Niedriglohnbeschäftigung 2016 – beachtliche Lohnzuwächse im unteren Lohnsegment, aber weiterhin hoher Anteil von Beschäftigten mit Niedriglöhnen, IAQ-Report 6/2018.

Kämmerer/Thüsing, Tariftreue im Vergaberecht – Zum Entwurf eines Gesetzes zur tariflichen Entlohnung bei öffentlichen Aufträgen und zur Einrichtung eines Registers über unzuverlässige Unternehmen, ZIP 2002, S. 596ff.

Kleinebrink, Kontrolle der Zahlung des gesetzlichen Mindestlohns durch den Betriebsrat?, DB 2015, S. 375–380.

Kling, Tariftreue und Dienstleistungsfreiheit – Zur primärrechtlichen Beurteilung des § 3 Tariftreuegesetz des Bundes i. d. F. des Gesetzentwurfs der Bundesregierung v. 12. 12. 2001, EuZW 2002, S. 229–237.

Klumpp, Dienstleistungsfreiheit versus Tariftreue, NJW 2008, S. 3473–3477.

Knuth, Rosige Zeiten am Arbeitsmarkt? – Strukturreformen und »Beschäftigungswunder«, Expertise im Auftrag der Abteilung Wirtschafts- und Sozialpolitik der Friedrich-Ebert-Stiftung, 2014.

Koberski/Asshoff/Eustrup/Winkler, Arbeitnehmer-Entsendegesetz, Kommentar, 3. Aufl. 2011.

Koberski/Schierle, Balance zwischen Dienstleistungsfreiheit und Arbeitnehmerschutz gewahrt? – Zugleich Besprechung zum Urteil des EuGH v. 3. 4. 2008 – Rs. C-346/06 – Rüffert, RdA 2008, S. 233–238.

Kost-Rust/Kolb/Rosentreter, Mindestlohn auch für dual Studierende?, NZA 2015, S. 402–406.

Kocher, »Je Zeitstunde« – zur Auslegung des § 1 Abs. 2 Satz 1 MiLoG, AuR 2015, S. 173–177.

Kocher, Die Tariftreueerklärung vor dem EuGH, DB 2008, S. 1042–1045.

Körner, Mindestlohanforderungen im internationalen Arbeitsrecht, NZA 2011, S. 425–430.

Krause, Weiterentwicklung des Tariftreuerechts, 2019.

Krause, Perspektiven für eine Weiterentwicklung des Tariftreuerechts, AuR 2020, S. 152–157.

Kühn/Reich, Haftung für die Zahlung des Mindestlohns an fremde Arbeitnehmer/-innen, BB 2014, S. 2938–2941.

Lakies, Vier Jahre Mindestlohn: Geringe Erhöhung, geklärte Rechtsprobleme, AuR 2019, S. 62–67.

Lakies, Drei Jahre allgemeiner Mindestlohn: Stagnation und Konsolidierung, AuR 2018, S. 74–78.

Lakies, Zwei Jahre gesetzlicher Mindestlohn – Bilanz und Ausblick, AuR 2017, S. 53–58.

Lakies, Ein Jahr gesetzlicher Mindestlohn – gelöste und ungelöste Rechtsprobleme, AuR 2016, S. 14–20.

Lakies, Rechtsprobleme des neuen Mindestlohngesetzes – ein erster Überblick, AuR 2014, S. 360–366.

Lakies, Gesetzlicher Mindestlohn – Zur Legitimation der Staatsintervention gegen Niedriglöhne, AuR 2013, S. 69–74.

Lakies, Inhaltskontrolle von Arbeitsverträgen, 2014.

Latzel/Serr, Rechtsschutz gegen Mindestlöhne, ZfA 2011, S. 391–441.

Lembke, Der Mindestlohnanspruch, NJW 2016, S. 3617–3623.

Lembke, Mindestlohngesetz – erste Rechtsprechung und praktische Erfahrungen, NZA 2016, S. 1–10.

Lembke, Das Mindestlohngesetz und seine Auswirkungen auf die arbeitsrechtliche Praxis, NZA 2015, S. 70–78.

Lobinger, Arbeitsverfassung und gesetzlicher Mindestlohn, ZfA 2016, S. 99–150.

Löw, Das Einfühlungsverhältnis, RdA 2007, S. 124–125.

Löwisch, Tariftreue-Verpflichtung im Vergaberecht und Koalitionsfreiheit, DB 2001, S. 1090–1094.

Löwisch, Rechtsschutz gegen das Mindestlohngesetz, NZA 2014, S. 948–951.

Löwisch/Rieble, Tarifvertragsgesetz, Kommentar, 4. Aufl. 2017.

Mankowski, Die Unionsrechtskonformität des Mindestlohngesetzes – unter besonderer Berücksichtigung des grenzüberschreitenden Straßenverkehrs, RdA 2017, S. 273–287.

Marx, Das Kapital, Erster Band, in: Marx Engels Werke (MEW), Band 23.

Maschmann, Die staatliche Durchsetzung des allgemeinen Mindestlohns nach den §§ 14ff. MiLoG, NZA 2014, S. 929–938.

Mayer, Gesetzliche Mindestlöhne für die Leiharbeit – zur Zulässigkeit eines tariflichen Lohngitters, AuR 2011, S. 4–9.

Mindestlohnkommission, Erster Bericht der Mindestlohnkommission zu den Auswirkungen des gesetzlichen Mindestlohns, 2016, *www.mindestlohnkommission.de*.

Mindestlohnkommission, Zweiter Bericht der Mindestlohnkommission zu den Auswirkungen des gesetzlichen Mindestlohns, 2018, *www.mindestlohn-kommission.de*.

Mindestlohnkommission, Dritter Bericht der Mindestlohnkommission zu den Auswirkungen des gesetzlichen Mindestlohns, 2020, *www.mindestlohn-kommission.de*.

Moll/Katerndahl, Deutscher Mindestlohn auf der Durchreise?, DB 2015, S. 555–560.

Möller, Lohnungleichheit – Gibt es eine Trendwende?, Wirtschaftsdienst 2016, Sonderheft, S. 38–44.

Müller-Glöge/Preis/Schmidt (Hrsg.), Erfurter Kommentar zum Arbeitsrecht, 21. Aufl. 2021 (zitiert: ErfK/*Bearbeiter*).

Münchener Handbuch zum Arbeitsrecht, Band 1, Individualarbeitsrecht I, 4. Aufl. 2018 (zitiert: MünchArbR/*Bearbeiter*).

Nassibi, Schutz vor Lohndumping in Deutschland, 2012.

Orlowski, Praktikanten- und Volontärverträge, 2014.

Peter/Kempen/Zachert, Die Sicherung tariflicher Mindeststandards, 2004.

Peter/Wiedemuth, Tarifliche und gesetzliche Mindeststandards für Erwerbseinkommen – Ansätze der gewerkschaftlichen Diskussion, WSI-Mitteilungen 2003, S. 429–435.

Pfeifer/Walden/Wenzelmann, Reduziert die Einführung eines Mindestlohns die Anreize, eine Berufsausbildung aufzunehmen?, BWP 2/2014, S. 48–50.

Picker/Sausmikat, Ausnahmsweise Mindestlohn – Das MiLoG und die Praktikanten, NZA 2014, S. 942–948.

Picker, Niedriglohn und Mindestlohn, RdA 2014, S. 25–36.

Pohl/Schäfer (Hrsg.), Niedriglöhne. Die unbekannte Realität: Armut trotz Arbeit, 1996.

Pötters/Krause, Konsequenzen eines Verstoßes gegen das Mindestlohngesetz, NZA 2015, S. 398–402.

Preis/Greiner, Die staatliche Geltungserstreckung nach dem alten und neu gefassten AEntG, insbesondere bei Vorliegen konkurrierender Tarifverträge, ZfA 2009, S. 825–859.

Preis/Lukes, Mindestlohngesetz und Vertragsgestaltung, ArbRB 2015, S. 153–157.

Preis/Schwarz, Dienstreisen als Rechtsproblem, HSI-Schriftenreihe Band 31, 2020.

Preis/Ulber, Tariftreue als Verfassungsproblem, NJW 2007, S. 465–471.

Preis/Ulber, Ausschlussfristen und Mindestlohngesetz – Der Mindestlohn als unabdingbarer Sockelanspruch, HSI-Schriftenreihe Band 12, Mai 2014.

Preis/Ulber, Die Verfassungsmäßigkeit des allgemeinen gesetzlichen Mindestlohns, Rechtsgutachten, Mai 2014.

Pünder/Klafki, Rechtsprobleme des Arbeitnehmerschutzes in den neuen Landesvergabegesetzen, NJW 2014, S. 429–433.

Pütz, Die Auftraggeberhaftung auf den Mindestlohn – Ein Beitrag zur Auslegung und verfassungsrechtlichen Bewertung des § 13 MiLoG, 2018.

Pütz, Zur Vergütungspflicht von Überstunden durch das Mindestlohngesetz, AuR 2016, S. 186–190.

Reinhard/Böggemann, Gesetz zur Änderung des Sozialgerichtsgesetzes und des Arbeitsgerichtsgesetzes – Änderungen des ArbGG, NJW 2008, S. 1263– 1268.

Rieble, Gesetzlicher Mindestlohn?, ZIP 2006, S. 829–837.

Rieble, Tariftreue vor dem BVerfG, NZA 2007, S. 1–4.
Rieble/Lessner, Arbeitnehmer-Entsendegesetz, Nettolohnhaftung und EG-Vertrag, ZfA 2002, S. 29–89.
Rieble/Picker, Lohnwucher, ZfA 2014, S. 153–214.
Riechert/Nimmerjahn, Mindestlohngesetz, Kommentar, 2. Aufl. 2017.
Riechert/Stomps, Die Anwendbarkeit staatlicher Mindestlohnregelungen auf kirchliche Einrichtungen, NZA 2012, S. 707–713.
Riechert/Stomps, Mindestlohnkonzepte - mehr sachliche Orientierung, NJW 2013, S. 1050–1054.
Rittner, Die sozialen Belange i. S. der EG-Kommission und das inländische Vergaberecht, EuZW 1999, S. 677–680.
Rödl, Bezifferte Mindestentgeltvorgaben im Vergaberecht, EuZW 2011, S. 292–296.
Röhm/Voigt, Das Lohndumping-Kartell – Großverlage bekämpfen den Post-Mindestlohn, 2007.
Rust, Die sozialen Kriterien im Vergaberecht - eine Duplik auf Rittner, EuZW 1999, 677, EuZW 2000, S. 205–208.
Rust, GWB-Vergaberecht und soziale Standards, EuZW 1999, S. 453–457.,
Sagan, »Stimmt so!« – Die Anrechnung von Trinkgeld auf den gesetzlichen Mindestlohn, NJW 2019, S. 1977–1982.
Sagan, Mindestlohnwirksame Vergütung: Grundlohn- vs. Entgelttheorie, Besprechung des Urteils BAG v. 21. 12. 2016 – 5 AZR 374/16, RdA 2018, S. 121–126.
Sagan/Witschen, Mindestlohn für alle? – Zum Anwendungsbereich des Mindestlohngesetzes und dessen Kollision mit vertraglichen Entgeltabreden, jM 2014, S. 372–379.
Salamon, Auswirkungen des gesetzlichen Mindestlohns auf betriebsverfassungsrechtliche Entgeltgrundsätze, NZA 2017, S. 751–755.
Samuel, Fundamental social rights – case law of the European Social Charter, 2002.
Schäfer, Europa sucht einen »gerechten Lohn«, WSI-Mitteilungen 1991, S. 711–724.
Schäfer, Niedrige Löhne – bessere Welten, WSI-Mitteilungen 2000, S. 534–550.
Schäfer, Effektiv gezahlte Niedriglöhne in Deutschland, WSI-Mitteilungen 2003, S. 420–428.
Schaub (Hrsg.), Arbeitsrechts-Handbuch, 18. Aufl. 2019 (zitiert: Schaub/*Bearbeiter*).
Scherer, Vertrag mit Praktikanten, NZA 1986, S. 284–286.
Schmillen/Stüber, Bildung lohnt sich ein Leben lang, IAB-Kurzbericht 1/2014.

Schnabel, Gewerkschaften und Arbeitgeberverbände: Organisationsgrade, Tarifbindung und Einflüsse auf Lohn und Beschäftigung, ZAF 2005, S. 181–196.

Schulten/Lübker, WSI-Mindestlohnbericht 2020: Europäische Mindestlohninitiative vor dem Durchbruch?, WSI-Mitteilungen 2020, S. 119–129.

Schulten/Pawicki, Tariftreueregelungen in Deutschland – Ein aktueller Überblick, WSI-Mitteilungen 2008, S. 184–190.

Schwarze, Kooperative Regulierung im Arbeitsrecht, ZfA 2011, S. 867–913.

Schweibert/Leßmann, Mindestlohngesetz – der große Wurf?, DB 2014, S. 1866–1871.

Seifert, Rechtliche Probleme von Tariftreueerklärungen, ZfA 2001, S. 1–30.

Simon, Verstößt das Tariftreue- und Vergabegesetz Nordrhein-Westfalen gegen EU-Recht? – Zur Inkohärenz von Tariftreuepflichten und Mindestlohnklauseln im Vergaberecht, RdA 2014, S. 165–176.

Sittard, Gilt das Mindestlohngesetz auch beim Kurzeinsatz in Deutschland?, NZA 2015, S. 78–83.

Sittard, Das neue MiLoG: Mindestlohnberechnung und zivilrechtliche Folgen bei Mindestlohnverstößen, RdA 2015, S. 99–108.

Sittard, Das MiLoG – ein Ausblick auf die Folgen und anstehende Weichenstellungen, NZA 2014, S. 951–955.

Statisches Bundesamt (Destatis), Wissenschaftszentrum Berlin für Sozialforschung (WZB) (Hrsg.), Datenreport 2018 – Ein Sozialbericht für die Bundesrepublik Deutschland, Bonn 2018.

Steinke, Wie privat ist privat? – Betrachtungen zur Beschäftigung im Privathaushalt, RdA 2018, S. 232–241.

Stiebert/Pötters, Spielräume der Exekutive bei Mindestlöhnen durch Rechtsverordnung, RdA 2013, S. 101–107.

Stütze, Die Kontrolle der Entgelthöhe im Arbeitsrecht, 2010.

Thüsing (Hrsg.), Mindestlohngesetz (MiLoG) und Arbeitnehmer-Entsendegesetz (AEntG), Kommentar, 2. Aufl. 2016.

Thüsing, Noch einmal: Was folgt aus Rüffert?, NZA 2009, S. 183–186.

Thüsing/Hütter, Was ist Arbeit? – Oder: Warum Bereitschaftsdienst keine Arbeitszeit im Sinne des MiLoG ist, NZA 2015, S. 970–974.

Thüsing/Lembke, Zeitarbeit im Spannungsverhältnis von Dienstleistungsfreiheit und Tarifautonomie – Zum Vorschlag der Ausdehnung des AEntG auf die Zeitarbeitsbranche, ZfA 2007, S. 87–125.

Ulber, Vorgaben des EuGH zur Arbeitszeiterfassung, HSI-Schriftenreihe Band 32, 2020.

Ulber, Personelle Ausnahmen und Einschränkungen im MiLoG, AuR 2014, S. 404–408.

Ulber, Die Erfüllung von Mindestlohnansprüchen, RdA 2014, S. 176–182.

Vogelsang/Wensing, Mindestlohn ohne Arbeit - Gilt das MiLoG auch für Entgeltschutzansprüche?, NZA 2016, S. 141–145.
Voss/Weinkopf, Niedriglohnfalle Minijob, WSI-Mitteilungen 2012, S. 5–12.
Waltermann, Ist die Allgemeinverbindlicherklärung erfolgversprechend reformiert?, RdA 2018, S. 137–151.
Waltermann, Aktuelle Fragen des Mindestlohngesetzes, AuR 2015, S. 166–173.
Waltermann, Stärkung der Tarifautonomie - Welche Wege könnte man gehen?, NZA 2014, S. 874–880.
Waltermann, Mini-Jobs - ausweiten oder abschaffen? NJW 2013, S. 118–123.
Waltermann, Gesetzliche und tarifvertragliche Gestaltung im Niedriglohnsektor, NZA 2013, S. 1041–1049.
Waltermann, Mindestlohn oder Mindesteinkommen?, NJW 2010, S. 801–807.
Waltermann, Gutachten B zum 68. Deutschen Juristentag, Welche arbeits- und sozialrechtlichen Regelungen empfehlen sich im Hinblick auf die Zunahme neuer Beschäftigungsformen und wachsende Diskontinuität von Erwerbsbiographien?, 2010.
Wank, Der Mindestlohn, RdA 2015, S. 88–94.
Weigert, Die Anrechenbarkeit von Vergütungsbestandteilen auf den gesetzlichen Mindestlohn, NZA 2017, S. 745–751.
Wobst, Mindestlohn und Trinkgeld, RdA 2016, S. 110–114.

Gesetz zur Regelung eines allgemeinen Mindestlohns (Mindestlohngesetz – MiLoG)

Artikel 1 des Gesetzes zur Stärkung der Tarifautonomie (Tarifautonomiestärkungsgesetz) vom 11. 8. 2014 (BGBl. I. S. 1348), zuletzt geändert durch Artikel 2 Absatz 1 des Gesetzes zur Umsetzung der Richtlinie (EU) 2018/957 des Europäischen Parlaments und des Rates vom 28. 6. 2018 zur Änderung der Richtlinie 96/71/EG über die Entsendung von Arbeitnehmern im Rahmen der Erbringung von Dienstleistungen vom 10. 7. 2020 (BGBl. I S. 1657).

Abschnitt 1
Festsetzung des allgemeinen Mindestlohns

Unterabschnitt 1
Inhalt des Mindestlohns

§ 1 Mindestlohn

(1) Jede Arbeitnehmerin und jeder Arbeitnehmer hat Anspruch auf Zahlung eines Arbeitsentgelts mindestens in Höhe des Mindestlohns durch den Arbeitgeber.
(2) Die Höhe des Mindestlohns beträgt ab dem 1. Januar 2015 brutto 8,50 Euro je Zeitstunde. Die Höhe des Mindestlohns kann auf Vorschlag einer ständigen Kommission der Tarifpartner (Mindestlohnkommission) durch Rechtsverordnung der Bundesregierung geändert werden.
(3) Die Regelungen des Arbeitnehmer-Entsendegesetzes, des Arbeitnehmerüberlassungsgesetzes und der auf ihrer Grundlage erlassenen Rechtsverordnungen gehen den Regelungen dieses Gesetzes vor, soweit die Höhe der auf ihrer Grundlage festgesetzten Branchenmindestlöhne die Höhe des Mindestlohns nicht unterschreitet.

§ 2 Fälligkeit des Mindestlohns

(1) Der Arbeitgeber ist verpflichtet, der Arbeitnehmerin oder dem Arbeitnehmer den Mindestlohn

1. zum Zeitpunkt der vereinbarten Fälligkeit,
2. spätestens am letzten Bankarbeitstag (Frankfurt am Main) des Monats, der auf den Monat folgt, in dem die Arbeitsleistung erbracht wurde,

zu zahlen. Für den Fall, dass keine Vereinbarung über die Fälligkeit getroffen worden ist, bleibt § 614 des Bürgerlichen Gesetzbuchs unberührt.

(2) Abweichend von Absatz 1 Satz 1 sind bei Arbeitnehmerinnen und Arbeitnehmern die über die vertraglich vereinbarte Arbeitszeit hinausgehenden und auf einem schriftlich vereinbarten Arbeitszeitkonto eingestellten Arbeitsstunden spätestens innerhalb von zwölf Kalendermonaten nach ihrer monatlichen Erfassung durch bezahlte Freizeitgewährung oder Zahlung des Mindestlohns auszugleichen, soweit der Anspruch auf den Mindestlohn für die geleisteten Arbeitsstunden nach § 1 Absatz 1 nicht bereits durch Zahlung des verstetigten Arbeitsentgelts erfüllt ist. Im Falle der Beendigung des Arbeitsverhältnisses hat der Arbeitgeber nicht ausgeglichene Arbeitsstunden spätestens in dem auf die Beendigung des Arbeitsverhältnisses folgenden Kalendermonat auszugleichen. Die auf das Arbeitszeitkonto eingestellten Arbeitsstunden dürfen monatlich jeweils 50 Prozent der vertraglich vereinbarten Arbeitszeit nicht übersteigen.
(3) Die Absätze 1 und 2 gelten nicht für Wertguthabenvereinbarungen im Sinne des Vierten Buches Sozialgesetzbuch. Satz 1 gilt entsprechend für eine im Hinblick auf den Schutz der Arbeitnehmerinnen und Arbeitnehmer vergleichbare ausländische Regelung.

§ 3 Unabdingbarkeit des Mindestlohns

Vereinbarungen, die den Anspruch auf Mindestlohn unterschreiten oder seine Geltendmachung beschränken oder ausschließen, sind insoweit unwirksam. Die Arbeitnehmerin oder der Arbeitnehmer kann auf den entstandenen Anspruch nach § 1 Absatz 1 nur durch gerichtlichen Vergleich verzichten; im Übrigen ist ein Verzicht ausgeschlossen. Die Verwirkung des Anspruchs ist ausgeschlossen.

Unterabschnitt 2
Mindestlohnkommission

§ 4 Aufgabe und Zusammensetzung

(1) Die Bundesregierung errichtet eine ständige Mindestlohnkommission, die über die Anpassung der Höhe des Mindestlohns befindet.
(2) Die Mindestlohnkommission wird alle fünf Jahre neu berufen. Sie besteht aus einer oder einem Vorsitzenden, sechs weiteren stimmberechtigten ständigen Mitgliedern und zwei Mitgliedern aus Kreisen der Wissenschaft ohne Stimmrecht (beratende Mitglieder).

§ 5 Stimmberechtigte Mitglieder

(1) Die Bundesregierung beruft je drei stimmberechtigte Mitglieder auf Vorschlag der Spitzenorganisationen der Arbeitgeber und der Arbeitnehmer aus Kreisen der Vereinigungen von Arbeitgebern und Gewerkschaften. Die Spitzenorganisationen der Arbeitgeber und Arbeitnehmer sollen jeweils mindestens eine Frau und einen Mann als stimmberechtigte Mitglieder vorschlagen. Werden auf Arbeitgeber- oder auf Arbeitnehmerseite von den Spitzenorganisationen mehr als drei Personen vorgeschlagen, erfolgt die Auswahl zwischen den Vorschlägen im Verhältnis zur Bedeutung der jeweiligen Spitzenorganisationen für die Vertretung der Arbeitgeber- oder Arbeitnehmerinteressen im Arbeitsleben des Bundesgebietes. Übt eine Seite ihr Vorschlagsrecht nicht aus, werden die Mitglieder dieser Seite durch die Bundesregierung aus Kreisen der Vereinigungen von Arbeitgebern oder Gewerkschaften berufen.
(2) Scheidet ein Mitglied aus, wird nach Maßgabe des Absatzes 1 Satz 1 und 4 ein neues Mitglied berufen.

§ 6 Vorsitz

(1) Die Bundesregierung beruft die Vorsitzende oder den Vorsitzenden auf gemeinsamen Vorschlag der Spitzenorganisationen der Arbeitgeber und der Arbeitnehmer.
(2) Wird von den Spitzenorganisationen kein gemeinsamer Vorschlag unterbreitet, beruft die Bundesregierung jeweils eine Vorsitzende oder einen Vorsitzenden auf Vorschlag der Spitzenorganisationen der Arbeitgeber und der Arbeitnehmer. Der Vorsitz wechselt zwischen den Vorsitzenden nach jeder Beschlussfassung nach § 9. Über den erstmaligen Vorsitz entscheidet das Los. § 5 Absatz 1 Satz 3 und 4 gilt entsprechend.
(3) Scheidet die Vorsitzende oder der Vorsitzende aus, wird nach Maßgabe der Absätze 1 und 2 eine neue Vorsitzende oder ein neuer Vorsitzender berufen.

§ 7 Beratende Mitglieder

(1) Die Bundesregierung beruft auf Vorschlag der Spitzenorganisationen der Arbeitgeber und Arbeitnehmer zusätzlich je ein beratendes Mitglied aus Kreisen der Wissenschaft. Die Bundesregierung soll darauf hinwirken, dass die Spitzenorganisationen der
Arbeitgeber und Arbeitnehmer eine Frau und einen Mann als beratendes Mitglied vorschlagen. Das beratende Mitglied soll in keinem Beschäftigungsverhältnis stehen zu

1. einer Spitzenorganisation der Arbeitgeber oder Arbeitnehmer,
2. einer Vereinigung der Arbeitgeber oder einer Gewerkschaft oder
3. einer Einrichtung, die von den in der Nummer 1 oder Nummer 2 genannten Vereinigungen getragen wird.

§ 5 Absatz 1 Satz 3 und 4 und Absatz 2 gilt entsprechend.

(2) Die beratenden Mitglieder unterstützen die Mindestlohnkommission insbesondere bei der Prüfung nach § 9 Absatz 2 durch die Einbringung wissenschaftlichen Sachverstands. Sie haben das Recht, an den Beratungen der Mindestlohnkommission teilzunehmen.

§ 8 Rechtsstellung der Mitglieder

(1) Die Mitglieder der Mindestlohnkommission unterliegen bei der Wahrnehmung ihrer Tätigkeit keinen Weisungen.

(2) Die Tätigkeit der Mitglieder der Mindestlohnkommission ist ehrenamtlich.

(3) Die Mitglieder der Mindestlohnkommission erhalten eine angemessene Entschädigung für den ihnen bei der Wahrnehmung ihrer Tätigkeit erwachsenden Verdienstausfall und Aufwand sowie Ersatz der Fahrtkosten entsprechend den für ehrenamtliche Richterinnen und Richter der Arbeitsgerichte geltenden Vorschriften. Die Entschädigung und die erstattungsfähigen Fahrtkosten setzt im Einzelfall die oder der Vorsitzende der Mindestlohnkommission fest.

§ 9 Beschluss der Mindestlohnkommission

(1) Die Mindestlohnkommission hat über eine Anpassung der Höhe des Mindestlohns erstmals bis zum 30. Juni 2016 mit Wirkung zum 1. Januar 2017 zu beschließen. Danach hat die Mindestlohnkommission alle zwei Jahre über Anpassungen der Höhe des Mindestlohns zu beschließen.

(2) Die Mindestlohnkommission prüft im Rahmen einer Gesamtabwägung, welche Höhe des Mindestlohns geeignet ist, zu einem angemessenen Mindestschutz der Arbeitnehmerinnen und Arbeitnehmer beizutragen, faire und funktionierende Wettbewerbsbedingungen zu ermöglichen sowie Beschäftigung nicht zu gefährden. Die Mindestlohnkommission orientiert sich bei der Festsetzung des Mindestlohns nachlaufend an der Tarifentwicklung.

(3) Die Mindestlohnkommission hat ihren Beschluss schriftlich zu begründen.

(4) Die Mindestlohnkommission evaluiert laufend die Auswirkungen des Mindestlohns auf den Schutz der Arbeitnehmerinnen und Arbeitnehmer, die Wettbewerbsbedingungen und die Beschäftigung in Bezug auf bestimmte Branchen und Regionen sowie die Produktivität und stellt ihre Erkennt-

nisse der Bundesregierung in einem Bericht alle zwei Jahre gemeinsam mit ihrem Beschluss zur Verfügung.

§ 10 Verfahren der Mindestlohnkommission

(1) Die Mindestlohnkommission ist beschlussfähig, wenn mindestens die Hälfte ihrer stimmberechtigten Mitglieder anwesend ist.
(2) Die Beschlüsse der Mindestlohnkommission werden mit einfacher Mehrheit der Stimmen der anwesenden Mitglieder gefasst. Bei der Beschlussfassung hat sich die oder der Vorsitzende zunächst der Stimme zu enthalten. Kommt eine Stimmenmehrheit nicht zustande, macht die oder der Vorsitzende einen Vermittlungsvorschlag. Kommt nach Beratung über den Vermittlungsvorschlag keine Stimmenmehrheit zustande, übt die oder der Vorsitzende ihr oder sein Stimmrecht aus.
(3) Die Mindestlohnkommission kann Spitzenorganisationen der Arbeitgeber und Arbeitnehmer, Vereinigungen von Arbeitgebern und Gewerkschaften, öffentlich-rechtliche Religionsgesellschaften, Wohlfahrtsverbände, Verbände, die wirtschaftliche und soziale Interessen organisieren sowie sonstige von der Anpassung des Mindestlohns Betroffene vor Beschlussfassung anhören. Sie kann Informationen und fachliche Einschätzungen von externen Stellen einholen.
(4) Die Sitzungen der Mindestlohnkommission sind nicht öffentlich; der Inhalt ihrer Beratungen ist vertraulich. Die Teilnahme an Sitzungen der Mindestlohnkommission sowie die Beschlussfassung können in begründeten Ausnahmefällen auf Vorschlag der oder des Vorsitzenden mittels einer Videokonferenz erfolgen, wenn

1. kein Mitglied diesem Verfahren unverzüglich widerspricht und
2. sichergestellt ist, dass Dritte vom Inhalt der Sitzung keine Kenntnis nehmen können.

Die übrigen Verfahrensregelungen trifft die Mindestlohnkommission in einer Geschäftsordnung.

§ 11 Rechtsverordnung

(1) Die Bundesregierung kann die von der Mindestlohnkommission vorgeschlagene Anpassung des Mindestlohns durch Rechtsverordnung ohne Zustimmung des Bundesrates für alle Arbeitgeber sowie Arbeitnehmerinnen und Arbeitnehmer verbindlich machen. Die Rechtsverordnung tritt am im Beschluss der Mindestlohnkommission bezeichneten Tag, frühestens aber am Tag nach Verkündung in Kraft. Die Rechtsverordnung gilt, bis sie durch eine neue Rechtsverordnung abgelöst wird.
(2) Vor Erlass der Rechtsverordnung erhalten die Spitzenorganisationen der Arbeitgeber und Arbeitnehmer, die Vereinigungen von Arbeitgebern

und Gewerkschaften, die öffentlich-rechtlichen Religionsgesellschaften, die Wohlfahrtsverbände sowie die Verbände, die wirtschaftliche und soziale Interessen organisieren, Gelegenheit zur schriftlichen Stellungnahme. Die Frist zur Stellungnahme beträgt drei Wochen; sie beginnt mit der Bekanntmachung des Verordnungsentwurfs.

§ 12 Geschäfts- und Informationsstelle für den Mindestlohn; Kostenträgerschaft

(1) Die Mindestlohnkommission wird bei der Durchführung ihrer Aufgaben von einer Geschäftsstelle unterstützt. Die Geschäftsstelle untersteht insoweit fachlich der oder dem Vorsitzenden der Mindestlohnkommission.
(2) Die Geschäftsstelle wird bei der Bundesanstalt für Arbeitsschutz und Arbeitsmedizin als selbständige Organisationseinheit eingerichtet.
(3) Die Geschäftsstelle informiert und berät als Informationsstelle für den Mindestlohn Arbeitnehmerinnen und Arbeitnehmer sowie Unternehmen zum Thema Mindestlohn.
(4) Die durch die Tätigkeit der Mindestlohnkommission und der Geschäftsstelle anfallenden Kosten trägt der Bund.

Abschnitt 2
Zivilrechtliche Durchsetzung

§ 13 Haftung des Auftraggebers

§ 14 des Arbeitnehmer-Entsendegesetzes findet entsprechende Anwendung.

Abschnitt 3
Kontrolle und Durchsetzung durch staatliche Behörden

§ 14 Zuständigkeit

Für die Prüfung der Einhaltung der Pflichten eines Arbeitgebers nach § 20 sind die Behörden der Zollverwaltung zuständig.

§ 15 Befugnisse der Behörden der Zollverwaltung und anderer Behörden; Mitwirkungspflichten des Arbeitgebers

Die §§ 2 bis 6, 14, 15, 20, 22 und 23 des Schwarzarbeitsbekämpfungsgesetzes sind entsprechend anzuwenden mit der Maßgabe, dass

1. die dort genannten Behörden auch Einsicht in Arbeitsverträge, Niederschriften nach § 2 des Nachweisgesetzes und andere Geschäftsunterlagen nehmen können, die mittelbar oder unmittelbar Auskunft über die Einhaltung des Mindestlohns nach § 20 geben, und
2. die nach § 5 Absatz 1 des Schwarzarbeitsbekämpfungsgesetzes zur Mitwirkung Verpflichteten diese Unterlagen vorzulegen haben.

§ 6 Absatz 3 sowie die §§ 16 bis 19 des Schwarzarbeitsbekämpfungsgesetzes finden entsprechende Anwendung.

§ 16 Meldepflicht

(1) Ein Arbeitgeber mit Sitz im Ausland, der eine Arbeitnehmerin oder einen Arbeitnehmer oder mehrere Arbeitnehmerinnen oder Arbeitnehmer in den in § 2a des Schwarzarbeitsbekämpfungsgesetzes genannten Wirtschaftsbereichen oder Wirtschaftszweigen im Anwendungsbereich dieses Gesetzes beschäftigt, ist verpflichtet, vor Beginn jeder Werk- oder Dienstleistung eine schriftliche Anmeldung in deutscher Sprache bei der zuständigen Behörde der Zollverwaltung nach Absatz 6 vorzulegen, die die für die Prüfung wesentlichen Angaben enthält. Wesentlich sind die Angaben über

1. den Familiennamen, den Vornamen und das Geburtsdatum der von ihm im Geltungsbereich dieses Gesetzes beschäftigten Arbeitnehmerinnen und Arbeitnehmer,
2. den Beginn und die voraussichtliche Dauer der Beschäftigung,
3. den Ort der Beschäftigung,
4. den Ort im Inland, an dem die nach § 17 erforderlichen Unterlagen bereitgehalten werden,
5. den Familiennamen, den Vornamen, das Geburtsdatum und die Anschrift in Deutschland der oder des verantwortlich Handelnden und
6. den Familiennamen, den Vornamen und die Anschrift in Deutschland einer oder eines Zustellungsbevollmächtigten, soweit diese oder dieser nicht mit der oder dem in Nummer 5 genannten verantwortlich Handelnden identisch ist.

Änderungen bezüglich dieser Angaben hat der Arbeitgeber im Sinne des Satzes 1 unverzüglich zu melden.

(2) Der Arbeitgeber hat der Anmeldung eine Versicherung beizufügen, dass er die Verpflichtungen nach § 20 einhält.

(3) Überlässt ein Verleiher mit Sitz im Ausland eine Arbeitnehmerin oder einen Arbeitnehmer oder mehrere Arbeitnehmerinnen oder Arbeitnehmer zur Arbeitsleistung einem Entleiher, hat der Entleiher in den in § 2a des Schwarzarbeitsbekämpfungsgesetzes genannten Wirtschaftsbereichen oder Wirtschaftszweigen unter den Voraussetzungen des Absatzes 1 Satz 1 vor Beginn jeder Werk- oder Dienstleistung der zuständigen Behörde der Zoll-

verwaltung eine schriftliche Anmeldung in deutscher Sprache mit folgenden Angaben zuzuleiten:

1. den Familiennamen, den Vornamen und das Geburtsdatum der überlassenen Arbeitnehmerinnen und Arbeitnehmer,
2. den Beginn und die Dauer der Überlassung,
3. den Ort der Beschäftigung,
4. den Ort im Inland, an dem die nach § 17 erforderlichen Unterlagen bereitgehalten werden,
5. den Familiennamen, den Vornamen und die Anschrift in Deutschland einer oder eines Zustellungsbevollmächtigten des Verleihers,
6. den Familiennamen, den Vornamen oder die Firma sowie die Anschrift des Verleihers.

Absatz 1 Satz 3 gilt entsprechend.

(4) Der Entleiher hat der Anmeldung eine Versicherung des Verleihers beizufügen, dass dieser die Verpflichtungen nach § 20 einhält.

(5) Das Bundesministerium der Finanzen kann durch Rechtsverordnung im Einvernehmen mit dem Bundesministerium für Arbeit und Soziales ohne Zustimmung des Bundesrates bestimmen,

1. dass, auf welche Weise und unter welchen technischen und organisatorischen Voraussetzungen eine Anmeldung, eine Änderungsmeldung und die Versicherung abweichend von Absatz 1 Satz 1 und 3, Absatz 2 und 3 Satz 1 und 2 und Absatz 4 elektronisch übermittelt werden kann,
2. unter welchen Voraussetzungen eine Änderungsmeldung ausnahmsweise entfallen kann, und
3. wie das Meldeverfahren vereinfacht oder abgewandelt werden kann, sofern die entsandten Arbeitnehmerinnen und Arbeitnehmer im Rahmen einer regelmäßig wiederkehrenden Werk- oder Dienstleistung eingesetzt werden oder sonstige Besonderheiten der zu erbringenden Werk- oder Dienstleistungen dies erfordern.

(6) Das Bundesministerium der Finanzen kann durch Rechtsverordnung ohne Zustimmung des Bundesrates die zuständige Behörde nach Absatz 1 Satz 1 und Absatz 3 Satz 1 bestimmen.

§ 17 Erstellen und Bereithalten von Dokumenten

(1) Ein Arbeitgeber, der Arbeitnehmerinnen und Arbeitnehmer nach § 8 Absatz 1 des Vierten Buches Sozialgesetzbuch oder in den in § 2a des Schwarzarbeitsbekämpfungsgesetzes genannten Wirtschaftsbereichen oder Wirtschaftszweigen beschäftigt, ist verpflichtet, Beginn, Ende und Dauer der täglichen Arbeitszeit dieser Arbeitnehmerinnen und Arbeitnehmer spätestens bis zum Ablauf des siebten auf den Tag der Arbeitsleistung folgenden Kalendertages aufzuzeichnen und diese Aufzeichnungen mindestens zwei Jahre beginnend ab dem für die Aufzeichnung maßgeblichen Zeitpunkt auf-

zubewahren. Satz 1 gilt entsprechend für einen Entleiher, dem ein Verleiher eine Arbeitnehmerin oder einen Arbeitnehmer oder mehrere Arbeitnehmerinnen oder Arbeitnehmer zur Arbeitsleistung in einem der in § 2a des Schwarzarbeitsbekämpfungsgesetzes genannten Wirtschaftszweigen überlässt. Satz 1 gilt nicht für Beschäftigungsverhältnisse nach § 8a des Vierten Buches Sozialgesetzbuch.
(2) Arbeitgeber im Sinne des Absatzes 1 haben die für die Kontrolle der Einhaltung der Verpflichtungen nach § 20 in Verbindung mit § 2 erforderlichen Unterlagen im Inland in deutscher Sprache für die gesamte Dauer der tatsächlichen Beschäftigung der Arbeitnehmerinnen und Arbeitnehmer im Geltungsbereich dieses Gesetzes, mindestens für die Dauer der gesamten Werk- oder Dienstleistung, insgesamt jedoch nicht länger als zwei Jahre, bereitzuhalten. Auf Verlangen der Prüfbehörde sind die Unterlagen auch am Ort der Beschäftigung bereitzuhalten.
(3) Das Bundesministerium für Arbeit und Soziales kann durch Rechtsverordnung ohne Zustimmung des Bundesrates die Verpflichtungen des Arbeitgebers oder eines Entleihers nach § 16 und den Absätzen 1 und 2 hinsichtlich bestimmter Gruppen von Arbeitnehmerinnen und Arbeitnehmern oder der Wirtschaftsbereiche oder den Wirtschaftszweigen einschränken oder erweitern.
(4) Das Bundesministerium der Finanzen kann durch Rechtsverordnung im Einvernehmen mit dem Bundesministerium für Arbeit und Soziales ohne Zustimmung des Bundesrates bestimmen, wie die Verpflichtungen des Arbeitgebers, die tägliche Arbeitszeit bei ihm beschäftigter Arbeitnehmerinnen und Arbeitnehmer aufzuzeichnen und diese Aufzeichnungen aufzubewahren, vereinfacht oder abgewandelt werden kann, sofern Besonderheiten der zu erbringenden Werk- oder Dienstleistungen oder Besonderheiten des jeweiligen Wirtschaftsbereiches oder Wirtschaftszweiges dies erfordern.

§ 18 Zusammenarbeit der in- und ausländischen Behörden

(1) Die Behörden der Zollverwaltung unterrichten die zuständigen örtlichen Landesfinanzbehörden über Meldungen nach § 16 Absatz 1 und 3.
(2) Die Behörden der Zollverwaltung und die übrigen in § 2 des Schwarzarbeitsbekämpfungsgesetzes genannten Behörden dürfen nach Maßgabe der datenschutzrechtlichen Vorschriften auch mit Behörden anderer Vertragsstaaten des Abkommens über den Europäischen Wirtschaftsraum zusammenarbeiten, die diesem Gesetz entsprechende Aufgaben durchführen oder für die Bekämpfung illegaler Beschäftigung zuständig sind oder Auskünfte geben können, ob ein Arbeitgeber seine Verpflichtungen nach § 20 erfüllt. Die Regelungen über die internationale Rechtshilfe in Strafsachen bleiben hiervon unberührt.

(3) Die Behörden der Zollverwaltung unterrichten das Gewerbezentralregister über rechtskräftige Bußgeldentscheidungen nach § 21 Absatz 1 bis 3, sofern die Geldbuße mehr als zweihundert Euro beträgt.

§ 19 Ausschluss von der Vergabe öffentlicher Aufträge

(1) Von der Teilnahme an einem Wettbewerb um einen Liefer-, Bau- oder Dienstleistungsauftrag der in den §§ 99 und 100 des Gesetzes gegen Wettbewerbsbeschränkungen genannten Auftraggeber sollen Bewerberinnen oder Bewerber für eine angemessene Zeit bis zur nachgewiesenen Wiederherstellung ihrer Zuverlässigkeit ausgeschlossen werden, die wegen eines Verstoßes nach § 21 mit einer Geldbuße von wenigstens zweitausendfünfhundert Euro belegt worden sind.
(2) Die für die Verfolgung oder Ahndung der Ordnungswidrigkeiten nach § 21 zuständigen Behörden dürfen öffentlichen Auftraggebern nach § 99 des Gesetzes gegen Wettbewerbsbeschränkungen und solchen Stellen, die von öffentlichen Auftraggebern zugelassene Präqualifikationsverzeichnisse oder Unternehmer- und Lieferantenverzeichnisse führen, auf Verlangen die erforderlichen Auskünfte geben.
(3) Öffentliche Auftraggeber nach Absatz 2 fordern im Rahmen ihrer Tätigkeit beim Gewerbezentralregister Auskünfte über rechtskräftige Bußgeldentscheidungen wegen einer Ordnungswidrigkeit nach § 21 Absatz 1 oder Absatz 2 an oder verlangen von Bewerberinnen oder Bewerbern eine Erklärung, dass die Voraussetzungen für einen Ausschluss nach Absatz 1 nicht vorliegen. Im Falle einer Erklärung der Bewerberin oder des Bewerbers können öffentliche Auftraggeber nach Absatz 2 jederzeit zusätzlich Auskünfte des Gewerbezentralregisters nach § 150a der Gewerbeordnung anfordern.
(4) Bei Aufträgen ab einer Höhe von 30 000 Euro fordert der öffentliche Auftraggeber nach Absatz 2 für die Bewerberin oder den Bewerber, die oder der den Zuschlag erhalten soll, vor der Zuschlagserteilung eine Auskunft aus dem Gewerbezentralregister nach § 150a der Gewerbeordnung an.
(5) Vor der Entscheidung über den Ausschluss ist die Bewerberin oder der Bewerber zu hören.

§ 20 Pflichten des Arbeitgebers zur Zahlung des Mindestlohns

Arbeitgeber mit Sitz im In- oder Ausland sind verpflichtet, ihren im Inland beschäftigten Arbeitnehmerinnen und Arbeitnehmern ein Arbeitsentgelt mindestens in Höhe des Mindestlohns nach § 1 Absatz 2 spätestens zu dem in § 2 Absatz 1 Satz 1 Nummer 2 genannten Zeitpunkt zu zahlen.

§ 21 Bußgeldvorschriften

(1) Ordnungswidrig handelt, wer vorsätzlich oder fahrlässig
1. entgegen § 15 Satz 1 in Verbindung mit § 5 Absatz 1 Satz 1 Nummer 1 oder 3 des Schwarzarbeitsbekämpfungsgesetzes eine Prüfung nicht duldet oder bei einer Prüfung nicht mitwirkt,
2. entgegen § 15 Satz 1 in Verbindung mit § 5 Absatz 1 Satz 1 Nummer 2 des Schwarzarbeitsbekämpfungsgesetzes das Betreten eines Grundstücks oder Geschäftsraums nicht duldet,
3. entgegen § 15 Satz 1 in Verbindung mit § 5 Absatz 5 Satz 1 des Schwarzarbeitsbekämpfungsgesetzes Daten nicht, nicht richtig, nicht vollständig, nicht in der vorgeschriebenen Weise oder nicht rechtzeitig übermittelt,
4. entgegen § 16 Absatz 1 Satz 1 oder Absatz 3 Satz 1 eine Anmeldung nicht, nicht richtig, nicht vollständig, nicht in der vorgeschriebenen Weise oder nicht rechtzeitig vorlegt oder nicht, nicht richtig, nicht vollständig, nicht in der vorgeschriebenen Weise oder nicht rechtzeitig zuleitet,
5. entgegen § 16 Absatz 1 Satz 3, auch in Verbindung mit Absatz 3 Satz 2, eine Änderungsmeldung nicht, nicht richtig, nicht vollständig, nicht in der vorgeschriebenen Weise oder nicht rechtzeitig macht,
6. entgegen § 16 Absatz 2 oder 4 eine Versicherung nicht, nicht richtig oder nicht rechtzeitig beifügt,
7. entgegen § 17 Absatz 1 Satz 1, auch in Verbindung mit Satz 2, eine Aufzeichnung nicht, nicht richtig, nicht vollständig oder nicht rechtzeitig erstellt oder nicht oder nicht mindestens zwei Jahre aufbewahrt,
8. entgegen § 17 Absatz 2 eine Unterlage nicht, nicht richtig, nicht vollständig oder nicht in der vorgeschriebenen Weise bereithält oder
9. entgegen § 20 das dort genannten Arbeitsentgelt nicht oder nicht rechtzeitig zahlt.

(2) Ordnungswidrig handelt, wer Werk- oder Dienstleistungen in erheblichem Umfang ausführen lässt, indem er als Unternehmer einen anderen Unternehmer beauftragt, von dem er weiß oder fahrlässig nicht weiß, dass dieser bei der Erfüllung dieses Auftrags
1. entgegen § 20 das dort genannte Arbeitsentgelt nicht oder nicht rechtzeitig zahlt oder
2. einen Nachunternehmer einsetzt oder zulässt, dass ein Nachunternehmer tätig wird, der entgegen § 20 das dort genannte Arbeitsentgelt nicht oder nicht rechtzeitig zahlt.

(3) Die Ordnungswidrigkeit kann in den Fällen des Absatzes 1 Nummer 9 und des Absatzes 2 mit einer Geldbuße bis zu fünfhunderttausend Euro, in den übrigen Fällen mit einer Geldbuße bis zu dreißigtausend Euro geahndet werden.

(4) Verwaltungsbehörden im Sinne des § 36 Absatz 1 Nummer 1 des Gesetzes über Ordnungswidrigkeiten sind die in § 14 genannten Behörden jeweils für ihren Geschäftsbereich.
(5) Für die Vollstreckung zugunsten der Behörden des Bundes und der bundesunmittelbaren juristischen Personen des öffentlichen Rechts sowie für die Vollziehung des dinglichen Arrestes nach § 111e der Strafprozessordnung in Verbindung mit § 46 des Gesetzes über Ordnungswidrigkeiten durch die in § 14 genannten Behörden gilt das Verwaltungs-Vollstreckungsgesetz des Bundes.

Abschnitt 4
Schlussvorschriften

§ 22 Persönlicher Anwendungsbereich

(1) Dieses Gesetz gilt für Arbeitnehmerinnen und Arbeitnehmer. Praktikantinnen und Praktikanten im Sinne des § 26 des Berufsbildungsgesetzes gelten als Arbeitnehmerinnen und Arbeitnehmer im Sinne dieses Gesetzes, es sei denn, dass sie
1. ein Praktikum verpflichtend aufgrund einer schulrechtlichen Bestimmung, einer Ausbildungsordnung, einer hochschulrechtlichen Bestimmung oder im Rahmen einer Ausbildung an einer gesetzlichen geregelten Berufsakademie leisten,
2. ein Praktikum von bis zu drei Monaten zur Orientierung für eine Berufsausbildung oder für die Aufnahme eines Studiums leisten,
3. ein Praktikum von bis zu drei Monaten begleitend zu einer Berufs- oder Hochschulausbildung leisten, wenn nicht zuvor ein solches Praktikumsverhältnis mit demselben Ausbildenden bestanden hat oder
4. an einer Einstiegsqualifizierung nach § 54a des Dritten Buches Sozialgesetzbuch oder an einer Berufsausbildungsvorbereitung nach §§ 68 bis 70 des Berufsbildungsgesetzes teilnehmen.

Praktikantin oder Praktikant ist unabhängig von der Bezeichnung des Rechtsverhältnisses, wer sich nach der tatsächlichen Ausgestaltung und Durchführung des Vertragsverhältnisses für eine begrenzte Dauer zum Erwerb praktischer Kenntnisse und Erfahrungen einer bestimmten betrieblichen Tätigkeit zur Vorbereitung auf eine berufliche Tätigkeit unterzieht, ohne dass es sich dabei um eine Berufsausbildung im Sinne des Berufsbildungsgesetzes oder um eine damit vergleichbare praktische Ausbildung handelt.
(2) Personen im Sinne von § 2 Absatz 1 und 2 des Jugendarbeitsschutzgesetzes ohne abgeschlossene Berufsausbildung gelten nicht als Arbeitnehmerinnen und Arbeitnehmer im Sinne dieses Gesetzes.

(3) Von diesem Gesetz nicht geregelt wird die Vergütung von zu ihrer Berufsausbildung Beschäftigten sowie ehrenamtlich Tätigen.
(4) Für Arbeitsverhältnisse von Arbeitnehmerinnen und Arbeitnehmern, die unmittelbar vor Beginn der Beschäftigung langzeitarbeitslos im Sinne des § 18 Absatz 1 des Dritten Buches Sozialgesetzbuch waren, gilt der Mindestlohn in den ersten sechs Monaten der Beschäftigung nicht. Die Bundesregierung hat den gesetzgebenden Körperschaften zum 1. Juni 2016 darüber zu berichten, inwieweit die Regelung nach Satz 1 die Wiedereingliederung von Langzeitarbeitslosen in den Arbeitsmarkt gefördert hat, und eine Einschätzung darüber abzugeben, ob diese Regelung fortbestehen soll.

§ 23 Evaluation

Dieses Gesetz ist im Jahr 2020 zu evaluieren.

Einleitung

Inhaltsübersicht Rn.

1. Diskussion um die Einführung eines gesetzlichen Mindestlohns

1 Wegen der **Privatautonomie** – die die Individualparteien, die einzelnen Arbeitnehmer und Arbeitgeber in Anspruch nehmen – und der **Tarifautonomie** – ein Bereich, »in dem die Tarifvertragsparteien ihre Angelegenheiten grundsätzlich selbstverantwortlich und ohne staatliche Einflussnahme regeln können«[1] – war eine staatliche Regelung der Arbeitsvergütung früher rechtlich und faktisch die Ausnahme. Vor allem gab es nach dem früher geltenden Recht in Deutschland keinen gesetzlichen Mindestlohn. Ein Regelungskonzept der Zurückhaltung des Staats bei der Regulierung des Arbeitsentgelts ist plausibel, solange der **Schutz der strukturell unterlegenen Vertragspartei**, d. h. der Arbeitnehmer, vor Übervorteilung bei der privatautonomen Gestaltung der Arbeitsvergütung durch den **kollektiven Schutz über Tarifverträge** ausgeglichen wird. »Das Tarifvertragssystem ist darauf angelegt, die strukturelle Unterlegenheit der einzelnen Arbeitnehmer beim Abschluss von Arbeitsverträgen durch kollektives Handeln auszugleichen und damit ein annähernd gleichgewichtiges Aushandeln der Löhne und Arbeitsbedingungen zu ermöglichen.«[2] Das System wird prekär, wenn und soweit der tarifvertragliche Schutz nicht mehr greift (vgl. Rn. 3 ff.).

2 In den anderen Staaten der **Europäischen Union (EU)** stellte sich die Situation anders dar. Im Jahr 2014 hatten 21 von 28 Staaten in der EU allgemeine, zwingende Mindestlöhne. 2015 kam Deutschland hinzu. In mit Deutschland vergleichbaren Staaten in Europa gibt es folgende Mindestlöhne in Euro pro Stunde (umgerechnet in Kaufkraftstandards):[3]

Luxemburg	12,38	(9,03)
Frankreich	10,15	(8,49)
Niederlande	10,14	(8,35)
Irland	10,10	(7,10)
Belgien	9,66	(7,35)
Großbritannien	9,93	(7,62)

1 BVerfG 4. 7. 1995 – 1 BvF 2/86 und 1, 2, 3, 4/87 und 1 BvR 1421/86, BVerfGE 92, 365, 394.

2 BVerfG 4. 7. 1995 – 1 BvF 2/86, 1, 2, 3, 4/87, 1 BvR 1421/86, BVerfGE 92, 365, 395; BVerfG 26. 6. 1991 – 1 BvR 779/85, BVerfGE 84, 212, 229.

3 Stand: April 2020. Alle Zahlenangaben nach *Schulten/Lübker*, WSI-Mindestlohnbericht 2020, WSI-Mitteilungen 2020, S. 119 ff. Umrechnung in Kaufkraftstandards (KKS) in Euro-Basis aufgrund der von der Weltbank für 2018 ausgewiesenen Kaufkraftparitäten für den privaten Konsum.

In Kaufkraftstandards (KKS) umgerechnet lag der deutsche Mindestlohn im Jahr 2020 in Höhe von 9,35 Euro bei 8,27 Euro und damit in Europa (hinter Luxemburg, Frankreich und Niederlande) an vierter Stelle. In Prozent des Medianlohns umgerechnet liegt Deutschland mit dem Mindestlohn nur bei 45,6 % und damit weit entfernt von den 60 % des Medianlohns, die als angemessen angesehen werden.

a. Rückgang der Tarifbindung

Zu unterscheiden sind die rechtliche und die faktische **Tarifbindung**. Tarifgebunden im Sinne einer »normativen« (gleichsam gesetzlichen) Bindung sind die Mitglieder der Tarifvertragsparteien (sog. Flächen- oder Verbandstarifverträge) und die Unternehmen, die selbst Partei eines Tarifvertrags sind (sog. Firmentarifverträge). Diese rechtliche Tarifbindung setzt die Mitgliedschaft sowohl der Beschäftigten in einer Gewerkschaft als auch der Unternehmen in einem Arbeitgeberverband voraus. 3

Der **gewerkschaftliche Organisationsgrad** lag in den 1980er Jahren bei über einem Drittel, im Jahr 2013 aber nur noch bei knapp 18 % der Beschäftigten, in vielen Dienstleistungsbereichen sogar unter 10 %.[4] 2017 lag der Organisationsgrad in den DGB-Gewerkschaften bei 15 %. Nach anderen Daten (die alle Gewerkschaften und gewerkschaftsähnliche Organisationen berücksichtigen) lag der gewerkschaftliche Organisationsgrad im Jahr 2016 bei 20,7%.[5] 4

Über die Mitgliederstärke der **Arbeitgeberverbände** gibt es branchenübergreifend keine verlässlichen Daten. Bekannt ist die Entwicklung eines der größten Arbeitgeberverbände, nämlich in der Metall- und Elektroindustrie (»Gesamtmetall«). Bis Ende der 1980er Jahre waren rund 75 % der Beschäftigten in der westdeutschen Metall- und Elektroindustrie in einem Betrieb beschäftigt, der Mitglied im Arbeitgeberverband war. Im Jahr 2003 galt das nur noch für 59 % der Beschäftigten in Westdeutschland und für 21 % in Ostdeutschland.[6]

Ein weiterer Fall der normativen Bindung ist die staatliche **Allgemeinverbindlicherklärung** von Tarifverträgen (§ 5 TVG). Das betrifft jedoch nur rund 1 % aller Tarifverträge. Neben dieser normativen Bindung gibt es die vertragliche »Bindung« durch tatsächliche Anwendung der Tarifregelungen 5

4 Vgl. *Dribbusch/Birke*, Die DGB-Gewerkschaften seit der Krise, 2014, S. 6.; *Dribbusch*, WSI-Diskussionspapier Nr. 172, 2010, S. 30.

5 Vgl. *Hassel/Schroeder*, Gewerkschaften 2030, WSI-Report Nr. 44, S. 6.

6 Vgl. *Schnabel*, Gewerkschaften und Arbeitgeberverbände: Organisationsgrade, Tarifbindung und Einflüsse auf Lohn und Beschäftigung, ZAF 2005, S. 181–196.

oder durch **Bezugnahme- oder Verweisungsklauseln im Arbeitsvertrag**. Das ist faktisch die häufigste Form der Anwendbarkeit von Tarifverträgen.

6 Das Forschungsinstitut der Bundesagentur für Arbeit, das Institut für Arbeitsmarkt- und Berufsforschung (IAB), erhebt jährlich mit dem IAB-Betriebspanel durch Befragung von Unternehmen u.a. die **faktische Tarifbindung**. Danach lässt sich ein Rückgang der Tarifbindung (Verbands- und Firmentarifverträge zusammengenommen) feststellen.[7] Die Tarifbindung der Beschäftigten sank in Westdeutschland von 76% im Jahr 1998 auf 53% im Jahr 2019, in Ostdeutschland von 63% (1998) auf 45% (2019).[8] Stellt man auf die Tarifbindung der Betriebe ab, sank diese in Westdeutschland von 52,5% im Jahr 1998 auf 29% im Jahr 2019, in Ostdeutschland von 33,4% auf 20% (2019). Stellt man auf die Bindung der Beschäftigten an einen Flächentarifvertrag (Branchentarifvertrag) in der Privatwirtschaft ab (also ohne öffentlichen Dienst), sank diese in Westdeutschland von 65% im Jahr 1998 auf 41% im Jahr 2019, in Ostdeutschland von 43% auf 28%.[9]

b. Entwicklung des Niedriglohnsektors

7 Der Niedriglohn wird entsprechend den internationalen Gepflogenheiten der OECD[10] definiert als ein Lohn unterhalb von zwei Dritteln des Medianverdiensts (mittleren Einkommens).[11] Die unteren und die höheren Löhne haben sich in den letzten Jahrzehnten auseinanderentwickelt. Man spricht von einer zunehmenden Lohnspreizung.[12] Für die Jahre ab 2010 wird davon ausgegangen, dass die Lohnungleichheit in Deutschland zumindest nicht

7 Die Daten werden anhand des IAB-Betriebspanels jährlich erhoben und von Ellguth/Kohaut (Mitarbeiter des IAB) jährlich in den WSI-Mitteilungen veröffentlicht, vgl. zuletzt *Ellguth/Kohaut*, WSI-Mitteilungen 2020, S. 278–285.

8 Vgl. zusammenfassend *Dribbusch/Birke*, Die DGB-Gewerkschaften seit der Krise, 2014, S. 9f., sowie für das Jahr 2019: *Ellguth/Kohaut*, WSI-Mitteilungen 2020, S. 278ff.

9 *Ellguth/Kohaut*, WSI-Mitteilungen 2020, S. 278ff.

10 Organisation für wirtschaftliche Zusammenarbeit und Entwicklung (englisch: Organisation for Economic Co-operation and Development, OECD).

11 Der Median ist der mittlere Lohn, bei dem die Hälfte aller Beschäftigten mehr und die andere Hälfte weniger verdient. Er ist vom Durchschnittsverdienst zu unterscheiden, der durch das arithmetische Mittel aller Löhne berechnet wird.

12 Vgl. *Antonczyk/Fitzenberger/Sommerfeld*, Anstieg der Lohnungleichheit, Rückgang der Tarifbindung und Polarisierung, ZAF 2011, 15ff.

mehr zunimmt und für manche Gruppen sogar rückläufig sei.[13] Nach den Angaben des Statistischen Bundesamtes gilt Folgendes:[14]

Der Verdienstabstand zwischen Gering- und Besserverdienenden hat sich zwischen 2014 und 2018 leicht verringert. Nachdem das Statistische Bundesamt (Destatis) im Jahr 2014 einen Stopp der sogenannten Lohnspreizung berichtet hatte, zeigen die Ergebnisse der Verdienststrukturhebung 2018 erstmals eine Tendenz zur Lohnangleichung zwischen Gering- und Besserverdienenden: 2018 erzielten Besserverdienende das 3,27fache des Bruttostundenverdiensts von Geringverdienenden, während es 2014 noch das 3,48fache gewesen war. Besonders deutlich schließt sich die Lohnschere in Ostdeutschland. Hier erzielten Besserverdienende 2018 einen um das 2,80fache höheren Bruttostundenverdienst als Geringverdienende, 2014 war es noch das 3,31fache gewesen. In Westdeutschland war dieser Trend deutlich schwächer (2014: 3,47fache; 2018: 3,29fache). Eine Angleichung des Verdienstunterschieds zwischen Ost- und Westdeutschland ist insbesondere bei den Geringverdienenden (untere 10 % der Lohnskala) zu beobachten. Ein Auslöser dieser Entwicklung ist der zum 1. 1. 2015 eingeführte bundeseinheitliche gesetzliche Mindestlohn. Bei den Besserverdienenden (obere 10 % der Lohnskala) ist eine Angleichung zwischen Ost und West hingegen nicht zu beobachten.

Insgesamt zählten 2018 gut ein Fünftel (21,1%) der Beschäftigungsverhältnisse in Deutschland zum Niedriglohnsektor, wobei dieser Anteil in Ostdeutschland mit 29,1% noch immer deutlich größer war als in Westdeutschland (einschließlich Berlin) mit 20 %. Während der Anteil der Beschäftigungsverhältnisse unter der Niedriglohnschwelle in Ostdeutschland 2018 im Vergleich zu 2014 um 5,4 Prozentpunkte gesunken ist, stieg er in Westdeutschland leicht um 0,7 Prozentpunkte. Wenngleich hier eine Tendenz zur Annäherung erkennbar ist, war der Anteil der Beschäftigungsverhältnisse im Niedriglohnsektor im Osten 2018 aber noch immer um 9,1 Prozentpunkte höher als im Westen. Der Anteil der Beschäftigungsverhältnisse im Hochlohnbereich ging sowohl in Ost- als auch in Westdeutschland leicht zurück. Dabei lag er 2018 im Westen mit 22,3% fast doppelt so hoch wie im Osten mit 11,2%.

Nach Untersuchungen des Deutschen Instituts für Wirtschaftsforschung 8
(DIW) auf der Basis des Sozio-oekonomischen Panels (SOEP) lag die **Niedriglohngrenze 2011 bei 9,49 Euro** und die Niedriglohnquote bei 24 %. 17 %

13 *Möller*, Wirtschaftsdienst 2016, Sonderheft, S. 38–44, hier S. 44; *Fedorets/Grabka/Schröder/Seebauer*, Lohnungleichheit in Deutschland sinkt, DIW-Wochenbericht 7/2020, S. 92–97; *Fitzenberger/Seidlitz*, Die Lohnungleichheit von Vollzeitbeschäftigten in Deutschland: Rückblick und Überblick, IAB-Discussion Paper 19/2020.

14 Statistisches Bundesamt, Pressemitteilung Nr. 354 vom 14. 9. 2020.

der Beschäftigten verdienten unter 8,50 Euro, das waren 5,6 Millionen Beschäftigte.[15] Nach den Daten für das Jahr 2012 verdienten **15 % der Beschäftigten unter 8,50 Euro**, das waren 5,2 Millionen Beschäftigte.[16]

9 Der Niedriglohnanteil ist bei **geringfügig Beschäftigten** (»Mini-Jobs«) besonders hoch.[17] Die **Ausweitung der geringfügigen Beschäftigung** hat seine Ursache hauptsächlich in der gesetzlichen Neuregelung der »rot-grünen« Koalition durch das »Zweite Gesetz für moderne Dienstleistungen am Arbeitsmarkt« (»Hartz II«) zum 1. 4. 2003. Die Geringfügigkeitsgrenze wurde von 325 Euro auf 400 Euro angehoben und vor allem die bis dahin geltende Begrenzung der Arbeitszeit auf maximal 15 Wochenstunden ersatzlos gestrichen; zudem wurde die erst 1999 eingeführte Steuer- und Sozialabgabenpflicht für geringfügige Nebenjobs wieder abgeschafft. Seit 1. 1. 2013 liegt die Grenze bei 450 Euro. Über die Abgabenprivilegierung der »Mini-Jobs« gibt es selbst im juristischen Schrifttum eine intensive Debatte. Vielfach wird deren Abschaffung gefordert.[18] Durch die Einführung des gesetzlichen Mindestlohns in Höhe von 8,50 Euro wird nunmehr faktisch wieder eine Stundenbegrenzung eingeführt. Damit die 450-Euro-Grenze nicht überschritten wird, dürfen die geringfügig Beschäftigten maximal 52,9 Stunden monatlich arbeiten, wegen der Erhöhung des Mindestlohns ab 2017 nur noch maximal 50,9 Stunden (vgl. § 1 MiLoG Rn. 8).

10 Niedriglöhne waren selbst in Tarifverträgen nicht selten (vgl. 4. Auflage, Einleitung, Rn. 12). Nach Ende der Übergangsregelung (§ 24 MiLoG) zum 31. 12. 2017 sind Unterschreitungen des jeweiligen allgemeinen Mindestlohns durch Tarifverträge nicht mehr zulässig (§ 3 MiLoG).

11 **Zusammenfassend** kann man von einem beachtlichen **Niedriglohnsektor** in Deutschland ausgehen.[19] Seit 1995 lässt sich zunächst ein Anstieg des Niedriglohnsektors feststellen (Anteil der Beschäftigten mit Stundenlöhnen unterhalb der Niedriglohnschwelle). Er stieg in Deutschland von 15 % im Jahr 1995 auf 17,5% im Jahr 2000, auf 20 % im Jahr 2004 und auf 22 % im Jahr 2006.[20] Im Jahr 2008 lag der Anteil der Beschäftigten mit Stundenlöhnen unterhalb der Niedriglohnschwelle bei 24 %. Seitdem stagniert der Niedriglohnsektor auf diesem Niveau. In Ostdeutschland sinkt der Anteil sogar, allerdings auf hohem Niveau (von 38,8% im Jahr 1996, von 40,8%

---

15 *Brenke/Müller*, DIW-Wochenbericht 39/2013.

16 *Brenke*, DIW-Wochenbericht 5/2014.

17 Vgl. *Voss/Weinkopf*, WSI-Mitteilungen 2012, S. 5–12.

18 Vgl. *Griese/Preis/Kruchen*, NZA 2013, 113 ff.; *Waltermann*, NJW 2013, 118 ff.

19 Vgl. *Grabka/Göbler*, Der Niedriglohnsektor in Deutschland, 2020; zur Entwicklung der Niedriglohnbeschäftigung: *Bosch/Weinkopf*, WSI-Mitteilungen 2011, S. 439 ff.

20 *Bosch/Kalina/Weinkopf*, WSI-Mitteilungen 2008, S. 423 ff.

im Jahr 2007 auf 36,6% im Jahr 2012).[21] Volkswirtschaftlich ist die Bedeutung des Niedriglohnsektors allerdings gering. Drei Viertel der Beschäftigten arbeiten für Löhne oberhalb des Niedriglohns. Durch den gesetzlichen Mindestlohn im Jahr 2015 in Höhe von 8,50 Euro stieg die Gesamtbruttolohnsumme gerade einmal um 3 %.[22]

Auf der Grundlage der Daten der Verdienststrukturerhebung lag die Niedriglohngrenze (zur Definition vgl. Rn. 7) im Jahr 2010 bei 10,36 Euro. 20,6% aller Beschäftigten waren im Niedriglohnsektor beschäftigt. Nach der **Verdienststrukturerhebung 2014** lag die Niedriglohngrenze bei 10,00 Euro. 20,5% aller Beschäftigten waren im Niedriglohnsektor beschäftigt. Das waren 2,2 Millionen Normalbeschäftigte und 4,9 Millionen atypisch Beschäftigte.[23] In den neuen Bundesländern (ohne Berlin) lag die Niedriglohnbeschäftigung bei 33,7% (in den alten Bundesländern einschließlich Berlin bei 18,4%). Besonders hoch war der Anteil der Niedriglohnbeschäftigten in der Land- und Forstwirtschaft/Fischerei mit 53,8% und im Gastgewerbe mit 66,8%.[24] 12

Auf der Grundlage der Daten des Sozio-ökonomischen Panels (SOEP) lag die Niedriglohngrenze im Jahr 2016 bei 10,44 Euro. 22,7% aller Beschäftigten waren danach im Niedriglohnsektor beschäftigt (in Ostdeutschland 35,0%, in Westdeutschland 20,3%).[25] 13

Der **Mindestlohn** als verbindlich festgelegte untere Entgeltgrenze liegt **deutlich unterhalb der Niedriglohngrenze**. Durch die Einführung des Mindestlohns hat sich die Zahl der Niedriglohnempfänger kaum verändert. Die Einführung des Mindestlohns führte somit nicht dazu, dass auch die Löhne oberhalb der Niedriglohngrenze anstiegen. Es gab also keinen »Spillover« oder »Kaminzug«-Effekt des Mindestlohns auf Stundenlöhne, die oberhalb der Niedriglohngrenze lagen.[26] 14

c. Forderungen nach Einführung eines gesetzlichen Mindestlohns

Politische Lohnregulierung, also die Festlegung der Lohnhöhe durch das Parlament, galt in Deutschland jahrzehntelang als Tabu. Auch die **Gewerkschaften**, vor allem die Industriegewerkschaften IG Metall und die IG BCE, 15

21 Vgl. *Knuth*, Rosige Zeiten am Arbeitsmarkt? – Strukturreformen und »Beschäftigungswunder«, 2014, S. 58 ff.

22 *Brenke/Müller*, DIW-Wochenbericht 39/2013, S. 9 f.

23 Zu den atypisch Beschäftigten gehören befristet Beschäftigte, Teilzeitbeschäftigte mit bis zu 20 Wochenstunden, geringfügig Beschäftigte sowie Personen in Leiharbeit.

24 Alle Zahlenangaben nach Datenreport 2018, Tabelle 6, S. 175.

25 Alle Zahlenangaben nach *Kalina/Weinkopf*, IAQ-Report 6/2018.

26 Datenreport 2018, S. 182.

waren unter Hinweis auf die Tarifautonomie zunächst überwiegend gegen einen gesetzlichen Mindestlohn. Die Gewerkschaft Nahrung, Genuss, Gaststätten (NGG) war die erste, die sich dafür aussprach, und zwar bereits auf dem Gewerkschaftstag 1999 – kein Wunder, vertritt diese doch Branchen wie das Hotel- und Gaststättengewerbe, in denen Niedriglöhne weit verbreitet sind und die gewerkschaftliche Durchsetzungskraft gering ist. Daneben trat die Dienstleistungsgewerkschaft ver.di frühzeitig für einen gesetzlichen Mindestlohn ein – im Dienstleistungsbereich sind im Vergleich zur Industrie Niedriglöhne überproportional verbreitet und der gewerkschaftliche Organisationsgrad ist niedriger als in den Industriebetrieben. Erst der DGB-Bundeskongress 2006 hat als einheitliche gewerkschaftliche Position einen gesetzlichen Mindestlohn damals in Höhe von 7,50 Euro gefordert, der DGB-Bundeskongress 2010 erhöhte auf 8,50 Euro.[27]

16 Angesichts der Fakten (Rückgang der Tarifbindung, Ausweitung des Niedriglohnsektors) gab es jedoch durchaus seit einigen Jahren Forderungen, einen gesetzlichen Mindestlohn einzuführen[28] – der Beginn der Debatte reicht bis in die 1990er Jahre zurück.[29] Diese Überlegungen wurden in der **15. Legislaturperiode (2002 bis 2005)** unter der »rot-grünen« Bundesregierung auch im parlamentarischen Raum aufgegriffen. In gleichlautenden Gesetzentwürfen der Fraktionen der SPD und Bündnis 90/Die Grünen[30] sowie der Bundesregierung[31] war vorgeschlagen worden, dass AEntG auf alle Branchen auszuweiten. Bezweckt war damit nicht der »Erlass staatlicher Mindestlöhne«. Erforderlich wäre vielmehr die Vereinbarung bundesweit flächendeckender branchenweiter Tarifverträge gewesen, so dass die Initiative bei den Tarifvertragsparteien verbleiben sollte. Der damals CDU/CSU-dominierte Bundesrat reagierte ablehnend. Die Ausweitung des Anwendungsbereichs des AEntG bedeute »de facto die Einführung eines gesetzlichen Mindestlohns durch die Hintertür, mit der Gefahr einer weiteren Steigerung der ohnehin schon zu hohen Arbeitskosten in Deutschland und daraus resultierend einer weiteren Verdrängung von Arbeitsplätzen gerade des Niedriglohnsektors ins Ausland«.[32] Zwar verteidigte die Bundesregie-

27 Vgl. zur Entwicklung der innergewerkschaftlichen Debatte *Dribbusch/Birke*, Die DGB-Gewerkschaften seit der Krise, 2014, S. 24f.

28 Vgl. *Peter/Wiedemuth*, WSI-Mitteilungen 2003, 429ff.; *Bispinck/Schäfer/Schulten*, WSI-Mitteilungen 2004, 575–577; *Bispinck/Schulten*, WSI-Mitteilungen 2008, 151ff.

29 Vgl. *Schäfer*, WSI-Mitteilungen 1991, 711–724; *Pohl/Schäfer*, Niedriglöhne. Die unbekannte Realität: Armut trotz Arbeit, 1996; vgl. auch *Schäfer*, WSI-Mitteilungen 2000, 534–550; *Schäfer*, WSI-Mitteilungen 2003, 420–428.

30 BT-Drs. 15/5445.

31 BR-Drs. 362/05.

32 BT-Drs. 15/5810, S. 6 (Stellungnahme des Bundesrats).

rung in ihrer Gegenäußerung das Gesetzesvorhaben,[33] es versandete jedoch im Bundestag in den Ausschussberatungen und erledigte sich durch die vorzeitige Auflösung des Bundestags und die Neuwahlen am 18.9.2005.

In der **16. Legislaturperiode (2005 bis 2009)** unter der »großen Koalition« 17
aus CDU/CSU und SPD war in der Koalitionsvereinbarung angekündigt worden, das AEntG auf die für allgemeinverbindlich erklärten Tarifverträge des Gebäudereinigerhandwerks auszudehnen. »Eine weitere Ausdehnung auf weitere Branchen wird die Koalition prüfen, wenn entsprechende unerwünschte soziale Verwerfungen durch Entsendearbeitnehmer nachgewiesen werden und in diesen Branchen Tarifverträge gelten, die zuvor nach den Regelungen des Tarifvertragsgesetzes für allgemeinverbindlich erklärt worden sind. Da für das Gebäudereinigerhandwerk ein entsprechender allgemeinverbindlich erklärter Tarifvertrag vorliegt, wird für diese Branche unverzüglich die Erweiterung des Entsendegesetzes von der Koalition vorgenommen.« Es kam dann schließlich 2009 zu der Kompromisslösung »Ausweitung des Arbeitnehmer-Entsendegesetzes und Novellierung des Mindestarbeitsbedingungengesetzes« (vgl. Rn. 76). Die Forderung nach einem allgemeinen gesetzlichen Mindestlohn wurde weiterhin erhoben. Sogar der 68. Deutsche Juristentag 2010 hat sich mehrheitlich dafür ausgesprochen.[34]

In der **17. Legislaturperiode (2009 bis 2013)** hatte die CDU/CSU-FDP-Ko- 18
alition keine Ambitionen, einen gesetzlichen Mindestlohn einzuführen. Die SPD-Fraktion brachte im Februar 2011 einen Entwurf eines »Gesetzes über die Festsetzung des Mindestlohnes (Mindestlohngesetz)« in den Bundestag ein,[35] ebenso DIE GRÜNEN[36] und DIE LINKE.[37] SPD und GRÜNE nutzten zusammen mit dem »rot-rot« regierten Bundesland Brandenburg ihre Mehrheit im Bundesrat (nach der Landtagswahl in Niedersachsen) dazu, um am 1.3.2013 einen Entwurf eines »Gesetzes über die Festsetzung des Mindestlohns – Mindestlohngesetz« zu verabschieden.[38] Bereits im September 2012 brachte der von einer »großen Koalition« aus CDU und SPD regierte Freistaat Thüringen ebenfalls einen Entwurf zu einem Mindestlohngesetz in den Bundesrat ein.[39] Der Bundesrat hatte die Beratung über den Thüringer Entwurf zurückgestellt und stattdessen den Mindestlohnentwurf der »rot-

33 BT-Drs. 15/5810, S. 7.

34 Beschlüsse in NZA 2010, 1164, 1165.

35 BT-Drs. 17/4665.

36 BT-Drs. 17/4435.

37 BT-Drs. 17/8026, BT-Drs. 17/8148.

38 BT-Drs. 17/12857, zurückgehend auf einen Gesetzesantrag der Länder Rheinland-Pfalz, Baden-Württemberg, Brandenburg, Bremen, Hamburg, Nordrhein-Westfalen, Schleswig-Holstein vom 21.2.2013, BR-Drs. 136/13.

39 Gesetzesantrag des Freistaats Thüringen vom 11.9.2012, BR-Drs. 542/12.

rot-grün«-regierten Bundesländer beschlossen. Ihm stimmten auch die von »großen Koalitionen« geführten Bundesländer Saarland und Mecklenburg-Vorpommern zu.[40] Im Bundestag gab es angesichts der CDU/CSU-FDP-Mehrheit für den Gesetzentwurf des Bundesrats keine parlamentarische Mehrheit.

19 In der **18. Legislaturperiode** (2013 bis 2017) wurde eine neuerliche »große Koalition« aus CDU/CSU und SPD gebildet. Nach dem Koalitionsvertrag sollte zum 1.1.2015 »ein flächendeckender gesetzlicher Mindestlohn von 8,50 Euro brutto je Zeitstunde für das ganze Bundesgebiet gesetzlich eingeführt« werden.[41] Zusätzlich hatten die Koalitionsparteien die Ausweitung des AEntG vereinbart, um die Verankerung *tariflicher* Mindestlöhne für alle Branchen zu ermöglichen. Zudem sollte die Allgemeinverbindlicherklärung von Tarifverträgen (§ 5 TVG) erleichtert werden, dies vor allem auch für Tarifverträge oberhalb des Niveaus von Mindestlöhnen. Das Vorhaben wurde zügig umgesetzt. Die Bundesregierung hatte am 2.4.2013 den Entwurf eines »Gesetzes zur Stärkung der Tarifautonomie (Tarifautonomiestärkungsgesetz)« beschlossen. Es handelt sich um ein sog. **Artikelgesetz**, dessen Artikel 1 das Gesetz zur Regelung eines allgemeinen Mindestlohns (Mindestlohngesetz – MiLoG) ist. Der Gesetzentwurf wurde zunächst gem. § 76 Abs. 2 GG dem Bundesrat zugeleitet.[42] Nach der Stellungnahme des Bundesrats und der Gegenäußerung der Bundesregierung zu der Stellungnahme wurde er in den Bundestag eingebracht.[43] Der zuständige Ausschuss des Bundestags für Arbeit und Soziales schlug in seiner Beschlussempfehlung und in seinem Bericht eine Reihe von Änderungen des Gesetzespakets vor.[44] Der Deutsche Bundestag nahm am 3.7.2014 das Gesetz mit den Änderungen an[45] und der Bundesrat stimmte dem Gesetz am 11.7.2014 zu.[46] Das Gesetz zur Stärkung der Tarifautonomie (Tarifautonomiestärkungsgesetz) wurde am 11.8.2014 ausgefertigt und im Bundesgesetzblatt am 15.8.2014 verkündet (BGBl. I S. 1348). Es trat gem. Art. 15 Abs. 1 Tarifautonomiestärkungsgesetz am Tag nach der Verkündung, d.h. am 16.8.2014, in Kraft.

In der **19. Legislaturperiode** (September 2017 bis September 2021) sind Änderungen des MiLoG nicht zu erwarten. Turnusgemäß erfolgte die An-

40 Vgl. zu den Mindestlohnkonzepten im Überblick *Riechert/Stomps*, NJW 2013, S. 1050ff.

41 Koalitionsvertrag zwischen CDU, CSU und SPD für die 18. Legislaturperiode »Deutschlands Zukunft gestalten«, S. 68.

42 BR-Drs. 147/14.

43 BT-Drs. 18/1558.

44 BT-Drs. 18/2010 (neu).

45 BR-Drs. 288/14.

46 BR-Drs. 288/14 (Beschluss).

passung des Mindestlohns durch die Zweite und Dritte Mindestlohnanpassungsverordnung (vgl. § 1 MiLoG Rn. 19).

2. Zur Legitimation der Staatsintervention gegen Niedriglöhne

Der **Grundsatz der Vertragsfreiheit** garantiert den Arbeitsvertragsparteien, sich nach ihrem Gutdünken vertraglich zu binden und den Vertragsinhalt frei auszuhandeln. Die Vertragsfreiheit gilt indes für beide Vertragspartner und bedingt sich wechselseitig. Die ungezügelte Freiheit der einen Vertragspartei kann zur Unfreiheit der anderen Vertragspartei führen. »Hat einer der Vertragsteile ein so starkes Übergewicht, dass er den Vertragsinhalt faktisch einseitig bestimmen kann, bewirkt dies für den anderen Vertragsteil Fremdbestimmung.«[47] Das Prinzip der **formellen Vertragsfreiheit** gründet auf der Annahme eines Gleichgewichts der beiden Vertragsparteien, einer sog. **materiellen Vertragsparität**. Besteht dieses Gleichgewicht faktisch nicht, bedarf es besonderer Ausgleichsmechanismen, damit die formelle Vertragsfreiheit nicht zu einem Diktat der stärkeren Vertragspartei und damit zur Einschränkung der Vertragsfreiheit der unterlegenen Partei führt. Auf dem Arbeitsmarkt gilt: Die Beschäftigten (»Arbeitnehmer«) sind darauf angewiesen, zur Sicherung ihrer Existenz und ihres Lebensstandards ihre Arbeitskraft auf dem Arbeitsmarkt feilzubieten. In der Rechtsprechung des BVerfG ist anerkannt, dass sich die Arbeitnehmer beim Abschluss von Arbeitsverträgen typischerweise in einer Situation »struktureller Unterlegenheit« befinden.[48] Vertragsverhandlungen »auf gleicher Augenhöhe« sind faktisch eine Fiktion. Die durch Art. 12 GG garantierte Berufsfreiheit schützt deshalb auch das Interesse der Arbeitnehmer an **zumutbaren Arbeitsbedingungen**.[49] 20

Die Bedingungen, zu denen die Beschäftigten Arbeitsverträge vereinbaren können, sind abhängig von der Situation auf dem **Arbeitsmarkt**. Besteht ein Überhang an Arbeitskräften – wie in Zeiten der Arbeitslosigkeit –, verschlechtern sich die Chancen für die Arbeitnehmer, die Arbeitskraft zu akzeptablen Bedingungen anzubieten. Die Attraktivität der angebotenen Arbeitskraft steigt mit ihrem Mangel – wie in Zeiten der Vollbeschäftigung – oder wenn der einzelne Arbeitnehmer ein seltenes Produkt, d.h. 21

47 BVerfG 19.10.1993 – 1 BvR 567, 1044/89, BVerfGE 89, 214, 232f.

48 BVerfG 23.11.2006 – 1 BvR 1909/06, NZA 2007, 85, 87; BVerfG 15.7.1998 – 1 BvR 1554/89, 963/94, 964/94, BVerfGE 98, 365, 395; BVerfG 4.7.1995 – 1 BvF 2/86, 1/87, 2/87, 3/87, 4/87, 1 BvR 1421/86, BVerfGE 92, 365, 395; BVerfG 28.1.1992 – 1 BvR 1025/82, 1 BvL 16/83, 10/91, BVerfGE 85, 191, 213; BVerfG 26.6.1991 – 1 BvR 779/85, BVerfGE 84, 212, 229.

49 BVerfG 23.11.2006 – 1 BvR 1909/06, NZA 2007, 85, 86; BVerfG 29.12.2004 – 1 BvR 2283/03, 2504/03, 2582/03, NZA 2005, 153.

eine Arbeitsleistung von besonderer Qualität, anzubieten hat. Deshalb haben Arbeitnehmer, die über besondere Qualifikationen verfügen (z. B. Profifußballspieler), in Mangelberufen qualifiziert sind oder durch andere Besonderheiten hervortreten (z. B. Führungskräfte), im Gegensatz zur Masse der Arbeitnehmer durchaus die Chance, nicht nur theoretisch, sondern auch faktisch um die Bedingungen und den Preis, zu dem sie ihre Arbeitskraft verkaufen, zu verhandeln.

22 Der notwendige Schutz der Beschäftigten wird vor allem durch den kollektiven **Schutz über Tarifverträge** gesichert. »Das Tarifvertragssystem ist darauf angelegt, die strukturelle Unterlegenheit des einzelnen Arbeitnehmers beim Abschluss von Arbeitsverträgen durch kollektives Handeln auszugleichen und damit ein annähernd gleichgewichtiges Aushandeln der Löhne und Arbeitsbedingungen zu ermöglichen.«[50] Das System der Ergänzung der Vertragsfreiheit des einzelnen (Privatautonomie) durch Tarifverträge (Kollektivautonomie) wird problematisch, wenn und soweit der tarifvertragliche Schutz nicht greift. Wenn tarifvertragliche Regelungen keine Anwendung finden, ist im Rahmen des Vertragsrechts sicherzustellen, dass die Privatautonomie nicht zur Fremdbestimmung führt. Die Privatautonomie als »Selbstbestimmung des Einzelnen im Rechtsleben«[51] setzt voraus, dass die Bedingungen der Selbstbestimmung auch tatsächlich gegeben sind,[52] sonst wird Selbstbestimmung zur Fremdbestimmung.[53]

23 Der **Ausgleich gestörter Vertragsparität** gehört zu den Hauptaufgaben des geltenden Zivilrechts. Das geschieht etwa dadurch, dass der Gesetzgeber zwingendes Vertragsrecht für bestimmte Lebensbereiche oder für spezielle Vertragsformen schafft, um das »freie Spiel der Kräfte« zu begrenzen.[54] Das ist nunmehr auch für den Bereich der Arbeitsvergütung durch die Einführung des gesetzlichen Mindestlohns geschehen.

---

50 BVerfG 4.7.1995 – 1 BvF 2/86, 1, 2, 3, 4/87, 1 BvR 1421/86, BVerfGE 92, 365, 395.

51 BVerfG 19.10.1993 – 1 BvR 1044/89, BVerfGE 89, 214, 231.

52 BVerfG 6.2.2001 – 1 BvR 12/92, BVerfGE 103, 89, 100; BVerfG 28.1.1992 – 1 BvR 1025/82, 1 BvL 16/83, 1 BvL 10/91, BVerfGE 85, 191, 213; BVerfG 7.2.1990 – 1 BvR 26/84, BVerfGE 81, 242, 254f.

53 BVerfG 26.7.2005 – 1 BvR 782/94, 957/96, BVerfGE 114, 1, 34; BVerfG 26.7.2005 – 1 BvR 80/95, BVerfGE 114, 73, 90; BVerfG 6.2.2001 – 1 BvR 12/92, BVerfGE 103, 89, 100f.; BVerfG 19.10.1993 – 1 BvR 1044/89, BVerfGE 89, 214, 232; BVerfG 7.2.1990 – 1 BvR 26/84, BVerfGE 81, 242, 254f.

54 BVerfG 6.2.2001 – 1 BvR 12/92, BVerfGE 103, 89, 100ff.; BVerfG 19.10.1993 – 1 BvR 567/89, 1 BvR 1044/89, BVerfGE 89, 214, 229ff.; BVerfG 7.2.1990 – 1 BvR 26/84, BVerfGE 81, 242, 253ff.

3. Verfassungsrechtliche Zulässigkeit eines Mindestlohns

Verfassungsrechtlich bestehen gegen einen gesetzlich festgesetzten Mindestlohn keine Bedenken.[55] Die Legitimation zur gesetzlichen Regulierung folgt aus dem Bestehen eines beachtlichen Niedriglohnsektors und des Rückgangs der Tarifbindung, so dass tarifautonome Lösungsmöglichkeiten faktisch ins Leere laufen. Es besteht ein strukturelles »Funktionsdefizit« der Tarifautonomie im Bereich der Niedrigentgelte.[56] Es lässt sich deshalb kaum bezweifeln, dass die **subsidiäre Schutzfunktion des Gesetzgebers** eine Mindestlohngesetzgebung zu legitimieren vermag.[57] Die durch Art. 9 Abs. 3 GG garantierte Tarifautonomie steht dem Normsetzungsrecht des Gesetzgebers nicht entgegen. Den Koalitionen bleibt es unbenommen, über den gesetzlichen Mindestlohn hinaus das Arbeitsentgelt und weitere Arbeitsbedingungen zu normieren. 24

a. Gerechtfertigter Eingriff in die Koalitionsfreiheit (Art. 9 Abs. 3 GG)

Art. 9 Abs. 3 GG schützt für jedermann das Recht, sich zu Koalitionen zusammenzuschließen bzw. Koalitionen fernzubleiben; die Vorschrift schützt aber auch die Koalition als solche und ihr Recht, durch spezifisch koalitionsentsprechendes Tätigwerden die in Art. 9 Abs. 3 GG genannten Zwecke zu verfolgen. Soweit durch einen gesetzlichen Mindestlohn tarifliche Regelungen verdrängt würden, berührt das allerdings nicht die **negative Koalitionsfreiheit**. Die Koalitionsfreiheit als individuelles Freiheitsrecht umfasst zwar auch das Recht des Einzelnen, einer Koalition fernzubleiben. Der Schutzbereich der negativen Koalitionsfreiheit beschränkt sich jedoch auf ein **Fernbleiberecht der Außenseiter** und schützt nicht vor der gesetzlichen Regulierung von Arbeitsbedingungen.[58] 25

Das Grundrecht der **positiven Koalitionsfreiheit** schützt die Koalitionen in ihrem Bestand, in ihrer organisatorischen Ausgestaltung und in ihren Betätigungen, sofern diese der Förderung der Arbeits- und Wirtschafts- 26

---

55 Vgl. *Lakies*, AuR 2013, 69, 70ff.; *Barczak*, RdA 2014, 290, 294ff.; *Fischer-Lescano/Preis/Ulber*, Verfassungsmäßigkeit des Mindestlohns, 2015; *Riechert/Nimmerjahn*, MiLoG, Einführung Rn. 106ff.; *Schubert*, in: Düwell/Schubert, MiLoG, Einl. Rn. 41ff.; *Waltermann*, Gutachten B zum 68. Deutschen Juristentag 2010, S. 96ff.; a.A. im Hinblick auf die tarifverdrängende Wirkung des Mindestlohns *Henssler*, RdA 2015, 43, 44ff., *Lobinger*, ZfA 2016, 99ff.

56 Vgl. *Waltermann*, NJW 2010, 801; *Bepler*, Gutachten B zum 70. Deutschen Juristentag 2014, S. 10; *Picker*, RdA 2014, 25, 27.

57 Vgl. *Barczak*, RdA 2014, 290, 296; *Picker*, RdA 2014, 25, 28.

58 Vgl. BVerfG 11.7.2006 – 1 BvL 4/00, BVerfGE 116, 202, 218; BVerfG 29.12.2004 – 1 BvR 2283/03, 2504/03, 2582/03, NZA 2005, 153, 155.

bedingungen dienen (**Bestand- und Betätigungsfreiheit**). Der Schutz erstreckt sich auf alle koalitionsspezifischen Verhaltensweisen und umfasst vor allem auch die **Tarifautonomie**, die im Zentrum der den Koalitionen eingeräumten Möglichkeiten zur Verfolgung ihrer Zwecke steht. Das Aushandeln von Tarifverträgen ist ein wesentlicher Zweck der Koalitionen.[59] Der Staat enthält sich in diesem Betätigungsfeld grundsätzlich einer Einflussnahme und überlässt die erforderlichen Regelungen der Arbeits- und Wirtschaftsbedingungen zum großen Teil den Koalitionen, die sie autonom durch Vereinbarungen treffen. Zu den der Regelungsbefugnis der Koalitionen überlassenen Materien gehören vor allem das Arbeitsentgelt und die anderen materiellen Arbeitsbedingungen.[60] Durch einen gesetzlichen Mindestlohn wird weder die Betätigungsfreiheit noch der Bestand von Koalitionen betroffen. Ihre sich aus der Betätigungsfreiheit ergebende Normsetzungsbefugnis ist schon deshalb nicht berührt, weil sich dieses Recht ohnehin nur auf die (aufgrund Verbandsmitgliedschaft) normativ tarifgebundenen Arbeitgeber und Arbeitnehmer und nicht auf die Außenseiter bezieht, die überwiegend von einem gesetzlichen Mindestlohn begünstigt werden.

27 Die tarifvertragsschließenden Koalitionen haben aus Art. 9 Abs. 3 GG auch kein verfassungsrechtlich geschütztes Recht, sich am Verfahren der Aufstellung eines gesetzlichen Mindestlohns zu beteiligen. Für einen solchen Schutzumfang des Art. 9 Abs. 3 GG könnte allenfalls vorgebracht werden, dass die gesetzliche Regulierung der Arbeitsvergütung dazu führen könnte, dass die Anreize für eine Koalitionsmitgliedschaft gemindert würden, weil Außenseiter ohne Koalitionsbindung durch Mitgliedschaft in den Genuss der Regulierung von Arbeitsbedingungen gelangen. Solche mittelbaren Auswirkungen fallen jedoch nicht in den Schutzbereich der Koalitionsfreiheit. Artikel 9 Abs. 3 GG schützt das Recht der Koalitionen zur autonomen Betätigung, er schützt jedoch nicht vor staatlicher Regulierung.[61] Da ein gesetzlicher Mindestlohn zudem lediglich ein Mindestniveau sichert, bleibt den Koalitionen ein weiter Raum zur koalitionsmäßigen Betätigung, etwa durch Normierung günstigerer Arbeitsbedingungen durch Tarifverträge.

28 Wollte man annehmen, der Schutzbereich des Art. 9 Abs. 3 GG wäre durch einen gesetzlichen Mindestlohn berührt, weil es dieser durch seine zwingende Wirkung den Tarifvertragsparteien verwehren würde, abweichende Regelungen zu treffen, die sich unterhalb des staatlich vorgegebenen Mindestlohnniveaus bewegen, wäre dies verfassungsrechtlich gerechtfertigt. Das

---

59 BVerfG 11.7.2017 – 1 BvR 1571/15 u.a., Rn. 131, NZA 2017, 915; BVerfG 11.7.2006 – 1 BvL 4/00, BVerfGE 116, 202, 219.

60 BVerfG 11.7.2017 – 1 BvR 1571/15 u.a., Rn. 146, NZA 2017, 915; BVerfG 11.7.2006 – 1 BvL 4/00, BVerfGE 116, 202, 219f.

61 Vgl. BVerfG 11.7.2006 – 1 BvL 4/00, BVerfGE 116, 202, 220; vgl. auch BVerfG 11.7.2017 – 1 BvR 1571/15 u.a., Rn. 143, NZA 2017, 915.

Grundrecht aus Art. 9 Abs. 3 GG ist vorbehaltlos gewährleistet. Es kann aber zum Schutz von Belangen, denen gleichermaßen verfassungsrechtlicher Rang gebührt, eingeschränkt werden. Dem Gesetzgeber ist es, wenn solche Gründe vorliegen, grundsätzlich nicht verwehrt, Fragen zu regeln, die Gegenstand von Tarifverträgen sein könne.[62] Artikel 9 Abs. 3 GG verleiht den Tarifvertragsparteien in dem für tarifvertragliche Regelungen zugänglichen Bereich zwar ein **Normsetzungsrecht, aber kein Normsetzungsmonopol**. Der Gesetzgeber bleibt befugt, das Arbeitsrecht zu regeln (vgl. Art. 74 Abs. 1 Nr. 12 GG). Damit verbundene Beeinträchtigungen der Tarifautonomie sind verfassungsgemäß, wenn der Gesetzgeber mit ihnen den Schutz der Grundrechte Dritter oder anderer mit Verfassungsrang ausgestatteter Belange bezweckt und wenn sie den Grundsatz der Verhältnismäßigkeit wahren.[63]

Solche **legitimen Ziele mit Verfassungsrang**, die einen Eingriff in die Koalitionsfreiheit rechtfertigen können, liegen vor. Ein gesetzlicher zwingender Mindestlohn dient der Verbesserung der Rechtsstellung der Arbeitnehmer, die durch eine solche Regulierung begünstigt werden; damit dient er auch dem Schutz ihrer Berufsfreiheit (Art. 12 Abs. 1 GG). Das Interesse der Arbeitnehmer an zumutbaren Arbeitsbedingungen wird durch Art. 12 GG geschützt.[64] Auch Vergütungsregelungen fallen in den Schutzbereich der Berufsfreiheit. Die Freiheit, einen Beruf auszuüben, ist untrennbar mit der Freiheit verbunden, eine angemessene Vergütung zu fordern.[65] Nur, wenn Arbeitnehmer durch ihre Vollzeitberufstätigkeit ihr Existenzminimum selbst decken können, erfahren sie auf Dauer Achtung und Selbstachtung durch ihre Arbeit. Sie verwirklichen damit nicht nur ihr Grundrecht aus Art. 12 Abs. 1 GG, sondern es geht auch um die Entfaltung der Persönlichkeit (Art. 2 Abs. 1i.V.m. Art. 1 Abs. 1 GG). Das Ziel, Arbeitnehmern ein existenzsicherndes Einkommen durch die von ihnen gewählte Vollzeiterwerbstätigkeit zu sichern, sowie das Ziel, die **Armut zu bekämpfen** sind als Ausdruck des Sozialstaatsprinzips wesentliche Gemeinwohlbelange, die zur Rechtfertigung des Eingriffs in die Tarifautonomie herangezogen werden können. 29

---

62 Vgl. BVerfG 3.4.2001 – 1 BvL 32/97, BVerfGE 103, 293, 306; BVerfG 27.4.1999 – 1 BvR 2203/93, 897/95, BVerfGE 100, 271, 283; BVerfG 24.4.1996 – 1 BvR 712/86, BVerfGE 94, 268, 284.

63 Vgl. BVerfG 3.4.2001 – 1 BvL 32/97, BVerfGE 103, 293, 306; BVerfG 24.4.1996 – 1 BvR 712/86, BVerfGE 94, 268, 284; vgl. auch BVerfG 11.7.2017 – 1 BvR 1571/15 u.a., Rn. 143, NZA 2017, 915.

64 Vgl. BVerfG 23.11.2006 – 1 BvR 1909/06, NZA 2007, 85, 86; BVerfG 29.12.2004 – 1 BvR 2283/03, NZA 2005, 153, 155.

65 Vgl. BVerfG 30.3.1993 – 1 BvR 1045/89, 1381/90, 1 BvL 11/90, BVerfGE 88, 145, 159; BVerfG 15.12.1999 – 1 BvR 1904/95 u.a., BVerfGE 101, 331, 347. Diese Entscheidungen betreffen zwar Selbstständige, doch kann für Arbeitnehmer nichts anderes gelten.

30 Darüber hinaus gewährleistet die Verankerung eines zwingenden Mindestlohns die **finanzielle Stabilität des Systems der sozialen Sicherung**, da bei niedrigen Arbeitsentgelten zur Sicherung des Existenzminimums der Arbeitnehmer ergänzende Sozialleistungen gezahlt werden müssten. Die finanzielle Stabilität des Systems der sozialen Sicherung ist ein Gemeinwohlbelang von überragender Bedeutung und kann Eingriffe in die Tarifautonomie legitimieren.[66] Weiteres Ziel ist es, die **sozialversicherungspflichtige Beschäftigung zu erhalten und die Arbeitslosigkeit zu bekämpfen**. Denn mit Mindestarbeitsbedingungen, die zwingend gelten, soll der Unterbietungswettbewerb begrenzt und damit Beschäftigung gesichert werden. Das Ziel, sozialversicherungspflichtige Beschäftigung zu erhalten und die Arbeitslosigkeit zu bekämpfen, hat Verfassungsrang.[67]

31 Die Festsetzung von Mindestarbeitsbedingungen ist **geeignet**, die Arbeitnehmer und die Sozialsysteme zu schützen, zur Bekämpfung der Armut beizutragen und durch Begrenzung des Unterbietungswettbewerbs sozialversicherungspflichtige Beschäftigung zu erhalten. Ein Mittel ist bereits dann im verfassungsrechtlichen Sinne geeignet, wenn mit seiner Hilfe der gewünschte Erfolg gefördert werden kann, wobei es genügt, wenn die Möglichkeit besteht, den Zweck zu erreichen.[68] Mit einem gesetzlichen Mindestlohn werden Arbeitnehmer vor Arbeitsverhältnissen mit nicht zumutbaren Arbeitsbedingungen bzw. nicht existenzsichernden Löhnen geschützt. Aber auch im Hinblick auf die übrigen Ziele kann die Eignung nicht abgesprochen werden. Dabei ist zu berücksichtigen, dass dem Gesetzgeber auf dem Gebiet der Arbeitsmarkt-, Sozial- und Wirtschaftsordnung ein besonders weitgehender **Einschätzungs- und Prognosevorrang** zukommt. Es ist vornehmlich seine Sache, auf der Grundlage seiner arbeitsmarkt-, sozial- und wirtschaftspolitischen Vorstellungen und Ziele zu entscheiden, welche Maßnahmen er im Interesse des Gemeinwohls ergreifen will.[69]

32 Auch gegen die **Erforderlichkeit** einer Mindestlohnregelung bestehen keine Bedenken. Es ist nicht erkennbar, dass der Gesetzgeber ein anderes, gleich wirksames Mittel wählen könnte. Ein gesetzlicher Mindestlohn wäre auch **verhältnismäßig im engeren Sinne**. Zwar ist die Tarifautonomie in ihrem klassischen Wirkungsfeld, Arbeitsbedingungen einschließlich des Arbeits-

---

66 Vgl. BVerfG 3.4.2001 – 1 BvL 32/97, BVerfGE 103, 293, 307; BVerfG 27.4.1999 – 1 BvR 2203/93, 897/95, BVerfGE 100, 271, 288.

67 Vgl. BVerfG 20.3.2007 – 1 BvR 1047/05, NZA 2007, 609; BVerfG 3.4.2001 – 1 BvL 32/97, BVerfGE 103, 293, 306f.; BVerfG 27.4.1999 – 1 BvR 2203/93, 897/95, BVerfGE 100, 271, 284.

68 Vgl. BVerfG 29.12.2004 – 1 BvR 2283/03, 2504/03, 2582/03, BVerfGE 100, 271, 285; BVerfG 3.4.2001 – 1 BvL 32/97, BVerfGE 103, 293, 307.

69 Vgl. BVerfG 29.12.2004 – 1 BvR 2283/03, 2504/03, 2582/03, BVerfGE 100, 271, 286; BVerfG 3.4.2001 – 1 BvL 32/97, BVerfGE 103, 293, 307.

entgelts zu regeln, berührt. Der Eingriff ist gleichwohl gerechtfertigt. Das in Deutschland bisher praktizierte System der Zurückhaltung des Staats im Bereich der Entgeltregulierung fand seine Rechtfertigung darin, dass die strukturelle Unterlegenheit der Arbeitnehmer gegenüber den Arbeitgebern im Bereich der privatautonomen Gestaltung der Arbeitsbedingungen und der Arbeitsvergütung durch den kollektiven Schutz über Tarifverträge in etwa ausgeglichen wurde.[70] Dies ändert sich, wenn und soweit der tarifvertragliche Schutz nicht mehr greift.

Ein faktischer tarifautonomer Funktionsverlust führt zur Verstärkung der gesetzlichen Gestaltungsmacht. Es geht um eine **Stärkung des Sozialstaats, wenn und soweit der Schutz durch Tarifautonomie nicht mehr funktioniert**. Den Tarifvertragsparteien bleibt ein weiter Bereich zur autonomen Gestaltung. Ein gesetzlicher Mindestlohn gibt nur eine unterste Grenze vor. Aus Art. 9 Abs. 3 GG als Freiheitsrecht folgt kein Recht, eine gesetzliche Untergrenze, die der Sozialstaat im eigenen Interesse und zum Schutz der Arbeitnehmer setzt, zu unterbieten. Durch Koalitionsfreiheit und Tarifautonomie wird nicht das Recht des Staats verdrängt, verbindliche Gesetze zu normieren, vor allem nicht, wenn dieser in Erfüllung des Sozialstaatsauftrags handelt. Die Koalitionsfreiheit garantiert keinen von staatlicher Normsetzung freien Raum.[71] Vor allem ist es nicht Inhalt der Tarifautonomie, gesetzliche Regulierungen zu unterbieten. Zweck der Koalitionsfreiheit und der Tarifautonomie ist nicht der Abbau des sozialen Schutzes, sondern die Durchsetzung möglichst günstiger Bedingungen für die Beschäftigten. Das BVerfG formuliert das wie folgt: »Das Tarifvertragssystem ist darauf angelegt, die strukturelle Unterlegenheit der einzelnen Arbeitnehmer beim Abschluss von Arbeitsverträgen durch kollektives Handeln auszugleichen und damit ein annähernd gleichgewichtiges Aushandeln der Löhne und Arbeitsbedingungen zu ermöglichen.«[72] Das bedeutet umgekehrt, dass **es nicht Zweck der Tarifautonomie ist, Regulierungen des Sozialstaats abzuwehren**. 33

Man kann insofern von einem »**Kompetenzdualismus**« von tarifautonomer und sozialstaatlicher Regulierung auf dem Gebiet der Arbeits- und Wirtschaftsbedingungen sprechen.[73] Zum Schutz der Grundrechte der Arbeitnehmer und zum Schutz von Gemeinwohlbelangen (Schutz angemessener Arbeitsbedingungen, sozialstaatliche Regulierung) darf der Staat zwingendes Gesetzesrecht setzen. Der Sozialstaat ist nicht zur »Staatsneutralität« 34

70 Vgl. BVerfG 4.7.1995 – 1 BvF 2/86, 1/87, 2/87, 3/87, 4/87, 1 BvR 1421/86, BVerfGE 92, 365, 395; BVerfG 26.6.1991 – 1 BvR 779/85, BVerfGE 84, 212, 229.

71 Vgl. HK-ArbR-*Hensche* Art. 9 GG Rn. 70.

72 BVerfG 4.7.1995 – 1 BvF 2/86 und 1, 2, 3, 4/87 und 1 BvR 1421/86, BVerfGE 92, 365, 395; BVerfG 26.6.1991 – 1 BvR 779/85, BVerfGE 84, 212, 229.

73 Vgl. *Preis/Greiner*, ZfA 2009, 825, 840, 844; *Schwarze*, ZfA 2011, 867, 871.

verdammt.[74] Für eine solche Vorstellung gibt es in der Rechtsprechung des BVerfG keine Anhaltspunkte.[75]

b. Gerechtfertigter Eingriff in die Berufsfreiheit (Art. 12 Abs. 1 GG)

35 Durch den gesetzlichen Mindestlohn wird in den Schutzbereich der Berufsfreiheit eingegriffen. Art. 12 Abs. 1 GG schützt vor staatlichen Beeinträchtigungen, die auf die berufliche Betätigung bezogen sind. Es sichert die Teilnahme am Wettbewerb im Rahmen der hierfür aufgestellten Regeln. Damit gewährleistet er den Arbeitgebern auch das Recht, die Arbeitsbedingungen mit ihren Arbeitnehmern im Rahmen der Gesetze frei auszuhandeln. Die Vertragsfreiheit wird zwar auch durch die allgemeine Handlungsfreiheit (Art. 2 Abs. 1 GG) gewährleistet. Ist jedoch die Vertragsfreiheit im Bereich der beruflichen Betätigung betroffen, die ihre spezielle Gewährleistung in Art. 12 Abs. 1 GG gefunden hat, scheidet die gegenüber anderen Freiheitsrechten subsidiäre allgemeine Handlungsfreiheit als Prüfungsmaßstab aus.[76]

36 Der Eingriff in die Berufsfreiheit ist gerechtfertigt. Artikel 12 GG gewährt **keinen Schutz vor Änderung der Wettbewerbsbedingungen** der unternehmerischen Betätigung.[77] Bei privatrechtlichen Regelungen, die der Vertragsfreiheit Grenzen setzen, geht es um den Ausgleich widerstreitender Interessen, die regelmäßig beide grundrechtlich verankert sind.[78] Dem durch Art. 12 GG geschützten Interesse der Arbeitgeber, die Arbeitsbedingungen möglichst kostengünstig zu gestalten, steht das – ebenfalls durch Art. 12 GG geschützte – Interesse der Arbeitnehmer an zumutbaren Arbeitsbedingungen gegenüber. Arbeitsrechtliche Normen dienen vor allem dem Schutz der Arbeitnehmer, weil diese sich beim Abschluss von Arbeitsverträgen typischerweise in einer Situation struktureller Unterlegenheit befinden.[79]

---

74 So aber *Giesen*, ZfA 2008, 355 ff.

75 Vgl. BVerfG 20.3.2007 – 1 BvR 1047/05, NZA 2007, 609; BVerfG 11.7.2006 – 1 BvL 4/00, BVerfGE 116, 202, 215 ff.

76 Vgl. BVerfG 25.1.2011 – 1 BvR 1741/09, BVerfGE 128, 157, 176; BVerfG 6.7.2010 – 2 BvR 2661/06, BVerfGE 126, 286, 300; BVerfG 11.7.2006 – 1 BvL 4/00, BVerfGE 116, 202, 221.

77 Vgl. BVerfG 26.6.2002 – 1 BvR 558/91, 1428/91, BVerfGE 105, 252, 262 ff.; BVerfG 17.12.2002 – 1 BvL 28/95, BVerfGE 106, 275, 298 f.

78 Vgl. BVerfG 27.1.1998 – 1 BvL 15/87, BVerfGE 97, 169, 176.

79 Vgl. BVerfG 6.6.2018 – 1 BvL 7/14, 1 BvR 1375/14, Leitsatz 1; BVerfG 15.7.1998 – 1 BvR 1554/89, 963/94, 964/94, BVerfGE 98, 365, 395; BVerfG 4.7.1995 – 1 BvF 2/86, 1/87, 2/87, 3/87, 4/87, 1 BvR 1421/86, BVerfGE 92, 365, 395; BVerfG 28.1.1992 – 1 BvR 1025/82, 1 BvL 16/83, 10/91, BVerfGE 85, 191, 213; BVerfG 26.6.1991 – 1 BvR 779/85, BVerfGE 84, 212, 229.

Dem Gesetzgeber ist bei dem Ausgleich der widerstreitenden Interessen ein weiter Gestaltungsfreiraum eingeräumt. Die Einschätzung der für die Konfliktlage maßgeblichen ökonomischen und sozialen Rahmenbedingungen liegt in seiner politischen Verantwortung, ebenso der Ausblick auf die künftige Entwicklung und die Bewertung der Wirkungen seiner Regelung. Dasselbe gilt für die Bewertung der Interessenlage, d. h. die Gewichtung der einander entgegenstehenden Belange und die Bestimmung ihrer Schutzbedürftigkeit.[80] Eine Verletzung grundrechtlicher Schutzpflichten kann nur angenommen werden, wenn eine Grundrechtsposition den Interessen des anderen Vertragspartners in einer Weise untergeordnet wird, dass in Anbetracht der Bedeutung und Tragweite des betroffenen Grundrechts von einem angemessenen Ausgleich nicht mehr gesprochen werden kann.[81] **37**

Zwingende Regelungen des Arbeitsrechts schaffen regelmäßig erst den Rahmen, in dem die mehrheitlich abhängig Beschäftigten ihre Grundrechte aus Art. 12 Abs. 1 GG unter angemessenen Bedingungen verwirklichen können. Sie rechtfertigen sich daraus, dass der Individualarbeitsvertrag vielfach ein unzureichendes Instrument zur Begründung eines sozial angemessenen Arbeitsverhältnisses darstellt.[82] Daran gemessen verletzt ein gesetzlicher Mindestlohn nicht die Berufsfreiheit der Arbeitgeber. Die Regelungen dienen, wie ausgeführt, einem legitimen Zweck und sind verhältnismäßig (vgl. Rn. 29ff.). **38**

Das BVerfG hat in einer Entscheidung vom 23. 10. 2013 zur Verfassungsgemäßheit der Regelung in § 32 UrhG zum Anspruch der Urheber auf eine »angemessene Vergütung« betont, dass die durch Art. 12 Abs. 1 GG geschützte Freiheit, das Entgelt für berufliche Leistungen einzelvertraglich zu vereinbaren, durch zwingendes Gesetzesrecht begrenzt werden darf, um sozialen oder wirtschaftlichen Ungleichgewichten entgegenzuwirken.[83] Wie auch bei sonstigen privatrechtlichen Regelungen, die der freien Vertragsgestaltung Grenzen setzen, geht es bei privatrechtlichen Preisregelungen um den Ausgleich widerstreitender Interessen. Insoweit handelt es sich nicht um einseitige Eingriffe des Staats in die Freiheitsausübung Privater, sondern um einen Ausgleich, bei dem die Freiheit der einen mit der Freiheit der anderen in Einklang zu bringen ist. Die kollidierenden Grundrechtspositionen **39**

---

80 Vgl. BVerfG 6. 6. 2018 – 1 BvL 7/14, 1 BvR 1375/14, Rn. 43; BVerfG 29. 12. 2004 – 1 BvR 2283/03, 2504/03, 2582/03, NZA 2005, 153, 155; BVerfG 23. 1. 1990 – 1 BvL 44/86, 48/87, BVerfGE 81, 156, 189.

81 Vgl. BVerfG 29. 12. 2004 – 1 BvR 2283/03, 2504/03, 2582/03, NZA 2005, 153, 155; BVerfG 27. 1. 1998 – 1 BvL 15/87, BVerfGE 97, 169, 176f.

82 Vgl. BVerfG 29. 12. 2004 – 1 BvR 2283/03, 2504/03, 2582/03, NZA 2005, 153, 154; BVerfG 6. 10. 1987 – 1 BvR 1086/82, 1468/82, 1623/82, BVerfGE 77, 84, 116f.; BVerfG 27. 2. 1973 – 2 BvL 27/69, BVerfGE 34, 307, 316.

83 BVerfG 23. 10. 2013 – 1 BvR 1842/11, 1843/11, NJW 2014, 46.

sind in ihrer Wechselwirkung zu erfassen und – unter Berücksichtigung des **sozialstaatlichen Auftrags** – so in Ausgleich zu bringen, dass sie für alle Beteiligten möglichst weitgehend wirksam werden.[84] Für die Herstellung eines solchen Ausgleichs verfügt der Gesetzgeber über einen **weiten Beurteilungs- und Gestaltungsspielraum**. Die Einschätzung der für die Konfliktlage maßgeblichen ökonomischen und sozialen Rahmenbedingungen liegt in seiner politischen Verantwortung, ebenso der Ausblick auf die künftige Entwicklung und die Bewertung der Wirkungen seiner Regelung. Dasselbe gilt für die Bewertung der Interessenlage, d. h. die Gewichtung der einander entgegenstehenden Belange und die Bestimmung ihrer Schutzbedürftigkeit. Der Gesetzgeber ist nicht daran gehindert, jenseits allgemein-zivilrechtlicher Generalklauseln spezielle Schutzmechanismen einzuführen, auch wenn er hierzu nicht aufgrund des Eingreifens grundrechtlicher Schutzpflichten angehalten sein mag. Vor allem kann er durch spezielle Schutzvorschriften zugunsten des typischerweise unterlegenen Vertragsteils einen stärkeren Schutz vorsehen, als ihn die Gerichte durch Anwendung der bestehenden Generalklauseln im konkreten Fall gewähren könnten. Eine Grundrechtsverletzung kann in einer solchen Lage nur festgestellt werden, wenn eine Grundrechtsposition den Interessen des anderen Vertragspartners in einer Weise untergeordnet wird, dass in Anbetracht der Bedeutung und Tragweite des betroffenen Grundrechts von einem angemessenen Ausgleich nicht mehr gesprochen werden kann.[85]

4. Staatliche Regulierung der Arbeitsvergütung jenseits des gesetzlichen Mindestlohns

40 Die Höhe der Arbeitsvergütung war vor dem Jahr 2015 – von Ausnahmen abgesehen – gesetzlich nicht reguliert, vor allem gab es in Deutschland keinen gesetzlichen Mindestlohn. In einzelnen Branchen wurden und werden tarifliche Mindestlöhne durch das Bundesarbeitsministerium für allgemeingültig erklärt. Die in § 5 TVG geregelte **Allgemeinverbindlicherklärung von Tarifverträgen** kann man, soweit es um Entgelttarifverträge geht, als einen Akt staatlicher Entgeltfestsetzung ansehen. § 5 TVG ermöglicht allerdings keine autonome staatliche Normsetzung. Vielmehr ist diese nur möglich im Einvernehmen mit dem aus Arbeitgeber- und Arbeitnehmervertretern besetzten Tarifausschuss. Zudem setzt die Allgemeinverbindlicherklärung das Vorhandensein eines Tarifvertrags voraus und ist auf dessen Anwendungsbereich begrenzt.

84 BVerfG 23.10.2013 – 1 BvR 1842/11, 1843/11, Rn. 68, NJW 2014, 46, 47.

85 BVerfG 23.10.2013 – 1 BvR 1842/11, 1843/11, Rn. 70, NJW 2014, 46, 47; so auch BVerfG 29.6.2016 – 1 BvR 1015/15, Rn. 64, NJW-RR 2016, 1349.

Für einzelne **Branchen** ermöglichte das AEntG, Mindestarbeitsbedingungen durch staatlichen Umsetzungsakt zu setzen. Die Normerstreckung auf die Außenseiter kann durch eine »normale« Allgemeinverbindlicherklärung eines Tarifvertrags (§ 5 TVG) oder durch Rechtsverordnung erfolgen. Eine Besonderheit gilt für die **Pflegebranche** (§ 10 AEntG). Wegen der Vielzahl kirchlicher oder kirchennaher Unternehmen beruht hier die Festsetzung des Mindestlohns nicht auf einem Tarifvertrag, sondern erfolgt durch Rechtsverordnung (§ 11 AEntG) aufgrund des Vorschlags einer besonders eingerichteten Kommission (§ 12 AEntG). Bei der Höhe der Branchenmindestlöhne bestehen erhebliche Differenzen. Innerhalb der Branchen wird überwiegend regional differenziert, vor allen nach Ost- und Westdeutschland (vgl. Anhang zu § 1: Branchen-Mindestlöhne). In der **Leiharbeit** gilt eine spezielle **Lohnuntergrenze**, die durch das Bundesarbeitsministerium festgesetzt werden kann, was allerdings einen Tarifvertrag voraussetzt (vgl. Rn. 57). Im **Vergaberecht** gibt es in einzelnen Bundesländern eine Art »Landesvergabemindestlohn«, der allerdings allein vergaberechtlich wirkt und keine unmittelbaren Ansprüche der Arbeitnehmer begründet (vgl. Rn. 59ff.). **41**

Eine Möglichkeit zur staatlichen Entgeltfestsetzung besteht in Sonderbereichen. Bei der **Heimarbeit** sind »bindende Festsetzungen« von Entgelten und sonstigen Vertragsbedingungen durch die Heimarbeitsausschüsse (§ 4 HAG) möglich, wenn es mangels hinreichendem Organisationsgrads nicht zum Abschluss von Tarifverträgen kommt (§ 19 HAG).[86] Für **selbstständige Handels- und Versicherungsvertreter** sieht § 92a HGB die Festsetzung einer unteren Grenze der vertraglichen Leistungen des Unternehmers durch Rechtsverordnung vor.[87] Eine solche Rechtsverordnung wurde aber noch nie erlassen. Durch § 92a HGB kann – im Gegensatz zu den bindenden Festsetzungen im HAG – nur die unterste Grenze der Arbeitsbedingungen festgesetzt werden, nicht ein höheres Schutzniveau.[88] **42**

a. Sonderfall: Rechtsanspruch auf eine »angemessene« Ausbildungsvergütung und Mindestausbildungsvergütung (§ 17 BBiG)

aa. Grundsätze

§ 17 BBiG ist durch das Berufsbildungsmodernisierungsgesetz zum 1.1.2020 neu geregelt worden. Die Auszubildenden haben kraft Gesetzes einen **Anspruch auf eine »angemessene« Ausbildungsvergütung** und zudem (neu eingeführt) einen Anspruch auf eine **Mindestausbildungsvergütung** (vgl. **43**

---

86 Vgl. *Stütze*, Die Kontrolle der Entgelthöhe im Arbeitsrecht, 2010, S. 236ff.

87 Vgl. *Stütze*, Die Kontrolle der Entgelthöhe im Arbeitsrecht, 2010, S. 234ff.

88 Vgl. *Andelewski*, Staatliche Mindestarbeitsbedingungen, 2001, S. 164.

Rn. 53). Entsprechende Regelungen gelten für Ausbildungen, die außerhalb des BBiG geregelt sind, wie z. B. für die Ausbildung in Krankenpflege-/Gesundheitspflegeberufen[89] und in der Altenpflege.[90]

Der allgemeine **Mindestlohn** nach dem MiLoG gilt *nicht* für Auszubildende, weil sie keine Arbeitnehmer sind (§ 22 Abs. 3 MiLoG). Anstelle des Anspruchs auf den allgemeinen Mindestlohn für Arbeitnehmer besteht für Auszubildende der Anspruch auf die **Mindestausbildungsvergütung** (§ 17 Abs. 2 BBiG).

Nach der Neuregelung durch das Berufsbildungsmodernisierungsgesetz zum 1.1.2020 besteht weiterhin der **Anspruch auf die angemessene Vergütung**, daneben wurde als **absolute Mindestgrenze** ein Anspruch auf eine Mindestausbildungsvergütung eingeführt. Für die Mindestvergütung gibt es allerdings eine »Tariföffnungsklausel« (vgl. Rn. 53), die ein Unterschreiten der gesetzlich festgelegten Mindestvergütung erlaubt.

Für den Anspruch auf die »angemessene Vergütung« bleibt die bisherige Rechtsprechung maßgeblich, wobei § 17 Abs. 4 BBiG diese Rechtsprechung teilweise in positives Gesetzesrecht übernommen hat. Es ist deutlich darauf hinzuweisen, dass die Auszubildenden **in erster Linie den Anspruch auf die angemessene Ausbildungsvergütung** haben und die **Mindestvergütung** lediglich eine **absolute Untergrenze** ist, die in keinem Fall (außer durch Tarifvertrag) unterschritten werden darf. Es ist keineswegs so, dass der Anspruch auf die Mindestvergütung den Anspruch auf die »angemessene Vergütung« verdrängt.

44 Die **Ausbildungsvergütung** hat **drei Funktionen**: Sie soll den Auszubildenden oder den Eltern für die Berufsausbildung eine finanzielle Hilfe sein, die Heranbildung eines ausreichenden Nachwuchses an qualifizierten Fachkräften gewährleisten und schließlich eine Entlohnung darstellen.[91] Die Ausbildungsvergütung ist angemessen, wenn sie hilft, die Lebenshaltungskosten zu bestreiten und zugleich eine Mindestentlohnung für die Leistungen des Auszubildenden darstellt.[92]

45 Die Ausbildungsvergütung muss **während der gesamten Ausbildungszeit angemessen** sein. Es kommt nicht auf den Zeitpunkt des Vertragsschlusses, sondern auf den der Fälligkeit der Vergütung an, da jeweils eine angemessene Vergütung zu gewähren ist, die so zu bemessen ist, dass sie mit

89 BAG 19.2.2008 – 9 AZR 1091/06, NZA 2008, 828.

90 BAG 23.8.2011 – 3 AZR 575/09, NZA 2012, 211.

91 Ständige Rechtsprechung; vgl. nur BAG 16.5.2017 – 9 AZR 377/16, Rn. 16, NZA 2017, 1129; BAG 29.4.2015 – 9 AZR 108/14, Rn. 15, NZA 2015, 1384; BAG 17.3.2015 – 9 AZR 732/13, Rn. 13, AP BBiG § 17 Nr. 11; BAG 16.7.2013 – 9 AZR 784/11, Rn. 12, NZA 2013, 1202.

92 BAG 15.12.2005 – 6 AZR 224/05, AP BBiG § 10 Nr. 15; BAG 8.5.2003 – 6 AZR 191/02, NZA 2003, 1343; BAG 24.10.2002 – 6 AZR 626/00, NZA 2003, 1203.

fortschreitender Berufsausbildung ansteigt (§ 17 Abs. 1 Satz 2 BBiG). Bei Dauerschuldverhältnissen wie dem Berufsausbildungsverhältnis hat sich die Prüfung der Angemessenheit auf die jeweiligen Zeitabschnitte zu beziehen.[93] Der Anspruch ist unabdingbar, d.h. die Auszubildenden können darauf nicht wirksam verzichten (§ 25 BBiG). Allerdings kann der Anspruch auf die Vergütung verfallen, wenn er bei Nichtzahlung nicht rechtzeitig geltend gemacht wird, sofern auf das Ausbildungsverhältnis **Ausschlussfristen** Anwendung finden. Wie der Anspruch auf die Arbeitsvergütung unterliegt der Anspruch auf die Ausbildungsvergütung der gesetzlichen **Verjährung** (§§ 195, 199 BGB; vgl. § 3 MiLoG Rn. 48ff.).

bb. Tarifvertragliche Regelungen der Ausbildungsvergütung

Weil der Anspruch auf eine angemessene Ausbildungsvergütung unabdingbar ist (§ 25 BBiG), gilt die Vorgabe der Angemessenheit nicht nur für einzelvertragliche Vereinbarungen, sondern auch für tarifvertragliche Regelungen. Nach der Rechtsprechung des BAG sind tarifvertragliche Regelungen der Ausbildungsvergütung stets als angemessen anzusehen.[94] Allerdings begründet § 17 BBiG keine rechtliche Pflicht, die einschlägige tarifliche Ausbildungsvergütung zu vereinbaren.[95] 46

Tarifvertragliche Regelungen der Ausbildungsvergütung finden **unmittelbar und zwingend** bei beiderseitiger **Organisationszugehörigkeit** Anwendung. Die alleinige Organisationszugehörigkeit des Auszubildenden reicht bei einem **Firmen- oder Haustarifvertrag**, d.h. bei einem Tarifvertrag, der nur für den entsprechenden Arbeitgeber/Ausbildenden gilt. Entsteht die Tarifbindung erst zeitlich nach Abschluss des Berufsausbildungsvertrags (was in der Praxis häufig vorkommen wird, weil Auszubildende vor Eintritt in das Berufsleben keiner Gewerkschaft angehören), muss die tarifliche Vergütung (erst) vom Zeitpunkt des Gewerkschaftsbeitritts an gezahlt werden. Der Ausbildende darf die Einstellung nicht davon abhängig machen, ob der Bewerber Gewerkschaftsmitglied ist oder nicht. Das folgt aus der Koalitionsfreiheit, die durch Art. 9 Abs. 3 GG geschützt wird.[96] Ein Tarifvertrag gilt ferner unmittelbar und zwingend, wenn er für **allgemeinverbindlich** erklärt worden ist (§ 5 TVG). Das ist bei Ausbildungsvergütungen der Ausnahmefall. Allgemeinverbindliche Tarifverträge über Ausbildungsvergütungen gibt es faktisch nur im Bäcker- und im Friseurhandwerk. 47

---

93 BAG 25.7.2002 – 6 AZR 311/00, AP BBiG § 10 Nr. 11; BAG 30.9.1998 – 5 AZR 690/97, NZA 1999, 265.

94 BAG 22.1.2008 – 9 AZR 999/06, NZA-RR 2008, 565; BAG 15.12.2005 – 6 AZR 224/05, AP BBiG § 10 Nr. 15; BAG 30.9.1998 – 5 AZR 690/97, NZA 1999, 265.

95 BAG 29.4.2015 – 9 AZR 108/14, NZA 2015, 1384.

96 BAG 28.3.2000 – 1 ABR 16/99, NZA 2000, 1294.

48 Die unmittelbare und zwingende Wirkung der Tarifnormen hat zur Folge, dass die Tarifnormen wie Gesetze auf das Ausbildungsverhältnis einwirken. Daher kann es aufgrund von Tarifänderungen zur Absenkung der Ausbildungsvergütung kommen. Eine **Verschlechterung der tariflichen Ausbildungssätze** ist wirksam. Löst ein Tarifvertrag einen anderen ab, gelten von diesem Zeitpunkt an die Regelungen des neuen (des jüngeren) Tarifvertrags. Im Verhältnis zweier gleichrangiger Normen gilt die Zeitkollisionsregel. Es kommt nicht darauf an, ob die jüngeren Regelungen für die Arbeitnehmer/Auszubildenden günstiger oder ungünstiger sind, es sei denn, es würde in unverhältnismäßiger Weise in geschützte Besitzstände der Arbeitnehmer/Auszubildenden eingegriffen. Das ist bezüglich künftiger Vergütungsansprüche grundsätzlich nicht der Fall.[97] Die tariflichen Ausbildungssätze stellen eine **Mindestvergütung** dar. Einzelvertraglich kann zugunsten des tarifgebundenen Auszubildenden von den tariflichen Sätzen abgewichen werden (**Günstigkeitsprinzip**, § 4 Abs. 3 TVG). Eine Abweichung von den tariflichen Sätzen nach unten zuungunsten der Auszubildenden ist bei Anwendung des Tarifvertrags aufgrund Tarifbindung im Regelfall unzulässig.

49 Bei fehlender Tarifbindung kann **einzelvertraglich auf die tariflichen Regelungen ganz oder teilweise Bezug genommen werden**. Das ist in der Praxis der häufigste Fall der Tarifanwendung. Die tariflichen Regelungen gelten – im Unterschied zur Tarifbindung nach dem TVG – dann nicht wie Gesetze unmittelbar und zwingend, sondern kraft einzelvertraglicher, also freiwilliger Bindung an die Tarifnormen. Die einzelvertragliche Regelung ist aber ebenfalls bindend für die Partner des Berufsausbildungsvertrags. Wie weit die einzelvertragliche Bezugnahme auf Tarifverträge reicht, ist bei unklaren Formulierungen durch Auslegung des Ausbildungsvertrags zu klären (§§ 133, 157 BGB). So können im Ausbildungsvertrag konkret bezifferte Vergütungssätze für das jeweilige Ausbildungsjahr mit dem Zusatz ergänzt sein, dass »mindestens die jeweils gültigen Tarifsätze« gelten sollen. Wird in einem solchen Fall nach Vertragsschluss die Ausbildungsvergütung im Tarifvertrag abgesenkt, hat der Auszubildende weiterhin seinen einzelvertraglichen Anspruch auf die höhere Ausbildungsvergütung.[98]

cc. Einzelvertragliche Regelungen der Ausbildungsvergütung

50 Eine einzelvertragliche Regelung der Ausbildungsvergütung ist nur wirksam, wenn vom Ausbildenden eine »**angemessene Vergütung**« gewährt wird. Die Angemessenheit der Ausbildungsvergütung wird der Höhe nach im Gesetz nicht näher definiert. In der Rechtsprechung wird die Ausbildungsvergütung als angemessen angesehen, wenn sie hilft, die Lebenshaltungskosten

97 BAG 13.12.2000 – 5 AZR 336/99.

98 BAG 26.9.2002 – 6 AZR 434/00, NZA 2003, 435.

zu bestreiten und sie zugleich eine Mindestentlohnung für die Leistungen des Auszubildenden darstellt.[99] Wichtigster Anhaltspunkt für die Angemessenheit sind die **einschlägigen Tarifverträge**, da anzunehmen ist, dass bei der tariflichen Regelung die Interessen beider Seiten hinreichend berücksichtigt werden.[100] Eine Ausbildungsvergütung, die sich an einem entsprechenden Tarifvertrag ausrichtet, ist stets als angemessen anzusehen.[101] § 17 Abs. 1 BBiG begründet allerdings keine rechtliche Pflicht, die einschlägige tarifliche Ausbildungsvergütung einzelvertraglich zu vereinbaren. Es steht den Parteien des Ausbildungsverhältnisses frei, eine niedrigere oder höhere Ausbildungsvergütung vertraglich zu regeln. Erst wenn die vereinbarte Ausbildungsvergütung die Vergütung in einem einschlägigen Tarifvertrag um mehr als 20 % unterschreitet, ist sie in der Regel nicht »angemessen«.[102]
Ein Tarifvertrag ist einschlägig, wenn beide Vertragsparteien (bei unterstellter Tarifbindung) unter seinen räumlichen, zeitlichen und fachlichen Geltungsbereich fallen.[103] Die einschlägige tarifliche Vergütung bestimmt sich *nicht* danach, für welchen Ausbildungsberuf die Ausbildung erfolgt. Entscheidend ist die fachliche Zuordnung des Ausbildungsbetriebs.[104] Vertraglich vereinbarte Ausbildungsvergütungen sind in der Regel nicht mehr angemessen, wenn sie die in einem für den Ausbildungsbetrieb einschlägigen Tarifvertrag geregelte Ausbildungsvergütung **um mehr als 20 % unterschreiten.**[105] Auch dann, wenn üblicherweise nur zwischen 80 % und 100 % der tariflichen Ausbildungsvergütung gezahlt werden, ist eine Ausbildungsvergütung, die die Grenze von 80 % unterschreitet, in der Regel nicht mehr angemessen.[106] In **Sonderfällen** gelten Abweichungen (vgl. Rn. 52).

---

99 BAG 8.5.2003 – 6 AZR 191/02, NZA 2003, 1343.

100 BAG 16.5.2017 – 9 AZR 377/16, Rn. 17, NZA 2017, 1129; BAG 16.7.2013 – 9 AZR 784/11, Rn. 13, NZA 2013, 1202.

101 BAG 16.5.2017 – 9 AZR 377/16, Rn. 18, NZA 2017, 1129; BAG 22.1.2008 – 9 AZR 999/06, NZA-RR 2008, 565; BAG 15.12.2005 – 6 AZR 224/05, AP BBiG § 10 Nr. 15; BAG 8.5.2003 – 6 AZR 191/02, NZA 2003, 1343; BAG 24.10.2002 – 6 AZR 626/00, NZA 2003, 1203.

102 BAG 29.4.2015 – 9 AZR 108/14, Rn. 22, NZA 2015, 1384.

103 BAG 16.5.2017 – 9 AZR 377/16, Rn. 17, NZA 2017, 1129; BAG 29.4.2015 – 9 AZR 108/14, Rn. 20, NZA 2015, 1384; BAG 16.7.2013 – 9 AZR 784/11, Rn. 16, NZA 2013, 1202; BAG 24.10.2002 – 6 AZR 626/00, NZA 2003, 1203.

104 BAG 15.12.2005 – 6 AZR 224/05, AP BBiG § 10 Nr. 15; vgl. zur Abgrenzung von industrieller und handwerklicher Fertigung BAG 26.3.2013 – 3 AZR 89/11.

105 Ständige Rechtsprechung, vgl. nur BAG 16.5.2017 – 9 AZR 377/16, Rn. 18, NZA 2017, 1129; BAG 29.4.2015 – 9 AZR 108/14, Rn. 20, NZA 2015, 1384; BAG 16.7.2013 – 9 AZR 784/11, Rn. 14, NZA 2013, 1202.

106 BAG 16.5.2017 – 9 AZR 377/16, Rn. 23, NZA 2017, 1129; BAG 29.4.2015 – 9 AZR 108/14, Rn. 26, NZA 2015, 1384.

Fehlt eine tarifliche Regelung, sind die **branchenüblichen Sätze** des betreffenden Wirtschaftszweigs zugrunde zu legen.[107] Es kann auch auf die **Empfehlungen der für die Berufsausbildung zuständigen Stellen (Kammern)** zurückgegriffen werden.[108] Diese sind zwar nicht verbindlich, jedoch ein wichtiges Indiz für die Angemessenheit. Im Einzelfall kann die angemessene Vergütung auch darunter oder darüber liegen, vor allem, wenn die Empfehlungen längere Zeit nicht geändert wurden.[109] Liegt die Ausbildungsvergütung **um mehr als 20 %** unter den Empfehlungen der zuständigen Kammer ist zu vermuten, dass sie nicht mehr angemessen i. S. d. § 17 Abs. 1 BBiG ist.[110] Bei **kirchlichen Arbeitgebern** oder solchen, die dem Diakonischen Werk oder dem Caritasverband angehören, gelten als Kontrollmaßstab die Ausbildungsvergütungen, die in den Allgemeinen Arbeitsvertragsrichtlinien (AVR) festgelegt sind, die für solche Arbeitgeber Anwendung finden.[111]

51 Von diesen allgemeinen Grundsätzen abweichend hat die Rechtsprechung in **Sonderfällen** eine **weitergehende Abweichung** geduldet.[112] Wird die Ausbildung beispielsweise teilweise oder vollständig durch öffentliche Gelder oder Spenden zur Schaffung zusätzlicher Ausbildungsplätze finanziert, kann eine Ausbildungsvergütung auch bei deutlichem Unterschreiten dieser Grenze noch angemessen sein.[113] Für die Berechtigung, die tarifliche Ausbildungsvergütung erheblich zu unterschreiten, genügt die Gemeinnützigkeit des Ausbildungsträgers nicht. Entscheidend ist der mit der Ausbildung verfolgte Zweck.[114]

Wird die Ausbildung zumindest teilweise durch öffentliche Gelder zur Schaffung zusätzlicher Ausbildungsplätze finanziert und ist sie für den Ausbildenden mit keinerlei finanziellen Vorteilen verbunden, rechtfertigen die Begrenztheit der öffentlichen Mittel und das vom Staat verfolgte gesamtgesellschaftliche Interesse, möglichst vielen arbeitslosen Jugendlichen die Möglichkeit einer qualifizierten Berufsausbildung zu verschaffen, auch ein

---

107 BAG 17. 3. 2015 – 9 AZR 732/13, Rn. 14, AP BBiG § 17 Nr. 11; BAG 16. 7. 2013 – 9 AZR 784/11, Rn. 13, NZA 2013, 1202; BAG 25. 7. 2002 – 6 AZR 311/00, AP BBiG § 10 Nr. 11.

108 BAG 17. 3. 2015 – 9 AZR 732/13, Rn. 14, AP BBiG § 17 Nr. 11; BAG 16. 7. 2013 – 9 AZR 784/11, Rn. 17, NZA 2013, 1202.

109 BAG 25. 7. 2002 – 6 AZR 311/00, AP BBiG § 10 Nr. 11; BAG 30. 9. 1998 – 5 AZR 690/97, NZA 1999, 265.

110 BAG 16. 7. 2013 – 9 AZR 784/11, Rn. 18, NZA 2013, 1202; BAG 30. 9. 1998 – 5 AZR 690/97, NZA 1999, 265.

111 BAG 23. 8. 2011 – 3 AZR 575/09, NZA 2012, 211.

112 Zusammenfassend BAG 16. 5. 2017 – 9 AZR 377/16, Rn. 19ff., NZA 2017, 1129; BAG 29. 4. 2015 – 9 AZR 108/14, Rn. 22, NZA 2015, 1384.

113 BAG 19. 2. 2008 – 9 AZR 1091/06, NZA 2008, 828.

114 BAG 16. 5. 2017 – 9 AZR 377/16, Rn. 19, NZA 2017, 1129; BAG 29. 4. 2015 – 9 AZR 108/14, Rn. 22, NZA 2015, 1384.

deutliches Unterschreiten der tariflichen Ausbildungssätze.[115] Entscheidend für die Beurteilung der Angemessenheit ist dabei nicht die Förderung durch öffentliche Mittel als solche, sondern sie sind die Förderungsvoraussetzungen. Diese Erfordernisse dienen dazu, die vom Gesetzgeber erkannten Gefahren einer öffentlichen Förderung der außerbetrieblichen Berufsbildung einzudämmen.[116]

Auch eine durch Spenden Dritter finanzierte Ausbildungsvergütung, die mehr als 20 % unter den tariflichen Sätzen liegt, ist nicht zwingend unangemessen. Eine Unterschreitung des Tarifniveaus um mehr als 20 % kann gerechtfertigt sein, wenn der Ausbildende den Zweck verfolgt, die Jugendarbeitslosigkeit zu bekämpfen oder Jugendlichen eine qualifizierte Ausbildung zu vermitteln, die sie ohne Förderung nicht erlangen könnten.[117] Allerdings rechtfertigt allein der Umstand, dass die Mitglieder eines Bildungsträgers zu 100 % Zuschüsse erbringen, um (zusätzliche) Ausbildungsplätze zu schaffen, es nicht, bei der Prüfung der Angemessenheit der Ausbildungsvergütung von einer Orientierung an den einschlägigen tariflichen Regelungen abzusehen. Der Abschluss eines Berufsausbildungsvertrags muss einen inneren Zusammenhang zu dem Vereinszweck des Bildungsträgers dergestalt aufweisen, dass den Auszubildenden eine qualifizierte Ausbildung – und damit ein Zugang zum Erwerbsleben – ermöglicht wird, die ihnen ansonsten verschlossen geblieben wäre. Dazu muss der **Unterstützungs- und Förderungsbedarf gerade in der Person des Auszubildenden** begründet sein.[118] Nur so wird der Gefahr begegnet, dass Jugendliche, die dem freien Ausbildungsmarkt entzogen sind, zu weniger günstigen Bedingungen in außerbetriebliche Ausbildungen gedrängt werden und damit gegen die zwingenden gesetzlichen Vorgaben des § 17 Abs. 1 BBiG verstoßen wird.[119]

War ausnahmsweise eine weitergehende Unterschreitung der üblichen Ausbildungsvergütung zulässig, war eine vom konkreten Ausbildungsbetrieb losgelöste Orientierung an den allgemeinen Lebenshaltungskosten vorzunehmen. Hierfür boten die **Förderungssätze nach dem BAföG** einen Anhaltspunkt. Davon ausgehend musste die Ausbildungsvergütung mindestens

---

115 BAG 22.1.2008 – 9 AZR 999/06, NZA-RR 2008, 565.

116 BAG 16.5.2017 – 9 AZR 377/16, Rn. 20, NZA 2017, 1129.

117 BAG 19.2.2008 – 9 AZR 1091/06, NZA 2008, 828.

118 Das ist vom Ausbildenden konkret vorzutragen, ansonsten haben die Auszubildenden einen Anspruch auf die einschlägige ungekürzte tarifliche Ausbildungsvergütung; vgl. BAG 16.5.2017 – 9 AZR 377/16, Rn. 26ff., NZA 2017, 1129.

119 BAG 16.5.2017 – 9 AZR 377/16, Rn. 21, NZA 2017, 1129.

zwei Drittel des einschlägigen BAföG-Satzes betragen, so dass Ausbildungsvergütungen unterhalb dieser Grenze unzulässig waren.[120]
Nach dem seit dem 1. 1. 2020 geltenden Recht besteht, wenn ein Unterschreiten der angemessenen Vergütung ausnahmsweise zulässig ist, mindestens ein Anspruch auf die **Mindestausbildungsvergütung**. Diese absolute Untergrenze darf nicht unterschritten werden; das gilt auch bei außerbetrieblichen Ausbildungsverhältnissen (vgl. Rn. 53). Falls zwei Drittel des einschlägigen BAföG-Satzes höher sind als die Mindestausbildungsvergütung, ist allerdings dieser höhere Betrag maßgeblich, weil in erster Linie auf die angemessene Ausbildungsvergütung nach § 17 Abs. 1 BBiG abzustellen ist.
In einem Ausbildungsverhältnis, das vollständig von der Bundesagentur für Arbeit finanziert wird und das zwischen einer überbetrieblichen Bildungseinrichtung und einem beruflichen **Rehabilitanden** nach dem SGB III vereinbart ist (öffentlich finanziertes, dreiseitiges Ausbildungsverhältnis), soll die Nichtanwendung des § 17 BBiG mit der Folge geboten sein, dass *keine* Vergütungsansprüche der auszubildenden Rehabilitanden bestehen.[121] Allerdings haben diese Personen nach dem SGB III Anspruch auf eine öffentlich-rechtliche Förderleistung, die nach dem neuen Recht seit dem 1. 1. 2020 mindestens nach der **Mindestausbildungsvergütung** (§ 17 Abs. 2 BBiG) zu bemessen ist (vgl. Rn. 53).
Die oben dargestellte Rechtsprechung zur »angemessenen« Vergütung ist auch nach Einführung der Mindestausbildungsvergütung (vgl. Rn. 53) nach wie vor anzuwenden, und zwar in all ihren Varianten: Vergleichsmaßstab für die Angemessenheit der Vergütung ist ein einschlägiger Tarifvertrag. Wenn ein solcher fehlt, ist auf branchenübliche Sätze oder Empfehlungen der zuständigen Kammern abzustellen. Eine einzelvertragliche Regelung der Ausbildungsvergütung ist nicht mehr »angemessen«, wenn der einschlägige **Bezugswert** (Tarifvertrag oder branchenübliche Sätze) **um mehr als 20 % unterschritten** wird. Das gilt »in der Regel« (§ 17 Abs. 4 BBiG), so dass die dargestellten Abweichungen nach unten in Sonderfällen nach wie vor gelten (vgl. Rn. 51). Neu gibt es als **absolute Mindestgrenze** den Anspruch auf die Mindestvergütung (§ 17 Abs. 2 BBiG). Die Mindestvergütung darf lediglich in einer Fallkonstellation unterschritten werden, nämlich dann, wenn es einen Tarifvertrag nach § 17 Abs. 3 BBiG gibt, also einen Tarifvertrag, an den der Ausbildende normativ gebunden ist (also nicht nur aufgrund einzelvertraglicher Bindung; vgl. Rn. 53).

120 BAG 29.4.2015 – 9 AZR 108/14, Rn. 22, NZA 2015, 1384; BAG 17.3.2015 – 9 AZR 732/13, Rn. 20ff., AP BBiG § 17 Nr. 11.

121 BAG 16.1.2002 – 6 AZR 325/01, NZA-RR 2003, 607; BAG 15.11.2000 – 5 AZR 296/99, NZA 2001, 1248.

dd. Rechtsfolgen unangemessener Ausbildungsvergütung

Ist die vereinbarte Ausbildungsvergütung nicht angemessen i. S. d. § 17 Abs. 1 BBiG, ist die Vergütungsvereinbarung unwirksam (§ 25 BBiG). Anstelle der unwirksamen vertraglich vereinbarten Vergütung hat der Auszubildende Anspruch auf die angemessene, d. h. in der Regel auf die tarifliche Ausbildungsvergütung.[122] Die Vergütung wird in einem solchen Fall nicht auf 80 % gekürzt. Eine **geltungserhaltende Reduktion** der vertraglichen Regelung bis zur Grenze dessen, was noch als angemessen anzusehen ist, **ist ausgeschlossen**. Das würde zu einer Begünstigung der Ausbildenden führen, die eine unangemessene Vergütung vereinbaren, was dem Schutzzweck des § 17 Abs. 1 BBiG widersprechen würde.[123] Der sich an den tariflichen Sätzen orientierende Anspruch auf eine angemessene Ausbildungsvergütung schließt auch die Gewährung von **Sonderzahlungen** mit ein, wenn diese im einschlägigen Tarifvertrag geregelt sind.[124] 52

ee. Mindestausbildungsvergütung

Mit dem durch das Berufsbildungsmodernisierungsgesetz[125] zum **1. 1. 2020** 53
neu eingefügten § 17 Abs. 2 BBiG wurde eine **Mindestvergütung für Auszubildende** gesetzlich festgeschrieben.

Die **Übergangsregelung** in § 106 Abs. 1 BBiG stellt klar, dass auf Berufsausbildungsverträge, die bis zum 31. 12. 2019 abgeschlossen wurden, § 17 BBiG in der bis dahin geltenden Fassung anzuwenden ist, d. h., dass diese Auszubildenden keinen Anspruch auf die Mindestausbildungsvergütung haben, und zwar auch dann nicht, wenn das Ende der Ausbildung erst im Jahre 2020 oder noch später ist. § 17 Abs. 2 BBiG stellt für den Anspruch auf die Mindestvergütung nicht auf den Abschluss des Vertrages ab, sondern jeweils auf den Beginn der Berufsausbildung im Jahr 2020 und in den Folgejahren. Unabhängig vom Anspruch auf die Mindestvergütung besteht der Anspruch auf Zahlung einer angemessenen Ausbildungsvergütung nach § 17 Abs. 1 BBiG. Insoweit kommt es nicht darauf an, wann die Ausbildung begonnen worden ist oder zukünftig begonnen wird.

---

122 BAG 16. 7. 2013 – 9 AZR 784/11, Rn. 19, NZA 2013, 1202; BAG 25. 7. 2002 – 6 AZR 311/00, AP BBiG § 10 Nr. 11.

123 BAG 16. 7. 2013 – 9 AZR 784/11, Rn. 20, NZA 2013, 1202; BAG 25. 7. 2002 – 6 AZR 311/00, AP BBiG § 10 Nr. 11.

124 BAG 16. 5. 2017 – 9 AZR 377/16, Rn. 36, NZA 2017, 1129.

125 Gesetz zur Modernisierung und Stärkung der beruflichen Bildung vom 12. 12. 2019 (BGBl. I S. 2522).

Die Mindestausbildungsvergütung gilt auch für die **außerbetriebliche Ausbildung.**[126] Die Agentur für Arbeit kann förderungsberechtigte junge Menschen durch eine nach § 57 Absatz 1 SGB III förderungsfähige Berufsausbildung in einer außerbetrieblichen Einrichtung (außerbetriebliche Berufsausbildung) fördern (§ 76 Abs. 1 SGB III). Im Zusammenhang mit der Einführung der Mindestausbildungsvergütung wurde im SGB III neu geregelt, dass die Agentur für Arbeit bei außerbetrieblicher Ausbildung dem Träger der Maßnahme den an den Auszubildenden gezahlten Betrag bis zur Höhe der Mindestausbildungsvergütung zu erstatten hat. Die entsprechende Regelung findet sich nunmehr in § 76 Abs. 7 SGB III.[127] Danach erstattet die Agentur für Arbeit dem Träger, der die außerbetriebliche Berufsausbildung durchführt, die von diesem an die Auszubildende oder den Auszubildenden zu zahlende Ausbildungsvergütung, jedoch höchstens den Betrag nach § 17 Abs. 2 BBiG (Mindestausbildungsvergütung). Der Betrag erhöht sich um den vom Träger zu tragenden Anteil am Gesamtsozialversicherungsbeitrag (§ 76 Abs. 7 Satz 2 SGB III).

Zudem wurde die Einführung der Mindestausbildungsvergütung auch für die Ausbildungsförderung von **Menschen mit Behinderungen** unter Berücksichtigung des bisherigen Leistungssystems und der Möglichkeit der Aufstockung der Bedarfssätze des Ausbildungsgeldes auf die Höhe der Netto-Mindestausbildungsvergütung nachvollzogen. Menschen mit Behinderungen, die eine außerbetriebliche Ausbildung in einem Berufsbildungswerk oder in einer anderen speziell auf die Bedürfnisse von Menschen mit Behinderungen ausgerichtete Einrichtung absolvieren, erhalten keine Ausbildungsvergütung, sondern ein bedürftigkeitsabhängiges **Ausbildungsgeld** von der Bundesagentur für Arbeit (§§ 122 bis 126 SGB III). Dieses Leistungssystem wird auch nach Einführung der Mindestausbildungsvergütung beibehalten, allerdings wurde für das Ausbildungsgeld eine **Bedarfsuntergrenze in Höhe der Netto-Mindestausbildungsvergütung** (nach Abzug der Steuern und einer Sozialversicherungspauschale) eingeführt. Liegt die Netto-Mindestausbildungsvergütung über dem jeweiligen Bedarfssatz, wird der Bedarfssatz aufgestockt.[128]

Die Mindestvergütung wird stufenweise eingeführt. Maßgeblich ist, in welchem Jahr die Berufsausbildung begonnen wird. Für das **erste Ausbildungsjahr** gelten als Mindestsatz

126 So ausdrücklich Beschlussempfehlung und Bericht des Ausschusses für Bildung, Forschung und Technikfolgenabschätzung, BT-Drs. 19/14431, S. 63.

127 Vormals § 79 Abs. 2 SGB III. Geändert durch das Gesetz zur Förderung der beruflichen Weiterbildung im Strukturwandel und zur Weiterentwicklung der Ausbildungsförderung vom 20.5.2020 (BGBl. I S. 1044) mit Wirkung vom 29.5.2020.

128 Die Einzelheiten ergeben sich aus § 123 SGB III.

im Jahr 2020 515 Euro,
im Jahr 2021 550 Euro,
im Jahr 2022 585 Euro,
im Jahr 2023 620 Euro.

Nach § 17 Abs. 2 Satz 1 Nr. 2 bis 4 BBiG wird die Mindestvergütung ab dem zweiten Ausbildungsjahr und mit fortschreitender Berufsausbildung durch steigende Aufschläge ergänzt, »die dem Beitrag der Auszubildenden zur betrieblichen Wertschöpfung angemessen Rechnung tragen«.[129] Die Mindestvergütung beträgt im **zweiten Ausbildungsjahr** 18 % über der Mindestvergütung für das erste Jahr, im **dritten Ausbildungsjahr** 35 % über der Mindestvergütung für das erste Jahr und im **vierten Ausbildungsjahr** 40 % über der Mindestvergütung für das erste Jahr. Basis für die Aufschläge je nach Ausbildungsjahr ist jeweils das Kalenderjahr, in dem die Ausbildung aufgenommen wird.

Daraus ergeben sich folgende Zahlenwerte:

- Beginnt die Ausbildung im Jahr **2020** mit dem ersten Ausbildungsjahr, beträgt die Mindestvergütung für das erste Jahr 515 Euro, für das zweite Jahr 608 Euro, für das dritte Jahr 695 Euro und für das vierte Jahr 721 Euro.
- Beginnt die Ausbildung im Jahr **2021** mit dem ersten Ausbildungsjahr, beträgt die Mindestvergütung für das erste Jahr 550 Euro, für das zweite Jahr 649 Euro, für das dritte Jahr 743 Euro und für das vierte Jahr 770 Euro.
- Beginnt die Ausbildung im Jahr **2022** mit dem ersten Ausbildungsjahr, beträgt die Mindestvergütung für das erste Jahr 585 Euro, für das zweite Jahr 690 Euro, für das dritte Jahr 790 Euro und für das vierte Jahr 819 Euro.
- Beginnt die Ausbildung im Jahr **2023** mit dem ersten Ausbildungsjahr, beträgt die Mindestvergütung für das erste Jahr 620 Euro, für das zweite Jahr 732 Euro, für das dritte Jahr 837 Euro und für das vierte Jahr 868 Euro.

Die Höhe der Mindestvergütung wird (erstmals zum 1.1.2024) zum 1.1. eines jeden Jahres **fortgeschrieben** (§ 17 Abs. 2 Satz 2 BBiG). Die Fortschreibung entspricht dem rechnerischen Mittel der nach § 88 Abs. 1 Satz 1 Nr. 1 Buchstabe g) BBiG erhobenen Ausbildungsvergütungen im Vergleich der beiden dem Jahr der Bekanntgabe für die Anpassung zum nächsten 1. Januar vorausgegangenen Kalenderjahre (§ 17 Abs. 2 Satz 3 BBiG). Die Bekanntgabe der Anpassung erfolgt jeweils durch das Bundesministerium spätestens bis zum 1.11. des Vorjahres (§ 17 Abs. 2 Satz 5 BBiG). Daraus folgt: Für die Festsetzung der Mindestvergütung zum 1.1.2024, die spätestens zum 1.11.2023 bekannt zu machen ist, ist auf das rechnerische Mittel der er-

129 So die Gesetzesbegründung, BT-Drs. 19/10815, S. 57.

hobenen Ausbildungsvergütungen im Vergleich der Jahre 2021 und 2022 abzustellen.[130]
Der sich ergebende Betrag ist bis unter 0,50 Euro abzurunden sowie von 0,50 Euro an aufzurunden (§ 17 Abs. 2 Satz 4 BBiG) Das Bundesministerium für Bildung und Forschung gibt jeweils spätestens bis zum 1. 11. eines jeden Kalenderjahres die Höhe der Mindestvergütung, die für das folgende Kalenderjahr maßgebend ist, im Bundesgesetzblatt bekannt (§ 17 Abs. 2 Satz 5 BBiG).
§ 17 Abs. 3 Satz 1 BBiG bestimmt, dass auch eine für den Ausbildenden nach § 3 Abs. 1 TVG geltende tarifvertragliche Vergütungsregelung, durch die die in § 17 Abs. 2 BBiG festgelegten Mindestvergütungen unterschritten werden, angemessen ist. Mit dieser **Tariföffnungsklausel** erhalten die Tarifvertragsparteien die Möglichkeit, die tarifvertraglich vereinbarten Ausbildungsvergütungen nach Einführung der Mindestausbildungsvergütung nach und nach an diese heranzuführen.[131] Befindet sich ein Tarifvertrag in der Nachwirkung (§ 4 Abs. 5 TVG), gelten nach § 17 Abs. 3 Satz 2 BBiG dessen Vergütungsregelungen für bereits begründete Ausbildungsverhältnisse weiterhin als angemessen, bis sie durch einen neuen oder ablösenden Tarifvertrag ersetzt werden.[132]
Das bedeutet, dass durch einen **Tarifvertrag**, der für den Ausbildenden nach § 3 Abs. 1 TVG gilt, die gesetzlich festgelegte Mindestausbildungsvergütung unterschritten werden darf. Ein Tarifvertrag findet nach § 3 Abs. 1 TVG an sich nur Anwendung, wenn *beide* Parteien des Ausbildungsvertrages an diesen normativ gebunden sind. Das wäre der Fall, wenn der Auszubildende Mitglied der Gewerkschaft ist, die den Tarifvertrag abgeschlossen hat, *und* der Ausbildende Mitglied des Arbeitgeberverbandes ist, der den Tarifvertrag abgeschlossen hat, oder selbst Partei des Tarifvertrages ist (Firmen- oder Haustarifvertrag). Da § 17 Abs. 3 Satz 1 BBiG ausdrücklich und allein darauf abstellt, dass der Ausbildende nach § 3 Abs. 1 TVG an den Tarifvertrag gebunden ist und die Tarifbindung der Auszubildenden nicht erwähnt wird, muss man das so verstehen, dass es nicht darauf ankommt, ob die Auszubildenden Mitglied der Gewerkschaft sind. Wenn allerdings der Ausbildungsvertrag *keine* Bezugnahmeklausel/Verweisungsklausel auf die einschlägigen Tarifverträge enthält, gilt der entsprechende Tarifvertrag nicht für das Ausbildungsverhältnis.
Das bedeutet: die **Tariföffnungsklausel greift nur**, wenn der Ausbildende an den einschlägigen Tarifvertrag normativ (§ 3 Abs. 1 TVG) gebunden ist (erste Voraussetzung). Hinzukommen muss (zweite Voraussetzung), dass der/die Auszubildende Mitglied der Gewerkschaft ist, die den einschlägigen

130 Vgl. die Gesetzesbegründung, BT-Drs. 19/10815, S. 58.
131 Gesetzesbegründung, BT-Drs. 19/10815, S. 58.
132 Gesetzesbegründung, BT-Drs. 19/10815, S. 58.

Tarifvertrag vereinbart hat (dann wäre diese/r normativ tarifgebunden, § 3 Abs. 1 TVG) *oder* zumindest der Ausbildungsvertrag eine Klausel enthält, mit der auf den einschlägigen Tarifvertrag Bezug genommen oder auf diesen verwiesen wird (Bezugnahmeklausel/Verweisungsklausel). Der Ausbildende muss also zwingend normativ tarifgebunden sein. Für die Auszubildenden genügt (wenn sie nicht Mitglied der Gewerkschaft sind) die vertragliche Bindung an den einschlägigen Tarifvertrag (aufgrund einzelvertraglicher Bezugnahme-/Verweisungsklausel). Das bedeutet umgekehrt: **Ist der Ausbildende nicht normativ tarifgebunden (§ 3 Abs. 1 TVG)**, gilt in keinem Fall ein Tarifvertrag, der die Mindestausbildungsvergütung unterschreitet. In dem Fall gilt zwingend und unmittelbar die gesetzlich festgelegte Mindestausbildungsvergütung in der in § 17 Abs. 2 BBiG festgelegten Höhe. Auch eine Allgemeinverbindlicherklärung des Tarifvertrages (§ 5 TVG) würde daran nichts ändern.

b. Gleichstellungsgebot und Lohnuntergrenze für Leiharbeitnehmer

Durch das Erste Gesetz für moderne Dienstleistungen am Arbeitsmarkt vom 54
23.12.2002 (BGBl. I S. 4607) ist das AÜG durch die damalige »rot-grüne« Koalition umfassend mit Wirkung zum 1.1.2003 neu geregelt worden. Zugunsten der Leiharbeitnehmer wurde ein Gleichbehandlungsgebot mit den vergleichbaren Arbeitnehmern des Entleihers eingeführt.[133] Der Verleiher ist grundsätzlich verpflichtet, dem Leiharbeitnehmer für die Zeit der Überlassung an einen Entleiher die im Betrieb des Entleihers für einen vergleichbaren Arbeitnehmer des Entleihers geltenden wesentlichen Arbeitsbedingungen einschließlich des Arbeitsentgelts zu gewähren.

Damit gilt für Leiharbeitnehmer der Grundsatz »**Gleicher Lohn für gleiche** 55
Arbeit«. Dieser »Grundsatz der Gleichstellung« ist seit 1.4.2017 in § 8 AÜG geregelt.[134] Von dem Grundsatz der Gleichstellung kann zuungunsten der Leiharbeitnehmer durch einen für den Verleiher geltenden Tarifvertrag abgewichen werden. Gilt beim Verleiher ein Tarifvertrag, der die Arbeitsbedingungen der Leiharbeitnehmer regelt, gilt das Gebot der Gleichstellung mit den Arbeitnehmern des Entleihers nicht. Im Geltungsbereich eines solchen Tarifvertrags können nicht tarifgebundene Arbeitgeber und Arbeitnehmer die Anwendung der tariflichen Regelungen einzelvertraglich vereinbaren. Eine vertragliche Bezugnahme auf die tariflichen Regelungen setzt voraus, dass das zwischen den jeweiligen Tarifvertragsparteien abgeschlossene Tarifwerk für die Arbeitnehmerüberlassung für den Entleihzeitraum vollstän-

---

133 So die damalige Gesetzesbegründung, BT-Drs. 15/25, S. 38.

134 Gesetz zur Änderung des Arbeitnehmerüberlassungsgesetzes und anderer Gesetze vom 21.2.2017, BGBl. I. S. 258, das am 1.4.2017 in Kraft getreten ist.

dig erfasst wird. Weder die punktuelle Vereinbarung einzelner tariflicher Bestimmungen noch die Bezugnahme auf einzelne Regelungsbereiche oder Regelungskomplexe genügt. Unschädlich sind lediglich vertragliche Regelungen über Gegenstände, die tariflich nicht geregelt sind oder die zugunsten der Arbeitnehmer von den tariflichen Bestimmungen abweichen.[135] Insofern kann man von einer nur subsidiären Geltung der Arbeitsbedingungen wie auch beim Entleiher sprechen. Seit der gesetzlichen Neuregelung im Jahr 2003 (und sodann im Jahr 2017) sind diverse **Tarifverträge zur Leiharbeit** geschlossen worden, so dass **faktisch das Gleichstellungsgebot durch verschlechternde Tarifverträge** (auch mit den DGB-Gewerkschaften) **ausgehebelt** ist. Ob das europarechtlich zulässig ist, ist aufgrund eines Beschlusses des BAG vom EuGH zu klären.[136]

56 Gleichwohl sind gegen das gesetzliche Gleichbehandlungsgebot **verfassungsrechtliche Bedenken** geltend gemacht worden, die vom BVerfG **zurückgewiesen** wurden.[137] Ob angesichts der ausdrücklich normierten Tariföffnungsklausel überhaupt in den Schutzbereich der Koalitionsfreiheit und Tarifautonomie (Art. 9 Abs. 3 GG) eingegriffen werde, hat das BVerfG offengelassen. Der Eingriff ist jedenfalls verfassungsrechtlich gerechtfertigt. Die Regelungen des AÜG dienen dazu, die Stellung der Leiharbeitnehmer zu verbessern; somit dienen sie dem Schutz ihrer Berufsfreiheit (Art. 12 Abs. 1 GG). Dem durch Art. 12 Abs. 1 GG geschützten Interesse der Leiharbeitnehmer an zumutbaren Arbeitsbedingungen stehe das – ebenfalls durch Art. 12 Abs. 1 GG geschützte – Interesse der Arbeitgeber gegenüber, die Arbeitsbedingungen der bei ihnen beschäftigten Arbeitnehmer möglichst kostengünstig zu gestalten. Da beide Arbeitsvertragsparteien unter dem Schutz des Art. 12 Abs. 1 GG stehen, sind die kollidierenden Grundrechtspositionen in ihrer Wechselwirkung zu erfassen und so zu begrenzen, dass sie für alle Beteiligten möglichst weitgehend wirksam werden. Dem Gesetzgeber ist dabei ein weiter Gestaltungsfreiraum eingeräumt, der hier gewahrt worden ist.[138]

57 Wegen der Unterbietung des Grundsatzes der Gleichstellung durch Tarifverträge wurde seit Jahren als Reaktionsmöglichkeit die Aufnahme der Leiharbeit in das AEntG diskutiert, um zumindest einen Mindestlohn einzuführen, der nicht unterschritten werden darf.[139] Der Gesetzgeber ist mit dem

---

135 BAG 16.10.2019 – 4 ZR 66/18, NZA 2020, 260.

136 BAG 16.12.2020 – 5 AZR 143/19 (A).

137 BVerfG 29.12.2004 – 1 BvR 2283/03, 2504/03, 2582/03, NZA 2005, 153.

138 BVerfG 29.12.2004 – 1 BvR 2283/03, 2504/03, 2582/03, NZA 2005, 153.

139 Vgl. *Dieterich*, in: Bieback/Dieterich/Hanau/Kocher/Schäfer, Tarifgestützte Mindestlöhne, S. 103ff.; *Hanau*, in: Bieback/Dieterich/Hanau/Kocher/Schäfer, Tarifgestützte Mindestlöhne, S. 127ff.; *Huhnekuhl/Dohna-Jaeger*, NZA 2007, 954ff.; *Mayer*, AuR 2011, 4ff.; *Thüsing/Lembke*, ZfA 2007, 87ff.

»Ersten Gesetz zur Änderung des Arbeitnehmerüberlassungsgesetzes – Verhinderung von Missbrauch der Arbeitnehmerüberlassung« vom 28.4.2011 (BGBl. I S. 642) einen anderen Weg gegangen: Die Leiharbeit wurde nicht in den Regelungsbereich des AEntG aufgenommen, sondern es wurde eine spezielle **Lohnuntergrenze für die Leiharbeit** in § 3a AÜG eingeführt, die durch Rechtsverordnung festgesetzt werden kann; das setzt allerdings eine entsprechende tarifvertragliche Regelung voraus.

Eine entsprechende **Rechtsverordnung** galt erstmals mit Wirkung seit 58 dem 1.1.2012, befristet gültig bis 31.10.2013.[140] Das **Mindeststundenentgelt** betrug danach 7,01 Euro in den Bundesländern Berlin, Brandenburg, Mecklenburg-Vorpommern, Sachsen, Sachsen-Anhalt und Thüringen sowie 7,89 Euro in den übrigen Bundesländern. Das Mindeststundenentgelt betrug mit Wirkung seit dem 1.11.2012 7,50 Euro in den Bundesländern Berlin, Brandenburg, Mecklenburg-Vorpommern, Sachsen, Sachsen-Anhalt und Thüringen sowie 8,19 Euro in den übrigen Bundesländern. Die **Zweite Rechtsverordnung** zur Lohnuntergrenze in der Arbeitnehmerüberlassung galt seit 1.4.2014, befristet bis 31.12.2016.[141] Das **Mindeststundenentgelt** betrug danach 7,86 Euro in den Bundesländern Berlin, Brandenburg, Mecklenburg-Vorpommern, Sachsen, Sachsen-Anhalt und Thüringen sowie 8,50 Euro in den übrigen Bundesländern. Das Mindeststundenentgelt stieg mit Wirkung seit dem 1.4.2015 auf 8,20 Euro in den Bundesländern Berlin, Brandenburg, Mecklenburg-Vorpommern, Sachsen, Sachsen-Anhalt und Thüringen sowie auf 8,80 Euro in den übrigen Bundesländern. Das Mindeststundenentgelt stieg mit Wirkung seit dem 1.6.2016 auf 8,50 Euro in den Bundesländern Berlin, Brandenburg, Mecklenburg-Vorpommern, Sachsen, Sachsen-Anhalt und Thüringen sowie auf 9,00 Euro in den übrigen Bundesländern.

Die **Dritte Rechtsverordnung** zur Lohnuntergrenze in der Arbeitnehmerüberlassung galt seit 1.6.2017, befristet bis 31.12.2019.[142] Das **Mindeststundenentgelt** betrug danach seit 1.6.2017 8,91 Euro in den Bundesländern Berlin, Brandenburg, Mecklenburg-Vorpommern, Sachsen, Sachsen-Anhalt und Thüringen sowie 9,23 Euro in den übrigen Bundesländern. Das Mindeststundenentgelt stieg mit Wirkung seit dem 1.4.2018 auf 9,27 Euro in den Bundesländern Berlin, Brandenburg, Mecklenburg-Vorpommern, Sachsen, Sachsen-Anhalt und Thüringen sowie auf 9,49 Euro in den übrigen Bundesländern. Das Mindeststundenentgelt stieg mit Wirkung ab dem 1.1.2019 auf 9,49 Euro in den Bundesländern Berlin, Brandenburg, Mecklenburg-Vorpommern, Sachsen, Sachsen-Anhalt und Thüringen sowie auf 9,79 Euro in den übrigen Bundesländern; ab dem 1.10.2019 auf 9,66 Euro

140 BAnz Nr. 195 vom 28.12.2011, S. 4608.
141 BAnz vom 26.3.2014, BAnz AT 26.3.2014 V1.
142 BAnz vom 31.5.2017, BAnz AT 31.5.2017 V1.

in den Bundesländern Berlin, Brandenburg, Mecklenburg-Vorpommern, Sachsen, Sachsen-Anhalt und Thüringen sowie auf 9,96 Euro in den übrigen Bundesländern.
Die **Vierte Rechtsverordnung** zur Lohnuntergrenze in der Arbeitnehmerüberlassung gilt seit 1.9.2020, befristet bis 31.12.2022.[143] Das **Mindeststundenentgelt** betrug danach seit 1.9.2020 9,88 Euro und seit 1.10.2020 10,10 Euro in den Bundesländern Berlin, Brandenburg, Mecklenburg-Vorpommern, Sachsen, Sachsen-Anhalt und Thüringen sowie 10,15 Euro in den übrigen Bundesländern. Das Mindeststundenentgelt steigt zum 1.4.2021 auf 10,45 Euro einheitlich in ganz Deutschland und zum 1.4.2022 auf 10,88 Euro einheitlich in ganz Deutschland.

c. Staatliche Tariftreueregelungen im Vergaberecht und »Vergabemindestlöhne«

aa. Grundlagen

59 Eine indirekte Form der staatlichen Vorgabe eines Arbeitsentgelts ist bei der **Vergabe öffentlicher Aufträge** denkbar, sofern entsprechende gesetzliche Regelungen existieren. In mehreren Bundesländern existierten landesrechtliche Regelungen, die die Vergabe bestimmter öffentlicher Aufträge mit der Verpflichtung verbanden, dass Auftragnehmer und deren Subunternehmer ihre Beschäftigten nach den jeweils am Einsatzort geltenden Entgelttarifen entlohnen mussten.[144] Das Institut der »**Tariftreuerklärung**« berührt die Frage, ob Aufträge der öffentlichen Hand ausschließlich als »reine Beschaffungsentscheidungen« anzusehen sind oder ob nicht darüber hinaus weitere »sozialpolitische Ziele« oder soziale Belange (z.B. Umweltschutz, Frauen- und Regionalförderung, Bevorzugung von Ausbildungsbetrieben) vom öffentlichen Auftraggeber (mit-)verfolgt werden dürfen. In dem Zusammenhang wird auch – freilich irreführend[145] – von vergabefremden Zwecken oder von einer »Instrumentalisierung des Vergaberechts für allgemeinpolitische Zwecke« gesprochen.[146] In Bezug auf die Einhaltung der Tarifstandards kann man schlagwortartig das Anliegen als »Tariftreue statt Sozialkostenwettbewerb« bezeichnen.[147]

60 In der **14. Legislaturperiode** (1998–2002) hatte die rot-grüne Bundestagsmehrheit eine bundeseinheitliche Regelung, ein »Tariftreuegesetz«, ver-

143 BAnz vom 31.8.2020, BAnz AT 31.8.2020 V1.

144 Vgl. *Schulten/Pawicki*, WSI-Mitteilungen 2008, 184ff.; *Kempen*, in: Peter/Kempen/Zachert, Die Sicherung tariflicher Mindeststandards, S. 46–82.

145 Vgl. *Rust*, EuZW 2000, 205ff.; *Rust*, EuZW 1999, 453ff.; gegen *Rittner*, EuZW 1999, 677ff.

146 Ausführlich *Benedict*, Sekundärzwecke im Vergabeverfahren, 2000.

147 *Däubler*, ZIP 2000, 681ff.

abschiedet. Der Bundesrat stimmte jedoch dem vom Bundestag verabschiedeten Gesetz gem. Art. 84 Abs. 1 GG nicht zu.[148] Das Gesetzesvorhaben war damit gescheitert. In der **15. Legislaturperiode** (2002–2005) sollte – laut der Koalitionsvereinbarung zwischen SPD und Bündnis 90/Die Grünen – erneut ein Tariftreuegesetz in den Bundestag eingebracht werden. Dazu ist es letztlich nicht gekommen. Danach gab es auf Bundesebene keine weiteren Ambitionen zu einem Tariftreuegesetz (zu den Entwicklungen in den Bundesländern vgl. Rn. 72). Nach dem Koalitionsvertrag zwischen CDU, CSU und SPD für die **18. Legislaturperiode** wollten die Koalitionsparteien »eine europarechtskonforme Einführung« vergleichbarer Regelungen wie in den Bundesländern »auf Bundesebene prüfen«.[149] Konkrete gesetzliche Umsetzungsschritte folgten nicht.

Seit 25.7.2017 gibt es eine Rechtsgrundlage für ein »vergabespezifisches Mindestentgelt für Aus- und Weiterbildungsleistungen« in § 185 SGB III.[150] Danach haben Träger bei der Ausführung eines öffentlichen Auftrags über Aus- und Weiterbildungsdienstleistungen im Gebiet der Bundesrepublik Deutschland ihren Arbeitnehmerinnen und Arbeitnehmern das Mindestentgelt zu zahlen, das durch eine Rechtsverordnung des Bundesministeriums für Arbeit und Soziales verbindlich vorgegeben wird.[151] Setzt der Träger Leiharbeitnehmerinnen oder Leiharbeitnehmer ein, hat der Verleiher zumindest das Mindestentgelt nach der Verordnung zu zahlen. Eine entsprechende Vergabemindestlohnentgeltverordnung für das Jahr 2018 erging am 19.12.2017 begrenzt für den Zeitraum vom 1.1.2018 bis 31.12.2018.[152]

Die **Vergabemindestlohnentgeltverordnung 2019** vom 27.3.2019 gilt für den Zeitraum 1.4.2019 bis 31.12.2022.[153] Die Höhe des Vergabemindest-

---

148 BT-Drs. 14/7796; 14/8285; 14/8896; 14/9335; 14/9356; 14/9710; 14/9794. Kritisch hierzu *Kämmerer/Thüsing*, ZIP 2002, 596ff.; *Kling*, EuZW 2002, 229ff.

149 Koalitionsvertrag zwischen CDU, CSU und SPD für die 18. Legislaturperiode »Deutschlands Zukunft gestalten«, S. 69.

150 Artikel 21 des Gesetzes zur Änderung des Bundesversorgungsgesetzes und anderer Vorschriften vom 17.7.2017 (BGBl. I S. 2541, 2556); vgl. zur Gesetzesbegründung Beschlussempfehlung und Bericht des Ausschusses für Arbeit und Soziales, BT-Drs. 18/12611, S. 98f.

151 Vgl. hierzu *Gerner*, NZS 2018, 302ff.

152 Verordnung zur Festsetzung eines vergabespezifischen Mindestentgelts für Aus- und Weiterbildungsdienstleistungen nach dem Zweiten oder Dritten Buch Sozialgesetzbuch für das Kalenderjahr 2018 (Vergabemindestentgeltverordnung 2018 – VergMindV 2018) vom 19.12.2017 (BGBl. I S. 4005).

153 Verordnung zur Festsetzung eines vergabespezifischen Mindestentgelts für Aus- und Weiterbildungsdienstleistungen nach dem Zweiten oder Dritten Buch Sozialgesetzbuch für die Kalenderjahre 2019 bis 2022 (Vergabemindestentgeltverordnung 2019 – VergMindV 2019) vom 27.3.2019 (BGBl. I S. 364).

entgelts entspricht der Höhe der Mindestentgelte (je nach Qualifikation) für Aus- und Weiterbildungsleistungen (vgl. Anhang zu § 1, Rn. 94).

61 Nach den **Vorgaben des Vergaberechts** sind öffentliche Aufträge und Konzessionen im Wettbewerb und im Wege transparenter Vergabeverfahren zu vergeben (§ 97 Abs. 1 Satz 1 GWB). Die Unternehmen haben Anspruch darauf, dass die Bestimmungen über das Vergabeverfahren eingehalten werden (§ 97 Abs. 6 GWB). Neben der Chance, die der Wettbewerb grundsätzlich bietet, besteht die Gefahr eines rigorosen **Preiswettbewerbs**, der zulasten der Lohn- und Arbeitsbedingungen der Beschäftigten und der Qualität der Leistung gehen kann. Das GWB hat hier ein Regelungskonzept entwickelt: So sind die Teilnehmer an einem Vergabeverfahren gleich zu behandeln, es sei denn, eine Benachteiligung ist aufgrund des GWB ausdrücklich geboten oder gestattet (§ 97 Abs. 2 GWB).

62 Im Vergabeverfahren sind die Grundsätze der Wirtschaftlichkeit und der Verhältnismäßigkeit zu wahren (§ 97 Abs. 1 Satz 2 GWB). Bei der Vergabe werden Aspekte der Qualität und der Innnovation sowie soziale und umweltbezogene Aspekte berücksichtigt (§ 97 Abs. 3 GWB). Aufträge werden an fachkundige und leistungsfähige Unternehmen vergeben (§ 122 Abs. 1 GWB). Da soziale Aspekte bei der Vergabeentscheidung mit zu berücksichtigen sind (§ 97 Abs. 3 GWB), sind Tariftreuegesetze oder die Pflicht zur Einhaltung von Mindestarbeitsbedingungen (Mindestlöhnen) bei der Vergabeentscheidung nicht ausgeschlossen. Der Zuschlag wird zwar auf das wirtschaftlichste Angebot erteilt (§ 127 Abs. 1 Satz 1 GWB), das wirtschaftlichste Angebot bestimmt sich aber nach dem besten Preis-Leistungs-Verhältnis (§ 127 Abs. 1 Satz 3 GWB). Zu dessen Ermittlung können neben dem Preis oder den Kosten auch qualitative, umweltbezogene oder **soziale Aspekte berücksichtigt werden** (§ 127 Abs. 1 Satz 4 GWB). Zudem können die öffentlichen Auftraggeber für die Auftragsausführung bestimmte **Ausführungsbedingungen** festlegen, die auch soziale oder beschäftigungspolitische Belange umfassen können (§ 128 Abs. 2 Satz 3 GWB). Zwingend zu berücksichtigende Ausführungsbedingungen dürfen nur aufgrund eines Bundes- oder Landesgesetzes festgelegt werden (§ 129 GWB). Unternehmen können u. a. unter den Voraussetzungen des § 124 GWB vom Vergabeverfahren ausgeschlossen werden. In dem Zusammenhang werden ausdrücklich Verstöße gegen Mindestlohnvorschriften (§ 21 AEntG, § 19 MiLoG) erwähnt, die gem. § 124 Abs. 2 GWB »unberührt« bleiben, also neben dem GWB anzuwenden sind.

bb. Verfassungsrechtliche Zulässigkeit

Verfassungsrechtliche Bedenken gegen Tariftreuegesetze bestehen nicht, wie 63 das BVerfG mit Beschluss vom 11.7.2006 entschied.[154] Das Grundrecht der negativen **Koalitionsfreiheit** schützt nicht dagegen, dass der Gesetzgeber die Ergebnisse von Koalitionsvereinbarungen zum Anknüpfungspunkt gesetzlicher Regelungen nimmt. Allein dadurch, dass jemand den Vereinbarungen fremder Tarifvertragsparteien unterworfen wird, ist ein spezifisch koalitionsrechtlicher Aspekt nicht betroffen.[155] Die gesetzliche Regelung einer Tariftreueerklärung berührt auch nicht die in Art. 9 Abs. 3 GG enthaltene Bestands- und Betätigungsgarantie der Koalitionen. Die sich aus der Betätigungsfreiheit ergebende Normsetzungsbefugnis ist schon deshalb nicht berührt, weil sich dieses Recht ohnehin nur auf die tarifgebundenen Arbeitgeber und Arbeitnehmer und nicht auf Außenseiter bezieht. Außerdem führt eine Tariftreueverpflichtung nicht zu einer staatlichen Normsetzung in einem Bereich, in dem die tarifautonom gesetzten Absprachen der Sozialpartner Vorrang haben. Die örtlichen tarifvertraglichen Entgeltabreden werden nicht kraft staatlicher Geltungsanordnung Inhalt der Arbeitsverträge der bei der Auftragsausführung eingesetzten Mitarbeiter, sondern nach individualvertraglicher Umsetzung der Tariftreueverpflichtung durch den Arbeitgeber. Konkurrierende Rechtsetzungskompetenzen des Staats und der Tarifvertragsparteien treffen nicht aufeinander. Den tarifvertragschließenden Koalitionen erwächst deshalb aus Art. 9 Abs. 3 GG auch kein verfassungsrechtlich geschütztes Interesse an einer Beteiligung am Verfahren der Tariftreueerklärung.[156]

Auch die **Berufsfreiheit** (Art. 12 Abs. 1 GG) ist nicht verletzt. Der Eingriff 64 in die Berufsfreiheit ist verfassungsrechtlich gerechtfertigt.[157] Durch Tariftreueregelungen werden die betroffenen Unternehmen im Wettbewerb mit Konkurrenten nicht deshalb benachteiligt, weil sie zur Vergütung ihrer Arbeitnehmer nach Tarif verpflichtet sind. Die Erstreckung der Tariflöhne auf Außenseiter soll gerade einem Verdrängungswettbewerb über die Lohnkosten entgegenwirken. Diese Maßnahme soll zur Bekämpfung der Arbeitslosigkeit in den betroffenen Branchen beitragen. Sie dient dem Schutz der Beschäftigung solcher Arbeitnehmer, die bei tarifgebundenen Unternehmen arbeiten; damit dient sie auch der Erhaltung sozialer Standards, die als wünschenswert angesehen sind, und der Entlastung der Systeme der sozialen Sicherheit, die bei hoher Arbeitslosigkeit oder bei niedrigen Löhnen ver-

---

154 BVerfG 11.7.2006 – 1 BvL 4/00, BVerfGE 116, 202 = NZA 2007, 42; kritisch *Rieble*, NZA 2007, 1ff.; *Preis/Ulber*, NJW 2007, 465ff.; *Höfling*, RdA 2007, 360ff.

155 BVerfG 11.7.2006 – 1 BvL 4/00, Rn. 68, NZA 2007, 42.

156 BVerfG 11.7.2006 – 1 BvL 4/00, Rn. 73, NZA 2007, 42.

157 BVerfG 11.7.2006 – 1 BvL 4/00, Rn. 87ff., NZA 2007, 42.

stärkt in Anspruch genommen würden. Durch die Festlegung auf die zwischen den Tarifvertragsparteien ausgehandelten Entgelte wird zugleich das Tarifvertragssystem als Mittel zur Sicherung sozialer Standards unterstützt. Das Ziel, die Arbeitslosigkeit zu bekämpfen, hat aufgrund des Sozialstaatsprinzips (Art. 20 Abs. 1 GG) Verfassungsrang.[158] Auch darf der Gesetzgeber die Ordnungsfunktion der Tarifverträge unterstützen, indem er Regelungen schafft, die bewirken, dass die von den Tarifparteien ausgehandelten Löhne und Gehälter auch für Nichtverbandsmitglieder mittelbar zur Anwendung kommen.[159]

cc. Rechtsprechung des Europäischen Gerichtshofs

65 Auch europarechtlich sind Tariftreuerklärungen – entgegen dem EuGH (Rn. 67ff.) – zulässig.[160] Vor allem liegt ein Eingriff in die Dienstleistungsfreiheit (Art. 56 AEUV) nicht vor. Die Verpflichtung zur Tariftreueerklärung gilt unterschiedslos für aus- und inländische Bewerber. Die Dienstleistungsfreiheit in einem anderen Staat ist zwar garantiert, aber »unter den Voraussetzungen, welche dieser Staat für seine eigenen Angehörigen vorschreibt« (Art. 57 Satz 3 AEUV). Tariftreuevorschriften, die für alle Unternehmen gelten, stellen keine Diskriminierung ausländischer Bieter dar, vielmehr gilt für die Unternehmen aus dem EU-Ausland nichts anderes wie für deutsche Unternehmen.

Will man eine Beschränkung der **Dienstleistungsfreiheit** durch Tariftreueerklärungen bejahen, wäre diese jedenfalls durch zwingende Gründe des Allgemeininteresses gerechtfertigt. In der Rechtsprechung des EuGH ist anerkannt, dass der freie Dienstleistungsverkehr durch Regelungen beschränkt werden darf, die durch zwingende Gründe des Allgemeininteresses gerechtfertigt sind. Zu den bereits vom EuGH anerkannten zwingenden Gründen des Allgemeininteresses gehört der **Schutz der Arbeitnehmer**.[161] Das EU-Recht verwehrt es den Mitgliedstaaten nicht, ihre Rechtsvorschriften oder Tarifverträge über Mindestlöhne unabhängig davon, in welchem Land der Arbeitgeber ansässig ist, auf alle Personen zu erstrecken, die in ihrem Ho-

---

158 Vgl. BVerfG 27.4.1999 – 1 BvR 2203/93, 897/95, BVerfGE 100, 271, 284; BVerfG 3.4.2001 – 1 BvL 32/97, BVerfGE 103, 293, 307.

159 BVerfG 11.7.2006 – 1 BvL 4/00, Rn. 90, NZA 2007, 42.

160 Vgl. *Däubler*, ZIP 2000, 681, 687f.; *Rust*, EuZW 1999, 453, 454ff.; *Kempen*, in: Peter/Kempen/Zachert, Die Sicherung tariflicher Mindeststandards, S. 71ff.; a.A.: *Seifert*, ZfA 2001, 1, 21ff.; *Löwisch*, DB 2001, 1090, 1093f.; *Hempel*, Die Tariftreueerklärung im Lichte des deutschen und europäischen Arbeitsrechts, 2011, S. 129ff.

161 EuGH 15.3.2001 – C-165/98 – (Mazzoleni), NZA 2001, 554; EuGH 23.11.1999 – C-369/96 – (Arblade u.a.), NZA 2000, 85.

heitsgebiet – und sei es auch nur vorübergehend – eine unselbstständige Erwerbstätigkeit ausüben. Dabei ist zu bedenken, dass es sich bei der Tariftreueerklärung nicht mal um eine solche staatliche Normerstreckung handelt, sondern um eine rein vertragsrechtliche Konstruktion.

Zu den **Vergaberichtlinien** gibt es ebenfalls Rechtsprechung des EuGH. In zwei Entscheidungen zur Bau-RL 71/305/EG stellte der EuGH fest, dass Zuschlagskriterien, die die Vergabe öffentlicher Aufträge mit der Bedingung der Beschäftigung von Langzeitarbeitslosen zur Bekämpfung lokaler Arbeitslosigkeit verknüpfen, zulässig sind, wenn die Vergaberichtlinien nicht unmittelbar oder mittelbar zu einer Diskriminierung der Bieter aus anderen Mitgliedstaaten führen.[162] Voraussetzung ist, dass eine solche zusätzliche Bedingung in der Bekanntmachung der Ausschreibung angegeben wird. Unter der Voraussetzung, dass das Vergabeverfahren auch hinsichtlich sozialer Kriterien gesetzlich transparent ausgestaltet und praktiziert wird, bestehen also keine Bedenken. Hinsichtlich der Richtlinie 92/50/EWG über die Koordinierung der Verfahren zur Vergabe öffentlicher Dienstleistungsaufträge entschied der EuGH, dass der Auftraggeber im Rahmen eines öffentlichen Auftrags Umweltschutzkriterien berücksichtigen darf, sofern: diese Kriterien mit dem Gegenstand des Auftrags zusammenhängen, dem Auftraggeber keine unbeschränkte Entscheidungsfreiheit einräumen, ausdrücklich im Leistungsverzeichnis oder in der Bekanntmachung des Auftrags genannt sind und bei ihnen alle wesentlichen Grundsätze des Gemeinschaftsrechts, vor allem das Diskriminierungsverbot, beachtet werden.[163] Auch die Vergabe-RL 2004/18/EG erkennt an, dass öffentliche Auftraggeber zusätzliche Bedingungen stellen dürfen, vor allem soziale und umweltbezogene. 66

Der EuGH erklärte jedoch mit Urteil vom 3.4.2008 (**»Rüffert«-Urteil**) das Instrument der Tariftreueregelung im Hinblick auf die Entsende-RL 96/71/EG und die **Dienstleistungsfreiheit** (Art. 56 AEUV) für europarechtswidrig.[164] Der EuGH stellte vor allem darauf ab, dass der Tarifvertrag, an den die Vergaberegelung in Niedersachsen angeknüpfte, nicht für alle Arbeitgeber für allgemeinverbindlich erklärt war, sondern nur bei der Vergabe öffentlicher Aufträge anwendbar sein sollte. Eine solche Maßnahme könne, weil sie nicht bei Tätigkeiten im Rahmen privater Auftragserteilung zur Anwendung käme, nicht vom Ziel des Arbeitnehmerschutzes als gerechtfertigt 67

---

162 EuGH 20.9.1988 – C-31/87 (Beentjes), NVwZ 1990, 353; EuGH 26.9.2000 – C-225/98 (Kommission ./. Französische Republik), NJW 2000, 3629.

163 EuGH 17.9.2002 – C-513/99, NVwZ 2002, 1356.

164 EuGH 3.4.2008 – C-346/06 (Rüffert), NZA 2008, 537; dazu *Bayreuther*, NZA 2008, 626ff.; *Bitterich*, ZIP 2008, 1455ff.; *Frenz*, NZS 2011, 321ff.; *Hofmann*, RdA 2010, 351ff.; *Klumpp*, NJW 2008, 3473ff.; *Koberski/Schierle*, RdA 2008, 233ff.; *Kocher*, DB 2008, 1042ff.; *Rödl*, EuZW 2011, 292ff.; *Thüsing*, NZA 2009, 183ff.

angesehen werden. Was den Zweck der finanziellen Stabilität der sozialen Versicherungssysteme angehe, sei nicht erkennbar, dass eine Tariftreueerklärung erforderlich wäre, um zu erreichen, dass eine erhebliche Gefährdung des finanziellen Gleichgewichts des Systems der sozialen Sicherheit verhindert wird.[165]

68 Das Urteil des EuGH kann man kritisieren, aus Sicht des Autors jedoch mit einer anderen Akzentsetzung als einer, die dem EuGH vorwirft, dieser habe die Tarifautonomie als eigenständiges sozialpolitisches Ziel nicht erkannt.[166] Primäres Ziel von Tariftreueerklärungen oder vergaberechtlichen Lohnmindestgrenzen ist nicht der Arbeitnehmerschutz (das ist ein Nebeneffekt) oder die Stärkung der Tarifautonomie, sondern es geht um etwas anderes. Der Staat als Auftraggeber hat ein demokratisch legitimiertes Interesse, die **Auftragsvergabe als politisches Steuerungsmittel** einzusetzen. Wer Klimaschutz als oberstes politisches Ziel deklariert, darf die Vergabe von Aufträgen an diesem Ziel ausrichten. Genauso ist es legitim, dass der Staat bestimmt, die Vergabe von staatlichen Aufträgen an bestimmten sozialen Mindeststandards zu orientieren, um einen Lohnkostenwettbewerb nach unten zu verhindern. Der »zwingende Grund des Allgemeininteresses«, der es rechtfertigt, die Dienstleistungsfreiheit zu beschränken, liegt genau hierin: **Schutz des Marktes vor Preisunterbietung durch Lohndumping**. Das ist ein öffentliches Interesse, weil es auch den Sozialstaat vor einer Flucht der Arbeitnehmer in den Schutz staatlich garantierter Mindestsicherung durch Sozialtransfers schützt. Insofern geht es um Sozialpolitik, die die Nationalstaaten im EU-Binnenmarkt weiterhin legitim nach ihren Maßstäben betreiben dürfen. So gesehen sind Tariftreuevorgaben oder vergaberechtliche Lohnmindestgrenzen ein politisches Steuerungsmittel, mit dem der Staat lenkend in den Wettbewerb eingreift. Das mögen manche als unmodern ansehen, gleichwohl war und ist es legitim. Ein Sozialstaat ohne Eingriffe in den freien Wettbewerb ist schlechterdings undenkbar. Jede gesetzliche Vorgabe greift in den freien Wettbewerb ein.

69 Die Rechtsprechung des EuGH hat sich weiterentwickelt. Der **EuGH** hat in einem Verfahren der **Bundesdruckerei GmbH gegen die Stadt Dortmund** durch Urteil vom 18.9.2014 entschieden.[167] Es ging um folgende Fallkonstellation: Die Stadt Dortmund schrieb europaweit einen Auftrag zur Aktendigitalisierung und Konvertierung von Daten für das Stadtplanungs- und Bauordnungsamt der Stadt aus. Die Vergabeunterlagen, die die Einhaltung der Vorschriften des Tariftreue- und Vergabegesetzes NRW betraf, enthielt eine Mustererklärung, die vom Bieter zu unterzeichnen war und mit der er erklärte, seinen Beschäftigten ein Mindeststundenentgelt von 8,62 Euro

165 EuGH 3.4.2008 – C-346/06 (Rüffert), Rn. 39ff., NZA 2008, 537.
166 Vgl. *Kocher*, DB 2008, 1042ff.
167 EuGH 18.9.2014 – C-549/13 (Bundesdruckerei), NZA 2014, 1129.

zu zahlen und von seinen Nachunternehmern zu verlangen, sich ihrerseits zur Einhaltung des Mindestentgelts zu verpflichten. Die Bundesdruckerei unterrichtete die Stadt Dortmund schriftlich darüber, dass die Leistungen aus dem Auftrag, sollte sie den Auftrag erhalten, ausschließlich in einem anderen Mitgliedstaat, nämlich in Polen, durch einen in diesem Mitgliedstaat ansässigen Nachunternehmer ausgeführt würden. In diesem Schreiben wies sie darauf hin, dass sich der Nachunternehmer nicht zur Einhaltung des durch das Tariftreue- und Vergabegesetz NRW vorgeschriebenen Mindestentgelts verpflichten könne, da ein solches Mindestentgelt nach den Tarifverträgen und Gesetzen dieses Mitgliedstaats nicht vorgesehen sei. Auch sei die Zahlung eines solchen Mindestentgelts angesichts der Lebensverhältnisse in diesem Mitgliedstaat nicht üblich. Die Stadt Dortmund war der Auffassung, dass die Vorgaben des Tariftreue- und Vergabegesetzes NRW einzuhalten seien. Die Vergabekammer bei der Bezirksregierung Arnsberg legte den Fall dem EuGH vor. Der EuGH verweist auf sein »Rüffert«-Urteil und führt aus: *Die Verpflichtung zur Zahlung eines Mindestentgelts, die durch nationale Rechtsvorschriften den Nachunternehmern eines Bieters auferlegt wird, die in einem Mitgliedstaat ansässig sind, der nicht mit dem Mitgliedstaat identisch ist, dem der öffentliche Auftraggeber angehört, und in dem die Mindestlohnsätze niedriger sind, stelle eine zusätzliche wirtschaftliche Belastung dar, die geeignet sei, die Erbringung ihrer Dienstleistungen im Aufnahmemitgliedstaat zu unterbinden, zu behindern oder weniger attraktiv zu machen. Eine solche Maßnahme könne daher eine Beschränkung der* ***Dienstleistungsfreiheit*** *(Art. 56 AEUV) sein.*[168]

Eine solche nationale Maßnahme könne zwar – so der EuGH – grundsätzlich 70
durch das Ziel des Arbeitnehmerschutzes gerechtfertigt sein, doch soweit eine solche Maßnahme **nur auf öffentliche Aufträge** Anwendung finde, sei sie nicht geeignet, das Ziel des Arbeitnehmerschutzes zu erreichen, wenn es keine Anhaltspunkte dafür gibt, dass die auf dem privaten Markt tätigen Arbeitnehmer nicht desselben Lohnschutzes bedürfen wie die im Rahmen öffentlicher Aufträge tätigen Arbeitnehmer.[169] Jedenfalls erscheine eine solche nationale Regelung unverhältnismäßig, soweit sich ihr Geltungsbereich auf eine Situation erstreckt, in der Arbeitnehmer einen öffentlichen Auftrag in einem Mitgliedstaat ausführen, der nicht mit dem Mitgliedstaat identisch ist, dem der öffentliche Auftraggeber angehört, und in dem die Mindestlohnsätze niedriger sind. »*Indem diese Regelung in einer solchen Situation ein festes Mindestentgelt vorgibt, das dem entspricht, das erforderlich ist, um eine angemessene Entlohnung der Arbeitnehmer des Mitgliedstaats des öffentlichen Auftraggebers im Hinblick auf die in diesem Mitgliedstaat bestehenden Lebenshaltungskosten zu gewährleisten, aber keinen Bezug zu den in dem Mitglied-*

168 EuGH 18.9.2014 – C-549/13 (Bundesdruckerei), Rn. 30, NZA 2014, 1129.
169 EuGH 18.9.2014 – C-549/13 (Bundesdruckerei), Rn. 32, NZA 2014, 1129.

staat bestehenden Lebenshaltungskosten hat, in dem die Leistungen im Zusammenhang mit dem betreffenden öffentlichen Auftrag ausgeführt werden, und damit den in dem letztgenannten Mitgliedstaat ansässigen Nachunternehmern die Möglichkeit vorenthalten würde, aus den zwischen den jeweiligen Lohnniveaus bestehenden Unterschieden einen Wettbewerbsvorteil zu ziehen, geht sie nämlich über das hinaus, was erforderlich ist, um zu gewährleisten, dass das Ziel des Arbeitnehmerschutzes erreicht wird.«[170] Mit diesem Urteil ist jedoch nicht gesagt, dass Mindestentgeltvorgaben in Vergabegesetzen generell unzulässig sind, sondern es geht nur um die Fallkonstellation, dass die Arbeitnehmer, die den Auftrag ausführen sollen, **ausschließlich in einem anderen Mitgliedstaat der EU** und nicht in Deutschland tätig sind. Für diesen Fall soll die faktische Übertragung von Mindestentgelten, die für in Deutschland tätige Arbeitnehmer sachgerecht sein mögen, auf die Arbeitsverhältnisse in einem anderen Mitgliedstaat unverhältnismäßig sein.

71 Mit Urteil vom 17.11.2015 in dem Verfahren **RegioPost GmbH & Co. KG gegen die Stadt Landau** in der Pfalz hat der EuGH entschieden, dass die Vergabe öffentlicher Aufträge durch Gesetz davon abhängig gemacht werden kann, dass ein Mindestlohn gezahlt wird.[171] Es verstoße nicht gegen das Unionsrecht, wenn ein Bieter, der es ablehne, sich zur Zahlung des Mindestlohns an seine Beschäftigten zu verpflichten, vom Verfahren zur Vergabe eines Auftrags ausgeschlossen werde. Der Sachverhalt war Folgender: Im Juli 2013 schloss die Stadt Landau das deutsche Unternehmen RegioPost von der Beteiligung an einem Verfahren zur Vergabe eines öffentlichen Auftrags über die Postdienstleistungen der Stadt aus, weil sich dieses Unternehmen entgegen den Bestimmungen der Vergabebekanntmachung auch nach Aufforderung nicht verpflichtet hatte, den Beschäftigten, die im Fall des Zuschlages zur Ausführung der Leistungen eingesetzt würden, einen Mindestlohn zu zahlen. Der öffentliche Auftrag betraf vor allem den Abschluss eines Rahmenvertrags über die Abholung, Beförderung und Zustellung von Briefen, Päckchen und Paketen. Die vorgesehene Vertragslaufzeit betrug zwei Jahre und war höchstens zweimal um je ein Jahr verlängerbar. Da der Wert des öffentlichen Auftrags weit über 200 000 Euro hinausging, wurde er unionsweit ausgeschrieben. Sowohl die Vergabebekanntmachung als auch die Vergabeunterlagen nahmen auf das Landestariftreuegesetz des Landes Rheinland-Pfalz Bezug, nach dem in diesem Land öffentliche Aufträge nur an Unternehmen (und Nachunternehmer) vergeben werden dürfen, die sich bei Angebotsabgabe verpflichten, den zur Ausführung der Leistungen eingesetzten Beschäftigten ein Mindestentgelt von (während des im Ausgangsverfahren maßgebenden Zeitraums) 8,70 Euro brutto pro Stunde zu zahlen. Im maßgebenden Zeitraum gab es in Deutschland für

---

170 EuGH 18.9.2014 – C-549/13 (Bundesdruckerei), Rn. 34, NZA 2014, 1129.

171 EuGH 17.11.2015 – C-115/14 (Regio Post), NZA 2016, 155.

die Postdienstleistungsbranche keinen Tarifvertrag über einen verbindlichen Mindestlohn.

Auch wenn der Mindestlohn geeignet sei, den freien Dienstleistungsverkehr zu beschränken, könne er grundsätzlich durch das **Ziel des Arbeitnehmerschutzes** gerechtfertigt sein. Der EuGH differenziert insoweit zwischen der vorliegenden Rechtssache und der Rechtssache »Rüffert«.[172] Im vorliegenden Urteil sei festzustellen, dass das Urteil »Rüffert« einen nur für die Baubranche (und nicht für private Aufträge) geltenden Tarifvertrag betroffen habe, der nicht für allgemein verbindlich erklärt worden war. Überdies habe der EuGH im Urteil »Rüffert« darauf hingewiesen, dass der im Tarifvertrag festgelegte Lohnsatz den für die betreffende Branche nach dem deutschen AEntG geltenden Mindestlohnsatz überschreite. Der Mindestlohnsatz, der durch die in der vorliegenden Rechtssache fragliche Maßnahme vorgeschrieben werde, werde indessen in einer Rechtsvorschrift festgelegt, die als zwingende Bestimmung über ein Mindestmaß an Schutz grundsätzlich allgemein und branchenunabhängig für die Vergabe aller öffentlichen Aufträge im Land Rheinland-Pfalz gelte.[173] Darüber hinaus gewähre diese Rechtsvorschrift ein Mindestmaß an sozialem Schutz, da in dem im Ausgangsverfahren maßgebenden Zeitraum weder das AEntG noch eine andere nationale Regelung einen niedrigeren Mindestlohn für die Branche der Postdienstleistungen vorsah.[174] Zudem stehe die RL 2004/18 Rechtsvorschriften nicht entgegen, die vorsehen, dass Bieter und deren Nachunternehmer von der Beteiligung an einem Verfahren zur Vergabe eines öffentlichen Auftrags ausgeschlossen werden, wenn sie sich weigern, sich durch eine schriftliche, ihrem Angebot beizufügende Erklärung zu verpflichten, den Beschäftigten, die zur Ausführung der Leistungen eingesetzt werden sollen, einen im Vorhinein festgelegten Mindestlohn zu zahlen. Ebenso wie die Richtlinie dem Erfordernis der Abgabe einer schriftlichen Erklärung über die Einhaltung des Mindestlohns nicht entgegenstehe, gestatte sie nämlich auch den Ausschluss eines Bieters, der sich weigere, eine solche Verpflichtung einzugehen, von der Beteiligung an einem Verfahren zur Vergabe eines öffentlichen Auftrags.

dd. Neuentwicklungen im Vergaberecht

Als Reaktion auf die »Rüffert«-Entscheidung (vgl. Rn. 67) erließen zahlreiche Bundesländer neue **Vergabegesetze**. Letztlich ausgestanden ist die Diskussion um die rechtliche Zulässigkeit modifizierter Tariftreueregelun- 72

172 EuGH 3.4.2008 – C-346/06 (Rüffert), NZA 2008, 537.

173 EuGH 17.11.2015 – C-115/14 (Regio Post), Rn. 75, NZA 2016, 155.

174 EuGH 17.11.2015 – C-115/14 (Regio Post), Rn. 76, NZA 2016, 155.

gen oder vergaberechtlicher Mindestlöhne nicht.[175] Die Vergabegesetze der Bundesländer setzen an drei unterschiedlichen Punkten an:

73 1. **Anknüpfung an Mindestlöhne nach dem AEntG**: Nach einzelnen Landesgesetzen dürfen öffentliche Aufträge nur an Unternehmen vergeben werden, die sich vorher verpflichten, ihren Beschäftigten mindestens die branchenspezifischen Mindestlöhne nach dem AEntG zu zahlen. Da die Mindestlöhne nach dem AEntG ohnedies zwingend gelten, haben solche Regelungen nur den zusätzlichen Effekt, dass öffentliche Auftraggeber diese einfordern und damit eine zusätzliche effektive Durchsetzungsdynamik auslösen.

74 2. **Sonderregelung für den Verkehrssektor**: In vielen Bundesländern wird für den Verkehrssektor eine umfassende Tariftreueerklärung verlangt, die sich in der Regel auf den jeweils repräsentativen Tarifvertrag bezieht. Diese Möglichkeit ergibt sich aus der europarechtlichen Sonderstellung des Verkehrssektors.[176] Zum einen gilt die Verordnung EG/1370/2007, zum anderen gilt gem. Art. 58 Abs. 1 AEUV für den Verkehrsbereich nicht unmittelbar die Dienstleistungsfreiheit, sondern ein gesonderter Verkehrstitel gem. Art. 90ff. AEUV. Diese sog. Bereichsausnahme stellt Verkehrsleistungen nicht vom Ziel der binnenmarktweiten Dienstleistungsfreiheit frei. Die Dienstleistungsfreiheit im Verkehrssektor bedarf vielmehr einer spezifischen sekundärrechtlichen Ausgestaltung. Die allgemeinen Sekundärrechtsakte der EU zur Ausgestaltung der Dienstleistungsfreiheit, die auf der Grundlage des Art. 56 AEUV (bzw. der Vorgängerregelungen) erlassen wurden, gelten nicht für den Verkehrssektor; insoweit findet auch die Entsende-RL keine Anwendung. Das Rüffert-Urteil des EuGH (vgl. Rn. 67) ist deshalb nicht auf den Verkehrssektor übertragbar. Eine nationale gesetzliche Regelung von Tariftreueverlangen im Verkehrssektor steht außerhalb des Anwendungsbereichs der Dienstleistungsfreiheit.[177]

75 3. **Bezifferte vergaberechtliche Mindestentgeltvorgabe**: Zusätzlich verankerten die meisten Bundesländer in den Vergabegesetzen bezifferte Mindestentgeltvorgaben (»vergabespezifische Mindestlöhne«). Nach der Einführung des allgemeinen Mindestlohns nach dem MiLoG haben einige Bundesländer ihre Vergabemindestlöhne wieder abgeschafft.

---

175 Vgl. jüngst *Krause*, AuR 2020, 152ff; *Krause*, Weiterentwicklung des Tariftreuerechts, 2019; zur vorherigen Diskussion *Bayreuther*, NZA 2014, 1171, 1175ff.; *Däubler*, NZA 2014, 694ff.; *Deinert/Walser*, Tarifvertragliche Bindung der Arbeitgeber, 2015, S. 111–123; *Dieterich/Ulber*, ZTR 2013, 179ff.; *Forst*, NJW 2014, 3755ff.; *Greiner*, ZTR 2013, 647ff.; *Pünder/Klafki*, NJW 2014, 429ff.; *Simon*, RdA 2014, 165ff.

176 Vgl. *Bayreuther*, NZA 2014, 1171, 1175ff.; *Bayreuther*, EuZW 2009, 102, 106f.

177 Vgl. *Greiner*, ZIP 2011, 2129, 2134f.

Andere Bundesländer halten an eigenständigen Mindestlöhnen im Vergaberecht fest. Viele Bundesländer regeln zwar Vergabemindestentgelte, verweisen jedoch hinsichtlich der Höhe auf den allgemeinen Mindestlohn in der jeweils geltenden Fassung. Solche bezifferten vergaberechtlichen Mindestentgeltvorgaben werden – auch in Ansehung der Rüffert-Entscheidung des EuGH (vgl. Rn. 67) – als zulässig angesehen. Sind sie für inländische Unternehmen aufgestellt, handelt es sich um eine Rechtsvorschrift über Mindestentgeltsätze, deren notwendige Erstreckung auf ausländische Unternehmen aus der Entsende-RL 96/71/EG folgt. Diese sekundärrechtliche Verpflichtung des Mitgliedstaats verstößt ihrerseits nicht gegen die Dienstleistungsfreiheit. Die Dienstleistungsfreiheit als Beschränkungsverbot gilt nur gegenüber autonomen Regelungen der Mitgliedstaaten.[178] Die Vereinbarkeit mit dem Europarecht wurde durch das Urteil des EuGH vom 17.11.2015 (RegioPost) bestätigt (vgl. Rn. 71).[179]

d. Gesetz über die Festsetzung von Mindestarbeitsbedingungen (MiArbG)

Staatliche Entgeltfestsetzungen wären im Rahmen des Gesetzes über die Festsetzung von Mindestarbeitsbedingungen (Mindestarbeitsbedingungengesetz – MiArbG) möglich gewesen. Das ursprünglich von 1952 stammende Gesetz,[180] das nie angewendet wurde, wurde im Jahr 2009 grundlegend reformiert, und zwar durch das »Erste Gesetz zur Änderung des Gesetzes über die Festsetzung von Mindestarbeitsbedingungen« vom 22.4.2009 (BGBl. I S. 818).[181] 76

Nach dem MiArbG 2009 wäre es möglich gewesen, **Mindestarbeitsentgelte für einzelne »Wirtschaftszweige« festzusetzen**, wenn in dem »Wirtschaftszweig« bundesweit die an Tarifverträge gebundenen Unternehmen weniger als 50 % der unter den Geltungsbereich dieser Tarifverträge fallenden Arbeitnehmer beschäftigen (§ 1 Abs. 2 MiArbG). In dem Fall konnte jedoch nicht einfach der Verordnungsgeber (die Bundesregierung) tätig werden, vielmehr regelte das MiArbG ein kompliziertes mehrstufiges Verfahren für die Festsetzung von Mindestarbeitsentgelten. 77

Das MiArbG kam nie zur Anwendung. Es wurde zwar der »Hauptausschuss für Mindestarbeitsentgelte« berufen, es gab jedoch nur einen einzigen Versuch, das Gesetz praktisch umzusetzen. Im Juli 2011 befasste sich 78

178 Vgl. *Rödl*, EuZW 2011, 292ff.

179 EuGH 17.11.2015 – C-115/14 (Regio Post), NZA 2016, 155.

180 Vgl. *Peter*, in: Peter/Kempen/Zachert, Die Sicherung tariflicher Mindeststandards, S. 83–103.

181 Vgl. *Deinert/Kittner*, RdA 2009, 265, 274.

der Hauptausschuss mit einem von der dbb-Tarifunion gestellten Antrag auf Festsetzung eines Mindestlohns für die Branche der Call-Center in Höhe von 9,50 Euro. Der Hauptausschuss lehnte den Antrag ab, weil »soziale Verwerfungen« in dieser Branche nicht hätten festgestellt werden können.[182] Auch die DGB-Vertreter stimmten gegen den Antrag.

79 Das **MiArbG** wurde durch Art. 14 Tarifautonomiestärkungsgesetz vom 11.8.2014 (BGBl. I. S. 1348, 1360) **aufgehoben**. In der Gesetzesbegründung hieß es hierzu:[183]

Das Mindestarbeitsbedingungengesetz hatte zum Ziel, auch in Wirtschaftszweigen mit geringer Tarifbindung die Festsetzung von Mindestarbeitsentgelten zu ermöglichen und damit einen angemessenen Mindestschutz der Arbeitnehmerinnen und Arbeitnehmer sicherzustellen. Es hat in der Praxis keine Bedeutung erlangt; auf seiner Grundlage wurden keine Mindestarbeitsentgelte festgesetzt. Mit Einführung des allgemeinen Mindestlohns sowie der Ausweitung des Arbeitnehmer-Entsendegesetzes auf alle Branchen wird ein angemessener Mindestschutz der Arbeitnehmerinnen und Arbeitnehmer in allen Branchen gewährleistet. Das Mindestarbeitsbedingungengesetz wird daher aufgehoben.

5. Gerichtliche Kontrolle von Vergütungsvereinbarungen

a. Strafgerichtliche Kontrolle von Vergütungsvereinbarungen

80 Wucher ist unter den Voraussetzungen des § 291 StGB strafbar. § 291 Abs. 1 Satz 1 Nr. 3 StGB bestimmt: Wer die Zwangslage, die Unerfahrenheit, den Mangel an Urteilsvermögen oder die erhebliche Willensschwäche eines anderen dadurch ausbeutet, dass er sich oder einem Dritten für eine sonstige Leistung Vermögensvorteile versprechen oder gewähren lässt, die in einem auffälligen Missverhältnis zu der Leistung oder deren Vermittlung stehen, wird mit Freiheitsstrafe bis zu drei Jahren oder mit Geldstrafe bestraft. Die maßgeblichen Grundsätze zur Anwendung dieser Norm ergeben sich aus der **BGH-Entscheidung vom 22.4.1997**, die zum wortgleichen § 302a StGB a. F. ergangen ist.[184] Der BGH hatte einen Fall zu überprüfen, in dem der Arbeitgeber mit zwei aus Tschechien stammenden Arbeitnehmern einen Stundenlohn von 12,70 DM vereinbart hatte, während der tarifliche Stundenlohn bei 19,05 DM lag, er betrug mithin zwei Drittel des tariflichen

182 Vgl. BT-Drs. 17/7132.
183 BT-Drs. 18/1558, S. 57.
184 BGH 22.4.1997 – 1 StR 701/96, NZA 1997, 1167 = AuR 1997 mit Anmerkung *Reinecke*.

Stundenlohns. Der BGH hatte die Verurteilung des Arbeitgebers wegen Wuchers bestätigt.

Die strafrechtliche Wuchernorm erfasst Austauschgeschäfte jeglicher Art, 81
sofern die Leistung des Opfers für den Täter einen Vermögensvorteil darstellt. Hierunter fallen auch Arbeitsverhältnisse. **Lohnzahlungen** im Rahmen eines Arbeitsverhältnisses sind »**sonstige Leistungen**« i. S. d. § 291 Abs. 1 Satz 1 Nr. 3 StGB. Die geleistete Arbeit ist jedenfalls dann ein Vermögensvorteil, wenn sich der Erfolg der Arbeit wirtschaftlich zugunsten des Arbeitgebers auswirkt. Hiervon ist in aller Regel auszugehen. Weitere Voraussetzung ist ein **auffälliges Missverhältnis zwischen Leistung und Gegenleistung**. Ob ein Missverhältnis vorliegt, ergibt sich aus dem für den jeweiligen Einzelfall vorzunehmenden Vergleich des Werts der Leistung mit dem der Gegenleistung. Maßgebend ist, ob seitens des Täters ein Missverhältnis vorliegt. Daher sind Vorteile, die dem Täter aus dem wucherischen Geschäft zufließen sollen oder zugeflossen sind, mit dem Wert seiner Leistung zu vergleichen, während es auf einen Vergleich der Leistung mit den Vorteilen, die sich das Opfer aus dem Geschäft verspricht oder erlangt, nicht ankommt. Dementsprechend hat die Frage nach der Kaufkraft, die mit dem ausbezahlten Lohn an ihrem Wohnort (im Streitfall: Tschechien) verbunden war (etwa in Relation zur Kaufkraft des Tariflohns für einen in Deutschland wohnhaften Arbeitnehmer) außer Betracht zu bleiben. Als **Vergleichsmaßstab** hat der BGH die Vorgehensweise des Tatsachengerichts akzeptiert, den Wert der Arbeit mit dem hierfür tarifvertraglich vorgesehenen Lohn gleichzusetzen und ihn mit dem tatsächlich gezahlten Lohn zu vergleichen.

Aus dieser Entscheidung wird allgemein abgeleitet, dass **strafbarer Lohn-** 82
wucher vorliegt, wenn die **vereinbarte Vergütung die tarifliche Vergütung um mindestens ein Drittel unterschreitet**. Ob dies die BGH-Entscheidung in der Allgemeinheit hergibt, kann man bezweifeln. Der BGH betonte, dass die Entscheidung, ob im Einzelfall die Ungleichgewichtigkeit von Leistung und Gegenleistung als Missverhältnis i. S. d. § 291 StGB zu bewerten ist, dem Tatrichter obliegt. Das Revisionsgericht könne das Ergebnis der tatrichterlichen Bewertung nicht durch seine eigene ersetzen, sondern nur eingreifen, wenn ein Rechtsfehler vorliege.[185] Deswegen kann nicht ausgeschlossen werden, dass der BGH auch eine andere tatrichterliche Bewertung akzeptiert hätte. Als **Leitlinie für die Praxis** kann aber davon ausgegangen werden, dass ein auffälliges Missverhältnis zwischen Leistung und Gegenleistung angenommen werden kann, wenn die vereinbarte Vergütung weniger als zwei Drittel der tariflichen Vergütung beträgt.

---

185 BGH 22.4.1997 – 1 StR 701/96, NZA 1997, 1167 = AuR 1997 mit Anmerkung *Reinecke*.

b. Zivilrechtliche Generalklauseln als Kontrollinstrument

83 Ein Rechtsgeschäft, das gegen die guten Sitten verstößt, ist nichtig (§ 138 Abs. 1 BGB). Nichtig ist insbesondere ein Rechtsgeschäft, durch das jemand unter Ausbeutung der Zwangslage, der Unerfahrenheit, des Mangels an Urteilsvermögen oder der erheblichen Willensschwäche eines anderen sich oder einem Dritten für eine Leistung Vermögensvorteile versprechen oder gewähren lässt, die in einem auffälligen Missverhältnis zu der Leistung stehen (§ 138 Abs. 2 BGB). Während § 138 Abs. 1 BGB allgemein einen Verstoß gegen die guten Sitten verlangt, regelt § 138 Abs. 2 BGB als Sonderfall (»insbesondere«) das Wuchergeschäft. Ein **auffälliges Missverhältnis von Leistung und Gegenleistung** kann nicht nur unter den Voraussetzungen des § 138 Abs. 2 BGB sittenwidrig sein, sondern auch aufgrund des § 138 Abs. 1 BGB, wenn sich der Bevorteilte der Einsicht in das auffällige Missverhältnis leichtfertig verschließt.[186]

84 Sowohl nach § 138 Abs. 1 BGB als auch nach § 138 Abs. 2 BGB ist objektiv ein **auffälliges Missverhältnis zwischen Leistung und Gegenleistung** erforderlich. Ist das objektive Missverhältnis gegeben, kann subjektiv regelmäßig auf die Verwerflichkeit der Gesinnung und damit auf die Sittenwidrigkeit geschlossen werden.[187] Als Grund für die Nichtigkeit einer Vergütungsvereinbarung wegen eines Missverhältnisses zwischen Leistung und Gegenleistung kommt neben § 138 BGB auch ein Verstoß gegen den **strafrechtlichen Wuchertatbestand** in Betracht (§ 134 BGB i. V. m. § 291 Abs. 1 Satz 1 Nr. 3 StGB).[188] Ein Rechtsgeschäft, das gegen ein gesetzliches Verbot verstößt, ist nichtig, wenn sich nicht aus dem Gesetz etwas anderes ergibt (§ 134 BGB). Das gesetzliche Verbot ergibt sich aus dem strafrechtlichen Wuchertatbestand.

85 Bei der Auslegung der Zivilrechtsnormen ist unter verfassungsrechtlichen Gesichtspunkten zu beachten, dass auch **Vergütungsregelungen** in den **Schutzbereich des Art. 12 Abs. 1 GG** fallen. Nach der Rechtsprechung des BVerfG greifen Vergütungsregelungen und hierauf gründende Entscheidungen, die auf die Einnahmen, welche durch eine berufliche Tätigkeit erzielt werden können und damit auf die Existenzerhaltung von nicht unerheblichem Einfluss sind, in die Freiheit der Berufsausübung ein.[189] Die Freiheit einen Beruf auszuüben, ist untrennbar mit der Freiheit verbunden, eine

---

186 BAG 10.10.1990 – 5 AZR 404/89, AP BGB § 138 Nr. 47 = NJW 1991, 860; BGH 19.1.2001 – V ZR 437/99, BGHZ 146, 298 = NJW 2001, 1127.

187 BAG 30.7.1985 – 3 AZR 401/83, NZA 1986, 519.

188 BAG 23.5.2001 – 5 AZR 527/99, AuR 2001, 509 m. Anm. *Peter*.

189 BVerfG 15.12.1999 – 1 BvR 1904/95 u.a., BVerfGE 101, 331, 347; BVerfG 30.3.1993 – 1 BvR 1045/89, 1381/90 und 1 BvL 11/90, BVerfGE 88, 145, 159.

angemessene Vergütung zu fordern.[190] Die diesbezüglichen Entscheidungen des BVerfG betreffen zwar Selbstständige, doch kann für Arbeitnehmer nichts anderes gelten.

c. Lohnwucher in der arbeitsgerichtlichen Rechtsprechung

Unabhängig davon, ob Prüfungsnorm § 134 BGB (i. V. m. § 291 Abs. 1 Satz 1 **86**
Nr. 3 StGB) oder § 138 BGB ist, bedarf es der Feststellung eines auffälligen Missverhältnisses von Leistung und Gegenleistung. Die Probleme der praktischen Rechtsanwendung liegen in der Festlegung des Werts der Arbeitskraft und in der Festlegung des Bezugs- und Grenzwerts. Beim **Bezugswert** geht es darum, ob Maßstab für die Bestimmung des Missverhältnisses von Leistung und Gegenleistung die einschlägige tarifliche Vergütung (für die jeweilige Tätigkeit der jeweiligen Branche des jeweiligen Tarifgebiets) oder eine sonst wie zu bestimmende (»ortsübliche«) Vergütung ist oder ob es eine anderweit zu bestimmende Untergrenze der Vergütung gibt. Mit der Festlegung eines **Grenzwerts** ist gemeint, ob es einen Wert gibt, um den der Bezugswert unterschritten sein muss, damit von einem »auffälligen« Missverhältnis von Leistung und Gegenleistung gesprochen werden kann (zwei Drittel der ortsüblichen Vergütung).

Wie sich der **Wert der Ware Arbeitskraft** bemisst, ist keine neue Frage.[191] **87**
Auch ist die Erkenntnis nicht neu, dass der Preis der Ware Arbeitskraft (der Lohn, der gezahlt wird) von ihrem (wie auch immer zu bestimmenden) Wert – nach oben wie nach unten – abweichen kann.[192] Der Preis der Arbeitskraft ist (wie bei jeder anderen Ware) von verschiedenen Bedingungen abhängig, u. a. von der Lage auf dem »Arbeitsmarkt«.[193] Ein Mangel an Ar-

---

190 BVerfG 30. 3. 1993 – 1 BvR 1045/89, 1381/90 und 1 BvL 11/90, BVerfGE 88, 145, 159.

191 Nach der Arbeitswerttheorie bestimmt sich der Wert der Ware Arbeitskraft durch die gesellschaftliche Arbeitszeit, die notwendig ist, um den Verkäufer der Arbeitskraft am Leben zu halten und dessen Kinder aufzuziehen, die sie oder ihn ersetzen werden. Abstrakt formuliert geht es um die Produktion und Reproduktion des Arbeitskraftverkäufers. Heutzutage würde man vielleicht vom soziokulturellen Existenzminimum einschließlich der notwendigen Reproduktionskosten sprechen, wozu auch die Bildungskosten der nachwachsenden Generation gehören.

192 Vgl. *Marx*, Das Kapital, Erster Band, in: Marx Engels Werke (MEW), Band 23, S. 181 ff., 245 ff., 542 ff., 557 ff.; *Bontrup*, Lohn und Gewinn – Volks- und betriebswirtschaftliche Grundzüge, S. 26 ff.

193 Der Wert jeder Ware – also auch der Ware Arbeitskraft – kann von ihrem Marktpreis abweichen. So schwankt der Marktpreis je nach Angebot und Nachfrage. Empirisch sichtbar ist nur der Preis. Der »Lohn« ist nicht der Preis für die »Arbeit«, sondern für die Ware Arbeitskraft.

beitskräften treibt den Preis in die Höhe, ein »Überschuss« lässt ihn sinken. Die Antwort auf die Frage nach dem »gerechten Preis« für die Ware Arbeitskraft ergibt sich – stellt man auf die Marktbedingungen ab – aus der Analyse der Marktverhältnisse. Es wird der faktische Marktpreis ermittelt und unterstellt, dieser definiere auch den Wert. So meint das BAG, die Leistung des Arbeitnehmers sei nach ihrem »**objektiven Wert**« zu beurteilen, der sich nach der »verkehrsüblichen Vergütung« bestimme.[194] Zur Ermittlung dieser **verkehrsüblichen Vergütung** ist – so das BAG – »nicht nur auf den Vergleich mit den Tariflöhnen des jeweiligen Wirtschaftszweigs abzustellen, sondern es ist von dem allgemeinen Lohnniveau im Wirtschaftsgebiet auszugehen«.[195]

88 In einer Entscheidung aus dem Jahr 2004 stellte das BAG darauf ab, dass die **Tariflöhne des jeweiligen Wirtschaftszweigs** jedenfalls dann Ausgangspunkt zur Feststellung des »Werts der Arbeitsleistung«[196] seien, wenn in dem Wirtschaftsgebiet üblicherweise der Tariflohn gezahlt wird.[197] Entspricht der Tariflohn indes nicht der verkehrsüblichen Vergütung, sondern liegt diese unterhalb des Tariflohns, ist zur Ermittlung des »Werts der Arbeitsleistung« von dem allgemeinen Lohnniveau im Wirtschaftsgebiet auszugehen. Tarifvertragliche Entgeltvereinbarungen (die im Streitfall zur Kontrolle standen) unterliegen – so das BAG – nicht dem Maßstab des § 138 BGB, sondern diese müssen den in Art. 2 Abs. 1, Art. 20 Abs. 1 GG zum Ausdruck kommenden »elementaren Gerechtigkeitsanforderungen« genügen. Zugunsten der Tarifvertragsparteien sei dabei Art. 9 Abs. 3 GG zu berücksichtigen.

89 Eine **Sonderkonstellation** besteht bei **Lehrern an staatlich anerkannten Privatschulen:** Bei diesen sind die verfassungsrechtlichen Wertungen des Art. 7 Abs. 4 GG und landesrechtliche Regelungen zu berücksichtigen. Artikel 7 Abs. 4 GG garantiert das Recht, Privatschulen zu errichten. Sie bedürfen jedoch der Genehmigung des Staats und unterstehen den Landesgesetzen. Die Genehmigung ist zu versagen, wenn die wirtschaftliche und rechtliche Stellung der Lehrkräfte nicht genügend gesichert ist (Art. 7 Abs. 4 Satz 4 GG). Damit soll nicht nur das öffentliche Interesse an einem ordnungsgemäßen Schulbetrieb gesichert werden, sondern es geht auch um den

---

194 Hierbei handelt es sich um eine Verwechselung von Schein und Sein. Der Wert der Arbeitskraft bestimmt sich nicht durch den »Lohn« (die »verkehrsübliche« Vergütung) – der Lohn ist lediglich der »Preis«, der mit dem Wert der Ware Arbeitskraft nicht übereinstimmen muss.

195 BAG 23.5.2001 – 5 AZR 527/99, AuR 2001, 509 mit Anmerkung Peter.

196 Entgegen dem BAG geht es nicht um den »Wert der Arbeitsleistung«, sondern um den Preis der Ware Arbeitskraft.

197 BAG 24.3.2004 – 5 AZR 303/03, NZA 2004, 971.

Schutz der Lehrer.[198] Mit Urteil vom 26.4.2006 war das BAG davon ausgegangen, dass eine Vergütung von Lehrkräften an privaten Ersatzschulen, die bestimmte Grenzwerte unterschreitet, sittenwidrig sei (§ 138 Abs. 1 BGB).[199] Mit Urteil vom 19.8.2015 geht das BAG davon aus, dass die Vergütungsvereinbarung einer Lehrkraft an einer staatlich anerkannten Privatschule wegen eines Verstoßes gegen ein gesetzliches Verbot (§ 134 BGB) nichtig sei, wenn die Vergütung 80 % der Vergütung einer vergleichbaren Lehrkraft an einer öffentlichen Schule unterschreite.[200] Das gesetzliche Verbot ergebe sich aus den entsprechenden landesrechtlichen Vorgaben zur Vergütung der Lehrer, auch wenn diese keine feste Bezugsgröße vorsehen (wie im entschiedenen Fall im Freistaat Sachsen). Die von Art. 7 Abs. 4 Satz 4 GG (und dem entsprechenden Landesrecht) verlangte genügende Sicherung der wirtschaftlichen Stellung der Lehrkräfte an einer Privatschule erfordere, dass diese Tätigkeit »angemessen« entgolten werde, wobei sich diese an der Bezahlung der Lehrer an öffentlichen Schulen zu orientieren habe. Das BAG lehnt sich mit dem Maßstab der 80 % ausdrücklich an die Rechtsprechung zur angemessenen Ausbildungsvergütung (vgl. Rn. 50) an, wo ebenfalls die Grenze bei 80 % gezogen wird.[201] Die Vergütung einer Lehrkraft an einer staatlich anerkannten Privatschule sei nicht mehr angemessen, wenn sie weniger als 80 % der Vergütung von Lehrern an vergleichbaren öffentlichen Schulen betrage.

Mit einer Grundsatzentscheidung vom 22.4.2009 stellte das BAG heraus, 90
dass es für die Beurteilung, ob »Lohnwucher« vorliege, nicht auf den Zeitpunkt des (erstmaligen) Vertragsschlusses ankäme, sondern auf den jeweils streitgegenständlichen Zeitraum. Eine Entgeltvereinbarung kann bei Vertragsabschluss noch wirksam sein, jedoch im Laufe der Zeit, wenn sie nicht an die allgemeine Lohn- und Gehaltsentwicklung angepasst wird, gegen § 138 BGB verstoßen.[202] Wucher ist eine besondere Ausprägung der Sittenwidrigkeit nach § 138 Abs. 1 BGB. Die Sittenwidrigkeit einer Entgeltvereinbarung ist nicht allein nach der vereinbarten Entgelthöhe zu beurteilen. Vor allem überlange Arbeitszeiten beeinflussen ebenfalls die Beurteilung der Sittenwidrigkeit der Entgeltvereinbarung. Das BAG stellt ausdrücklich heraus, dass ein auffälliges Missverhältnis zwischen Leistung und Gegenleistung vorliegt, wenn die Arbeitsvergütung nicht einmal **zwei Drittel eines in der betreffenden Branche und Wirtschaftsregion üblicherweise gezahlten Tariflohns** erreicht.

---

198 BAG 19.8.2015 – 5 AZR 500/14, AP BGB § 138 Nr. 71; anknüpfend an BAG 26.4.2006 – 5 AZR 549/05, NZA 2006, 1354.

199 BAG 26.4.2006 – 5 AZR 549/05, NZA 2006, 1354.

200 BAG 19.8.2015 – 5 AZR 500/14, AP BGB § 138 Nr. 71.

201 BAG 19.8.2015 – 5 AZR 500/14, Rn. 36, AP BGB § 138 Nr. 71.

202 BAG 22.4.2009 – 5 AZR 436/08, NZA 2009, 837, 838.

91 Das **auffällige Missverhältnis** bestimmt sich nach dem »objektiven Wert der Leistung des Arbeitnehmers«.[203] Ausgangspunkt der »Wertbestimmung« sind – so das BAG – in der Regel die Tariflöhne des jeweiligen Wirtschaftszweigs. Sie drücken den »objektiven Wert der Arbeitsleistung« aus, wenn sie in dem betreffenden Wirtschaftsgebiet üblicherweise gezahlt werden. Entspricht der Tariflohn dagegen nicht der verkehrsüblichen Vergütung, sondern liegt diese unterhalb des Tariflohns, ist von dem allgemeinen Lohnniveau im Wirtschaftsgebiet auszugehen.[204] Das Missverhältnis ist auffällig, wenn es einem Kundigen, ggf. nach Aufklärung des Sachverhalts, ohne Weiteres ins Auge springt. Wird die Grenze von zwei Dritteln des Tariflohns unterschritten, liegt eine erhebliche Abweichung vor.

92 Die gezahlte Vergütung ist mit dem »normalen« Tariflohn zu vergleichen. Tarifliche Zulagen und Zuschläge für besondere Arbeiten und Arbeitszeiten oder aus bestimmten Anlässen sind ebenso wenig einzubeziehen wie »unregelmäßige Zusatzleistungen« des Arbeitgebers. Derartige Leistungen bestimmen grundsätzlich weder den »verkehrsüblichen Wert der Arbeit als solchen« noch den Charakter des Arbeitsverhältnisses. Nur die generalisierende Betrachtungsweise ermögliche eine praktikable Bestimmung des maßgeblichen Grenzwerts.[205]

93 Eine **Üblichkeit der Tarifvergütung** könne angenommen werden, wenn mehr als 50 % der Arbeitgeber eines Wirtschaftsgebiets tarifgebunden sind oder wenn die organisierten Arbeitgeber mehr als 50 % der Arbeitnehmer eines Wirtschaftsgebiets beschäftigen. Demgegenüber ist der Organisationsgrad der Arbeitnehmer weniger aussagekräftig, denn dieser führe ohne Tarifbindung der Arbeitgeber nicht zur Üblichkeit entsprechender Tarifentgelte.[206]

94 Der Tatbestand des Lohnwuchers setze voraus, dass der »Wucherer« (d. h. der Arbeitgeber) die beim anderen Teil (beim Arbeitnehmer) bestehende **Schwächesituation** (Zwangslage, Unerfahrenheit, mangelndes Urteilsvermögen, erhebliche Willensschwäche) ausbeute, also sie sich in Kenntnis vom Missverhältnis der beiderseitigen Leistungen bewusst zunutze mache.[207] Die erforderliche »verwerfliche« Gesinnung des Arbeitgebers sei nicht nur dann

203 Hier handelt es sich – wie bereits ausgeführt – um eine Verwechselung von Schein und Sein. Der Wert der Arbeitskraft bestimmt sich nicht durch den »Lohn« – der Lohn ist lediglich der »Preis«, der mit dem Wert der Ware Arbeitskraft nicht übereinstimmen muss. Gemeint ist hier nicht der Wert der »Arbeitsleistung« oder der »Wert der Leistung des Arbeitnehmers«, sondern der Preis der Ware Arbeitskraft.

204 BAG 22.4.2009 – 5 AZR 436/08, NZA 2009, 837, 838.

205 BAG 22.4.2009 – 5 AZR 436/08, NZA 2009, 837, 838.

206 BAG 22.4.2009 – 5 AZR 436/08, NZA 2009, 837, 839.

207 BAG 22.4.2009 – 5 AZR 436/08, NZA 2009, 837, 839.

zu bejahen, wenn er als der wirtschaftlich oder intellektuell Überlegene die schwächere Lage des Arbeitnehmers bewusst zu seinem Vorteil ausnutze, sondern auch dann, wenn er sich leichtfertig der Einsicht verschließe, dass sich der andere nur wegen seiner schwächeren Lage oder unter dem Zwang der Verhältnisse auf den ungünstigen Vertrag einlässt. Ein besonders auffälliges Missverhältnis zwischen Leistung und Gegenleistung spreche ohne Weiteres für eine verwerfliche Gesinnung.[208] Im Arbeitsverhältnis könne in der Regel davon ausgegangen werden, dass die einschlägigen Tariflöhne den Arbeitgebern bekannt seien; denn sie seien für die Arbeitgeber einerseits von hohem Interesse, andererseits ohne besondere Schwierigkeit zu beschaffen. Damit sei der »Marktwert der Arbeitsleistung« jedenfalls erkennbar, wenn sich der Schluss aufdränge, der Tariflohn sei im Wirtschaftsgebiet üblich.[209]

d. Aktuelle Rechtsprechung des Bundesarbeitsgerichts

aa. Objektiver Tatbestand des »Lohnwuchers«

»Lohnwucher« liegt vor, wenn ein auffälliges Missverhältnis von Leistung 95
und Gegenleistung gegeben ist (§ 138 Abs. 2 BGB). Ein auffälliges Missverhältnis zwischen dem »Wert der Arbeitsleistung« und der vereinbarten Vergütungshöhe liegt vor, wenn die vereinbarte Vergütung nicht einmal **zwei Drittel der üblicherweise** in dem betreffenden Wirtschaftszweig und in der Wirtschaftsregion **gezahlten Vergütung** erreicht.[210] Vergleichsmaßstab ist vor allem der in der betreffenden Branche und Wirtschaftsregion **üblicherweise gezahlte Tariflohn**.[211] Abzustellen ist auf den Tarifvertrag, der vom sachlichen, persönlichen und räumlichen Geltungsbereich her Anwendung fände, wenn Tarifgebundenheit gegeben wäre. Vergleichsmaßstab ist der tarifliche Stundenlohn ohne Zuschläge, Zulagen und Sonderleistungen. Maßstab ist in jedem Fall die »übliche Vergütung«, nicht ein Mindestlohn. Ein Mindestlohn bezeichnet lediglich das Minimum der Vergütung, berücksichtigt aber nicht die übliche Vergütung dieser Arbeit. Doch gerade darauf zielt die Prüfung der Sittenwidrigkeit ab.[212]

Welchem **Wirtschaftszweig** das Unternehmen des Arbeitgebers zuzuord- 96
nen ist, richtet sich nach der Klassifikation der Wirtschaftszweige durch das Statistische Bundesamt. Die vom Statistischen Bundesamt herausgegebene Klassifikation der Wirtschaftszweige ist durch EU-Recht vorgegeben und

208 BAG 22.4.2009 – 5 AZR 436/08, NZA 2009, 837, 839.
209 BAG 22.4.2009 – 5 AZR 436/08, NZA 2009, 837, 839.
210 BAG 17.12.2014 – 5 AZR 663/13, NZA 2015, 608.
211 BAG 18.4.2012 – 5 AZR 630/10, NZA 2012, 978; BAG 22.4.2009 – 5 AZR 436/08, NZA 2009, 837.
212 BAG 18.11.2015 – 5 AZR 814/14, Rn. 40, NZA 2016, 494.

ein geeigneter und rechtssicher handhabbarer Anknüpfungspunkt für die Bestimmung des maßgeblichen Wirtschaftszweigs als Grundlage für die Ermittlung des objektiven Werts einer Arbeitsleistung.[213] Danach gehören etwa Zustellunternehmen, die keine Universalpostdienstleistungen erbringen, zum Wirtschaftszweig »Sonstige Post-, Kurier- und Expressdienste« – deshalb sind für Briefzusteller, die bei solchen Unternehmen beschäftigt sind, *nicht* die Tarifverträge der Deutschen Post AG (Wirtschaftszweig »Postdienste von Universalpostdienstleistungsanbietern«) als Vergleichsmaßstab heranzuziehen.

97 Für die Beurteilung, ob »Lohnwucher« vorliegt, kommt es nicht auf den Zeitpunkt des (erstmaligen) Vertragsschlusses an, sondern auf den jeweils streitgegenständlichen Zeitraum. Eine Entgeltvereinbarung kann bei Vertragsabschluss noch wirksam sein, jedoch im Laufe der Zeit, wenn sie nicht an die allgemeine Lohnentwicklung angepasst wird, gegen § 138 BGB verstoßen.[214]

98 Die Tarifvergütung ist nach der Rechtsprechung nur dann der Bezugswert, wenn diese in der Branche »üblich« ist. Die **Üblichkeit der Tarifvergütung** ist (nur) anzunehmen, wenn mehr als 50 % der Arbeitgeber eines Wirtschaftsgebiets tarifgebunden sind *oder* wenn die organisierten Arbeitgeber mehr als 50 % der Arbeitnehmer eines Wirtschaftsgebiets beschäftigen.[215] Hierzu muss der Arbeitnehmer im Prozess nähere Tatsachen vortragen, weil es sich bei der Üblichkeit der Tarifvergütung nach dem Verständnis des BAG um anspruchsbegründende Tatsachen handelt.

bb. Subjektiver Tatbestand des »Lohnwuchers«

99 In der Praxis wird häufig übersehen, dass der Arbeitnehmer in einem gerichtlichen Verfahren nicht nur zum objektiven Tatbestand des »Lohnwuchers« detailliert vortragen muss, sondern auch zum subjektiven Tatbestand.[216] Der Tatbestand des Lohnwuchers setzt nämlich gem. § 138 Abs. 2 BGB voraus, dass der »Wucherer« die beim anderen Teil bestehende »Schwächesituation« (Zwangslage, Unerfahrenheit, mangelndes Urteilsvermögen, erhebliche Willensschwäche) ausbeutet, also sie sich in Kenntnis vom Missverhältnis der beiderseitigen Leistungen bewusst zunutze macht. Auch das wucherähnliche Rechtsgeschäft setzt in subjektiver Hinsicht voraus, dass der Vertragsteil, der durch den »Wucher« begünstigt wird (also der Arbeitgeber), Kenntnis vom Missverhältnis der beiderseitigen Leistungen hat. Die erforderliche **ver-**

---

213 BAG 18.4.2012 – 5 AZR 630/10, NZA 2012, 978.

214 BAG 22.4.2009 – 5 AZR 436/08, Rn. 10, NZA 2009, 837.

215 BAG 16.5.2012 – 5 AZR 268/11, Rn. 32, NZA 2012, 974; BAG 22.4.2009 – 5 AZR 436/08, Rn. 24, NZA 2009, 837.

216 BAG 27.6.2012 – 5 AZR 496/11.

werfliche Gesinnung ist nicht nur dann zu bejahen, wenn er als der wirtschaftlich oder intellektuell Überlegene die schwächere Lage des anderen Teils bewusst zu seinem Vorteil ausnutzt, sondern auch dann, wenn er sich leichtfertig der Einsicht verschließt, dass sich der andere nur wegen seiner schwächeren Lage oder unter dem Zwang der Verhältnisse auf den ungünstigen Vertrag einlässt.[217]

Bei einem »**besonders groben Missverhältnis**« zwischen Leistung und Ge- 100
genleistung, kann von einer »verwerflichen« Gesinnung des Arbeitgebers ausgegangen werden. Das ist dann der Fall, wenn der Wert der Leistung (mindestens) doppelt so hoch ist wie der Wert der Gegenleistung.[218] Dann bedarf es zwar noch der Behauptung der verwerflichen Gesinnung, doch sind an diesen Vortrag keine hohen Anforderungen zu stellen. Es genügt, dass sich die benachteiligte Vertragspartei (also der Arbeitnehmer) auf die Vermutung einer verwerflichen Gesinnung der anderen Vertragspartei beruft. Die mit einem besonders groben Missverhältnis von Leistung und Gegenleistung begründete Vermutung der verwerflichen Gesinnung des Arbeitgebers kann im Einzelfall durch besondere Umstände erschüttert werden. Insoweit trägt die begünstigte Vertragspartei (der Arbeitgeber) die Darlegungs- und Beweislast.[219]

Liegt ein »besonders grobes Missverhältnis« von Leistung und Gegenleis- 101
tung *nicht* vor, bedarf es zusätzlicher Umstände, aus denen geschlossen werden kann, der Arbeitgeber habe die Not oder einen anderen den Arbeitnehmer hemmenden Umstand in verwerflicher Weise zu seinem Vorteil ausgenutzt. Dafür ist der Arbeitnehmer darlegungs- und beweispflichtig.[220]

cc. Rechtsfolge

Ist die Vergütungsvereinbarung unwirksam, bleibt der Arbeitsvertrag im 102
Übrigen wirksam. Es findet § 612 Abs. 2 BGB Anwendung.[221] Es ist die »übliche Vergütung« zu zahlen, nicht etwa nur der niedrigste zulässige Lohn. Es erfolgt also eine »Anpassung nach oben«, keine geltungserhaltende Redukti-

217 BAG 22.4.2009 – 5 AZR 436/08, Rn. 27, NZA 2009, 837.

218 BAG 18.11.2015 – 5 AZR 814/14, Rn. 42, NZA 2016, 494; BAG 16.5.2012 – 5 AZR 268/11, Rn. 36, NZA 2012, 974; BAG 22.4.2009 – 5 AZR 436/08, Rn. 27, NZA 2009, 837.

219 BAG 16.5.2012 – 5 AZR 268/11, NZA 2012, 974, 977.

220 BAG 16.5.2012 – 5 AZR 268/11, Rn. 38, NZA 2012, 974.

221 BAG 22.4.2009 – 5 AZR 436/08, NZA 2009, 837; BAG 26.4.2006 – 5 AZR 549/05, NZA 2006, 1354.

on. Bei der Üblichkeit von Tarifentgelten ist der einschlägige tarifliche Stundenlohn ohne Zuschläge, Zulagen und Sonderleistungen zu zahlen.[222] Arbeitsvertragliche oder tarifvertragliche **Ausschlussfristen** finden beim Lohnwucher keine Anwendung,[223] was das BAG möglicherweise anders beurteilt. In einem Fall hatte das BAG über die Bezahlung von vorübergehend im Ausland erbrachten Arbeitstätigkeiten zu entscheiden. Das BAG meinte, dass zwar ein deutscher Mindestlohn-Tarifvertrag anzuwenden war (die »übliche« Vergütung i. S. d. § 612 Abs. 2 BGB gilt auch bei vorübergehender Entsendung ins Ausland), jedoch auch die *in demselben Tarifvertrag* geregelten Ausschlussfristen anzuwenden gewesen seien.[224]

e. Relative und absolute Grenze des Lohnwuchers

103 Die Festlegung der Lohnwuchergrenze bei zwei Drittel der ortsüblichen Tarifvergütung hilft nicht weiter, wenn eine tarifliche Vergütung für die Branche, in der die Arbeitnehmer tätig sind, nicht existiert oder – nach den Maßstäben des BAG – nicht als »üblich« anzusehen ist. Richtigerweise ist von einer relativen und absoluten Grenze des Lohnwuchers auszugehen. Die relative Grenze bestimmt sich entsprechend der dargestellten Maßstäbe nach dem Grenzwert im Verhältnis zum Bezugswert, wenn eine tarifliche Vergütung ortsüblich ist (zwei Drittel der einschlägigen Tarifvergütung). Diese **relative Grenze des Lohnwuchers gilt auch weiterhin nach der Einführung des gesetzlichen Mindestlohns.**[225] Abzustellen ist nämlich auf die üblichen Verhältnisse in dem jeweiligen Wirtschaftszweig und der jeweiligen Wirtschaftsregion, in der die Arbeitnehmer die Arbeitsleistung erbringen. Demgegenüber definiert der gesetzliche Mindestlohn ein Mindestniveau unabhängig von den besonderen Verhältnissen der Region oder Branche. Neben der relativen Grenze besteht jedoch auch eine **absolute Grenze des »Lohnwuchers«.** Diese wird durch die **Europäische Sozialcharta (ESC)** definiert.

104 Die – von der Bundesrepublik Deutschland ratifizierte[226] – ESC regelt in Artikel 4 das **Recht auf ein gerechtes Arbeitsentgelt**. Danach verpflichten sich die Vertragsstaaten u. a., »das Recht der Arbeitnehmer auf ein Arbeitsentgelt anzuerkennen, welches ausreicht, um ihnen und ihren Familien einen angemessenen Lebensstandard zu sichern« (Art. 4 Nr. 1 ESC). So soll die wirksame Ausübung des Rechtes auf ein gerechtes Arbeitsentgelt gewährleistet

---

222 BAG 18.11.2015 – 5 AZR 814/14, Rn. 44, NZA 2016, 494; BAG 22.4.2009 – 5 AZR 436/08, NZA 2009, 837, 840.

223 LAG Berlin-Brandenburg 9.1.2015 – 6 Sa 1343/14, 1953/14; LAG Hamm 18.3.2009 – 6 Sa 1284/08.

224 BAG 20.4.2011 – 5 AZR 171/10, NZA 2011, 1173.

225 Vgl. *Bayreuther*, NZA 2014, 865, 866.

226 Zustimmungsgesetz zur ESC: BGBl. II 1964 S. 1262.

werden. Die Spruchpraxis des Sachverständigenausschusses ging zunächst von 68 % des durchschnittlichen nationalen Bruttomonatseinkommens als Grenzmarke aus, die nicht unterschritten werden durfte. Nunmehr liegt die Grenze bei 60 % des durchschnittlichen Nettolohns.[227] Falls der Vertragsstaat bei einer Unterschreitung dieser Grenze (oberhalb von 50 %) nachweisen kann, dass gleichwohl noch ein angemessener Lebensstandard garantiert ist, kann der Ausschuss das ggf. noch als vereinbar mit Art. 4 Abs. 1 ESC ansehen.[228] Geht man für Deutschland von der Hälfte des monatlichen Nettolohns als Bezugsgröße aus, müssten Arbeitnehmer mindestens einen Nettostundenlohn in Höhe von 8,27 Euro erzielen. Danach müsste umgerechnet der Bruttostundenlohn bei 12,34 Euro liegen.[229]

Die Vorschriften der ESC richten sich zwar an die Vertragsstaaten und haben innerstaatlich keine *unmittelbare* Wirkung für den einzelnen Bürger.[230] **105** Man darf jedoch von einer »mittelbaren« Einwirkung der ESC auf das innerstaatliche Recht sprechen. Die Normen der ESC sind – wie andere in das deutsche Recht transformierte völkerrechtliche Normen – bei der Auslegung des innerstaatlichen Rechts (etwas § 138 BGB) zu beachten. In Deutschland ratifizierte völkerrechtliche Verträge (Art. 59 Abs. 2 GG), wie die ESC, werden durch die Ratifizierung in das deutsche Recht transformiert und erhalten damit einen entsprechenden »Rechtsanwendungsbefehl« (BVerfG). Innerhalb der deutschen Rechtsordnung steht die ESC im Range eines Bundesgesetzes. Das führt dazu, dass deutsche Gerichte die ESC wie anderes Gesetzesrecht des Bundes »im Rahmen methodisch vertretbarer Auslegung zu beachten und anzuwenden haben« (so das BVerfG). Die völkerrechtlichen Normen sind sogar bei der Auslegung der Grundrechte zu beachten.[231]

Daraus folgt, dass die Vorgaben des Art. 4 Nr. 1 ESC, also das Recht auf **106** ein »angemessenes Arbeitsentgelt«, bei der Auslegung des § 138 BGB zu beachten sind.[232] Unwirksam sind danach Vergütungsvereinbarungen, deren

227 Vgl. *Brecht-Heitzmann/Sadat Khonsari*, ZESAR 2017, 463, 467; *Körner*, NZA 2011, 425, 428.

228 Vgl. *Samuel*, Fundamental social rights – case law of the European Social Charter, 2002, S. 73ff.

229 *Brecht-Heitzmann/Sadat Khonsari*, ZESAR 2017, 463, 467.

230 Vgl. BAG 24.3.2004 – 5 AZR 303/03, NZA 2004, 971.

231 Vgl. BVerfG 4.5.2011 – 2 BvR 2365/09, 740/10, 2333/08, 1152/10, 571/10, Rn. 87ff., NJW 2011, 1931; BVerfG 14.10.2004 – 2 BvR 1481/04, BVerfGE 111, 307 = NJW 2004, 3407, C.I.1.a) der Gründe (jeweils zum vergleichbaren Status der Europäischen Menschenrechtskonvention).

232 Vgl. *Körner*, NZA 2011, 425, 430; *Nassibi*, Schutz vor Lohndumping in Deutschland, 2012, S. 99ff.; kritisch bis ablehnend: *Böggemann*, NZA 2011, 493, 496; MünchArbR/*Krause*, § 60 Rn. 31, 81, 95f.; *Rieble/Picker*, ZfA 2014, 153, 159ff.; *Stütze*, Die Kontrolle der Entgelthöhe im Arbeitsrecht, 2010, S. 272ff.; ausdrücklich a. A.: LAG Berlin-Brandenburg 18.2.2016 – 5 Sa 1904/15.

Höhe sich unterhalb von zwei Dritteln der tariflichen Vergütung bewegt, wenn diese Vergütung »ortsüblich« ist (relative Grenze). Ist eine »ortsübliche« Vergütung nicht feststellbar, sind Vergütungsvereinbarungen unwirksam, deren Höhe sich unterhalb des Mindestniveaus nach Art. 4 Nr. 1 ESC bewegt (absolute Grenze).

107 Während hier für die Bestimmung der absoluten Grenze des »Lohnwuchers« nach wie vor auf die Maßstäbe der ESC abgestellt wird, ist abzusehen, dass vermutlich mehrheitlich die Auffassung vertreten werden wird, für die Festlegung einer **absoluten Grenze** des »Lohnwuchers« gebe es kein Raum mehr, weil diese **durch den gesetzlichen Mindestlohn vorgegeben** werde. Dagegen spricht allerdings, dass die Normen der ESC – wie ausgeführt – bei der Auslegung des innerstaatlichen Rechts (etwa bei § 138 BGB) zu beachten sind und nicht durch das MiLoG verdrängt werden.

Kommentierung zum Gesetz zur Regelung eines allgemeinen Mindestlohns (Mindestlohngesetz – MiLoG)

Abschnitt 1
Festsetzung des allgemeinen Mindestlohns

Unterabschnitt 1
Inhalt des Mindestlohns

§ 1 Mindestlohn

(1) Jede Arbeitnehmerin und jeder Arbeitnehmer hat Anspruch auf Zahlung eines Arbeitsentgelts mindestens in Höhe des Mindestlohns durch den Arbeitgeber.
(2) Die Höhe des Mindestlohns beträgt ab dem 1. Januar 2015 brutto 8,50 Euro je Zeitstunde. Die Höhe des Mindestlohns kann auf Vorschlag einer ständigen Kommission der Tarifpartner (Mindestlohnkommission) durch Rechtsverordnung der Bundesregierung geändert werden.
(3) Die Regelungen des Arbeitnehmer-Entsendegesetzes, des Arbeitnehmerüberlassungsgesetzes und der auf ihrer Grundlage erlassenen Rechtsverordnungen gehen den Regelungen dieses Gesetzes vor, soweit die Höhe der auf ihrer Grundlage festgesetzten Branchenmindestlöhne die Höhe des Mindestlohns nicht unterschreitet.

Inhaltsübersicht Rn.

1. Grundlagen

§ 1 Abs. 1 MiLoG ist die **Anspruchsgrundlage** der Arbeitnehmer (vgl. zum persönlichen Anwendungsbereich § 22 MiLoG) gegen den Arbeitgeber auf Zahlung des Mindestlohns. Die Höhe des Mindestlohns ergab sich zunächst aus § 1 Abs. 2 MiLoG (8,50 Euro brutto je Zeitstunde). Spätere Änderungen erfolgen durch Rechtsverordnung der Bundesregierung (§ 11 MiLoG) auf Vorschlag der Mindestlohnkommission. 1

Der Mindestlohnanspruch aus § 1 Abs. 1 MiLoG ist ein **gesetzlicher Anspruch, der eigenständig neben den arbeitsvertraglichen oder tarifvertraglichen Entgeltanspruch tritt**. Anspruch auf gesetzlichen Mindestlohn haben alle Arbeitnehmer, auch wenn die durch Arbeits- oder Tarifvertrag geregelte Vergütung über dem gesetzlichen Mindestlohn liegt.[233] Das MiLoG führt nicht dazu, dass arbeitsvertragliche oder tarifvertragliche Vergütungsregelungen unwirksam werden. Vielmehr regelt das Gesetz eigenständig die Rechtsfolge einer Unterschreitung des gesetzlichen Mindestlohns, indem mit § 1 Abs. 1 MiLoG eine Anspruchsgrundlage geschaffen wird.[234] Das MiLoG greift in die Entgeltvereinbarungen der Arbeitsvertragsparteien und anwendbarer Entgelttarifverträge nur insoweit ein, als sie den Anspruch auf Mindestlohn unterschreiten.[235] § 3 MiLoG führt bei Unterschreiten des gesetzlichen Mindestlohns zu einem **Differenzanspruch**.[236] Erreicht die vom Arbeitgeber tatsächlich gezahlte Vergütung nicht den gesetzlichen Mindestlohn, begründet dies von Gesetzes wegen einen Anspruch auf Differenzvergütung, wenn der Arbeitnehmer in der Abrechnungsperiode für die geleisteten Arbeitsstunden im Ergebnis nicht mindestens den in § 1 Abs. 2 MiLoG vorgesehenen Bruttolohn erhält.[237]

---

233 BAG 21.12.2016 – 5 AZR 374/16, Rn. 16, NZA 2017, 378; BAG 25.5.2016 – 5 AZR 135/16, Rn. 23, NZA 2016, 1327.

234 BAG 29.6.2016 – 5 AZR 716/15, Rn. 20, NZA 2016, 1332.

235 BAG 24.5.2017 – 5 AZR 431/16, Rn. 14, NZA 2017, 1387; BAG 25.5.2016 – 5 AZR 135/16, Rn. 22, NZA 2016, 1327.

236 BAG 29.6.2016 – 5 AZR 716/15, Rn. 18, NZA 2016, 1332; BAG 25.5.2016 – 5 AZR 135/16, Rn. 22, NZA 2016, 1327.

237 BAG 24.5.2017 – 5 AZR 431/16, Rn. 14, NZA 2017, 1387; BAG 21.12.2016 – 5 AZR 374/16, Rn. 16, NZA 2017, 378; BAG 29.6.2016 – 5 AZR 716/15, Rn. 19, NZA 2016, 1332; BAG 25.5.2016 – 5 AZR 135/16, Rn. 24, NZA 2016, 1327.

Der Anspruch auf den Mindestlohn ist ein **»normaler« Anspruch auf Arbeitsvergütung** i. S. d. § 611a Abs. 2 BGB.[238] Die in § 611a Abs. 2 BGB vorgesehene »Zahlung der vereinbarten Vergütung« als Gegenleistung für die Arbeitsleistung wird durch § 1 Abs. 1 MiLoG modifiziert (»mindestens in Höhe des Mindestlohns«).[239] Liegt die »vereinbarte Vergütung« unterhalb des Mindestlohns, besteht der gesetzliche Anspruch des Arbeitnehmers »mindestens in Höhe des Mindestlohns« (§ 1 Abs. 1 MiLoG).

Das BAG betont, dass der Anspruch auf den Mindestlohn mit jeder **tatsächlich geleisteten Arbeitsstunde** entsteht. Das erfordert, dass der Arbeitnehmer die tatsächlich geleisteten Arbeitsstunden im Einzelnen im Prozess darlegen muss. Es genügt nicht, hinsichtlich der Stundenzahl auf einen Durchschnitt abzustellen (vgl. Rn. 121).[240]

Die **Zeiten ohne Arbeitsleistung**, aber mit fortbestehendem Vergütungsanspruch (z. B. § 1 BUrlG, §§ 615, 616 Satz 1 BGB, § 2 Abs. 1, § 3 Abs. 1, § 4 Abs. 1 EFZG) sind gesondert darzulegen.[241] Der Anspruch folgt in diesen Fällen nicht aus dem MiLoG, sondern aus der speziellen Anspruchsnorm, etwa aus dem EFZG. Das danach maßgebliche **Entgeltausfallprinzip** verlangt, den Mindestlohn nach dem MiLoG als Geldfaktor in die Berechnung des Entgeltfortzahlungsanspruchs einzustellen, soweit nicht aus anderen Rechtsgründen ein höherer Vergütungsanspruch besteht (vgl. Rn. 81 ff.).[242]

Ein Mindestlohn in Höhe von 8,50 Euro brutto je Zeitstunde war – so die Gesetzesbegründung – geeignet, einen **»angemessenen Mindestschutz«** der Arbeitnehmer zu gewährleisten.[243] Über die in § 1 Abs. 2 Satz 2 MiLoG vorgesehene Änderung der Höhe des Mindestlohns soll gewährleistet werden, dass der »angemessene Mindestschutz« auch für die Zukunft gewahrt wird.

---

238 Nach § 611a Abs. 2 BGB ist der Arbeitgeber zur Zahlung der vereinbarten Vergütung verpflichtet. § 611a BGB wurde durch Artikel 2 des Gesetzes zur Änderung des Arbeitnehmerüberlassungsgesetzes und anderer Gesetze vom 21. 2. 2017 (BGBl. I S. 258), das am 1. 4. 2017 in Kraft getreten ist, neu in das BGB eingefügt. Vorher galt für Arbeitsverträge die allgemeine Norm für Dienstverträge in § 611 BGB.

239 Vgl. *Boemke*, JuS 2015, 385, 387; *Düwell*, in: Düwell/Schubert, MiLoG, § 1 Rn. 11; *Hlava*, SR 2016, 17, 18f.; *Waltermann*, AuR 2015, 166, 169.

240 BAG 21. 12. 2016 – 5 AZR 374/16, Rn. 13, NZA 2017, 378; BAG 29. 6. 2016 – 5 AZR 716/15, Rn. 13, NZA 2016, 1332; BAG 25. 5. 2016 – 5 AZR 135/16, Rn. 19, NZA 2016, 1327.

241 BAG 25. 5. 2016 – 5 AZR 135/16, Rn. 19, NZA 2016, 1327.

242 BAG 13. 5. 2015 – 10 AZR 495/14, NZA 2015, 1127; BAG 13. 5. 2015 – 10 AZR 191/14; vgl. zur Entgeltfortzahlung an Feiertagen: BAG 20. 9. 2017 – 10 AZR 171/16, Rn. 24, NZA 2018, 53.

243 BT-Drs. 18/1558, S. 34.

§ 1 Abs. 3 MiLoG stellt klar, dass **Branchen-Mindestlohnregelungen** in Tarifverträgen, die nach § 5 TVG, nach dem Arbeitnehmer-Entsendegesetz (AEntG) oder dem Arbeitnehmerüberlassungsgesetz (AÜG) für allgemeingültig erklärt sind, neben dem MiLoG zu beachten sind, wobei eine Unterschreitung der gesetzlichen Mindestlohnhöhe unzulässig ist (vgl. Anhang zu § 1: Branchen-Mindestlöhne).

2. Anwendungsbereich: Für wen gilt der Mindestlohn?

a. Grundsatz: Geltung für alle Arbeitnehmer und Arbeitgeber

Jeder Arbeitnehmer hat Anspruch auf Zahlung eines Arbeitsentgelts mindestens in Höhe des Mindestlohns durch den Arbeitgeber (§ 1 Abs. 1 MiLoG). Der Mindestlohn gilt **flächendeckend einheitlich für ganz Deutschland, unabhängig von der Branche**, in der die Arbeitnehmer arbeiten. Für einzelne Arbeitnehmergruppen sind jedoch die Regelungen zum »persönlichen Anwendungsbereich« in § 22 MiLoG zu beachten. Zugunsten der Arbeitnehmer gelten in einzelnen Branchen **Branchen-Mindestlöhne**, die oberhalb des allgemeinen Mindestlohns liegen (vgl. ausführlich Anhang zu § 1). 2

Da der Mindestlohn für »**Arbeitnehmer**« gilt, gilt er nicht für solche Personen, die nicht als Arbeitnehmer tätig sind. Der Mindestlohn gilt **nicht für Selbstständige**, auch nicht für sog. »arbeitnehmerähnliche Personen«, die nicht Arbeitnehmer, sondern Selbstständige sind. Für die Frage, wer Arbeitnehmer ist, gelten die allgemeinen Abgrenzungskriterien (zur Abgrenzung im Einzelnen § 22 MiLoG Rn. 3ff.). Ist streitig, ob die betreffende Person als Arbeitnehmer tätig ist oder war, ist für eine Klage auf Zahlung des Mindestlohns in jedem Fall das Arbeitsgericht zuständig (vgl. Rn. 103).

Da es auf den **Arbeitsort** in Deutschland ankommt (vgl. Rn. 5), gilt das MiLoG gleichermaßen für In- wie für **Ausländer**. Die Staatsangehörigkeit ist ohne Bedeutung. Für Arbeitsverträge mit Angehörigen aus Staaten der **Europäischen Union** (EU) folgt aus dem Gebot der Freizügigkeit innerhalb der Europäischen Union, dass die Ausländer aus EU-Staaten (so wie auch deutsche Staatsangehörige) keiner Erlaubnis zur Ausübung einer Beschäftigung in Deutschland bedürfen. Sie sind wie Deutsche zu behandeln (Verbot der Ausländerdiskriminierung innerhalb der EU).

Ausländer aus Staaten außerhalb der EU (sog. Drittstaaten) dürfen eine Erwerbstätigkeit nur ausüben, wenn der Aufenthaltstitel sie dazu berechtigt (§ 4a Abs. 5 AufenthG). Ein Ausländer, der keinen Aufenthaltstitel besitzt, darf nur eine Saisonbeschäftigung ausüben, wenn er eine Arbeitserlaubnis zum Zweck der Saisonbeschäftigung besitzt, sowie eine andere Erwerbstätigkeit nur ausüben, wenn er auf Grund einer zwischenstaatlichen Vereinbarung, eines Gesetzes oder einer Rechtsverordnung ohne Aufenthaltstitel hierzu berechtigt ist oder deren Ausübung ihm durch die zuständige Behörde erlaubt wurde (§ 4a Abs. 4 AufenthG).

Allerdings haben sogar **illegal beschäftigte Ausländer** einen Anspruch auf Bezahlung der tatsächlich abgeleisteten Arbeitsstunden mit der vereinbarten Vergütung, mindestens mit dem Mindestlohn. Der Arbeitgeber ist nämlich verpflichtet, dem Ausländer, den er (obwohl eine Aufenthaltserlaubnis oder ein anderer Aufenthaltstitel nicht vorlag) tatsächlich beschäftigt hat, die »vereinbarte Vergütung« zu zahlen (§ 98a Abs. 1 Satz 1 AufenthG). Als vereinbarte Vergütung ist die »übliche Vergütung« anzusehen, es sei denn, der Arbeitgeber hat mit dem Ausländer zulässigerweise eine geringere oder eine höhere Vergütung vereinbart (§ 98a Abs. 2 AufenthG). Da zulässigerweise eine geringere Vergütung als der Mindestlohn nicht vereinbart werden darf (vgl. § 3 MiLoG), ist folglich auch an illegal beschäftigte Ausländer für die tatsächlich abgeleisteten Arbeitsstunden mindestens der allgemeine Mindestlohn zu zahlen.[244] Werden sie in Branchen mit einem allgemeingültigen Branchen-Mindestlohn (vgl. Anhang zu § 1) beschäftigt, ist der Branchen-Mindestlohn zu zahlen. Liegt die vereinbarte Vergütung oberhalb des Mindestlohns, ist vom Arbeitgeber die vereinbarte Vergütung zu zahlen.

Auch für **Flüchtlinge/Geflüchtete** gilt der Mindestlohn uneingeschränkt, wenn diese als Arbeitnehmer in Deutschland tätig sind.[245] Verfassungsrechtlich wäre eine gesetzliche Ausnahmeregelung problematisch.[246] Allerdings besteht für Geflüchtete angesichts ihrer in der Regel eher geringen deutschen Sprachkenntnisse und Kenntnisse des deutschen Rechts ein überdurchschnittlich hohes Risiko, von Umgehungsversuchen und Mindestlohnverstößen betroffen zu sein.

3 Der Mindestlohn gilt für **alle (auch für kirchliche) Arbeitgeber**.[247] Auf die Größe des Betriebs oder Unternehmens kommt es nicht an.[248] Das Gesetz knüpft nicht einmal an den Begriff des »Betriebs« oder »Unternehmens« an, vielmehr müssen den Mindestlohn alle »Arbeitgeber« zahlen (vgl. auch § 20

---

244 Vgl. *Wunderle*, in: Bergmann/Dienelt, Ausländerrecht, § 98a AufenthG Rn. 7; im Ergebnis ebenso *Deinert* (NZA 2018, 71, 73), der allerdings auf den Mindestlohnanspruch nicht gesondert eingeht, sondern auf die vereinbarte Vergütung verweist.

245 Vgl. zur tatsächlichen Situation *Bruttel/Ohlert*, Die Bedeutung des gesetzlichen Mindestlohns für Geflüchtete, WSI-Mitteilungen 2020, S. 110ff.

246 Vgl. Wissenschaftlicher Dienst des Deutschen Bundestages, Ausnahme vom gesetzlichen Mindestlohn für Flüchtlinge vor dem Hintergrund des allgemeinen Gleichheitssatzes aus Art. 3 Abs. 1 GG, WD 6-3000-004/16.

247 Grundsätzlich zur Anwendbarkeit staatlicher Mindestlohnregelungen auf kirchliche Einrichtungen *Riechert/Stomps*, NZA 2012, 707ff.

248 Eine »Kleinunternehmerklausel« wurde etwa vom Handelsverband Deutschland (HDE) – vergeblich – gefordert; vgl. Ausschussdrucksache 18(11)148, S. 134.

MiLoG). Anders ist dies häufig in Branchen-Mindestlohntarifverträgen, die auf eine Beschäftigung in einem »Betrieb« einer bestimmten Branche abstellen. Der Mindestlohn gilt auch dann, wenn ein Arbeitgeber nur einen einzigen Arbeitnehmer beschäftigt, z.B. auch in **Privathaushalten** (also auch für private Pflegekräfte oder Haushaltshilfen). Für sämtliche haushaltsnahen Dienstleistungen, die in einem Arbeitsverhältnis erbracht werden, gilt der Mindestlohn, auch z.B. für die Gartenpflege, Kinderbetreuung, Babysitting.

Für **Pflegekräfte** in Privathaushalten gilt zwar in der Regel nicht der spezielle Mindestlohn für die Pflegebranche, allerdings der allgemeine Mindestlohn. Auch für **24-Stunden-Betreungskräfte** im Haushalt von hilfsbedürtigen Personen ist der Mindestlohn zu zahlen.[249] Der spezielle Mindestlohn für die Pflegebranche gilt für Pflegekräfte in Privathaushalten in der Regel deshalb nicht, weil die maßgebliche Verordnung für die Pflegebranche (anders als das MiLoG) auf den Begriff des »Betriebs«, nämlich »Pflegebetriebe«, abstellt und Privathaushalte in der Regel nicht unter den Begriff »Pflegebetriebe« fallen (vgl. Anhang zu § 1 Rn. 27).

Auch für die Beschäftigten in Privathaushalten gilt, dass alle Zeiten, die als **Arbeitszeiten** zu werten sind (also auch Arbeitsbereitschaft und Bereitschaftsdienst), in voller Höhe mit dem Mindestlohn zu vergüten sind (vgl. Rn. 20ff.).

Auf die **Dauer des Arbeitsverhältnisses** oder **Umfang der Arbeitszeit** kommt es nicht an. Der Mindestlohn gilt in befristeten und unbefristeten Arbeitsverhältnissen und für Vollzeit- und Teilzeitbeschäftigte, auch für **geringfügige Beschäftigungsverhältnisse**, sog. »Mini-Jobs« (vgl. Rn. 6ff.).

Trotz der Bezeichnung als **Mindest-»Lohn«** geht es um ein **Mindestentgelt**, 4
eine **Mindestvergütung.**[250] Deshalb ist es nicht maßgeblich, ob die Zahlungen, die die Arbeitnehmer erhalten, im Arbeitsvertrag oder vom Arbeitgeber als »Lohn« oder »Gehalt« bezeichnet werden. Auch **»Gehaltsempfänger«** haben einen Anspruch auf den »Mindestlohn«. Es handelt sich um einen »allgemeinen Mindestlohn« unabhängig davon, welche Tätigkeit die Arbeitnehmer ausüben. Während etwa bei Mindestlöhnen nach Branchentarifverträgen je nach Ausgestaltung des Tarifvertrags bestimmte Tätigkeitsmerkmale erfüllt sein müssen, damit der Branchenmindesttariflohn Anwendung

---

249 LAG Berlin-Brandenburg 17.8.2020 – 21 Sa 1900/19 (Revision beim BAG anhängig – 5 AZR 505/20): zugesprochen wurde der Mindestlohn für eine Arbeitszeit, einschließlich Bereitschaftsdienst, von 21 Stunden; es sei der Arbeitnehmerin (eine bulgarische Staatsangehörige, die in der Wohnung der zu Betreuenden gewohnt hat), zumutbar gewesen, sich in einem begrenzten Umfang von drei Stunden täglich den Arbeitsanforderungen zu entziehen.

250 BAG 25.5.2016 – 5 AZR 135/16, Rn. 29, NZA 2016, 1327.

findet (vgl. ausführlich Anhang zu § 1),[251] gilt der gesetzliche Mindestlohn für jede Tätigkeit.

b. Arbeitsortprinzip

5 Der Mindestlohn gilt für **alle Arbeitnehmer, die in Deutschland beschäftigt werden** (**Arbeitsortprinzip**), unabhängig davon, ob der Arbeitgeber seinen Sitz im In- oder Ausland hat oder ob die Beschäftigung in Deutschland nur zeitweise (vorübergehend) erfolgt (§ 20 MiLoG). Da das MiLoG **keine Mindestdauer für die Tätigkeit im Inland** vorsieht, gilt der Mindestlohn auch für kurzzeitige Tätigkeiten in Deutschland. Auf die Dauer der Arbeitszeit, die in Deutschland erbracht wird, kommt es nicht an.[252] Das bedeutet, dass der Mindestlohn auch für ausländische LKW-Fahrer gilt, sobald diese die Grenze zu Deutschland passieren. Das gilt auch für sog. **Transitfahrten**, bei denen Deutschland nur durchfahren wird, der Zielort aber in einem anderen Staat ist.[253] Während in § 6 Abs. 1 AEntG a. F. für bestimmte Tätigkeiten vorgesehen war, dass »die Dauer der Entsendung acht Tage« übersteigen muss, gab es eine solche zeitliche Grenze im MiLoG nicht (vgl. zur neuen Rechtslage seit 30. 7. 2020 § 20 Rn. 2, die allerdings keine Bedeutung für Transitfahrten hat).[254] In der Literatur wird das teilweise anders beurteilt.[255] Eine Verfassungsbeschwerde von Transport- und Logistikunternehmen aus

---

251 So ist bei der Reinigung von Krankenhausbetten die Lohngruppe 1 des Mindestlohntarifvertrags Gebäudereinigung einschlägig (vgl. BAG 25. 9. 2013 – 4 AZR 99/12, NZA-RR 2014, 249), für die Tätigkeit an einer Müllpresse allerdings nicht. Die Lohngruppe 1 des Mindestlohntarifvertrags Gebäudereinigung ist auch keine »Auffanglohngruppe«, die für alle Tätigkeiten im betrieblichen Geltungsbereich des Mindestlohntarifvertrags Gebäudereinigung gilt; vgl. BAG 23. 10. 2013 – 4 AZR 431/12, NZA 2014, 497 (anders ist das allerdings beim Mindestlohntarifvertrag Gerüstbauerhandwerk sowie Maler- und Lackiererhandwerk, BAG 23. 10. 2013 – 4 AZR 431/12, Rn. 29, NZA 2014, 497).

252 Vgl. *Junker*, EuZA 2015, 399 f.; HK-ArbR-*Däubler* § 20 MiLoG Rn. 7 ff.; MünchArbR/*Krause*, § 61 Rn. 10; *Riechert/Nimmerjahn*, MiLoG, § 20 Rn. 14 ff.; Schaub/*Vogelsang*, Arbeitsrechts-Handbuch, § 66 Rn. 21; vgl. auch BeckOK-ArbR/*Greiner*, MiLoG, § 22 Rn. 2 ff., der allerdings die Anwendbarkeit des MiLoG auf Transitfahrten teleologisch reduzieren will; ebenso *Bayreuther*, in: Thüsing, § 1 MiLoG, Rn. 74.

253 HK-ArbR-*Däubler* § 20 MiLoG Rn. 8; *Riechert/Nimmerjahn*, MiLoG, § 20 Rn. 26; umfassend dazu *Mankowski*, RdA 2017, 273 ff.

254 MünchArbR/*Krause*, § 61 Rn. 10; *Riechert/Nimmerjahn*, MiLoG, § 20 Rn. 17; *Mankowski*, RdA 2017, 273 ff.

255 Vgl. *Forst*, ZESAR 2015, 205 ff.; ErfK/*Franzen*, MiLoG, § 20 Rn. 2; *Moll/Katerndahl*, DB 2015, 555 ff.; *Sittard*, NZA 2015, 78 ff.; HWK/*Sittard* § 20 MiLoG Rn. 3 f.

Österreich, Polen und Ungarn ist nicht zur Entscheidung angenommen worden. Die Verfassungsbeschwerde war unzulässig: Es sei zunächst der fachgerichtliche Rechtsweg zu beschreiten.[256] Nach Intervention vor allem polnischer und tschechischer Logistikfirmen hat sich das Bundesarbeitsministerium auf eine »Interimslösung« eingelassen, nach der der deutsche Mindestlohn nicht für reine Transitfahrten gelten soll (wenn also Deutschland nur durchfahren wird). Anders soll es ein, wenn in Deutschland auch Be- und Entladetätigkeiten stattfinden. Es ist allerdings zu betonen, dass das Ministerium rechtlich nicht legitimiert ist, die Geltung eines Gesetzes auszusetzen. Der gesetzliche Mindestlohn ist ein **»Mindestentgeltsatz«** i. S. d. § 2 Nr. 1 AEntG. Deshalb handelt es sich um zwingendes Recht i. S. d. Art. 9 Rom-I-VO und gilt damit auch für nur zeitweise in Deutschland tätige Personen (vgl. zu den Vorgaben des internationalen Arbeitsrechts § 20 MiLoG Rn. 6ff.). § 20 MiLoG stellt das klar, indem normiert wird, dass Arbeitgeber mit Sitz im In- oder Ausland verpflichtet sind, ihren im Inland (d.h. in Deutschland) beschäftigten Arbeitnehmern ein Arbeitsentgelt mindestens in Höhe des Mindestlohns nach § 1 Abs. 2 MiLoG spätestens zu dem in § 2 Abs. 1 Satz 1 Nr. 2 MiLoG festgesetzten Fälligkeitszeitpunkt zu zahlen (vgl. im Einzelnen, auch zur Anwendung auf Fälle der **Entsendung von Arbeitnehmern** vom Ausland nach Deutschland, § 20 MiLoG Rn. 1 ff).

Umgekehrt gilt für Arbeitnehmer, für die deutsches Arbeitsrecht Anwendung findet, das MiLoG auch dann, wenn sie **vorübergehend im Ausland tätig** werden (vgl. § 20 Rn. 6ff.). Wenn ein Arbeitnehmer gewöhnlich seine Arbeitsleistung in Deutschland erbringt – wenn auch an wechselnden Orten –, bleibt deutsches Arbeitsrecht auch dann maßgebend, wenn er vorübergehend im Ausland eingesetzt wird.[257] Das gilt auch bei **grenzüberschreitenden Tätigkeiten**, etwa von LKW-Fahrern. Findet auf die Arbeitnehmer deutsches Arbeitsrecht Anwendung (so vor allem bei einer überwiegenden Tätigkeit in Deutschland), ist auch für grenzüberschreitende Tätigkeiten und für Tätigkeiten im Ausland der Mindestlohn nach deutschem Arbeitsrecht zu zahlen.

c. Geringfügig Beschäftigte

Der Anspruch auf den Mindestlohn gilt auch für geringfügige Beschäftigungen, auch für die geringfügige Beschäftigung in Privathaushalten (§ 8a SGB IV). Zu unterscheiden ist die **geringfügig entlohnte Beschäftigung** 6

256 BVerfG 25.6.2015 – 1 BvR 555/15, NZA 2015, 864.

257 So bleibt auch ein auf ein Arbeitsverhältnis anwendbarer Tarifvertrag bei vorübergehendem Einsatz der Arbeitnehmer im Ausland anwendbar: vgl. BAG 20.6.2007 – 10 AZR 302/06, NZA-RR 2008, 24.

(Entgeltgeringfügigkeit) und die **kurzfristige Beschäftigung**. Eine geringfügige Beschäftigung liegt vor, wenn

- das Arbeitsentgelt aus dieser Beschäftigung regelmäßig im Monat 450 Euro nicht übersteigt (§ 8 Abs. 1 Nr. 1 SGB IV) oder
- die Beschäftigung innerhalb eines Kalenderjahres auf längstens drei Monate oder 70 Arbeitstage nach ihrer Eigenart begrenzt zu sein pflegt oder im Voraus vertraglich begrenzt ist, es sei denn, dass die Beschäftigung berufsmäßig ausgeübt wird und ihr Entgelt 450 Euro im Monat übersteigt (§ 8 Abs. 1 Nr. 2 SGB IV).

7 Für die sogenannte kurzfristige geringfügige Beschäftigung galt zunächst eine Zeitgrenze von zwei Monaten oder 50 Arbeitstagen. Durch Art. 9 Nr. 3 Tarifautonomiestärkungsgesetz vom 11.8.2014 (BGBl. I S. 1348, 1359) wurde eine Neuregelung in § 115 SGB IV eingefügt: *Vom 1.1.2015 bis einschließlich 31.12.2018 gilt § 8 Abs. 1 Nr. 2 SGB IV mit der Maßgabe, dass die Beschäftigung innerhalb eines Kalenderjahres auf längstens* ***drei Monate oder 70 Arbeitstage*** *nach ihrer Eigenart begrenzt zu sein pflegt oder im Voraus vertraglich begrenzt ist, es sei denn, dass die Beschäftigung berufsmäßig ausgeübt wird und ihr Entgelt 450 Euro im Monat übersteigt.*[258] Diese zeitlich begrenzte Neuregelung stand im Zusammenhang mit der Diskussion um die Geltung des Mindestlohns auch für die **Saisonarbeit**, vor allem in der Landwirtschaft und im Hotel- und Gaststättengewerbe (vgl. Rn. 12 und § 22 MiLoG Rn. 46). Zum 1.1.2019 wurde § 8 Abs. 1 Nr. 2 SGB IV dauerhaft geändert, so dass die Zeitgrenze von drei Monaten oder 70 Arbeitstagen unbefristet gilt.[259] Der Gesetzgeber meinte, die Regelung habe sich bewährt und solle deshalb dauerhaft gelten. Sozialpolitisch bedenkliche Entwicklungen seien nicht festgestellt worden. Die Zahl der kurzfristigen geringfügigen Beschäftigungen habe sich kaum verändert.[260]

8 Bei der geringfügigen Beschäftigung wegen Entgeltgeringfügigkeit (auch **»Mini-Jobs«** oder **»450-Euro-Jobs«** genannt) war (seit Januar 2015) Folgendes zu beachten:[261] Wurde der zulässige Höchstsatz von **450 Euro** monatlich

---

258 § 115 SGB IV trat gem. Art. 15 Abs. 3 Tarifautonomiestärkungsgesetz vom 11.8.2014 (BGBl. I. S. 1348, 1360) mit Ablauf des 31.12.2018 außer Kraft.

259 Artikel 4 des Gesetzes zur Stärkung der Chancen für Qualifizierung und mehr Schutz in der Arbeitslosenversicherung (Qualifizierungschancengesetz) vom 18.12.2018 (BGB. I S. 2651). Mit dem Regelungsbereich des Qualifizierungschancengesetzes hatte die Neuregelung des § 8 Abs. 1 Nr. 2 SGB IV eigentlich nichts zu tun; der Gesetzgeber nutzte einfach dieses Gesetzgebungsverfahren, um diese Neuregelung noch rechtzeitig zum 1.1.2019 zu realisieren.

260 Vgl. die Gesetzesbegründung, BT-Drs. 19/4948 S. 30.

261 Seit 1.1.2013 liegt die Entgeltgrenze bei 450 Euro, bis dahin lag sie bei 400 Euro. Die Anhebung erfolgte durch das Gesetz zu Änderungen im Bereich der geringfügigen Beschäftigung vom 5.12.2012 (BGBl. I S. 2474).

(§ 8 Abs. 1 Nr. 1 SGB IV) als **Fest- oder Pauschalbetrag** für die Arbeitsleistung vertraglich vereinbart oder gezahlt, ohne dass ein Stundensatz oder eine konkrete Arbeitszeit vereinbart wurde, waren unter Beachtung des Mindeststundenlohns in Höhe von 8,50 Euro maximal 52,9 Arbeitsstunden (52 Stunden 54 Minuten) im Monat geschuldet.
Wegen der **Erhöhung des Mindestlohns auf 8,84 Euro** galt seit **Januar 2017**: Um die 450-Euro-Grenze zu wahren, durften **maximal 50,9 Arbeitsstunden** (50 Stunden 54 Minuten) im Monat gearbeitet werden.
Wegen der **Erhöhung des Mindestlohns auf 9,19 Euro** galt seit **Januar 2019**: Um die 450-Euro-Grenze zu wahren, durften **maximal 48,9 Arbeitsstunden** (48 Stunden 54 Minuten) im Monat gearbeitet werden.
Wegen der **Erhöhung des Mindestlohns auf 9,35 Euro** galt seit **Januar 2020**: Um die 450-Euro-Grenze zu wahren, durften **maximal 48,1 Arbeitsstunden** (48 Stunden 6 Minuten) im Monat gearbeitet werden.
Wegen der Erhöhung des Mindestlohns auf 9,50 Euro gilt **seit Januar 2021**: Um die 450-Euro-Grenze zu wahren, dürfen **maximal 47,3 Arbeitsstunden** (47 Stunden 18 Minuten) im Monat gearbeitet werden.
Wegen der Erhöhung des Mindestlohns auf 9,60 Euro gilt **ab Juli 2021**: Um die 450-Euro-Grenze zu wahren, dürfen **maximal 46,8 Arbeitsstunden** (46 Stunden 48 Minuten) im Monat gearbeitet werden.
Wegen der Erhöhung des Mindestlohns auf 9,82 Euro gilt **ab Januar 2022**: Um die 450-Euro-Grenze zu wahren, dürfen **maximal 45,8 Arbeitsstunden** (45 Stunden 48 Minuten) im Monat gearbeitet werden.
Wegen der Erhöhung des Mindestlohns auf 10,45 Euro gilt **ab Juli 2022**: Um die 450-Euro-Grenze zu wahren, dürfen **maximal 43 Arbeitsstunden** im Monat gearbeitet werden.

Ob durch die Vergütung der tatsächlich geleisteten Arbeitsstunden und dem **9**
Überschreiten der 450-Euro-Grenze die **sozialversicherungsrechtliche Privilegierung** entfällt und auf die Vergütung (auch vom Arbeitnehmer) Sozialversicherungsbeiträge zu zahlen sind, ist differenziert zu betrachten. Eine geringfügige Beschäftigung nicht mehr vor, »sobald« die Voraussetzungen des § 8 Abs. 1 SGB IV entfallen (§ 8 Abs. 2 Satz 2 SGB IV). Andererseits wird für die 450-Euro-Grenze darauf abgestellt, dass das Arbeitsentgelt aus dieser Beschäftigung »regelmäßig« im Monat 450 Euro nicht übersteigt (§ 8 Abs. 1 Nr. 1 SGB IV). Deshalb führt ein **nur gelegentliches und nicht vorhersehbares Überschreiten der Entgeltgrenze** nicht zur Beendigung der geringfügig entlohnten Beschäftigung und der Begründung der Sozialversicherungs- und Beitragspflicht. Als gelegentlich ist ein **Zeitraum von bis zu drei Monaten innerhalb eines Zwölf-Monats-Zeitraums** anzusehen. Jedes weitere über den Zeitraum von drei Monaten hinausgehende nicht vorhersehbarer Überschreiten der Arbeitsentgeltgrenze innerhalb des maßgebenden Zeitjahres (Zwölf-Monats-Zeitraums) ist *nicht* mehr gelegentlich und begründet eine nicht geringfügige Beschäftigung; es sei denn, in dem vom

Arbeitgeber gewählten Jahreszeitraum für die Ermittlung des regelmäßigen Arbeitsentgelts werden 5400 Euro (12 × 450 Euro) nicht überschritten.[262]

10 Ist im Arbeitsvertrag neben dem Monatsentgelt in Höhe von 450 Euro eine bestimmte **Stundenzahl vertraglich vereinbart**, ist die vertraglich vereinbarte Arbeitszeit mit dem aktuell geltenden Mindestlohn zu vergüten. Liegt die vertraglich vereinbarte Arbeitszeit oberhalb der nach dem Mindestlohn umgerechneten zulässigen Arbeitszeit (vgl. Rn. 8), wird die Entgeltgrenze von 450 Euro überschritten. Da (wegen der vertraglichen Vereinbarung der Arbeitszeit kombiniert mit dem gesetzlichen Anspruch auf den Mindestlohn) ein Rechtsanspruch auf die Vergütung der vereinbarten Arbeitszeit besteht, liegt dementsprechend das »regelmäßige« Arbeitsentgelt oberhalb der Entgeltgrenze des § 8 Abs. 1 Nr. 1 SGB IV. Dann liegt keine geringfügige Beschäftigung mehr vor, wie sich aus § 8 Abs. 2 Satz 2 SGB IV ergibt: Eine geringfügige Beschäftigung liegt nicht mehr vor, sobald die Voraussetzungen des § 8 Abs. 1 SGB IV entfallen. Soll die **sozialversicherungsrechtliche Privilegierung** erhalten bleiben, müssen die Arbeitsvertragsparteien den Arbeitsvertrag ändern (einen Änderungsvertrag vereinbaren) und eine neue monatliche Arbeitszeit (vgl. Rn. 8) vereinbaren. Weicht die *tatsächliche* monatliche Arbeitszeit jedoch regelmäßig nach oben von der vertraglichen Vereinbarung ab, liegt keine geringfügige Beschäftigung mehr vor.

d. Ausnahmen und Übergangsregelungen

11 Das MiLoG gilt »für Arbeitnehmerinnen und Arbeitnehmer« (§ 22 Abs. 1 Satz 1 MiLoG). Damit gilt es nicht für solche Personen, die nicht als Arbeitnehmer tätig sind, also vor allem nicht für Auszubildende sowie ehrenamtlich Tätige. Das stellt § 22 Abs. 3 MiLoG ausdrücklich klar. Der Mindestlohn gilt nicht für ehrenamtlich Tätige (§ 22 Abs. 3 MiLoG) und damit auch nicht für Personen, die einen Dienst nach dem Bundesfreiwilligendienstgesetz (BFDG) oder einen sonstigen Freiwilligendienst leisten. Zudem gelten Personen, die noch nicht 18 Jahre alt und ohne abgeschlossene Berufsausbildung sind, nicht als Arbeitnehmer im Sinne des MiLoG (§ 22 Abs. 2 MiLoG). Zum persönlichen Anwendungsbereich siehe im Einzelnen die Kommentierung des § 22 MiLoG.

12 Für die »**Saisonarbeit**« (z. B. im Hotel- und Gaststättengewerbe, in Touristikbetrieben, in der Landwirtschaft, »Erntehelfer«) gibt es **keine Ausnahmeregelung** im MiLoG, sondern es wurden lediglich die Zeitgrenzen für die geringfügige Beschäftigung in Form der kurzfristigen Beschäftigung (§ 8

262 So die Richtlinien für die versicherungsrechtliche Beurteilung von geringfügigen Beschäftigungen (Geringfügigkeits-RL) vom 21. 11. 2018 der Sozialversicherungsträger, unter 3.1 (S. 70f.).

Abs. 1 Nr. 2 SGB IV) auf drei (statt zwei) Monate ausgeweitet (vgl. Rn. 7). Zum 1.1.2019 wurde die zeitlich befristete Regelung in eine dauerhafte Regelung umgewandelt (vgl. Rn. 7). Davon abgesehen haben »Saisonarbeiter« wie alle anderen Arbeitnehmer den Anspruch auf den allgemeinen (ungekürzten) Mindestlohn. Zur Anrechnung von Sachbezügen/Sachleistungen (»Kost und Logis«) auf den Mindestlohn vgl. Rn. 56ff.

aa. Sonderregelung für Praktikanten

Für Praktikanten enthält das MiLoG eine Sonderregelung in § 22 Abs. 1 MiLoG. Zusammenfassend und vereinfacht gesagt: Grundsätzlich haben Praktikanten einen Anspruch auf den Mindestlohn. Allerdings gilt das *nicht* für **Pflichtpraktika und freiwillige Praktika** während der Schul-, Hochschul- oder Berufsausbildung oder für **Orientierungspraktika** vor der Ausbildung jeweils bis zu einer Dauer von drei Monaten. Für ein **Praktikum nach Abschluss einer Berufs- oder Hochschulausbildung** besteht ab dem ersten Tag der Anspruch auf den Mindestlohn.[263] Das gilt in der Regel auch für »Praktika« nach dem »**Bachelor**«-Abschluss, weil es sich dabei bereits um einen vollwertigen Hochschulabschluss handelt (vgl. im Einzelnen § 22 MiLoG Rn. 25ff.). 13

bb. Sonderregelung für Langzeitarbeitslose

Für die Arbeitsverhältnisse von Arbeitnehmern, die unmittelbar vor Beginn der Beschäftigung langzeitarbeitslos waren, gilt der Mindestlohn *in den ersten sechs Monaten* der Beschäftigung nicht (§ 22 Abs. 4 Satz 1 MiLoG; siehe im Einzelnen § 22 MiLoG Rn. 41ff.), danach allerdings uneingeschränkt. 14

cc. Übergangsregelungen

Befristet bis zum 31.12.2017 galten für Tarifverträge und für Zeitungszusteller Übergangsregelungen nach § 24 MiLoG. Wegen der Einzelheiten wird auf die Kommentierung des § 24 MiLoG in der Vorauflage verwiesen. Nach Ende der Übergangsregelungen gilt für alle Arbeitnehmer der Anspruch auf den (ungekürzten) allgemeinen Mindestlohn. Das gilt auch für Zeitungszusteller. Die spezielle Übergangsregelung für Zeitungszusteller (§ 24 Abs. 2 MiLoG) ist nur noch von rechtshistorischer Bedeutung. 15

Aus heutiger Sicht von Interesse ist lediglich, dass das BAG mit Urteil vom 25.4.2018 entschieden hat, dass die Übergangsregelung für Zeitungszusteller verfassungsgemäß war. Ein Verstoß gegen den Gleichheitsgrundsatz (Art. 3 Abs. 1 GG) habe nicht vorgelegen. Der Gesetzgeber habe die bei

---

263 Vgl. *Picker/Sausmikat*, NZA 2014, 942, 947.

zeitlich begrenzten Übergangsvorschriften bestehende Gestaltungsfreiheit mit der auf drei Jahre begrenzten Sonderregelung des Mindestlohns für Zeitungszusteller nicht überschritten.[264]
Zudem hat das BAG entschieden – und das gilt auch nach Ende der Übergangsregelung –, dass dann, wenn die Zeitungszustellung dauerhaft in Nachtarbeit im Sinne des Arbeitszeitgesetzes (ArbZG) erfolgt, die Zeitungszusteller Anspruch auf einen Nachtarbeitszuschlag (§ 6 Abs. 5 ArbZG) in Höhe von 30 % des ihnen je Arbeitsstunde zustehenden Mindestlohns haben.[265] Wenn eine höhere Vergütung (als der Mindestlohn) vereinbart ist, ist die höhere Vergütung Bezugspunkt für den Zuschlag für die Nachtarbeit.[266]

3. Vorrang von allgemeingültigen Branchen-Mindestlöhnen, Verdrängung ungünstiger Tarifverträge

16 Die Regelungen des AEntG, des AÜG und der auf ihrer Grundlage erlassenen Rechtsverordnungen gehen den Regelungen des MiLoG vor, allerdings nur, soweit die Höhe der auf ihrer Grundlage festgesetzten Branchenmindestlöhne die Höhe des Mindestlohns nicht unterschreitet (§ 1 Abs. 3 MiLoG).
Aus § 1 Abs. 3 MiLoG folgt der **Vorrang von allgemeingültigen Branchen-Mindestlöhnen** vor den Regelungen des MiLoG, wenn die Branchen-Mindestlöhne den allgemeinen Mindestlohn nach dem MiLoG überschreiten. Arbeitet ein Arbeitnehmer in der Branche, für die ein allgemeingültiger Branchen-Mindestlohn gilt, ist der **Branchen-Mindestlohn die spezielle Regelung gegenüber dem Mindestlohn nach dem MiLoG**. Die Regelungen des MiLoG werden insoweit insgesamt verdrängt und finden keine Anwendung. Das gilt auch für die Anwendung von Ausschlussfristen auf den Branchen-Mindestlohnanspruch (vgl. Anhang zu § 1 MiLoG, Rn. 64ff.).
Die in Rechtsverordnungen nach § 1 Abs. 3 MiLoG festgelegten Grund-sätze zur Bemessung des Mindestentgelts in der jeweiligen Branche gehen in dem jeweiligen Geltungsbereich der Branche dem im Mindestlohngesetz geregelten Anspruch auf den allgemeinen Mindestlohn vor. Soweit die Höhe der Branchen-Mindestentgelte die Höhe des allgemeinen Mindestlohns nach dem MiLoG nicht unterschreiten darf, betrifft dies nur die Höhe des Mindestentgelts selbst. Die Branchenregelungen können jedoch vom Mindestlohngesetz abweichende Regelungen zur Bemessung der Arbeitsleistung als Arbeitszeit vorsehen.[267]

---

264 BAG 25.4.2018 – 5 AZR 25/17, NZA 2018, 1145.
265 BAG 25.4.2018 – 5 AZR 25/17, NZA 2018, 1145.
266 BAG 25.4.2018 – 5 AZR 25/17, NZA 2018, 1145.
267 BAG 24.6.2020 – 5 AZR 93/19, NZA 2020, 1707.

Aus der durch § 20 MiLoG angeordneten zwingenden Wirkung des Mindestlohns und aus § 1 Abs. 3 MiLoG folgt, dass nicht nur **ungünstigere Arbeitsverträge** (solche, die den gesetzlichen Mindestlohn unterschreiten), sondern auch **ungünstigere Tarifverträge** verdrängt werden.[268] Der Mindestlohn ist vom Arbeitgeber auch dann zu zahlen, wenn er als Mitglied eines Arbeitgeberverbandes oder als Tarifvertragspartei nach § 3 TVG an einen Tarifvertrag gebunden ist, der niedrigere Vergütungssätze regelt. Es wird also auch ein sog. **Sanierungstarifvertrag**, durch den z. B. zeitweise Vergütungsansprüche abgesenkt werden, verdrängt, soweit er den Mindestlohn unterschreitet. Allgemeingültige Tarifverträge aufgrund Allgemeinverbindlicherklärung (§ 5 TVG) oder aufgrund Rechtsverordnung nach dem AEntG werden ebenfalls verdrängt, soweit die Höhe der Branchenmindestlöhne die Höhe des gesetzlichen Mindestlohns unterschreitet. Nach unten abweichende Tarifverträge werden durch den allgemeinen Mindestlohn verdrängt. 17

Das **Günstigkeitsprinzip** wird durch § 1 Abs. 3 MiLoG nicht verdrängt. Das bedeutet: Höhere Löhne als der gesetzliche Mindestlohn sind zu gewähren, unabhängig davon, auf welchem Geltungsgrund (Arbeitsvertrag, Tarifvertrag) diese beruhen. In Tarifverträgen geregelte Mindestlöhne, die zugunsten der Arbeitnehmer nach oben abweichen, sind ohne Weiteres zulässig. Damit verbleibt ein weiter Gestaltungsspielraum für die Tarifvertragsparteien. Die Einführung des gesetzlichen Mindestlohns ist auch angesichts der durch Art. 9 Abs. 3 GG geschützten Koalitionsfreiheit und Tarifautonomie verfassungsrechtlich nicht zu beanstanden (vgl. Einleitung Rn. 24ff.). 18

4. Höhe des Mindestlohns

Die Höhe des Mindestlohns betrug seit dem 1. 1. 2015 kraft Gesetzes **8,50 Euro brutto je Zeitstunde** (§ 1 Abs. 2 Satz 1 MiLoG). Die Höhe des Mindestlohns kann auf Vorschlag einer ständigen Kommission der Tarifpartner (**Mindestlohnkommission**) durch **Rechtsverordnung der Bundesregierung** geändert werden (§ 1 Abs. 2 Satz 2 MiLoG). Die Mindestlohnkommission hatte über eine Anpassung der Höhe des Mindestlohns erstmals bis zum 30. 6. 2016 mit Wirkung zum 1. 1. 2017 zu beschließen (§ 9 Abs. 1 Satz 1 MiLoG). Danach hat die Mindestlohnkommission **alle zwei Jahre** über Anpassungen der Höhe des Mindestlohns zu beschließen (§ 9 Abs. 1 Satz 2 MiLoG). 19

Die Mindestlohnkommission hat am 28. 6. 2016 beschlossen, **mit Wirkung zum 1. 1. 2017** den Mindestlohn auf 8,84 Euro festzusetzen. Mit Beschluss vom 26. 6. 2018 erfolgte eine zweistufige Erhöhung **(ab 1. 1. 2019 9,19 Euro,**

268 Wegen dieser tarifverdrängenden Wirkung hat *Henssler* (RdA 2015, 43, 44ff.) verfassungsrechtliche Bedenken gegen das MiLoG.

ab 1.1.2020 9,35 Euro. Mit Beschluss vom 30.6.2020 erfolgte eine stufenweise Erhöhung in vier Schritten:

Zum 1.1.2021	9,50 Euro,
zum 1.7.2021	9,60 Euro,
zum 1.1.2022	9,82 Euro,
zum 1.7.2022	10,45 Euro,

jeweils brutto je Zeitstunde (vgl. zu den Einzelheiten des Beschlusses § 9 Rn. 8ff.)

Rechtsverbindlich festgesetzt wird die Mindestlohnhöhe durch **Rechtsverordnung der Bundesregierung** (§ 1 Abs. 2 MiLoG; zu den Einzelheiten vgl. § 11 MiLoG). Das erfolgte durch die **Mindestlohnanpassungsverordnung** vom 15.11.2016 (BGBl. I S. 2530), durch die **Zweite Mindestlohnanpassungsverordnung** vom 13.11.2018 (BGBl. I S. 1876) und durch die **Dritte Mindestlohnanpassungsverordnung** vom 9.11.2020 (BGBl. I S. 2356). Zu den Einzelheiten vgl. § 11 MiLoG Rn. 21.

5. Anspruchsinhalt: Mindestlohn »je Zeitstunde«

20 Der Mindestlohn ist »je Zeitstunde« geschuldet (§ 1 Abs. 2 Satz 1 MiLoG). In der Gesetzesbegründung zu § 1 MiLoG wird ausdrücklich ausgeführt, dass der Mindestlohn »für die geleisteten Arbeitsstunden« zu zahlen ist.[269] In der Gesetzesbegründung zu § 2 MiLoG heißt es, dass zum Fälligkeitszeitpunkt »nicht nur die vereinbarten Arbeitsstunden, sondern sämtliche tatsächlich geleisteten Arbeitsstunden zum Mindestlohnsatz auszahlen« sind.[270] Daraus folgt:

Es sind (nur) Arbeitszeiten zu vergüten (»Zeitstunde« meint »Arbeitsstunde«). Der Anspruch auf den Mindestlohn besteht für **tatsächlich geleistete Arbeitsstunden** (vgl. zur Darlegungslast Rn. 121).[271] Es sind sämtliche tatsächlich geleisteten Arbeitsstunden zum Mindestlohnsatz zu vergüten, auch die Zeiten, die über die vertraglich vereinbarte Arbeitszeit hinausgehen (vgl. zu Überstunden Rn. 33ff.). Angefangene »Zeitstunden« sind zeitanteilig zu vergüten.[272]

Für **Zeiten ohne Arbeitsleistung** folgt der Anspruch nicht aus dem MiLoG, sondern aus der speziellen Anspruchsnorm, etwa aus dem EFZG. Das danach maßgebliche Entgeltausfallprinzip verlangt, den Mindestlohn nach

---

269 BT-Drs. 18/1558, S. 34.

270 BT-Drs. 18/1558, S. 34.

271 BAG 20.6.2018 – 5 AZR 377/17, Rn. 9, NZA 2018, 1494; BAG 21.12.2016 – 5 AZR 374/16, Rn. 13, NZA 2017, 378; BAG 29.6.2016 – 5 AZR 716/15, Rn. 13, NZA 2016, 1332; BAG 25.5.2016 – 5 AZR 135/16, Rn. 19, NZA 2016, 1327.

272 Vgl. *Bayreuther*, in: Thüsing, § 1 MiLoG, Rn. 33; HK-ArbR-*Däubler* § 1 MiLoG Rn. 12.

dem MiLoG als Geldfaktor in die Berechnung des Entgeltfortzahlungsanspruchs einzustellen, soweit nicht aus anderen Rechtsgründen ein höherer Vergütungsanspruch besteht (vgl. Rn. 81 ff.).[273]

21 Die **Vereinbarung von Stücklöhnen**[274] **oder Akkordlöhnen** wird – so ausdrücklich die Gesetzesbegründung – durch den Anspruch auf den Mindestlohn nicht ausgeschlossen, allerdings muss gewährleistet sein, dass der Mindestlohn für die geleisteten Arbeitsstunden erreicht wird.[275] Dasselbe gilt in den Fällen, in denen **keine konkrete Arbeitszeit und/oder ein festes Monatsgehalt vereinbart** sind. Die Monatsvergütung ist unter Berücksichtigung der tatsächlichen Arbeitszeit in den effektiven Bruttostundenlohn umzurechnen und darf nicht niedriger sein als der Mindestlohn. Auch wenn als Vergütung eine **Umsatzbeteiligung** (z.B. im Friseurgewerbe oder im Taxigewerbe) vereinbart wird, muss mindestens der Mindestlohn pro tatsächlich geleistete Arbeitsstunde gezahlt werden.[276]

a. Welche Arbeitszeiten sind zu vergüten?

aa. Grundlagen des Arbeitszeitrechts

22 Klassischerweise wird im Arbeitszeitrecht zwischen »Arbeitszeit« und »Ruhezeit« unterschieden. Bei bestimmten Formen der Arbeit kann problematisch sein, ob diese zur »Arbeitszeit« gehören: so bei der Arbeitsbereitschaft, dem Bereitschaftsdienst und der Rufbereitschaft (vgl. Rn. 28 ff.). Für die Abgrenzung ist nicht nur das deutsche Recht maßgeblich, sondern auch die Richtlinie 2003/88/EG des Europäischen Parlaments und des Rates vom 4.11.2003 über bestimmte Aspekte der Arbeitszeitgestaltung (Arbeitszeit-Richtlinie). Nach Art. 2 dieser Richtlinie ist »Arbeitszeit« jede Zeitspanne, während der ein Arbeitnehmer gemäß den einzelstaatlichen Rechtsvorschriften und/oder Gepflogenheiten arbeitet, dem Arbeitgeber zur Verfügung steht und seine Tätigkeit ausübt oder Aufgaben wahrnimmt. »Ruhezeit« ist jede Zeitspanne außerhalb der Arbeitszeit. Bei der Abgrenzung geht es darum, ob und inwieweit Zeiten der Arbeitsleistung oder der Nichtarbeit

---

273 BAG 13.5.2015 – 10 AZR 495/14, NZA 2015, 1127; BAG 13.5.2015 – 10 AZR 191/14; vgl. zur Entgeltfortzahlung an Feiertagen: BAG 20.9.2017 – 10 AZR 171/16, Rn. 24, NZA 2018, 53.

274 Stücklohnvereinbarungen sind nach wie vor verbreitet, so etwa in der Call-Center-Branche je Anruf, in der Paketzustellung je Paket, in der Briefzustellung je Briefsendung, in der Zeitungszustellung je zugestellter Zeitung, in der Prospektzustellung je Prospekt.

275 BT-Drs. 18/1558, S. 34; *Bayreuther*, in: Thüsing, § 1 MiLoG, Rn. 42.

276 Vgl. *Bayreuther*, in: Thüsing, § 1 MiLoG, Rn. 140; *Riechert/Nimmerjahn*, MiLoG, § 1 Rn. 183.

auf die Höchstarbeitszeit anzurechnen sind oder die Ruhezeit des Arbeitnehmers unterbrechen.

Bei der Arbeitszeit muss man unterscheiden zwischen dem öffentlich-rechtlichen Arbeitszeitrecht (das im ArbZG geregelt ist) und den privat-rechtlichen Auswirkungen. Das öffentlich-rechtliche Arbeitszeitrecht regelt aus Gründen des Gesundheitsschutzes, wie lange die Arbeitnehmer maximal arbeiten dürfen (und zu welchen Zeiten/an welchen Tagen). Es wird durch Behörden kontrolliert, ob es eingehalten wird. Privat-rechtlich kann sich der einzelne Arbeitnehmer weigern, länger zu arbeiten, als durch das Arbeitszeitrecht vorgegeben oder zu Zeiten zu arbeiten, an denen er nicht arbeiten muss. Wenn zu diesen verbotenen Zeiten gleichwohl gearbeitet wird, hat der Arbeitnehmer einen **Anspruch auf Vergütung der Arbeitszeit.**

Problematisch kann allerdings sein, ob Zeiten mit geringerer zeitlicher Inanspruchnahme (Arbeitsbereitschaft, Bereitschaftsdienst, Rufbereitschaft) genauso bezahlt werden müssen wie die »Vollarbeit«. Das BAG betont, dass durch Arbeits- oder Tarifvertrag **unterschiedliche Vergütungssätze** geregelt werden dürfen,[277] doch bedarf es dafür einer klaren Vereinbarung oder Regelung.[278]

Auch wenn bestimmte Zeiten als »Arbeitszeit« im Sinne des öffentlich-rechtlichen Arbeitszeitrechts einzuordnen sind, hat das keinen unmittelbaren Einfluss auf den Vergütungsanspruch der Arbeitnehmer. Vielmehr bleiben die Arbeitsvertragsparteien und die Tarifvertragsparteien in ihrer Entscheidung frei, wie Zeiten mit geringerer zeitlicher Inanspruchnahme vergütet werden sollen; das gilt vor allem für den Bereitschaftsdienst und die Rufbereitschaft. Denkbar ist die Zahlung der »normalen« Arbeitsvergütung für den Bereitschaftsdienst/die Rufbereitschaft, aber eben auch nur für die aktiven Leistungszeiten. Ebenso wäre vorstellbar, dass für aktive Phasen, aber auch für den gesamten Bereitschaftsdienst/die gesamte Rufbereitschaft geringere oder umgekehrt auch höhere Entgelte im Vergleich zur »Normalarbeit« festgesetzt oder lediglich eine anteilige Vergütung erfolgt oder Pauschalen gezahlt werden. Daran ändert auch die EU-Richtlinie 2003/88/EG zur Arbeitszeit nichts. Die EU hat keine Kompetenz zur Regelung des Arbeitsentgelts und auch die genannte Richtlinie enthält zur Bezahlung keine Vorgaben.[279] Von diesem Grundsatz gibt es zwei wichtige Ausnahmen:[280]

- Das BAG betont zwar, dass durch Arbeits- oder Tarifvertrag unterschiedliche Vergütungssätze geregelt werden dürfen, doch bedarf es dafür einer

---

277 BAG 19.11.2014 – 5 AZR 1101/12, Rn. 16, AP BGB § 611 Nr. 24; BAG 28.1.2004 – 5 AZR 530/02, NZA 2004, 656.

278 BAG 19.11.2014 – 5 AZR 1101/12, Rn. 16, AP BGB § 611 Nr. 24.

279 So auch ausdrücklich EuGH 21.2.2018 – C-518/15 (Matzak), Rn. 24, NZA 2018, 293.

280 Vgl. *Bayreuther*, NZA 2018, 348, 350.

klaren Vereinbarung oder Regelung.[281] Haben die Arbeitsvertragsparteien oder Tarifpartner nichts zur Vergütung besonderer Arbeitszeiten vereinbart, ist die »übliche« Vergütung (§ 612 Abs. 2 BGB) zu zahlen, also die Vergütung für die »Normalarbeit«.

- Gelten **Mindestlohnregelungen** (MiLoG, Branchen-Mindestlöhne nach dem AEntG, Lohnuntergrenze für die Leiharbeit), sind diese zwingend und dürfen durch den Arbeitsvertrag oder einen anwendbaren Tarifvertrag nicht unterschritten werden (vgl. § 3 MiLoG). Die Mindestlohnregelungen differenzieren nicht nach dem Grad der tatsächlichen Inanspruchnahme. Leistet der Arbeitnehmer vergütungspflichtige Arbeit, hat er einen ungekürzten Anspruch auf den Mindestlohn.[282] Zur vergütungspflichtigen Arbeit zählt danach auch eine vom Arbeitgeber veranlasste Untätigkeit, während derer der Arbeitnehmer am Arbeitsplatz oder an einer vom Arbeitgeber bestimmten Stelle anwesend sein muss und nicht frei über die Nutzung des Zeitraums bestimmen kann, er also weder eine Pause noch Freizeit hat.[283] Werden Bereitschaftszeiten nach einem anwendbaren Tarifvertrag oder nach dem Arbeitsvertrag nur anteilig als Arbeitszeit berücksichtigt, ändert das nichts daran, dass die Zeit mit dem Mindestlohn zu vergüten ist. Der Mindestlohn ist zwingend. Weder durch den Arbeitsvertrag noch durch Tarifvertrag darf davon zum Nachteil der Arbeitnehmer abgewichen werden (§ 3 MiLoG).[284] Das BAG hat mit Urteil vom 11.10.2017 betont, dass auch Bereitschaftszeiten mit dem gesetzlichen Mindestlohn zu vergüten sind. Leistet der Arbeitnehmer Vollarbeit und Bereitschaftsdienst, ist der Anspruch auf den Mindestlohn (nur) erfüllt, wenn er für die in einem Kalendermonat erbrachte Arbeit (einschließlich der Bereitschaft) mindestens eine Bruttovergütung erhält, die das Produkt der Gesamtstunden mit dem Mindestlohn nicht unterschreitet.[285]

Dass der Mindestlohn »je Zeitstunde« geschuldet ist (§ 1 Abs. 2 Satz 1 MiLoG), ändert nichts daran, dass ausschließlich »**Arbeitszeit**« zu vergüten ist. Das ergibt sich aus dem Gesamtzusammenhang, aus der Gesetzesbegründung (vgl. Rn. 20) und aus § 2 Abs. 2 Satz 1 MiLoG, in dem von der »vertraglich vereinbarten Arbeitszeit« die Rede ist. Ist keine konkrete Arbeitszeit vereinbart, sind alle Stunden zu vergüten, die der Arbeitnehmer tatsächlich **23**

281 BAG 19.11.2014 – 5 AZR 1101/12, Rn. 16, AP BGB § 611 Nr. 24.

282 BAG 11.10.2017 – 5 AZR 591/16, Rn. 14, NZA 2018, 32; BAG 29.6.2016 – 5 AZR 716/15, Rn. 29, NZA 2016, 1332.

283 BAG 29.6.2016 – 5 AZR 716/15, NZA 2016, 1332; vgl. zum Mindestentgelt in der Pflegebranche: BAG 19.11.2014 – 5 AZR 1101/12, Rn. 16, AP BGB § 611 Nr. 24.

284 BAG 29.6.2016 – 5 AZR 716/15, Rn. 30, NZA 2016, 1332.

285 BAG 11.10.2017 – 5 AZR 591/16, NZA 2018, 32.

ableistet; auf die Bezeichnung als »Überstunden« oder »Mehrarbeit« kommt es nicht an (zu Überstunden vgl. Rn. 33 ff.).[286]

Der Anspruch auf den Mindestlohn ist ein »normaler« Anspruch auf Arbeitsvergütung (vgl. Rn. 1). Deshalb gelten für die Vergütungspflicht die normalen Grundsätze. Der Mindestlohn ist »je Zeitstunde« geschuldet (§ 1 Abs. 2 Satz 1 MiLoG). Es wird dabei weder auf die Art der Tätigkeit noch auf die Intensität der Arbeit abgestellt (Vollarbeit, Arbeitsbereitschaft, Bereitschaftsdienst).

Die Vergütungspflicht des Arbeitgebers knüpft an die »Leistung der versprochenen Dienste«, d. h. an die Arbeitsleistung, an.[287] Dazu zählt nicht nur die eigentliche **Tätigkeit**, sondern jede vom Arbeitgeber verlangte sonstige Tätigkeit oder Maßnahme, die mit der eigentlichen Tätigkeit oder der Art und Weise von deren Erbringung unmittelbar zusammenhängt.[288] Die Vergütung ist für alle Dienste zu zahlen, die der Arbeitgeber dem Arbeitnehmer aufgrund seines Weisungsrechts abverlangt.[289] Zur vergütungspflichtigen Arbeit zählt nicht nur jede Tätigkeit, die als solche der Befriedigung eines fremden Bedürfnisses dient, sondern auch eine vom Arbeitgeber veranlasste **Untätigkeit**, während derer der Arbeitnehmer am Arbeitsplatz oder einer vom Arbeitgeber bestimmten Stelle anwesend sein muss und nicht frei über die Nutzung des Zeitraums bestimmen kann, er also weder eine Pause (§ 4 ArbZG) noch Freizeit hat.[290]

Nicht zur vergütungspflichtigen Arbeitszeit gehören

- Wegezeiten, die der Arbeitnehmer verbringt, um von zu Hause zum Betrieb zu fahren und wieder zurück (zur Abgrenzung von Wegezeiten, die

---

286 Vgl. *Bayreuther*, in: Thüsing, § 1 MiLoG, Rn. 38.

287 BAG 6.9.2017 – 5 AZR 382/16, Rn. 12, NZA 2018, 180; BAG 26.10.2016 – 5 AZR 168/16, Rn. 10, NZA 2017, 323; BAG 19.3.2014 – 5 AZR 954/12, Rn. 17, NZA 2014, 787; BAG 12.12.2012 – 5 AZR 355/12, Rn. 17, NZA 2013, 1158; BAG 19.9.2012 – 5 AZR 678/11, Rn. 28, NZA-RR 2013, 63; BAG 20.4.2011 – 5 AZR 200/10, Rn. 20, NZA 2011, 917.

288 BAG 18.3.2020 – 5 AZR 36/19, Rn. 15, NZA 2020, 868; BAG 6.9.2017 – 5 AZR 382/16, Rn. 12, NZA 2018, 180; BAG 26.10.2016 – 5 AZR 168/16, Rn. 10, NZA 2017, 323; BAG 19.3.2014 – 5 AZR 954/12, Rn. 18, NZA 2014, 787; BAG 12.12.2012 – 5 AZR 355/12, Rn. 17, NZA 2013, 1158; BAG 19.9.2012 – 5 AZR 678/11, Rn. 28, NZA-RR 2013, 63.

289 BAG 18.3.2020 – 5 AZR 36/19, Rn. 15, NZA 2020, 868; BAG 6.9.2017 – 5 AZR 382/16, Rn. 12, NZA 2018, 180; BAG 26.10.2016 – 5 AZR 168/16, Rn. 10, NZA 2017, 323; BAG 19.3.2014 – 5 AZR 954/12, Rn. 18, NZA 2014, 787; BAG 19.9.2012 – 5 AZR 678/11, Rn. 28, NZA-RR 2013, 63.

290 BAG 19.11.2014 – 5 AZR 1101/12, Rn. 16, AP BGB § 611 Nr. 24; BAG 20.4.2011 – 5 AZR 200/10, Rn. 21, NZA 2011, 917.

deshalb erbracht werden, weil die Arbeitnehmer außerhalb des Betriebs arbeiten, vgl. Rn. 24),[291]

- Raucherpausen,[292]
- tatsächlich gewährte Ruhepausen (vgl. zur Abgrenzung von fiktiven »Pausen« Rn. 30).[293]

bb. Fahrten zu außerbetrieblichen Arbeitsstellen, Fahrten zu Kunden

Fahrten zu außerbetrieblichen Arbeitsstellen oder zu Kunden gehören zur vergütungspflichtigen Arbeitszeit.[294] Das betrifft z. B. Außendienstmitarbeiter, Servicetechniker im Außendienst oder Montagearbeiter. Grundsätzlich erbringen die Arbeitnehmer mit der – eigennützigen – Zurücklegung des Wegs von der Wohnung zur Arbeitsstelle und zurück keine Arbeit für den Arbeitgeber. Anders ist es jedoch, wenn die Arbeitnehmer ihre Tätigkeit außerhalb des Betriebs zu erbringen haben. In diesem Fall gehört das Fahren zur auswärtigen Arbeitsstelle zu den vertraglichen Hauptleistungspflichten, weil das wirtschaftliche Ziel der Gesamttätigkeit darauf gerichtet ist, verschiedene Kunden aufzusuchen, sei es, um dort Dienstleistungen zu erbringen oder um Geschäfte für den Arbeitgeber zu vermitteln oder abzuschließen. Dazu gehört zwingend die jeweilige Anreise.[295] 24

291 BAG 18.3.2020 – 5 AZR 36/19, Rn. 16, NZA 2020, 868; BAG 17.10.2018 – 5 AZR 553/17, Rn. 14, NZA 2019, 159; BAG 25.4.2018 – 5 AZR 424/17, Rn. 18, NZA 2018, 1211; BAG 22.4.2009 – 5 AZR 292/08, Rn. 15, NZA-RR 2010, 231; zu Wegezeiten bei einer Dienstreise vgl. BAG 11.7.2006 – 9 AZR 519/05, NZA 2007, 155; zur Arbeitszeit im betriebsverfassungsrechtlichen Sinne BAG 22.10.2019 – 1 ABR 11/18, Rn. 27, NZA 2020, 325.

292 Vgl. BAG 11.7.2013 – 2 AZR 241/12, Rn. 25, NZA 2013, 1259; LAG Nürnberg 21.7.2015 – 7 Sa 131/15, ZTR 2016, 31; LAG Rheinland-Pfalz 6.5.2010 – 10 Sa 712/09, ZTR 2010, 600.

293 Weil Pausen keine Arbeit sind, sondern eine Unterbrechung der Arbeit (§ 4 Satz 1 ArbZG), zählen sie nicht zur Arbeitszeit (§ 2 Abs. 1 Satz 1 ArbZG) und müssen deshalb auch nicht vergütet werden; vgl. nur BAG 25.2.2015 – 1 AZR 642/13, Rn. 21; NZA 2015, 442. Allerdings können Pausen aufgrund ausdrücklicher arbeits- oder tarifvertraglicher Regelung auch als »bezahlte Pausen« oder »Pausen ohne Lohnabzug« vereinbart werden; vgl. BAG 23.1.2001 – 9 AZR 4/00, NZA 2002, 224. Im Bergbau unter Tage zählen die Ruhepausen zur Arbeitszeit (§ 2 Abs. 1 Satz 2 ArbZG) und sind vergütungspflichtig; BAG 11.12.2019 – 5 AZR 579/18, NZA 2020, 664.

294 BAG 12.12.2012 – 5 AZR 355/12, NZA 2013, 1158.

295 BAG 18.3.2020 – 5 AZR 36/19, Rn. 16, NZA 2020, 868; BAG 17.10.2018 – 5 AZR 553/17, Rn. 14, NZA 2019, 159; BAG 25.4.2018 – 5 AZR 424/17, Rn. 18, NZA 2018, 1211; BAG 17.10.2018 – 5 AZR 553/17, Rn. 14, NZA 2019, 159; BAG 22.4.2009 – 5 AZR 292/08, Rn. 15, NZA-RR 2010, 231.

Das gilt auch für **Wege-/Fahrtzeiten des Arbeitnehmers zu Kunden**, auch **zum ersten Kunden und vom letzten Kunden zurück**. Das gilt unabhängig davon, ob Fahrtantritt und Fahrtende vom Betrieb des Arbeitgebers oder von der Wohnung des Arbeitnehmers aus erfolgen.[296] Eine Anrechnung ersparter Wegezeiten, die die AN hätten aufwenden müssen, wenn sie zunächst den Betrieb aufgesucht hätten oder vom letzten Kunden zunächst in den Betrieb zurückgefahren wären, findet nicht statt.[297]
Zwar kann für solche Zeiten, die nicht die primär geschuldete Arbeitstätigkeit betreffen, die Höhe der Vergütung gesondert, auch niedriger, vereinbart werden.[298] Da es jedoch im MiLoG an einer diesbezüglichen abweichenden Regelung fehlt, sind alle Zeiten, die zur Arbeitszeit zu rechnen sind, mit dem Mindestlohnstundensatz zu vergüten (vgl. zur Arbeitsbereitschaft und zum Bereitschaftsdienst Rn. 28 ff.).[299] Abweichende einzelvertragliche Regelungen sind wegen § 3 Satz 1 MiLoG unwirksam.

cc. Lenk-, Lade-, Stand-, Wartezeiten

25 Bei **Kraftfahrern**, vor allem Bus- und Fernfahrern sind die **Lenk- und Ladezeiten** normale Arbeitszeit. Wegen der vorgeschriebenen Lenkzeiten fährt jedoch zudem häufig noch ein **Beifahrer** (Wechselfahrer) mit; für dessen (inaktive) Zeiten, die er im Fahrzeug verbringt, besteht in der Regel ebenfalls ein »normaler« Vergütungsanspruch.[300] **Be- und Entladezeiten**, während derer der Kraftfahrer das Fahrzeug und das Betriebsgelände zwar verlassen darf, einem Arbeitsaufruf aber umgehend nachzukommen hat, sind keine Ruhepausen und deshalb vergütungspflichtig.[301] Das gilt auch für **Wartezeiten** beim Be- und Entladen.[302] Zur vergütungspflichtigen Arbeitszeit gehören ebenso **Standzeiten**, Pufferzeiten und die Zeit von sog. **Leerfahrten**.[303]

---

296 BAG 18.3.2020 – 5 AZR 36/19, Rn. 16, NZA 2020, 868; BAG 17.10.2018 – 5 AZR 553/17, Rn. 14, NZA 2019, 159; BAG 25.4.2018 – 5 AZR 424/17, Rn. 18, NZA 2018, 1211; BAG 22.4.2009 – 5 AZR 292/08, Rn. 15, NZA-RR 2010, 231; vgl. auch zu Wege-/Fahrtzeiten als Arbeitszeit i. S. d. Arbeitszeit-Richtlinie 2003/88/EG: EuGH 10.9.2015 – C-266/14, NZA 2015, 1177.

297 Vgl. *Boemke*, RdA 2020, 65, 68 f.

298 BAG 18.3.2020 – 5 AZR 36/19, Rn. 18, NZA 2020, 868; BAG 25.4.2018 – 5 AZR 424/17, Rn. 19, NZA 2018, 1211; BAG 12.12.2012 – 5 AZR 355/12, NZA 2013, 1158.

299 BAG 25.4.2018 – 5 AZR 424/17, NZA 2018, 1211.

300 BAG 16.5.2012 – 5 AZR 347/11, Rn. 9, NZA 2012, 939; BAG 20.4.2011 – 5 AZR 200/10, NZA 2011, 917.

301 BAG 29.10.2002 – 1 AZR 603/01, NZA 2003, 1212.

302 BAG 21.12.2016 – 5 AZR 362/16, Rn. 31, NZA-RR 2017, 233.

303 BAG 18.11.2015 – 5 AZR 814/14, Rn. 26, NZA 2016, 494.

dd. Reisezeiten

Bei Arbeitnehmern, die auf Reisen sind (z. B., aber nicht nur, Außendienstmitarbeiter), gehören die **Reisezeiten** zur vergütungspflichtigen Arbeitszeit (auch als Dienstreisen bezeichnet).[304] Die Reisetätigkeit gehört bei solchen Arbeitnehmern zur vergütungspflichtigen Hauptleistungspflicht. Mangels festen Arbeitsorts können sie ihre vertraglich geschuldete Arbeit ohne dauernde Reisetätigkeit nicht erfüllen. Das wirtschaftliche Ziel der Gesamttätigkeit ist darauf gerichtet, verschiedene Kunden zu besuchen, wozu die jeweilige Anreise zwingend gehört. Das gilt nicht nur für die Fahrten zwischen den Kunden.[305] Die Fahrt zum ersten Kunden und die Fahrt vom letzten Kunden zurück bilden mit der übrigen Tätigkeit eine Einheit. Das ist unabhängig davon, ob der Fahrtantritt ab der Betriebsstätte des Arbeitgebers oder ab der Wohnung des Arbeitnehmers erfolgt.[306] In jedem Fall ist eine dem Arbeitgeber zugutekommende Arbeitsleistung dann anzunehmen, wenn der Arbeitnehmer bei An- und Abreise selbst tätig werden muss und die Fahrt vom Arbeitgeber im Rahmen des Weisungsrechts angeordnet wird.[307] Auch Reisezeiten zu Fortbildungsveranstaltungen können vergütungspflichtig sein.[308] 26

Werden die **Reisezeiten** nur deshalb erbracht, weil sie im Zusammenhang mit der Erfüllung des Arbeitsvertrags notwendig sind und hätte der Arbeitnehmer diese Zeiten anders verbracht, wenn er sie nicht auf Veranlassung des Arbeitgebers mit Reisetätigkeiten hätte verbringen müssen, sind diese, weil die Nutzung der Zeit fremdbestimmt ist, als Arbeitszeit zu vergüten. Vergütungspflichtig sind auch etwaige **Wartezeiten** (z. B. zwischen Ende eines auswärtigen Meetings und dem Rückflug) sowie Zeiten, in denen der Arbeitnehmer nicht nur Arbeitsleistungen im engeren Sinne zu erbringen hat, sondern daneben auch Speisen oder Getränke zu sich nimmt (etwa bei einem dienstlich veranlassten Essen mit Kunden). Zeiten der Übernachtung sind dagegen, weil nicht ausschließlich fremdnützig, nicht als Arbeitszeit zu vergüten.

Auch wenn der Arbeitgeber einen Arbeitnehmer vorübergehend zur Arbeit ins **Ausland** entsendet, sind die für Hin- und Rückreise erforderlichen Zeiten wie Arbeitszeit zu vergüten.[309]

---

304 BAG 17.10.2018 – 5 AZR 553/17, NZA 2019, 159; BAG 22.4.2009 – 5 AZR 292/08, Rn. 15, NZA-RR 2010, 231; BAG 3.9.1997 – 5 AZR 428/96, NZA 1998, 540; vgl. umfassend *Preis/Schwarz*, Dienstreisen als Rechtsproblem, HSI-Schriftenreihe Band 31, 2020.

305 BAG 22.4.2009 – 5 AZR 292/08, Rn. 15, NZA-RR 2010, 231.

306 BAG 22.4.2009 – 5 AZR 292/08, Rn. 15, NZA-RR 2010, 231.

307 BAG 22.4.2009 – 5 AZR 292/08, Rn. 15, NZA-RR 2010, 231.

308 *BAG* 15.11.2018 – 6 AZR 294/17, NZA 2019, 486.

309 BAG 17.10.2018 – 5 AZR 553/17, NZA 2019, 159.

Für die **Erforderlichkeit von Reisezeiten** gelten folgende Grundsätze: Gibt der Arbeitgeber Reisemittel und Reiseverlauf vor, ist die Reisezeit erforderlich, die der Arbeitnehmer benötigt, um entsprechend dieser Vorgaben das Reiseziel zu erreichen. Überlässt der Arbeitgeber dem Arbeitnehmer die Wahl von Reisemittel und/oder Reiseverlauf, ist der Arbeitnehmer aufgrund seiner Pflicht zur Rücksichtnahme auf die Interessen der anderen Vertragspartei (§ 241 Abs. 2 BGB) im Rahmen des ihm Zumutbaren verpflichtet, das kostengünstigste Verkehrsmittel bzw. den kostengünstigsten Reiseverlauf zu wählen. Bei einer Flugreise ist deshalb grundsätzlich die Reisezeit erforderlich, die bei einem Direktflug in der Economy-Class anfällt, es sei denn, ein solcher wäre wegen besonderer Umstände dem Arbeitnehmer nicht zumutbar. Neben den eigentlichen Beförderungszeiten gehört zur erforderlichen Reisezeit auch der mit der Beförderung zwingend einhergehende weitere Zeitaufwand. Bei Flugreisen sind das etwa die Wegezeiten zum und vom Flughafen sowie die Zeiten für Einchecken und Gepäckausgabe. Nicht zur erforderlichen Reisezeit zählt hingegen rein eigennütziger Zeitaufwand des Arbeitnehmers im Zusammenhang mit der Reise (z. B. das Kofferpacken und Duschen).[310]

Eine **pauschale Vergütung von Reisezeiten**, die niedriger ist als die Vergütung der »normalen« Arbeitszeit kann an sich vereinbart werden, allerdings muss konkret vereinbart sein, welche Zeiten in welchem Umfang erfasst werden.[311] Auch kann für solche Zeiten, die nicht die eigentlich geschuldete Arbeitsleistung betreffen, an sich im Arbeitsvertrag oder in einem anwendbaren Tarifvertrag eine gesonderte Vergütungsregelung vereinbart werden.[312] Da es jedoch im MiLoG an einer diesbezüglichen abweichenden Regelung fehlt, sind alle Zeiten, die zur Arbeitszeit zu rechnen sind, mit dem Mindestlohnstundensatz zu vergüten und abweichende einzelvertragliche Regelungen wegen § 3 Satz 1 MiLoG unwirksam.

ee. Wasch- und Umkleidezeiten

27 **Wasch- und Umkleidezeiten** gehören an sich *nicht* zur vergütungspflichtigen Arbeitszeit.[313] Wenn das Tragen einer bestimmten Kleidung vom Arbeitgeber jedoch vorgeschrieben wird, gehören die **Umkleidezeiten** (und die durch das Umkleiden veranlassten *innerbetrieblichen* Wegezeiten) zur vergütungspflichtigen Arbeitszeit, wenn das Umkleiden einem fremden Bedürfnis dient *und* nicht zugleich ein eigenes Bedürfnis erfüllt, vor allem,

---

310 *BAG* 17.10.2018 – 5 AZR 553/17, NZA 2019, 159.

311 BAG 20.4.2011 – 5 AZR 200/10, NZA 2011, 917.

312 *BAG* 15.11.2018 – 6 AZR 294/17, Rn. 24, NZA 2019, 486.

313 BAG 11.10.2000 – 5 AZR 122/99, NZA 2001, 458; BAG 22.3.1995 – 5 AZR 934/93, NZA 1996, 107.

wenn das Umkleiden im Betrieb erfolgen muss,[314] nicht dagegen, wenn die Dienstkleidung zu Hause angelegt und – ohne besonders auffällig zu sein – auch auf dem Weg zur Arbeit getragen werden kann.[315]
Die **Kleidung ist besonders auffällig**, wenn die Arbeitnehmer im öffentlichen Raum aufgrund der Ausgestaltung ihrer Kleidungsstücke ohne Weiteres als Angehörige ihres Arbeitgebers erkannt werden können, z. B. durch ein Emblem oder einen Schriftzug, wobei es auf die Größe der Schriftzüge oder Logos nicht ankommt.[316] Eine auffällige Dienstkleidung liegt auch vor, wenn der Arbeitnehmer aufgrund ihrer Ausgestaltung in der Öffentlichkeit einem bestimmten Berufszweig oder einer bestimmten Branche zugeordnet werden kann (z. B. **weiße Kleidung bei Krankenpflegeberufen**).[317] Eine ausschließlich fremdnützige Tätigkeit liegt auch beim Tragen von **persönlicher Schutzausrichtung** oder **Sicherheitsschuhen** vor, wenn diese von den Arbeitnehmern aus Sicherheitsgründen zu tragen sind.[318]
An der ausschließlichen Fremdnützigkeit fehlt es, wenn es dem Arbeitnehmer gestattet ist, eine an sich auffällige Dienstkleidung außerhalb der Arbeitszeit zu tragen und er sich entscheidet, diese nicht im Betrieb an- und abzulegen. Dann dient das Umkleiden auch einem eigenen Bedürfnis, weil der Arbeitnehmer keine eigenen Kleidungsstücke auf dem Arbeitsweg einsetzen muss oder sich aus anderen, selbstbestimmten Gründen gegen das An- und Ablegen der Dienstkleidung im Betrieb entscheidet.[319]
Das **Abholen von Dienstkleidung** an einer außerbetrieblichen Ausgabestelle ist vergütungspflichtig (das meint die hierfür erforderlichen Wegezeiten zu und von der Ausgabestelle), wenn der Arbeitgeber vom Arbeitnehmer verlangt, die Dienstkleidung an einer Ausgabestelle abzuholen.[320]

---

314 BAG 12. 12. 2018 – 5 AZR 124/18, Rn. 17, NZA 2019, 549; BAG 25. 4. 2018 – 5 AZR 245/17, NZA 2018, 1077; BAG 13. 12. 2016 – 9 AZR 574/15, NZA 2017, 459; BAG 26. 10. 2016 – 5 AZR 168/16, NZA 2017, 323; BAG 19. 9. 2012 – 5 AZR 678/11, NZA-RR 2013, 63; BAG 28. 7. 1994 – 6 AZR 220/94, NZA 1995, 437.

315 BAG 10. 11. 2009 – 1 ABR 54/08, Rn. 15, NZA-RR 2010, 301.

316 BAG 25. 4. 2018 – 5 AZR 245/17, NZA 2018, 1077; BAG 17. 11. 2015 – 1 ABR 76/13, Rn. 31, NZA 2016, 247.

317 BAG 6. 9. 2017 – 5 AZR 382/16, NZA 2018, 180.

318 BAG 12. 12. 2018 – 5 AZR 124/18, Rn. 17, NZA 2019, 549; BAG 25. 4. 2018 – 5 AZR 245/17, Rn. 28, NZA 2018, 1077.

319 BAG 17. 11. 2015 – 1 ABR 76/13, Rn. 25, NZA 2016, 247; BAG 12. 11. 2013 – 1 ABR 59/12, Rn. 33, NZA 2014, 557.

320 BAG 19. 3. 2014 – 5 AZR 954/12, Rn. 26, NZA 2014, 787: Die Vergütungspflicht erstreckt sich auf die gesamte Zeitspanne, die benötigt wird, um die Dienstkleidung abzuholen. Vergütungspflichtig ist nicht nur die erforderliche Zeit zur Auswahl, Anprobe und Entgegennahme der Dienstkleidung, sondern auch die erforderliche Wegezeit.

Vergütungspflichtig ist die Zeit, die für das An- und Ablegen der Arbeitskleidung und für das Zurücklegen der damit verbundenen Wege erforderlich ist.[321] »Erforderlich« ist nur die Zeit, die der einzelne Arbeitnehmer für das Umkleiden und für den Weg zur und von der Umkleidestelle im Rahmen der objektiven Gegebenheiten unter Ausschöpfung seiner persönlichen Leistungsfähigkeit benötigt.[322] Steht fest, dass Umkleidezeiten (und ggf. damit im Zusammenhang stehende) Wegezeiten auf Veranlassung des Arbeitgebers entstanden sind, kann der Arbeitnehmer aber seiner Darlegungs- oder Beweislast für den erforderlichen Zeitumfang nicht in jeder Hinsicht genügen, darf das Gericht die erforderlichen **Zeiten** (Umkleide- und Wegezeiten) **schätzen** (§ 287 ZPO).[323]

Durch **Tarifvertrag** kann allerdings festgelegt werden, dass Umkleidezeiten nicht (oder nur anteilig) vergütet werden oder keine (vergütungspflichtige) Arbeitszeit sind. Die Tarifvertragsparteien sind berechtigt, die Höhe des Arbeitsentgelts zu tarifieren und hierbei eine unterschiedliche Vergütung von Arbeitszeiten vorzusehen. Diese in der grundrechtlich geschützten Tarifautonomie wurzelnde Rechtsmacht (Art. 9 Abs. 3 GG) umfasst die Befugnis, bestimmte Teile der Arbeitszeit von der Vergütungspflicht des Arbeitgebers auszunehmen.[324] Hierfür ist allerdings eine hinreichend klare Tarifregelung erforderlich.[325]

Auch durch den **Arbeitsvertrag** können an sich unterschiedliche Vergütungssätze für verschiedene Arbeitszeiten festgelegt werden. Für Arbeitszeiten, die nach dem MiLoG zu vergüten sind, hat das jedoch im Ergebnis wegen § 3 MiLoG keine Bedeutung. Der Anspruch auf den Mindestlohn darf danach nicht unterschritten werden, so dass sämtliche Zeiten, die als Arbeitszeiten gelten, mindestens in Höhe des Mindestlohns zu vergüten sind. Insoweit sind davon abweichende arbeitsvertragliche oder tarifvertragliche Regelungen (in Höhe des Mindestlohns) unwirksam.

---

321 BAG 26.10.2016 – 5 AZR 168/16, Rn. 28, NZA 2017, 323; BAG 19.3.2014 – 5 AZR 954/12, Rn. 26, NZA 2014, 787.

322 BAG 25.4.2018 – 5 AZR 245/17, Rn. 29, NZA 2018, 1077; BAG 26.10.2016 – 5 AZR 168/16, Rn. 28, NZA 2017, 323; BAG 6.9.2017 – 5 AZR 382/16, Rn. 27, NZA 2018, 180; BAG 19.3.2014 – 5 AZR 954/12, Rn. 47, NZA 2014, 787; BAG 19.9.2012 – 5 AZR 678/11, NZA-RR 2013, 63.

323 BAG 6.9.2017 – 5 AZR 382/16, Rn. 28, NZA 2018, 180; BAG 26.10.2016 – 5 AZR 168/16, Rn. 31, NZA 2017, 323.

324 BAG 12.12.2018 – 5 AZR 124/18, Rn. 19, NZA 2019, 549; BAG 25.4.2018 – 5 AZR 245/17, Rn. 31, NZA 2018, 1077; BAG 13.12.2016 – 9 AZR 574/15, Rn. 27, NZA 2017, 459, 461 m.w.N.

325 BAG 25.4.2018 – 5 AZR 245/17, Rn. 35, NZA 2018, 1077.

b. »Arbeitsbereitschaft«, »Bereitschaftsdienst«, »Rufbereitschaft«, »Pausen«

Die gesetzliche Vergütungspflicht des MiLoG differenziert nicht nach dem Grad der tatsächlichen Inanspruchnahme. Leistet der Arbeitnehmer vergütungspflichtige Arbeit, gibt das Gesetz einen ungeschmälerten Anspruch auf den Mindestlohn.[326] Zur vergütungspflichtigen Arbeit zählt nicht nur jede Tätigkeit, die als solche der Befriedigung eines fremden Bedürfnisses dient, sondern auch eine vom Arbeitgeber veranlasste Untätigkeit, während derer der Arbeitnehmer am Arbeitsplatz oder an einer vom Arbeitgeber bestimmten Stelle anwesend sein muss und nicht frei über die Nutzung des Zeitraums bestimmen kann, er also weder eine Pause noch Freizeit hat.[327] 28

Diese Voraussetzung ist bei der **Arbeitsbereitschaft** und beim **Bereitschaftsdienst** gegeben. In beiden Fällen muss sich der Arbeitnehmer an einem vom Arbeitgeber bestimmten Ort (innerhalb oder außerhalb des Betriebs) bereithalten, um im Bedarfsfall die Arbeit aufzunehmen. Bei der Arbeitsbereitschaft hat der Arbeitnehmer von sich aus tätig zu werden, beim Bereitschaftsdienst »auf Anforderung«.[328]

Da das MiLoG keine Definition der »Arbeitszeit« enthält, sind – mangels anderer Anhaltspunkte – die Begrifflichkeiten des ArbZG maßgebend. Zur vergütungspflichtigen Arbeit zählt nicht nur jede Tätigkeit, die als solche der Befriedigung eines fremden Bedürfnisses dient, sondern auch eine vom Arbeitgeber veranlasste **Untätigkeit**, während derer der Arbeitnehmer am Arbeitsplatz oder an einer vom Arbeitgeber bestimmten Stelle anwesend sein muss und nicht frei über die Nutzung des Zeitraums bestimmen kann, er also weder eine Pause (§ 4 ArbZG) noch Freizeit hat.[329] Zur Arbeitszeit gehören der Bereitschaftsdienst und die Arbeitsbereitschaft.[330] Das ergibt

---

326 BAG 11.10.2017 – 5 AZR 591/16, Rn. 14, NZA 2018, 32; BAG 29.6.2016 – 5 AZR 716/15, Rn. 29, NZA 2016, 1332.

327 BAG 29.6.2016 – 5 AZR 716/15, NZA 2016, 1332; vgl. zum Mindestentgelt in der Pflegebranche BAG 19.11.2014 – 5 AZR 1101/12, Rn. 16, AP BGB § 611 Nr. 24; bestätigt durch BAG 18.11.2015 – 5 AZR 761/13. Rn. 17, NZA 2016, 828.

328 BAG 19.11.2014 – 5 AZR 1101/12, Rn. 16, AP BGB § 611 Nr. 24.

329 BAG 29.6.2016 – 5 AZR 716/15, Rn. 28, NZA 2016, 1332; BAG 19.11.2014 – 5 AZR 1101/12, Rn. 16, AP BGB § 611 Nr. 24; BAG 20.4.2011 – 5 AZR 200/10, Rn. 21, NZA 2011, 917.

330 BAG 29.6.2016 – 5 AZR 716/15, Rn. 28, NZA 2016, 1332; BAG 16.12.2009 – 5 AZR 157/09, NZA 2010, 505; BAG 15.7.2009 – 5 AZR 867/08, NZA 2009, 1366, 1367.

sich im Umkehrschluss aus der Tariföffnungsklausel des § 7 Abs. 1 Nr. 1a ArbZG.[331]

aa. Arbeitsbereitschaft

29 Bei der **Arbeitsbereitschaft** ist der Arbeitnehmer an der Arbeitsstelle anwesend und muss jederzeit bereit sein, die Arbeit aufzunehmen oder in den Arbeitsprozess einzugreifen (zum Beispiel Arbeit des Pförtners, Zeiten, in denen Verkäufer im Ladengeschäft auf Kunden warten, in denen Mitarbeiter in einem Service-Center/Call-Center auf Anrufe warten oder ansonsten beim Warten auf Zuarbeiten, auf Anweisungen oder Material).[332] Arbeitszeitrechtlich ist mittlerweile die Unterscheidung zwischen »Bereitschaftsdienst« und »Arbeitsbereitschaft« ohne Bedeutung. Beides ist Arbeitszeit.
Auch wenn solche Zeiten als »Verfügungszeit« bezeichnet werden (z.B. Standzeiten bei Taxifahrern) sind diese als Zeiten der Arbeitsbereitschaft zu vergüten. Ein elektronisches Zeiterfassungssystem in einem Taxi, bei dem der Arbeitnehmer zur Signalisierung seiner Arbeitsbereitschaft im Falle einer Standzeit alle drei Minuten einen Signalknopf betätigen muss, verstößt gegen das Gebot der Erforderlichkeit nach § 26 Abs. 1 BDSG (früher § 32 Abs. 1 BDSG) und gegen das allgemeine Persönlichkeitsrecht und ist damit rechtswidrig. Eine entsprechende Weisung des Arbeitgebers zur Betätigung des Signalknopfs ist unbillig und damit unbeachtlich (§ 315 BGB).[333]

bb. Fiktive Pausen

30 Zu beachten ist, dass der in der Praxis häufig übliche **pauschale Abzug von (fiktiven) Pausenzeiten** von der Arbeitszeit nicht der gesetzlichen Intention entspricht.[334] Werden pauschal bestimmte Zeiten von der Arbeitszeit abgezogen, ist das unzulässig. Diese Zeiten sind – wie auch sonst Zeiten der Arbeitsbereitschaft oder des Bereitschaftsdiensts – als Arbeitszeit zu vergüten.[335] »Pausen« sind nämlich im Voraus festgelegte Unterbrechungen der

---

331 Danach kann in einem Tarifvertrag oder aufgrund eines Tarifvertrags in einer Betriebs- oder Dienstvereinbarung abweichend vom ArbZG die Arbeitszeit über zehn Stunden werktäglich verlängert werden, wenn in der Arbeitszeit regelmäßig und in erheblichem Umfang Arbeitsbereitschaft oder Bereitschaftsdienst fällt. Daraus folgt im Umkehrschluss, dass Arbeitsbereitschaft oder Bereitschaftsdienst zur Arbeitszeit gehören.

332 Vgl. ErfK/*Wank*, § 2 ArbZG Rn. 21.

333 ArbG Berlin 10.8.2017 – 41 Ca 12115/16; bestätigt durch LAG Berlin-Brandenburg 30.8.2018 – 26 Sa 1151/17, NZA-RR 2019, 14.

334 So auch *Düwell*, in: Düwell/Schubert, MiLoG, § 1 Rn. 37.

335 Vgl. zum Abzug von »Pausenzeiten« bei Taxifahrern: LAG Rheinland-Pfalz 27.4.2018 – 1 Sa 361/17.

Arbeitszeit, in denen der Arbeitnehmer weder Arbeit zu leisten noch sich dafür bereitzuhalten hat, sondern frei darüber entscheiden kann, wo und wie er diese Zeit verbringen will.[336]

Da der Arbeitgeber die Ruhepausen zu gewähren hat (§ 22 Abs. 1 Nr. 1 ArbZG), hat er dafür einzustehen, dass Pausen genommen werden können, d.h., er hat den Arbeitsprozess entsprechend zu organisieren. Es ist Sache des Arbeitgebers, »im Voraus die Ruhepausen festzulegen und damit Kenntnis davon zu haben, an welchen Tagen der Arbeitnehmer zu welchen Zeiten weder Arbeit leisten noch sich dafür bereithalten musste und frei über die Nutzung des Zeitraums bestimmen konnte«.[337] Gegebenenfalls hat der Arbeitgeber konkret vorzutragen, durch welche organisatorischen Maßnahmen oder Vorgaben er dafür sorgt, dass Pausen tatsächlich durch die Arbeitnehmer genommen werden können.

cc. Bereitschaftsdienst

Von **Bereitschaftsdienst** spricht man, wenn sich der Arbeitnehmer an ei- 31
ner vom Arbeitgeber bestimmten Stelle innerhalb oder außerhalb des Betriebs aufzuhalten hat, um die Arbeit aufzunehmen, sobald es notwendig ist.[338] Beim Bereitschaftsdienst kann der Arbeitgeber den Aufenthaltsort des Arbeitnehmers bestimmen und ihn jederzeit einsetzen. Der Arbeitnehmer kann nicht frei darüber verfügen, wo und wie er die inaktiven Zeiten verbringt. Deshalb ist es keine »Ruhepause« im Sinne des Arbeitszeitrechts. Eine solche Pause ist nämlich dadurch gekennzeichnet, dass der Arbeitnehmer frei darüber entscheiden kann, wo und wie er diese Zeit verbringen will. Entscheidendes Merkmal der Ruhepause ist, dass der Arbeitnehmer sowohl von jeder Arbeitsverpflichtung als auch von jeder Verpflichtung freigestellt ist, sich zur Arbeit bereitzuhalten.[339] Sowohl bei der Arbeitsbereitschaft als auch beim Bereitschaftsdienst muss sich der Arbeitnehmer an einem vom Arbeitgeber bestimmten Ort (innerhalb oder außerhalb des Betriebs) bereithalten, um im Bedarfsfall die Arbeit aufzunehmen. Bei der Arbeitsbereitschaft hat der Arbeitnehmer von sich aus tätig zu werden, beim Bereitschaftsdienst »auf Anforderung«.[340]

---

336 BAG 25.2.2015 – 1 AZR 642/13, Rn. 21; NZA 2015, 442; BAG 19.11.2014 – 5 AZR 1101/12, Rn. 19, AP BGB § 611 Nr. 24; BAG 16.12.2009 – 5 AZR 157/09, NZA 2010, 505; BAG 29.10.2002 – 1 AZR 603/01, NZA 2003, 1212.

337 BAG 21.12.2016 – 5 AZR 362/16, Rn. 28, NZA-RR 2017, 233.

338 BAG 16.3.2004 – 9 AZR 93/03, NZA 2004, 927; BAG 5.6.2003 – 6 AZR 114/02, NZA 2004, 164, 167; BAG 18.2.2003 – 1 ABR 2/02, NZA 2003, 742.

339 BAG 16.12.2009 – 5 AZR 157/09, NZA 2010, 505; BAG 29.10.2002 – 1 AZR 603/01, NZA 2003, 1212.

340 BAG 19.11.2014 – 5 AZR 1101/12, Rn. 16, AP BGB § 611 Nr. 24.

Einzelne Stimmen meinen, dass der Mindestlohn für den Bereitschaftsdienst keine Anwendung finden soll. Werde der Arbeitnehmer nicht zur Arbeitsleistung herangezogen, erbringe er keine Arbeitsleistung, sondern halte sich nur für die Aufnahme der Arbeit bereit. Das Bereithalten zur Arbeit sei jedoch keine nach dem MiLoG vergütungspflichtige Arbeit.[341] Dem ist aufgrund der Rechtsprechung des BAG allerdings nicht zu folgen.[342] Zwar können für Zeiten mit geringerer zeitlicher Inanspruchnahme (Arbeitsbereitschaft, Bereitschaftsdienst) gegenüber der sogenannten »Vollarbeit« **unterschiedliche Vergütungssätze** vorgesehen werden,[343] es bedarf dafür aber einer klaren Vereinbarung oder Regelung.[344] Da der Mindestlohn jedoch »je Zeitstunde« zu zahlen ist (§ 1 Abs. 2 Satz 1 MiLoG) und keine Differenzierung nach der zeitlichen Inanspruchnahme enthält, ist auch für Zeiten des Bereitschaftsdiensts der Mindestlohn in voller Höhe zu zahlen. Abweichende einzelvertragliche oder tarifvertragliche Regelungen sind wegen § 3 Satz 1 MiLoG unwirksam.

Das **BAG** hat ausdrücklich darauf verwiesen, dass die gesetzliche Vergütungspflicht des MiLoG nicht nach dem Grad der tatsächlichen Inanspruchnahme differenziert. Leistet der Arbeitnehmer vergütungspflichtige Arbeit, gibt das MiLoG einen **ungeschmälerten Anspruch auf den Mindestlohn**.[345] Das MiLoG enthält keine abweichende Regelung. Es ist vor allem auf eine Regelung verzichtet worden, die für Bereitschaftsdienste nur eine anteilige Vergütung vorsieht. Ohne eine solche im Gesetz selbst niedergelegte Staffelung fehlt es an einer Legitimation, Arbeitszeit im vergütungsrechtlichen Sinn mit weniger als dem gesetzlichen Mindestlohn zu vergüten.[346] Werden Bereitschaftszeiten tariflich oder arbeitsvertraglich nur anteilig als Arbeitszeit berücksichtigt, ändert dies nichts daran, dass jede so erbrachte Zeitstunde mit dem gesetzlichen Mindestlohn zu vergüten ist. Der gesetzliche Mindestlohn ist zwingend und kann nicht einzel- oder tarifvertraglich gemindert oder abbedungen werden (§ 3 MiLoG). Folglich vermag eine ab-

---

341 So *Boemke*, JuS 2015, 385, 389; *Riechert/Nimmerjahn*, MiLoG, § 1 Rn. 60ff.; *Thüsing/Hütter*, NZA 2015, 970ff.; *Wank*, RdA 2015, 88, 91; ErfK/*Wank*, § 2 ArbZG, Rn. 30, 32.

342 BAG 29.6.2016 – 5 AZR 716/15, NZA 2016, 1332; vgl. zum Mindestentgelt in der Pflegebranche BAG 19.11.2014 – 5 AZR 1101/12, Rn. 14ff., AP BGB § 611 Nr. 24; bestätigt durch BAG 18.11.2015 – 5 AZR 761/13. Rn. 17, NZA 2016, 828.

343 BAG 19.11.2014 – 5 AZR 1101/12, Rn. 16, AP BGB § 611 Nr. 24; BAG 28.1.2004 – 5 AZR 530/02, NZA 2004, 656.

344 So explizit zum Mindestentgelt in der Pflegebranche BAG 19.11.2014 – 5 AZR 1101/12, Rn. 16, AP BGB § 611 Nr. 24.

345 BAG 11.10.2017 – 5 AZR 591/16, NZA 2018, 32; BAG 29.6.2016 – 5 AZR 716/15, Rn. 29, NZA 2016, 1332.

346 BAG 29.6.2016 – 5 AZR 716/15, Rn. 29, NZA 2016, 1332.

weichende arbeits- oder tarifvertragliche Regelung nicht den gesetzlichen Mindestlohn zu erfassen.[347] Das BAG betont, dass auch Bereitschaftszeiten mit dem gesetzlichen Mindestlohn zu vergüten sind. Leistet der Arbeitnehmer Vollarbeit und Bereitschaftsdienst, ist der Anspruch auf den Mindestlohn erfüllt, wenn er für die in einem Kalendermonat erbrachte Arbeit (einschließlich der Bereitschaft) mindestens eine Bruttovergütung erhält, die das Produkt der Gesamtstunden mit dem gesetzlichen Mindestlohn nicht unterschreitet.[348]

Zu beachten ist, dass für **Branchen-Mindestlöhne abweichende Regelungen** getroffen werden können (siehe zur Pflegebranche: Anhang zu § 1, Rn. 28). Die in Rechtsverordnungen nach § 1 Abs. 3 MiLoG festgelegten Grundsätze zur Bemessung des Mindestentgelts in der jeweiligen Branche gehen in dem jeweiligen Geltungsbereich der Branche dem im Mindestlohngesetz geregelten Anspruch auf den allgemeinen Mindestlohn vor. Soweit die Höhe der Branchen-Mindestentgelte die Höhe des allgemeinen Mindestlohns nach dem MiLoG nicht unterschreiten darf, betrifft dies nur die Höhe des Mindestentgelts selbst. Die Branchenregelungen können jedoch vom Mindestlohngesetz abweichende Regelungen zur Bemessung der Arbeitsleistung als Arbeitszeit vorsehen.[349]

Außerhalb der Pflegebranche gilt: Da es im MiLoG eine solche Spezialregelung nicht gibt, sind alle Zeiten, die als Arbeitszeiten gelten (also auch der Bereitschaftsdienst), in voller Höhe mit dem gesetzlichen Mindestlohn zu vergüten.[350]

dd. Rufbereitschaft

Nicht ganz klar ist die Rechtslage bei der Rufbereitschaft. Bei der **Rufbereitschaft** muss der Arbeitnehmer nicht am Arbeitsort anwesend sein. Vielmehr 32
ist es ihm gestattet, sich in der eigenen Wohnung oder an einem anderen Ort aufzuhalten, muss allerdings für den Arbeitgeber dort erreichbar sein. Auf Anforderung des Arbeitgebers muss der Arbeitnehmer seine Arbeitstätigkeit aufnehmen und hierzu die Betriebsstätte oder einen anderen vom Arbeitgeber bestimmten Ort aufsuchen. Rufbereitschaft setzt – in Abgrenzung zum Bereitschaftsdienst – voraus, dass der Arbeitnehmer nicht gezwungen ist, sich am Arbeitsplatz oder an einem anderen vom Arbeitgeber bestimmten Ort aufzuhalten, sondern (unter freier Wahl des Aufenthaltsorts) lediglich jederzeit erreichbar sein muss, um auf Abruf des Arbeitgebers die Arbeit

347 BAG 29.6.2016 – 5 AZR 716/15, Rn. 30, NZA 2016, 1332.
348 BAG 11.10.2017 – 5 AZR 591/16, NZA 2018, 32.
349 BAG 24.6.2020 – 5 AZR 93/19, NZA 2020, 1707.
350 BAG 29.6.2016 – 5 AZR 716/15, Rn. 29, NZA 2016, 1332.

alsbald aufnehmen zu können.[351] Bislang wurde davon ausgegangen, dass die Rufbereitschaft **keine Arbeitszeit** ist, soweit der Arbeitnehmer nicht zur Arbeit gerufen wird, weil der Arbeitnehmer für den Arbeitgeber zwar erreichbar sein muss, jedoch frei darin ist, wo er sich konkret aufhält.[352] Wird der Arbeitnehmer zur Arbeit herangezogen, ist die Zeit, in der er Arbeitstätigkeiten ausübt, selbstverständlich Arbeitszeit.

Allerdings ist bei der Rufbereitschaft insgesamt eine stärkere **Differenzierung** erforderlich. Der **EuGH** hatte sich jüngst mit der Rufbereitschaft eines belgischen Feuerwehrmanns zu befassen.[353] Dieser, ein Herr Matzak, durfte während des Dienstes zwar seinen Aufenthaltsort frei wählen, doch war ihm aufgegeben, dass er die Wache bei normalem Verkehrsfluss spätestens innerhalb von acht Minuten erreichen können muss. Ganz in der Linie seiner Begrifflichkeit bezeichnet der EuGH den Einsatz des Klägers als »Bereitschaftsdienst«, differenziert diesen Begriff allerdings weiter aus und legt dar, dass sich Besonderheiten bei der Qualifikation des Bereitschaftsdienstes ergeben können, wenn der Arbeitnehmer während des Dienstes nur erreichbar sein muss, er sich aber an einem von ihm selbst bestimmten Ort aufhalten darf, er also nicht am Arbeitsplatz anwesend sein muss. Damit erkennt der EuGH letztlich die Rufbereitschaft als gesonderte Arbeitszeitform an, auch wenn er sie verbal nicht als solche kategorisiert.

Wenn der Arbeitnehmer einen Bereitschaftsdienst nach dem System der Rufbereitschaft erbringe, die seine ständige Erreichbarkeit, nicht jedoch zugleich seine Anwesenheit am Arbeitsplatz erfordere, sei das anders zu bewerten als der klassische Bereitschaftsdienst (mit Anwesenheitspflicht am Arbeitsort). Selbst wenn der Arbeitnehmer dem Arbeitgeber in dem Sinne zur Verfügung steht, dass er erreichbar sein muss, kann er in dieser Situation freier über seine Zeit verfügen und eigenen Interessen nachgehen. Unter diesen Umständen ist nur die Zeit, die für die tatsächliche Erbringung von Leistungen aufgewandt wird, als »Arbeitszeit« anzusehen.[354] Nach Ansicht des EuGH ist Rufbereitschaft jedoch insgesamt als Arbeitszeit zu erfassen (also auch, was Zeiten der Nichtarbeit betrifft), wenn der Arbeitnehmer nicht nur verpflichtet ist, für seinen Arbeitgeber verfügbar zu sein, sondern dem Arbeitnehmer auch vorgegeben wird, sich auf Zuruf **innerhalb von acht Minuten an seinem Arbeitsplatz** einzufinden. Dadurch – so der EuGH – sei die Möglichkeit für den Arbeitnehmer, über seine Zeit selbst zu bestimmen (um zum Beispiel einer anderen Tätigkeit nachzugehen), erheb-

---

351 BAG 19. 11. 2014 – 5 AZR 1101/12, Rn. 18, AP BGB § 611 Nr. 24.

352 Vgl. ErfK/*Wank*, § 2 ArbZG Rn. 30; *Riechert/Nimmerjahn*, MiLoG, § 1 Rn. 68.

353 EuGH 21. 2. 2018 – C-518/15 (Matzak), NZA 2018, 293.

354 EuGH 21. 2. 2018 – C-518/15 (Matzak), Rn. 60, NZA 2018, 293.

lich eingeschränkt und deshalb müsse bei einer so engen Zeitvorgabe auch die Zeit zu Hause als »Arbeitszeit« angesehen werden.[355]

Aus dieser Entscheidung folgt *nicht*, dass jede Rufbereitschaft (wie Bereitschaftsdienst) als »Arbeitszeit« anzusehen ist. Der entscheidende Unterschied gegenüber dem klassischen Bereitschaftsdienst bleibt: der Arbeitnehmer ist bei der Rufbereitschaft nicht verpflichtet, vor Ort am Arbeitsplatz anwesend zu sein, sondern er kann frei entscheiden, wo er sich aufhält (zu Hause oder sonst wo) und muss lediglich erreichbar sein. Wenn allerdings die Zeitvorgabe, binnen derer der Arbeitnehmer den Arbeitsplatz erreichen muss, so eng ist, dass die Möglichkeit für den Arbeitnehmer, über seine Zeit selbst zu bestimmen, erheblich eingeschränkt ist, ist das letztlich nicht anders zu behandeln, als ob der Arbeitnehmer am Arbeitsplatz vor Ort anwesend sein müsste. Die 8-Minuten-Grenze in dem Fall, der dem EuGH zur Entscheidung vorlag, ist allerdings nicht zwingend. Es kommt vielmehr auf die **Umstände des Einzelfalls** an. Für den EuGH ist entscheidend, ob die in Frage stehende Rufbereitschaft den Arbeitnehmer so sehr in Anspruch nimmt, dass er auch während inaktiver Zeiten so angespannt ist, dass diese als Arbeitsleistung angesehen werden müssen. Es kommt also darauf an, ob der Arbeitnehmer durch die Rufbereitschaft so sehr an der Verfolgung seiner persönlichen und sozialen Interessen gehindert wird, dass sich die Situation letztlich kaum von einer Anwesenheit im Betrieb unterscheidet.[356]

Für die vergütungsrechtliche Seite hat das BAG mehrfach entschieden, dass eine arbeits- oder tarifvertragliche Regelung zur Rufbereitschaft nur dann greift, wenn der Arbeitnehmer seinen Aufenthaltsort während der Rufbereitschaft selbst bestimmen kann und lediglich sicherstellen muss, dass er in einer angemessenen Zeit seine Arbeit wieder aufnehmen kann.[357] Das hat das BAG für ein Zeitfenster von 45 Minuten bejaht,[358] für ein Zeitfenster von 10[359] oder 20 Minuten[360] verneint.

c. Geltung des Mindestlohns für »Überstunden«

Bei der Ableistung von »Überstunden« wird die vereinbarte Arbeitszeit, bei der »Mehrarbeit« die gesetzlich zulässige Höchstarbeitszeit überschritten. Ein Ausgleich von geleisteten Überstunden hat durch Bezahlung oder durch 33

355 EuGH 21.2.2018 – C-518/15 (Matzak), NZA 2018, 293.

356 Vgl. *Bayreuther*, NZA 2018, 348, 349.

357 BAG 11.7.2006 – 9 AZR 519/05, NZA 2007, 155.

358 BAG 22.1.2004 – 6 AZR 543/02.

359 BAG 19.12.1991 – 6 AZR 592/89, NZA 1992, 560.

360 BAG 31.1.2002 – 6 AZR 214/00: in dem Fall ging es darum, dass eine tarifliche Ermächtigung zur Anordnung von Rufbereitschaft eine dahingehende Weisung des Arbeitgebers nicht abdeckte.

Gewährung von Freizeit zu erfolgen. Als »Überstunden« oder »Mehrarbeit« sind die Arbeitszeiten zu vergüten (oder in Freizeit auszugleichen), die die vereinbarte tägliche, wöchentliche oder monatliche Arbeitszeit überschreiten.

34 Ein häufiges vertragliches Gestaltungsmittel sind **Pauschalabgeltungsklauseln**, mit denen geleistete Überstunden pauschal abgegolten werden sollen. Hier sind unterschiedliche Vertragsklauseln denkbar.

Beispiele:
»In dem Bruttomonatsgehalt ist eine Pauschale für etwaige Überstunden mit enthalten.«
»Mit der Monatsvergütung sind 20 Überstunden pro Monat mit abgegolten.«

Solche Vertragsklauseln sind wegen der AGB-Kontrolle von einseitig vorformulierten und durch den Arbeitgeber gestellten Vertragsbedingungen unwirksam, wenn sie den Arbeitnehmer unangemessen benachteiligen (§ 307 Abs. 1 Satz 1 BGB), wobei sich eine unangemessene Benachteiligung auch daraus ergeben kann, dass die vertragliche Regelung nicht klar und verständlich ist (§ 307 Abs. 1 Satz 2 BGB).[361] Bei Arbeitnehmern, die keinen höheren Vergütungsanspruch als den Mindeststundenlohnanspruch haben, bedarf es keiner AGB-Kontrolle von Pauschalabgeltungsklauseln, denn insoweit sind solche Klauseln schon deshalb unwirksam, weil gem. § 1 Abs. 2 MiLoG die Vergütung »je Zeitstunde« zu erfolgen hat und deshalb alle tatsächlich abgeleisteten Arbeitsstunden mit dem Mindestlohnstundensatz zu vergüten sind (vgl. Rn. 20). Abweichende einzelvertragliche Regelungen sind wegen § 3 Satz 1 MiLoG unwirksam.[362]

35 Als **Überstunden** sind die Arbeitszeiten zu vergüten, die die vereinbarte tägliche, wöchentliche oder monatliche Arbeitszeit überschreiten. Ist keine konkrete Arbeitszeit vereinbart, sind alle Stunden zu vergüten, die der Arbeitnehmer tatsächlich geleistet hat; auf die Bezeichnung als »Überstunden« kommt es nicht an. Ist ausnahmsweise die Arbeitszeit in der Weise vereinbart, dass der Arbeitnehmer die Arbeitsleistung schuldet, die **arbeitszeitrechtlich erlaubt** ist, bestimmt sich die Frage, ob »Überstunden« geleistet werden, nach den Regeln des ArbZG unter Berücksichtigung der darin geregelten Ausgleichszeiträume (§ 3 ArbZG). Bei **Kraftfahrern** (§ 21a ArbZG) ist auf die nach § 21a Abs. 4 ArbZG zulässige Arbeitszeit abzustellen. Als Überstunden sind nur die Arbeitszeiten zu berücksichtigen, die *wöchentlich* 60 Stunden überschreiten oder im Durchschnitt von vier Kalendermonaten oder 16 Wochen zu einer Überschreitung der 48-Stunden-Woche führen.

361 Vgl. *Lakies*, Inhaltskontrolle von Arbeitsverträgen, Rn. 844ff.

362 Vgl. *Lembke*, NZA 2015, 70, 78; *Pütz*, AuR 2016, 186, 189; *Riechert/Nimmerjahn*, MiLoG, § 1 Rn. 18.

Eine kalendertägliche Betrachtungsweise sieht das ArbZG für Fahrer und Beifahrer nicht vor, vielmehr sind die Grenzen des § 3 ArbZG von werktäglich acht bzw. zehn Stunden in die wochenbezogenen Grenzwerte eingeflossen.[363]

Fehlt es hinsichtlich der Bezahlung von Überstunden an einer (wirksamen) Regelung im Arbeitsvertrag, steht als **Anspruchsgrundlage für die Bezahlung von Überstunden** § 612 Abs. 1 BGB zur Verfügung. Danach gilt eine Vergütung als stillschweigend vereinbart, wenn die Dienstleistung (Arbeitsleistung) den Umständen nach nur gegen eine Vergütung zu erwarten ist. Die Vorschrift ist entsprechend anzuwenden, wenn eine in bestimmter Höhe gewährte Arbeitsvergütung nicht den vollen Gegenwert für die erbrachten Dienstleistungen darstellt, also Überstunden auf diese Weise vergütet werden sollen.[364] 36

Jedoch gibt es nach der Rechtsprechung des BAG keinen allgemeinen Rechtsgrundsatz, dass jede Mehrarbeitszeit oder jede dienstliche Anwesenheit über die vereinbarte Arbeitszeit hinaus zu vergüten ist. Die **Vergütungserwartung** sei stets anhand eines objektiven Maßstabs unter Berücksichtigung der Verkehrssitte, der Art, des Umfangs und der Dauer der Dienstleistung sowie der Stellung der Beteiligten zueinander festzustellen. Sie könne sich vor allem daraus ergeben, dass im betreffenden Wirtschaftsbereich Tarifverträge gelten, die für vergleichbare Arbeiten eine Vergütung von Überstunden vorsehen. Die (objektive) Vergütungserwartung wird – so ausdrücklich das BAG – in weiten Teilen des Arbeitslebens gegeben sein.[365] Die objektive Vergütungserwartung fehlt, wenn 37

- arbeitszeitbezogene und arbeitszeitunabhängig vergütete Arbeitsleistungen zeitlich verschränkt sind[366] *oder*
- zusätzlich zur arbeitszeitbezogenen Festvergütung in nicht unerheblichem Umfang Provisionen gezahlt werden[367] *oder*
- »Dienste höherer Art« geschuldet sind[368] *oder*

---

363 BAG 18.4.2012 – 5 AZR 195/11, NZA 2012, 796.

364 BAG 22.2.2012 – 5 AZR 765/10, NZA 2012, 861; BAG 1.9.2010 – 5 AZR 517/09, NZA 2011, 575.

365 BAG 27.6.2012 – 5 AZR 530/11, Rn. 19, NZA 2012, 1147; BAG 16.5.2012 – 5 AZR 347/11, Rn. 18, NZA 2012, 939; BAG 22.2.2012 – 5 AZR 765/10, Rn. 21, NZA 2012, 861.

366 BAG 21.9.2011 – 5 AZR 629/10, NZA 2012, 145.

367 BAG 27.6.2012 – 5 AZR 530/11, NZA 2012, 1147.

368 BAG 17.8.2011 – 5 AZR 406/10, NZA 2011, 1335.

- insgesamt eine deutlich herausgehobene Vergütung gezahlt wird, und zwar eine solche, die die Beitragsbemessungsgrenze in der gesetzlichen Rentenversicherung überschreitet.[369]

38 Besteht zu Recht eine Vergütungserwartung, sind Überstunden anteilig zu vergüten. Die Vereinbarung einer Monatsvergütung bei gleichzeitiger Festlegung der regelmäßigen Arbeitszeit rechtfertigt den Schluss, dass sich die Monatsvergütung grundsätzlich auf die vereinbarte Arbeitszeit bezieht und Überstunden anteilig zu vergüten sind.[370] Im **Niedriglohnsektor** spielen die genannten Einschränkungen in der Regel keine Rolle, vor allem geht es nicht um »Dienste höherer Art« oder um eine »herausgehobene Vergütung« (oberhalb der Beitragsbemessungsgrenze). Deshalb sind **Überstunden stets (mindestens) mit dem Mindestlohnstundensatz zu vergüten.**

d. Erfüllung des Mindestlohnanspruchs durch anders bezeichnete Zahlungen

aa. Allgemeine Grundsätze

39 Im Einzelfall kann problematisch sein, ob der Anspruch auf den Mindestlohn, der »je Zeitstunde« zu zahlen ist (§ 1 Abs. 2 Satz 1 MiLoG), dadurch erfüllt wird, dass der Arbeitgeber nicht einen Stundenlohn abrechnet und zahlt, sondern ein Monatsgehalt, einen Festbetrag oder einen Pauschalbetrag. Maßgeblich ist jedenfalls gem. § 1 Abs. 2 Satz 1 MiLoG der Bruttobetrag. Manche meinen es genüge, wenn der Mindestlohn im **Monatsdurchschnitt** erreicht werde.[371] Was damit genau gemeint sein soll, erschließt sich nicht. Zahlt der Arbeitgeber den gesetzlich festgelegten Mindestsatz multipliziert mit der tatsächlichen Arbeitszeit im Abrechnungsmonat, ist das unproblematisch, auch wenn dieser (z. B. in einer Abrechnung) nicht als Mindestlohn oder Stundenlohn bezeichnet wird. Zahlt der Arbeitgeber keine Stundenlöhne, sondern einen bestimmten Monats-, Fest- oder Pauschalbetrag, erfüllt er den Mindestlohnanspruch nur vollständig, wenn der Monatsbetrag geteilt durch die Zahl der tatsächlichen Arbeitsstunden pro Monat den geschuldeten Mindeststundenlohn ergibt. Insofern kommt es nicht auf einen »Monatsdurchschnitt« an, sondern darauf, dass die tatsächlich geleistete Arbeitszeit mit dem Mindeststundenlohn vergütet wird, ohne dass es auf die Bezeichnung der Vergütung ankommt. Erforderlich

---

369 BAG 27.6.2012 – 5 AZR 530/11, Rn. 19, NZA 2012, 1147, Rn. 19; BAG 22.2.2012 – 5 AZR 765/10, Rn. 21, NZA 2012, 861.

370 BAG 28.9.2005 – 5 AZR 52/05, NZA 2006, 149, 151.

371 Vgl. *Lembke*, NZA 2016, 1, 4; *Schweibert/Leßmann*, DB 2014, 1866, 1868; *Sittard*, NZA 2014, 951; *Sittard*, RdA 2015, 99, 100.

ist eine **konkret-individuelle Betrachtung, keine Durchschnittsbetrachtung.**[372]

Was gilt, wenn sich der Lohn aus verschiedenen Lohnbestandteilen zusammensetzt? Maßgeblich ist, welche Leistung des Arbeitnehmers durch die Leistung des Arbeitgebers ihrem Zweck nach vergütet werden soll. Die Geldleistungen des Arbeitgebers sind auf den Anspruch des Arbeitnehmers auf einen Mindestlohn anzurechnen, wenn der Zweck der Leistung des Arbeitgebers dem Zweck des Mindestlohns **funktional gleichwertig** ist.[373] Deshalb sind ungeachtet der Bezeichnung alle Zahlungen des Arbeitgebers zu berücksichtigen, die Teil der Arbeitsvergütung sind.[374] Der EuGH spricht vom »Lohn im eigentlichen Sinne«. Entscheidend sei, ob die Zahlung des Arbeitgebers »als Komponente des üblichen Verhältnisses zwischen der Arbeitsleistung und der hierfür vom Arbeitgeber zu erbringenden finanziellen Gegenleistung« angesehen werden kann.[375] Entscheidend ist also der Leistungszweck.[376] Vergütungsbestandteile, die nicht unmittelbar die Leistungs-/Gegenleistungsbeziehung (das Synallagma) betreffen, d.h. die nicht Entgelt für erbrachte Arbeitsleistung sind, werden *nicht* auf den Mindestlohnanspruch angerechnet. 40

Dass die Rechtsprechung zur Entsende-RL bzw. zum AEntG auch für die Anwendung des MiLoG und für die Beantwortung der Frage, welche Leistungen auf den Mindeststundenlohn angerechnet werden dürfen, maßgeblich ist, ergibt sich auch aus der Entstehungsgeschichte des MiLoG bzw. aus den Gesetzesmaterialien. Der **Bundesrat** hatte in seiner Stellungnahme zum Entwurf des MiLoG ausdrücklich angeregt, in § 1 MiLoG klarzustellen, »ob und, wenn ja, welche Lohnbestandteile auf das Stundenentgelt anzurechnen sind«.[377] Daraufhin hat die **Bundesregierung** in ihrer Gegenäußerung zur Stellungnahme des Bundesrats darauf hingewiesen, bereits in der Begründung zu § 20 MiLoG sei klargestellt worden, dass der Mindestlohn nach dem MiLoG ein »Mindestentgeltsatz« i.S.d. § 2 Nr. 1 AEntG sei.[378] Die Bundesregierung führt weiter aus: 41

372 Vgl. *Boemke*, JuS 2015, 385, 388; BeckOK-ArbR/*Greiner*, MiLoG § 1 Rn. 59.
373 BAG 16.4.2014 – 4 AZR 802/11, Rn. 39, NZA 2014, 1277; BAG 18.4.2012 – 4 AZR 139/10, NZA 2013, 392; BAG 18.4.2012 – 4 AZR 168/10 (A), Rn. 19, NZA 2013, 386.
374 BAG 8.10.2008 – 5 AZR 8/08, Rn. 28, NZA 2009, 98.
375 EuGH 7.11.2013 – C-522/12 (Isbir ./. DB Services GmbH), Rn. 44, NZA 2013, 1359.
376 So auch *Sittard*, EuZW 2014, 104.
377 BT-Drs. 18/1558, S. 61.
378 BT-Drs. 18/1558, S. 67.

Die Frage der Auslegung des Begriffs des Mindestentgeltsatzes und damit die Frage der Berechnung von Mindestlöhnen ist bereits durch die Rechtsprechung des Europäischen Gerichtshofs und des Bundesarbeitsgerichts im Hinblick auf den Mindestentgeltsatz des AEntG geklärt. Europarechtlicher Hintergrund ist die Entsende-Richtlinie 96/71/EG, nach der in einem Mitgliedstaat vorgesehene Mindestlohnregelungen zwingend sowohl für ausländische als auch für inländische Arbeitgeber gelten müssen.[379]

Nach den Vorgaben des Europäischen Gerichtshofs zur Entsende-Richtlinie bestimmt sich daher auch, welche Vergütungsbestandteile in den Mindestlohn einzubeziehen sind. Vom Arbeitgeber gezahlte Zulagen müssen nach den Entscheidungen vom 14.4.2005 (C-341/02 – Kommission/Deutschland) und vom 7.11.2013 (C-522/12 – Isbir) als Bestandteile des Mindestlohns anerkannt werden, wenn sie nicht das Verhältnis zwischen der Leistung des Arbeitnehmers und der von ihm erhaltenen Gegenleistung verändern. Dies ist regelmäßig dann der Fall, wenn die Zulagen oder Zuschläge zusammen mit anderen Leistungen des Arbeitgebers ihrem Zweck nach diejenige Arbeitsleistung des Arbeitnehmers entgelten sollen, die mit dem Mindestlohn zu vergüten ist (funktionale Gleichwertigkeit der zu vergleichenden Leistungen).[380]

Die in der Stellungnahme des Bundesrates genannten Zahlungen, die eine Arbeitnehmerin oder ein Arbeitnehmer als Ausgleich für zusätzliche Leistungen erhält, wenn sie oder er auf Verlangen ein Mehr an Arbeit oder Arbeitsstunden unter besonderen Bedingungen leistet, sind nach diesen Kriterien nicht berücksichtigungsfähig. Dies gilt etwa für Zulagen/Zuschläge, die voraussetzen, dass die Arbeitnehmerin oder der Arbeitnehmer

- *zu besonderen (Tages-)Zeiten arbeitet wie z.B. bei Zuschlägen für Sonn- und Feiertagsarbeit, Nachtzuschlägen, (Wechsel-)Schichtzulagen, regelmäßig auch Überstundenzuschlägen,*
- *unter besonders unangenehmen, beschwerlichen, körperlich oder psychisch besonders belastenden oder gefährlichen Umständen arbeitet, wie z.B. bei Schmutzzulagen, Gefahrenzulagen,*
- *mehr Arbeit pro Zeiteinheit leistet (z.B. bei Akkordprämien) oder eine besondere Qualität der Arbeit (Qualitätsprämien) erbringt.*[381]

Durch die Entscheidung des Europäischen Gerichtshofs vom 14.4.2005 (C-341/02 – Kommission/Deutschland) ist auch geklärt, dass Leistungen wie Weihnachtsgeld oder ein zusätzliches Urlaubsgeld nur dann als Bestandteil des Mindestlohns gewertet werden können, wenn die Arbeitnehmerin oder der Arbeitnehmer den auf die Entsendezeit entfallenden anteiligen Betrag jeweils

379 BT-Drs. 18/1558, S. 67.
380 BT-Drs. 18/1558, S. 67.
381 BT-Drs. 18/1558, S. 67.

zu dem für den Mindestlohn maßgeblichen Fälligkeitsdatum tatsächlich und unwiderruflich ausbezahlt erhält.[382]
Diese zur Entsende-Richtlinie aufgestellten Vorgaben des Europäischen Gerichtshofs sind auf den allgemeinen gesetzlichen Mindestlohn zu übertragen und müssen aufgrund der gebotenen einheitlichen Auslegung für Sachverhalte mit unionsrechtlichem Bezug einerseits und reinen Inlandssachverhalten andererseits auch für Arbeitsverhältnisse von im Inland beschäftigten Arbeitnehmerinnen und Arbeitnehmern mit einem in Deutschland ansässigen Arbeitgeber gelten (vgl. die Entscheidung des Bundesarbeitsgerichts vom 18.4.2012, 4 AZR 168/10 (A)).[383]
Vor diesem Hintergrund bedarf es daher aus Sicht der Bundesregierung der vom Bundesrat angeregten Klarstellung nicht.[384]

In der Beschlussempfehlung und im Bericht des Ausschusses für Arbeit und Soziales wird ausdrücklich festgehalten, dass zu einzelnen Regelungen des Gesetzentwurfs die Fraktionen der CDU/CSU und SPD im Laufe der Ausschussberatungen eine Reihe ergänzender bzw. konkretisierender Ausführungen gemacht hätten, durch welche »der Wille der Mehrheitsfraktionen in besonderer Weise zum Ausdruck gebracht werden soll«:[385] 42

Bei dem Mindestlohn handele es sich um einen »Mindestentgeltsatz« im Sinne des § 2 Nummer 1 des Arbeitnehmer-Entsendegesetzes, so dass die Vorgaben des Europäischen Gerichtshofs zur Auslegung der Richtlinie 96/71/EG des Europäischen Parlaments und des Rates vom 16.12.1996 über die Entsendung von Arbeitnehmern im Rahmen der Erbringung von Dienstleistungen gälten. Hiernach seien solche Zahlungen des Arbeitgebers als Bestandteile des Mindestlohns anzuerkennen, die nicht das Verhältnis zwischen der Leistung des Arbeitnehmers und der von ihm erhaltenen Gegenleistung veränderten (funktionale Gleichwertigkeit der zu vergleichenden Leistungen). Zahlungen, die eine Arbeitnehmerin oder ein Arbeitnehmer als Ausgleich für zusätzliche Leistungen erhalte, wenn sie oder er auf Verlangen ein Mehr an Arbeit oder Arbeitsstunden unter besonderen Bedingungen leisteten (Sonntags-, Feiertags-, Nachtarbeits-, Schichtarbeits-, Überstundenzuschläge), seien nach diesen Kriterien nicht berücksichtigungsfähig. Durch den Europäischen Gerichtshof sei auch geklärt, dass Leistungen wie Weihnachtsgeld oder ein zusätzliches Urlaubsgeld nur dann als Bestandteil des Mindestlohns gewertet werden könnten, wenn die Arbeitnehmerin oder der Arbeitnehmer den auf die Entsendezeit ent-

382 BT-Drs. 18/1558, S. 67.
383 BT-Drs. 18/1558, S. 67.
384 BT-Drs. 18/1558, S. 68 (Hervorhebung nicht im Original).
385 BT-Drs. 18/2010 (neu), S. 14.

fallenden anteiligen Betrag jeweils zu dem für den Mindestlohn maßgeblichen Fälligkeitsdatum tatsächlich und unwiderruflich ausbezahlt erhalte.[386]
Ob ein sog. ***Wegegeld*** *eine Leistung des Arbeitgebers sei, die geeignet sei, den gesetzlichen Mindestlohnanspruch des Arbeitnehmers teilweise zu tilgen, hänge davon ab, welchen Zwecken das Wegegeld diene. Ein Wegegeld könne als Ersatz für Fahrtkosten (Aufwendungsersatz) wie auch zur Bezahlung für die zur Zurücklegung des Wegs erforderliche Zeit (Entgelt) gezahlt werden. Das Mindestlohngesetz regele nicht explizit, durch welche Leistungen der Arbeitgeber den Mindestlohnspruch des Arbeitnehmers erfüllen könne. Insoweit gälten auch die vom Europäischen Gerichtshof aufgestellten Grundsätze. Nicht berücksichtigungsfähig seien insofern Aufwandsentschädigungen, die der Arbeitgeber – ggfs. auch pauschaliert – leiste. Soweit mit dem Wegegeld beispielsweise ein besonderer Fahrtaufwand des Arbeitnehmers abgegolten werde, mindere das Wegegeld den gesetzlichen Mindestlohnanspruch des Arbeitnehmers nicht.*[387]
Leiste der Arbeitgeber das Wegegeld dagegen als echten Entgeltbestandteil, sei dieses grundsätzlich geeignet, den gesetzlichen Mindestlohnanspruch des Arbeitnehmers zu tilgen. Solche Wegegelder seien zum Beispiel denkbar im Rahmen der Zustellung von Presseerzeugnissen, wenn der Arbeitgeber in strukturschwachen, aber wegintensiven Zustellbezirken ein allgemein geltendes Stücklohnmodell durch die zusätzliche Zahlung eines Wegegeldes »aufstockt«, um dadurch im Ergebnis den Mindestlohn von brutto 8,50 Euro je Zeitstunde zu erreichen.[388]

43 Aus alledem ergibt sich, dass die Frage, welche Leistungen auf den Mindeststundenlohn anzurechnen sind, im Gesetzgebungsverfahren intensiv erörtert worden ist. Vor allem ist klargestellt worden, dass es sich beim Mindestlohn nach dem MiLoG um einen »Mindestentgeltsatz« i. S. d. § 2 Nr. 1 AEntG handelt, so dass die Rechtsprechung des EuGH und des BAG hierzu anzuwenden ist. Danach sind (nur) solche Zahlungen des Arbeitgebers als Bestandteile des Mindestlohns anzuerkennen, die nicht das Verhältnis zwischen der Leistung des Arbeitnehmers und der Gegenleistung (dem Lohn) verändern (**funktionale Gleichwertigkeit der zu vergleichenden Leistungen**). Eine ausdrückliche Regelung im MiLoG hielt der Gesetzgeber für entbehrlich. Vielmehr hat er die in der Rechtsprechung entwickelten Leitlinien in den Gesetzgebungsmaterialien in seinen Gesetzgebungswillen aufgenommen, so dass dieser Wille des Gesetzgebers bei der Auslegung und Anwendung des MiLoG zu beachten ist.[389]

386 BT-Drs. 18/2010 (neu), S. 15.

387 BT-Drs. 18/2010 (neu), S. 15.

388 BT-Drs. 18/2010 (neu), S. 15.

389 So auch *Düwell*, in: Düwell/Schubert, MiLoG, § 1 Rn. 80; *Riechert/Nimmerjahn*, MiLoG, § 1 Rn. 103, 112; *Sagan*, RdA 2018, 121, 122f. Anderer Auffassung ist

Daraus wurde geschlussfolgert, dass mit dem Mindestlohn lediglich die »Normalleistung« oder die »Normaltätigkeit« des Arbeitnehmers vergütet werden soll und deshalb vom Arbeitgeber gewährte Zusatzleistungen nicht auf den Mindestlohnanspruch anzurechnen seien (»Normalleistungs- oder Grundlohntheorie«).[390] Demgegenüber vertritt das BAG die »Entgelttheorie« (vgl. Rn. 47): Danach können alle Leistungen des Arbeitgebers, die Gegenleistung für die Arbeitsleistung sind (»Arbeitsentgelt«), den Mindestlohnanspruch erfüllen.[391] Zuzugeben ist, dass § 1 Abs. 1 MiLoG einen Anspruch auf Zahlung eines »Arbeitsentgelts« (in Höhe des Mindestlohns) regelt. Der Begriff des »Arbeitsentgelts« spricht dafür, dass auf den Mindestlohnanspruch alle Leistungen des Arbeitgebers anzurechnen sind, die im weitesten Sinne »Arbeitsentgelt« sind, also Gegenleistung für die Arbeitsleistung.[392] Anders formuliert: Der Anspruch auf das »Arbeitsentgelt« (in Höhe des Mindestlohns) wird durch alle Leistungen des Arbeitgebers erfüllt, die Gegenleistung für die Arbeitsleistung sind.

bb. Rechtsprechung des BAG vor Geltung des MiLoG

Bereits vor Geltung des MiLoG hatte das BAG über die Anrechnung von **44** Leistungen des Arbeitgebers auf Mindestentgelte nach Branchen-Mindestlohntarifverträgen zu entscheiden, so zur Anrechnung von »**Schichtzulagen**«.[393] Die Entscheidung ist zum nach dem AEntG allgemeingültigen Mindestlohntarifvertrag für die Branche Abfallwirtschaft ergangen. Der **Leitsatz** der Entscheidung lautet: Bestimmt ein aufgrund Rechtsverordnung verbindlicher Tarifvertrag einen Mindestlohnanspruch »je Stunde« unabhängig von der zeitlichen Lage der Arbeitszeit, können vom Arbeitgeber aufgrund anderer Rechtsgrundlagen geleistete **Zulagen für erbrachte Spätschichten** vorbehaltlich anderslautender gesetzlicher oder tariflicher Regelungen auf einen Mindestlohnanspruch angerechnet werden. Dies gilt jedenfalls dann, wenn dem Mindestlohntarifvertrag nicht entnommen werden kann, dass die Arbeitsleistung unter den Bedingungen einer Spätschicht einer gesonderten

---

Bayreuther, NZA 2014, 865, 869: die Äußerungen der Bundesregierung seien »nicht Gegenstand der Gesetzesbegründung«. Das ist eine sehr formale Betrachtungsweise. Entscheidend ist, dass die Äußerungen Gegenstand der Gesetzesberatungen waren und der Gesetzgeber sie damit – mangels anderweitiger Regelung – in seinen Willen aufgenommen hat.

390 Vgl. *Sagan*, RdA 2018, 121ff; *Riechert/Nimmerjahn*, MiLoG, § 1 Rn. 99ff. m. w. N.

391 Kritisch dazu *Riechert/Nimmerjahn*, MiLoG, § 1 Rn. 108ff.; *Sagan*, RdA 2018, 121ff.

392 Vgl. *Weigert*, NZA 2017, 745ff.

393 BAG 16.4.2014 – 4 AZR 802/11, NZA 2014, 1277.

Vergütungsregelung vorbehalten worden ist. Das BAG verweist auf seine einschlägige Rechtsprechung und führt u. a. aus:

Bei der Anrechnung von Leistungen auf tariflich begründete Forderungen ist darauf abzustellen, ob die vom Arbeitgeber erbrachte Leistung ihrem Zweck nach diejenige Arbeitsleistung des Arbeitnehmers entgelten soll, die mit der tariflich begründeten Zahlung zu vergüten ist. Daher ist dem erkennbaren Zweck des tariflichen Mindestlohns, den der Arbeitnehmer als unmittelbare Leistung für die verrichtete Tätigkeit begehrt, der zu ermittelnde Zweck der jeweiligen Leistung des Arbeitgebers, die dieser aufgrund anderer (individual- oder kollektivrechtlicher) Regelungen erbracht hat, gegenüberzustellen. Besteht danach eine ***funktionale Gleichwertigkeit*** *der zu vergleichenden Leistungen, ist die erbrachte Leistung auf den zu erfüllenden Anspruch anzurechnen.*[394]

Zur Beurteilung der »funktionalen Gleichwertigkeit« *ist es erforderlich, die »Funktion« zu bestimmen, die die reale Leistung des Arbeitgebers hat, um sodann festzustellen, ob sie sich auf diejenige vom Arbeitnehmer geleistete oder zu leistende Arbeit bezieht, die nach dem durch eine Rechtsverordnung verbindlichen Tarifvertrag mit dem Mindestlohn abgegolten sein soll. Für diese Bestimmung der Funktion ist jedenfalls dann der subjektive Wille des Arbeitgebers nicht entscheidend, wenn die Leistung nach einer an anderer Stelle als in dem durch Rechtsverordnung verbindlichen Tarifvertrag getroffenen Regelung erfolgt und sich ihre Funktion aus dieser Regelung ergibt. Soweit die vom Arbeitgeber danach angewandte Regelung etwa die Arbeitsleistung als besonders schwierig oder als unter erschwerten Bedingungen geleistet ansieht und hierfür einen in den Entgeltabrechnungen gesondert ausgewiesenen »Zuschlag« an den Arbeitnehmer zahlt, ist dieser gleichwohl auf den Mindestentgeltanspruch anzurechnen, wenn der betreffende Mindestlohntarifvertrag diese Tätigkeit gerade nicht als zuschlagspflichtig ansieht, sondern sie als im Rahmen der mit dem Grundentgelt abzugeltenden »****Normaltätigkeit****« bewertet.*[395]

*Die im Streitfall vom Arbeitgeber gezahlten »****Spätschichtzuschläge****« haben den Entgeltanspruch nach dem TV Mindestlohn anteilig erfüllt. Der nach dem TV Mindestlohn geregelte Mindestlohn erfasst jede Tätigkeit in der Abfallwirtschaft und zwar unabhängig davon, ob die Arbeitsleistung unter erschwerten Bedingungen einer Spätschicht erbracht wird oder nicht. Der vom Arbeitgeber gezahlte Spätschichtzuschlag vergütet neben dem vertraglichen Stundenlohn in Höhe von 6,73 Euro brutto die Arbeitsbedingungen des Arbeitnehmers, die nach dem TV Mindestlohn allein einen Anspruch von 8,02 Euro brutto für die*

394 BAG 16.4.2014 – 4 AZR 802/11, Rn. 39, NZA 2014, 1277, unter Hinweis auf BAG 18.4.2012 – 4 AZR 139/10, Rn. 28, NZA 2013, 392.

395 BAG 16.4.2014 – 4 AZR 802/11, Rn. 40, NZA 2014, 1277, unter Hinweis auf BAG 18.4.2012 – 4 AZR 168/10 (A), Rn. 20, NZA 2013, 386; BAG 18.4.2012 – 4 AZR 139/10, Rn. 31, NZA 2013, 392.

dort geregelte »Normaltätigkeit« begründen würden.[396] *Entsprechend seinem Regelungswillen bestimmt der TV Mindestlohn als Mindestlohntarifvertrag den Mindestlohn »je Stunde« unabhängig von den konkreten Arbeitsbedingungen oder »Erschwerungen«.*[397]
Einer Anrechenbarkeit der Spätschichtzulagen auf den Mindestlohnanspruch steht nicht Art. 3 Abs. 1 Unterabs. 1 Buchstabe c) der Entsende-Richtlinie 96/71/EG entgegen. Nach der Entscheidung des Gerichtshofs der Europäischen Union in Sachen »Isbir«[398] *gibt die Richtlinie 96/71 selbst keinen Anhaltspunkt für eine inhaltliche Definition des Mindestlohns. Vielmehr ist im Recht des betreffenden Mitgliedsstaates festzulegen, aus welchen Bestandteilen sich der Mindestlohn zusammensetzt. Die »Zulagen und Zuschläge, die durch die nationalen Rechtsvorschriften oder Praktiken des Mitgliedstaats, in dessen Hoheitsgebiet der Arbeitnehmer entsandt wird, nicht als Bestandteile des Mindestlohns definiert werden und die das Verhältnis zwischen der Leistung des Arbeitnehmers auf der einen und der ihm erbrachten Gegenleistung auf der anderen Seite verändern«, können »nicht aufgrund der Bestimmungen der Richtlinie 96/71 als derartige Bestandteile betrachtet werden«.*[399]
In Anwendung dieser Grundsätze kann nach den Rechtsvorschriften und Praktiken der Bundesrepublik Deutschland dem TV Mindestlohn nicht entnommen werden, dass Zuschläge für Spätschichten »nicht als Bestandteil des Mindestlohns definiert« worden sind. Die Vergütung für eine Arbeitsleistung unter den zeitlichen Bedingungen einer Spätschicht wurde nach dem TV Mindestlohn nicht einer separaten Regelung vorbehalten. ***Der tarifliche Mindestlohn ist »je Stunde« festgelegt und unabhängig von der zeitlichen Lage sowie von den damit verbundenen Bedingungen, unter denen die Arbeitsleistungen zu erbringen sind.*** *Nach den Gepflogenheiten des nationalen Tarifrechts bestand für die Tarifvertragsparteien des TV Mindestlohn – grundsätzlich und vorbehaltlich anderslautender gesetzlicher oder tariflicher Regelungen – kein Erfordernis, ausdrücklich festzulegen, dass diese Entgeltregelung auch Arbeitsleistungen zu bestimmten Tageszeiten oder unter erschwerten Bedingungen erfasst, wenn – wie hier – ein Mindestlohn je Arbeitsstunde vereinbart ist.*[400]

Überträgt man diese Entscheidung des BAG auf das MiLoG, ergibt sich **45**
Folgendes: Da § 1 Abs. 2 MiLoG die Höhe des Mindestlohnanspruchs »je

---

396 BAG 16.4.2014 – 4 AZR 802/11, Rn. 43, NZA 2014, 1277.

397 BAG 16.4.2014 – 4 AZR 802/11, Rn. 46, NZA 2014, 1277.

398 EuGH 7.11.2013 – C-522/12, Rn. 36ff. (Isbir ./. DB Services GmbH), NZA 2013, 1359.

399 BAG 16.4.2014 – 4 AZR 802/11, Rn. 48, NZA 2014, 1277, unter Hinweis auf EuGH 7.11.2013 – C-522/12, Rn. 38, (Isbir ./. DB Services GmbH), NZA 2013, 1359.

400 BAG 16.4.2014 – 4 AZR 802/11, Rn. 49, NZA 2014, 1277.

Zeitstunde« unabhängig von der zeitlichen Lage der Arbeitszeit festlegt, können vom Arbeitgeber geleistete **Zulagen für erbrachte Spätschichten** angerechnet werden. Anderslautende Regelungen sieht das MiLoG jedenfalls ausdrücklich nicht vor. Dem MiLoG kann auch nicht entnommen werden, dass die Arbeitsleistung unter den Bedingungen einer Spätschicht einer gesonderten Vergütungsregelung durch das MiLoG vorbehalten wurde.[401] Das BAG hatte sich wegen des Streitfalls mit Zulagen für »Spätschichten« zu beschäftigen – man wird davon ausgehen müssen, dass das generell für **Zuschläge/Zulagen für (Wechsel-)Schichtarbeit** gilt. Diese können also auf den gesetzlichen Mindestlohnanspruch angerechnet werden.[402]

46 Bei der Anrechnung von **Zuschlägen für Sonn- und Feiertagsarbeit** auf Mindestlohnansprüche ist ein Urteil des BAG vom 18.11.2015 zum Mindestentgelt für die Pflegebranche zu beachten: Zuschläge für Sonn- und Feiertagsarbeit sind danach auf den Mindestlohn anzurechnen (das wurde bis zu diesem Urteil wohl überwiegend anders beurteilt),[403] denn derartige Zuschläge seien Arbeitsentgelt. Das Mindestentgelt sei unabhängig von der Zahl der zu leistenden Stunden und unabhängig von den Tagen, an denen die Arbeitsleistung zu erbringen sei, festgelegt. Deshalb komme es nicht darauf an, ob übermäßig lange Arbeit oder die Arbeit an Sonn- und Feiertagen für die Beschäftigten mit besonderen Erschwernissen verbunden sei.[404]

Ebenso sind **Zuschläge für Überstunden** auf den Mindestlohn anzurechnen:[405] Auch solche Zuschläge seien Arbeitsentgelt. Das Mindestentgelt sei unabhängig von der Zahl der zu leistenden Stunden festgelegt. Deshalb komme es nicht darauf an, ob übermäßig lange Arbeit für die Beschäftigten mit besonderen Erschwernissen verbunden sei.[406]

Zusammenfassend ergeben sich folgende **Schlussfolgerungen**: Geldleistungen, die der Arbeitgeber unwiderruflich gewährt, sind unabhängig von ihrer

---

401 Anderer Auffassung ist *Brors*, NZA 2014, 938, 940, die meint, dass mit dem gesetzlichen Mindestlohn allein die »Normalleistung« vergütet werde. Das mag zutreffen. Jedoch kann man dem MiLoG nicht entnehmen, dass mit der »Normalleistung« eine bestimmte Lage der Arbeitszeit verbunden ist. Durch ungünstige Arbeitszeiten ändert sich die »Normalleistung« des Arbeitnehmers als solche nicht.

402 Vgl. *Bayreuther*, NZA 2014, 865, 868 f.; *Bayreuther*, in: Thüsing, § 1 MiLoG, Rn. 111; *Lembke*, NZA 2015, 70, 76; differenzierend *Düwell*, in: Düwell/Schubert, MiLoG, § 1 Rn. 86, 88; a. A.: *Riechert/Nimmerjahn*, MiLoG, § 1 Rn. 122.

403 Vgl. nur *Lakies*, AuR 2016, 14, 17; *Düwell*, in: Düwell/Schubert, MiLoG, § 1 Rn. 84.

404 BAG 18.11.2015 – 5 AZR 761/13, Rn. 24, NZA 2016, 828; a. A.: *Riechert/Nimmerjahn*, MiLoG, § 1 Rn. 119.

405 A.A.: *Düwell*, in: Düwell/Schubert, MiLoG, § 1 Rn. 84, 89; *Riechert/Nimmerjahn*, MiLoG, § 1 Rn. 126.

406 BAG 18.11.2015 – 5 AZR 761/13, Rn. 24, NZA 2016, 828.

Bezeichnung ausgehend von der tatsächlichen Arbeitsleistung des einzelnen Arbeitnehmers in Stundenlöhne umzurechnen und, wenn sie Gegenleistung für die erbrachte Arbeitsleistung sind, auf den Mindestlohnanspruch anzurechnen. Häufig wird darauf abgestellt, dass mit dem Mindestlohn die »Normalleistung« oder die »Normaltätigkeit« des Arbeitnehmers vergütet werden soll und deshalb vom Arbeitgeber gewährte Zusatzleistungen nicht auf den Mindestlohnanspruch anzurechnen seien. So sollten Schichtzuschläge und Zuschläge für Überstunden, Sonn- und Feiertagsarbeit nicht auf den Mindestlohnanspruch angerechnet werden dürfen.[407] In der neueren Rechtsprechung des BAG wird das anders akzentuiert, was allerdings bereits in den Entscheidungen des BAG vom 18.4.2012 angelegt war. Das BAG hatte zu einem allgemeinverbindlichen Mindestlohntarifvertrag gemeint, dass ein vom Arbeitgeber gezahlter »Zuschlag« auf den Mindestentgeltanspruch anzurechnen sei, wenn der betreffende Tarifvertrag die Tätigkeit gerade nicht als zuschlagspflichtig ansehe, sondern sie als im Rahmen der mit dem Grundentgelt abzugeltenden »Normaltätigkeit« bewerte.[408]

Entsprechendes gilt für den Mindestlohn nach § 1 MiLoG. Man kann dem MiLoG nicht entnehmen, dass mit der »Normalleistung« eine bestimmte Dauer oder Lage der Arbeitszeit verbunden ist. Durch ungünstige Arbeitszeiten ändert sich die »Normalleistung« oder »Normaltätigkeit« des Arbeitnehmers als solche nicht. Die Tendenz des BAG geht dahin, alle Zahlungen des Arbeitgebers, die in irgendeiner Weise Gegenleistung für die Arbeitsleistung sind, auf den gesetzlichen Mindestlohnanspruch anzurechnen.[409] Der Mindestlohn wird »je Zeitstunde« geschuldet. Das MiLoG macht den Anspruch nicht von der zeitlichen Lage der Arbeit oder den mit der Arbeitsleistung verbundenen Umständen oder Erfolgen abhängig.[410] Es gilt ein **umfassender Entgeltbegriff**. Alle Geldleistungen des Arbeitgebers, die Gegenleistung für die Arbeitsleistung sind (»alle im Synallagma stehenden Geldleistungen des Arbeitgebers«), können den Mindestlohnanspruch des Arbeitnehmers erfüllen. Von den im arbeitsvertraglichen Austauschverhältnis erbrachten Entgeltzahlungen des Arbeitgebers fehlt folglich nur solchen Zahlungen die Erfüllungswirkung, die der Arbeitgeber ohne Rücksicht auf eine tatsächliche Arbeitsleistung des Arbeitnehmers erbringt oder die auf einer besonderen gesetzlichen Zweckbestimmung beruhen (z. B. § 6 Abs. 5 ArbZG, der einen Zuschlag für Nachtarbeit auf das dem Arbeitnehmer zu-

---

407 Vgl. *Lakies*, AuR 2016, 14, 17; *Düwell*, in: Düwell/Schubert, MiLoG, § 1 Rn. 84; *Riechert/Nimmerjahn*, MiLoG, § 1 Rn. 119, 122.

408 BAG 18.4.2012 – 4 AZR 168/10 (A), Rn. 20, NZA 2013, 386; ähnlich für eine »Verkehrsmittelzulage« BAG 18.4.2012 – 4 AZR 139/10, Rn. 31, 32, NZA 2013, 392; so auch BAG 16.4.2014 – 4 AZR 802/11, Rn. 40, NZA 2014, 1277,

409 Kritisch *Düwell*, in: Düwell/Schubert, MiLoG, § 1 Rn. 85ff.

410 BAG 25.5.2016 – 5 AZR 135/16, Rn. 30, NZA 2016, 1327.

stehende Bruttoarbeitsentgelt vorsieht).[411] Ungeachtet der Bezeichnung sind alle Zahlungen des Arbeitgebers zu berücksichtigen, die Teil der Arbeitsvergütung sind.[412]

cc. Rechtsprechung des BAG seit Geltung des MiLoG

47 Das BAG betont, dass der Mindestlohnanspruch aus § 1 Abs. 1 MiLoG ein gesetzlicher Anspruch ist, der eigenständig neben den arbeits- oder tarifvertraglichen Entgeltanspruch tritt. Erreicht die vom Arbeitgeber tatsächlich gezahlte Vergütung den gesetzlichen Mindestlohn nicht, begründet dies von Gesetzes wegen einen Anspruch auf Differenzvergütung, wenn der Arbeitnehmer in der Abrechnungsperiode für die geleisteten Arbeitsstunden im Ergebnis nicht mindestens den in § 1 Abs. 2 MiLoG vorgesehenen Bruttolohn erhält.[413] Für die Frage, ob ein Anspruch auf Differenzvergütung besteht, ist als **Berechnungszeitraum** lediglich **ein Kalendermonat** zu berücksichtigen (vgl. § 2 Abs. 1 Satz 1 Nr. 2 MiLoG),[414] nicht also Vergütungsbestandteile, die in anderen Monaten gezahlt werden.

Die **Erfüllung des Anspruchs auf den Mindestlohn** (i. S. d. § 362 Abs. 1 BGB)[415] tritt – wie bei jedem Anspruch – ein, wenn die geschuldete Leistung bewirkt wird. Die Leistung liegt in der Zahlung des Bruttoarbeitsentgelts, denn der gesetzliche Mindestlohn ist das als Gegenleistung für die Arbeit (mindestens) zu erbringende Entgelt.[416] Ausgehend von dem in § 1 Abs. 1 MiLoG verwendeten Begriff des Mindestlohns und der in § 1 Abs. 2 MiLoG bestimmten Höhe in Form eines Bruttobetrags handelt es sich um eine Bruttoentgeltschuld des Arbeitgebers.[417]

Der Mindestlohn ist »je Zeitstunde« zu zahlen (§ 1 Abs. 2 Satz 1 MiLoG). Das MiLoG macht den Anspruch *nicht* von der zeitlichen Lage der Arbeit oder von den mit der Arbeitsleistung verbundenen Umständen oder Erfolgen abhängig.[418] Nach der Rechtsprechung des BAG erfüllt der Arbeitgeber den Anspruch auf den Mindestlohn, wenn die für einen Kalendermonat gezahlte Bruttovergütung den Betrag erreicht, der sich aus der Multiplika-

---

411 BAG 25. 5. 2016 – 5 AZR 135/16, Rn. 32, NZA 2016, 1327.

412 So ausdrücklich bereits BAG 8. 10. 2008 – 5 AZR 8/08, Rn. 28, NZA 2009, 98.

413 BAG 29. 6. 2016 – 5 AZR 716/15, Rn. 19, NZA 2016, 1332; BAG 25. 5. 2016 – 5 AZR 135/16, Rn. 24, NZA 2016, 1327.

414 BAG 25. 5. 2016 – 5 AZR 135/16, Rn. 25, NZA 2016, 1327.

415 § 362 Abs. 1 BGB: *Das Schuldverhältnis erlischt, wenn die geschuldete Leistung an den Gläubiger bewirkt wird.*

416 BAG 29. 6. 2016 – 5 AZR 716/15, Rn. 23, NZA 2016, 1332; BAG 25. 5. 2016 – 5 AZR 135/16, Rn. 27, NZA 2016, 1327.

417 BAG 29. 6. 2016 – 5 AZR 716/15, Rn. 23, NZA 2016, 1332; BAG 25. 5. 2016 – 5 AZR 135/16, Rn. 28, NZA 2016, 1327.

418 BAG 25. 5. 2016, 5 AZR 135/16, Rn. 30, NZA 2016, 1327.

tion der Zahl der in diesem Monat tatsächlich geleisteten Arbeitsstunden mit dem Mindeststundenlohn ergibt.[419] Deshalb sind ungeachtet der Bezeichnung alle Zahlungen des Arbeitgebers zu berücksichtigen, die Teil der Arbeitsvergütung sind.[420]

Es gilt ein **umfassender Entgeltbegriff.**[421] Auch nach einem neueren Urteil des EuGH sind alle zwingend und transparent geregelten Gegenleistungen des Arbeitgebers für die Arbeitsleistung des Arbeitnehmers Bestandteile des Mindestlohns.[422] Demgegenüber hat der Begriff der »Normalleistung« keinen Eingang in den Wortlaut des MiLoG gefunden.[423] Vorrangiger Zweck des Mindestlohns ist es, jedem Arbeitnehmer ein existenzsicherndes Monatseinkommen zu gewährleisten. Diesem Zweck vermag jede dem Arbeitnehmer verbleibende Vergütungszahlung des Arbeitgebers zu dienen, unabhängig davon, zu welcher Tageszeit und unter welchen Umständen die Arbeit erbracht wurde.[424] Das MiLoG macht den Anspruch auch nicht von den mit der Arbeitsleistung verbundenen Erfolgen oder von der Quantität oder Qualität der Arbeitsleistung abhängig.[425] Die Zahlungen des Arbeitgebers müssen, damit sie auf den Mindestlohnanspruch angerechnet werden können, vorbehaltlos und unwiderruflich erfolgen.[426] Mindestlohnwirksam, das heißt auf den Mindestlohnanspruch anzurechnen, sind deshalb alle Zahlungen des Arbeitgebers, die im arbeitsvertraglichen Austauschverhältnis stehen, mit Ausnahme der Zahlungen, die der Arbeitgeber ohne Rücksicht

---

419 BAG 17.1.2018 – 5 AZR 69/17, Rn. 24, NZA 2018, 781; BAG 6.9.2017 – 5 AZR 317/16, Rn. 11, NZA 2017, 1463; BAG 21.12.2016 – 5 AZR 374/16, Rn. 17, NZA 2017, 378; BAG 29.6.2016 – 5 AZR 716/15, Rn. 22, NZA 2016, 1332; BAG 25.5.2016 – 5 AZR 135/16, Rn. 26, NZA 2016, 1327.

420 So bereits BAG 8.10.2008 – 5 AZR 8/08, Rn. 28, NZA 2009, 98, zu einem allgemeingültigen Branchen-Mindestlohn.

421 BAG 6.9.2017 – 5 AZR 317/16, Rn. 11, NZA 2017, 1463; BAG 21.12.2016 – 5 AZR 374/16, Rn. 28, NZA 2017, 378.

422 EuGH 12.2.2015 – C-396/13, NZA 2015, 345.

423 BAG 21.12.2016 – 5 AZR 374/16, Rn. 21, NZA 2017, 378; kritisch zu dieser Entscheidung *Sagan*, RdA 2018, 121ff. Das BAG hat diese Auffassung in mittlerweile ständiger Rspr. wiederholt, vgl. nur BAG 17.1.2018 – 5 AZR 69/17, Rn. 16, NZA 2018, 781; BAG 6.9.2017 – 5 AZR 317/16, Rn. 13, NZA 2017, 1463; so auch ausdrücklich BAG 6.9.2017, 5 AZR 441/16, Rn. 16, bezüglich einer Nähprämie (Prämie für Näharbeiten): »Mit der Zahlung der Nähprämie honoriert die Beklagte die für Nähleistungen erbrachte Arbeitsleistung. Anders als die Klägerin meint, handelt es sich nicht um eine zusätzliche Leistung außerhalb ihrer vertraglich geschuldeten Arbeitsleistung. ... Die Nähprämien werden vielmehr als Gegenleistung für die Arbeitsleistung der Klägerin gezahlt und unterfallen daher dem umfassenden Entgeltbegriff des Mindestlohngesetzes.«

424 BAG 21.12.2016 – 5 AZR 374/16, Rn. 23, NZA 2017, 378.

425 BAG 6.9.2017 – 5 AZR 317/16, NZA 2017, 1463.

426 Das betont BAG 21.12.2016 – 5 AZR 374/16, Rn. 25, NZA 2017, 378.

auf eine tatsächliche Arbeitsleistung des Arbeitnehmers erbringt *oder* die auf einer besonderen gesetzlichen Zweckbestimmung beruhen.[427]

Nicht anrechenbar sind alle Zahlungen, die nicht »Arbeitsentgelt« sind. So ist ein **Urlaubsgeld**, das zusätzlich zum Urlaubsentgelt gezahlt wird, auf den Mindestlohn nicht anzurechnen, da es dabei nicht um die Vergütung der Arbeitsleistung geht. Mindestlohnansprüche werden deshalb dadurch nicht erfüllt.[428]

Auch **Aufwendungsersatz** oder **Aufwandsentschädigungen** sind *nicht* auf den Mindestlohn anzurechnen.[429] Damit sind z. B. die Erstattung von Fahrtkosten oder Zahlungen oder Pauschalen für Verpflegungs- und Reisekosten gemeint (Verpflegungsmehraufwendungen; vgl. Rn. 52 ff.).

Ebenfalls *nicht* **anzurechnen sind Entsendezulagen** für Arbeitnehmer, die zeitweise aus dem Ausland für Tätigkeiten in Deutschland entsandt werden, soweit mit diesen tatsächliche »Entsendekosten« des Arbeitnehmers abgedeckt werden sollen (z. B. Unterkunft, Verpflegung, Reisekosten): solche Entsendezulagen sind keine Gegenleistung für die Arbeitsleistung.[430]

Nicht anzurechnen sind Zahlungen, die auf einer »besonderen gesetzlichen Zweckbestimmung« beruhen. Das betrifft die **Zuschläge für Nachtarbeitsstunden** (§ 6 Abs. 5 ArbZG). Diese sind nicht auf den Mindestlohnanspruch anzurechnen, sondern zusätzlich zum Mindestlohn zu zahlen.[431] Für die Berechnung der Höhe eines Zuschlags für Nachtarbeit ergeben sich aus dem MiLoG direkt keine Vorgaben. Die Höhe ergibt sich vielmehr aus einem anwendbaren Tarifvertrag oder aus dem Arbeitsvertrag.[432] In der Regel ist ein Prozentsatz von 25 % als angemessen anzusehen. Ein höherer Prozentsatz (30%) kann gerechtfertigt sein, wenn der Arbeitnehmer nicht in Wechselschicht, sondern in Dauernachtarbeit eingesetzt wird oder der Nachtarbeitszuschlag den Arbeitnehmer gerade dafür entschädigen soll, dass er wegen der Nachtarbeit nur erschwert am sozialen Leben teilhaben kann.[433] Der Nachtarbeitszuschlag ist mindestens aus dem gesetzlichen Mindestlohn

---

427 BAG 6.9.2017 – 5 AZR 317/16, Rn. 11; NZA 2017, 1463; BAG 24.5.2017 – 5 AZR 431/16, Rn. 16, NZA 2017, 1387; BAG 21.12.2016 – 5 AZR 374/16, Rn. 23, NZA 2017, 378; BAG 25.5.2016 – 5 AZR 135/16, Rn. 32, NZA 2016, 1327.

428 BAG 20.9.2017 – 10 AZR 171/16, Rn. 17, NZA 2018, 53.

429 BAG 18.11.2015 – 5 AZR 761/13, NZA 2016, 828; BAG 8.10.2008 – 5 AZR 8/08, Rn. 28, NZA 2009, 98.

430 Vgl. *Brors*, NZA 2014, 938, 939; *Riechert/Nimmerjahn*, MiLoG, § 1 Rn. 164 ff.

431 BAG 18.11.2015 – 5 AZR 761/13, Rn. 23, NZA 2016, 828; BAG 16.4.2014 – 4 AZR 802/11, Rn. 50 ff., NZA 2014, 1277.

432 BAG 20.9.2017 – 10 AZR 171/16, Rn. 29, NZA 2018, 53.

433 BAG 9.12.2015 – 10 AZR 423/14, NZA 2016, 426. Vgl. zur Dauernachtarbeit von Zeitungszustellern BAG 25.4.2018 – 5 AZR 25/17, NZA 2018, 1145.

zu berechnen.[434] Eine Verrechnung des Zuschlags mit dem Mindestlohnanspruch ist unzulässig, er ist vielmehr zusätzlich zum Mindestlohn zu zahlen. Der Zuschlag nach § 6 Abs. 5 ArbZG knüpft an das dem Nachtarbeitnehmer für die Nachtarbeit »zustehende« Bruttoarbeitsentgelt an. Zustehendes Bruttoarbeitsentgelt ist bei Fehlen einer günstigeren Regelung der gesetzliche Mindestlohn, denn dieser ist kraft Gesetzes vom Arbeitgeber dem Arbeitnehmer als Gegenleistung für tatsächliche Arbeit zu zahlen.[435]

Fraglich ist, was mit Nachtzuschlägen ist, die vom Arbeitgeber gezahlt werden, für die aber die Anspruchsvoraussetzungen nach § 2 Abs. 3 bis Abs. 5 ArbZG nicht vorliegen. So ist etwa »Nachtarbeit« i. S. d. § 2 Abs. 4 ArbZG nur »jede Arbeit, mit mehr als zwei Stunden der Nachtzeit umfasst« (»Nachtzeit« ist die Zeit von 23 bis 6 Uhr, § 2 Abs. 3 ArbZG). Da das BAG auf eine »besondere gesetzliche Zweckbestimmung« abstellt, kann man vertreten, dass solche Nachtzuschläge, für die nicht alle gesetzlichen Voraussetzungen vorliegen, mindestlohnwirksam sind und auf den Mindestlohnanspruch angerechnet werden können.[436]

Eine gesonderte gesetzliche Zweckbestimmung gibt es auch für **vermögenswirksame Leistungen** nach dem Fünften Gesetz zur Förderung der Vermögensbildung der Arbeitnehmer (Fünftes Vermögensbildungsgesetz – 5. VermBG). Folglich sind vermögenswirksame Leistungen *nicht* auf den Mindestlohnanspruch anzurechnen, sondern zusätzlich zu gewähren.[437]

Für **andere Zuschläge**, z. B. allgemeine Schichtzulagen oder Zuschläge für Arbeit an Sonn- und Feiertagen, gibt es keine gesetzliche Anspruchsgrundlage.[438] Solche Zuschläge können daher auf den Mindestlohnanspruch angerechnet werden. So sind auch **Anwesenheitsprämien** auf den Mindestlohnanspruch anzurechnen, wenn diese nicht nur für die bloße Anwesenheit gezahlt werden, sondern dafür, dass die Beschäftigten eine Arbeitsleistung erbringen.[439] Eine Anrechnung auf den gesetzlichen Mindestlohnanspruch setzt jedoch voraus, dass die für eine geleistete Arbeitsstunde vertraglich vereinbarte Grundvergütung nicht ausreicht, den Anspruch auf den Mindest-

---

434 BAG 20.9.2017 – 10 AZR 171/16, Rn. 30, NZA 2018, 53.

435 BAG 25.4.2018 – 5 AZR 25/17, Rn. 40, NZA 2018, 1145.

436 So LAG Hamm 29.11.2017, 6 Sa 620/17 (Revision anhängig: 5 AZR 591/17). Im Streitfall ging es um eine Zeitungszustellerin, deren Arbeitszeit weniger als zwei Stunden in der Nacht betrug, weshalb das ArbZG keine Anwendung fand (vgl. § 2 Abs. 4 ArbZG).

437 BAG 18.11.2015 – 5 AZR 761/13, Rn. 25, NZA 2016, 828; BAG 16.4.2014 – 4 AZR 802/11, Rn. 61, NZA 2014, 1277; EuGH 7.11.2013 – C-522/12 (Isbir ./. DB Services GmbH), Rn. 43, NZA 2013, 1359; a. A.: *Weigert*, NZA 2017, 745, 749.

438 BAG 24.5.2017 – 5 AZR 431/16, Rn. 17, NZA 2017, 1387.

439 BAG 6.12.2017 – 5 AZR 864/16, NZA 2018, 525; BAG 8.11.2017 – 5 AZR 692/16, Rn. 18; BAG 11.10.2017, 5 AZR 621/16, Rn. 20, NZA 2017, 1598.

lohn zu erfüllen, dass also die für eine geleistete Arbeitsstunde vertraglich vereinbarte Grundvergütung niedriger ist als der gesetzliche Mindestlohn. Nur in diesem Fall entsteht nach § 3 MiLoG ein Differenzanspruch, der mit mindestlohnwirksamen sonstigen Zahlungen des Arbeitgebers erfüllt werden kann. Ist dagegen die vertraglich oder normativ geschuldete Grundvergütung mindestens so hoch wie der gesetzliche Mindestlohn, bleibt für eine Anrechnung einer solchen Zahlung auf diesen kein Raum. Die Zusatzzahlung (die Anwesenheitsprämie, vom BAG als »Sonderzahlung« bezeichnet) ist in diesem Fall neben der Grundvergütung zu zahlen.[440]

Das bedeutet: Alle Geldleistungen, die der Arbeitgeber vorbehaltlos und unwiderruflich gewährt, sind unabhängig von ihrer Bezeichnung ausgehend von der tatsächlichen Arbeitsleistung der Arbeitnehmer in Stundenlöhne umzurechnen und auf den Mindestlohnanspruch anzurechnen, wenn sie Gegenleistung für die erbrachte Arbeitsleistung sind.

dd. Zuschläge, Zulagen und Prämien

48 Nach der Rechtsprechung können auf den Mindestlohnanspruch folgende Leistungen angerechnet werden:

- Treueprämien (die der Arbeitgeber für jede tatsächlich geleistete Arbeitsstunde zahlt),[441]
- Schichtzulagen (die der Arbeitgeber für jede tatsächlich geleistete Arbeitsstunde zahlt),[442]
- Zuschläge für Arbeiten an Sonn- und Feiertagen,[443]
- Zuschläge für Mehrarbeit oder Überstunden,[444]

---

440 BAG 11.10.2017 – 5 AZR 621/16, Rn. 21, NZA 2017, 1598.

441 *BAG* 22.3.2017 – 5 AZR 424/16, NZA 2017, 1073 (zum MindestlohnTV Fleischwirtschaft).

442 Da § 1 Abs. 2 MiLoG den Mindestlohn »je Zeitstunde« unabhängig von der zeitlichen Lage der Arbeitszeit festlegt, können vom Arbeitgeber geleistete Zulagen/Zuschläge für Schichtarbeit angerechnet werden; vgl. zu Wechselschichtzulagen BAG 21.12.2016 – 5 AZR 374/16, Rn. 26, NZA 2017, 378; vgl. auch BAG 22.3.2017 – 5 AZR 424/16, NZA 2017, 1073 (zum MindestlohnTV Fleischwirtschaft); BAG 16.4.2014 – 4 AZR 802/11, Rn. 49, NZA 2014, 1277 (zum MindestlohnTV Abfallwirtschaft).

443 BAG 17.1.2018 – 5 AZR 69/17, NZA 2018, 781; BAG 24.5.2017 – 5 AZR 431/16, Rn. 17, NZA 2017, 1387; so bereits vorher zum Mindestentgelt in der Pflegebranche: BAG 18.11.2015 – 5 AZR 761/13, Rn. 24, NZA 2016, 828.

444 BAG 25.4.2018 – 5 AZR 25/17, Rn. 29, NZA 2018, 1145. Auch solche Zuschläge sind Arbeitsentgelt. Das Mindestentgelt ist unabhängig von der Zahl der zu leistenden Stunden festgelegt. Deshalb kommt es nicht darauf an, ob übermäßig lange Arbeit für die Beschäftigten mit besonderen Erschwernissen verbunden

- Leistungszulagen,[445]
- sonstige monatliche Zulagen, die der Arbeitgeber neben der Grundvergütung auszahlt und deren Bezug nicht von weiteren Voraussetzungen abhängig ist,[446]
- Anwesenheitsprämien,[447]
- sonstige Prämien.[448]

ee. Einmal- oder Sonderzahlungen

Speziell zur Frage der **Anrechnung von Einmal- oder Sonderzahlungen auf einen Mindestlohn**[449] hat es auf eine Vorlage des BAG[450] eine Entscheidung des EuGH gegeben,[451] wobei die Schlussfolgerungen, die aus dieser zu ziehen sind, nicht ganz klar sind.[452] Der EuGH meint, dass Vergütungsbestandteile in den Mindestlohn einbezogen werden könnten, wenn sie das Verhältnis zwischen der Leistung des Arbeitnehmers auf der einen und der Gegenleistung, die er dafür erhält, auf der anderen Seite, nicht verändern. Es sei Sache des vorlegenden Gerichts zu prüfen, ob dies im Einzelfall zutrifft oder nicht. 49

Das führt zu folgender Schlussfolgerung: Einmal- oder Sonderzahlungen (z. B. ein jährlicher Bonus oder ein »**Weihnachtsgeld**«) dürfen nur dann auf den Mindeststundenlohnanspruch angerechnet werden, wenn die Zahlung **unwiderruflich** (und ohne Rückzahlungsklausel) erfolgt und an diese **keine weiteren Voraussetzungen** geknüpft werden (z. B. Betriebstreue) – jeweils anteilig umgerechnet auf den Mindestlohnanspruch im Fälligkeitsmonat.[453] Eine Sonderzahlung ist in der Regel jedenfalls auch die Vergütung für die

---

ist; so zum Mindestentgelt in der Pflegebranche BAG 18.11.2015 – 5 AZR 761/13, Rn. 24, NZA 2016, 828.

445 BAG 6.9.2017 – 5 AZR 317/16, NZA 2017, 1463; BAG 21.12.2016 – 5 AZR 374/16, Rn. 28, NZA 2017, 378.

446 BAG 6.12.2017 – 5 AZR 699/16, NZA 2018, 582.

447 BAG 6.12.2017 – 5 AZR 864/16, NZA 2018, 525; BAG 8.11.2017 – 5 AZR 692/16, Rn. 18; BAG 11.10.2017, 5 AZR 621/16, Rn. 20, NZA 2017, 1598.

448 Vgl. BAG 8.11.2017 – 5 AZR 692/16, Rn. 18; BAG 6.9.2017 – 5 AZR 441/16, bezüglich einer Nähprämie (Prämie für Näharbeiten), die quartalsweise gezahlt wurde. Diese durfte zulässigerweise auf den Mindestlohnanspruch angerechnet werden, allerdings nur in dem Monat, in dem sie gezahlt wurde.

449 TV Mindestlohn Gebäudereinigung.

450 BAG 18.4.2012 – 4 AZR 168/10 (A), NZA 2013, 386.

451 EuGH 7.11.2013 – C-522/12 (Isbir ./. DB Services GmbH), NZA 2013, 1359.

452 Vgl. *Bayreuther*, EuZA 2014, 189ff.; *Ulber*, RdA 2014, 176ff.

453 Vgl. *Lembke*, NZA 2015, 70, 76; *Riechert/Nimmerjahn*, MiLoG, § 1 Rn. 132, 150.

bereits erbrachte Arbeitsleistung in einem Kalenderjahr.[454] Wegen der Fälligkeit des Mindestlohns spätestens im Folgemonat (§ 2 Abs. 1 MiLoG) sind Einmalzahlungen zeitanteilig umzurechnen, allerdings nicht auf das ganze Jahr zu verteilen, sondern lediglich zeitanteilig (in der Regel mit einem Zwölftel) auf den Mindestlohnanspruch des Monats anrechenbar, in dem die Auszahlung erfolgt.[455]

Das bedeutet: Ist eine Sonderzahlung, die z. B. im Dezember eines Jahres ausgezahlt wird, zumindest auch eine Gegenleistung für die erbrachte Arbeitsleistung im Kalenderjahr (also nicht eine reine Halte- oder Treueprämie), ist diese mit einem Zwölftel im Auszahlungsmonat zu berücksichtigen. Das BAG betont unter Hinweis auf § 2 Abs. 1 Satz 1 Nr. 2 MiLoG, dass längere Berechnungszeiträume als ein Kalendermonat unzulässig sind.[456]

Wird eine Sonderzahlung nicht in einem Betrag in einem bestimmten Monat, sondern **anteilig jeweils monatlich gezahlt**, ist diese auf den Mindestlohnanspruch des jeweiligen Monats anzurechnen.[457]

50 Ein **Urlaubsgeld** (das zusätzlich zum Urlaubsentgelt gezahlt wird) ist auf den Mindestlohnanspruch *nicht* anzurechnen, weil der Leistungszweck nicht auf die Vergütung der normalen Arbeitsleistung zielt. Mindestlohnansprüche werden deshalb dadurch nicht erfüllt.[458]

ff. Trinkgelder

51 **Trinkgelder** werden von Dritten und nicht vom Arbeitgeber gezahlt und dürfen schon deshalb nicht auf den Mindestlohnanspruch angerechnet werden, wie sich auch aus der Wertung des § 107 Abs. 3 GewO ergibt.[459] Die

---

454 Vgl. BAG 13.11.2013 – 10 AZR 848/12, NZA 2014, 368; BAG 18.1.2012 – 10 AZR 612/10, NZA 2012, 561.

455 MünchArbR/*Krause*, § 61 Rn. 17; *Riechert/Nimmerjahn*, MiLoG, § 1 Rn. 135.

456 BAG 21.12.2016 – 5 AZR 374/16, Rn. 16, NZA 2017, 378; BAG 25.5.2016 – 5 AZR 135/16, Rn. 25, NZA 2016, 1327. So auch ausdrücklich BAG 6.9.2017 – 5 AZR 441/16, bezüglich einer Nähprämie (Prämie für Näharbeiten), die quartalsweise gezahlt wurde. Diese durfte zulässigerweise auf den Mindestlohnanspruch angerechnet werden, allerdings nur in dem Monat, in dem sie gezahlt wurde.

457 BAG 25.5.2016 – 5 AZR 135/16, NZA 2016, 1327.

458 BAG 20.9.2017 – 10 AZR 171/16, Rn. 17, NZA 2018, 53.

459 Vgl. *Bayreuther*, NZA 2015, 385, 391; *Bayreuther*, in: Thüsing, § 1 MiLoG, Rn. 139; HK-ArbR-*Däubler* § 1 MiLoG Rn. 26; MünchArbR/*Krause*, § 61 Rn. 17; *Lembke*, NJW 2016, 3617, 3621; *Riechert/Nimmerjahn*, MiLoG, § 1 Rn. 174; *Sagan*, NJW 2019, 1977ff.; HWK/*Sittard* § 1 MiLoG Rn. 26; Schaub/*Vogelsang*, Arbeitsrechts-Handbuch, § 66 Rn. 34; *Däubler*, NJW 2014, 1924, 1926. Für eine Anrechnung von Trinkgeldern auf den Mindestlohn, wenn das vertraglich vereinbart ist, votieren *Dommermuth-Alhäuser/Heup*, NZA 2015,

Zahlung eines regelmäßigen Arbeitsentgelts kann nämlich nicht für die Fälle ausgeschlossen werden, in denen der Arbeitnehmer für seine Tätigkeit von Dritten ein Trinkgeld erhält (§ 107 Abs. 3 Satz 1 GewO). Trinkgeld ist ein Geldbetrag, den ein Dritter ohne rechtliche Verpflichtung dem Arbeitnehmer zusätzlich zu einer dem Arbeitgeber geschuldeten Leistung zahlt (§ 107 Abs. 3 Satz 2 GewO). Auch durch § 3 Nr. 51 EStG wird das bestätigt: Trinkgelder, die anlässlich einer Arbeitsleistung dem Arbeitnehmer von Dritten freiwillig und ohne dass ein Rechtsanspruch auf sie besteht zusätzlich zu dem Betrag gegeben werden, der für diese Arbeitsleistung zu zahlen ist, sind steuerfrei.

gg. Verpflegungsmehraufwendungen (»Spesen«)

In der Praxis zahlen Arbeitgeber an die Arbeitnehmer bisweilen Pauschalen **52** vor allem für **Verpflegungsmehraufwendungen** (manchmal werden diese auch als »**Spesen**« bezeichnet), z. B. an Arbeitnehmer, die als Bus- oder Kraftfahrer tätig sind. Für die Arbeitnehmer sind solche Zahlungen attraktiv, weil diese im bestimmten Umfang steuerfrei sind.

Vergütungen sind steuerfrei, die Arbeitnehmer außerhalb des öffentlichen **53** Diensts von ihrem Arbeitgeber zur Erstattung von **Reisekosten**, Umzugskosten oder Mehraufwendungen bei doppelter Haushaltsführung erhalten, soweit sie die nach § 9 EStG als Werbungskosten abziehbaren Aufwendungen nicht übersteigen (§ 3 Nr. 16 EStG). In der Praxis zahlen Arbeitgeber häufig **Mehraufwendungen eines Arbeitnehmers für beruflich veranlasste Übernachtungen** (§ 9 Abs. 1 Nr. 5 a) EStG) oder **Mehraufwendungen des Arbeitnehmers für die Verpflegung**. Hier sind gem. § 9 Abs. 4a EStG folgende Sätze maßgebend: Wird der Arbeitnehmer außerhalb seiner Wohnung und ersten Tätigkeitsstätte (gem. § 9 Abs. 4 EStG) beruflich tätig (auswärtige berufliche Tätigkeit), ist zur Abgeltung der ihm tatsächlich entstandenen, beruflich veranlassten Mehraufwendungen eine **Verpflegungspauschale** anzusetzen. Diese beträgt

- 24 Euro für jeden Kalendertag, an dem der Arbeitnehmer 24 Stunden von seiner Wohnung und ersten Tätigkeitsstätte abwesend ist,
- jeweils 12 Euro für den An- und Abreisetag, wenn der Arbeitnehmer an diesem, einem anschließenden oder vorhergehenden Tag außerhalb seiner Wohnung übernachtet,
- 12 Euro für den Kalendertag, an dem der Arbeitnehmer ohne Übernachtung außerhalb seiner Wohnung mehr als acht Stunden von seiner Wohnung und der ersten Tätigkeitsstätte abwesend ist; beginnt die auswärtige berufliche Tätigkeit an einem Kalendertag und endet am nach-

---

406ff.; dem folgt ErfK/*Franzen*, MiLoG § 1 Rn. 7; generell für eine Anrechnungsmöglichkeit *Wobst*, RdA 2016, 110ff.

folgenden Kalendertag ohne Übernachtung, werden 12 Euro für den Kalendertag gewährt, an dem der Arbeitnehmer den überwiegenden Teil der insgesamt mehr als acht Stunden von seiner Wohnung und der ersten Tätigkeitsstätte abwesend ist.

54 Arbeitsrechtlich folgt jedoch aus den steuerrechtlichen Vorschriften keine Pflicht des Arbeitgebers, entsprechende Pauschalen zu zahlen, vielmehr bedarf es einer entsprechenden Regelung im Arbeitsvertrag, in einem anwendbaren Tarifvertrag oder in einer Betriebsvereinbarung. Je nach tatsächlicher Handhabung kann man bei Fehlen einer ausdrücklichen arbeitsvertraglichen Regelung von einer konkludenten (schlüssigen) Vereinbarung ausgehen. Zahlt der Arbeitgeber entsprechende Pauschalbeträge in Höhe der steuerrechtlichen Regelungen, sind diese steuerfrei. Gibt es keine (vertragliche) Anspruchsgrundlage gegenüber dem Arbeitgeber, kann der Arbeitnehmer entsprechende Mehraufwendungen lediglich im Rahmen der Steuererklärung gegenüber der Finanzverwaltung geltend machen. Der Arbeitgeber schuldet die Erstattung solcher Kosten nur, wenn es hierfür eine einzel- oder kollektivvertragliche Anspruchsgrundlage gibt.

55 Erstattet der Arbeitgeber entsprechende Mehraufwendungen, sind diese **nicht auf den Mindestlohn anzurechnen**, weil es sich dabei um einen Ersatz von Aufwendungen handelt und nicht um eine Gegenleistung für die Arbeitsleistung.

hh. Sachbezüge/Sachleistungen

56 Da gem. § 1 Abs. 1 und 2 MiLoG der Mindestlohn in Euro (also als **Geldbetrag**) geschuldet wird, ist eine Erfüllung des Mindestlohnanspruchs durch Sachbezüge (§ 107 Abs. 2 GewO) ausgeschlossen.[460] So kann etwa durch die Überlassung eines Firmenwagens auch zur privaten Nutzung nicht der Anspruch auf den Mindestlohn erfüllt werden. Deshalb darf dieser Sachbezug auch nicht teilweise auf den Mindestlohnanspruch angerechnet werden. Auch eine (teilweise) Aufrechnung des Mindestlohnanspruchs mit solchen nicht berücksichtigungsfähigen Arbeitgeberleistungen ist wegen § 3 MiLoG unwirksam; das gleiche gilt für vertraglich vereinbarte Anrechnungsvereinbarungen.[461]

---

460 LAG Berlin-Brandenburg 17.8.2020 – 21 Sa 1900/19 (Revision beim BAG anhängig – 5 AZR 505/20); *Bayreuther*, NZA 2015, 385, 390; *Bayreuther*, in: Thüsing, § 1 MiLoG, Rn. 127; *Jares*, DB 2015, 307, 310; MünchArbR/*Krause*, § 61 Rn. 17; *Lembke*, NZA 2016, 1, 6; *Preis/Lukes*, ArbRB 2015, 153, 154f.; *Riechert/Nimmerjahn*, MiLoG, § 1 Rn. 82; HWK/*Sittard* § 1 MiLoG Rn. 27; *Sittard*, RdA 2015, 99, 105; Schaub/*Vogelsang*, Arbeitsrechts-Handbuch, § 66 Rn. 33; a.A.: *Weigert*, NZA 2017, 745, 750.

461 Vgl. *Bayreuther*, in: Thüsing, § 1 MiLoG, Rn. 136ff.

Für die »**Saisonarbeit**« hatten die Koalitionsfraktionen angekündigt, es solle durch Rechtsverordnung festgelegt werden, dass und inwieweit vom Arbeitgeber gewährte »**Kost und Logis**« auf den gesetzlichen Mindestlohn angerechnet werden können.[462] Da das Gesetz vorrangig ist, wären Regelungen in einer Rechtsverordnung, die im Widerspruch zum Gesetz stehen, unbeachtlich.[463] Eine solche Rechtsverordnung liegt auch bislang nicht vor.

Zudem ist Folgendes zu beachten: Arbeitgeber und Arbeitnehmer können **57** Sachbezüge als Teil des Arbeitsentgelts nur vereinbaren, wenn dies dem Interesse des Arbeitnehmers oder der Eigenart des Arbeitsverhältnisses entspricht (§ 107 Abs. 2 Satz 1 GewO). Voraussetzung für eine Anrechnung von Sachbezügen/Sachleistungen auf die Geldvergütung ist also – von den weiteren Voraussetzungen abgesehen – eine Vereinbarung zwischen den Arbeitsvertragsparteien, die sich auch aus einem Tarifvertrag ergeben kann, sofern dieser zumindest aufgrund einzelvertraglicher Verweisungsklausel auf den Tarifvertrag Anwendung findet. Gegen den Willen des Arbeitnehmers und ohne (tarif-)vertragliche Vereinbarung kann der Arbeitgeber nicht einseitig anrechnen. Zudem darf der Wert der vereinbarten Sachbezüge die Höhe des pfändbaren Teils des Arbeitsentgelts nicht übersteigen (§ 107 Abs. 2 Satz 5 GewO). Das bedeutet: der **unpfändbare Teil des Arbeitseinkommens** (§§ 850ff. ZPO) ist zwingend in Geld auszuzahlen.[464]

Da unabhängig von Unterhaltspflichten seit 1.7.2019 ein Nettolohn bis **58** 1179,99 Euro monatlich unpfändbar ist (§ 850c ZPO),[465] besteht selbst dann, wenn man die anderen Bedenken nicht teilt, kaum ein Spielraum für die Anrechnung von Sachbezügen auf den Mindestlohn.[466]

Die Pfändungsgrenze für einen Vergütungsanspruch, der monatlich fällig **59** wird (wie der Anspruch auf den Mindestlohn), bestimmt sich auch dann nach dem *monatlichen* Nettoeinkommen, wenn der Arbeitnehmer in dem betreffenden Monat nicht die ganze Zeit gearbeitet hat. Entscheidend ist der regelmäßige monatliche Auszahlungszeitraum. Die Pfändungsgrenzen für Arbeitsentgelt, das wöchentlich oder täglich geschuldet wird, sind in einem

---

462 So in der Beschlussempfehlung und im Bericht des Ausschusses für Arbeit und Soziales, BT-Drs. 18/2010 (neu), S. 16.

463 So auch im Ergebnis *Riechert/Nimmerjahn*, MiLoG, § 1 Rn. 90: »Die politische Absichtserklärung der Koalitionsfraktionen ist daher rechtlich nicht umsetzbar, so dass auch für die Saisonarbeitnehmer eine Anrechenbarkeit von Kost und Logis nicht zulässig ist.«.

464 ErfK/*Preis*, § 107 GewO Rn. 7.

465 Bekanntmachung zu § 850c ZPO (Pfändungsfreigrenzenbekanntmachung 2019) vom 4.4.2019 (BGBl. I S. 443).

466 So auch *Boemke*, JuS 2015, 385, 390; *Bayreuther*, NZA 2015, 385, 390; *Bayreuther*, in: Thüsing, § 1 MiLoG, Rn. 132; ErfK/*Franzen*, MiLoG § 1 Rn. 6; *Riechert/Nimmerjahn*, MiLoG, § 1 Rn. 85.

solchen Fall unerheblich.[467] Eine arbeitsvertragliche Regelung, die eine Verrechnung von Sachbezügen/Sachleistungen mit dem Mindestlohn oder eine Anrechnung von Sachbezügen auf den Mindestlohn vorsieht, ist jedenfalls insoweit unwirksam, wie das Nettomonatseinkommen unpfändbar ist, weil § 107 Abs. 2 Satz 5 GewO ein Verbotsgesetz ist (§ 134 BGB).[468] Eine Aufrechnung (§ 387 BGB) ist unzulässig, soweit eine Forderung (hier der Vergütungsanspruch auf den Mindestlohn) der Pfändung nicht unterworfen ist (§ 394 Satz 1 BGB).

e. Exkurs: Zuschlagspflicht bei Nachtarbeit

60 Ungünstige Arbeitszeiten werden häufig arbeits- oder tarifvertraglich durch Zuschläge, die neben dem Grundlohn gezahlt werden, ausgeglichen. Bei der Vergütung der Nachtarbeit wird die Vertragsfreiheit durch § 6 Abs. 5 ArbZG begrenzt: Soweit keine tarifvertraglichen Ausgleichsregelungen bestehen, hat der Arbeitgeber dem »Nachtarbeitnehmer« für die Arbeitsstunden während der Nachtzeit eine angemessene Zahl bezahlter freier Tage *oder* einen angemessenen Zuschlag auf das ihm hierfür zustehende Bruttoarbeitsentgelt zu gewähren. Man muss davon ausgehen, dass im **Niedriglohnsektor** häufig, entgegen den gesetzlichen Vorgaben, keine Nachtarbeitszuschläge gezahlt werden. Dabei ist ein **Zuschlag für die Nachtarbeit zuzüglich zum gesetzlichen Mindestlohn** zu zahlen. Eine Verrechnung des Zuschlags mit dem Mindestlohnanspruch ist unzulässig (vgl. Rn. 47).

Zulagen für Nachtarbeit sind Erschwerniszulagen im Sinne des § 850a Nr. 3 ZPO und damit im Rahmen des Üblichen unpfändbar. Bei der Frage, in welchem Umfang und in welcher Höhe Zuschläge für Nachtarbeit als »üblich« und damit unpfändbar anzusehen sind, kann an die Regelung in § 3b EStG (vgl. Rn. 63) angeknüpft werden.[469]

aa. Legaldefinitionen im Arbeitszeitgesetz

61 Für die Anwendung des § 6 Abs. 5 ArbZG sind mehrere Legaldefinitionen maßgeblich. **Nachtarbeit** ist jede Arbeit, die mehr als zwei Stunden der Nachtzeit umfasst (§ 2 Abs. 4 ArbZG). »Nachtzeit« ist die Zeit von 23 bis 6 Uhr, in Bäckereien und Konditoreien die Zeit von 22 bis 5 Uhr (§ 2 Abs. 3 ArbZG). Unabhängig von den gesetzlichen Begriffsdefinitionen kann durch den Arbeitsvertrag oder einen anwendbaren Tarifvertrag »Nachtarbeit«

---

467 Vgl. BAG 24.3.2009 – 9 AZR 733/07, NZA 2009, 861.

468 Vgl. BAG 24.3.2009 – 9 AZR 733/07, NZA 2009, 861; BAG 17.2.2009 – 9 AZR 676/07, NZA 2010, 99.

469 BAG 23.8.2017 – 10 AZR 859/16, NZA 2017, 1548.

auch anders definiert werden. Nachtarbeit ist die Arbeit in der Zeit von 20 bis 6 Uhr (§ 3b Abs. 2 Satz 2 EStG).

Nachtarbeitnehmer sind Arbeitnehmer, die aufgrund ihrer Arbeitszeit normalerweise Nachtarbeit in Wechselschicht »zu leisten haben« oder die Nachtarbeit an mindestens 48 Tagen im Kalenderjahr »leisten« (§ 2 Abs. 5 Nr. 1 und 2 ArbZG). Wer nicht in Wechselschicht zu arbeiten hat, sondern ausschließlich Nachtarbeit leistet, muss diese also tatsächlich an mindestens 48 Tagen im Kalenderjahr »leisten«. Nähme man den Wortlaut der Vorschrift ernst, würde zu Beginn eines Kalenderjahres nie feststehen, ob ein Arbeitnehmer, der keine Wechselschicht zu leisten hat, »Nachtarbeitnehmer« im Sinne des ArbZG ist – ein absurdes Ergebnis. Deshalb wird zu Recht davon ausgegangen, dass über den Wortlaut hinaus das Arbeitsschutzrecht für Nachtarbeit auch dann im Wege der Prognose anzuwenden ist, wenn (etwa aufgrund der Verhältnisse im Vorjahr oder aufgrund arbeitsvertraglicher Vereinbarung) zu erwarten ist, dass der Arbeitnehmer an mindestens 48 Kalendertagen Nachtarbeit leisten wird.[470] 62

bb. Steuer- und Sozialabgabenfreiheit von Nachtzuschlägen

Steuerfrei sind Zuschläge, die für »tatsächlich geleistete« Nachtarbeit neben dem Grundlohn gezahlt werden, soweit sie 25 % des Grundlohns nicht übersteigen (§ 3b Abs. 1 Nr. 1 EStG). Grundlohn ist der laufende Arbeitslohn, der dem Arbeitnehmer bei der für ihn maßgebenden regelmäßigen Arbeitszeit für den jeweiligen Lohnzahlungszeitraum zusteht; er ist in einen Stundenlohn umzurechnen und mit höchstens 50 Euro anzusetzen (§ 3b Abs. 2 Satz 1 EStG). Nachtarbeit ist die Arbeit in der Zeit von 20 bis 6 Uhr (§ 3b Abs. 2 Satz 2 EStG). Wird die Nachtarbeit vor 0 Uhr aufgenommen, erhöht sich für Nachtarbeit in der Zeit von 0 bis 4 Uhr der Zuschlagssatz auf 40 % (§ 3b Abs. 3 Nr. 1 EStG). 63

Steuerfrei sind (nur) die Zuschläge, die »neben dem Grundlohn gezahlt werden«, aber nicht der für die Nachtarbeit geleistete Grundlohn selbst.[471] **Voraussetzung für die Steuerbefreiung** ist, dass es Einzelaufstellungen über die tatsächlich erbrachten Arbeitsstunden zur Nachtzeit gibt.[472] Dadurch soll gewährleistet werden, dass nur Zuschläge steuerfrei bleiben, bei denen betragsmäßig genau feststeht, dass sie für die Nachtarbeit gezahlt werden und keine allgemeinen Gegenleistungen für die Arbeitsleistung dar- 64

470 Vgl. ErfK/*Wank*, § 2 ArbZG, Rn. 19; HWK/*Gäntgen*, § 2 ArbZG, Rn. 14.
471 BFH 9.7.2007 – IX B 65/07.
472 BFH 29.11.2016 – VI R 61/14, Rn. 16, NZA-RR 2017, 269; BFH 8.12.2011 – VI R 18/11, Rn. 10, NZA-RR 2012, 197.

stellen.[473] Pauschale Zuschläge sind nur dann steuerfrei, wenn sie als Abschlagszahlungen oder Vorschüsse auf Zuschläge für tatsächlich geleistete Nachtarbeit gezahlt werden.[474]

65 Soweit Nachtzuschläge steuerfrei sind, unterliegen sie auch nicht der Beitragspflicht zur Sozialversicherung (Kranken-, Pflege-, Renten-, Arbeitslosenversicherung). Zwar handelt es sich an sich um Arbeitsentgelt i. S. d. § 14 SGB IV. Maßgeblich ist jedoch die gem. § 17 SGB IV erlassene Sozialversicherungsentgeltverordnung (SvEV). Danach gilt: Dem Arbeitsentgelt sind laufende Zulagen und Zuschüsse sowie ähnliche Einnahmen, die zusätzlich zu Löhnen oder Gehältern gewährt werden, nicht zuzurechnen, soweit sie lohnsteuerfrei sind; dies gilt nicht für Nachtarbeitszuschläge, soweit das Entgelt, auf dem sie berechnet werden, mehr als 25 Euro für jede Stunde beträgt (§ 1 Abs. 1 Satz 1 Nr. 1 SvEV). In der gesetzlichen Unfallversicherung sind hingegen auch lohnsteuerfreie Zuschläge für Nachtarbeit dem Arbeitsentgelt zuzurechnen (§ 1 Abs. 2 SvEV).

cc. Schutzzweck der Ausgleichsregelung

66 Nachtarbeit ist **gesundheitsschädlich**.[475] Zweck des Arbeitszeitrechts (so auch § 6 Abs. 5 ArbZG) ist es, die Sicherheit und den Gesundheitsschutz der Arbeitnehmer bei der Arbeitszeitgestaltung zu gewährleisten (§ 1 Nr. 1 ArbZG). Allerdings dient § 6 Abs. 5 ArbZG nicht unmittelbar dem Gesundheitsschutz, wie etwa ein Verbot oder eine zeitliche Beschränkung der Nachtarbeit. Vor allem der Geldzuschlag ist nicht geeignet, die mit der Nachtarbeit verbundene gesundheitliche Belastung auszugleichen.[476] Dieser dient dem Gesundheitsschutz nur mittelbar, indem er die Nachtarbeit mit Zusatzkosten belastet. Durch den Ausgleich soll die Nachtarbeit verteuert und dadurch der Arbeitgeber angehalten werden, Nachtarbeit zu vermeiden. Dieser Zweck wird verfehlt, wenn die Nachtarbeit für den Arbeitgeber ohne deutliche finanzielle Folgen bleibt.[477]

473 BFH 29.11.2016 – VI R 61/14, Rn. 17, NZA-RR 2017, 269; BFH 8.12.2011 – VI R 18/11, Rn. 10, NZA-RR 2012, 197.

474 BFH 8.12.2011 – VI R 18/11, Rn. 11, NZA-RR 2012, 197.

475 BVerfG 28.1.1992 – 1 BvR 1025/82, 1 BvL 16/83, 1 BvL 10/91, BVerfGE 85, 191.

476 BAG 15.7.2020 – 10 AZR 123/19, Rn. 43, NZA 2021, 44; BAG 9.12.2015 – 10 AZR 423/14, Rn. 18, NZA 2016, 426.

477 BAG 9.12.2015 – 10 AZR 423/14, Rn. 18, NZA 2016, 426; BAG 27.5.2003 – 9 AZR 180/02, AP ArbZG § 6 Nr. 5; BAG 11.11.1997 – 9 AZR 604/96, NZA 1998, 441, 444.

dd. Tarifvertragliche Ausgleichsregelung

§ 6 Abs. 5 ArbZG überlässt die Ausgestaltung des Ausgleichs für Nachtarbeit wegen der größeren Sachnähe in erster Linie den **Tarifvertragsparteien** und regelt subsidiär einen gesetzlichen Anspruch. Auf den Rechtsgrund für die Geltung einer tarifvertraglichen Ausgleichsregelung kommt es nicht an. Diese kann normativ aufgrund Tarifbindung (§ 2 Abs. 1, § 3 Abs. 1 TVG) oder Allgemeinverbindlichkeit (§ 5 TVG) oder vertraglich aufgrund einer Bezugnahmeklausel im Arbeitsvertrag Anwendung finden. 67

Die Tarifvertragsparteien sind grundsätzlich frei darin, wie sie den Ausgleich regeln. Um den gesetzlichen Anspruch nach § 6 Abs. 5 ArbZG zu ersetzen, muss die tarifliche Regelung allerdings gerade eine Entschädigung für die mit der Nachtarbeit verbundenen Belastungen vorsehen.[478] Der tarifliche Ausgleich kann nicht nur ausdrücklich, sondern auch stillschweigend geregelt sein. Erforderlich für eine »stillschweigende« Ausgleichsregelung ist, dass der Tarifvertrag selbst entsprechende Hinweise enthält oder sich dafür aus der Tarifgeschichte oder aus Besonderheiten des Geltungsbereichs Anhaltspunkte ergeben.[479] Eine tarifliche Regelung, die sich darin erschöpft, den Anspruch auf einen Nachtarbeitszuschlag auszuschließen, ist keine Ausgleichsregelung i. S. d. § 6 Abs. 5 ArbZG.[480] 68

ee. Arbeitsvertragliche Ausgleichsregelung

Fehlt es an einer tarifvertraglichen Ausgleichsregelung, weil für das Arbeitsverhältnis kein Tarifvertrag Anwendung findet oder der anwendbare Tarifvertrag keine Ausgleichsregelung enthält, ist für die Arbeitsstunden, die während der Nachtzeit geleistet werden, kraft Gesetzes (§ 6 Abs. 5 ArbZG) auf das Bruttoarbeitsentgelt für diese Stunden eine angemessene Zahl bezahlter freier Tage *oder* ein angemessener Zuschlag (in Geld) vom Arbeitgeber zu gewähren. Der Arbeitgeber kann – unter Beachtung der Mitbestimmungsrechte des Betriebsrats – frei wählen, ob er den Ausgleichsanspruch des § 6 Abs. 5 ArbZG durch Zahlung von Geld, durch bezahlte Freistellung oder durch eine Kombination von beidem erfüllt.[481] Es besteht kein Vorrang des Freizeitausgleichs.[482] 69

---

478 BAG 18.5.2011 – 10 AZR 369/10, NZA-RR 2011, 581, 583; BAG 26.4.2005 – 1 ABR 1/04, NZA 2005, 884, 887.

479 BAG, 18.5.2011 – 10 AZR 369/10, NZA-RR 2011, 581, 583; BAG 26.4.2005 – 1 ABR 1/04, NZA 2005, 884, 887.

480 BAG 12.3.2008 – 4 AZR 616/06, Rn. 62; BAG 26.4.2005 – 1 ABR 1/04, NZA 2005, 884.

481 BAG 15.7.2020 – 10 AZR 123/19, Rn. 26, NZA 2021, 44; BAG 9.12.2015 – 10 AZR 423/14, Rn. 20, NZA 2016, 426.

482 BAG 15.7.2020 – 10 AZR 123/19, Rn. 29, NZA 2021, 44.

In Betrieben mit **Betriebsrat** ist zu beachten, dass das Wahlrecht des Arbeitgebers der Mitbestimmung des Betriebsrats unterliegt, weil es dabei um eine Regelung des Gesundheitsschutzes geht (§ 87 Abs. 1 Nr. 7 BetrVG). Das Mitbestimmungsrecht entfällt nur, wenn ein anwendbarer Tarifvertrag eine abschließende Ausgleichsregelung enthält.[483]

70 Die gesetzlich begründete Wahlschuld (§ 262 BGB) kann auch im Arbeitsvertrag getroffen werden, auch durch AGB, also durch vorformulierte einseitig vom Arbeitgeber gestellte Vertragsbedingungen.[484] Die arbeitsvertragliche Ausgleichsregelung unterliegt nach zwingendem Gesetzesrecht der Rechtskontrolle dahingehend, ob diese »angemessen« ist (§ 6 Abs. 5 ArbZG). Zusätzlich ist das **Transparenzgebot** nach dem AGB-Recht zu beachten (§ 307 Abs. 1 Satz 2 BGB), das auch bei Preisvereinbarungen gilt (§ 307 Abs. 3 Satz 2 BGB). Die Wahlschuld konkretisiert sich auf eine der geschuldeten Leistungen, wenn der Arbeitgeber das ihm zustehende Wahlrecht nach Maßgabe der gesetzlichen Bestimmungen ausübt oder der Arbeitsvertrag hierzu (wirksame) Festlegungen enthält.[485] Ist das Arbeitsverhältnis beendet, kann die Nachtarbeit nur durch Zahlung eines Zuschlags ausgeglichen werden.[486] Solange das Arbeitsverhältnis fortbesteht, kann der Arbeitgeber den Arbeitnehmer zum Ausgleich von Nachtarbeit bezahlt von der Arbeitspflicht freistellen, statt einen Zuschlag zu zahlen.[487]

71 Für die Angemessenheit der bezahlten Freizeit oder des Zuschlags gilt ein einheitlicher Maßstab. Es ist also der gleiche prozentuale Aufschlag entweder in Geld oder in Zeit zu gewähren.[488] Ist der Nachtzuschlag auf 25 % festzusetzen, beträgt auch der Umfang der bezahlten Freizeit als Ausgleich für die Nachtarbeit 25 % der geleisteten Nachtarbeitsstunden. Bei einem Acht-Stunden-Tag ist folglich für je 32 in der Nacht geleistete Stunden ein bezahlter freier Tag zu gewähren.[489]

---

483 BAG 17.1.2012 – 1 ABR 62/10, NZA 2012, 513; BAG 26.4.2005 – 1 ABR 1/04, NZA 2005, 884.

484 BAG 9.12.2015 – 10 AZR 423/14, Rn. 55, NZA 2016, 426; BAG 15.7.2009 – 5 AZR 867/08, NZA 2009, 1366.

485 BAG 9.12.2015 – 10 AZR 423/14, Rn. 15, NZA 2016, 426; BAG 18.5.2011 – 10 AZR 369/10, NZA-RR 2011, 581, 582; BAG 5.9.2002 – 9 AZR 202/01, NZA 2003, 563.

486 BAG 11.2.2009 – 5 AZR 148/08, AP ArbZG § 6 Nr. 9, Rn. 12; BAG 31.8.2005 – 5 AZR 545/04, NZA 2006, 324, Rn. 15.

487 BAG 13.1.2016 – 10 AZR 792/14, Rn. 35, NZA-RR 2016, 333; BAG 1.2.2006 – 5 AZR 422/04, Rn. 18, NZA 2006, 494.

488 BAG 15.7.2020 – 10 AZR 123/19, Rn. 29, NZA 2021, 44; BAG 9.12.2015 – 10 AZR 423/14, Rn. 20, NZA 2016, 426; BAG 1.2.2006 – 5 AZR 422/04, NZA 2006, 494, Rn. 23.

489 LAG Berlin-Brandenburg 19.8.2011 – 10 Sa 1450/11.

ff. Höhe des arbeitsvertraglichen Nachtarbeitszuschlags

Erfolgt kein Ausgleich durch **bezahlte freie Tage**, kann die Zahlung des Zuschlags in unterschiedlicher Art und Weise erfolgen. In erster Linie kommt die Zahlung eines prozentualen Zuschlags zusätzlich zum Bruttoarbeitsentgelt, das ohnedies für die Arbeitsleitung geschuldet ist, in Frage. Pauschalierungen werden unter bestimmten Voraussetzungen aber auch für zulässig erachtet (vgl. Rn. 74ff.). Die Höhe des angemessenen Nachtzuschlags richtet sich nach der Gegenleistung, für die sie bestimmt ist, d.h. nach der Art der Arbeitsleistung, kann also (etwa branchenbezogen) unterschiedlich zu bewerten sein. Die im Wirtschaftszweig des Arbeitgebers bestehenden Tarifverträge können eine Orientierung bieten, sind allerdings nicht zwingend.[490] In der Regel ist ein **Prozentsatz von 25 %** als angemessen anzusehen.[491] 72

Eine Erhöhung oder Verminderung des Zuschlags kommt in Betracht, wenn Umstände im Zusammenhang mit der Erbringung der Arbeitsleistung vorliegen, die den regelmäßig angemessenen Wert von 25% wegen der im Vergleich zum Üblichen niedrigeren oder höheren Belastung als zu gering oder zu hoch erscheinen lassen. Die Höhe des angemessenen Nachtarbeitszuschlags richtet sich nach der Gegenleistung, für die sie bestimmt ist.[492] Kriterien für einen **geringeren Prozentsatz** ergeben sich daraus, wenn während der Arbeit in der Nacht Bereitschaftszeiten oder Zeiten der Entspannung einen erheblichen Teil ausmachen, oder wenn der Zweck des Zuschlags, Nachtarbeit einzuschränken, nicht erreichbar ist, weil die Tätigkeit (etwa aus Gründen der öffentlichen Sicherheit) zwingend auch in der Nacht ausgeübt werden muss.[493] Für Arbeitnehmer, die im Rettungsdienst tätig sind, soll deshalb ein Nachtzuschlag in Höhe von 10 % noch »angemessen« sein,[494] im Bewachungsgewerbe 10 % bzw. 12 %.[495] Rein wirtschaftliche Erwägungen 73

490 BAG 18.5.2011 – 10 AZR 369/10, NZA-RR 2011, 581, Rn. 25. Nach BAG 9.12.2015 – 10 AZR 423/14, Rn. 31, NZA 2016, 426, sind tarifliche Ausgleichsregelungen nur »nachrangig« zu berücksichtigen.

491 BAG 15.7.2020 – 10 AZR 123/19, Rn. 30, NZA 2021, 44; BAG 25.4.2018 – 5 AZR 25/17, Rn. 43, NZA 2018, 1145; BAG 9.12.2015 – 10 AZR 423/14, NZA 2016, 426; BAG 11.2.2009 – 5 AZR 148/08, Rn. 19, AP ArbZG § 6 Nr. 9; BAG 1.2.2006 – 5 AZR 422/04, NZA 2006, 494, Rn. 21; BAG 27.5.2003 – 9 AZR 180/02, AP ArbZG § 6 Nr. 5.

492 BAG 15.7.2020 – 10 AZR 123/19, Rn. 31, NZA 2021, 44; BAG 9.12.2015 – 10 AZR 423/14, Rn. 27, NZA 2016, 426.

493 BAG 15.7.2020 – 10 AZR 123/19, Rn. 32, NZA 2021, 44; BAG 9.12.2015 – 10 AZR 423/14, Rn. 29, NZA 2016, 426; BAG 11.2.2009 – 5 AZR 148/08, Rn. 12, 16, AP ArbZG § 6 Nr. 9; BAG 31.8.2005 – 5 AZR 545/04, Rn. 17, NZA 2006, 324.

494 BAG 31.8.2005 – 5 AZR 545/04, NZA 2006, 324.

495 BAG 11.2.2009 – 5 AZR 148/08, AP ArbZG § 6 Nr. 9.

sind nicht geeignet, eine Abweichung nach unten zu begründen.[496] Ein **höherer Prozentsatz** (30%) kann gerechtfertigt sein, wenn der Arbeitnehmer nicht in Wechselschicht, sondern in **Dauernachtarbeit** eingesetzt wird oder der Nachtarbeitszuschlag den Arbeitnehmer gerade dafür entschädigen soll, dass er wegen der Nachtarbeit nur erschwert am sozialen Leben teilhaben kann.[497] Selbst bei Dauernachtarbeit kann jedoch auch ein Zuschlag lediglich in Höhe von 20 % noch angemessen sein, wenn die Nachtarbeit unvermeidbar ist, so bei der Tätigkeit in Krankenhäusern und in Altenpflegeeinrichtungen.[498]

Erfolgt die **Zeitungszustellung** dauerhaft in Nachtarbeit i. S. d. Arbeitszeitgesetzes, haben Zeitungszusteller Anspruch auf einen Nachtarbeitszuschlag in Höhe von 30 % des ihnen je Arbeitsstunde zustehenden Mindestlohns.[499] Ist eine höhere Vergütung (als der Mindestlohn) vereinbart, ist die höhere Vergütung Bezugspunkt für den Zuschlag für die Nachtarbeit.[500]

Der Zuschlag nach § 6 Abs. 5 ArbZG knüpft an das dem Nachtarbeitnehmer für die Nachtarbeit »zustehende« Bruttoarbeitsentgelt an. Zustehendes Bruttoarbeitsentgelt ist bei Fehlen einer günstigeren Regelung der gesetzliche Mindestlohn, denn dieser ist kraft Gesetzes vom Arbeitgeber dem Arbeitnehmer als Gegenleistung für tatsächliche Arbeit zu zahlen.[501]

gg. Pauschalierungsvereinbarungen

74 Der in § 6 Abs. 5 ArbZG nur allgemein geregelte Anspruch auf angemessenen Ausgleich kann durch einzelvertragliche Regelung der Arbeitsvertragsparteien näher ausgestaltet werden, auch durch AGB.[502] In einer solchen vertraglichen Regelung kann etwa auch das Wahlrecht vertraglich ausgeschlossen werden, etwa dergestalt, dass Nachtarbeit stets in Freizeit und nicht finanziell auszugleichen ist oder umgekehrt.

75 Erfolgt kein Ausgleich durch Freizeitgewährung, kann die Zahlung des Zuschlags in unterschiedlicher Art und Weise erfolgen. Die Arbeitsvertragsparteien können auf eine gesonderte Zuschlagsregelung in Form eines Prozentsatzes des Stundenlohns verzichten und stattdessen den Grundlohn

---

496 BAG 9.12.2015 – 10 AZR 423/14, Rn. 29, NZA 2016, 426.

497 BAG 15.7.2020 – 10 AZR 123/19, Rn. 33, NZA 2021, 44; BAG 25.4.2018 – 5 AZR 25/17, Rn. 50, NZA 2018, 1145; BAG 9.12.2015 – 10 AZR 423/14, NZA 2016, 426; BAG 27.5.2003 – 9 AZR 180/02, AP ArbZG § 6 Nr. 5; BAG 5.9.2002 – 9 AZR 202/01, NZA 2003, 563, 566.

498 BAG 15.7.2020 – 10 AZR 123/19, NZA 2021, 44.

499 BAG 25.4.2018 – 5 AZR 25/17, NZA 2018, 1145.

500 BAG 25.4.2018 – 5 AZR 25/17, NZA 2018, 1145.

501 BAG 25.4.2018 – 5 AZR 25/17, Rn. 40, NZA 2018, 1145.

502 BAG 15.7.2009 – 5 AZR 867/08, NZA 2009, 1366.

wegen der vereinbarten Nachtarbeit entsprechend erhöhen. Von einer **pauschalen Abgeltung** kann nur ausgegangen werden, wenn der Arbeitsvertrag hierfür konkrete Anhaltspunkte enthält. Dazu ist es in der Regel erforderlich, dass in dem Arbeitsvertrag zwischen der Grundvergütung und dem (zusätzlichen) Nachtarbeitszuschlag unterschieden wird; jedenfalls muss ein Bezug zwischen der zu leistenden Nachtarbeit und der Lohnhöhe hergestellt werden.[503]

Die Höhe der Vergütung und damit auch die Höhe von einzelnen Vergütungsbestandteilen (hier der Nachtarbeitszuschlag) unterliegen an sich nicht der Angemessenheitskontrolle (§ 307 Abs. 3 BGB). Je nach Ausgestaltung der vertraglichen Bestimmung kann sie aber als sog. Preisnebenabrede sehr wohl kontrolliert werden. Hinsichtlich des Nachtarbeitszuschlags gilt jedoch die Besonderheit, dass er nach zwingendem Gesetzesrecht der Kontrolle unterliegt, weil dieser »angemessen« sein muss (§ 6 Abs. 5 ArbZG); das gilt dann selbstredend auch hinsichtlich einer Pauschalierungsvereinbarung. Insoweit geht es aber nicht um eine Inhaltskontrolle nach dem AGB-Recht, sondern um eine Rechtskontrolle dahingehend, ob die Pauschalierung noch »angemessen« i. S. d. § 6 Abs. 5 ArbZG ist. 76

Die Arbeitsvertragsparteien können (auch durch AGB, also vorformulierte Arbeitsverträge) auf eine gesonderte Zuschlagsregelung in Form eines Prozentsatzes des Stundenlohns verzichten und stattdessen den Grundlohn wegen der vereinbarten Nachtarbeit entsprechend erhöhen.[504] Von einer solchen **pauschalierten Abgeltung** kann jedoch nur ausgegangen werden, wenn der Arbeitsvertrag hierfür konkrete Anhaltspunkte enthält. In der Regel ist es erforderlich, dass im Arbeitsvertrag zwischen der Grundvergütung und dem (zusätzlichen) Nachtarbeitszuschlag unterschieden wird; jedenfalls muss ein Bezug zwischen der Nachtarbeit und der Lohnhöhe hergestellt werden. Der Zuschlag ist nach dem Wortlaut des § 6 Abs. 5 ArbZG »auf« das Bruttoarbeitsentgelt zu gewähren.[505] Der Stundenlohn ist wegen der besonderen Erschwernisse der Nachtarbeit zu erhöhen. Eine allgemeine Vertragsklausel, dass durch den Stundenlohn Zuschläge für Nachtarbeit »umfasst und abgegolten« seien, genügt nicht.[506] 77

Das **Transparenzgebot** (§ 307 Abs. 1 Satz 2 BGB) verlangt, dass die tatbestandlichen Voraussetzungen und Rechtsfolgen so genau beschrieben werden müssen, dass für den Verwender der Vertragsklauseln (Arbeitgeber) 78

503 BAG 9.12.2015 – 10 AZR 156/15, Rn. 59, NZA 2016, 1021; BAG 31.8.2005 – 5 AZR 545/04, NZA 2006, 324.

504 BAG 31.8.2005 – 5 AZR 545/04, NZA 2006, 324, 327; BAG 5.9.2002 – 9 AZR 202/01, NZA 2003, 563, 565.

505 BAG 31.8.2005 – 5 AZR 545/04, NZA 2006, 324, 327; BAG 5.9.2002 – 9 AZR 202/01, NZA 2003, 563, 565.

506 BAG 27.5.2003 – 9 AZR 180/02, AP ArbZG § 6 Nr. 5.

keine ungerechtfertigten Beurteilungsspielräume entstehen. Das Gebot ist verletzt, wenn eine Vertragsklausel vermeidbare Unklarheiten und Spielräume enthält.[507] Doch darf das Transparenzgebot den Verwender nicht überfordern. Die Verpflichtung, den Inhalt der Vertragsklausel klar und verständlich zu formulieren, besteht nur im Rahmen des Möglichen.[508] Erforderlich ist deshalb, dass in der Vertragsklausel der **Anteil des Monatsverdiensts, der Nachtarbeit pauschal abgelten** soll, **extra ausgewiesen** wird. Die den Vertrag begleitenden Umstände können jedoch (§ 310 Abs. 3 Nr. 3 BGB) je nach Fallkonstellation geringe Anforderungen an die Vertragstransparenz stellen, vor allem dann, wenn sich aufgrund vorheriger Verträge eine bestimmte Umrechnungsformel aufdrängt.[509] Für die **Vertragspraxis** ist die klare Vereinbarung eines Prozentsatzes als Nachtzuschlag zusätzlich zum Stundenlohn zu bevorzugen – und zwar auch deshalb, um Streitigkeiten über die Steuerfreiheit (§ 3b EStG) zu vermeiden (vgl. Rn. 64).

hh. Rechtsmissbräuchliche Vertragsgestaltung

79 Rechtsmissbräuchlich und unwirksam sind »kreative« Vertragsgestaltungen, die die Bezugsgröße (den Bruttostundenlohn) an den Nachtzuschlag »anpassen« sollen.

Beispiel:
Im Arbeitsvertrag ist zur Höhe der Arbeitsvergütung geregelt, dass für Arbeitszeiten in der Zeit zwischen 6 und 23 Uhr ein Stundenlohn von 9,50 Euro und für Arbeitszeiten in der Zeit zwischen 23 und 6 Uhr ein Stundenlohn von 9 Euro zuzüglich eines Nachtzuschlags von 25 % pro Stunde (= 11,25 Euro) gezahlt wird.

80 Zwar könnte der Arbeitgeber argumentieren, dem Arbeitnehmer sei ein Zuschlag für die Arbeitsstunden während der Nachtzeit auf das ihm »hierfür« zustehende Bruttoarbeitsentgelt zu gewähren (§ 6 Abs. 5 ArbZG) und der Arbeitnehmer erhielte letztlich, wenn man Stundenlohn plus Zuschlag zusammenrechne, den gleichen Lohn wie für die Tagesarbeitszeiten, doch greift das zu kurz. Entscheidend ist der Schutzzweck der Norm (vgl. Rn. 66). Durch die Zuschlagspflicht soll die Nachtarbeit verteuert werden. Dieser Zweck wird verfehlt, wenn die Nachtarbeit für den Arbeitgeber ohne deutliche finanzielle Folgen bleibt.[510] Im Beispielsfall wird die Nachtarbeit nicht verteuert, sondern im Gegenteil verbilligt. Da der Zuschlag »auf« das (normale) Bruttoarbeitsentgelt zu zahlen ist, verbieten sich Manipulationen

507 BAG 31.8.2005 – 5 AZR 545/04, NZA 2006, 324, 328.
508 BAG 31.8.2005 – 5 AZR 545/04, NZA 2006, 324.
509 Sehr großzügig BAG 31.8.2005 – 5 AZR 545/04, NZA 2006, 324, 328.
510 BAG 27.5.2003 – 9 AZR 180/02, AP ArbZG § 6 Nr. 5; BAG 11.11.1997 – 9 AZR 604/96, NZA 1998, 441, 444.

bei der Bezugsgröße (dem Stundenlohn). Ausgehend vom Schutzzweck des § 6 Abs. 5 ArbZG geht es im Beispielsfall um eine funktionswidrige Vertragsgestaltung, die im Hinblick auf den Schutzzweck objektiv rechtsmissbräuchlich und damit unzulässig ist. Seit der Einführung des Mindestlohns kommt hinzu, dass der Nachtzuschlag nicht auf den Mindestlohnanspruch angerechnet werden darf, sondern zusätzlich zum Mindestlohn zu zahlen ist (vgl. Rn. 47).

6. Mindestlohn für Zeiten ohne Arbeitsleistung

Im MiLoG ist nicht explizit die Frage geregelt, ob der Arbeitnehmer auch 81
einen Anspruch auf Zahlung des Mindestlohns für solche Zeiten hat, in denen er keine tatsächliche Arbeitsleistung erbringt. Ausgehend von den Vorschriften des allgemeinen Schuldrechts gilt im Arbeitsverhältnis der Grundsatz: »Ohne Arbeit kein Lohn«.[511] Der Arbeitnehmer hat aber auch ohne Erbringung der Arbeitsleistung Anspruch auf die Vergütung in gesetzlich geregelten Fällen der **Entgeltfortzahlung** (z. B. § 616 Satz 1 BGB, § 2 Abs. 1, § 3 Abs. 1 EFZG) oder wenn der Arbeitgeber das Risiko der Nichtbeschäftigung wegen Annahmeverzugs (§ 615 BGB) zu tragen hat.
Für Zeiten, für die das Arbeitsentgelt ohne Arbeitsleistung zu leisten ist, **gelten allerdings nicht die speziellen Schutzvorschriften des MiLoG**. So gilt vor allem § 3 MiLoG nicht, so dass insoweit Ausschlussfristen Anwendung finden können. Auch das Verzichtsverbot des § 3 Satz 2 MiLoG findet insoweit keine Anwendung. Der **Bußgeldtatbestand** wegen Nichtzahlung des Mindestlohns (§ 20i. V. m. § 2 Abs. 1 Satz 1 Nr. 2 MiLoG) wird nur erfüllt, wenn es um die Nichtzahlung oder verspätete Zahlung des Mindestlohns für tatsächlich erbrachte Arbeitsleistung geht, nicht aber für Fallkonstellationen, in denen ein Entgeltfortzahlungsanspruch besteht.[512]

a. Entgeltfortzahlung im Krankheitsfall

Bei der **Entgeltfortzahlung im Krankheitsfall** ist auf die Bestimmungen 82
des EFZG abzustellen. Ein Arbeitnehmer hat, wenn er durch Arbeitsunfähigkeit infolge Krankheit an seiner Arbeitsleistung verhindert wird, ohne dass ihn ein Verschulden trifft, einen Anspruch auf Entgeltfortzahlung im Krankheitsfall durch den Arbeitgeber für die Zeit der Arbeitsunfähigkeit bis zur Dauer von sechs Wochen (§ 3 Abs. 1 Satz 1 EFZG). Dabei ist für den Zeitraum von sechs Wochen das für die regelmäßige Arbeitszeit zu-

511 BAG 18.4.2012 – 5 AZR 248/11, Rn. 14, NZA 2012, 998.

512 Vgl. *Bayreuther*, in: Thüsing, § 1 MiLoG, Rn. 60; MünchArbR/*Krause*, § 61 Rn. 15; *Vogelsang/Wensing*, NZA 2016, 141, 142f.; *Riechert/Nimmerjahn*, MiLoG, § 1 Rn. 23; Schaub/*Vogelsang*, Arbeitsrechts-Handbuch, § 66 Rn. 47.

stehende Arbeitsentgelt fortzuzahlen (§ 4 Abs. 1 EFZG). Ausgehend von der regelmäßigen Arbeitszeit ist für Zeiten, in denen ein Entgeltfortzahlungsanspruch besteht, mindestens der Mindestlohn je Stunde zu zahlen. Das folgt aus dem **Lohnausfallprinzip**.

83 Bei § 3 Abs. 1 EFZG handelt es sich um einen gesetzlichen Tatbestand, der eine Vergütungspflicht ohne Arbeit regelt. Nach dem im § 4 Abs. 1 EFZG verankerten Entgeltausfallprinzip erhält der Arbeitnehmer grundsätzlich die volle Vergütung für die ausgefallene regelmäßige Arbeitszeit.[513] Es kommt darauf an, welches Entgelt dem Arbeitnehmer für die ausgefallene regelmäßige Arbeitszeit zusteht. Durch § 4 Abs. 1 EFZG wird der Arbeitnehmer fiktiv so gestellt, als ob er im Umfang seiner regelmäßigen Arbeitszeit gearbeitet hätte. Für diese Arbeitszeit (Zeitfaktor) ist ihm die Vergütung zu zahlen, die er bei Erbringung dieser Arbeitsleistung rechtlich hätte beanspruchen können (Geldfaktor).

84 Weder durch die Vorschriften des MiLoG noch durch die Entsende-RL 96/71/EG werden die Vorschriften der §§ 3, 4 EFZG dahin eingeschränkt, dass bei der Ermittlung des Arbeitsentgelts, das nach den Bestimmungen des EFZG dem Arbeitnehmer zu leisten ist, nicht die Mindeststundenvergütung, die dem Arbeitnehmer für tatsächliche Arbeit zu zahlen ist, als Geldfaktor zugrunde gelegt werden darf. Der Anspruch auf den Mindestlohn ist ein Mindestentgeltsatz i. S. d. § 2 Nr. 1 AEntG. Der Begriff »Mindestentgeltsätze« i. S. d. § 2 Nr. 1 AEntG ist einheitlich auszulegen, und zwar unabhängig davon, ob ein rein innerstaatlicher Sachverhalt oder ein Sachverhalt mit Auslandsbezug zu entscheiden ist.[514] Regelungen über Mindestentgeltsätze sind danach nur Rechtsnormen über Mindestentgelt für tatsächlich erbrachte Arbeitsleistungen. Nur insoweit handelt es sich um international zwingende Normen i. S. d. Art. 34 EGBGB/Art. 9 Rom-I-VO.[515] Auch § 3 EFZG ist nur dann als zwingende Eingriffsnorm anwendbar, wenn die betreffenden Arbeitsverhältnisse dem deutschen Sozialversicherungsrecht unterliegen.[516]

85 Ergibt sich so zwar kein Anspruch auf Zahlung des Mindestlohns für Zeiten nach dem EFZG aus § 2 Nr. 1 AEntG oder dem MiLoG, folgt dieser Anspruch jedoch unmittelbar aus §§ 3, 4 EFZG. Weder die Bestimmungen des MiLoG noch des AEntG schränken die sich aus §§ 3, 4 EFZG ergebenden Ansprüche eines Arbeitnehmers ein. Weder dem Wortlaut noch dem Gesamtzusammenhang noch dem Zweck des MiLoG (oder des AEntG) kann entnommen werden, dass der Mindestlohn, der für die tatsächlich erbrachte Arbeitsleistung zu zahlen ist, nicht als Geldfaktor bei der Berechnung eines sich aus §§ 3, 4 EFZG ergebenden Anspruchs berücksichtigt werden darf.

---

513 BAG 1.9.2010 – 5 AZR 557/09, Rn. 11, NZA 2010, 1360.

514 BAG 18.4.2012 – 4 AZR 168/10 (A), Rn. 14ff., NZA 2013, 386.

515 BAG 12.1.2005 – 5 AZR 617/01, NZA 2005, 627.

516 BAG 18.4.2012 – 10 AZR 200/11, Rn. 13, NZA 2012, 1152.

Durch das EFZG soll gerade sichergestellt werden, dass der Arbeitnehmer durch den Arbeitsausfall infolge unverschuldeter krankheitsbedingter Arbeitsunfähigkeit dennoch grundsätzlich seine volle Vergütung erhält, die er auch bei Leistung der Arbeit hätte beanspruchen können.

Im MiLoG findet sich keine Regelung, dass der Mindestlohn für die Be- 86
rechnung der Entgeltfortzahlung im Krankheitsfall keine Anwendung finden soll. Von den §§ 3, 4 EFZG kann mit Ausnahme des § 4 Abs. 4 EFZG nicht abgewichen werden (§ 12 EFZG). In einem Tarifvertrag können von § 4 Abs. 1, Abs. 1a und Abs. 3 EFZG abweichende Bemessungsgrundlagen für das fortzuzahlende Arbeitsentgelt festgelegt werden (§ 4 Abs. 4 Satz 1 EFZG). Im Geltungsbereich eines solchen Tarifvertrags kann zwischen nichttarifgebundenen Arbeitgebern und Arbeitnehmern die Anwendung der tarifvertraglichen Regelung über die Fortzahlung des Arbeitsentgelts im Krankheitsfall vereinbart werden (§ 4 Abs. 4 Satz 2 EFZG).

Die Rechtsprechung des BAG zur Haftung des Auftraggebers nach § 1a 87
AEntG a. F.[517] (nunmehr § 14 AEntG, auf den in § 13 MiLoG verwiesen wird) steht dieser Interpretation des Entgeltfortzahlungsrechts nicht entgegen. Das BAG hat für die Haftung des Auftraggebers entschieden, dass der Auftraggeber nur für international zwingende Mindestentgeltansprüche einzustehen habe, aber nicht für Ansprüche, denen keine tatsächliche Arbeitsleistung gegenübersteht. Das mag für die Haftung des Auftraggebers zutreffen, sagt aber nichts darüber aus, ob und in welcher Höhe der Arbeitnehmer von seinem Arbeitgeber Arbeitsentgelt für Zeiten ohne Arbeitsleistung beanspruchen kann.

Der Anspruch folgt also aus dem EFZG, nicht aus dem MiLoG. Diese Auffassung wird bestätigt durch die **Rechtsprechung des BAG** zum Mindestlohn für das pädagogische Personal in Aus- und Weiterbildungsmaßnahmen. Für Zeiten der Entgeltfortzahlung bei Arbeitsunfähigkeit ist der Mindestlohn für die Höhe der Entgeltfortzahlung gem. § 4 Abs. 1 EFZG bei Arbeitsunfähigkeit wegen des Entgeltausfallprinzips maßgeblich, wenn die Mindestlohnregelung keine abweichenden Bestimmungen enthält.[518] Das ist beim MiLoG der Fall: Das Gesetz enthält keine vom EFZG abweichenden Bestimmungen. Auch für den allgemeinen Mindestlohn hat das BAG so entschieden.[519] Das Entgeltausfallprinzip verlangt, den Mindestlohn als Geldfaktor in die Berechnung des Entgeltfortzahlungsanspruchs einzustellen, soweit nicht aus anderen Rechtsgründen ein höherer Vergütungsanspruch besteht. Eine von § 4 Abs. 1 EFZG abweichende Regelung enthält das MiLoG nicht. Der Min-

517 BAG 12.1.2005 – 5 AZR 617/01, NZA 2005, 627.

518 BAG 13.5.2015 – 10 AZR 495/14, NZA 2015, 1127, zum Mindestlohn für das pädagogische Personal in Aus- und Weiterbildungsmaßnahmen.

519 BAG 20.6.2018 – 5 AZR 377/17, NZA 2018, 1494; BAG 6.12.2017 – 5 AZR 699/16, NZA 2018, 582.

destlohn prägt damit mittelbar den Entgeltfortzahlungsanspruch. Weil der Arbeitnehmer so zu stellen ist, als hätte er gearbeitet, muss er auch unter den in § 3 Abs. 1 EFZG genannten Voraussetzungen und dem dort bezeichneten Zeitraum den Mindestlohn als untere Grenze des fortzuzahlenden Entgelts erhalten.[520]

b. Entgeltfortzahlung für gesetzliche Feiertage

88 Die gleichen Erwägungen wie für die Entgeltfortzahlung im Krankheitsfall gelten bei der **Entgeltfortzahlung für Feiertage**. Für Arbeitszeit, die infolge eines gesetzlichen Feiertags ausfällt, hat der Arbeitgeber dem Arbeitnehmer das Arbeitsentgelt zu zahlen, das er ohne den Arbeitsausfall erhalten hätte (§ 2 Abs. 1 EFZG). § 2 Abs. 1 EFZG stellt als Spezialregelung eine Ausnahme vom bürgerlich-rechtlichen Grundsatz dar, wonach der Arbeitgeber von der Vergütungspflicht befreit ist, wenn der Arbeitnehmer seiner Arbeitsverpflichtung nicht nachkommt. Bei dieser Vorschrift handelt es sich um einen gesetzlichen Tatbestand, der eine Vergütungspflicht ohne Arbeit regelt. § 2 Abs. 1 EFZG bestimmt ausdrücklich, dass dem Arbeitnehmer das Arbeitsentgelt zu zahlen ist, das er ohne den Arbeitsausfall erhalten hätte. Bereits nach dem Wortlaut ist daher nicht nur das Arbeitsentgelt zu zahlen, was die Parteien als Arbeitsentgelt arbeitsvertraglich vereinbart haben. Durch den Arbeitsausfall aufgrund eines Feiertags entfällt vielmehr gerade das Arbeitsentgelt, was an den Arbeitnehmer bei Erbringung der tatsächlichen Arbeitsleistung zu zahlen wäre. Nur durch die Zahlung des Entgelts, welches der Arbeitnehmer bei tatsächlicher Arbeitsleistung beanspruchen kann, wird auch die mit der Vorschrift bezweckte wirtschaftliche Entschädigung erreicht. Der Arbeitnehmer soll durch den Arbeitsausfall aufgrund eines gesetzlichen Feiertags gerade keine finanziellen Nachteile erleiden verglichen mit der wirtschaftlichen Situation bei tatsächlicher Erbringung der Arbeitsleistung. Damit begründet § 2 EFZG einen Anspruch des Arbeitnehmers auf Zahlung des Arbeitsentgelts, das dem Arbeitnehmer rechtlich für die Arbeitszeit zustehen würde, die er an dem gesetzlichen Feiertag ohne den gesetzlich angeordneten Untergang der Arbeitspflicht gearbeitet hätte. Im MiLoG findet sich keine Regelung, dass der Mindestlohn für die Berechnung der Entgeltfortzahlung an Feiertagen keine Anwendung finden soll. Insoweit gelten die obigen Ausführungen zur Entgeltfortzahlung im Krankheitsfall entsprechend.

Diese Auffassung wird bestätigt durch die **Rechtsprechung des BAG** zum Mindestlohn für das pädagogische Personal in Aus- und Weiterbildungsmaßnahmen. Für Zeiten der Entgeltfortzahlung an Feiertagen ist der Mindestlohn für die Höhe der Entgeltfortzahlung gem. § 2 Abs. 1 EFZG

520 BAG 20.6.2018 – 5 AZR 377/17, Rn. 11/12, NZA 2018, 1494.

an Feiertagen wegen des Entgeltausfallprinzips maßgeblich.[521] Auch für den allgemeinen Mindestlohn hat das BAG so entschieden.[522]
Eine arbeitsvertragliche Regelung, nach der ein Zeitungszusteller einerseits Zeitungsabonnenten täglich von Montag bis Samstag zu beliefern hat, andererseits Arbeitstage des Zustellers lediglich solche Tage sind, an denen Zeitungen im Zustellgebiet erscheinen, verstößt gegen den Grundsatz der Unabdingbarkeit des gesetzlichen Anspruchs auf Entgeltzahlung an Feiertagen. Die Berechnung der Feiertagsvergütung erfolgt nach dem Entgeltausfallprinzip. Das erfordert eine hypothetische Betrachtung, welches Arbeitsentgelt der Arbeitnehmer ohne den feiertagsbedingten Arbeitsausfall verdient hätte.[523]

c. Entgeltfortzahlung bei Annahmeverzug

Ein Anspruch auf Entgeltfortzahlung besteht auch in allen Fällen, in denen **89** der Arbeitgeber das Risiko der Nichtbeschäftigung wegen Annahmeverzugs (§ 615 BGB) zu tragen hat. Der Arbeitgeber hat an den Arbeitnehmer die »vereinbarte Vergütung« zu zahlen. § 1 MiLoG bestimmt, dass mindestens der Mindestlohn zu zahlen ist. Gemäß § 615 BGB hat der Arbeitgeber die Vergütung für die Fälle zu zahlen, in denen er mit der Annahme der Arbeitsleistung in Verzug gerät bzw. in allen Fällen, in denen der Arbeitgeber das Risiko des Arbeitsausfalls trägt (§ 615 Satz 3 BGB).
Das sind die Fälle des **Betriebsrisikos** (*Beispiele*: Unterbrechung der Strom- **90** versorgung, Rohstoffmangel, behördliche Auflagen, die die Betriebstätigkeit einschränken).[524] Der Arbeitgeber hat grundsätzlich die Risiken aus dem betrieblichen Bereich zu tragen, da er den Betrieb leitet und organisiert. Er wird deshalb in solchen Fällen bei Nichtleistung der Arbeit nicht von seiner Vergütungszahlungspflicht befreit (§ 615 Satz 1 BGB). Das gilt auch, wenn die Störung keine betriebstechnische Ursache hat, sondern von außen auf den Betrieb einwirkt, z. B. wenn der Arbeitgeber ohne eigenes Verschulden wegen zu niedriger Temperaturen den Betrieb unterbrechen muss.[525] Der Arbeitgeber hat auch das **Wirtschaftsrisiko** zu tragen.[526] Es ist allein das Problem des Arbeitgebers, ob er die Arbeitnehmer beschäftigen kann oder

521 BAG 13.5.2015 – 10 AZR 495/14, NZA 2015, 1127, zum Mindestlohn für das pädagogische Personal in Aus- und Weiterbildungsmaßnahmen.
522 BAG 16.10.2019 – 5 AZR 352/18, Rn. 28, NZA 2020, 237; BAG 6.12.2017 – 5 AZR 699/16, NZA 2018, 582; BAG 20.9.2017 – 10 AZR 171/16, Rn. 24, NZA 2018, 53.
523 *BAG* 16.10.2019 – 5 AZR 352/18, NZA 2020, 237.
524 BAG 11.7.1990 – 5 AZR 557/89, NZA 1991, 67.
525 BAG 9.3.1983 – 4 AZR 301/80, DB 1983, 1496.
526 BAG 11.7.1990 – 5 AZR 557/89, NZA 1991, 67.

ob wegen Auftragsmangels oder Umsatzrückgängen eine Beschäftigung nur eingeschränkt oder gar nicht möglich ist. Das Wirtschaftsrisiko entbindet den Arbeitgeber nicht von der Erfüllung seiner Vertragspflicht, d.h. der Pflicht zur Zahlung der Arbeitsvergütung.

91 Für die Höhe des Vergütungsanspruchs gilt das **Lohnausfallprinzip.**[527] Der Arbeitnehmer ist so zu vergüten, als ob er gearbeitet hätte. Von daher ist auch für solche Zeiten mindestens der **Mindestlohn** zu zahlen.[528] § 615 BGB ist allerdings vertraglich abdingbar (d.h., die Anwendung der Vorschrift kann vertraglich ausgeschlossen werden), jedoch bedarf es einer eindeutigen und klaren Vereinbarung.[529] § 3 MiLoG steht dem nicht entgegen (vgl. Rn. 81).

d. Urlaubsentgelt/Urlaubsabgeltung

92 Während des Urlaubs hat der Arbeitnehmer Anspruch auf Zahlung des Urlaubsentgelts. Das **Urlaubsentgelt** (§ 11 BUrlG), das sich nach dem durchschnittlichen Arbeitsverdienst der letzten 13 Wochen vor dem Beginn des Urlaubs bemisst, ist normale Gegenleistung für die Arbeitsleistung. Sie wird während des Urlaubs zwar nicht erbracht, durch den gesetzlich garantierten Urlaub darf der »normale« Lohnanspruch jedoch nicht beeinträchtigt werden. Die Frage einer Anrechnung des Urlaubsentgelts auf den Mindestlohnanspruch im Fälligkeitsmonat stellt sich im Ergebnis nicht: Hat der Arbeitnehmer einen vollen Kalendermonat Urlaub, ist ihm nach Maßgabe des § 11 BUrlG das Urlaubsentgelt zu zahlen. Hat der Arbeitnehmer nur für einzelne Tage eines Kalendermonats Urlaub, ist ihm für diese Tage das Urlaubsentgelt gem. § 11 BUrlG zu zahlen, für die anderen Tage das Arbeitsentgelt für die tatsächliche Arbeitszeit gem. § 1 MiLoG. Da sich das Urlaubsentgelt nach dem durchschnittlichen Arbeitsverdienst der letzten 13 Wochen vor dem Beginn des Urlaubs bemisst, wirkt sich der Mindestlohnanspruch dadurch auch auf die Berechnung des Urlaubsentgelts aus. Das Urlaubsentgelt ist mindestens in Höhe des Mindestlohns zu zahlen.[530] Entsprechendes gilt für

---

527 Vgl. BAG 19.3.2008 – 5 AZR 429/07, Rn. 13, NZA 2008, 757; BAG 7.11.2002 – 2 AZR 742/00, NZA 2003, 1139; BAG 18.9.2001 – 9 AZR 307/00, NZA 2002, 268.

528 Vgl. *Bayreuther*, in: Thüsing, § 1 MiLoG, Rn. 64; ErfK/*Franzen*, MiLoG § 1 Rn. 20; *Greiner/Strippelmann*, BB 2015, 949, 951; *Kocher*, AuR 2015, 173, 175; HWK/*Krause*, § 615 BGB Rn. 79; *Riechert/Nimmerjahn*, MiLoG, § 1 Rn. 40; Schaub/*Vogelsang*, Arbeitsrechts-Handbuch, § 66 Rn. 48.

529 BAG 22.4.2009 – 5 AZR 310/08, Rn. 22, NZA 2009, 913.

530 BAG 6.12.2017 – 5 AZR 699/16, Rn. 20, NZA 2018, 582.

die Berechnung der **Urlaubsabgeltung** (Auszahlung des nicht genommenen Urlaubs bei Beendigung des Arbeitsverhältnisses, § 7 Abs. 4 BUrlG).[531]

7. Rechtsschutz gegen den gesetzlichen Mindestlohn

Manch ein Arbeitgeber oder Arbeitgeberverband könnte den gesetzlichen angeordneten Mindestlohn als unzulässigen Eingriff in seine Rechte empfinden. Rechtlich ist zu beachten, dass die **Höhe des Mindestlohns** durch § 1 Abs. 2 Satz 1 MiLoG für die Zeit seit Januar 2015 **unmittelbar durch das Gesetz** angeordnet wurde. Ein Gesetz ist zu beachten, solange die Verfassungswidrigkeit nicht durch das BVerfG festgestellt ist. Das MiLoG ist verfassungsgemäß (vgl. Einleitung Rn. 24ff.). Änderungen der Höhe des Mindestlohns erfolgen in Zukunft durch eine **Rechtsverordnung** gem. § 11 MiLoG. Zu den Rechtsschutzmöglichkeiten gegen diese vgl. § 11 MiLoG Rn. 11ff. 93

Das **Verwerfungsmonopol** bei Gesetzen, d.h. die Feststellung der Verfassungswidrigkeit, liegt einzig und allein beim BVerfG. Hält ein Fachgericht das MiLoG für verfassungswidrig, muss es die Frage dem BVerfG zur Entscheidung vorlegen (Art. 100 Abs. 1 GG). 94

In einem **Rechtsstreit vor den Arbeitsgerichten** (z.B. Lohnklage auf den Mindestlohn) ist ggf. durch das Gericht von Amts wegen inzident zu prüfen, ob die Vorschriften des MiLoG mit dem Grundgesetz vereinbar sind.[532] Gegebenenfalls können auch Personen, für die gem. § 22 MiLoG das MiLoG keine Anwendung findet, im Wege einer Lohnklage auf den Mindestlohn geltend machen, die Ausnahmeregelungen vom Mindestlohn seien verfassungswidrig. Eine »**Inzidentkontrolle**« kommt auch in anderen Konstellationen in Betracht: so durch die **Sozialgerichte** bei Streitigkeiten um die Höhe der (auf den Mindestlohn) abzuführenden Sozialversicherungsbeiträge, durch die **Finanzgerichte** bei der Kontrolle der Ermittlungsbefugnisse der Finanzkontrolle Schwarzarbeit (§ 23 SchwarzArbG), durch die **Strafgerichte** bei der Kontrolle von Bußgeldbescheiden gem. § 21 MiLoG.[533] 95

531 BAG 13.5.2015 – 10 AZR 191/14, Rn. 31, zum Mindestlohn für das pädagogische Personal in Aus- und Weiterbildungsmaßnahmen.

532 Vgl. zur Inzidentkontrolle durch die Fachgerichte *Löwisch*, NZA 2014, 948, 949ff.

533 Vgl. *Löwisch*, NZA 2014, 948, 949.

8. Durchsetzung des Mindestlohnanspruchs

a. Öffentlich-rechtliche Kontrolle

96 Ob der Mindestlohn in der Praxis eingehalten wird, muss kontrolliert werden. Andernfalls kämen die illegal handelnden Unternehmen in den Genuss von Wettbewerbsvorteilen zulasten der Unternehmen, die sich regelkonform verhalten.[534] Nach den Regelungen des AEntG gibt es Möglichkeiten, Branchenmindestlöhne effektiv durch öffentlich-rechtliche Kontroll- und Sanktionsbefugnisse durchzusetzen. Aufgrund der Kontrollmöglichkeiten und der befürchteten Sanktionen bei Nichtzahlung des Mindestlohns kann man von einer hohen effektiven Regulierungswirkung sprechen.[535] Die Kontrolle und Durchsetzung des Mindestlohns durch staatliche Behörden wird (in Anlehnung an §§ 16 bis 23 AEntG) in den §§ 14 bis 21 MiLoG geregelt. Zuständig sind die Behörden der Zollverwaltung (§ 14 MiLoG). Unter anderem regelt § 21 MiLoG die Möglichkeit der Verhängung von **Bußgeldern** gegenüber Arbeitgebern, die den Mindestlohn nicht oder nicht fristgemäß zahlen.

97 Die Nichtzahlung des Mindestlohns kann, je nach Sachverhalt, auch **strafrechtliche Konsequenzen** nach sich ziehen. **Lohnwucher** ist unter den Voraussetzungen des § 291 Abs. 1 Satz 1 Nr. 3 StGB strafbar: Wer die Zwangslage, die Unerfahrenheit, den Mangel an Urteilsvermögen oder die erhebliche Willensschwäche eines anderen dadurch ausbeutet, dass er sich oder einem Dritten für eine sonstige Leistung Vermögensvorteile versprechen oder gewähren lässt, die in einem auffälligen Missverhältnis zu der Leistung oder deren Vermittlung stehen, wird mit Freiheitsstrafe bis zu drei Jahren oder mit Geldstrafe bestraft.

98 Die **Nichtabführung von Sozialversicherungsbeiträgen** wird von der Strafvorschrift des § 266a Abs. 1 StGB erfasst, was insofern von Bedeutung ist, weil mit der (teilweisen) Nichtzahlung des Mindestlohns notwendigerweise die Nichtabführung von Sozialversicherungsbeiträgen einhergeht. Wer als Arbeitgeber der Einzugsstelle (für den Gesamtsozialversicherungsbeitrag, § 28d SGB IV, das ist die Krankenkasse, § 28h SGB IV) Beiträge des Arbeitnehmers zur Sozialversicherung einschließlich der Arbeitsförderung vorenthält – unabhängig davon, ob Arbeitsentgelt gezahlt wird –, wird mit Freiheitsstrafe bis zu fünf Jahren oder mit Geldstrafe bestraft. Als Arbeitgeber wird ebenfalls bestraft: 1) wer der für den Einzug der Beiträge zuständigen Stelle über sozialversicherungsrechtlich erhebliche Tatsachen unrichtige oder unvollständige Angaben macht oder 2) die für den Einzug der Beiträge zuständige Stelle pflichtwidrig über sozialversicherungsrecht-

534 Vgl. *Brenke/Wagner*, Wirtschaftsdienst 2013, S. 751–757.

535 Vgl. *Bosch/Weinkopf*, Wirkungen der Mindestlohnregelungen in acht Branchen, 2012.

lich erhebliche Tatsachen in Unkenntnis lässt und dadurch dieser Stelle vom Arbeitgeber zu tragende Beiträge zur Sozialversicherung einschließlich der Arbeitsförderung vorenthält, unabhängig davon, ob Arbeitsentgelt gezahlt wird (§ 266a Abs. 2 Nr. 1 und 2 StGB). Wer als Arbeitgeber sonst Teile des Arbeitsentgelts, die er für den Arbeitnehmer an einen Dritten zu zahlen hat (vor allem Steuern und Sozialversicherungsbeiträge), gegenüber dem Arbeitnehmer einbehält, sie jedoch an diesen Dritten (Finanzamt, Einzugsstelle für den Gesamtsozialversicherungsbeitrag) nicht zahlt und es unterlässt, den Arbeitnehmer spätestens im Zeitpunkt der Fälligkeit oder unverzüglich danach über das Unterlassen der Zahlung an den anderen zu unterrichten, wird mit Freiheitsstrafe bis zu fünf Jahren oder mit Geldstrafe bestraft (§ 266a Abs. 3 StGB).

b. Sozialrechtliche Bedeutung des Mindestlohns

Eine mittelbare Form der Kontrolle des Mindestlohns kann auch durch die **99** Sozialversicherungsträger im Zusammenhang mit der Erhebung der Sozialversicherungsbeiträge erfolgen. Bei der Feststellung der Versicherungspflicht, der **Beitragspflicht** und der Beitragshöhe in der Sozialversicherung ist nämlich auf das **Entstehungs- und nicht auf das Zuflussprinzip** abzustellen (§ 22 Abs. 1 Satz 1 SGB IV).[536] Bei dem gesetzlichen Mindestlohn ist es wegen der zwingenden Wirkung sozialversicherungsrechtlich ohne Bedeutung, ob der gesetzlich vorgeschriebene Mindestlohn tatsächlich nicht (oder nicht im vollen Umfang) gezahlt wird. Versicherungs- und Beitragspflicht in der Sozialversicherung sowie die Beitragshöhe sind nach dem gesetzlich zustehenden und nicht lediglich nach dem zugeflossenen Arbeitsentgelt zu beurteilen.[537] Das ist verfassungsrechtlich nicht zu beanstanden.[538]

Komplizierter ist die Rechtslage im **Sozialleistungsrecht**. Wie wirkt es sich **100** bei der **Berechnung des Arbeitslosengeldes** (und anderer Lohnersatzleistungen) aus, wenn der an sich geschuldete gesetzliche Mindestlohn in der geschuldeten Höhe tatsächlich vom Arbeitgeber nicht gezahlt worden ist? **Bemessungsentgelt** für die Höhe des Arbeitslosengeldanspruchs ist das durchschnittlich auf den Tag entfallende beitragspflichtige Arbeitsentgelt, das der Arbeitslose im Bemessungszeitraum »erzielt« hat (§ 151 Abs. 1 Satz 1 SGB III). Anders als im Beitragsrecht ist Arbeitsentgelt bei der Bemessung von Entgeltersatzleistungen in der Regel nur zu berücksichtigen, wenn es vom Versicherten/Arbeitnehmer vor Eintritt des Versicherungs-

---

536 § 22 Abs. 1 Satz 1 SGB IV: Die Beitragsansprüche der Versicherungsträger entstehen, sobald ihre im Gesetz oder aufgrund eines Gesetzes bestimmten Voraussetzungen vorliegen.

537 Vgl. BSG 14.7.2004 – B 12 KR 1/04 R, BSGE 93, 119.

538 Vgl. BVerfG 11.9.2008 – 1 BvR 2007/05, NZA 2009, 44.

falls (z. B. Arbeitslosigkeit) tatsächlich erzielt wurde. Das kann dazu führen, dass Arbeitsentgelt, das der Arbeitnehmer zwar erarbeitet hat, das ihm aber vom Arbeitgeber vorenthalten wird, zwar zur Beitragszahlung herangezogen wird, andererseits aber bei der Bemessung von Entgeltersatzleistungen unberücksichtigt bleibt. Denn »erzielt« ist das Arbeitsentgelt nicht schon dann, wenn es erarbeitet ist, wenn ein einklagbarer Anspruch auf das Arbeitsentgelt besteht oder ein Anspruch auf Arbeitsentgelt durch den Arbeitgeber anerkannt oder dieser Anspruch anderweitig festgestellt ist. Erzielt ist Arbeitsentgelt nur, wenn es dem Arbeitnehmer zugeflossen ist, so dass er darüber verfügen kann.[539]

101 In Abkehr von dieser »reinen Zuflusstheorie« vertritt das BSG in seiner neueren Rechtsprechung die »kombinierte Anspruchs- und Zuflusstheorie«, nach der auch Arbeitsentgelt zu berücksichtigen ist, das dem Arbeitnehmer nach dem Ausscheiden infolge nachträglicher Vertragserfüllung für den Bemessungszeitraum zugeflossen ist.[540] Der Gesetzgeber ist dem gefolgt und rechnet zum Bemessungsentgelt für das Arbeitslosengeld kraft gesetzlicher Fiktion auch Arbeitsentgelte (»gelten als erzielt«), auf die der Arbeitslose beim Ausscheiden aus dem Beschäftigungsverhältnis Anspruch hatte, wenn sie später noch zugeflossen oder nur wegen Zahlungsunfähigkeit des Arbeitgebers nicht zugeflossen sind (§ 151 Abs. 1 Satz 2 SGB III). Die Zahlungsunfähigkeit des Arbeitgebers muss die *alleinige Ursache* des unterbliebenen Zuflusses von Arbeitsentgelt sein (Monokausalität).[541] Der unterbliebene Zufluss muss allein auf der Zahlungsunfähigkeit des Arbeitgebers beruhen. Das ist zu verneinen, wenn die Zahlung zunächst aus anderen Gründen unterblieben ist und die Zahlungsunfähigkeit des Arbeitgebers zeitlich später hinzutritt.[542] So ist Arbeitsentgelt, auf das die Arbeitnehmer im Rahmen eines Sanierungstarifvertrags verzichtet haben, nicht als Bemessungsentgelt bei der Berechnung des Arbeitslosengeldes zu berücksichtigen, auch wenn der Anspruch im Fall der Insolvenz des Arbeitgebers wieder auflebt.[543] Daraus folgt im Umkehrschluss: Arbeitsentgelt, das dem Arbeitnehmer nicht (auch nicht später) zugeflossen ist, ist bei Berechnung des Arbeitslosengeldes *nicht* zu berücksichtigen, wenn der Arbeitnehmer an sich einen Anspruch auf das

---

539 Vgl. BSG 23.7.1992 – 7 RAr 2/92, NZA 1993, 621; BSG 18.4.1991 – 7 RAr 52/90, SozR 3–4100 § 112 Nr. 10.

540 Vgl. BSG 21.3.1996 – 11 RAr 101/94, NZA-RR 1997, 28; BSG 28.6.1995 – 7 RAr 102/94, NZA-RR 1996, 187.

541 BSG 11.6.2015 – B 11 AL 13/14 R, ZIP 2015, 1800; BSG 5.12.2006 – B 11a AL 43/05 R, SozR 4–4300 § 134 Nr. 1.

542 BSG 11.6.2015 – B 11 AL 13/14 R, ZIP 2015, 1800; BSG 5.12.2006 – B 11a AL 43/05 R, SozR 4–4300 § 134 Nr. 1.

543 BSG 11.6.2015 – B 11 AL 13/14 R, ZIP 2015, 1800.

(höhere) Arbeitsentgelt hatte, der Arbeitgeber aber zahlungsunwillig war und der Arbeitnehmer seinen Zahlungsanspruch nicht durchgesetzt hat.

c. Rechte des Betriebsrats

Die Rechte des Betriebsrats bei der Durchsetzung des Mindestlohns sind begrenzt. Der Betriebsrat hat die **allgemeine Aufgabe darüber zu wachen, dass die zugunsten der Arbeitnehmer geltenden Gesetze umgesetzt werden** (§ 80 Abs. 1 Nr. 1 BetrVG). Der Betriebsrat hat das Recht, in die Listen über die Bruttolöhne und -gehälter Einblick zu nehmen (§ 80 Abs. 2 Satz 2 BetrVG). Zur Ausführung seiner Aufgaben ist der Betriebsrat rechtzeitig und umfassend vom Arbeitgeber zu unterrichten (§ 80 Abs. 2 Satz 1 BetrVG). Dem Betriebsrat sind auf dessen Verlangen jederzeit die zur Ausführung seiner Aufgaben erforderlichen Unterlagen zur Verfügung zu stellen (§ 80 Abs. 2 Satz. 2 BetrVG). Da der Betriebsrat die Aufgabe hat, darüber zu wachen, dass das MiLoG umgesetzt wird (§ 80 Abs. 1 Nr. 1 BetrVG), ergibt sich über § 80 Abs. 2 Satz 1 und Satz 2 BetrVG die Pflicht für den Arbeitgeber, den Betriebsrat über die Zusammensetzung der Bruttoentgelte und über die Zahl der tatsächlich geleisteten Stunden zu unterrichten. Der Arbeitgeber hat ferner auf Verlangen des Betriebsrats diesem die Unterlagen vorzulegen, die er nach dem MiLoG erstellen muss und aus denen sich die Zahl der tatsächlich geleisteten Stunden ergibt.[544] 102

Wird im Arbeitsvertrag eine Vergütung unterhalb des Mindestlohns vereinbart, kann der Betriebsrat allerdings *nicht* aus diesem Grund der **Einstellung eines Arbeitnehmers** gem. § 99 Abs. 2 Nr. 1 BetrVG mit Erfolg widersprechen. Das Mitbestimmungsrecht bei der Einstellung ist nämlich »kein Instrument der umfassenden Vertragsinhaltskontrolle«.[545] Deshalb hat der Betriebsrat auch keinen Anspruch darauf, dass ihn der Arbeitgeber über die im Arbeitsvertrag vereinbarte Höhe der Vergütung unterrichtet. Ist eine Vergütungsordnung auf das Arbeitsverhältnis anwendbar, hat der Betriebsrat ein Mitbestimmungsrecht bei der Eingruppierung (§ 99 Abs. 1 BetrVG). Ansonsten gilt für die Arbeitnehmer, dass diese ihre Ansprüche nach dem MiLoG gegenüber dem Arbeitgeber individualrechtlich durchsetzen können und müssen.

Um Manipulationen bei der **Arbeitszeiterfassung** vorzubeugen und den Arbeitnehmern die Durchsetzung ihrer Ansprüche zu erleichtern, kann der Betriebsrat vom Arbeitgeber verlangen, elektronische Aufzeichnungen des Beginns und Endes der täglichen Arbeitszeit durch technische Einrichtun-

---

544 Vgl. *Kleinebrink*, DB 2015, 375ff.; *Riechert/Nimmerjahn*, MiLoG, § 1 Rn. 237ff.

545 Vgl. BAG 27.10.2010 – 7 ABR 36/09, NZA 2011, 527; BAG 21.7.2009 – 1 ABR 35/08, NZA 2009, 1156; BAG 28.3.2000 – 1 ABR 16/99, NZA 2000, 1294; *Riechert/Nimmerjahn*, MiLoG, § 1 Rn. 246.

gen einzuführen oder zu verbessern (§ 87 Abs. 1 Nr. 6 BetrVG). Obwohl dieses Mitbestimmungsrecht ursprünglich zum Schutz der Beschäftigten vor übermäßiger Verhaltens- und Leistungskontrolle eingeführt wurde, kann der Betriebsrat auch gegenüber dem Arbeitsgeber initiativ werden. Jedes Mitbestimmungsrecht aus § 87 Abs. 1 BetrVG schließt nämlich auch das Initiativrecht des Betriebsrats ein.[546]

Der Betriebsrat hat, soweit eine gesetzliche oder tarifliche Regelung nicht besteht, mitzubestimmen bei Fragen der betrieblichen Lohngestaltung, insbesondere bei der Aufstellung von Entlohnungsgrundsätzen und der Einführung und Anwendung von neuen Entlohnungsmethoden sowie deren Änderung (§ 87 Abs. 1 Nr. 10 BetrVG). Der Mindestlohn wirkt nicht ohne weiteres auf ein **betriebliches Entlohnungssystem** ein. Bei einem durch Betriebsvereinbarung vereinbarten Entgeltsystem bestimmt sich die Entgelthöhe nach den darin geregelten Verteilungsgrundsätzen und dem vom Arbeitgeber mitbestimmungsfrei zu bestimmenden Ecklohn. Ist dieser entsprechend niedrig, kann ein betriebliches Entlohnungssystem dazu führen, dass das Entgelt für untere Lohngruppen den Mindestlohn unterschreitet. Das führt nicht zur Unwirksamkeit der Betriebsvereinbarung. Vielmehr steht den Arbeitnehmern der Mindestlohn in der jeweiligen Höhe zu. Damit ändern sich aber faktisch die von den Betriebsparteien vereinbarten Verteilungsgrundsätze der Lohngruppen. Ursache hierfür ist ein vom Arbeitgeber zu niedrig bestimmter Ecklohn im Rahmen des mitbestimmungsfreien Dotierungsrahmens. Entsprechende Anpassungen der durch Betriebsvereinbarung vereinbarten Entlohnungsgrundsätze kann der Betriebsrat in einem solchen Fall durch Kündigung der Betriebsvereinbarung und Ausübung seines Initiativrechts bewirken.[547] Die Zahlung des Mindestlohns verpflichtet den Arbeitgeber nicht, die Vergütung der Entgeltgruppen zur Wahrung der prozentualen Abstände nach einer betrieblichen Entgeltordnung anzuheben.[548]

d. Individualrechtliche Durchsetzung und gerichtliche Zuständigkeit

aa. Klage vor dem Arbeitsgericht

103 Individualrechtlich müssen die Arbeitnehmer den Mindestlohn vor den Arbeitsgerichten **einklagen**, wenn dieser nicht gezahlt wird. Zuständig für die Klage auf Zahlung des Mindestlohns sind die **Arbeitsgerichte**. Da An-

546 Vgl. *Düwell*, in: Düwell/Schubert, MiLoG, § 1 Rn. 50.

547 *Fitting*, BetrVG, § 87 Rn. 417a; *Salamon*, NZA 2017, 751 ff.

548 LAG Berlin-Brandenburg 18.2.2020 – 8 TaBV 1919/19 (Rechtsbeschwerde anhängig beim BAG – 1 ABR 21/20).

spruchsvoraussetzung für den Mindestlohn ist, dass die betreffende Person Arbeitnehmer ist (§ 1 Abs. 1, § 22 Abs. 1 MiLoG), genügt die Behauptung, Arbeitnehmer (gewesen) zu sein, für die Begründung des Rechtswegs.[549] Sollte die Person nach der objektiven Rechtslage kein Arbeitnehmer (gewesen) sein, wäre die Klage unbegründet.

Ein kollektives Klagerecht von Gewerkschaften oder gemeinsamen Einrichtungen der Tarifvertragsparteien oder öffentlichen Behörden mit der Möglichkeit, die Individualansprüche der Beschäftigten für diese geltend zu machen (wie etwa in § 25 HAG), besteht nicht.

Schuldner des Mindestlohns ist der Arbeitgeber. Ist Arbeitgeber eine **GmbH** ist die Klage gegen diese zu richten. Die Haftung für Verbindlichkeiten der Gesellschaft ist nach § 13 Abs. 2 GmbHG auf das Gesellschaftsvermögen beschränkt. Der **Geschäftsführer** einer GmbH haftet grundsätzlich nicht persönlich. Den Geschäftsführer trifft nur in den Fällen eine Eigenhaftung, in denen ein besonderer Haftungsgrund vorliegt. Eine unerlaubte Handlung nach § 823 Abs. 2 BGB durch Verletzung eines Schutzgesetzes ist ein solcher besonderer Haftungsgrund, der zur Haftung des GmbH-Geschäftsführers führt. § 1 MiloG ist ein Schutzgesetz im Sinne des § 823 Abs. 2 BGB. Als Schaden, der nach § 823 Abs. 2 BGB zu ersetzen ist, schuldet der Geschäftsführer den nicht gezahlten Mindestlohn.[550] Dasselbe gilt bei der Unternehmergesellschaft (haftungsbeschränkt). Die Unternehmergesellschaft stellt keine eigenständige Rechtsform dar. Es handelt sich vielmehr um eine GmbH, für die bestimmte im GmbH-Gesetz geregelte Sonderbestimmungen gelten (vgl. § 5a GmbHG).

Ist ein Anspruch auf Zahlung des Mindestlohns entstanden und fällig, **104**
kann und muss dieser ggf. gerichtlich geltend gemacht werden, falls ihn der Schuldner (Arbeitgeber) nicht freiwillig erfüllt. **Voraussetzung für eine ordnungsgemäße Klage ist, dass Klagegegenstand, Anspruchsgrund und Klageantrag hinreichend »bestimmt« sind** (§ 253 Abs. 2 Nr. 2 ZPO). Der Anspruch muss konkretisiert werden. Der Anspruchsgegner muss erkennen können, »worum es geht«.[551] Die Zeiträume, für die der Lohn gefordert wird, müssen kalendermäßig bestimmt werden. Es muss angegeben werden, für welchen Zeitabschnitt in welcher konkreten Höhe Vergütung verlangt wird.[552] Werden mehrere Einzelforderungen geltend gemacht, muss es für

549 LAG Köln 30.9.2020 – 9 Ta 117/20; LAG Berlin-Brandenburg 13.12.2019 – 12 Ta 2007/19.

550 LAG Sachsen 17.9.2019 – 1 Sa 77/19.

551 So für den Mahnbescheid BGH 13.10.2015 – II ZR 281/14, Rn. 16, NJW 2016, 1083.

552 Geschieht das nicht, ist der Gegenstand des erhobenen Anspruchs (§ 253 Abs. 2 Nr. 2 ZPO) nicht ausreichend bezeichnet und die Klage deshalb unzulässig; vgl.

den Anspruchsgegner (d. h. den Arbeitgeber) nachvollziehbar sein, wie sich der Gesamtbetrag zusammensetzt.

Streitgegenstand einer Vergütungsklage (einer Klage auf den Mindestlohn) ist die **Zahlung der Vergütung für einzelne Zeitabschnitte**. In der Klage muss für jeden Monat getrennt Anspruchsgrund und Anspruchshöhe benannt werden.[553] Das bedeutet, dass anzugeben ist, für welche konkreten Monate in welcher Höhe Zahlungen verlangt werden. Zudem ist für jeden Monat getrennt mindestens die Zahl der Stunden anzugeben, für die der Mindeststundenlohn aus welchem Grund (weil gearbeitet worden ist, weil ein Entgeltfortzahlungsanspruch besteht oder aus welchen sonstigen Gründen) zu zahlen sein soll, damit überhaupt eine zulässige Klage vorliegt. Das wird in der Praxis oft nicht beachtet.

Das BAG führt hierzu aus: Zur schlüssigen Begründung einer auf Zahlung der Differenzvergütung zum Mindestlohn gerichteten Klage ist **für jeden einzelnen Monat** ein konkret beziffertes Unterschreiten des allgemeinen Mindestlohns darzulegen. Eine abschließende Gesamtklage, die sich auf Entgeltansprüche für mehrere Monate erstreckt, genügt diesen Anforderungen nicht.[554]

Nach den Grundregeln des BGB kann sich der Arbeitnehmer durchaus Zeit lassen, weil die **Verjährungsfrist** drei Jahre beträgt (vgl. § 3 MiLoG Rn. 48 ff.). Zwar gelten häufig für Ansprüche aus dem Arbeitsverhältnis wesentlich kürzere Fristen – nämlich arbeitsvertragliche oder tarifliche **Ausschlussfristen** –, die jedoch für den Anspruch auf den Mindestlohn **keine Anwendung** finden (vgl. § 3 MiLoG Rn. 16 ff.). Ein **Verzicht** auf den Anspruch auf den Mindestlohn oder eine **Verwirkung** des Mindestlohnanspruchs ist weitgehend ausgeschlossen (vgl. § 3 MiLoG Rn. 8 ff.).

BAG 7.7.2015 – 10 AZR 416/14, Rn. 13, NZA 2015, 1533; BAG 5.9.1995 – 3 AZR 58/95, NZA 1996, 266.

553 Der Klageantrag kann durchaus addiert die Forderungen enthalten (*Beispiel*: »Die Beklagte wird verurteilt, an den Kläger 7500 Euro brutto zu zahlen.«). Aus der Klagebegründung muss sich dann allerdings ergeben, für welchen konkreten Monat oder für welche konkreten Monate in welcher Höhe Zahlungen verlangt werden. Ist bei mehreren in einer Klage verbundenen Ansprüchen nicht erkennbar, wie sich die Gesamtsumme ziffernmäßig auf die verschiedenen Ansprüche verteilt, und sind die verschiedenen Streitgegenstände damit nicht individualisiert (§ 253 Abs. 2 Nr. 2 ZPO), ist die Klage unzulässig, weil der Klageantrag nicht hinreichend bestimmt ist; vgl. BAG 24.3.2011 – 6 AZR 691/09, NZA 2011, 1116.

554 BAG 24.6.2020 – 5 AZR 93/19, Rn. 23/24, NZA 2020, 1707.

bb. Nebenforderungen

Erfolgt die Zahlung des Mindestlohns verspätet, haben die Arbeitgeber (neben dem Risiko eines Bußgeldes, § 21 Abs. 1 Nr. 9 MiLoG) an die Arbeitnehmer **Verzugszinsen** in Höhe von fünf Prozentpunkten über dem Basiszinssatz der Europäischen Zentralbank zu zahlen (§§ 286 Abs. 1, 286 Abs. 2 Nr. 1, 288 Abs. 1 BGB). Ein Anspruch der Arbeitnehmer gegen den Arbeitgeber auf Zahlung einer **Pauschale** in Höhe von 40 Euro wegen des Verzugs (§ 288 Abs. 5 BGB) soll nach der Rechtsprechung des BAG *nicht* bestehen.[555] 105

Das MiLoG regelt nicht die Pflicht zur **Erteilung einer Abrechnung** über die ausgezahlte Vergütung. Diese folgt aus § 108 GewO. Den Arbeitnehmern ist bei Zahlung des Arbeitsentgelts eine Abrechnung in Textform zu erteilen (§ 108 Abs. 1 Satz 1 GewO). Die Abrechnung muss mindestens Angaben über Abrechnungszeitraum und Zusammensetzung des Arbeitsentgelts enthalten (§ 108 Abs. 1 Satz 2 GewO). Angaben über Art und Höhe der Zuschläge, Zulagen, sonstige Vergütungen, Art und Höhe der Abzüge, Abschlagszahlungen sowie Vorschüsse sind erforderlich (§ 108 Abs. 1 Satz 3 GewO). Die Verpflichtung zur Abrechnung entfällt, wenn sich die Angaben gegenüber der letzten ordnungsgemäßen Abrechnung nicht geändert haben (§ 108 Abs. 2 GewO).

cc. Allgemeiner Gerichtsstand

Da es sich bei dem Anspruch auf den Mindestlohn um einen Anspruch aus dem Arbeitsverhältnis handelt, sind hierfür die **Arbeitsgerichte** zuständig (§ 2 Abs. 1 Nr. 3 ArbGG). Die **örtliche Zuständigkeit** ergibt sich über § 46 Abs. 2 ArbGG aus den §§ 12ff. ZPO oder aus § 48 Abs. 1a ArbGG (Gerichtsstand des Arbeitsorts) oder aus tarifvertraglichen Regelungen (§ 48 Abs. 2 ArbGG). 106

Nach der ZPO ist zwischen dem **allgemeinen Gerichtsstand** und den **besonderen sowie ausschließlichen Gerichtsständen** zu unterscheiden. Der allgemeine Gerichtsstand hat eine Auffangfunktion. Sofern kein ausschließlicher Gerichtsstand gegeben ist, kann jeder Beklagte an seinem allgemeinen Gerichtsstand verklagt werden. Besondere Gerichtsstände sind als solche im Gesetz bezeichnet. Unter mehreren zuständigen Gerichten hat der Kläger die Wahl (§ 35 ZPO). Einen allgemeinen Gerichtsstand am Wohnsitz des Klägers gibt es beim Arbeitsgericht nicht – anders als im sozialgerichtlichen Verfahren.

---

555 BAG 22.10.2020 – 8 AZR 412/19, NZA 2021, 127; BAG 12.12.2018 – 5 AZR 588/17, Rn. 46ff., NZA 2019, 775; BAG 25.9.2018 – 8 AZR 26/18, NZA 2019, 191.

Das Gericht, bei dem eine Person ihren allgemeinen Gerichtsstand hat, ist für alle gegen sie zu erhebenden Klagen zuständig, sofern nicht für eine Klage ein ausschließlicher Gerichtsstand begründet ist oder ein besonderer Gerichtsstand gewählt wird. Der allgemeine Gerichtsstand einer Person wird durch den **Wohnsitz** bestimmt (§ 13 ZPO), derjenige **juristischer Personen** durch ihren **Sitz** (§ 17 Abs. 1 Satz 1 ZPO). Das gilt auch für die OHG, KG und für die Gesellschaft bürgerlichen Rechts (GbR). Als Sitz gilt – wenn sich nichts anderes ergibt – der Ort, wo die Verwaltung geführt wird (§ 17 Abs. 1 Satz 2 ZPO). Für den öffentlichen Arbeitgeber ist der Sitz der Behörde maßgeblich (§ 18 ZPO). Der allgemeine Gerichtsstand eines Insolvenzverwalters für Klagen, die sich auf die Insolvenzmasse beziehen, wird durch den Sitz des Insolvenzgerichts bestimmt (§ 19a ZPO).

dd. Gerichtsstand des Erfüllungsorts

107 § 29 Abs. 1 ZPO regelt den Gerichtsstand des Erfüllungsorts: Für Streitigkeiten aus einem Vertragsverhältnis und über dessen Bestehen ist das Gericht des Orts zuständig, an dem die streitige Verpflichtung zu erfüllen ist. Der Rechtsbegriff des Erfüllungsorts wird wiederum durch § 269 BGB definiert. Danach ist auf die Natur des Rechtsverhältnisses abzustellen. Beim Arbeitsverhältnis ist der Erfüllungsort aus den Umständen und der Natur des Arbeitsverhältnisses zu bestimmen.[556] In der Regel ist beim Arbeitsverhältnis von einem **einheitlichen (gemeinsamen) Erfüllungsort** auszugehen, auch wenn es um die Zahlungspflichten geht. Der einheitliche Erfüllungsort für das Arbeitsverhältnis ist der Ort, an dem der Arbeitnehmer die **Arbeitsleistung** zu erbringen hat – also da, wo der tatsächliche Mittelpunkt seiner Berufstätigkeit liegt.[557] Nicht maßgeblich ist, von wo aus das Arbeitsentgelt gezahlt wird und wo sich die Personalverwaltung befindet.[558] Es ist auch nicht erforderlich, dass am Ort der tatsächlichen Arbeitsleistung eine eigenständige betriebliche Organisation besteht. Da von einem einheitlichen Erfüllungsort auszugehen ist, ist dieser auch maßgeblich für Zahlungsklagen, ebenso für solche Forderungen, die erst nach dessen Beendigung fällig werden.[559] Nach Beendigung des Arbeitsverhältnisses ist auf den ehemaligen einheitlichen Erfüllungsort am Ort der Arbeitsleistung abzustellen. Erfüllungsort für die Arbeitsleistung eines für die Bearbeitung eines größeren Bezirks angestellten Reisenden (**Außendienstmitarbeiter**) ist dessen Wohnsitz, wenn er von dort aus einer Reisetätigkeit nachgeht. Dies gilt unabhängig davon, ob er täglich nach Hause zurückkehrt und in

---

556 BAG 9.10.2002 – 5 AZR 307/01, NZA 2003, 339.
557 BAG 9.10.2002 – 5 AZR 307/01, NZA 2003, 339.
558 BAG 3.11.1993 – 5 AS 20/93, NZA 1994, 479.
559 BAG 26.9.2000 – 3 AZN 181/00, NZA 2001, 286, 287.

welchem Umfang er vom Betrieb Anweisungen für die Gestaltung seiner Tätigkeit erhält.[560] Eine **Vereinbarung über den Erfüllungsort** begründet die Zuständigkeit gem. § 29 Abs. 2 ZPO nur, wenn die Vertragsparteien Kaufleute, juristische Personen des öffentlichen Rechts oder öffentlich-rechtliche Sondervermögen sind. Deshalb sind bei Arbeitsverhältnissen entsprechende Vereinbarungen **unzulässig**.

ee. Gerichtsstand des Arbeitsorts

Zuständig kann auch das Arbeitsgericht sein, in dessen Bezirk der Arbeit- **108**
nehmer **gewöhnlich seine Arbeit verrichtet oder zuletzt gewöhnlich verrichtet hat** (§ 48 Abs. 1a Satz 1 ArbGG). Ist ein gewöhnlicher Arbeitsort i.S.d. § 48 Abs. 1a Satz 1 ArbGG nicht feststellbar, ist das Arbeitsgericht örtlich zuständig, von dessen Bezirk aus der Arbeitnehmer gewöhnlich seine Arbeit verrichtet oder zuletzt gewöhnlich verrichtet hat (§ 48 Abs. 1a Satz 2 ArbGG). Die Norm ergänzt die Regelungen zur örtlichen Zuständigkeit. § 29 ZPO (Gerichtsstand des Erfüllungsorts) wird nicht verdrängt. Vielmehr wird das Wahlrecht des Klägers gem. § 35 ZPO unter mehreren möglichen Gerichtsständen erweitert. Die Gerichtsstände des Erfüllungs- und des Arbeitsorts werden häufig deckungsgleich sein. Das Wahlrecht bezüglich der verschiedenen Gerichtsstände liegt beim Kläger. Auch bei einem **beendeten Arbeitsverhältnis** gibt es einen Gerichtsstand des Arbeitsorts. Das ist der Ort, an dem der Arbeitnehmer zuletzt seine Arbeit gewöhnlich verrichtet hat.

Arbeitsort i.S.d. § 48 Abs. 1a Satz 1 ArbGG ist der Ort, an dem der Ar- **109**
beitnehmer die geschuldete Arbeitsleistung tatsächlich erbringt. Nicht entscheidend ist, ob der Arbeitgeber an diesem Ort seinen Sitz, eine Niederlassung oder eine betriebliche Struktur aufgebaut hat. Was beim Erfüllungsort teilweise als Voraussetzung angesehen wird, soll beim Gerichtsstand des Arbeitsorts gerade nicht entscheidend sein. Es kommt allein auf die tatsächliche Gestaltung an, nicht darauf, was die Parteien vereinbart haben. Unerheblich für den »Arbeitsort« ist, von welchem Ort aus Arbeitsanweisungen erteilt werden oder die Zahlung der Vergütung veranlasst wird. Der Gesetzgeber wollte mit dieser Regelung vor allem Arbeitnehmern mit **wechselnden Arbeitsorten**, vor allem in Dienstleistungsbranchen (etwa in der Gebäudereinigerbranche oder im Außendienst) die Durchsetzung ihrer Rechte erleichtern. Gerade bei solchen Arbeitnehmern gibt es häufig nicht nur einen Ort, an dem die Arbeitsleistung erbracht wird. Maßgeblich ist in solchen Fällen der Ort, an dem die **Arbeitsleistung zeitlich überwiegend erbracht** wird.

560 BAG 3.11.1993 – 5 AS 20/93, NZA 1994, 479.

110 Bei **Fernfahrern** kann ein solcher gewöhnlicher Arbeitsort an einem bestimmten Ort nicht festgestellt werden. Sie erfüllen ihre überwiegenden Arbeitsleistungen während der Fahrt ohne Bezug zu einem bestimmten Ort. Die organisatorische Zuordnung zu einer konkreten Niederlassung und die teilweise Eingliederung in die betreffende Organisationsstruktur begründen ebenso wenig einen gewöhnlichen Arbeitsort, wie eine entsprechende Festlegung des »Einsatzorts« im Arbeitsvertrag.[561]

Beim **Flugpersonal** ist die »Heimatbasis«[562] nicht mit dem »Arbeitsort« gleichzusetzen. Arbeitsort ist nämlich nicht der Flughafen, sondern das Flugzeug.[563] Aus der Rechtsprechung des EuGH zur internationalen Zuständigkeit (vgl. Rn. 119)[564] folgt nichts anderes. Diese Rechtsprechung hat lediglich Bedeutung, wenn die internationale Zuständigkeit streitig ist, nicht aber, wenn die deutsche Gerichtsbarkeit gegeben ist und lediglich fraglich ist, welches Gericht in Deutschland zuständig ist.[565]

111 Ist ein gewöhnlicher Arbeitsort i. S. d. § 48 Abs. 1a Satz 1 ArbGG nicht feststellbar, ist das Arbeitsgericht örtlich zuständig, **von dessen Bezirk aus der Arbeitnehmer** gewöhnlich seine Arbeit verrichtet oder zuletzt gewöhnlich verrichtet hat (§ 48 Abs. 1a Satz 2 ArbGG). Erfasst werden vor allem die Fallkonstellationen, dass ein Arbeitnehmer seine Tätigkeit an verschiedenen Orten zu erbringen hat. Bei **Außendienstmitarbeitern** ist auf den **Wohnort des Arbeitnehmers** abzustellen, wenn der Arbeitnehmer von dort aus seine Arbeitstätigkeiten antritt. Einen bestimmten Mindestumfang muss die am Wohnort ausgeübte Tätigkeit nicht erreichen. Sie muss ebenfalls nicht qualitativ den Schwerpunkt oder die Hauptleistungspflicht der Tätigkeit des Arbeitnehmers ausmachen.

112 Nach der Gesetzesbegründung zu § 48 Abs. 1a ArbGG[566] regelt § 48 Abs. 1a Satz 2 ArbGG den Fall, dass ein Schwerpunkt der Tätigkeit nicht ermittelt werden kann, weil z. B. Tätigkeiten in mehreren Gerichtsbezirken zu erbringen sind. Dann sei auf den Ort abzustellen, von dem aus der Arbeitnehmer die Arbeitsleistung erbringt. Der Wohnort kann Arbeitsort sein, wenn dort mit der Arbeitsleistung verbundene Tätigkeiten erbracht werden, z. B. wenn ein **Außendienstmitarbeiter** zu Hause seine Reisetätigkeit für den ihm zugewiesenen Bezirk plant, Berichte schreibt oder andere mit der Arbeitsleistung verbundene Tätigkeiten verrichtet. Kein Arbeitsort ist nach

561 Vgl. zu Flugbegleitern und Piloten BAG 13. 11. 2007 – 9 AZR 134/07, Rn. 37, NZA 2008, 761, 764.

562 Auch die Bezeichnungen »Home-Base« oder »Stationierungsort« werden in der Praxis verwendet.

563 BAG 13. 11. 2007 – 9 AZR 134/07, Rn. 37, NZA 2008, 761, 764.

564 EuGH 14. 9. 2017 – C-168/16, C-169/16 (Nogueira u. a.), NZA 2017, 1477.

565 EuGH 14. 9. 2017 – C-168/16, C-169/16 (Nogueira u. a.), NZA 2017, 1477.

566 BT-Drs. 16/7716.

der Gesetzesbegründung gegeben, wenn sich z. B. ein **Montagearbeiter** oder ein **Kraftfahrer** im Rahmen einer Vielzahl einzelner weisungsgebundener Entsendungen vom Wohnort aus zum jeweiligen Einsatzort begibt.

Entgegen dem Gesetzeswortlaut soll daher die Aufnahme der Arbeitstätigkeit »von« einem bestimmten Ort aus nicht für die Begründung des Gerichtsstands maßgeblich sein. Vielmehr ist auf einen Zusammenhang zwischen dem Abreiseort und der Arbeitstätigkeit abzustellen. Nur wenn der Arbeitnehmer vertraglich geschuldete Arbeitsleistungen mit Billigung des Arbeitgebers an diesem Abreiseort erbringt, kann der Gerichtsstand des Arbeitsorts bejaht werden.[567] Der Ort der Zusammenhangstätigkeiten kann bei einem **Außendienstmitarbeiter** z. B. das Büro am Betriebssitz sein. Stellt der Arbeitgeber kein Büro zur Verfügung, kann auch der Wohnort Arbeitsort sein, wenn dort mit der Arbeitsleistung verbundene Tätigkeiten erbracht werden, wie die Planung der Reisetätigkeit oder das Schreiben von Berichten. Auf eine räumliche Verfestigung betrieblicher Strukturen und einen qualitativen Schwerpunkt kommt es nicht an.[568] Werden **am Abreiseort keine Arbeitsleistungen** erbracht, fehlt es an Umständen, die für eine Sachnähe zum Arbeitsverhältnis sorgen und damit den besonderen Gerichtsstand des Arbeitsorts rechtfertigen könnten. Abgestellt wird nach dem Gesetz auf den Arbeitsort und gerade nicht auf den Wohnort des Arbeitnehmers.[569] Erst wenn der Arbeitnehmer im ausdrücklichen oder stillschweigenden Einvernehmen mit dem Arbeitgeber am Wohnsitz arbeitsvertraglich relevante Tätigkeiten ausübt, besteht ein sachlicher Zusammenhang zwischen Wohnort und Arbeitsverhältnis, der es rechtfertigt, dass der Arbeitgeber als Schuldner an diesem Ort verklagt werden kann. Auf den Inhalt der Tätigkeiten am Abreise- bzw. Wohnort und auf deren Qualität als Hauptleistungspflicht kommt es im Unterschied zum Erfüllungsort (§ 29 ZPO) jedoch nicht an.[570] 113

ff. Gerichtsstand der Niederlassung

Hat jemand zum Betrieb einer Fabrik, einer Handlung oder eines anderen Gewerbes eine Niederlassung, von der aus unmittelbar Geschäfte geschlossen werden, können gegen ihn alle Klagen, die auf den Geschäftsbetrieb der Niederlassung Bezug haben, bei dem Gericht des Orts erhoben werden, wo sich die Niederlassung befindet (§ 21 Abs. 1 ZPO). Die Niederlassung muss für eine gewisse Dauer errichtet sein und berechtigt sein, die Geschäfte nach eigener Entscheidung im Namen und für Rechnung der Hauptniederlassung zu tätigen. Der Streitgegenstand der Klage muss einen Bezug zum Geschäfts- 114

567 Vgl. *Reinhard/Böggemann*, NJW 2008, 1263, 1266.
568 Vgl. *Reinhard/Böggemann*, NJW 2008, 1263, 1266.
569 Vgl. *Reinhard/Böggemann*, NJW 2008, 1263, 1266.
570 Vgl. *Reinhard/Böggemann*, NJW 2008, 1263, 1266.

betrieb der Niederlassung haben. Für Arbeitsverhältnisse wird verlangt, dass der Arbeitsvertrag von der Niederlassung abgeschlossen wurde.[571]

gg. Zuständigkeit der deutschen Arbeitsgerichte

115 Ob ein deutsches oder ein ausländisches Gericht zuständig ist, richtet sich nach der **internationalen Zuständigkeit**. Die internationale Zuständigkeit folgt grundsätzlich aus der **örtlichen Zuständigkeit**. Ist ein deutsches Gericht örtlich zuständig, ist es auch international zuständig. Ist die internationale Zuständigkeit nicht gegeben, ist es nicht möglich, den Rechtsstreit an das ausländische Gericht zu verweisen. Die Klage ist vielmehr als unzulässig abzuweisen. Ist die internationale Zuständigkeit gegeben, kann dies durch Zwischenurteil (§ 280 ZPO) ausgesprochen werden. Die internationale Zuständigkeit richtet sich primär nach Regelungen in internationalen Verträgen oder Abkommen, sonst nach der ZPO.

116 Bei der **Entsendung eines ausländischen Arbeitnehmers** zur vorübergehenden Arbeitstätigkeit nach Deutschland ist gem. § 15 AEntG wahlweise auch die deutsche Gerichtsbarkeit gegeben, soweit es um eine auf den Zeitraum der Beschäftigung in Deutschland bezogene Klage auf Erfüllung der Verpflichtungen nach den §§ 2, 8, 13b oder 14 AEntG geht.[572] Rechtsvorschriften, die die Entlohnung betreffen – und damit auch das MiLoG –, gehören zu den Verpflichtungen nach § 2 Abs. 1 Nr. 1 AEntG.

117 Für **Bürger der EU-Mitgliedstaaten** richtet sich die internationale Zuständigkeit nach der Verordnung (EG) Nr. 44/2001 des Rates vom 22.12.2000 über die gerichtliche Zuständigkeit und die Anerkennung und Vollstreckung von Entscheidungen in Zivil- und Handelssachen (**EuGVVO**). Für das Individualarbeitsrecht enthält die EuGVVO einen eigenen und abschließenden Katalog von Zuständigkeitsregeln, die unmittelbar gelten und dem nationalen Recht vorgehen.[573] Im Verhältnis zu **Island**, **Norwegen** und der **Schweiz** gilt nicht die EuGVVO, sondern das **Luganer Übereinkommen** über die gerichtliche Zuständigkeit und Vollstreckung gerichtlicher Entscheidungen in Zivil- und Handelssachen vom 16.9.1988.[574] Die Regelungen entsprechen aber im Wesentlichen den Regelungen der EuGVVO. Finden **keine interna-**

571 Vgl. HWK/*Kalb*, § 2 ArbGG Rn. 146.

572 BAG 11.9.2002 – 5 AZB 3/02, NZA 2003, 62; LAG Berlin-Brandenburg 17.8.2020 – 21 Sa 1900/19 (Revision beim BAG anhängig – 5 AZR 505/20).

573 BAG 27.1.2011 – 2 AZR 646/09, Rn. 14f., NZA 2011, 1309; BAG 8.12.2010 – 10 AZR 562/08, Rn. 15, NZA-RR 2012, 320; BAG 24.9.2009 – 8 AZR 306/08, Rn. 26, NZA-RR 2010, 604; BAG 2.7.2008 – 10 AZR 355/07, NZA 2008, 1084.

574 BAG 15.12.2016 – 6 AZR 430/15, Rn. 20, NZA 2017, 502; BAG 8.12.2010 – 10 AZR 562/08, Rn. 15, NZA-RR 2012, 320; BAG 29.5.2002 – 5 AZR 141/01, NZA 2002, 1108.

tionalen Verträge oder Abkommen Anwendung, gelten grundsätzlich die Vorschriften der ZPO über die örtliche Zuständigkeit (§§ 12ff. ZPO).[575]

Nach Art. 19 Nr. 1 EuGVVO kann ein Arbeitgeber vom Arbeitnehmer vor den Gerichten des Mitgliedstaats verklagt werden, in dem der Arbeitgeber seinen **Wohnsitz** hat. Gesellschaften und juristische Personen haben ihren Wohnsitz an dem Ort, an dem sich ihr satzungsmäßiger Sitz, ihre Hauptverwaltung oder ihre Hauptniederlassung befindet (Art. 60 Abs. 1 EuGVVO). **Hauptverwaltung** ist der Ort, an dem die Willensbildung und die eigentliche unternehmerische Leitung der juristischen Person erfolgt. Maßgeblich ist der Ort, an dem die grundlegenden unternehmerischen Entscheidungen getroffen werden, ohne dass es der Kundgabe eines entsprechenden Willens durch die juristische Person bedarf. Es ist weder notwendig, dass die juristische Person an diesem Ort die Eintragung einer Haupt- oder Zweigniederlassung beantragt, noch, dass in diesem Mitgliedstaat unter bloßer Beibehaltung des satzungsmäßigen Sitzes im Gründungsstaat die gesamte Geschäftstätigkeit ausgeübt wird.[576] Der Arbeitnehmer kann gegen den Arbeitgeber Klage auch am Gerichtsstand der **Niederlassung** erheben (Art. 18 Abs. 2, Art. 19 Nr. 2 Buchstabe b) EuGVVO). Um eine Niederlassung handelt es sich, wenn sie über eine eigene Geschäftsführung verfügt und auch im Zusammenhang mit Verträgen Ansprechpartner ist.[577] **118**

Schließlich kann der Arbeitnehmer auch dort Klage erheben, wo der Arbeitnehmer gewöhnlich seine Arbeit verrichtet oder zuletzt gewöhnlich verrichtet hat (**gewöhnlicher Arbeitsort,** Art. 19 Nr. 2 Buchstabe a) EuGVVO). War der Arbeitnehmer grenzüberschreitend tätig, ist der Ort maßgeblich, an dem sich die Niederlassung befindet, die den Arbeitnehmer eingestellt hat (Art. 19 Nr. 2 Buchstabe b) EuGVVO).[578] Für die Bestimmung des gewöhnlichen Arbeitsorts ist das Ziel der Regelung zu berücksichtigen: dem Arbeitnehmer als der schwächeren Vertragspartei einen angemessenen Schutz zu gewährleisten.[579] Deshalb ist der Begriff des gewöhnlichen Arbeitsorts weit auszulegen.[580] Ein solcher Schutz ist größer, wenn Streitigkeiten aus einem Arbeitsvertrag in die Zuständigkeit der Gerichte des Orts fallen, an dem der Arbeitnehmer seine Verpflichtungen gegenüber dem Arbeitgeber faktisch erfüllt. An diesem Ort kann sich der Arbeitnehmer mit dem geringsten Kostenaufwand aktiv an die Gerichte wenden oder sich vor ihnen als Be- **119**

---

575 BAG 9.10.2002 – 5 AZR 307/01, NZA 2003, 339.

576 BAG 23.1.2008 – 5 AZR 60/07, NZA 2008, 1374.

577 BAG 25.6.2013 – 3 AZR 138/11, NZA-RR 2014, 46.

578 EuGH 10.4.2003 – C-437/00, NZA 2003, 711.

579 EuGH 19.7.2012 – C-154/11 (Mahamdia), Rn. 46, NZA 2012, 935.

580 EuGH 14.9.2017 – C-168/16, C-169/16 (Nogueira u.a.), Rn. 57, NZA 2017, 1477.

klagter zur Wehr setzen.[581] Als Ort, an dem der Arbeitnehmer gewöhnlich seine Arbeit verrichtet, ist der Ort zu verstehen, an dem er die mit seinem Arbeitgeber vereinbarten Tätigkeiten tatsächlich ausübt.[582] Es ist derjenige Ort, an dem oder von dem aus der Arbeitnehmer den wesentlichen Teil der Verpflichtungen gegenüber seinem Arbeitgeber tatsächlich erfüllt.[583] Erfüllt er die Verpflichtungen aus seinem Arbeitsvertrag in mehreren Mitgliedstaaten, ist dies der Ort, an dem oder von dem aus er unter Berücksichtigung aller Umstände des Einzelfalls den wesentlichen Teil seiner Verpflichtungen gegenüber seinem Arbeitgeber tatsächlich erfüllt:[584] An diesem Ort kann der Arbeitnehmer mit dem geringsten Kostenaufwand Klage gegen seinen Arbeitgeber erheben oder sich als Beklagter zur Wehr setzen, und das Gericht dieses Orts ist am besten zur Entscheidung eines Rechtsstreits befähigt, der den Arbeitsvertrag betrifft.[585]

Beim **Flugpersonal** ist der Begriff »Ort, an dem der Arbeitnehmer gewöhnlich seine Arbeit verrichtet« nicht mit dem Begriff »Heimatbasis«[586] gleichzusetzen. Der Begriff »Heimatbasis« ist jedoch ein wichtiges Indiz für die Bestimmung des »Orts, an dem der Arbeitnehmer gewöhnlich seine Arbeit verrichtet«.[587]

120 Durch eine **Gerichtsstandsvereinbarung** kann die nach der EuGVVO begründete örtliche Zuständigkeit nur ausgeschlossen werden, wenn die Vereinbarung nach der Entstehung der Streitigkeit getroffen wird (eine Gerichtsstandsvereinbarung im Arbeitsvertrag ist also ohne Bedeutung) oder wenn dem Arbeitnehmer die Befugnis begründet oder erweitert wird, unter mehreren zuständigen Gerichten zu wählen.[588]

e. Darlegungs- und Beweislast

121 Grundsätzlich hat der Arbeitnehmer die Darlegungs- und Beweislast für den Anspruch auf den Mindestlohn. Verlangt der Arbeitnehmer die Bezahlung der vertraglich vereinbarten Arbeitszeit mit dem Mindestlohn dürften sich

581 Vgl. BAG 20.12.2012 – 2 AZR 481/11, Rn. 21, NZA 2013, 925.

582 EuGH 10.4.2003 – C-437/00 (Pugliese), Rn. 19, NZA 2003, 711.

583 Vgl. BAG 27.1.2011 – 2 AZR 646/09, Rn. 24, NZA 2011, 1309.

584 BAG 20.12.2012 – 2 AZR 481/11, Rn. 22, NZA 2013, 925; EuGH 10.4.2003 – C-437/00 (Pugliese), Rn. 19, NZA 2003, 711.

585 EuGH 14.9.2017 – C-168/16, C-169/16 (Nogueira u.a.), Rn. 58, NZA 2017, 1477.

586 Auch die Bezeichnungen »Home-Base« oder »Stationierungsort« werden in der Praxis verwendet.

587 BAG 7.5.2020 – 2 AZR 692/19, Rn. 26, 29; EuGH 14.9.2017 – C-168/16, C-169/16 (Nogueira u.a.), NZA 2017, 1477.

588 EuGH 19.7.2012 – C-154/11 (Mahamdia), Rn. 62, NZA 2012, 935; BAG 20.12.2012 – 2 AZR 481/11, Rn. 32, NZA 2013, 925.

keine Probleme ergeben. Aufgrund des Arbeitsvertrags hat der Arbeitnehmer grundsätzlich einen Anspruch darauf, die vertraglich vereinbarten Arbeitsstunden bezahlt zu bekommen. Problematischer ist es, wenn im Arbeitsvertrag keine konkrete Arbeitszeit vereinbart ist. Nach § 1 MiLoG hat der Arbeitnehmer einen Anspruch darauf, dass alle tatsächlich geleisteten Arbeitsstunden mindestens mit dem Mindestlohn vergütet werden. Der Arbeitnehmer muss aber konkret, für jeden Tag getrennt, die Uhrzeiten angeben, von wann bis wann er Arbeitsleistungen erbracht hat. Das gleiche gilt, wenn der Arbeitnehmer geltend macht, er habe mehr Arbeit geleistet, als vertraglich vereinbart. Hier sind die Maßstäbe anzulegen, die das BAG für die Vergütung von Überstunden anlegt.[589] Der Arbeitnehmer trägt für die Behauptung, er habe Arbeit verrichtet, die Darlegungs- und Beweislast, denn die Beweislast für die anspruchsbegründenden Tatsachen trägt, wer den Anspruch erhebt.[590]

Das BAG betont, dass der Anspruch auf den Mindestlohn mit jeder tatsächlich **geleisteten Arbeitsstunde** entsteht. Das erfordert, dass der Arbeitnehmer die tatsächlich geleisteten Arbeitsstunden im Prozess im Einzelnen darlegen muss (vgl. auch Rn. 104). Es genügt nicht, hinsichtlich der Stundenzahl auf einen Durchschnitt abzustellen.[591] Die **Zeiten ohne Arbeitsleistung**, aber mit fortbestehendem Vergütungsanspruch (z. B. Entgeltfortzahlung im Krankheitsfall und an Feiertagen oder Urlaub) sind gesondert darzulegen.[592] Das bedeutet: Will der Arbeitnehmer für einen bestimmten Zeitraum Ansprüche auf Zahlung des Mindestlohns geltend machen, hat er konkret darzulegen, zu welchen Zeiten (Tage, Uhrzeiten) Arbeitsstunden tatsächlich erbracht wurden und in welchen Zeiten nicht gearbeitet wurde, aber aufgrund bestimmter Umstände ein Vergütungsanspruch besteht (z. B. nachgewiesene Arbeitsunfähigkeit).

Ausgehend von den Vorschriften des allgemeinen Schuldrechts gilt auch im Arbeitsrecht der Grundsatz: »Ohne Arbeit kein Lohn.« Verlangt der Arbeitnehmer Arbeitsvergütung für Arbeitsleistungen, hat er deshalb darzulegen und, wenn bestritten, zu beweisen, dass er Arbeit verrichtet oder einer der Tatbestände vorgelegen hat, der eine Vergütungspflicht ohne Arbeit regelt (z. B. § 1 BUrlG, §§ 615, 616 Satz 1 BGB, § 2 Abs. 1, § 3 Abs. 1 EFZG, § 37 Abs. 2 BetrVG).[593] Da die konkret zu leistende Arbeit in der Regel vom Arbeitgeber durch Weisungen zu bestimmen ist (§ 106 GewO), genügt der **122**

589 BAG 21. 12. 2016 – 5 AZR 362/16, NZA-RR 2017, 233; BAG 10. 4. 2013 – 5 AZR 122/12, NZA 2013, 1100.

590 BAG 18. 4. 2012 – 5 AZR 248/11, Rn. 15, NZA 2012, 998.

591 BAG 29. 6. 2016 – 5 AZR 716/15, Rn. 13, NZA 2016, 1332; BAG 25. 5. 2016 – 5 AZR 135/16, Rn. 19, NZA 2016, 1327.

592 BAG 25. 5. 2016 – 5 AZR 135/16, Rn. 19, NZA 2016, 1327.

593 BAG 18. 4. 2012 – 5 AZR 248/11, Rn. 14, NZA 2012, 998.

Arbeitnehmer seiner Darlegungslast, indem er vorträgt, er habe sich zur rechten Zeit am rechten Ort bereitgehalten, um Arbeitsanweisungen des Arbeitgebers zu befolgen. Auf diesen Vortrag muss der Arbeitgeber im Rahmen einer gestuften Darlegungslast substantiiert erwidern. Deshalb hat der Arbeitgeber im Einzelnen vorzutragen, welche Arbeiten er dem Arbeitnehmer zugewiesen hat und ob der Arbeitnehmer den Weisungen nachgekommen ist. Trägt er nichts vor oder lässt er sich nicht substantiiert ein, gelten die vom Arbeitnehmer vorgetragenen Arbeitsstunden als zugestanden.[594]

123 Verlangt der Arbeitnehmer die **Arbeitsvergütung für Überstunden**, hat er darzulegen und, wenn bestritten, zu beweisen, dass er Arbeit in einem die Normalarbeitszeit übersteigenden zeitlichen Umfang verrichtet hat. Dabei genügt der Arbeitnehmer seiner Darlegungslast, wenn er im Einzelnen darlegt, an welchen Tagen er von wann bis wann Arbeit geleistet oder sich auf Weisung des Arbeitgebers zur Arbeit bereitgehalten hat. Auf diesen Vortrag muss der Arbeitgeber im Rahmen einer abgestuften Darlegungslast substantiiert erwidern und im Einzelnen vortragen, welche Arbeiten er dem Arbeitnehmer zugewiesen hat und an welchen Tagen der Arbeitnehmer von wann bis wann diesen Weisungen – nicht – nachgekommen ist.[595]

124 Diese Grundsätze dürfen aber nicht schematisch angewendet werden, sondern bedürfen stets der Berücksichtigung der konkret zu verrichtenden Tätigkeit und der konkreten betrieblichen Abläufe. So kann ein **Kraftfahrer**, dem vom Arbeitgeber bestimmte Touren zugewiesen werden, seiner Darlegungslast bereits dadurch genügen, dass er vorträgt, an welchen Tagen er welche Tour wann begonnen und wann beendet hat. Im Rahmen der gestuften Darlegungslast ist es dann Sache des Arbeitgebers, unter Auswertung der Aufzeichnungen nach § 21a Abs. 7 Satz 1 ArbZG substantiiert darzulegen, an welchen Tagen der Arbeitnehmer aus welchen Gründen in geringerem zeitlichen Umfang als von ihm behauptet gearbeitet haben muss.[596] Wenn ein Kraftfahrer für eine angewiesene Tour eine bestimmte Zeit benötigt und sie nur unter Leistung von Überstunden ausführen kann, waren die Überstunden – unabhängig von einer ausdrücklichen Anordnung – jedenfalls zur Erledigung der geschuldeten Arbeit notwendig. Etwas anderes gilt nur, wenn der Arbeitgeber darlegen kann, dass die Tour, die dem Arbeitnehmer von ihm zugewiesen wurde, unter Beachtung der Rechtsordnung (vor allem der für die Beschäftigung von Arbeitnehmern als Fahrer oder Beifahrer bei

---

594 BAG 18.4.2012 – 5 AZR 248/11, Rn. 14, NZA 2012, 998.

595 BAG 26.6.2019 – 5 AZR 452/18, Rn. 39, NZA 2019, 1361; BAG 21.12.2016 – 5 AZR 362/16, Rn. 23, NZA-RR 2017, 233; BAG 10.4.2013 – 5 AZR 122/12, Rn. 9, NZA 2013, 1100; BAG 16.5.2012 – 5 AZR 347/11, Rn. 27, NZA 2012, 939.

596 BAG 21.12.2016 – 5 AZR 362/16, Rn. 23, NZA-RR 2017, 233; BAG 16.5.2012 – 5 AZR 347/11, Rn. 28, NZA 2012, 939.

Straßenverkehrstätigkeiten geltenden (Sozial-)Vorschriften und des Straßenverkehrsrechts) innerhalb der Normalarbeitszeit gefahren werden kann. Erst dann muss der Arbeitnehmer besondere Umstände darlegen, die zur Überschreitung der Normalarbeitszeit geführt haben.[597]

Der Arbeitgeber weiß, welche Tätigkeit(en) er dem Arbeitnehmer in Ausübung seines Weisungsrechts zugewiesen hat. Er hat damit Kenntnis davon, mit welchen Touren er den Arbeitnehmer an welchen Tagen beauftragt hat und welche Arbeiten dabei angefallen sind und kann sich nicht auf Nichtwissen (§ 138 Abs. 4 ZPO) zurückziehen.[598] Weiterhin ist es Sache des Arbeitgebers, allgemein oder im konkreten Einzelfall den Zeitaufwand für die Erledigung der zugewiesenen Arbeiten zu ermitteln. Dabei stehen ihm als Hilfsmittel die von ihm als Arbeitgeber nach § 21a Abs. 7 Satz 1 ArbZG korrekt (vgl. § 22 Abs. 1 Nr. 9 ArbZG) zu erstellenden Aufzeichnungen zur Verfügung, die (weitergehend als § 16 Abs. 2 ArbZG) alle Arbeitszeiten eines Kraftfahrers enthalten müssen. Die Aufzeichnungen – die mindestens zwei Jahre aufzubewahren sind (§ 21a Abs. 7 Satz 2 ArbZG) und von denen dem Arbeitnehmer auf Verlangen eine Kopie auszuhändigen ist (§ 21a Abs. 7 Satz 3 ArbZG) – dienen zwar primär der Kontrolle der Einhaltung der arbeitszeitrechtlichen Bestimmungen durch die Aufsichtsbehörden (vgl. § 17 Abs. 4 ArbZG), zugleich sind sie aber für Arbeitnehmer und Arbeitgeber ein geeignetes Hilfsinstrument bei der Rekonstruktion und Darlegung der Arbeitszeit.[599]

Reichen die Aufzeichnungen nach § 21a Abs. 7 ArbZG zur substantiierten Erwiderung nicht aus oder misstraut der Arbeitgeber der Redlichkeit seines Beschäftigten, obliegt es dem Arbeitgeber, durch geeignete organisatorische Maßnahmen oder Erkundigungen sicherzustellen, dass er z. B. weiß, bei welchem Auftrag wie lange Wartezeiten beim Be- und Entladen angefallen sind. Ferner ist es grundsätzlich seine Sache, im Voraus die Ruhepausen festzulegen und damit Kenntnis davon zu haben, an welchen Tagen der Arbeitnehmer zu welchen Zeiten weder Arbeit leisten noch sich dafür bereithalten musste und somit frei über die Nutzung des Zeitraums bestimmen konnte.[600]

Der Arbeitgeber ist zur Gewährung der vereinbarten Vergütung für die ver- **125**
einbarte Arbeitsleistung verpflichtet. Legen die Parteien einen bestimmten zeitlichen Umfang der zu erbringenden Arbeitsleistung (Regel- oder Normalarbeitszeit) fest, betrifft die Vergütungspflicht zunächst (nur) die Vergütung der vereinbarten Normalarbeitszeit. Erbringt der Arbeitnehmer Arbeit

597 BAG 21.12.2016 – 5 AZR 362/16, Rn. 32, NZA-RR 2017, 233; BAG 16.5.2012 – 5 AZR 347/11, Rn. 31, NZA 2012, 939.

598 BAG 21.12.2016 – 5 AZR 362/16, Rn. 26, NZA-RR 2017, 233.

599 BAG 21.12.2016 – 5 AZR 362/16, Rn. 27, NZA-RR 2017, 233.

600 BAG 21.12.2016 – 5 AZR 362/16, Rn. 28, NZA-RR 2017, 233.

in einem die Normalarbeitszeit übersteigenden zeitlichen Umfang, ist der **Arbeitgeber** zu deren Vergütung nur verpflichtet, **wenn er die Leistung von Überstunden veranlasst hat oder sie ihm zumindest zuzurechnen ist**. Der Arbeitgeber muss sich Leistung und Vergütung von Überstunden nicht aufdrängen lassen und der Arbeitnehmer kann nicht durch überobligatorische Mehrarbeit seinen Vergütungsanspruch selbst bestimmen.[601] Für diese arbeitgeberseitige Veranlassung und Zurechnung als – neben der Leistung der Überstunden – weitere Voraussetzung eines Anspruchs auf Überstundenvergütung hat das BAG in ständiger Rechtsprechung formuliert, dass Überstunden vom Arbeitgeber angeordnet, gebilligt, geduldet oder jedenfalls zur Erledigung der geschuldeten Arbeit notwendig gewesen sein müssten.[602] Steht fest, dass Überstunden auf Veranlassung des Arbeitgebers geleistet wurden, kann der Arbeitnehmer aber seiner Darlegungs- oder Beweislast für jede einzelne Überstunde nicht in jeder Hinsicht genügen, darf das Gericht den Mindestumfang der geleisteten Überstunden schätzen.[603]
Wird die **Arbeitszeit des Arbeitnehmers (elektronisch) erfasst** und zeichnet der Arbeitgeber oder für ihn ein Vorgesetzter des Arbeitnehmers die entsprechenden Arbeitszeitnachweise ab, kann der Arbeitnehmer im Überstundenprozess der ihm obliegenden Darlegungslast für die Leistung von Überstunden schon dadurch genügen, dass er schriftsätzlich die vom Arbeitgeber abgezeichneten Arbeitsstunden und den sich ergebenden Saldo vorträgt.[604]
Eine generelle Pflicht im Arbeitsrecht, die Arbeitszeiten der Arbeitnehmer aufzuzeichnen, gibt es allerdings nicht. § 17 MiLoG regelt insoweit nur eine eingeschränkte Pflicht, nämlich für geringfügig Beschäftigte und **für die in § 2a SchwarzArbG genannten Branchen. Allerdings ist ein Urteil des EuGH vom 14.5.2019 zu beachten. Danach sind die Mitgliedstaaten der EU verpflichtet, die Arbeitgeber dazu zu verpflichten, ein System der Arbeitszeiterfassung einzuführen, dass objektiv, verlässlich und zugänglich ist.[605] Eine entsprechende gesetzliche Neuregelung wurde bislang nicht eingeführt. Welche Folgen sich aus dem Urteil nach dem geltenden Recht ergeben, wird unterschiedlich beurteilt.[606]**

601 BAG 23.9.2015 – 5 AZR 767/13, Rn. 43, NZA 2016, 295; BAG 10.4.2013 – 5 AZR 122/12, Rn. 13, NZA 2013, 1100.

602 BAG 10.4.2013 – 5 AZR 122/12, Rn. 14, NZA 2013, 1100.

603 BAG 26.6.2019 – 5 AZR 452/18, Rn. 43, NZA 2019, 1361; BAG 25.3.2015 – 5 AZR 602/13, NZA 2015, 1002.

604 BAG 26.6.2019 – 5 AZR 452/18, NZA 2019, 1361.

605 EuGH 14.5.2019 – C-55/18, NZA 2019, 683.

606 Vgl. dazu nur *Bayreuther*, NZA 2020, 1 ff.; *Ulber*, Vorgaben des EuGH zur Arbeitszeiterfassung, HSI-Schriftenreihe Band 32, 2020.

Die Darlegungs- und Beweislast dafür, dass geleistete Überstunden angeordnet, gebilligt, geduldet oder jedenfalls zur Erledigung der geschuldeten Arbeit erforderlich waren, trägt der Arbeitnehmer als derjenige, der den Anspruch erhebt.[607] Dabei gelten folgende Grundsätze: Für eine ausdrückliche **Anordnung von Überstunden** muss der Arbeitnehmer vortragen, wer wann auf welche Weise wie viele Überstunden angeordnet hat.[608] **Konkludent ordnet der Arbeitgeber Überstunden an**, wenn er dem Arbeitnehmer Arbeit in einem Umfang zuweist, der unter Ausschöpfung der persönlichen Leistungsfähigkeit des Arbeitnehmers nur durch die Leistung von Überstunden zu bewältigen ist. Dazu muss der Arbeitnehmer darlegen, dass eine bestimmte angewiesene Arbeit innerhalb der Normalarbeitszeit nicht zu leisten oder ihm zur Erledigung der aufgetragenen Arbeiten ein bestimmter Zeitrahmen vorgegeben war, der nur durch die Leistung von Überstunden eingehalten werden konnte. Dabei lässt allein die Anwesenheit des Arbeitnehmers im Betrieb oder an einem Arbeitsort außerhalb des Betriebs nicht vermuten, Überstunden seien zur Erbringung der geschuldeten Arbeit notwendig gewesen.[609] Ist eine Monatsarbeitszeit vereinbart, muss der Arbeitnehmer zudem darlegen, dass einzelne, zur Erledigung der zugewiesenen Arbeiten geleistete Überstunden nicht innerhalb einer flexibel gehandhabten Monatsarbeitszeit ausgeglichen werden konnten.[610] 126

Mit der **Billigung von Überstunden** ersetzt der Arbeitgeber gleichsam durch eine nachträgliche Genehmigung die fehlende vorherige Anordnung schon geleisteter Überstunden. Die Billigung von Überstunden setzt deshalb voraus, dass der Arbeitgeber zu erkennen gibt, mit der schon erfolgten Leistung bestimmter Überstunden einverstanden zu sein. Das muss nicht ausdrücklich erfolgen, kann aber vor allem dann anzunehmen sein, wenn der Arbeitgeber oder ein für ihn handelnder Vorgesetzter des Arbeitnehmers eine bestimmte Anzahl von Stunden abzeichnet und damit sein Einverständnis mit einer Überstundenleistung ausdrückt.[611] Dazu reicht aber die widerspruchslose Entgegennahme der vom Arbeitnehmer gefertigten Aufzeichnungen zur Arbeitszeit nicht aus. Vielmehr muss der Arbeitnehmer darlegen, wer wann auf welche Weise zu erkennen gegeben hat, mit der Leistung welcher Überstunden einverstanden zu sein.[612] 127

---

607 BAG 10.4.2013 – 5 AZR 122/12, Rn. 15, NZA 2013, 1100; BAG 18.4.2012 – 5 AZR 248/11, Rn. 15, NZA 2012, 998.

608 BAG 10.4.2013 – 5 AZR 122/12, Rn. 16, NZA 2013, 1100.

609 BAG 23.9.2015 – 5 AZR 767/13, Rn. 46, NZA 2016, 295; BAG 10.4.2013 – 5 AZR 122/12, Rn. 17, NZA 2013, 1100.

610 BAG 10.4.2013 – 5 AZR 122/12, Rn. 18, NZA 2013, 1100.

611 BAG 26.6.2019 – 5 AZR 452/18, Rn. 44, NZA 2019, 1361; BAG 10.4.2013 – 5 AZR 122/12, Rn. 19, NZA 2013, 1100.

612 BAG 10.4.2013 – 5 AZR 122/12, Rn. 19, NZA 2013, 1100.

128 Die **Duldung von Überstunden** bedeutet, dass der Arbeitgeber in Kenntnis der Leistung von Überstunden diese hinnimmt und keine Vorkehrungen trifft, diese zu unterbinden, er also nicht gegen die Leistung von Überstunden einschreitet, sie vielmehr weiterhin annimmt. Dazu muss der Arbeitnehmer darlegen, von welchen wann geleisteten Überstunden der Arbeitgeber auf welche Weise wann Kenntnis erlangt haben soll und dass es im Anschluss daran zu einer weiteren Überstundenleistung gekommen ist. Erst wenn dies feststeht, ist es Sache des Arbeitgebers darzulegen, welche Maßnahmen er zur Unterbindung der von ihm nicht gewollten Überstundenleistung ergriffen hat.[613]

9. Auswirkungen des Mindestlohns auf Vergütungsvereinbarungen oberhalb des Mindestlohns

129 Entgegen meiner früheren Auffassung (vgl. 2. Auflage, Rn. 129 f.),[614] der Mindestlohn sei ausschließlich eine spezielle gesetzliche Regelung (nur) für den Niedriglohnsektor, wird überwiegend und vom BAG davon ausgegangen, dass der Mindestlohnanspruch ein **Sockelbetrag** (eine Teilmenge) eines jeden Vergütungsanspruchs sei (*Merksatz*: »In jedem Lohn steckt auch der Mindestlohn«).[615] Das BAG meinte zu einer Mindestlohn-Rechtsverordnung für die Pflegebranche (§ 11 AEntG), dass diese für alle Pflegebetriebe gelte, unabhängig davon, ob der Arbeitgeber den Pflegekräften eine Arbeitsvergütung oberhalb des Mindestentgelts zahle.[616] Dass diese Betrachtung zu einer fiktiven Aufspaltung eines einheitlichen Vergütungsanspruchs führe, stehe dem nicht entgegen. Es sei – zumal im Bereich gesetzlicher Mindestansprüche – nichts Ungewöhnliches, dass unterschiedliche Anspruchsgrundlagen und Regelungsregime bestehen. Habe etwa ein Arbeitnehmer einen über den gesetzlichen Mindesturlaub hinausgehenden Urlaubsanspruch, könnten gesetzlicher und übergesetzlicher Urlaubsanspruch unterschiedlichen Regelungssystemen unterliegen.[617] Zu den Auswirkungen

---

613 BAG 23.9.2015 – 5 AZR 767/13, Rn. 48, NZA 2016, 295; BAG 10.4.2013 – 5 AZR 122/12, Rn. 21, NZA 2013, 1100.

614 So allerdings auch *Henssler*, RdA 2015, 43, 48.

615 *BAG* 30.1.2019 – 5 AZR 43/18, Rn. 18, NZA 2019, 768 m.w.N.; *Bayreuther*, NZA 2014, 865, 866, 873; *Bayreuther*, in: Thüsing, § 1 MiLoG, Rn. 10; *Boemke*, JuS 2015, 385, 386; *Forst/Degen*, DB 2015, 863, 865; *Düwell*, in: Düwell/Schubert, MiLoG, § 1 Rn. 21 ff.; ErfK/*Franzen*, MiLoG § 1 Rn. 2; BeckOK-ArbR/*Greiner*, MiLoG § 1 Rn. 22; *Hlava*, SR 2016, 17, 20; MünchArbR/*Krause*, § 61 Rn. 11; *Lembke*, NZA 2015, 70, 73; *Lembke*, NZA 2016, 1, 2; *Preis/Ulber*, Ausschlussfristen und Mindestlohngesetz, 2014, S. 11, 25; *Riechert/Nimmerjahn*, MiLoG, § 1 Rn. 2/3; *Sittard*, NZA 2014, 951, 952 f.; *Waltermann*, AuR 2015, 166.

616 BAG 22.7.2014 – 1 ABR 96/12, NZA 2014, 1151.

617 BAG 22.7.2014 – 1 ABR 96/12, Rn. 31, NZA 2014, 1151.

von Ausschlussfristen und Verzichtsvereinbarungen für Vergütungsansprüche oberhalb des Mindestlohns vgl. § 3 MiLoG Rn. 45ff.

Das **BAG** betont, dass der Mindestlohnanspruch aus § 1 Abs. 1 MiLoG ein gesetzlicher Anspruch ist, der eigenständig neben den arbeits- oder tarifvertraglichen Entgeltanspruch tritt. **Anspruch auf den Mindestlohn haben alle Arbeitnehmer**, auch wenn ihre durch Arbeits- oder Tarifvertrag geregelte Vergütung über dem gesetzlichen Mindestlohn liegt.[618] Das Mindestlohngesetz führt nicht dazu, dass arbeitsvertragliche oder tarifvertragliche Vergütungsregelungen unwirksam werden. Vielmehr regelt es eigenständig die Rechtsfolge einer Unterschreitung des gesetzlichen Mindestlohns, indem mit § 1 Abs. 1 MiLoG eine Anspruchsgrundlage formuliert wird.[619] Das MiLoG greift in die Entgeltvereinbarungen der Arbeitsvertragsparteien und anwendbarer Entgelttarifverträge nur insoweit ein, als sie den Anspruch auf Mindestlohn unterschreiten.[620] 130

Wenn man davon ausgeht, dass jede Arbeitsvergütung als »Sockelbetrag« den Mindestlohnanspruch enthält, stellt sich auch das Rechtsproblem der **Anrechnung von Teilzahlungen** auf den Mindestlohnanspruch.[621] Bei Teilzahlungen des Arbeitgebers könne die Frage auftreten, welchen Entgeltanspruch der Arbeitgeber mit einer Teilzahlung erfülle. Es gehe darum, ob der Arbeitgeber mit einer Teilzahlung den Mindestlohnanspruch getilgt hat, den der Arbeitnehmer auch nach dem Ablauf einer – insoweit unwirksamen – Ausschlussfrist geltend machen könnte, oder ob seine Zahlungen auf das (höhere) Vertragsentgelt erfolgten, so dass der gesetzliche Mindestlohnanspruch fortbestehe. Zum Beispiel könne einem Arbeitnehmer für seine Tätigkeit ein Mindestlohnanspruch in Höhe von 1000 Euro und ein vertragliches Entgelt von 2000 Euro zustehen. Zahle der Arbeitgeber für den betreffenden Monat nur 1000 Euro, könne sich nach Ablauf einer arbeits- oder tarifvertraglichen Ausschlussfrist (die für den Mindestlohnanspruch keine Anwendung findet, aber für den darüber hinausgehenden vertraglichen Entgeltanspruch) die Frage stellen, ob der Arbeitnehmer die Zahlung weiterer 1000 Euro verlangen könne. Das richte sich danach, ob die Teilzahlung auf den vertraglichen oder den gesetzlichen Mindestlohn-Anspruch erfolgt sei.[622] 131

Der Arbeitgeber kann frei bestimmen, welchen Anspruch er tilgen möchte: Es wird diejenige Schuld getilgt, welche er bei der Leistung (der Zahlung) »bestimmt« (§ 366 Abs. 1 BGB). Deswegen könne auch im Arbeitsvertrag 132

618 BAG 25.5.2016 – 5 AZR 135/16, Rn. 23, NZA 2016, 1327.

619 BAG 29.6.2016 – 5 AZR 716/15, Rn. 20, NZA 2016, 1332.

620 BAG 29.6.2016 – 5 AZR 716/15, Rn. 18, NZA 2016, 1332; BAG 25.5.2016 – 5 AZR 135/16, Rn. 22, NZA 2016, 1327.

621 *Sagan/Witschen*, jM 2014, 372, 376f.

622 *Sagan/Witschen*, jM 2014, 372, 376.

geregelt werden, dass Zahlungen stets zuerst auf den Mindestlohnanspruch anzurechnen seien. Fehlt es an einer Tilgungsbestimmung, gilt § 366 Abs. 2 BGB. Danach kommt es zuerst auf die Fälligkeit der beiden Lohnansprüche an, doch werden sie sich in diesem Punkt regelmäßig nicht unterscheiden, da eine vertragliche Fälligkeitsvereinbarung gem. § 2 Abs. 1 Satz 1 Nr. 1 MiLoG (vgl. § 2 MiLoG Rn. 2ff.) typischerweise auf den Mindestlohn durchschlagen werde.[623] Das in § 366 Abs. 2 BGB benannte Kriterium der Lästigkeit (es werde zuerst die »lästigere« Schuld getilgt) spreche für eine Zahlung auf den Mindestlohn, schon weil er keiner Ausschlussfrist unterworfen werden könne. Zudem bestehe hier das Risiko einer Geldbuße, denn ein schuldhafter Verstoß gegen die öffentlich-rechtliche Pflicht zur rechtzeitigen Zahlung des Mindestlohns (§ 20 MiLoG) könne als Ordnungswidrigkeit mit einer Geldbuße von bis zu 500 000 Euro geahndet werden (§ 21 Abs. 1 Nr. 9 MiLoG).[624] Vor allem das Risiko der Geldbuße werde der Arbeitgeber stets abwenden wollen, was für den Arbeitnehmer auch erkennbar sei. Folglich zahle der Arbeitgeber, wenn es an einer ausdrücklichen Tilgungsbestimmung fehle, zuerst auf den gesetzlichen »Sockelbetrag« (den Mindestlohn) und nachrangig auf ein weitergehendes Vertragsentgelt.[625]

10. Corona/Covid19-Pandemie und Mindestlohn

133 Grundsätzlich hat die Corona/Covid19-Pandemie keine Auswirkungen auf die Pflicht der Arbeitgeber, an die Arbeitnehmer den Mindestlohn zu zahlen. Einige relevante Fragen aus der Praxis in diesem Zusammenhang sollen jedoch hier angesprochen werden.

Unberührt von der Pflicht zur Zahlung des Mindestlohns bleibt die Möglichkeit, **Kurzarbeit** einzuführen. Der Arbeitgeber darf Kurzarbeit einseitig nur anordnen, wenn dies individualvertraglich, durch Betriebsvereinbarung oder tarifvertraglich zulässig ist. Bei einer Anordnung ohne rechtliche Grundlage besteht kein Anspruch auf Kurzarbeitergeld und die Arbeitnehmer behalten ihren vollen Lohnanspruch gegen den Arbeitgeber. Besteht

623 *Sagan/Witschen*, jM 2014, 372, 376.

624 *Boemke*, JuS 2015, 385, 390; *Greiner*, in: Thüsing, § 3 MiLoG, Rn. 13; *Sagan/Witschen*, jM 2014, 372, 376.

625 *Boemke*, JuS 2015, 385, 390; *Greiner*, in: Thüsing, § 3 MiLoG, Rn. 13; *Riechert/Nimmerjahn*, MiLoG, § 1 Rn. 193; *Sagan/Witschen*, jM 2014, 372, 377; Schaub/*Vogelsang*, Arbeitsrechts-Handbuch, § 66 Rn. 22. Zum gleichen Ergebnis kommt *Bayreuther*, in: Thüsing, § 1 MiLoG, Rn. 82ff., der meint, dass § 366 BGB keine Anwendung finde, weil es beim Anspruch aus dem MiLoG und dem vertraglichen Anspruch auf Arbeitsvergütung um eine Anspruchskonkurrenz gehe, für die § 366 BGB nicht gelte. Mit der Zahlung der Arbeitsvergütung erfülle der Arbeitgeber stets sowohl den vertraglichen als auch den gesetzlichen Vergütungsanspruch, so dass es auf eine Tilgungsbestimmung nicht ankomme.

ein Betriebsrat, ist die Einführung von Kurzarbeit mitbestimmungspflichtig (§ 87 Abs. 1 Nr. 3 BetrVG). Besteht kein Betriebsrat, muss der Arbeitgeber individualvertraglich die Voraussetzungen herbeiführen. Nach § 95 SGB III haben Arbeitnehmer unter bestimmten Voraussetzungen Anspruch auf **Kurzarbeitergeld**. Wenn wirksam Kurzarbeit angeordnet worden ist und Kurzarbeitergeld gezahlt wird, haben die Arbeitnehmer insoweit keinen Anspruch auf Zahlung des Mindestlohns.

Für Beschäftigt in der Altenpflege sah § 150a SGB XI die Möglichkeit vor, an die Arbeitnehmer eine Corona-Prämie zu zahlen. Diese wurde durch die Pflegekassen an die Arbeitgeber erstattet. Unabhängig davon konnten und können auch andere Arbeitgeber eine **Corona-Prämie** (oder eine sonstige Sonderleistung) an die Arbeitnehmer zahlen; eine gesetzliche Verpflichtung besteht jedoch nicht. Solche Zahlungen sind bis zu einem Betrag in Höhe von 1500 Euro steuerfrei, wenn diese zusätzlich zum ohnehin geschuldeten Arbeitslohn vom Arbeitgeber in der Zeit vom 1.3.2020 bis zum 30.6.2021 auf Grund der Corona-Krise an die Arbeitnehmer in Form von Zuschüssen oder Sachbezügen gewährt werden (§ 3 Nr. 11a EStG). § 8 Abs. 4 EStG definiert insoweit:

Im Sinne des EStG werden Leistungen des Arbeitgebers oder auf seine Veranlassung eines Dritten (Sachbezüge oder Zuschüsse) für eine Beschäftigung nur dann zusätzlich zum ohnehin geschuldeten Arbeitslohn erbracht, wenn

1. die Leistung nicht auf den Anspruch auf Arbeitslohn angerechnet,
2. der Anspruch auf Arbeitslohn nicht zugunsten der Leistung herabgesetzt,
3. die verwendungs- oder zweckgebundene Leistung nicht anstelle einer bereits vereinbarten künftigen Erhöhung des Arbeitslohns gewährt und
4. bei Wegfall der Leistung der Arbeitslohn nicht erhöht

wird. Unter den genannten Voraussetzungen ist von einer zusätzlich zum ohnehin geschuldeten Arbeitslohn erbrachten Leistung auch dann auszugehen, wenn der Arbeitnehmer arbeitsvertraglich oder auf Grund einer anderen arbeits- oder dienstrechtlichen Rechtsgrundlage (wie Einzelvertrag, Betriebsvereinbarung, Tarifvertrag, Gesetz) einen Anspruch auf diese hat (§ 8 Abs. 4 Satz 2 EStG).

Wegen dieser besonderen Zwecksetzung einer solchen Corona-Prämie (oder einer sonstigen Sonderleistung) darf diese *nicht* auf den Mindestlohnanspruch angerechnet werden, sondern ist **zusätzlich zum Mindestlohn zu zahlen**.

Arbeiten die Arbeitnehmer im **Homeoffice (Heimarbeit)**, so haben sie den üblichen Lohnanspruch aus § 611a Abs. 2 BGB in Verbindung mit dem Arbeitsvertrag, mindestens den Anspruch auf Zahlung des Mindestlohns (§ 1 Abs. 1 MiLoG). Für die Arbeitszeit und ihre Erfassung gilt im Homeoffice und in anderen mobilen Arbeitsformen nichts anderes als am betrieblichen

Arbeitsplatz. Dies gilt sowohl für die Festlegung der zeitlichen Lage der Arbeitszeit durch den Arbeitgeber als auch für die Vorgaben des Arbeitszeitgesetzes. Wie im Betrieb ist es dem Arbeitgeber grundsätzlich auch bei einer Tätigkeit in Heimarbeit möglich, die zeitliche Lage der Arbeitszeit einseitig festzulegen, wenn diese nicht vertraglich festgelegt ist (§ 106 GewO). In der Regel hat der Arbeitgeber ein berechtigtes Interesse daran, die Anwesenheit und Erreichbarkeit des Arbeitnehmers im Homeoffice zumindest während gewisser Kernzeiten sicherzustellen. Üblich ist die Festlegung gewisser Zeitfenster, in denen die Arbeitnehmer erreichbar sein müssen, und die Festlegung fester Termine für Teambesprechungen oder ähnliches per Video- oder Telefonkonferenz.

Die zwingenden Regelungen des Arbeitszeitgesetzes gelten im Homeoffice uneingeschränkt. Häufig verbringen die Arbeitnehmer nicht ihre gesamte Arbeitszeit im Homeoffice bzw. Mobile Office, sondern fahren auch zu Kunden oder zum Betrieb. Solche Fahrzeiten sind normalerweise vergütungspflichtige Arbeitszeit (vgl. Rn. 24, 26).[626]

Ist vereinbart, dass der Arbeitnehmer nur einen Teil seiner Arbeitsleistung im Homeoffice/Mobile Office erbringt, soll sich durch die Vereinbarung des Homeoffice/Mobile Office an der Bewertung der verbleibenden Fahrzeiten zwischen Wohnung und Betrieb nichts ändern. Die Anfahrt und Abfahrt der Arbeitnehmer zum Betrieb, also der normale tägliche Arbeitsweg, stellen sowohl im Sinne der Vergütung als auch im Sinne des Arbeitszeitgesetzes keine Arbeitszeit dar (vgl. Rn. 23). Anders verhält es sich, wenn die Arbeitsvertragsparteien eine obligatorische Tätigkeit im Homeoffice/Mobile Office vereinbart haben. Dann ist alleiniger Arbeitsort das Homeoffice/Mobile Office. Wird der Arbeitnehmer in solchen Fällen in den Betrieb beordert, handelt es sich bei der An- und Abreise um vergütungspflichtige Arbeitszeit.

Anhang zu § 1: Branchen-Mindestlöhne

Inhaltsübersicht Rn.

626 BAG 18.3.2020 – 5 AZR 36/19, NZA 2020, 868; BAG 17.10.2018 – 5 AZR 553/17, NZA 2019, 159.

1. Branchen-Mindestlöhne nach dem Arbeitnehmer-Entsendegesetz und in der Leiharbeit

Aus § 1 Abs. 3 MiLoG folgt der **Vorrang von allgemeingültigen Branchen-Mindestlöhnen** (nach dem AEntG und dem AÜG) vor den Regelungen des MiLoG, wenn die Branchen-Mindestlöhne den allgemeinen Mindestlohn nach dem MiLoG überschreiten. Arbeitet ein Arbeitnehmer in der betreffenden Branche, für die ein allgemeingültiger Branchen-Mindestlohn gilt, ist der **Branchen-Mindestlohn die spezielle Regelung gegenüber dem Mindestlohn nach dem MiLoG.** Die Regelungen des MiLoG werden insoweit insgesamt verdrängt und finden keine Anwendung. Das gilt auch für 1 die Anwendung von Ausschlussfristen auf den Anspruch auf den Branchen-Mindestlohnanspruch (vgl. Rn. 64ff.)

2 Das AEntG ermöglichte für einzelne Branchen, Mindestarbeitsbedingungen durch die staatlich angeordnete Normerstreckung von Tarifverträgen zu setzen. Diese Normerstreckung erfolgte durch eine »normale« **Allgemeinverbindlicherklärung** nach § 5 TVG, wie sich aus § 3 Satz 1 AEntG ergibt, oder – ohne Zustimmung des Tarifausschusses – durch **Rechtsverordnung** des Bundesministeriums für Arbeit und Soziales (§§ 7, 7a AEntG). Zur Abgrenzung von der Allgemeinverbindlicherklärung (§ 5 TVG) steht im AEntG die Erstreckung von Tarifverträgen durch Rechtsverordnung im Vordergrund.[627] Der Anwendungsbereich des AEntG war früher auf die im Gesetz ausdrücklich genannten Branchen begrenzt und wurde durch die Neuregelung des AEntG (durch das Tarifautonomiestärkungsgesetz) für **alle Branchen** geöffnet. Die Erweiterung erfolgt in der Weise, dass neben dem bisherigen Branchenkatalog (§ 4 Abs. 1 AEntG) und der dazugehörigen Verordnungsermächtigung (§ 7 AEntG) für alle übrigen Branchen (§ 4 Abs. 2 AEntG) ein separates Rechtsverordnungsverfahren eingeführt wurde (§ 7a AEntG).

3 Die im Gesetz **ausdrücklich genannten Branchen** ergeben sich aus § 4 Abs. 1 Nr. 1 bis 9 AEntG. Diese sind

- das Bauhaupt- und das Baunebengewerbe (z. B. Dachdeckerhandwerk, Elektrohandwerk, Gerüstbauerhandwerk, Maler- und Lackiererhandwerk), einschließlich der Erbringung von Montageleistungen auf Baustellen außerhalb des Betriebssitzes,
- die Gebäudereinigung,
- Briefdienstleistungen,
- Sicherheitsdienstleistungen,
- Bergbauspezialarbeiten auf Steinkohlebergwerken,
- Wäschereidienstleistungen im Objektkundengeschäft,
- die Abfallwirtschaft einschließlich Straßenreinigung und Winterdienst,
- Aus- und Weiterbildungsdienstleistungen nach dem SGB II oder SGB III,
- die Fleischwirtschaft (Schlachten und Fleischverarbeitung).

Darüber hinaus können auch Tarifverträge anderer Branchen (als den in § 4 Abs. 1 AEntG genannten) erstreckt werden, wenn die Erstreckung der Rechtsnormen des Tarifvertrags im öffentlichen Interesse geboten erscheint, um die in § 1 AEntG genannten Gesetzesziele zu erreichen und dabei vor allem einem Verdrängungswettbewerb über die Lohnkosten entgegenzuwirken (§ 4 Abs. 2 AEntG). Mit der Erweiterung des AEntG auf **alle Branchen** wird neben dem allgemeinen Mindestlohn ein zweites **branchenbezogenes System der Mindestsicherung** von Arbeitsbedingungen ermöglicht und

627 Vgl. die Gesetzesbegründung, BT-Drs. 18/1558, S. 27, 50.

durch die Anknüpfung an Tarifverträge ein Instrument zur staatlichen Stützung der Tarifautonomie zur Verfügung gestellt.

Voraussetzung für die Normerstreckung nach dem AEntG ist, dass es entsprechende **bundesweit geltende Tarifverträge** gibt (§ 3 AEntG), die allerdings regional differenzieren dürfen. Nach dem AEntG können »Mindestentgeltsätze« festgesetzt werden, die nach Art der Tätigkeit, Qualifikation der Beschäftigten und Regionen differieren können, wobei die Differenzierung nach Art der Tätigkeit und Qualifikation insgesamt bis zu drei Stufen umfassen kann (§ 5 Satz 1 Nr. 1 AEntG).[628] Möglich ist also nicht nur die Festsetzung eines einheitlichen Branchen-Mindestlohns, sondern es können auch mehrere Entgeltgruppen festgesetzt werden (aber kein umfassendes »Lohngitter«; vgl. Rn. 31). Zudem können auch weitere Arbeitsbedingungen tariflich geregelt und für allgemeingültig erklärt werden, wie weitere Entlohnungsbestandteile (§ 2a AEntG), Urlaubsregelungen, Höchstarbeitszeiten, Regelungen zum Gesundheitsschutz sowie Nichtdiskriminierungsbestimmungen (§ 5 Satz 1 Nr. 1a bis 5 AEntG i. V. m. § 2 Abs. 1 Nr. 3 bis 8 AEntG). 4

Eine Besonderheit gilt für die **Pflegebranche** (§ 10 AEntG): Wegen der Vielzahl kirchlicher oder kirchennaher Unternehmen (z. B. Caritas, Diakonisches Werk) beruht in der Pflegebranche die Festsetzung des Mindestlohns nicht auf einem Tarifvertrag, sondern erfolgt durch Rechtsverordnung (§ 11 AEntG) aufgrund des Vorschlags einer besonders eingerichteten Kommission (§ 12 AEntG); vgl. Rn. 27ff. Durch das Gesetz für bessere Löhne in der Pflege (Pflegelöhneverbesserungsgesetz) vom 22.11.2019 (BGBl. S. 1756) wurde zwar die Möglichkeit geschaffen, künftig – wie in anderen Branchen – einen bundesweit geltenden Tarifvertrag für allgemeingültig zu erklären, doch wurde das noch nicht in die Rechtspraxis umgesetzt. 5

Zugunsten der **Leiharbeitnehmer** besteht ein Gleichbehandlungsgebot mit den vergleichbaren Arbeitnehmern des Entleihers. Wegen der Unterbietung des Gleichbehandlungsgebots durch Tarifverträge wurde seit Jahren als Reaktionsmöglichkeit die Aufnahme der Leiharbeit in das AEntG diskutiert, um einen Mindestlohn für Leiharbeitnehmer einführen zu können, der nicht unterschritten werden darf (vgl. Einleitung Rn. 54ff.). Der Gesetzgeber ist einen anderen Weg gegangen: Die Leiharbeit wurde nicht in den Anwendungsbereich des AEntG aufgenommen, sondern es wurde eine **spezielle Lohnuntergrenze für die Leiharbeit in § 3a AÜG** eingeführt, die durch 6

---

628 Die Differenzierungsmöglichkeit bis »zu drei Stufen« ist neu geregelt worden durch das Gesetz zur Umsetzung der Richtlinie (EU) 2018/957 des Europäischen Parlaments und des Rates vom 28.6.2018 zur Änderung der Richtlinie 96/71/EG über die Entsendung von Arbeitnehmern im Rahmen der Erbringung von Dienstleistungen vom 10.7.2020 (BGBl. I S. 1657).

Rechtsverordnung festgesetzt werden kann, allerdings einen entsprechenden Tarifvertrag voraussetzt (vgl. Einleitung Rn. 58).

2. Einzelheiten zu den Branchen-Tarifverträgen nach dem Arbeitnehmer-Entsendegesetz

7 Bundesweit geltende Branchen-Tarifverträge können entweder über eine »normale« Allgemeinverbindlicherklärung nach § 5 TVG oder durch Rechtsverordnung nach § 7 oder § 7a AEntG vom Bundesministerium für Arbeit und Soziales für allgemeingültig erklärt werden. § 7 AEntG gilt für die in § 4 Abs. 1 AEntG genannten Branchen; für alle anderen Branchen (§ 4 Abs. 2 AEntG) gilt § 7a AEntG.

a. Bundesweiter Tarifvertrag

8 § 3 Satz 1 AEntG setzt als Grundsatz einen bundesweiten Tarifvertrag voraus. Es genügt nicht, dass mehrere regionale Tarifverträge zusammengenommen ganz Deutschland abdecken, vielmehr muss ein Tarifvertrag vereinbart sein, der sich auf das ganze Bundesgebiet erstreckt. Vorausgesetzt wird ein »bundesweiter« Tarifvertrag, in dem allerdings eine Differenzierung u. a. nach »Regionen« zulässig ist (§ 5 Nr. 1 AEntG). Ob es für die jeweilige Branche einen einheitlichen nationalen Mindestlohn gibt oder ob es unterschiedliche Mindestentgeltsätze je nach Region gibt, liegt in der Normsetzungsautonomie der Tarifvertragsparteien. Unabdingbare Voraussetzung für die Erstreckung der Norm nach dem AEntG ist lediglich, dass die »Mindestentgeltsätze« (§ 5 Nr. 1 AEntG) in einem bundesweit geltenden Tarifvertrag festgesetzt sind.

9 Eines bundesweiten Tarifvertrags bedarf es gem. § 3 Satz 3 AEntG *nicht*, soweit Arbeitsbedingungen i. S. d. § 5 Nr. 2, 3 oder 4 AEntG (Urlaubsregelungen, Urlaubskasse, Anforderungen an Unterkünfte) Gegenstand tarifvertraglicher Regelungen sind, die zusammengefasst räumlich den gesamten Geltungsbereich Deutschlands abdecken. Für diese Arbeitsbedingungen genügt es, wenn mehrere regionale Tarifverträge zusammengenommen ganz Deutschland abdecken. Diese Ausnahme gilt nur für § 3 Satz 3 AEntG, also nicht, soweit es um Mindestentgeltsätze (§ 5 Nr. 1 AEntG) geht.

b. Branchen

aa. Bauhaupt- und Baunebengewerbe

10 § 4 Nr. 1 AEntG erfasst das Bauhaupt- und das Baunebengewerbe i. S. d. Baubetriebe-Verordnung vom 28. 10. 1980 (BGBl. I S. 2033), zuletzt geändert durch die Verordnung vom 26. 4. 2006 (BGBl. I S. 1085), in der jeweils

geltenden Fassung, einschließlich der Erbringung von Montageleistungen auf Baustellen außerhalb des Betriebssitzes. Zum Baunebengewerbe gehören z. B. das Dachdeckerhandwerk, Elektrohandwerk, Gerüstbauerhandwerk, Maler- und Lackiererhandwerk, Steinmetz- und Steinbildhauerhandwerk.

bb. Gebäudereinigung

Durch das Erste Gesetz zur Änderung des Arbeitnehmer-Entsendegesetzes vom 25. 4. 2007 wurde der Anwendungsbereich des AEntG – das ursprünglich auf das Bauhaupt- und Baunebengewerbe begrenzt war – auf das »Gebäudereinigerhandwerk« ausgedehnt. Die Branche wird nunmehr als »Gebäudereinigung« bezeichnet (§ 4 Nr. 2 AEntG). Erfasst wird damit sowohl die handwerklich als auch die industriell betriebene Gebäudereinigung. Eine Unterscheidung nach »einfachen Reinigungstätigkeiten nach Hausfrauenart« und qualifizierten Reinigungstätigkeiten kommt nicht in Betracht. Sämtliche Reinigungstätigkeiten fallen unter den Begriff der Gebäudereinigung. Die gegenteilige Auffassung ist jedenfalls durch die Neufassung des AEntG 2009 überholt. § 4 Nr. 2 AEntG spricht nicht mehr vom »Gebäudereiniger*handwerk*«, sondern von der »Gebäudereinigung«. Diese gesetzliche Regelung muss man als gesetzliche Ermächtigung der Handwerksinnungen gerade auch zum Abschluss von Mindestlohntarifverträgen verstehen (die Mindestlohntarifverträge für die Gebäudereinigung werden auf Arbeitgeberseite vom Bundesinnungsverband des Gebäudereiniger-Handwerks abgeschlossen). 11

Der Mindestlohn-Tarifvertrag findet nur Anwendung, wenn gem. § 6 Abs. 2 AEntG der Betrieb oder die selbstständige Betriebsabteilung **überwiegend Gebäudereinigungsleistungen** erbringt. Für die Abgrenzung ist entscheidend, dass – anders ausgedrückt – ein Reinigungsbetrieb vorliegt. Maßgeblich ist der Betriebszweck. So ist ein **Hotel** kein Reinigungsbetrieb, Betriebszweck eines Hotels ist es, Gäste zu beherbergen; das Reinigen der Zimmer und sonstige Reinigungstätigkeiten sind Nebenzweck. Deshalb fallen Hotels nicht in den Geltungsbereich des TV Mindestlohn für die Gebäudereinigung.[629] 12

Bei dem TV Mindestlohn für die Gebäudereinigung ist zu beachten, dass er **zwei Lohngruppen** (Lohngruppe 1, Lohngruppe 6) mit unterschiedlichen Tätigkeitsmerkmalen regelt. Die Lohngruppe 1 erfasst im Wesentlichen Innen- und Unterhaltsreinigungsarbeiten (dazu gehört auch die Reinigung von Sanitärbereichen, etwa Kundentoiletten),[630] die Lohngruppe 6 erfasst 13

629 Vgl. *Rieble*, DB 2011, 356, 357.

630 Vgl. zur Tätigkeit einer »Toilettenfrau« LSG Berlin-Brandenburg, 7. 5. 2014 – L 9 KR 384/12, NZS 2015, 584; dort auch Ausführungen zur Berücksichtigung von Trinkgeldern bzw. der Tätigkeit einer sog. Trinkgeldüberwachung.

Glas- und Fassadenreinigungsarbeiten. Bei der **Reinigung von Krankenhausbetten** ist die Lohngruppe 1 einschlägig.[631] Dabei geht es um Innen- und Unterhaltsreinigungsarbeiten, zu denen nach dem Tarifvertrag ausdrücklich auch die Reinigung von Gegenständen der Raumausstattung gehört.[632]

14 Auch die Tätigkeit einer **Laborspülkraft** erfüllt das Tätigkeitsmerkmal der Unterhaltsreinigung i. S. d. Lohngruppe 1. Die Unterhaltsreinigung umfasst die Reinigung von Gegenständen der Raumausstattung, die als notwendige Unterhaltsmaßnahme für die bestimmungsgemäße Nutzung der Räume als Arbeitsstätte (Labor) erforderlich sind.[633] Unterhaltsreinigungsarbeiten sind fortlaufende und kontinuierlich auszuführende Reinigungsarbeiten, die dem Erhalt, dem Schutz und der Pflege von Gegenständen dienen, wobei hierunter nicht nur Gebäude zu verstehen sind.[634] Die Tätigkeit der Unterhaltsreinigung als Bestandteil der Gebäudereinigung erstreckt sich auch auf Einrichtungsgegenstände.[635]

15 Die **Tätigkeit an einer Müllpresse** erfüllt allerdings nicht die Merkmale der Innen- und Unterhaltsreinigungsarbeiten.[636] Die Lohngruppe 1 des Mindestlohn-Tarifvertrags Gebäudereinigung ist auch **keine Auffanglohngruppe**, die für alle Tätigkeiten im betrieblichen Geltungsbereich des Mindestlohn-Tarifvertrags Gebäudereinigung gilt.[637] Anders ist die Rechtslage, wenn der einschlägige Mindestlohn-Tarifvertrag keine konkreten Tätigkeitsmerkmale für die einschlägige Mindestlohngruppe regelt, sondern lediglich ein einheitliches Mindestentgelt unabhängig von der ausgeübten Tätigkeit.[638]

cc. Briefdienstleistungen

16 Vor dem Hintergrund, dass in Deutschland zum 1. 1. 2008 das Postmonopol für Briefe unter 50 Gramm (§ 51 PostG) endete, wurde durch das Zweite Gesetz zur Änderung des Arbeitnehmer-Entsendegesetzes vom 21. 12. 2007 der Anwendungsbereich des AEntG auf Briefdienstleistungen erweitert. Diese

---

631 BAG 25. 9. 2013 – 4 AZR 99/12, NZA-RR 2014, 249.

632 BAG 25. 9. 2013 – 4 AZR 99/12, Rn. 19, NZA-RR 2014, 249.

633 BAG 30. 1. 2013 – 4 AZR 272/11, Rn. 16, AP TVG § 1 Tarifverträge: Gebäudereinigung Nr. 24.

634 BAG 30. 1. 2013 – 4 AZR 272/11, Rn. 18, AP TVG § 1 Tarifverträge: Gebäudereinigung Nr. 24.

635 BAG 30. 1. 2013 – 4 AZR 272/11, Rn. 19, AP TVG § 1 Tarifverträge: Gebäudereinigung Nr. 24; BAG 25. 9. 2013 – 4 AZR 99/12, Rn. 19, NZA-RR 2014, 249.

636 BAG 23. 10. 2013 – 4 AZR 431/12, NZA 2014, 497.

637 BAG 23. 10. 2013 – 4 AZR 431/12, NZA 2014, 497.

638 So etwa der TV Mindestlohn im Gerüstbauerhandwerk sowie im Maler- und Lackiererhandwerk; vgl. BAG 23. 10. 2013 – 4 AZR 431/12, Rn. 29, NZA 2014, 497.

Gesetzesänderung und die entsprechende Verordnung für Briefdienstleistungen, die daraufhin ergangen ist, löste eine heftige Debatte aus.[639] Durch das AEntG 2009 wurde die Erweiterung des Branchenkatalogs auf Briefdienstleistungen fortgeschrieben (§ 4 Nr. 3 AEntG). Das Befördern von Briefsendungen meint das Einsammeln, Weiterleiten oder Ausliefern von Briefsendungen an den Empfänger. Umfasst ist die gesamte Wertschöpfungskette vom Absender bis zum Empfänger. Nicht erfasst sind Zeitungszustellunternehmen, Speditionen, Paket-, Express- und Kurierdienste sowie Taxiunternehmen, wenn sie nicht tatsächlich überwiegend Briefsendungen befördern.

Derzeit sind nach dem AEntG für den Bereich der Briefdienstleistungen 17
keine tarifvertraglichen Regelungen für allgemeingültig erklärt. Die Verordnung über zwingende Arbeitsbedingungen für die Branche Briefdienstleistungen vom 28.12.2007 (Laufzeit bis 30.4.2010), durch die der Tarifvertrag über Mindestlöhne für die Branche Briefdienstleistungen vom 29.11.2007 erstreckt wurde, ist vom VG Berlin[640] und vom OVG Berlin-Brandenburg[641] für rechtswidrig erklärt worden. Das BVerwG hat das Urteil des OVG Berlin-Brandenburg im Ergebnis bestätigt. Die entsprechende Verordnung war aus Sicht des OVG und des BVerwG wegen eines Verfahrensfehlers rechtswidrig. Materiell-rechtlich hat das BVerwG keine Prüfung vorgenommen.[642] Das BAG hat sich der Auffassung des BVerwG angeschlossen.[643] Aktuell gibt es keinen gültigen Mindestlohn-Tarifvertrag für die Branche Briefdienstleistungen.

dd. Sicherheitsdienstleistungen

Die Sicherheitsdienstleistungen (§ 4 Nr. 4 AEntG) wurden erstmals durch 18
das AEntG 2009 neu in das Gesetz aufgenommen. Die Branche der Sicherheitsdienstleistungen erfasst traditionell das Bewachungsgewerbe, d.h. das Bewachen von Leben und Eigentum fremder Personen (§ 34a GewO). Zudem geht es um Objekt- und Anlagenschutz, Geld- und Werttransportdienste, um den Schutz von kerntechnischen Anlagen, Schutz- und Sicherheitsaufgaben auf Verkehrsflughäfen, City-Streifen, Bewachung militärischer Liegenschaften und von Industrieanlagen, um die Überwachung des öffentlichen Personenverkehrs, Personenschutz, Pfortenempfangsdienste,

639 Vgl. *Röhm/Voigt*, Das Lohndumping-Kartell – Großverlage bekämpfen den Post-Mindestlohn, 2007.

640 VG Berlin 7.3.2008 – 4 A 439/07, NZA 2008, 482.

641 OVG Berlin-Brandenburg 18.12.2008 – 1 B 13/08.

642 BVerwG 28.1.2010 – 8 C 19/09, NZA 2010, 718.

643 BAG 18.4.2012 – 5 AZR 630/10, Rn. 23ff.; NZA 2012, 978; so auch BAG 26.9.2012 – 4 AZR 5/11; BAG 17.4.2013 – 4 AZR 692/11.

Kontroll- und Ordnungsdienste, Revier- und Interventionsdienste, um Sicherungsposten bei Gleisarbeiten, Notruf- und Service-Leitstellen, um in Übereinstimmung mit Landesrecht ausgegliederte Werkfeuerwehren sowie um sonstige sicherheitsrelevante Serviceaufgaben.[644] Zu diesem weiten Begriff von Sicherheitsdienstleistungen gehört z. B. auch die Tätigkeit von Kaufhausdetektiven.[645]

ee. Bergbauspezialarbeiten auf Steinkohlebergwerken

19 Die Bergbauspezialarbeiten auf Steinkohlebergwerken (§ 4 Nr. 5 AEntG) wurden erstmals durch das AEntG 2009 neu in das Gesetz aufgenommen. Bergbauspezialarbeiten sind von Drittfirmen erbrachte Serviceleistungen im Steinkohlebergbau, die im Auftrag eines Unternehmens dessen Rohstoffgewinnung unterstützen, etwa durch die Erstellung von Grubenräumen, einschließlich Schacht- und Streckenbauarbeiten.[646]

ff. Wäschereidienstleistungen im Objektkundengeschäft

20 Wäschereidienstleistungen im Objektkundengeschäft (§ 4 Nr. 6 AEntG) wurden erstmals durch das AEntG 2009 neu in das Gesetz aufgenommen. Wäschereien, die im Objektkundengeschäft tätig sind, reinigen waschbare Textilien für gewerbliche Kunden (z. B. Hotels) sowie für öffentlich-rechtliche oder kirchliche Einrichtungen (z. B. Krankenhäuser, Alten- und Pflegeheime) und bereiten sie wieder auf. Zum Dienstleistungsangebot der Großwäschereien gehört neben dem Waschen der Wäsche auch die Abholung beim Kunden, die Aufbereitung der Wäsche und der Rücktransport zum Kunden sowie das Einräumen der Wäsche in die Schränke des Kunden und das Beziehen von Betten. Die Branche grenzt sich von der chemischen Reinigung (Textilreinigungen, Waschsalons) ab, bei der nichtwaschbare Textilien gereinigt werden. Nicht erfasst sind Wäschereiabteilungen, die für die eigene Organisationseinheit Wäsche waschen (z. B. Krankenhauswäschereien).[647] Die Regelung findet ausdrücklich keine Anwendung auf Wäschereidienstleistungen, die von Werkstätten für behinderte Menschen i. S. d. § 219 SGB IX erbracht werden (§ 6 Abs. 6 Satz 2 AEntG). Voraussetzung ist gem. § 6 Abs. 6 Satz 1 AEntG, dass in dem Betrieb oder in der selbstständigen Be-

---

644 Vgl. Beschlussempfehlung und Bericht des Ausschusses für Arbeit und Soziales, BT-Drs. 16/11669, S. 21.

645 LAG München 15. 4. 2015 – 11 Sa 951/14.

646 Vgl. Beschlussempfehlung und Bericht des Ausschusses für Arbeit und Soziales, BT-Drs. 16/11669, S. 21.

647 Vgl. Beschlussempfehlung und Bericht des Ausschusses für Arbeit und Soziales, BT-Drs. 16/11669, S. 21.

triebsabteilung gewerbsmäßig überwiegend Textilien für gewerbliche Kunden sowie öffentlich-rechtliche oder kirchliche Einrichtungen gewaschen werden, unabhängig davon, ob die Wäsche im Eigentum der Wäscherei oder des Kunden steht. Auf Betriebe oder selbstständige Betriebsabteilungen, in denen überwiegend Textilien für *private Kunden* gewaschen werden, ist § 4 Nr. 6 AEntG *nicht* anwendbar.

gg. Abfallwirtschaft einschließlich Straßenreinigung und Winterdienst

Die Abfallwirtschaft einschließlich Straßenreinigung und Winterdienst 21
(§ 4 Nr. 7 AEntG) wurde erstmals durch das AEntG 2009 neu in das Gesetz aufgenommen. Abfallwirtschaft umfasst als Branche das Sammeln, Transportieren, Sortieren, Verarbeiten, Verbrennen, Deponieren von Abfällen und das Wiedergewinnen von Rohstoffen aus Abfall (z. B. Papier, Metalle, Kunststoffe), das Reinigen von öffentlichen Straßen und Plätzen und das Beseitigen von Schnee und Eis auf solchen Straßen und Plätzen, einschließlich des Einsatzes von Streugut.[648] Der Begriff »Abfall« ist, wie sich aus § 6 Abs. 7 AEntG ergibt, i. S. d. § 3 KrWG auszulegen. Danach sind Abfälle alle beweglichen Sachen, deren sich ihr Besitzer entledigt, entledigen will oder entledigen muss. Abfälle zur Verwertung sind Abfälle, die verwertet werden; Abfälle, die nicht verwertet werden, sind Abfälle zur Beseitigung. Die Abfalleigenschaft entfällt nicht durch das Sortieren verschiedener Sorten von Altpapier.[649]

Der TV Mindestlohn für die Abfallwirtschaft sieht die Zahlung eines ein- 22
heitlichen Mindestlohns für ganz Deutschland vor. Das BAG hatte sich mit Urteil vom 16. 4. 2014 mit der Frage auseinanderzusetzen, ob vom Arbeitgeber gezahlte **Spätschichtzuschläge** auf den einschlägigen Mindestlohn für die Abfallwirtschaft anzurechnen waren.[650] Der Leitsatz der Entscheidung lautet: *Bestimmt ein aufgrund Rechtsverordnung verbindlicher Tarifvertrag einen Mindestlohnanspruch »je Stunde« unabhängig von der zeitlichen Lage der Arbeitszeit, können vom Arbeitgeber aufgrund anderer Rechtsgrundlagen geleistete Zulagen für erbrachte Spätschichten vorbehaltlich anderslautender gesetzlicher oder tariflicher Regelungen auf einen Mindestlohnanspruch angerechnet werden. Dies gilt jedenfalls dann, wenn dem Mindestlohn-Tarifvertrag nicht entnommen werden kann, dass die Arbeitsleistung unter den Bedingungen einer Spätschicht einer gesonderten Vergütungsregelung vorbehalten worden ist.* Das BAG führt u. a. aus, dass es zur Beurteilung der

---

648 Vgl. Beschlussempfehlung und Bericht des Ausschusses für Arbeit und Soziales, BT-Drs. 16/11669, S. 21.

649 BAG 16. 4. 2014 – 4 AZR 802/11, Rn. 29ff., NZA 2014, 1277.

650 BAG 16. 4. 2014 – 4 AZR 802/11, NZA 2014, 1277.

funktionalen Gleichwertigkeit erforderlich sei, die Funktion zu bestimmen, die die Leistung des Arbeitgebers habe, um sodann festzustellen, ob sie sich auf diejenige vom Arbeitnehmer geleistete oder zu leistende Arbeit beziehe, die mit dem Mindestlohn abgegolten sein soll. Die im Streitfall vom Arbeitgeber gezahlten Spätschichtzuschläge seien auf den Entgeltanspruch nach dem TV Mindestlohn Abfallwirtschaft anzurechnen. Dieser Mindestlohn gelte für jede Tätigkeit in der Abfallwirtschaft unabhängig davon, ob die Arbeitsleistung unter erschwerten Bedingungen einer Spätschicht erbracht werde oder nicht.[651] Entsprechend seinem Regelungswillen bestimme der TV Mindestlohn als Mindestlohntarifvertrag den Mindestlohn je Stunde unabhängig von den konkreten Arbeitsbedingungen oder Erschwerungen.[652] Der tarifliche Mindestlohn sei je Stunde festgelegt und unabhängig von der zeitlichen Lage sowie den damit verbundenen Bedingungen, unter denen die Arbeitsleistungen zu erbringen seien.[653]

hh. Aus- und Weiterbildungsdienstleistungen nach dem SGB II oder SGB III

23 Die Aus- und Weiterbildungsdienstleistungen nach dem Zweiten oder Dritten Buch Sozialgesetzbuch (§ 4 Nr. 8 AEntG) wurden durch das AEntG 2009 neu in das Gesetz aufgenommen. Aus- und Weiterbildungsmaßnahmen i. S. d. § 4 Nr. 8 AEntG sind nur solche, die nach dem SGB II oder SGB III umgesetzt werden, z. B. berufsvorbereitende Bildungsmaßnahmen und Trainingsmaßnahmen.[654] In dem Betrieb oder in der selbstständigen Betriebsabteilung müssen gem. § 6 Abs. 8 Satz 1 AEntG überwiegend Aus- und Weiterbildungsmaßnahmen nach dem SGB II oder SGB III durchgeführt werden.[655] Ausgenommen sind Einrichtungen der beruflichen Rehabilitation i. S. d. § 51 Abs. 1 Satz 1 SGB IX (§ 6 Abs. 8 Satz 2 AEntG). Das gilt allerdings nur dann, wenn dort überwiegend Maßnahmen der beruflichen Rehabilitation für Menschen mit Behinderung ausgeführt werden. Allein die Anerkennung der Einrichtung als solche genügt hierfür nicht.[656] Für Betriebe oder selbstständige Betriebsabteilungen, in denen überwiegend Aus- und Weiterbildungsdienstleistungen nach dem SGB II und dem SGB III

651 BAG 16.4.2014 – 4 AZR 802/11, Rn. 43, NZA 2014, 1277.

652 BAG 16.4.2014 – 4 AZR 802/11, Rn. 46, NZA 2014, 1277.

653 BAG 16.4.2014 – 4 AZR 802/11, Rn. 49, NZA 2014, 1277.

654 Vgl. Beschlussempfehlung und Bericht des Ausschusses für Arbeit und Soziales, BT-Drs. 16/11669, S. 21.

655 Vgl. speziell zum TV Mindestlohn für Aus- und Weiterbildungsmaßnahmen nach dem SGB II oder SGB III: BAG 13.5.2015 – 10 AZR 495/14, Rn. 19ff., NZA 2015, 1127.

656 BAG 13.5.2015 – 10 AZR 495/14, Rn. 18ff., NZA 2015, 1127.

erbracht werden, gilt grundsätzlich der einschlägige Mindestlohn. Werden hingegen überwiegend andere Tätigkeiten erbracht, ist der Mindestlohn nicht einschlägig. Erbringen der Betrieb oder die selbstständige Betriebsabteilung überwiegend Aus- und Weiterbildungsdienstleistungen nach dem SGB II und dem SGB III und ist die Einrichtung als eine der beruflichen Rehabilitation i. S. d. § 51 Abs. 1 Satz 1 SGB IX anerkannt, bedarf es der weiteren Prüfung, ob überwiegend Aus- und Weiterbildungsmaßnahmen, die der beruflichen Rehabilitation i. S. d. SGB IX zuzuordnen sind, ausgeführt werden. Ist dies der Fall, scheidet eine Anwendung des TV Mindestlohn aus. Andernfalls findet der TV Mindestlohn auf alle Arbeitnehmer des Betriebs oder der selbstständigen Betriebsabteilung Anwendung.[657]

ii. Schlachten und Fleischverarbeitung

Durch das Erste Gesetz zur Änderung des Arbeitnehmer-Entsendegesetzes 24
vom 24. 5. 2014 wurde die Branche »Schlachten und Fleischverarbeitung« in das AEntG aufgenommen. In dem Betrieb oder der selbstständigen Betriebsabteilung muss gem. § 6 Abs. 9 Satz 1 AEntG entweder überwiegend geschlachtet oder Fleisch verarbeitet werden (Betrieb der Fleischwirtschaft) oder es müssen Arbeitnehmer überwiegend in Betrieben der Fleischwirtschaft eingesetzt werden. Mit der Variante des »Einsatzes in Betrieben der Fleischwirtschaft« sollte den Tarifvertragsparteien die Möglichkeit gegeben werden, auch den Einsatz von Arbeitnehmern aufgrund von Werkverträgen mit in den Geltungsbereich eines entsprechenden Tarifvertrags einzubeziehen.[658]

jj. Weitere Branchen

Durch das Tarifautonomiestärkungsgesetz vom 11. 8. 2014 wurde der An- 25
wendungsbereich des AEntG – über die ausdrücklich in § 4 Abs. 1 AEntG genannten Branchen hinaus – auf alle Branchen erweitert. Gesetzestechnisch erfolgt die Geltungserstreckung entsprechender Tarifverträge durch eine Rechtsverordnung (§ 7a AEntG).

kk. »Überwiegende« Arbeitsleistung in der Branche

Einheitlich für alle Branchen wird in § 6 AEntG (jeweils branchenspezifisch 26
formuliert) festgelegt, dass die tariflichen Regelungen nur Anwendung finden, wenn die jeweiligen Tätigkeiten im Betrieb oder in der selbstständigen Betriebsabteilung »überwiegend« erbracht werden. Dadurch soll sichergestellt werden, dass auch branchenfremde Nebentätigkeiten und Mischbetriebe den

657 BAG 13. 5. 2015 – 10 AZR 495/14, Rn. 22, NZA 2015, 1127.
658 Vgl. die Gesetzesbegründung der Bundesregierung, BT-Drs. 18/910, S. 8.

Mindestlohnregelungen unterliegen, wenn die jeweiligen branchenbezogenen Tätigkeiten im Betrieb überwiegen. Für die Arbeitnehmer sollen die Mindestlohnregelungen Anwendung finden, wenn im Betrieb bezogen auf die Gesamtarbeitszeit (aller Arbeitnehmer) überwiegend solche Arbeiten erbracht werden.[659] Das bedeutet: Betriebe oder selbstständige Betriebsabteilungen, in denen überwiegend jeweils die in § 6 AEntG genannten Tätigkeiten erbracht werden, fallen grundsätzlich in den Anwendungsbereich des jeweiligen Tarifvertrags bzw. in den der jeweiligen Rechtsverordnung. Werden hingegen bezogen auf die Gesamtarbeitszeit überwiegend andere Tätigkeiten erbracht, ist deren Geltungsbereich nicht eröffnet.[660] Entscheidend ist, ob die Arbeitszeit der eingesetzten Arbeitnehmer überwiegend (zu mehr als 50 %) auf die jeweils in § 6 genannten Tätigkeiten entfallen.[661] Nicht maßgeblich sind wirtschaftliche Gesichtspunkte (wie Umsatz oder Verdienst) oder handels- oder gewerberechtliche Kriterien, wie z. B. die Eintragung in das Handelsregister oder in eine Handwerksrolle mit einem bestimmten Inhalt.[662]

II. Pflegebranche

27 Die Pflegebranche wird speziell in den §§ 10 bis 13 AEntG geregelt. Diese umfasst Betriebe und selbstständige Betriebsabteilungen, die überwiegend ambulante, teilstationäre oder stationäre Pflegeleistungen oder ambulante Krankenpflegeleistungen für Pflegebedürftige erbringen (**Pflegebetriebe**). Für die Pflegebranche kann zwar auch ein bundesweit geltender Tarifvertrag für allgemeingültig erklärt werden (vgl. § 7a Abs. 1a AEntG)[663], doch gegenwärtig ist es nach wie vor so, dass das Bundesministerium für Arbeit und Soziales durch Rechtsverordnung bestimmt, dass auf der Grundlage des Vorschlags einer speziellen Pflegekommission (§ 12 AEntG) entsprechende Arbeitsbedingungen für allgemeingültig erklärt werden (§ 11 AEntG).
Anders als in § 1 und § 20 MiLoG, nach denen die »Arbeitgeber« zur Zahlung des allgemeinen Mindestlohns verpflichtet sind, stellen die Bran-

659 BAG 13.5.2015 – 10 AZR 495/14, Rn. 21, NZA 2015, 1127, zum Mindestlohn für das pädagogische Personal in Aus- und Weiterbildungsmaßnahmen.

660 Vgl. BAG 13.5.2015 – 10 AZR 495/14, Rn. 22, NZA 2015, 1127, zum Mindestlohn für das pädagogische Personal in Aus- und Weiterbildungsmaßnahmen.

661 Vgl. zu Tarifverträgen im Baubereich, wo dieses Prinzip bereits seit Jahrzehnten Anwendung findet, etwa BAG 10.9.2014 – 10 AZR 959/13, Rn. 28, NZA 2014, 1282, 1286; BAG 25.4.2007 – 10 AZR 246/06, NZA-RR 2007, 528; BAG 24.8.1994 – 10 AZR 980/93, NZA 1995, 1116.

662 Vgl. BAG 10.9.2014 – 10 AZR 959/13, Rn. 28, NZA 2014, 1282, 1286; BAG 28.5.2008 – 10 AZR 358/07, NZA-RR 2008, 639; BAG 25.4.2007 – 10 AZR 246/06, NZA-RR 2007, 528.

663 Neu geregelt durch das Gesetz für bessere Löhne in der Pflege (Pflegelöhneverbesserungsgesetz) vom 22.11.2019 (BGBl. S. 1756).

chen-Mindestlöhne auf den Begriff des »Betriebs« ab, speziell für die Pflegebranche auf »Pflegebetriebe«. Für private Pflegekräfte, die bei privaten Arbeitgebern in **Privathaushalten** beschäftigt werden, gilt deshalb *nicht* der spezielle Branchen-Mindestlohn, sondern lediglich der allgemeine Mindestlohn nach dem MiLoG. Privathaushalte sind keine »Pflegebetriebe«.[664] Das entspricht der allgemeinen Rechtsprechung, nach der ein privater Haushalt kein Betrieb oder Unternehmen im arbeitsrechtlichen Sinne ist.[665] Zur Klarstellung ist darauf hinzuweisen, dass dies lediglich für private Pflegekräfte gilt, die direkt bei privaten Arbeitgebern in Privathaushalten angestellt sind. Davon zu unterscheiden sind die Pflegekräfte, die bei Unternehmen beschäftigt sind, die ambulante Pflegeleistungen erbringen. Diese Pflegekräfte suchen zwar die zu Pflegenden im Privathaushalt auf, allerdings im Rahmen des Arbeitsverhältnisses mit dem ambulanten Pflegedienstleistungsunternehmen. Für diese Pflegekräfte gilt der spezielle Branchen-Mindestlohn, denn sie sind tätig »für Betriebe ..., die ... ambulante ... Pflegeleistungen oder ambulante Krankenpflegeleistungen für Pflegebedürftige ... erbringen« (so § 1 der jeweiligen Pflegearbeitsbedingungenverordnung).

Die in den Pflegearbeitsbedingungenverordnungen festgelegten Grundsätze zur Bemessung des Mindestentgelts in der Pflegebranche gehen im Geltungsbereich der Verordnungen dem im Mindestlohngesetz geregelten Anspruch auf den allgemeinen Mindestlohn vor, wie sich aus § 1 Abs. 3 MiLoG ergibt. Soweit die Höhe der auf Grundlage der Verordnungen festgesetzten Mindestentgelte die Höhe des allgemeinen Mindestlohns nicht unterschreiten darf, betrifft dies nur die Höhe des Mindestentgelts selbst. Die Rechtsverordnungen können jedoch vom Mindestlohngesetz **abweichende Regelungen zur Bemessung der Arbeitsleistung als Arbeitszeit** vorsehen, etwa zur Berücksichtigung von Bereitschaftsdiensten.[666]

Das BAG hat zum Mindestentgelt nach § 2 Pflegearbeitsbedingungenverordnung (1. PflegeArbbV) entschieden, dass dieses nicht nur für »Vollarbeit«, sondern auch für **Arbeitsbereitschaft** und **Bereitschaftsdienst** zu zahlen ist.[667] 28

664 LAG Rheinland-Pfalz 11.2.2016 – 2 Sa 378/15; *Brors/Böning*, NZA 2015, 846, 847.

665 Vgl. zu der Nichtgeltung der verlängerten Kündigungsfristen nach § 622 Abs. 2 BGB: BAG 11.6.2020 – 2 AZR 660/19, NZA 2020, 1241; vgl. zur Nichtanwendbarkeit des Kündigungsschutzgesetzes: LAG Niedersachsen 14.3.2019 – 5 Sa 822/18, NZA-RR 2019, 362; LAG Düsseldorf 10.5.2016 – 14 Sa 82/16; allgemein *Steinke*, RdA 2018, 232 ff.

666 BAG 24.6.2020 – 5 AZR 93/19, NZA 2020, 1707.

667 BAG 19.11.2014 – 5 AZR 1101/12, AP BGB § 611 Nr. 24; bestätigt durch BAG 18.11.2015 – 5 AZR 761/13, Rn. 17, NZA 2016, 828.

Zu beachten ist, dass durch die **Zweite Verordnung** über zwingende Arbeitsbedingungen für die Pflegebranche (Zweite Pflegearbeitsbedingungenverordnung – 2. PflegeArbbV) vom 27.11.2014 speziell für **Bereitschaftsdienste** in § 2 Abs. 3 eine Spezialregelung getroffen worden ist. Danach konnte durch eine kollektivrechtliche oder schriftliche einzelvertragliche Regelung bestimmt werden, dass die Zeit des Bereitschaftsdiensts nur mit mindestens 25 % als Arbeitszeit bewertet wurde. Umfasste die Arbeitsleistung innerhalb des Bereitschaftsdiensts mehr als 25 %, war die darüber hinausgehende Arbeitsleistung zusätzlich mit dem Mindestentgelt nach der 2. PflegeArbbV zu vergüten. Die im Geltungsbereich der 2. PflegeArbbV grundsätzlich mögliche Unterschreitung des Mindestentgelts bei der Vergütung von Zeiten des Bereitschaftsdienstes setzte voraus, dass während eines solchen Dienstes erfahrungsgemäß die Zeit ohne Arbeitsleistung mindestens 75 % betrug. Wurde dieser Wert nicht erreicht, war das Mindestentgelt in voller Höhe für jede tatsächlich geleistete Stunde des Bereitschaftsdienstes unabhängig davon zu zahlen, ob der Arbeitnehmer voll gearbeitet oder sich für die Aufnahme der Arbeitsleistung bereitgehalten hatte.[668]

Die **Dritte Verordnung** über zwingende Arbeitsbedingungen für die Pflegebranche (Dritte Pflegearbeitsbedingungenverordnung – 3. PflegeArbbV) vom 1.8.2017 enthielt in § 2 Abs. 4 folgende Regelung:

Zum Zwecke der Entgeltberechnung kann die Zeit des Bereitschaftsdienstes einschließlich der geleisteten Arbeit auf der Grundlage einer kollektivrechtlichen oder einer schriftlichen einzelvertraglichen Regelung zu mindestens 40 Prozent als Arbeitszeit bewertet werden. Zeiten des Bereitschaftsdienstes, die über 64 Stunden im Kalendermonat hinausgehen, sind mit dem Mindestentgelt nach Absatz 1 zu vergüten. Das Gleiche gilt, wenn die Arbeitsleistung innerhalb eines Bereitschaftsdienstes mehr als 25 Prozent umfasst.

Die **Vierte Verordnung** über zwingende Arbeitsbedingungen für die Pflegebranche (Vierte Pflegearbeitsbedingungenverordnung – 4. PflegeArbbV) vom 22.4.2020 enthält in § 2 Abs. 6 folgende Regelung:

Für Zeiten des Bereitschaftsdienstes wird ein Mindestentgelt gemäß den nachstehenden Grundsätzen gezahlt. Die monatlich ausgezahlte Bruttovergütung geteilt durch die geleisteten Arbeitsstunden einschließlich der Bereitschaftsstunden muss stets mindestens die jeweilige Höhe des gesetzlichen Mindestlohns nach dem Mindestlohngesetz erreichen. Bereitschaftsdienste im Sinne dieser Verordnung leisten Arbeitnehmerinnen und Arbeitnehmer, die sich auf Anordnung des Arbeitgebers außerhalb ihrer regelmäßigen Arbeitszeit an einer vom Arbeitgeber bestimmten Stelle aufhalten, um im Bedarfsfall die Arbeit aufzunehmen, wenn zu erwarten ist, dass zwar Arbeit anfällt, erfahrungsgemäß aber die Zeit ohne Arbeitsleistung mindestens 75 Prozent beträgt. Bereitschaftsdienste sind im Dienstplan zu hinterlegen. Zum Zweck der Entgeltbe-

668 BAG 12.12.2018 – 5 AZR 588/17, NZA 2019, 775.

rechnung kann die Zeit des Bereitschaftsdienstes einschließlich der geleisteten Arbeit auf der Grundlage einer kollektivrechtlichen oder einer schriftlichen einzelvertraglichen Regelung mit mindestens 40 Prozent als Arbeitszeit bewertet werden. Zeiten des Bereitschaftsdienstes, die über 64 Stunden im Kalendermonat hinausgehen, werden mit dem Mindestentgelt nach den Absätzen 1 und 2 vergütet. Das Gleiche gilt, wenn die Arbeitsleistung innerhalb eines Bereitschaftsdienstes mehr als 25 Prozent umfasst.

Speziell zu **Ausschlussfristen** in einem Arbeitsvertrag im Verhältnis zu den Ausschlussfristen in einer Rechtsverordnung für die Pflegebranche hat das BAG entschieden, dass eine arbeitsvertragliche Verfallklausel (Ausschlussfrist), die auch den Anspruch auf das Mindestentgelt erfasst, gegen § 9 Satz 3 AEntG verstößt (für die Pflegebranche aufgrund des Verweises in § 13 AEntG anwendbar) und insoweit nach § 134 BGB unwirksam ist.[669]

Vierte Verordnung über zwingende Arbeitsbedingungen für die Pflegebranche (Vierte Pflegearbeitsbedingungenverordnung – 4. PflegeArbbV) vom 22.4.2020 (BAnzAT 28.04.2020 V2) 29

§ 1 Geltungsbereich

(1) Diese Verordnung gilt für Pflegebetriebe. Dies sind Betriebe und selbstständige Betriebsabteilungen, die überwiegend ambulante, teilstationäre oder stationäre Pflegeleistungen oder ambulante Krankenpflegeleistungen für Pflegebedürftige im Sinne des § 10 Satz 3 des Arbeitnehmer-Entsendegesetzes erbringen. Keine Pflegebetriebe im Sinne der Sätze 1 und 2 sind Einrichtungen, in denen die Leistungen zur medizinischen Vorsorge, zur medizinischen Rehabilitation, zur Teilhabe am Arbeitsleben oder am Leben in der Gemeinschaft, die schulische Ausbildung oder die Erziehung kranker oder behinderter Menschen im Vordergrund des Zwecks der Einrichtung stehen, sowie Krankenhäuser.

(2) Diese Verordnung gilt für alle Arbeitnehmerinnen und Arbeitnehmer. Sie gilt nicht für Auszubildende nach dem Berufsbildungsgesetz und nach dem Pflegeberufegesetz und nicht für Pflegeschülerinnen und Pflegeschüler.

(3) Diese Verordnung gilt nicht für Arbeitnehmerinnen und Arbeitnehmer der Pflegebetriebe in folgenden Bereichen:

1. in der Verwaltung,
2. in der Haustechnik,
3. in der Küche,
4. in der hauswirtschaftlichen Versorgung,
5. in der Gebäudereinigung,
6. im Bereich des Empfangs- und Sicherheitsdienstes,
7. in der Garten- und Geländepflege,
8. in der Wäscherei sowie
9. in der Logistik.

(4) Abweichend von Absatz 3 gilt diese Verordnung für Arbeitnehmerinnen und Arbeitnehmer nach Absatz 3, soweit sie im Rahmen der von ihnen auszuübenden Tätigkeiten in einem Umfang von mindestens 25 Prozent ihrer vereinbarten Arbeitszeit ge-

669 BAG 24.8.2016 – 5 AZR 703/15, NZA 2016, 1539.

meinsam mit Bezieherinnen und Beziehern von Pflegeleistungen tagesstrukturierend, aktivierend, betreuend oder pflegend tätig werden, insbesondere als:
1. Alltagsbegleiterinnen und -begleiter,
2. Betreuungskräfte,
3. Assistenzkräfte oder
4. Präsenzkräfte.
(5) Diese Verordnung gilt für das Gebiet der Bundesrepublik Deutschland.

§ 2 Mindestentgelt

(1) Das Mindestentgelt beträgt im Gebiet der Länder Baden-Württemberg, Bayern, Berlin, Bremen, Hamburg, Hessen, Niedersachsen, Nordrhein-Westfalen, Rheinland-Pfalz, Saarland und Schleswig-Holstein
- ab dem 1. Mai 2020: 11,35 Euro brutto je Stunde,
- ab dem 1. Juli 2020: 11,60 Euro brutto je Stunde,
- ab dem 1. April 2021: 11,80 Euro brutto je Stunde,
- ab dem 1. September 2021: 12,00 Euro brutto je Stunde und
- ab dem 1. April 2022: 12,55 Euro brutto je Stunde.

Für Pflegekräfte mit einer mindestens einjährigen Ausbildung und einer entsprechenden Tätigkeit beträgt das Mindestentgelt abweichend von Satz 1
- ab dem 1. April 2021: 12,50 Euro brutto je Stunde und
- ab dem 1. April 2022: 13,20 Euro brutto je Stunde.

Für Pflegefachkräfte beträgt das Mindestentgelt abweichend von den Sätzen 1 und 2
- ab dem 1. Juli 2021: 15,00 Euro brutto je Stunde und
- ab dem 1. April 2022: 15,40 Euro brutto je Stunde.

(2) Das Mindestentgelt beträgt im Gebiet der Länder Brandenburg, Mecklenburg-Vorpommern, Sachsen, Sachsen-Anhalt und Thüringen
- ab dem 1. Mai 2020: 10,85 Euro brutto je Stunde,
- ab dem 1. Juli 2020: 11,20 Euro brutto je Stunde,
- ab dem 1. April 2021: 11,50 Euro brutto je Stunde,
- ab dem 1. September 2021: 12,00 Euro brutto je Stunde und
- ab dem 1. April 2022: 12,55 Euro brutto je Stunde.

Für Pflegekräfte mit einer mindestens einjährigen Ausbildung und einer entsprechenden Tätigkeit beträgt das Mindestentgelt abweichend von Satz 1
- ab dem 1. April 2021: 12,20 Euro brutto je Stunde,
- ab dem 1. September 2021: 12,50 Euro brutto je Stunde und
- ab dem 1. April 2022: 13,20 Euro brutto je Stunde.

Für Pflegefachkräfte beträgt das Mindestentgelt abweichend von den Sätzen 1 und 2
- ab dem 1. Juli 2021: 15,00 Euro brutto je Stunde und
- ab dem 1. April 2022: 15,40 Euro brutto je Stunde.

(3) Pflegefachkräfte sind Arbeitnehmerinnen und Arbeitnehmer, die über eine Qualifikation verfügen, die sie zur Ausübung von Tätigkeiten gemäß § 4 des Pflegeberufegesetzes berechtigt.
(4) Pflegekräfte mit einer mindestens einjährigen Ausbildung sind Arbeitnehmerinnen und Arbeitnehmer, die eine Ausbildung zu einem Assistenz- und Helferberuf

oder eine vergleichbare Ausbildung in der Pflege abgeschlossen haben. Die Ausbildungsdauer muss mindestens den Vorgaben der Nummer 2 der »Eckpunkte für die in Länderzuständigkeit liegenden Ausbildungen zu Assistenz- und Helferberufen in der Pflege« (BAnz AT 17.02.2016 B3) entsprechen. Die Ausbildung kann im Ausland abgeschlossen worden sein. Eine entsprechende Tätigkeit liegt vor, wenn die Arbeitnehmerin oder der Arbeitnehmer zumindest auch in Nummer 1 Buchstabe g der »Eckpunkte für die in Länderzuständigkeit liegenden Ausbildungen zu Assistenz- und Helferberufen in der Pflege« genannte Tätigkeiten auf Anweisung des Arbeitgebers durchführt.

(5) Das nach den Absätzen 1 und 2 maßgebliche Mindestentgelt wird auch für Wegezeiten zwischen mehreren aufzusuchenden Patientinnen oder Patienten sowie gegebenenfalls für Wegezeiten zwischen diesen und den Geschäftsräumen des Pflegebetriebs gezahlt.

(6) Für Zeiten des Bereitschaftsdienstes wird ein Mindestentgelt gemäß den nachstehenden Grundsätzen gezahlt. Die monatlich ausgezahlte Bruttovergütung geteilt durch die geleisteten Arbeitsstunden einschließlich der Bereitschaftsstunden muss stets mindestens die jeweilige Höhe des gesetzlichen Mindestlohns nach dem Mindestlohngesetz erreichen. Bereitschaftsdienste im Sinne dieser Verordnung leisten Arbeitnehmerinnen und Arbeitnehmer, die sich auf Anordnung des Arbeitgebers außerhalb ihrer regelmäßigen Arbeitszeit an einer vom Arbeitgeber bestimmten Stelle aufhalten, um im Bedarfsfall die Arbeit aufzunehmen, wenn zu erwarten ist, dass zwar Arbeit anfällt, erfahrungsgemäß aber die Zeit ohne Arbeitsleistung mindestens 75 Prozent beträgt. Bereitschaftsdienste sind im Dienstplan zu hinterlegen. Zum Zweck der Entgeltberechnung kann die Zeit des Bereitschaftsdienstes einschließlich der geleisteten Arbeit auf der Grundlage einer kollektivrechtlichen oder einer schriftlichen einzelvertraglichen Regelung mit mindestens 40 Prozent als Arbeitszeit bewertet werden. Zeiten des Bereitschaftsdienstes, die über 64 Stunden im Kalendermonat hinausgehen, werden mit dem Mindestentgelt nach den Absätzen 1 und 2 vergütet. Das Gleiche gilt, wenn die Arbeitsleistung innerhalb eines Bereitschaftsdienstes mehr als 25 Prozent umfasst.

(7) Von dieser Verordnung werden Zeiten der Rufbereitschaft nicht erfasst. Rufbereitschaft im Sinne dieser Verordnung leisten Arbeitnehmerinnen und Arbeitnehmer, die sich auf Anordnung des Arbeitgebers außerhalb der regelmäßigen Arbeitszeit an einer dem Arbeitgeber anzuzeigenden Stelle aufhalten, um auf Abruf die Arbeit aufzunehmen. Das Vorliegen von Rufbereitschaft wird nicht dadurch ausgeschlossen, dass Arbeitnehmerinnen und Arbeitnehmer vom Arbeitgeber mit einem Mobiltelefon oder einem vergleichbaren technischen Hilfsmittel ausgestattet sind. Im Fall einer Arbeitsaufnahme wird die geleistete Arbeitszeit einschließlich der hierfür erforderlichen Wegezeiten mindestens in Höhe des Mindestentgelts nach den Absätzen 1 und 2 vergütet.

(8) Arbeitnehmerinnen und Arbeitnehmern im Sinne des Absatzes 3 dürfen bis zum 30. Juni 2021 keine geringeren Mindestentgeltsätze als den Pflegekräften nach Absatz 4 gezahlt werden.

(9) Die Vorschriften des Arbeitszeitgesetzes bleiben unberührt.

§ 3 Fälligkeit

(1) Das in § 2 Absatz 1 und 2 festgelegte Mindestentgelt wird für die Zeit bis zum 30. April 2021 spätestens zum 15. des Monats fällig, der auf den Monat folgt, für den das Mindestentgelt zu zahlen ist. Für die Zeit ab dem 1. Mai 2021 wird das Mindestentgelt für die vertraglich vereinbarte Arbeitszeit spätestens am letzten Bankarbeitstag des Monats fällig, in dem die Arbeitsleistung zu erbringen war. Im Übrigen wird das

Mindestentgelt für die Zeit ab dem 1. Mai 2021 spätestens am letzten Bankarbeitstag des jeweiligen Folgemonats fällig.

(2) Über die vertraglich vereinbarte Arbeitszeit hinausgehende Arbeitsstunden können abweichend von Absatz 1 auf der Grundlage schriftlicher einzelvertraglicher oder kollektivrechtlicher Vereinbarungen bis zu einer Obergrenze von 225 Arbeitsstunden in ein Arbeitszeitkonto eingestellt werden. Bei einer Überschreitung dieser Obergrenze gilt für die Fälligkeit des Anspruchs auf Vergütung dieser Arbeitsstunden die jeweilige Regelung nach Absatz 1. Der Ausgleich dieser Arbeitsstunden kann durch Auszahlung des darauf entfallenden Mindestentgelts oder durch bezahlte Freizeitgewährung erfolgen.

(3) Die Obergrenze von 225 Arbeitsstunden nach Absatz 2 Satz 1 gilt nicht, wenn der Ausgleich der über die vertraglich vereinbarte Arbeitszeit hinausgehenden Arbeitsstunden zum Ende eines Ausgleichszeitraums mit einer Länge von höchstens 16 Monaten in der Arbeitszeitkontenvereinbarung vereinbart ist. Der Anspruch auf Vergütung von Arbeitsstunden, die in ein Arbeitszeitkonto eingestellt wurden und nicht innerhalb des Ausgleichszeitraums nach Satz 1 ausgeglichen wurden, wird mit Ablauf des für diese Arbeitsstunden geltenden Ausgleichszeitraums fällig.

(4) Vereinbarungen über Wertguthaben auf der Grundlage des Altersteilzeitgesetzes, der §§ 7b und 7e des Vierten Buches Sozialgesetzbuch oder einer im Hinblick auf den Schutz der Arbeitnehmerinnen und Arbeitnehmer vergleichbaren ausländischen Regelung bleiben unberührt.

(5) Im Fall der Beendigung des Arbeitsverhältnisses hat der Arbeitgeber die zum Zeitpunkt der Beendigung nicht ausgeglichenen Arbeitsstunden spätestens in dem auf die Beendigung des Arbeitsverhältnisses folgenden Kalendermonat abzugelten.

(6) Die Vorschriften des Arbeitszeitgesetzes bleiben unberührt.

§ 4 Mehrurlaub

(1) Die Arbeitnehmerin oder der Arbeitnehmer hat Anspruch auf zusätzlichen bezahlten Erholungsurlaub, der, ausgehend von einer jahresdurchschnittlichen Verteilung der regelmäßigen wöchentlichen Arbeitszeit auf fünf Tage, im Kalenderjahr 2020 fünf Tage und in den Kalenderjahren 2021 und 2022 jeweils sechs Tage beträgt (Mehrurlaub). Verteilt sich die regelmäßige Arbeitszeit im Jahresdurchschnitt auf mehr oder weniger als fünf Tage in der Woche, erhöht oder verringert sich der Anspruch auf Mehrurlaub entsprechend.

(2) Soweit tarifliche, betriebliche, arbeitsvertragliche oder sonstige Regelungen insgesamt einen über den gesetzlichen Erholungsurlaub hinausgehenden Anspruch auf bezahlten Urlaub vorsehen, entsteht der Anspruch auf Mehrurlaub nach Absatz 1 nicht. Gesetzlicher Erholungsurlaub ist der bezahlte Urlaub nach dem Bundesurlaubsgesetz sowie nach anderen Gesetzen.

(3) Im Übrigen gelten für den Mehrurlaub nach Absatz 1 die gesetzlichen Bestimmungen.

§ 5 Ausschlussfrist

Die Ansprüche auf das Mindestentgelt verfallen, wenn sie nicht innerhalb von zwölf Monaten nach ihrer Fälligkeit schriftlich geltend gemacht werden.

§ 6 Inkrafttreten, Außerkrafttreten

Diese Verordnung tritt am 1. Mai 2020 in Kraft und am 30. April 2022 außer Kraft.

c. Arbeitsbedingungen in einem Tarifvertrag nach dem Arbeitnehmer-Entsendegesetz

Die Arbeitsbedingungen, die Gegenstand eines Tarifvertrags nach § 3 TVG sein können, werden abschließend in § 5 AEntG aufgezählt. 30

aa. Mindestentgeltsätze (§ 5 Satz 1 Nr. 1 AEntG)

Nach § 5 Satz 1 Nr. 1 AEntG können »Mindestentgeltsätze« festgesetzt werden, die nach Art der Tätigkeit, Qualifikation der Beschäftigten und Regionen differieren können, wobei die Differenzierung nach Art der Tätigkeit und Qualifikation insgesamt bis zu drei Stufen umfassen kann (§ 5 Satz 1 Nr. 1 AEntG).[670] Der häufig verwendete Begriff »Mindestlohn« ist für die Branchen-Mindestlöhne zu eng, vielmehr können verschiedene Mindestlöhne (Mindestentgeltsätze) festgesetzt werden. 31

Nach dem 2020 geänderten AEntG können neben einem einheitlichen Mindestentgelt auch zwei oder drei Entgeltgruppen je nach Art der Tätigkeit oder der Qualifikation der Arbeitnehmer jeweils als Mindestentgelt geregelt werden. Der EuGH betont, dass es Sache der Mitgliedstaaten sei, den Begriff der Mindestlohnsätze durch nationale Rechtsvorschriften zu bestimmen.[671] Die Vorschriften müssen »zwingend sein und den Anforderungen an die Transparenz entsprechen, was vor allem bedeutet, dass sie zugänglich und klar sein müssen«.[672] Zulässig ist danach auch eine Berechnung des Mindeststundenlohns auf der Grundlage der Einteilung der Arbeitnehmer in Lohngruppen (wenn die maßgeblichen Tarifverträge des Mitgliedstaats das vorsehen), sofern diese Berechnung und diese Einteilung nach zwingenden und transparenten Vorschriften vorgenommen werden.[673]

Hinsichtlich der Unterscheidung nach **Regionen** wird eine Differenzierungsmöglichkeit eröffnet, es besteht hingegen kein Differenzierungszwang. Es können also im Tarifvertrag nach § 3 AEntG Mindestentgeltsätze geregelt werden, die einheitlich für ganz Deutschland gelten, oder solche, die nach Regionen differenzieren. Wie die Regionen definiert werden, ist Sache der Tarifvertragsparteien. Zulässig wäre eine Differenzierung nach alten und neuen Bundesländern, aber auch nach den jeweiligen Bundesländern (z. B. höheres Mindestentgelt in Bayern als in Schleswig-Holstein). Die Regionen 32

670 Die Differenzierungsmöglichkeit bis »zu drei Stufen« ist neu geregelt worden durch das Gesetz zur Umsetzung der Richtlinie (EU) 2018/957 des Europäischen Parlaments und des Rates vom 28.6.2018 zur Änderung der Richtlinie 96/71/EG über die Entsendung von Arbeitnehmern im Rahmen der Erbringung von Dienstleistungen vom 10.7.2020 (BGBl. I S. 1657).

671 EuGH 12.2.2015 – C-396/13, Rn. 32, 39, NZA 2015, 345.

672 EuGH 12.2.2015 – C-396/13, Rn. 40, NZA 2015, 345.

673 EuGH 12.2.2015 – C-396/13, Rn. 45, NZA 2015, 345.

können aber auch unabhängig von den Grenzen der Bundesländer, selbstständig nach unterschiedlichen Tarifgebieten geschnitten werden. Der Tarifvertrag, der Mindestentgeltsätze normiert, muss aber als solcher **bundesweit** gelten (§ 3 Satz 1 AEntG). Nach dem AEntG sind mehrere Mindestentgelttarifverträge für verschiedene Regionen nicht zulässig, vielmehr muss ein bundesweit geltender Mindestentgelttarifvertrag vorliegen, in dem allerdings nach Regionen differenziert werden darf.

bb. Überstundensätze (§ 5 Satz 1 Nr. 1 AEntG) und weitere Entlohnungsbestandteile (§ 5 Satz 1 Nr. 1a AEntG)

33 Die Tarifverträge können Mindestentgeltsätze »einschließlich der Überstundensätze« regeln. Die Überstundensätze müssen nicht in demselben Tarifvertrag geregelt sein wie die Mindestentgeltsätze, sie können auch in einem anderen für allgemeinverbindlich erklärten Tarifvertrag geregelt sein.[674] Überstunden liegen vor, wenn durch die vom Arbeitnehmer geleistete Arbeitszeit die nach dem Arbeitsvertrag geltende oder die am Arbeitsort übliche regelmäßige tägliche oder wöchentliche Arbeitszeit überschritten wird. Da § 5 AEntG Regelungen zur Arbeitszeit nicht erfasst und § 2 Nr. 3 AEntG (auf den in § 5 Nr. 5 AEntG verwiesen wird) nur auf die Vorschriften über Höchstarbeitszeiten verweist, sind die einschlägigen tariflichen Bestimmungen zur regelmäßigen Arbeitszeit und zu Überstunden nicht maßgeblich.[675]

Über die Mindestentgeltsätze hinausgehende **Entlohnungsbestandteile** nach § 2 Abs. 1 Nr. 1 AEntG können ebenfalls in einem Tarifvertrag nach § 3 AEntG geregelt werden (§ 5 Satz 1 Nr. 1a AEntG).[676] Entlohnung im Sinne von § 2 Abs. 1 Nr. 1 AEntG sind alle Bestandteile der Vergütung, die der Arbeitnehmer oder die Arbeitnehmerin vom Arbeitgeber in Geld oder als Sachleistung für die geleistete Arbeit erhält (§ 2a Satz 1 AEntG). Zur Entlohnung zählen insbesondere die Grundvergütung, einschließlich Entgeltbestandteilen, die an die Art der Tätigkeit, Qualifikation und Berufserfahrung der Arbeitnehmer und Arbeitnehmerinnen und die Region anknüpfen, sowie Zulagen, Zuschläge und Gratifikationen, einschließlich Überstundensätzen (§ 2a Satz 2 AEntG). Regelungen über die betriebliche Altersversorgung sind hiervon allerdings nach § 2 Abs. 1 Nr. 1 AEntG ausdrücklich ausgenommen.

---

674 Vgl. BAG 19.5.2004 – 5 AZR 449/03, NZA 2004, 1170.

675 Vgl. BAG 19.5.2004 – 5 AZR 449/03, NZA 2004, 1170.

676 Neu eingefügt durch das Gesetz zur Umsetzung der Richtlinie (EU) 2018/957 des Europäischen Parlaments und des Rates vom 28.6.2018 zur Änderung der Richtlinie 96/71/EG über die Entsendung von Arbeitnehmern im Rahmen der Erbringung von Dienstleistungen vom 10.7.2020 (BGBl. I S. 1657).

cc. Urlaubsregelungen (§ 5 Satz 1 Nr. 2 AEntG)

§ 5 Satz 1 Nr. 2 AEntG nennt »die Dauer des Erholungsurlaubs, das Urlaubsentgelt oder ein zusätzliches Urlaubsgeld«. Die tariflichen Urlaubsregelungen können sich also nicht nur auf die Dauer des Erholungsurlaubs und auf das Urlaubsentgelt beziehen, sondern darüber hinaus auch auf ein zusätzliches Urlaubsgeld. Hier geht es vor allem um vom BUrlG abweichende tarifliche Bestimmungen im Bauhauptgewerbe (§ 8 BRTV-Bau und den dazugehörigen Sozialkassentarifverträgen über ein eigenes Urlaubskassenverfahren), die nach der Öffnungsklausel des § 13 Abs. 2 BUrlG zulässig sind. Dieses Urlaubskassenverfahren wird aufgrund allgemeinverbindlicher Tarifverträge durch gemeinsame Einrichtungen der Tarifvertragsparteien i. S. d. § 4 Abs. 2 TVG abgewickelt. Die Einbeziehung in die Beitragspflichten regelt § 5 Nr. 3 AEntG. 34

§ 5 Satz 1 Nr. 2 AEntG eröffnet für sämtliche Branchen (§ 4 AEntG), die Möglichkeit durch Tarifverträge, die für allgemeingültig erklärt werden können, ein zusätzliches Urlaubsgeld zu regeln. **Urlaubsgeld** ist *nicht* das Urlaubsentgelt (die Fortzahlung der Vergütung für die Zeit des Urlaubs), sondern eine zusätzliche Leistung. § 5 Satz 1 Nr. 2 AEntG gibt insoweit vor, dass es sich um eine zusätzliche Leistung handeln muss, die in irgendeinem Bezug zum Erholungsurlaub stehen muss, daher die Bezeichnung (zusätzliches) »Urlaubsgeld«. Abgesehen davon ist die Regelungsautonomie der Tarifvertragsparteien nicht beschränkt. Diese entscheiden, ob und wie sie in einem Tarifvertrag nach § 3 AEntG ein Urlaubsgeld regeln. Eine Pflicht für die Tarifvertragsparteien, ein Urlaubsgeld zu regeln, folgt aus dem AEntG nicht. 35

dd. Regelungen zur Fälligkeit und Annexregelungen

Die Entlohnung umfasst auch Regelungen zur Fälligkeit der Entlohnung einschließlich Ausnahmen und deren Voraussetzungen (§ 2a Satz 3 AEntG). Zuvor hatte das BAG bereits im Wege der Auslegung angenommen, dass Regelungen zur **Fälligkeit des Mindestentgelts** von § 5 Nr. 1 AEntG mit umfasst sind.[677] Die Neuregelung in § 2a Satz 3 AEntG erfasst auch Regelungen zu Ausnahmen von der normalen Fälligkeit und »deren Voraussetzungen«. Gemeint sind damit etwa tarifvertragliche Regelungen zu **Arbeitszeitkonten**. 36

Aus § 9 Satz 3 AEntG folgt, dass **Ausschlussfristen** (unter den dort genannten einschränkenden Voraussetzungen) in dem einschlägigen Tarifvertrag geregelt werden können (vgl. Rn. 64ff.). 37

677 So zum Mindestentgelt in der Pflegebranche (§ 11 AEntG verweist insoweit auf § 5 Nr. 1 AEntG): BAG 22.7.2014 – 1 ABR 96/12, Rn. 21, NZA 2014, 1151.

ee. Urlaubskassen (§ 5 Satz 1 Nr. 3 AEntG)

38 § 5 Satz 1 Nr. 3 AEntG bezieht sich auf die Einziehung von Beiträgen und die Gewährung von Leistungen im Zusammenhang mit Urlaubsansprüchen nach § 5 Nr. 2 AEntG durch eine gemeinsame Einrichtung der Tarifvertragsparteien. Die Erstreckung der tariflichen Normen erfolgt nicht durch den Tarifvertrag, sondern durch die gesetzlichen Bestimmungen des AEntG. Es besteht damit eine gesetzliche Rechtspflicht zur Leistung der Beiträge, wenn es eine entsprechende Regelung in dem Tarifvertrag gibt, der für allgemeingültig erklärt wird.[678]

39 Die Rechtsnormen solcher Tarifverträge finden auch auf **ausländische Arbeitgeber** sowie auf die im räumlichen Geltungsbereich des Tarifvertrags beschäftigten Arbeitnehmer (also in Deutschland) zwingend Anwendung, allerdings nur, wenn dies nicht zu einer Doppelbelastung aufgrund von entsprechenden Verpflichtungen im Heimatstaat führt (**Doppelbelastungsverbot**). § 5 Nr. 3 AEntG verlangt, dass sichergestellt ist, dass ausländische Arbeitgeber nicht gleichzeitig zu Beiträgen zu der gemeinsamen Einrichtung der Tarifvertragsparteien und zu einer vergleichbaren Einrichtung in ihrem Heimatstaat herangezogen werden. Zudem muss das Verfahren der gemeinsamen Einrichtung der Tarifvertragsparteien eine Anrechnung derjenigen Leistungen vorsehen, die ausländische Arbeitgeber zur Erfüllung des gesetzlichen, tarifvertraglichen oder einzelvertraglichen Urlaubsanspruchs ihrer Arbeitnehmer bereits erbracht haben. Ein Arbeitgeber mit Sitz im Ausland hat dann nicht am Urlaubskassenverfahren teilzunehmen, wenn die entsandten Arbeitnehmer nach den Regeln des Entsendestaats beim Urlaub bessergestellt sind als vergleichbare deutsche Arbeitnehmer nach Maßgabe der allgemeinverbindlichen Tarifverträge und es damit aufgrund eines Günstigkeitsvergleichs nicht zu einer Anwendung der allgemeinverbindlichen tariflichen Urlaubsvorschriften kommt. Die Bestimmungen des AEntG sind insoweit einschränkend auszulegen.[679]

ff. Anforderungen an die Unterkünfte und sonstige Arbeitsbedingungen (§ 5 Satz 1 Nr. 4, 5 AEntG)

40 Gegenstand eines Tarifvertrags nach § 3 AEntG können auch die Anforderungen an die Unterkünfte von Arbeitnehmern und Arbeitnehmerinnen sein, wenn sie vom Arbeitgeber für Arbeitnehmer und Arbeitnehmerinnen, die von ihrem regelmäßigen Arbeitsplatz entfernt eingesetzt werden, un-

---

678 Vgl. BAG 18.10.2006 – 10 AZR 576/05, NZA 2007, 1111.

679 Vgl. BAG 18.10.2006 – 10 AZR 576/05, NZA 2007, 1111; BAG 3.5.2006 – 10 AZR 344/05, NZA-RR 2007, 641; BAG 20.7.2004 – 9 AZR 343/03, NZA 2005, 114; BAG 25.6.2002 – 9 AZR 405/00, NZA 2003, 275.

mittelbar oder mittelbar, entgeltlich oder unentgeltlich zur Verfügung gestellt werden (§ 5 Satz 1 Nr. 4 AEntG).[680]

Gegenstand eines Tarifvertrags nach § 3 AEntG können auch Arbeitsbedingungen i. S. d. § 2 Nr. 3 bis Nr. 8 AEntG sein (§ 5 Satz 1 Nr. 5 AEntG). Soweit solche Arbeitsbedingungen in einem für allgemeinverbindlich erklärten Tarifvertrag nach § 3 AEntG geregelt sind, finden diese unter den dort genannten Voraussetzungen auch auf Arbeitsverhältnisse zwischen einem Arbeitgeber mit Sitz im Ausland und den im räumlichen Geltungsbereich dieses Tarifvertrags (also in Deutschland) beschäftigten Arbeitnehmern zwingend Anwendung. Solche Regelungen sind allerdings nur zugunsten der Arbeitnehmer zulässig. 41

§ 5 Satz 1 Nr. 5 AEntG bildet die Rechtsgrundlage zur Erstreckung auf Entsendefälle, soweit ein für allgemeinverbindlich erklärter Tarifvertrag Mindestarbeitsbedingungen i. S. d. § 2 Nr. 3 bis Nr. 8 AEntG enthält. Enthält der Tarifvertrag keine solchen Regelungen, gelten gem. § 2 AEntG unabhängig von der Branche die in Rechts- oder Verwaltungsvorschriften geregelten Mindestarbeitsbedingungen. Tarifliche Regelungen mit Inhalten nach § 2 Nr. 3 bis Nr. 8 AEntG können auch durch Rechtsverordnung nach § 7 oder § 7a AEntG auf alle Arbeitnehmer und Arbeitgeber erstreckt werden, die in den Geltungsbereich des Branchen-Tarifvertrags fallen. In der Pflegebranche bezieht sich die Ermächtigung zum Erlass von Rechtsverordnungen allerdings nur auf die in § 5 Nr. 1 und 2 AEntG genannten Regelungsgegenstände (§ 11 Abs. 1 AEntG).

d. Rechtsprobleme beim »Mindestentgelt«

aa. Zahlung des Mindestentgelts für »Arbeitszeiten«

Der Anspruch auf Zahlung des Mindestentgelts nach allgemeingültigen Tarifverträgen ist ein »normaler« Anspruch auf Arbeitsvergütung. Deshalb gelten für die Vergütungspflicht die normalen Grundsätze. Als Gegenleistung für die erbrachte Arbeitsleistung ist das Mindestentgelt geschuldet. Dazu zählt nicht nur die eigentliche Tätigkeit, sondern jede vom Arbeitgeber verlangte sonstige Tätigkeit oder Maßnahme, die mit der eigentlichen Tätigkeit oder der Art und Weise von deren Erbringung unmittelbar zusammenhängt.[681] 42

---

680 Neu eingefügt durch das Gesetz zur Umsetzung der Richtlinie (EU) 2018/957 des Europäischen Parlaments und des Rates vom 28.6.2018 zur Änderung der Richtlinie 96/71/EG über die Entsendung von Arbeitnehmern im Rahmen der Erbringung von Dienstleistungen vom 10.7.2020 (BGBl. I S. 1657).

681 BAG 19.9.2012 – 5 AZR 678/11, Rn. 28, NZA-RR 2013, 63.

43 Sofern der Tarifvertrag oder die Rechtsverordnung, die den Tarifvertrag erstreckt, keine besonderen Regelungen enthalten, ist die Intensität der Arbeit ebenso ohne Bedeutung wie der Umstand, ob die im Interesse des Arbeitgebers verbrachten Zeiten die primär geschuldete Arbeitstätigkeit betreffen. Allerdings kann für Zeiten, die nicht die primär geschuldete Arbeitstätigkeit betreffen, die Höhe der Vergütung gesondert (d. h. auch niedriger) vereinbart werden.[682] Allerdings bedarf es einer klaren und eindeutigen Regelung – hier in dem erstreckten Tarifvertrag oder in der Rechtsverordnung gem. § 7 oder § 7a AEntG. Wird das Mindestentgelt – ohne nähere Differenzierung – »je Stunde« geschuldet, ist es für alle Zeiten zu zahlen, die im Interesse des Arbeitgebers erbracht werden. So gehören zur vergütungspflichtigen Arbeitszeit auch **Fahrten vom Betrieb zu einer auswärtigen Arbeitsstelle.**[683] Die Vergütung ist für alle Dienste zu zahlen, die der Arbeitgeber dem Arbeitnehmer aufgrund seines Weisungsrechts abverlangt, etwa wenn der Arbeitgeber das Tragen einer bestimmten Kleidung vorschreibt und das **Umkleiden** im Betrieb erfolgen muss.[684] Auch **Fahrtzeiten zum Kunden** (z. B. bei Monteuren, Kundenbetreuern usw.) gehören zur vergütungspflichtigen Arbeitszeit, wenn die Arbeitstätigkeit auch darin besteht, verschiedene Kunden zu besuchen, um dort Dienstleistungen anzubieten oder zu erbringen. Das gilt nicht nur für die Fahrten zwischen den Kunden, sondern auch zum ersten Kunden und vom letzten Kunden zurück, und zwar unabhängig davon, ob der Fahrtantritt ab der Betriebsstätte des Arbeitgebers oder ab der Wohnung des Arbeitnehmers erfolgt.[685]

44 Zur vergütungspflichtigen Arbeit zählt nicht nur jede Tätigkeit, die als solche der Befriedigung eines fremden Bedürfnisses dient, sondern auch eine vom Arbeitgeber veranlasste Untätigkeit, während derer der Arbeitnehmer am Arbeitsplatz oder einer vom Arbeitgeber bestimmten Stelle anwesend sein muss und nicht frei über die Nutzung des Zeitraums bestimmen kann, er also weder eine Pause (§ 4 ArbZG) noch Freizeit hat. Deshalb sind auch solche Zeiten mit dem Mindestentgelt zu vergüten, die als **Arbeitsbereitschaft** oder als **Bereitschaftsdienst** bezeichnet werden, nicht dagegen die Rufbereitschaft.[686] **Rufbereitschaft** setzt (in Abgrenzung zum Bereitschaftsdienst) voraus, dass der Arbeitnehmer nicht gezwungen ist, sich am Arbeits-

682 Vgl. BAG 12.12.2012 – 5 AZR 355/12, NZA 2013, 1158; BAG 20.4.2011 – 5 AZR 200/10, NZA 2011, 917.

683 Vgl. BAG 12.12.2012 – 5 AZR 355/12, NZA 2013, 1158.

684 BAG 19.9.2012 – 5 AZR 678/11, Rn. 28, NZA-RR 2013, 63.

685 Vgl. BAG 22.4.2009 – 5 AZR 292/08, Rn. 15, NZA-RR 2010, 231. Vgl. zu Wege-/Fahrtzeiten als Arbeitszeit i. S. d. Arbeitszeit-Richtlinie 2003/88/EG: EuGH 10.9.2015 – C-266/14, NZA 2015, 1177.

686 Vgl. zum Mindestentgelt in der Pflegebranche: BAG 19.11.2014 – 5 AZR 1101/12, AP BGB § 611 Nr. 24.

platz oder an einer anderen vom Arbeitgeber bestimmten Stelle aufzuhalten, sondern (unter freier Wahl des Aufenthaltsorts) lediglich jederzeit erreichbar sein muss, um auf Abruf des Arbeitgebers die Arbeit alsbald aufnehmen zu können (vgl. zur neueren Rechtsentwicklung § 1 MiLoG Rn. 32).[687]

Zwar können für Zeiten mit geringerer zeitlicher Inanspruchnahme (Arbeitsbereitschaft, Bereitschaftsdienst) gegenüber der sog. »Vollarbeit« **unterschiedliche Vergütungssätze** vorgesehen werden, doch bedarf es dafür einer klaren Vereinbarung oder Regelung.[688] Das BAG hat ausdrücklich darauf abgestellt, dass bei der Definition des Mindestentgelts in § 2 der Ersten Pflegearbeitsbedingungenverordnung (PflegeArbbV) nicht auf die Intensität der Arbeit (Vollarbeit, Arbeitsbereitschaft, Bereitschaftsdienst) abgestellt werde.[689] Es ist also stets zu prüfen, ob im einschlägigen Tarifvertrag oder in der einschlägigen Rechtsverordnung eine spezielle Regelung enthalten ist. Das BAG hat insoweit deutlich gemacht, dass für »Sonderformen der Arbeit« (wie Arbeitsbereitschaft, Bereitschaftsdienst) eine gesonderte Vergütungsregelung getroffen und ein geringeres Entgelt als für Vollarbeit vorgesehen werden könne, der Verordnungsgeber jedoch in der Ersten Pflegearbeitsbedingungenverordnung hiervon keinen Gebrauch gemacht habe.[690] Vergleiche zur teilweise geänderten Rechtslage aufgrund der nachfolgenden Pflegearbeitsbedingungenverordnungen Rn. 28. 45

bb. Zahlung des Mindestentgelts für Zeiten ohne Arbeitsleistung

In der Regel ist in dem erstreckten Tarifvertrag oder in der einschlägigen Rechtsverordnung nach dem AEntG nicht explizit die Frage geregelt, ob der Arbeitnehmer einen Anspruch auf Zahlung des Mindestentgelts auch für solche Zeiten hat, in denen er keine tatsächliche Arbeitsleistung erbringt. Der Anspruch auf Entgeltfortzahlung des Mindestentgelts ergibt sich jedenfalls nicht aus § 2 Nr. 1 AEntG. Der Begriff »Mindestentgeltsätze« i. S. d. § 2 Nr. 1 AEntG ist einheitlich auszulegen, und zwar unabhängig davon, ob ein rein innerstaatlicher Sachverhalt oder ein Sachverhalt mit Auslandsbezug zu entscheiden ist.[691] Regelungen über Mindestentgeltsätze sind danach nur Rechtsnormen über **Mindestentgelt für tatsächlich erbrachte Arbeitsleis-** 46

687 Vgl. zum Mindestentgelt in der Pflegebranche: BAG 19.11.2014 – 5 AZR 1101/12, Rn. 18, AP BGB § 611 Nr. 24.

688 Vgl. zum Mindestentgelt in der Pflegebranche: BAG 19.11.2014 – 5 AZR 1101/12, Rn. 16, AP BGB § 611 Nr. 24.

689 BAG 19.11.2014 – 5 AZR 1101/12, Rn. 15, AP BGB § 611 Nr. 24.

690 BAG 19.11.2014 – 5 AZR 1101/12, Rn. 16, AP BGB § 611 Nr. 24.

691 BAG 18.4.2012 – 4 AZR 168/10 (A), Rn. 14ff., NZA 2013, 386.

tungen. Nur insoweit handelt es sich um international zwingende Normen i. S. d. Art. 34 EGBGB/Art. 9 Rom-I-VO.[692]

47 Ergibt sich so zwar kein Anspruch auf Zahlung des Mindestlohns für Zeiten nach dem EFZG aus § 2 Nr. 1 AEntG, folgt dieser Anspruch jedoch unmittelbar aus §§ 3, 4 EFZG. Die Bestimmungen des AEntG schränken die sich aus §§ 3, 4 EFZG ergebenden Ansprüche eines Arbeitnehmers nicht ein. Weder aus dem Wortlaut noch aus dem Gesamtzusammenhang oder aus dem Zweck des AEntG kann entnommen werden, dass der Mindestlohn, der für die tatsächlich erbrachte Arbeitsleistung zu zahlen ist, nicht als Geldfaktor bei der Berechnung eines sich aus §§ 3, 4 EFZG ergebenden Anspruchs berücksichtigt werden darf. Durch das EFZG soll gerade sichergestellt werden, dass der Arbeitnehmer durch den Arbeitsausfall infolge unverschuldeter krankheitsbedingter Arbeitsunfähigkeit grundsätzlich seine volle Vergütung erhält, die er auch bei Leistung der Arbeit hätte beanspruchen können. Ausgehend von der regelmäßigen Arbeitszeit ist für Zeiten, in denen ein Anspruch auf Entgeltfortzahlung besteht, wenigstens das Mindestentgelt nach dem einschlägigen Tarifvertrag je Stunde zu zahlen, denn nach dem im § 4 Abs. 1 EFZG verankerten **Lohnausfallprinzip** hat der Arbeitnehmer die volle Vergütung für die ausgefallene regelmäßige Arbeitszeit zu erhalten. Das hat das BAG zum Mindestentgelt für das pädagogische Personal in Aus- und Weiterbildungsmaßnahmen explizit entschieden: Für Zeiten der Entgeltfortzahlung an **Feiertagen** oder bei **Arbeitsunfähigkeit** ist das Mindestentgelt für die Höhe der Entgeltfortzahlung gem. § 2 Abs. 1 EFZG an Feiertagen und gem. § 4 Abs. 1 EFZG bei Arbeitsunfähigkeit wegen des Entgeltausfallprinzips maßgeblich, wenn die tarifliche Regelung zum Mindestentgelt keine abweichenden Bestimmungen enthält.[693]

48 Entsprechendes gilt für die Berechnung des **Urlaubsentgelts** (§ 11 BUrlG) und der **Urlaubsabgeltung** (Auszahlung des nicht genommenen Urlaubs bei Beendigung des Arbeitsverhältnisses, § 7 Abs. 4 BUrlG), wie auch vom BAG jüngst entschieden wurde. Dementsprechend ist der Berechnung des Urlaubsentgelts (oder der Urlaubsabgeltung) die Mindeststundenvergütung nach dem einschlägigen Mindestlohn-Tarifvertrag zugrunde zu legen, da diese die Höhe des Verdiensts bestimmt.[694]

49 Auch bei der **Entgeltfortzahlung aufgrund Annahmeverzugs** (§§ 611a, 615 BGB) ist der Mindestlohnanspruch zu berücksichtigen, weil auch insoweit das Lohnausfallprinzip gilt.[695] Der Arbeitnehmer ist so zu vergüten, als

692 BAG 12.1.2005 – 5 AZR 617/01, NZA 2005, 627, 634.

693 BAG 13.5.2015 – 10 AZR 495/14, NZA 2015, 1127, zum Mindestentgelt für das pädagogische Personal in Aus- und Weiterbildungsmaßnahmen.

694 BAG 13.5.2015 – 10 AZR 191/14, Rn. 31, zum Mindestentgelt für das pädagogische Personal in Aus- und Weiterbildungsmaßnahmen.

695 Vgl. BAG 19.3.2008 – 5 AZR 429/07, Rn. 13, NZA 2008, 757.

ob er gearbeitet hätte. Von daher ist auch für solche Zeiten zumindest das Mindestentgelt nach dem einschlägigen allgemeingültigen Tarifvertrag zu zahlen. § 615 BGB ist allerdings vertraglich abdingbar, jedoch bedarf es einer eindeutigen und klaren Vereinbarung.[696]

Für Zeiten, für die das Arbeitsentgelt ohne Arbeitsleistung zu leisten ist, gelten allerdings *nicht* die speziellen Schutzvorschriften des AEntG; so findet z. B. das Verzichtsverbot des § 9 Satz 1 AEntG insoweit keine Anwendung. Der **Bußgeldtatbestand** wegen Nichtzahlung des Mindestentgelts (§ 23 Abs. 1 Nr. 1 AEntG) wird nur erfüllt, wenn es um die Nicht- oder verspätete Zahlung des Mindestentgelts für tatsächlich erbrachte Arbeitsleistung geht, nicht aber für Fallkonstellationen, in denen ein Entgeltfortzahlungsanspruch besteht. 50

cc. Berechnung des Mindestentgelts/Anrechnung anderer Leistungen

Die Mindestentgeltsätze, deren Zahlung vom Arbeitgeber geschuldet wird, werden in dem Tarifvertrag festgelegt, der nach dem AEntG erstreckt wird. In der Regel ist ein bestimmter Stundenlohnsatz festgelegt, im TV Mindestlohn für das Baugewerbe ein Gesamttarifstundenlohn, der sich aus dem Tarifstundenlohn und einem Bauzuschlag zusammensetzt. Der Gesamttarifstundenlohn ist in dem Fall das maßgebliche Mindestentgelt (Mindestlohn). Zahlt der Arbeitgeber die tarifvertraglich festgelegten Beträge als Stundenlöhne, multipliziert mit der tatsächlichen Arbeitszeit, ist das unproblematisch, auch wenn diese (etwa in einer Abrechnung) nicht als Mindestlohn bezeichnet werden. Zahlt der Arbeitgeber keine Stundenlöhne, sondern einen festen Monatsbetrag, erfüllt er den Mindestlohnanspruch nur vollständig, wenn der Monatsbetrag geteilt durch die Zahl der tatsächlichen Arbeitsstunden pro Monat den geschuldeten Mindeststundenlohn ergibt. 51

Der EuGH betont, dass der Mindestlohnsatz (d. h. der materielle Inhalt) durch die nationalen Rechtsvorschriften (und/oder Praktiken) der Mitgliedstaaten bestimmt wird.[697] Die Vorschriften müssen »zwingend sein und den Anforderungen an die Transparenz entsprechen, was insbesondere bedeutet, dass sie zugänglich und klar sein müssen«.[698] Zulässig ist auch eine Berechnung des Mindeststundenlohns auf der Grundlage der Einteilung der Arbeitnehmer in Lohngruppen (wenn die maßgeblichen Tarifverträge des Mitgliedstaats das vorsehen), sofern diese Berechnung und diese Einteilung 52

---

696 Vgl. BAG 22.4.2009 – 5 AZR 310/08, Rn. 22, NZA 2009, 913.

697 EuGH 12.2.2015 – C-396/13, Rn. 32, 39, NZA 2015, 345.

698 EuGH 12.2.2015 – C-396/13, Rn. 40, NZA 2015, 345.

nach zwingenden und transparenten Vorschriften vorgenommen werden. Das zu prüfen ist Aufgabe der nationalen Gerichte.[699]

53 Problematisch ist es, wenn sich der vom Arbeitgeber gezahlte Lohn aus verschiedenen Bestandteilen zusammensetzt. Grundsätzlich gilt: Bei der **Berechnung des Mindestentgelts** sind ungeachtet der Bezeichnung alle Zahlungen des Arbeitgebers an den Arbeitnehmer zu berücksichtigen, die nicht nur Aufwandsentschädigung, sondern Teil der Arbeitsvergütung sind.[700] Maßgeblich ist, welche Leistung des Arbeitnehmers durch die Leistung des Arbeitgebers ihrem Zweck nach vergütet werden soll. Die Geldleistungen des Arbeitgebers sind auf den Anspruch des Arbeitnehmers auf das Mindestentgelt anzurechnen, wenn der Zweck der Leistung des Arbeitgebers dem Zweck des Mindestentgelts **funktional gleichwertig** ist.[701] Der EuGH spricht vom »Lohn im eigentlichen Sinne«. Entscheidend sei, ob die Zahlung des Arbeitgebers »als Komponente des üblichen Verhältnisses zwischen der Arbeitsleistung und der hierfür vom Arbeitgeber zu erbringenden finanziellen Gegenleistung« angesehen werden könne.[702] Maßgeblich ist also der Leistungszweck. Vergütungsbestandteile, die nicht Entgelt für erbrachte Arbeitsleistung sind, sind nicht auf den Anspruch auf das Mindestentgelt anzurechnen.

54 Es wird davon ausgegangen, dass der Mindestlohn und der mit ihm beabsichtigte Mindeststandard gewährleistet sind, wenn die Arbeitsstunden insgesamt im Durchschnitt mit dem Mindestlohn vergütet werden.[703] Daran ist richtig, dass das Mindestentgelt nur einen Mindeststandard sichert und es darauf ankommt, dass dieser faktisch gewährleistet ist, so dass es letztlich nicht entscheidend ist, wie Lohnbestandteile bezeichnet werden, wenn der Mindeststandard dem Arbeitnehmer tatsächlich als Vergütung zufließt. Das setzt aber voraus, dass Zahlungen unwiderruflich und verlässlich erfolgen. Zudem ist jeweils auf den Fälligkeitsmonat abzustellen, so dass Zahlungen, die später im Jahr erfolgen, nicht auf den Mindestlohnanspruch in vorherigen Monaten angerechnet werden dürfen.

55 Ist als Mindestentgelt nach dem einschlägigen Tarifvertrag ein Stundenlohn vorgeschrieben, sind ggf. die Leistungen, die der Arbeitgeber gewährt, ausgehend von der tatsächlichen Arbeitsleistung des einzelnen Arbeitnehmers

699 EuGH 12.2.2015 – C-396/13, Rn. 45, NZA 2015, 345.
700 BAG 8.10.2008 – 5 AZR 8/08, NZA 2009, 98.
701 BAG 16.4.2014 – 4 AZR 802/11, Rn. 39, NZA 2014, 1277; BAG 18.4.2012 – 4 AZR 139/10, NZA 2013, 392; BAG 18.4.2012 – 4 AZR 168/10 (A), Rn. 19, NZA 2013, 386.
702 EuGH 7.11.2013 – C-522/12, Rn. 44, NZA 2013, 1359.
703 BAG 8.10.2008 – 5 AZR 8/08, NZA 2009, 98.

in Stundenlöhne umzurechnen. Abzustellen ist auf **Bruttobeträge.**[704] Ist ein Arbeitgeber an Tarifverträge zur Regelung von Mindestlöhnen nach dem AEntG gebunden, ist der Bruttolohn daher – vorbehaltlich einer für den Arbeitnehmer günstigeren einzelvertraglichen Vergütungsvereinbarung – der tarifliche Mindestlohn. Das gilt unabhängig von der Art der Versteuerung und damit auch für den pauschal zu versteuernden Bruttoarbeitslohn nach § 40a EStG.[705] Der Arbeitgeber schuldet (umgerechnet) mindestens den Stundenlohn, der im Tarifvertrag als Mindestentgelt vorgesehen ist. Allerdings bleiben **Zulagen** und **Zuschläge** unberücksichtigt, die der Arbeitnehmer nur erhält, wenn er auf Verlangen des Arbeitgebers ein Mehr an Arbeit leistet oder Arbeit unter besonderen, erschwerten Bedingungen erbringt. Das folgt aus der Anwendung der entsprechenden EuGH-Rechtsprechung.[706]

Zur Frage der Anrechnung von **Einmal- oder Sonderzahlungen** auf einen 56
Mindestlohn (im Streitfall TV Mindestlohn Gebäudereinigung) hat es auf eine Vorlage des BAG[707] eine Entscheidung des EuGH gegeben:[708] Nach Ansicht des EuGH können Vergütungsbestandteile in den Mindestlohn einbezogen werden, wenn sie das Verhältnis zwischen der Leistung des Arbeitnehmers und der Gegenleistung, die er dafür erhält, nicht verändern. Es sei Sache der nationalen Gerichte zu prüfen, ob dies im Einzelfall zutrifft oder nicht. Es ist von folgenden Maßstäben auszugehen: Einmal- oder Sonderzahlungen (wie ein Weihnachtsgeld oder ein jährlicher Bonus) können nur dann als Bestandteil des Mindeststundenlohns gewertet und auf den Mindestlohnanspruch angerechnet werden, wenn die Zahlung **unwiderruflich** (und ohne Rückzahlungsklausel) erfolgt und keine weiteren Voraussetzungen an die Zahlung geknüpft werden (z. B. Betriebstreue), jeweils anteilig **umgerechnet** auf den Mindestlohn im **Fälligkeitsmonat**. Das bedeutet: Ist eine Sonderzahlung, die im November oder Dezember eines Jahres ausgezahlt wird, zumindest auch eine Gegenleistung für die erbrachte Arbeitsleistung im Kalenderjahr (also nicht eine reine Halte- oder Treueprämie), darf diese mit einem Zwölftel auf den Monat angerechnet werden, für den die Einmalzahlung erfolgt. Wird dagegen eine Sonderzahlung nicht in einem Betrag zu einem bestimmten Stichtag, sondern unwiderruflich **anteilig jeweils monatlich gezahlt**, ist sie auf den Mindestlohnanspruch des jeweiligen Monats anzurechnen, also zu berücksichtigen.

---

704 BAG 29.8.2012 – 10 AZR 589/11, Rn. 22, AP TVG § 1 Tarifverträge: Bau Nr. 343.

705 BAG 29.8.2012 – 10 AZR 589/11, Rn. 22, AP TVG § 1 Tarifverträge: Bau Nr. 343.

706 EuGH 14.4.2005 – C-341/02, NZA 2005, 573.

707 BAG 18.4.2012 – 4 AZR 168/10 (A), NZA 2013, 386.

708 EuGH 7.11.2013 – C-522/12, NZA 2013, 1359.

57 Das Urlaubsentgelt oder ein zusätzliches **Urlaubsgeld** ist schon wegen der gesonderten Regelung in § 5 Nr. 2 AEntG nicht Teil des Mindestentgelts gem. § 5 Nr. 1 AEntG. Davon abgesehen ist ein Urlaubsgeld, das zusätzlich zum Urlaubsentgelt gezahlt wird, auf einen Anspruch auf ein Mindestentgelt auch deshalb nicht anzurechnen, weil der Leistungszweck nicht auf die Vergütung der normalen Arbeitsleistung zielt, sondern auf den Ausgleich der Zusatzkosten, die durch den Urlaub entstehen können.

58 Sieht der Mindestlohntarifvertrag selbst **Zulagen** vor, mit denen besondere Erschwernisse oder Belastungen ausgeglichen werden (z. B. Bauzuschlag nach dem Tarifvertrag Mindestlohn Bau), sind vergleichbare Zahlungen, die der Arbeitgeber von sich aus ohne weitere Voraussetzungen leistet, auf den Gesamt-Mindeststundenlohnanspruch anzurechnen. Anzurechnen sind auch Zulagen, die ein ausländischer Arbeitgeber den nach Deutschland entsandten Arbeitnehmern als Differenzausgleich zum Lohn im Heimatland zahlt (**Entsendezulagen**). Hier ist allerdings zu differenzieren, ob eine Entsendezulage **Arbeitsentgelt oder Aufwandsentschädigung** ist. Entsendezulagen (oder wie auch immer bezeichnete Zahlungen) für Arbeitnehmer, die zeitweise aus dem Ausland für Tätigkeiten in Deutschland entsandt werden, sind nicht auf den Mindestlohnanspruch anzurechnen, soweit damit tatsächliche Entsendekosten des Arbeitnehmers abgedeckt werden sollen (z. B. Unterkunft, Verpflegung, Reisekosten). Wenn es um die »Erstattung für infolge der Entsendung tatsächlich entstandene Kosten« geht, handelt es sich nicht um Arbeitsentgelt, sondern um eine Aufwandsentschädigung, die nicht auf einen Mindestlohnanspruch angerechnet werden darf. Das folgt aus Art. 3 Abs. 7 der Entsende-Richtlinie. Auch entsprechenden **Naturalleistungen**, wie Essensgutscheine und die Übernahme von Unterbringungskosten, sind nicht Bestandteil des Mindestlohns. Also sind solche Leistungen nicht auf den Mindestlohn anzurechnen.[709] Entsendezulagen (oder wie auch immer bezeichnete Zahlungen), die gezahlt werden, um die Differenz zwischen der Vergütung im Heimatstaat und dem deutschen Mindestlohn auszugleichen, können dagegen auf den Mindestlohnanspruch angerechnet werden.

In dem 2020 neu geregelten AEntG gibt es eine ausdrückliche Regelung zur **Anrechenbarkeit von Entsendezulagen** in § 2b AEntG.[710] Danach gilt Folgendes: Erhält der Arbeitnehmer oder die Arbeitnehmerin vom Arbeitgeber mit Sitz im Ausland eine Zulage für die Zeit der Arbeitsleistung im Inland (Entsendezulage), kann diese auf die Entlohnung nach § 2 Abs. 1

709 Vgl. EuGH 12.2.2015 – C-396/13, Rn. 58 ff., NZA 2015, 345.

710 Neu eingefügt durch das Gesetz zur Umsetzung der Richtlinie (EU) 2018/957 des Europäischen Parlaments und des Rates vom 28.6.2018 zur Änderung der Richtlinie 96/71/EG über die Entsendung von Arbeitnehmern im Rahmen der Erbringung von Dienstleistungen vom 10.7.2020 (BGBl. I S. 1657).

Nr. 1 AEntG (also auf das Mindestentgelt) **angerechnet werden** (§ 2b Abs. 1 Satz 1 AEntG). Dies gilt nach § 2b Abs. 1 Satz 2 AEntG *nicht*, soweit die Entsendezulage zur Erstattung von Kosten gezahlt wird, die infolge der Entsendung tatsächlich entstanden sind (**Entsendekosten**). Als Entsendekosten gelten insbesondere Reise-, Unterbringungs- und Verpflegungskosten (§ 2b Abs. 1 Satz 3 AEntG). Legen die für das Arbeitsverhältnis geltenden Arbeitsbedingungen nicht fest, welche Bestandteile einer Entsendezulage als Erstattung von Entsendekosten gezahlt werden oder welche Bestandteile einer Entsendezulage Teil der Entlohnung sind, wird unwiderleglich vermutet, dass die gesamte Entsendezulage als Erstattung von Entsendekosten gezahlt wird (§ 2b Abs. 2 AEntG).

Speziell zur Anrechnung von **Schichtzulagen** auf das Mindestentgelt ist ein 59
Urteil des BAG vom 16.4.2014 zu beachten.[711] Die Entscheidung ist zum (nach dem AEntG allgemeingültigen) Mindestlohn-Tarifvertrag für die Branche Abfallwirtschaft ergangen. Der Leitsatz der Entscheidung lautet: *Bestimmt ein aufgrund Rechtsverordnung verbindlicher Tarifvertrag einen Mindestlohnanspruch »je Stunde« unabhängig von der zeitlichen Lage der Arbeitszeit, können vom Arbeitgeber aufgrund anderer Rechtsgrundlagen geleistete Zulagen für erbrachte Spätschichten vorbehaltlich anderslautender gesetzlicher oder tariflicher Regelungen auf einen Mindestlohnanspruch angerechnet werden. Dies gilt jedenfalls dann, wenn dem Mindestlohn-Tarifvertrag nicht entnommen werden kann, dass die Arbeitsleistung unter den Bedingungen einer Spätschicht einer gesonderten Vergütungsregelung vorbehalten worden ist.*

Das BAG führt u.a. aus, dass es erforderlich sei, die Funktion zu bestimmen, 60
die die Leistung des Arbeitgebers habe, um sodann festzustellen, ob sie sich auf diejenige vom Arbeitnehmer geleistete oder zu leistende Arbeit beziehe, die mit dem Mindestlohn abgegolten sein soll. Die im Streitfall vom Arbeitgeber gezahlten **Spätschichtzuschläge** seien auf den Entgeltanspruch nach dem TV Mindestlohn anzurechnen. Der nach dem TV Mindestlohn geregelte Mindestlohn erfasse jede Tätigkeit in der Abfallwirtschaft und zwar unabhängig davon, ob die Arbeitsleistung unter erschwerten Bedingungen einer Spätschicht erbracht werde oder nicht.[712] Entsprechend seinem Regelungswillen bestimme der TV Mindestlohn als Mindestlohntarifvertrag den Mindestlohn je Stunde, unabhängig von den konkreten Arbeitsbedingungen oder »Erschwerungen«.[713] Der tarifliche Mindestlohn sei je Stunde festgelegt und unabhängig von der zeitlichen Lage sowie von den damit verbundenen Bedingungen, unter denen die Arbeitsleistungen zu erbringen seien.[714] Das BAG hatte sich wegen des Streitfalls mit Zulagen für Spätschichten zu be-

711 BAG 16.4.2014 – 4 AZR 802/11, NZA 2014, 1277.
712 BAG 16.4.2014 – 4 AZR 802/11, Rn. 43, NZA 2014, 1277.
713 BAG 16.4.2014 – 4 AZR 802/11, Rn. 46, NZA 2014, 1277.
714 BAG 16.4.2014 – 4 AZR 802/11, Rn. 49, NZA 2014, 1277.

schäftigen, man wird aber davon ausgehen müssen, dass das generell für **Zuschläge/Zulagen für (Wechsel-)Schichtarbeit** gilt. Diese können also auf einen tariflichen Anspruch auf ein Mindestentgelt angerechnet werden.

61 Zum Mindestentgelt für die Pflegebranche hat das BAG entschieden, dass **Zuschläge für Überstunden sowie für Sonn- und Feiertagsarbeit** auf das Mindestentgelt anzurechnen seien: Derartige Zuschläge seien Arbeitsentgelt. Das Mindestentgelt sei unabhängig von der Zahl der zu leistenden Stunden und unabhängig von den Tagen, an denen die Arbeitsleistung zu erbringen sei, festgelegt. Deshalb komme es nicht darauf an, ob übermäßig lange Arbeit oder Arbeit an Sonn- und Feiertagen für die Beschäftigten mit besonderen Erschwernissen verbunden sei.[715]

62 Bei der Berechnung des Mindestentgelts bleiben in jedem Fall die von § 2 Abs. 1 Nr. 1 AEntG ausdrücklich ausgenommenen Beiträge für eine zusätzliche **betriebliche Altersversorgung** oder Zahlungen für tatsächlich entstandene **Aufwendungen** (z. B. Reise-, Unterbringungs- und Verpflegungskosten) unberücksichtigt (§ 2b Satz 2, 3 AEntG). Alle gesetzlichen Abgaben, die der Arbeitgeber allein zu tragen hat, sind auch nicht anteilig Teil des Bruttolohns und zwar auch dann nicht, wenn sie letztlich in irgendeiner Form (auch) dem Arbeitnehmer zugutekommen.

63 Zusammengefasst ergeben sich folgende **Schlussfolgerungen**: Geldleistungen, die der Arbeitgeber gewährt, sind unabhängig von ihrer Bezeichnung ausgehend von der tatsächlichen Arbeitsleistung des Arbeitnehmers in Stundenlöhne umzurechnen und, wenn sie Gegenleistung für die erbrachte Arbeitsleistung sind, auf den Anspruch nach dem Mindestentgelt-Tarifvertrag anzurechnen. Gegebenenfalls sind besondere Regelungen in dem einschlägigen Mindestlohn-Tarifvertrag (oder der Rechtsverordnung) zu beachten. Nicht auf den Branchen-Mindestlohn sind in der Regel (vorbehaltlich besonderer Regelungen im Mindestlohn-Tarifvertrag oder der Rechtsverordnung), Zulagen und Zuschläge anzurechnen, die der Arbeitnehmer nur erhält, wenn er auf Verlangen des Arbeitgebers ein Mehr an Arbeit leistet oder Arbeit unter besonderen, erschwerten Bedingungen erbringt.[716]

Nicht anzurechnen, also – bei Bestehen einer entsprechenden Anspruchsgrundlage – zusätzlich zum Mindestlohn zu gewähren, sind

- Zuschläge für Nachtarbeit,[717]
- Entsendezulagen für Arbeitnehmer, die zeitweise aus dem Ausland für Tätigkeiten in Deutschland entsandt werden, soweit damit tatsächliche

715 BAG 18.11.2015 – 5 AZR 761/13, Rn. 24, NZA 2016, 828.

716 EuGH 14.4.2005 – C-341/02, NZA 2005, 573.

717 BAG 18.11.2015 – 5 AZR 761/13, Rn. 23, NZA 2016, 828; BAG 16.4.2014 – 4 AZR 802/11, Rn. 50ff., NZA 2014, 1277. Nachtzuschläge sind nämlich gem. § 6 Abs. 5 ArbZG zusätzlich zum normalen Bruttoarbeitsentgelt für die Nachtarbeitsstunden zu zahlen.

Entsendekosten des Arbeitnehmers abgedeckt werden sollen (z. B. Unterkunft, Verpflegung, Reisekosten),[718]

- vermögenswirksame Leistungen[719] und
- Aufwendungsersatz/Aufwandsentschädigungen.[720]

3. Ausschlussfristen in allgemeingültigen Branchen-Mindestlöhnen nach dem Arbeitnehmer-Entsendegesetz

a. Sonderregelung in § 9 AEntG

Allgemeingültige Branchen-Mindestlöhne haben Vorrang vor dem allgemeinen Mindestlohn, wie sich aus § 1 Abs. 3 MiLoG ergibt. Arbeitet ein Arbeitnehmer in der Branche, für die ein allgemeingültiger Branchen-Mindestlohn gilt, ist der **Branchen-Mindestlohn die spezielle Regelung gegenüber dem allgemeinen Mindestlohn**. Damit gelten auch für die Anwendung von Ausschlussfristen auf den Branchen-Mindestlohnanspruch die Regelungen des einschlägigen Branchen-Mindestlohntarifvertrags und nicht die Regelungen des MiLoG. Wenn der einschlägige Mindestlohntarifvertrag Ausschlussfristen regelt, gelten diese. § 3 MiLoG wird insoweit verdrängt und findet keine Anwendung.[721] 64

Für tarifliche Branchen-Mindestlöhne gilt nicht § 3 MiLoG, sondern als spezielle Regelung § 9 AEntG. Die Vorschrift lautet:[722] 65

Ein Verzicht auf den aufgrund einer Rechtsverordnung nach § 7 oder § 7a entstandenen Anspruch der Arbeitnehmer und Arbeitnehmerinnen auf Mindestentgeltsätze nach § 5 Satz 1 Nummer 1 ist nur durch gerichtlichen Vergleich zulässig; im Übrigen ist ein Verzicht ausgeschlossen. Die Verwirkung des in Satz 1 genannten Anspruchs ist ausgeschlossen. Ausschlussfristen für die Geltendmachung des in Satz 1 genannten Anspruchs können ausschließlich in

---

718 Das folgt aus § 2b Abs. 1 Satz 2, 3 AEntG. Entsendezulagen, die gezahlt werden, um die Differenz zwischen der Vergütung im Heimatstaat und dem deutschen Mindestlohn auszugleichen, können dagegen angerechnet werden (§ 2b Abs. 1 Satz 1 AEntG); vgl. Rn. 58 am Ende.

719 BAG 18.11.2015 – 5 AZR 761/13, Rn. 25, NZA 2016, 828; BAG 16.4.2014 – 4 AZR 802/11, Rn. 61, NZA 2014, 1277; EuGH 7.11.2013 – C-522/12 (Isbir./.DB Services GmbH), Rn. 43, NZA 2013, 1359; BAG 18.4.2012 – 4 AZR 168/10 (A), Rn. 34, NZA 2013, 386.

720 BAG 18.11.2015 – 5 AZR 761/13, Rn. 27, NZA 2016, 828; BAG 8.10.2008 – 5 AZR 8/08, Rn. 28, NZA 2009, 98.

721 Vgl. *Preis/Ulber*, Ausschlussfristen und Mindestlohngesetz, S. 37ff.

722 § 9 AEntG wurde durch Art. 6 Nr. 8 a) Tarifautonomiestärkungsgesetz vom 11.8.2014 (BGBl. I. S. 1348, 1358) in Anlehnung an § 3 Satz 2 MiLoG teilweise geändert und mit Wirkung vom 30.7.2020 durch Gesetz vom 10.7.2020 (BGBl. I S. 1657) neu gefasst.

dem der Rechtsverordnung nach § 7 oder § 7a zugrunde liegenden Tarifvertrag geregelt werden; die Frist muss mindestens sechs Monate betragen.

66 Danach ist – wie bei § 3 MiLoG – ein Verzicht auf den entstandenen Anspruch für das Mindestentgelt nur durch gerichtlichen Vergleich zulässig; im Übrigen ist ein Verzicht ausgeschlossen (§ 9 Satz 1 AEntG). Die Verwirkung des Anspruchs der Arbeitnehmer auf das Mindestentgelt ist – wie bei § 3 MiLoG – ausgeschlossen (§ 9 Satz 2 AEntG). Im Unterschied zu § 3 MiLoG können jedoch **Ausschlussfristen** für die »Geltendmachung« des Anspruchs nach Maßgabe des § 9 Satz 3 AEntG im Tarifvertrag geregelt werden. § 9 AEntG gilt gem. § 13 AEntG auch für die **Pflegebranche**.

b. Tarifvertragliche Ausschlussfristen für Branchen-Mindestlöhne eingeschränkt zulässig

67 Unter Ausschlussfristen (auch »Verfallfristen« oder »Verfallklauseln«) versteht man Fristen, innerhalb derer ein Anspruch geltend gemacht werden muss, damit dieser nicht untergeht. Der Schuldner soll binnen einer bestimmten Frist darauf hingewiesen werden, welche Ansprüche gegen ihn noch geltend gemacht werden. Ausschlussfristen sind (anders als die Verjährung) keine Einrede des Schuldners, sie sind vielmehr vom Gericht von Amts wegen zu beachten. Ausschlussfristen in allgemeinverbindlichen Tarifverträgen sind vom Gericht wegen der zwingenden Geltungskraft zu beachten. Wird die Ausschlussfrist nicht gewahrt, führt das dazu, dass die Ansprüche, die nicht fristgemäß geltend gemacht werden, verfallen, also untergehen.

68 Ausschlussfristen für die »Geltendmachung« des Anspruchs auf das Mindestentgelt sind nur eingeschränkt zulässig, wie sich aus § 9 Satz 3 AEntG ergibt. Zum einen dürfen solche Ausschlussfristen ausschließlich **in dem für der Rechtsverordnung nach § 7 oder § 7a AEntG zugrunde liegenden Tarifvertrag** geregelt werden, zum anderen muss die Frist **mindestens sechs Monate** betragen.

69 **Ausschlussfristen im Arbeitsvertrag** oder in Betriebsvereinbarungen finden für den Anspruch auf ein Branchen-Mindestentgelt **keine Anwendung**. Die tarifliche Ausschlussfrist gilt auch nur für den Anspruch auf das Mindestentgelt (§ 5 Satz 1 Nr. 1 AEntG), nicht für die anderen Arbeitsbedingungen gem. § 5 AEntG. Eine arbeitsvertragliche Verfallklausel (Ausschlussfrist), die auch den Anspruch auf das Mindestentgelt erfasst, verstößt gegen § 9 Satz 3 AEntG und ist insoweit nach § 134 BGB unwirksam.[723]

70 Da die **Ausschlussfristen ausschließlich in dem für allgemeinverbindlich erklärten Tarifvertrag** geregelt sein dürfen, sind Ausschlussfristen in einem anderen Tarifvertrag (etwa im Rahmen- oder Manteltarifvertrag) unbeacht-

723 BAG 24.8.2016 – 5 AZR 703/15, NZA 2016, 1539.

lich, soweit es um das Mindestentgelt geht. Das hat das BAG vor Inkrafttreten des § 9 AEntG anders beurteilt.[724]

Entsprechend der allgemeinen Grundsätze ist es erforderlich, dass der **Beginn der Ausschlussfrist** an die **Fälligkeit des Anspruchs** anknüpft.[725] Ausschlussfristen, die allein auf die Beendigung des Arbeitsverhältnisses abstellen, sind unwirksam.[726] Eine Ausschlussfristenregelung, die für den Beginn der Geltendmachungsfrist sowohl auf die »Entstehung« als auch auf die »Fälligkeit« des Anspruchs abstellt, ohne klarzustellen, wann die Frist frühestens beginnt, ist intransparent (§ 307 Abs. 1 Satz 2 BGB) und damit insgesamt unwirksam.[727] Das Anknüpfen des Laufs einer Ausschlussfrist an die »Beendigung« des Arbeitsverhältnisses führt ebenfalls zu einer unangemessenen Benachteiligung und macht die Ausschlussfrist unwirksam.[728] Zwar gelten für tarifvertragliche Ausschlussfristen wegen § 310 Abs. 4 Satz 3 BGB die Maßstäbe der AGB-Kontrolle (§ 307 BGB) nicht unmittelbar, doch muss man die genannten Einschränkungen hinsichtlich der Bestimmung der »Fälligkeit« von Ansprüchen für allgemeine Rechtsgrundsätze halten, die deshalb auch für Ausschluss-/Verfallfristen gelten, die in Tarifverträgen geregelt sind.

§ 9 Satz 3 AEntG erlaubt »**Ausschlussfristen für die Geltendmachung des Anspruchs**«. Fraglich ist, ob im Tarifvertrag sowohl einstufige als auch zweistufige Ausschlussfristen geregelt werden können. Gängigerweise wird folgendermaßen unterschieden: Es gibt einstufige Ausschlussfristen, die die mündliche oder schriftliche Geltendmachung innerhalb einer bestimmten Frist genügen lassen. Zudem gibt es zweistufige Ausschlussfristen, die nach erfolgloser Geltendmachung in der ersten Stufe die gerichtliche Geltendmachung (Klageerhebung) ebenfalls binnen einer bestimmten Frist verlangen, um das Erlöschen des Anspruchs zu verhindern. Zweck des § 9 AEntG ist es, den Arbeitnehmern den Anspruch auf das Mindestentgelt weitestgehend zu sichern. Nur ausnahmsweise soll ein Untergang des Anspruchs zulässig sein. Die Regelung von zweistufigen Ausschlussfristen mit dem Zwang, Ansprüche gerichtlich geltend zu machen, würde jedoch die Durchsetzung von Mindestentgeltansprüchen erschweren. Deshalb ist § 9 Satz 3 AEntG einschränkend zu interpretieren. Im Tarifvertrag dürfen wirksam nur einstufi- 71

724 So hat das BAG ausdrücklich die in § 54 RTV Dachdeckerhandwerk geregelte Ausschlussfrist auf einen Vergütungsanspruch nach dem TV Mindestlohn Dachdeckerhandwerk zur Anwendung gebracht: BAG 21.2.2007 – 4 AZR 258/06.

725 Vgl. BAG 1.3.2006 – 5 AZR 511/05, NZA 2006, 783.

726 BAG 28.8.2019 – 5 AZR 425/18, Rn. 38, NZA 2019, 1645.

727 BAG 28.8.2019 – 5 AZR 425/18, Rn. 39, NZA 2019, 1645; BAG 19.2.2014 – 5 AZR 700/12, NZA 2014, 1097.

728 BAG 28.8.2019 – 5 AZR 425/18, Rn. 41, NZA 2019, 1645.

ge Ausschlussfristen geregelt werden. Will man das anders verstehen, muss jedenfalls bei einer Kombination von ein- und zweistufiger Ausschlussfrist die Mindestfrist in jeder Stufe jeweils sechs Monate betragen.

72 Nicht ausdrücklich geregelt ist, welche Vorgaben für die »Geltendmachung des Anspruchs« im Tarifvertrag geregelt werden dürfen. Im Tarifvertrag kann deshalb die »mündliche« oder die »schriftliche« Geltendmachung verlangt werden, nicht hingegen (wegen der vorherigen Erwägungen) die »gerichtliche« Geltendmachung des Anspruchs (die Tarifpraxis ist jedoch teilweise eine andere, vgl. Rn. 74). Die **schriftliche Geltendmachung** ist nach der Rechtsprechung einschränkend zu interpretieren. Bei der Geltendmachung eines Anspruchs ist die Wahrung der strengen gesetzlichen Schriftform (§ 126 BGB) nicht erforderlich, weil der Normzweck die eigenhändige Unterschrift nicht erfordert. Es genügt die Textform (§ 126b BGB). Es reicht also, die Ansprüche durch Telefax oder E-Mail geltend zu machen.[729]

73 Unklar ist, ob im Mindestentgelt-Tarifvertrag geregelte Ausschlussfristen auch Anwendung finden für **Arbeitsverhältnisse, die ansonsten ausländischem Recht unterliegen**, also etwa für aus dem Ausland nach Deutschland entsandte Arbeitnehmer. Das BAG hat nämlich für die in § 16 BRTV-Bau geregelte Ausschlussfrist angenommen, dass diese »ungeachtet der Allgemeinverbindlicherklärung des BRTV-Bau keine bedeutenden Gemeinwohlinteressen« verfolge und deshalb nicht als zwingende Eingriffsnorm i. S. d. Art. 34 EGBGB/Art. 9 Rom I-VO anzusehen sei.[730] Zwar wird durch § 8 Abs. 1 AEntG gerade die zwingende Wirkung i. S. d. Art. 9 Rom I-VO/ Art. 34 EGBGB angeordnet. In § 5 Nr. 1 AEntG ist zwar ausdrücklich das Mindestentgelt erwähnt, nicht jedoch die Möglichkeit, Ausschlussfristen zu vereinbaren, was sich nicht aus § 5 AEntG, sondern aus § 9 Satz 3 AEntG ergibt. Andererseits wird in § 9 Satz 1 AEntG Bezug genommen auf § 5 AEntG. Zudem gilt das AEntG ausdrücklich gerade auch für entsandte Arbeitnehmer. Deshalb wird man davon ausgehen müssen, dass im Mindestentgelt-Tarifvertrag geregelte Ausschlussfristen für alle Arbeitnehmer gelten, die in den Anwendungsbereich des AEntG fallen, sowie auch für Arbeitsverhältnisse, die ansonsten ausländischem Recht unterliegen, also für entsandte Arbeitnehmer.

74 Nach dem derzeitigen Stand gibt es lediglich in den nachfolgend genannten Branchen, in denen ein Mindestlohn gilt, Regelungen zu Ausschlussfristen:

---

729 BAG 7.7.2010 – 4 AZR 549/08, NZA 2010, 1068, 1079; BAG 16.12.2009 – 5 AZR 888/08, NZA 2010, 401; BAG 11.10.2000 – 5 AZR 313/99, NZA 2001, 231.

730 BAG 12.1.2005 – 5 AZR 617/01, NZA 2005, 627.

Baugewerbe:	Nach dem TV Mindestlohn wird der Anspruch auf den Mindestlohn spätestens zum 15. des Monats fällig, der dem Monat folgt, für den der Mindestlohn zu zahlen ist (§ 2 Abs. 4 TV Mindestlohn). Ansprüche auf den Mindestlohn verfallen, wenn sie nicht innerhalb von **sechs Monaten** nach ihrer Fälligkeit **gerichtlich** geltend gemacht werden (§ 2 Abs. 5 TV Mindestlohn).
Gebäudereinigung:	Nach dem TV Mindestlohn wird der Anspruch auf den Mindestlohn spätestens zum 15. des Monats fällig, der dem Monat folgt, für den der Mindestlohn zu zahlen ist (§ 2 Nr. 4 TV Mindestlohn). Ansprüche auf den Mindestlohn verfallen, wenn sie nicht innerhalb von **sechs Monaten** nach ihrer Fälligkeit **gerichtlich** geltend gemacht werden (§ 2 Nr. 5 TV Mindestlohn).
Gerüstbauerhandwerk:	Nach dem TV Mindestlohn wird der Anspruch auf den Mindestlohn spätestens zum 15. des Monats fällig, der dem Monat folgt, für den der Mindestlohn zu zahlen ist (§ 2 Nr. 2 TV Mindestlohn). Ansprüche auf den Mindestlohn verfallen, wenn sie nicht innerhalb von **zwölf Monaten** nach ihrer Fälligkeit **gerichtlich** geltend gemacht werden (§ 2 Nr. 3 TV Mindestlohn).
Maler- und Lackiererhandwerk:	Nach dem TV Mindestlohn wird der Anspruch auf den Mindestlohn spätestens zum 15. des Monats fällig, der dem Monat folgt, für den der Mindestlohn zu zahlen ist (§ 4 Nr. 1 TV Mindestlohn). Ansprüche auf den Mindestlohn verfallen, wenn sie nicht innerhalb von **zwölf Monaten** nach ihrer Fälligkeit **gerichtlich** geltend gemacht werden (§ 4 Nr. 4 TV Mindestlohn).
Pflegebranche:	Nach der Vierten Pflegearbeitsbedingungenverordnung (§ 11 AEntG) ist der Anspruch auf das Mindestentgelt zum 15. des Monats fällig, der auf den Monat folgt, für den das Mindestentgelt zu zahlen ist (§ 3 Abs. 1 der Rechtsverordnung). Ab dem 1. 5. 2021 ist für die vertraglich vereinbarte Arbeitszeit auf den letzten Bankarbeitstag, in dem die Arbeitsleistung zu erbringen ist, abzustellen, für darüber hinausgehende Arbeitszeiten auf den letzten Bankarbeitstag des Folgemonats. Ansprüche auf das Mindestentgelt verfallen, wenn sie nicht innerhalb von **zwölf Monaten** nach ihrer Fälligkeit **schriftlich** geltend gemacht werden (§ 5 der Rechtsverordnung).

Schornsteinfegerhandwerk:	Nach dem Tarifvertrag zur Regelung des Mindestentgelts für Arbeitnehmer im Schornsteinfegerhandwerk wird das Mindestentgelt spätestens zum letzten Arbeitstag des laufenden Monats fällig (§ 3 des Tarifvertrags). Alle Ansprüche aus diesem Tarifvertrag verfallen, wenn sie nicht binnen einer Frist von **drei Monaten** nach Fälligkeit **schriftlich** geltend gemacht werden. Werden die außergerichtlich geltend gemachten Ansprüche nicht ausdrücklich schriftlich anerkannt, verfallen sie gleichwohl, es sei denn, es wird vor Ablauf von **drei weiteren Monaten** nach Ablauf der Frist für die außergerichtliche Geltendmachung **Klage** auf sie erhoben (§ 4 des Tarifvertrags). Dieser Tarifvertrag wurde allerdings gem. § 5 TVG für allgemeinverbindlich erklärt, so dass § 9 AEntG keine Anwendung findet.

c. Anwendungsprobleme bei wirksamen Ausschlussfristen

75 Ist im Mindestlohntarifvertrag eine Ausschlussfrist geregelt, die den Vorgaben des § 9 Satz 3 AEntG entspricht, muss der Arbeitnehmer die Ausschlussfrist beachten, um den Untergang des Anspruchs auf den Branchen-Mindestlohn zu verhindern. Hat der Arbeitgeber durch Erteilung einer **Lohn- oder Gehaltsabrechnung** eine Forderung des Arbeitnehmers vorbehaltlos ausgewiesen, braucht der Arbeitnehmer diese Forderung nicht mehr gesondert geltend zu machen, um die Ausschlussfrist zu wahren.[731] Gleiches gilt, wenn auf einem Arbeitszeitkonto ein entsprechendes Zeitguthaben ausgewiesen wird.[732]

76 Als **Fristbeginn** für eine Ausschlussfrist ist im Zweifel der Zeitpunkt der **Fälligkeit** eines Anspruchs anzusehen (vgl. Rn. 70).[733] Vergütungsansprüche sind zu dem im Arbeits- oder Tarifvertrag genannten Termin fällig (z. B. am 15. des Folgemonats). Ist nichts Näheres geregelt, sind Vergütungsansprüche »nach« Ablauf des Monats zu entrichten (vgl. § 614 BGB), die Vergütung ist also am 1. des Folgemonats fällig. Fällt der Fälligkeitstag auf einen Samstag, Sonntag oder gesetzlichen Feiertag verschiebt sich der Zeitpunkt der Fällig-

731 BAG 3.12.2019 – 9 AZR 44/19, Rn. 19, NZA 2020, 586; BAG 21.4.1993 – 5 AZR 399/92, NZA 1993, 1091.

732 BAG 28.7.2010 – 5 AZR 521/09, NZA 2010, 1241.

733 BAG 9.8.1990 – 2 AZR 579/89, NZA 1991, 226.

keit auf den nächsten Werktag (§ 193 BGB).[734] Ausnahmsweise ist auch eine Geltendmachung des Anspruchs vor Fälligkeit zulässig.[735]

> **Beispiel:**
> Beträgt die im Tarifvertrag geregelte Ausschlussfrist für den Branchen-Mindestlohn sechs Monate und ist der Anspruch auf Zahlung des Mindestlohns am 15. des Folgemonats fällig, muss der Anspruch für den Monat Januar 2021 (fällig am 15.2.2021) spätestens am 15.8.2021 geltend gemacht werden. Wird eine schriftliche Geltendmachung verlangt, muss das Schreiben (oder die E-Mail oder das Telefax) spätestens an diesem Tag dem Arbeitgeber zugehen.

In der Regel gilt als Fristbeginn für eine Ausschlussfrist die Fälligkeit des 77
Anspruchs. Wenn allerdings in der tariflichen Ausschlussfrist ausdrücklich geregelt ist, dass diese erst mit der **Beendigung des Arbeitsverhältnisses** beginnt, ist die rechtliche Beendigung des Arbeitsverhältnisses maßgeblich. Die Ausschlussfrist beginnt in dem Fall erst, wenn die Beendigung des Arbeitsverhältnisses feststeht (ggf. nach einem Rechtsstreit).[736]

Verlangt die im Mindestlohn-Tarifvertrag geregelte Ausschlussfrist die 78
schriftliche Geltendmachung eines Anspruchs, genügt es, Ansprüche durch Telefax oder E-Mail geltend zu machen.[737]

Zur schlüssigen Darlegung einer rechtzeitigen schriftlichen Geltendmachung im Sinne einer Ausschlussfrist reicht es nicht aus, dass sich der Arbeitnehmer auf ein von ihm innerhalb der Frist verfasstes Schreiben beruft. Er muss zudem darlegen, dass er das Schriftstück dem Arbeitgeber so rechtzeitig übermittelt hat, dass (ggf. unter Berücksichtigung üblicher Postlaufzeiten) mit einem Zugang vor Ablauf der Ausschlussfrist zu rechnen war.[738]

Die Anforderungen an den **Inhalt des Schreibens**, mit dem der Anspruch geltend gemacht wird, dürfen nicht überspannt werden. Erforderlich ist allerdings eine **ernsthafte Leistungsaufforderung**, nicht nur eine »Bitte um Prüfung«.[739] Anzugeben sind der **Anspruchsgrund** (z. B. Mindestlohnanspruch wegen tatsächlicher Arbeitsleistung für einen konkret zu benennenden Zeitraum), die **Höhe der Forderung** sowie der Zeitraum, für den er gel-

---

734 BAG 19.11.2014 – 5 AZR 121/13, Rn. 32, NZA-RR 2015, 255.

735 BAG 16.1.2013 – 10 AZR 863/11, NZA 2013, 975; BAG 26.9.2001 – 5 AZR 699/00, NZA 2002, 1218.

736 BAG 11.2.2009 – 5 AZR 168/08, NZA 2009, 687.

737 BAG 7.7.2010 – 4 AZR 549/08, NZA 2010, 1068, 1079; BAG 16.12.2009 – 5 AZR 888/08, NZA 2010, 401; BAG 11.10.2000 – 5 AZR 313/99, NZA 2001, 231.

738 BAG 12.12.2018 – 5 AZR 588/17, Rn. 40, NZA 2019, 775.

739 BAG 11.4.2019 – 6 AZR 104/18, Rn. 36, NZA 2019, 1004; BAG 18.4.2012 – 4 AZR 392/10, Rn. 41, NZA 2012, 1171.

tend gemacht wird.[740] Ist dem Arbeitgeber die Höhe der Forderung eindeutig bekannt oder für ihn ohne Weiteres errechenbar (wie hier die Forderung auf das Mindestentgelt), sind keine überspannten Anforderungen an die Geltendmachung zu stellen.[741] Eine Bezifferung der Forderung ist nicht erforderlich, wenn dem Schuldner die Höhe bekannt oder für ihn ohne Weiteres errechenbar ist und die schriftliche Geltendmachung erkennbar hiervon ausgeht.[742] Allerdings soll der Schuldner erkennen können, **welche konkrete Forderung** erhoben wird, damit er prüfen kann, ob er der Forderung nachkommen will oder welche Einwände ihm dagegen zur Verfügung stehen.[743] Werden **mehrere Ansprüche** geltend gemacht (z. B. für mehrere Monate, vor allem bei unterschiedlicher Arbeitszeit in den einzelnen Monaten), müssen sich die Angaben zu Anspruchsgrund und Anspruchshöhe auf jeden einzelnen Anspruch beziehen (also auf jeden einzelnen Monat, ggf. unter Angabe der jeweiligen Arbeitszeiten).[744]

79 In der Geltendmachung ist stets der konkrete **Zeitraum** anzugeben, für den der Anspruch auf das Mindestentgelt geltend gemacht wird (z. B. Mindestlohnanspruch nach dem Tarifvertrag Gebäudereinigung für den Monat Januar 2021 oder für die Monate Mai bis August 2021).[745] Zumindest muss erkennbar sein, um welchen Zeitraum es geht.

> **Beispiel:**
> Hat das Arbeitsverhältnis nur in den Monaten April bis Juni 2021 bestanden und macht der Arbeitnehmer für die »Dauer des Arbeitsverhältnisses« einen Mindestlohnanspruch geltend, ist klar, dass sich die Geltendmachung auf die Monate April bis Juni 2021 bezieht.

80 Wird der Mindestlohn für die vertraglich vereinbarte **Arbeitszeit** geltend gemacht, ist die Angabe der Arbeitszeiten für die einzelnen Monate im Rahmen der Geltendmachung nicht zwingend erforderlich, aber empfehlenswert. Wenn im Arbeitsvertrag keine konkrete Arbeitszeit geregelt ist oder der Arbeitnehmer die Ableistung von mehr Arbeitsstunden als vertraglich

---

740 BAG 18.9.2019 – 5 AZR 240/18, Rn. 39, NZA 2020, 174.

741 Vgl. BAG 14.12.2005 – 10 AZR 70/05, NZA 2006, 998.

742 BAG 12.12.2018 – 5 AZR 588/17, Rn. 20, NZA 2019, 775; BAG 26.9.2017 – 1 AZR 717/15, Rn. 36; BAG 22.9.2016 – 6 AZR 432/15, NZA-RR 2017, 42; BAG 18.2.2016 – 6 AZR 700/14, Rn. 45, NZA 2016, 709; BAG 16.4.2013 – 9 AZR 731/11, Rn. 21, NZA 2013, 850, Rn. 21; BAG 16.1.2013 – 10 AZR 863/11, Rn. 24, NZA 2013, 975.

743 BAG 20.4.2011 – 4 AZR 467/09, NZA 2011, 1105.

744 BAG 14.12.2005 – 10 AZR 70/05, NZA 2006, 998.

745 Vgl. allgemein zum Erfordernis, den Zeitraum anzugeben, für den der Anspruch geltend gemacht wird: BAG 18.2.2016 – 6 AZR 628/14, Rn. 20, NZA-RR 2016, 330; BAG 19.8.2015 – 5 AZR 1000/13, Rn. 24, NZA 2015, 1465.

vereinbart geltend macht, muss für jeden Monat getrennt auch die Zahl der Arbeitsstunden angegeben werden, für die Zahlung des Mindestlohns verlangt wird.

Verlangt die Ausschlussfrist im Tarifvertrag die **schriftliche Geltendmachung** innerhalb einer bestimmten Frist, ist das auch durch Erhebung einer **Zahlungsklage** möglich. Allerdings wirkt diese an sich erst zu dem Zeitpunkt, in dem die Klage dem Arbeitgeber zugestellt wird. Bislang wurde davon ausgegangen, dass § 167 ZPO in solchen Fällen keine Anwendung findet. § 167 ZPO trifft folgende Regelung: Soll durch die Zustellung eine Frist gewahrt werden, tritt diese Wirkung bereits im Zeitpunkt des Eingangs der Klage beim Gericht ein, wenn die Zustellung der Klage (durch das Gericht an den Arbeitgeber) demnächst erfolgt. Es wird die Auffassung vertreten, dass diese Vorschrift auch Anwendung findet, wenn durch die Zustellung eine Frist gewahrt werden soll, die auch durch eine außergerichtliche Geltendmachung gewahrt werden kann (wie bei der schriftlichen Geltendmachung).[746] Das **BAG** hat die Anwendung des § 167 ZPO ausdrücklich abgelehnt, wenn eine Ausschlussfrist verlangt, dass ein Anspruch *schriftlich* geltend gemacht werden muss.[747] Das Risiko der verspäteten Geltendmachung treffe ausschließlich den Anspruchsteller (hier den Arbeitnehmer), wenn die Inanspruchnahme des Gerichts nicht zwingend erforderlich sei, wie beim Erfordernis der schriftlichen Geltendmachung (anders beim Erfordernis der gerichtlichen Geltendmachung; vgl. Rn. 83). Zudem ist bei einer Zahlungsklage zu beachten, dass diese nur für den mit der Klage konkret geltend gemachten Anspruch wirkt. Wer z. B. Klage auf Zahlung des Mindestlohns für bestimmte Monate erhebt, hat damit nicht zugleich einen Anspruch für andere Monate geltend gemacht. 81

Verlangt die tarifliche Ausschlussfrist die **schriftliche Geltendmachung** innerhalb einer bestimmten Frist, erfasst die fristgerecht erhobene **Kündigungsschutzklage** (oder Entfristungsklage) in der Regel alle Vergütungsansprüche, die vom Ausgang dieses Rechtsstreits abhängig sind, ohne dass diese ausdrücklich bezeichnet oder beziffert werden müssen.[748] Allerdings werden insoweit nur die Ansprüche erfasst, die vom Ausgang dieses Rechtsstreits abhängig sind, nicht also Ansprüche auf Zahlung des Mindestentgelts für Monate, die vor Ausspruch der Kündigung oder vor Ende der Befristung des Arbeitsverhältnisse lagen. Ist durch die Kündigungsschutz- oder Entfristungsklage die schriftliche Geltendmachung gewahrt, müssen nach 82

746 So zur Geltendmachung von Entschädigungsansprüchen nach dem AGG: BAG 22.5.2014 – 8 AZR 662/13, NZA 2014, 924.

747 BAG 16.3.2016 – 4 AZR 421/15, NZA 2016, 1154.

748 BAG 18.9.2019 – 5 AZR 240/18, Rn. 41, NZA 2020, 174; BAG 17.11.2009 – 9 AZR 745/08; BAG 11.2.2009 – 5 AZR 168/08, NZA 2009, 687, 688.

Rechtskraft dieses Urteils die Lohnansprüche nicht erneut innerhalb der Ausschlussfrist geltend gemacht werden, wenn der Tarifvertrag das nicht ausdrücklich vorsieht.[749]

Wendet sich ein Arbeitnehmer gerichtlich gegen eine – aus dessen Sicht – unwirksame Versetzung, liegt in der Klage auf Beschäftigung zugleich eine Geltendmachung der für diese Tätigkeit vereinbarten Entgeltansprüche im Sinne der ersten Stufe einer (tarif-)vertraglichen Ausschlussfrist (schriftliche Geltendmachung oder Geltendmachung durch Textform). Dies gilt jedoch *nicht* für Ansprüche, die vom Ausgang der Klage unabhängig sind, wie Zahlungsansprüche, die nicht aus der vertragsgemäßen Beschäftigung folgen, sondern zusätzlich beispielsweise auf eine unrichtige Eingruppierung gestützt werden.[750]

83 Verlangt die Ausschlussfrist im Tarifvertrag ausdrücklich die **gerichtliche Geltendmachung** des Anspruchs, hat das BAG in der Vergangenheit für tarifvertragliche Ausschlussfristen – anders für arbeitsvertragliche Ausschlussfristen – verlangt, dass ausdrücklich eine **Zahlungsklage** erhoben werden müsse.[751] Bei Ausschlussfristen, die ausschließlich einzelvertraglich gelten (ohne Bezugnahme auf einen Tarifvertrag), reichte dagegen für die gerichtliche Geltendmachung die Erhebung der Kündigungsschutzklage bei Vergütungsansprüchen, die vom Ausgang des Kündigungsrechtsstreits abhängen.[752] Aufgrund einer Entscheidung des BVerfG zum Grundrecht auf Gewährung effektiven Rechtsschutzes[753] war zweifelhaft, ob das BAG seine strengen Anforderungen bei tariflichen Ausschlussfristen aufrechterhalten konnte. Nunmehr hat das BAG seine Rechtsprechung ausdrücklich geändert: Ein Arbeitnehmer macht mit der Erhebung einer **Bestandsschutzklage** (Kündigungsschutz- oder Entfristungsklage) alle Vergütungsansprüche »gerichtlich geltend«, die vom Ausgang des Bestandsschutzverfahrens abhängig sind – das gilt auch bei tariflichen und zweistufigen Ausschlussfristen.[754] Mit einer Klage auf »Beschäftigung« werden allerdings Zahlungsansprüche nicht »gerichtlich geltend gemacht«.[755]

84 Zu beachten ist, dass Ansprüche, die vom Ausgang einer Kündigungsschutz- oder Befristungskontrollklage unabhängig sind, nach wie vor beim Erfor-

---

749 BAG 9.8.1990 – 2 AZR 579/89, NZA 1991, 226.

750 BAG 18.9.2019 – 5 AZR 240/18, NZA 2020, 174.

751 BAG 17.11.2009 – 9 AZR 745/08; BAG 26.4.2006 – 5 AZR 403/05, NZA 2006, 845.

752 BAG 19.3.2008 – 5 AZR 429/07, NZA 2008, 757.

753 BVerfG 1.12.2010 – 1 BvR 1682/07, NZA 2011, 354.

754 BAG 18.9.2019 – 5 AZR 240/18, Rn. 42, NZA 2020, 174; BAG 24.9.2014 – 5 AZR 593/12, NZA 2015, 35; BAG 19.9.2012 – 5 AZR 627/11, NZA 2013, 101; BAG 19.9.2012 – 5 AZR 924/11, NZA 2013, 156.

755 BAG 19.11.2014 – 5 AZR 121/13, NZA-RR 2015, 255.

dernis einer »gerichtlichen« Geltendmachung nur durch fristgemäße Erhebung einer **Zahlungsklage** wirksam geltend gemacht werden können.[756] Ist für die Wahrung der »gerichtlichen« Geltendmachung die Erhebung einer **Zahlungsklage erforderlich**, hat der Anspruchsteller keinen Einfluss darauf, wann das Gericht die Klage zustellt. Deshalb wird für die Wahrung der Frist auf den Zeitpunkt des Eingangs der Klage beim Gericht abgestellt, wenn die Zustellung der Klage demnächst erfolgt (§ 167 ZPO).[757] Macht ein Arbeitnehmer einen Anspruch vor Fälligkeit schriftlich geltend, beginnt bei einer zweistufigen Ausschlussfrist die Frist für die gerichtliche Geltendmachung erst mit der Fälligkeit des Anspruchs.[758]

Im Übrigen ist im Hinblick auf § 9 AEntG zu beachten: Zweck des § 9 AEntG ist es, den Anspruch auf das Mindestentgelt zu sichern und nicht die Durchsetzung des Anspruchs zu verhindern. Jedenfalls im Anwendungsbereich des § 9 AEntG sind deshalb keine überhöhten Anforderungen an die Geltendmachung des Anspruchs zu stellen. Hält man das Verlangen nach einer gerichtlichen Geltendmachung des Mindestentgelts für zulässig (vgl. Rn. 71), muss jede Klage gegen den Arbeitgeber ausreichend sein; es muss nicht ausdrücklich eine Zahlungsklage erhoben werden. **85**

d. Ausschlussfristen und Vergleichsverhandlungen

Wenn zwischen den Arbeitsvertragsparteien Vergleichsverhandlungen stattfinden, ist eine einzelvertragliche Ausschlussfrist, die (in der zweiten Stufe) eine *gerichtliche* Geltendmachung verlangt, so lange gehemmt, wie die Vergleichsverhandlungen stattfinden.[759] Das bedeutet, dass die Zeit, in der die Vergleichsverhandlungen stattfinden, nicht auf die Frist angerechnet wird, **86**

---

756 Wichtig ist das z.B. für den Anspruch auf Urlaubsabgeltung. In der Erhebung einer Kündigungsschutzklage liegt keine Geltendmachung des Urlaubsabgeltungsanspruchs. Der Anspruch auf Urlaubsabgeltung, der die Beendigung des Arbeitsverhältnisses voraussetzt (§ 7 Abs. 4 BUrlG) hängt nicht von dem Erfolg der Kündigungsschutzklage ab, also dem Fortbestand des Arbeitsverhältnisses, sondern setzt mit der Beendigung des Arbeitsverhältnisses gerade das Gegenteil voraus; BAG 21.2.2012 – 9 AZR 486/10, NZA 2012, 750.

757 BAG 11.2.2009 – 5 AZR 168/08, NZA 2009, 687; BAG 16.1.2002 – 5 AZR 430/00, NZA 2002, 746.

758 BAG 26.9.2001 – 5 AZR 699/00, NZA 2002, 1218.

759 BAG 20.6.2018 – 5 AZR 262/17, NZA 2018, 1402. Das folgt aus einer entsprechenden Anwendung des § 203 Satz 1 BGB: *Schweben zwischen dem Schuldner und dem Gläubiger Verhandlungen über den Anspruch oder die den Anspruch begründenden Umstände, so ist die Verjährung gehemmt, bis der eine oder der andere Teil die Fortsetzung der Verhandlungen verweigert.* Zur Wirkung der Hemmung vgl. § 209 BGB: *Der Zeitraum, während dessen die Verjährung gehemmt ist, wird in die Verjährungsfrist nicht eingerechnet.*

sondern sich diese gleichsam um diese Zeit verlängert. Das gilt jedoch nur für Ausschlussfristen, die eine *gerichtliche* Geltendmachung verlangen. Vergleichsverhandlungen sind bei jedem ernsthaften Meinungsaustausch über den Anspruch oder seine tatsächlichen Grundlagen anzunehmen, sofern der Schuldner dies nicht sofort und erkennbar ablehnt. Verhandlungen schweben schon dann, wenn eine der Parteien Erklärungen abgibt, die der jeweils anderen Partei die Annahme gestatten, der Erklärende lasse sich auf Erörterungen über die Berechtigung des Anspruchs oder dessen Umfang ein.[760] Geht es lediglich (in der ersten Stufe) um die schriftliche Geltendmachung (Geltendmachung durch Textform), liegt keine mit dem Verjährungsrecht vergleichbare Interessenlage vor.[761]

e. Treuwidriges Berufen auf die Ausschlussfrist

87 Ist die Ausschlussfrist im Mindestlohntarifvertrag wirksam und wird der geltend gemachte Anspruch von der Ausschlussfrist erfasst, geht er unter, wenn der Anspruch nicht in der gebotenen Weise und Frist geltend gemacht wird. Grundsätzlich muss sich jeder selbst um die Geltendmachung seiner Ansprüche kümmern und eventuelle Ausschlussfristen beachten. Deshalb hat etwa eine (falsche) Auskunft des Arbeitgebers, dass der streitige Anspruch nicht bestehe, nicht zur Folge, dass die Ausschlussfrist keine Anwendung findet.[762]

88 Nur ausnahmsweise gilt nach dem Gebot von Treu und Glauben (§ 242 BGB) etwas anderes, wenn der Arbeitgeber durch sein Verhalten veranlasst hat, dass der Arbeitnehmer den Anspruch nicht rechtzeitig geltend gemacht hat.[763] Das gilt vor allem, wenn ein Arbeitnehmer aufgrund von Zusicherungen oder **Zusagen des Arbeitgebers** darauf vertrauen durfte, dieser werde den Anspruch auch ohne fristgerechte Geltendmachung erfüllen.[764] Das gilt auch dann, wenn sich der Arbeitgeber später an seine Zusage nicht mehr gebunden sehen will, wie etwa bei Anfechtung eines **Schuldanerkenntnisses.**[765]

Der Verstoß gegen Treu und Glauben steht einer Berufung auf die Ausschlussfrist nur so lange entgegen, wie der Anspruchsteller von der Einhaltung der Ausschlussfrist abgehalten wird. Nach Wegfall der Umstände, die

---

760 BAG 20.6.2018 – 5 AZR 262/17, Rn. 32, NZA 2018, 1402.

761 BAG 17.4.2019 – 5 AZR 331/18, NZA 2019, 1050.

762 BAG 22.1.1997 – 10 AZR 459/96, NZA 1997, 445.

763 BAG 15.7.2009 – 5 AZR 867/08, NZA 2009, 1366, 1369; BAG 19.3.2009 – 8 AZR 722/07, NZA 2009, 1091.

764 BAG 13.12.2007 – 6 AZR 222/07, NZA 2008, 478; BAG 10.10.2002 – 8 AZR 8/02, NZA 2003, 329.

765 BAG 10.10.2002 – 8 AZR 8/02, NZA 2003, 329.

den Einwand der Arglist begründen, müssen innerhalb einer kurzen Frist die Ansprüche in der Form, die der Tarifvertrag vorschreibt, geltend gemacht werden. Es läuft keine neue Ausschlussfrist.[766]

f. Hinweispflichten des Arbeitgebers auf die Anwendung von Ausschlussfristen

89 Die Arbeitgeber sind verpflichtet, die Tarifverträge, die für ihren Betrieb maßgebend sind, an geeigneter Stelle im Betrieb auszulegen, wie sich aus § 8 TVG ergibt. Das BAG hält das für eine bloße Ordnungsvorschrift.[767] Der Arbeitgeber ist zudem verpflichtet, die wesentlichen Arbeitsbedingungen schriftlich niederzulegen, die Niederschrift zu unterzeichnen und dem Arbeitnehmer auszuhändigen (§ 2 Abs. 1 NachwG). In die Niederschrift ist u. a. ein in allgemeiner Form gehaltener Hinweis auf die Tarifverträge oder auf Betriebs- oder Dienstvereinbarungen, die auf das Arbeitsverhältnis anzuwenden sind, aufzunehmen (§ 2 Abs. 1 Satz 2 Nr. 10 NachwG).

90 Die **Nachweispflicht** gilt für **Tarifverträge**, die unmittelbar und zwingend aufgrund von Organisationszugehörigkeit oder Allgemeinverbindlicherklärung nach den Bestimmungen des TVG gelten. Sie gilt ebenso für Tarifverträge, die aufgrund des AEntG allgemeingültig sind, im Übrigen auch, wenn tarifliche Regelungen nur aufgrund einzelvertraglicher Bezugnahmeklausel Anwendung finden.[768] Da die Hinweispflicht auch bei **Änderungen** besteht (§ 2 Abs. 4 NachwG), muss der Arbeitgeber den Arbeitnehmer auch auf einen Tarifvertrag hinweisen, der erst nach Beginn des Arbeitsverhältnisses infolge Allgemeinverbindlicherklärung (§ 5 TVG) oder aufgrund Rechtsverordnung gem. § 7, § 7a AEntG auf das Arbeitsverhältnis Anwendung findet.[769]

Kirchliche Arbeitsrechtsregelungen/Arbeitsvertragsbedingungen sind, wenn diese nicht als Tarifvertrag vereinbart sind, keine Tarifverträge, sondern Allgemeine Geschäftsbedingungen im Sinne des § 305 BGB.[770]

91 Wie konkret der **in »allgemeiner Form gehaltene Hinweis«** vor allem auf Tarifverträge sein muss, ist ungeklärt. In der Vertragspraxis sind Klauseln mit folgendem Inhalt typisch: »Im Übrigen finden auf das Arbeitsverhältnis

---

766 BAG 17.4.2019 – 5 AZR 331/18, Rn. 31, NZA 2019, 1050; BAG 13.2.2003 – 8 AZR 236/02, AP BGB § 613a Nr. 244.

767 BAG 27.1.2004 – 1 AZR 148/03, NZA 2004, 667, 670; BAG 23.1.2002 – 4 AZR 56/01, NZA 2002, 800; kritisch *Bunte*, RdA 2009, 21 ff. Zuletzt hat es das BAG offengelassen, ob an der Rechtsprechung festgehalten werden könne, dass § 8 TVG nur eine Ordnungsvorschrift sei; vgl. BAG 21.2.2007 – 4 AZR 258/06.

768 Vgl. BAG 17.4.2002 – 5 AZR 89/01, NZA 2002, 1096.

769 BAG 24.10.2002 – 6 AZR 743/00, NZA 2004, 105.

770 Vgl. nur BAG 30.10.2019 – 6 AZR 465/18, Rn. 22, NZA 2020, 379, m. w. N.

die einschlägigen Tarifverträge sowie Betriebsvereinbarungen Anwendung.« Der Rechtsprechung lässt sich entnehmen, dass der **Hinweis auf einen bestimmten Tarifvertrag einer bestimmten Branche** der Nachweispflicht genügt, ohne dass näher über den Inhalt des Tarifvertrags in der Niederschrift aufgeklärt werden muss. Das BAG hat insoweit entschieden, dass der Nachweispflicht auch hinsichtlich einer **tarifvertraglichen Ausschlussfrist** Genüge getan sei, wenn auf die Anwendbarkeit des einschlägigen Tarifvertrags hingewiesen werde. Eines gesonderten Hinweises auf die in dem Tarifvertrag geregelte Ausschlussfrist bedürfe es nicht.[771]

Die Möglichkeit der Verweisung auf die »einschlägigen« Tarifverträge, Betriebs- oder Dienstvereinbarungen und ähnlichen Regelungen bezieht sich auf die in § 2 Abs. 1 Satz 2 Nr. 6 bis 9 NachwG genannten Angaben (u. a. Arbeitsentgelt). **Ausschlussfristen** gehören nicht dazu. Deswegen sind diese ausdrücklich im Volltext im Arbeitsvertrag wiederzugeben. Das gilt auch für **kirchliche Arbeitsrechtsregelungen**. Durch die Bezugnahme im Arbeitsvertrag auf kirchliche Arbeitsrechtsregelungen werden diese zwar an sich zum Inhalt des Arbeitsverhältnisses. Da jedoch Ausschlussfristen eine »wesentliche« Arbeitsbedingung im Sinne des § 2 Abs. 1 Satz 1 NachwG sind, müssen diese ausdrücklich nachgewiesen werden.[772]

92 Bislang wurde nicht näher diskutiert, ob im Anwendungsbereich von zwingend geltenden Tarifverträgen nach dem **AEntG** nicht **weitergehende Hinweispflichten des Arbeitgebers** gelten müssen, als sie bislang von der Rechtsprechung vertreten wurden. Gerade wegen seiner zwingenden Wirkung und seiner Geltung auch für entsandte Arbeitnehmer gilt der europarechtliche Grundsatz der Effektivität. Das Mindestentgelt darf nicht nur auf dem Papier stehen, sondern muss auch effektiv durchgesetzt werden. Lässt der Gesetzgeber tarifvertragliche Ausschlussfristen zu (wie durch § 9 Satz 3 AEntG), ist der Anspruch der Arbeitnehmer auf das Mindestentgelt effektiv nur geschützt, wenn diese Kenntnis von der Existenz solcher Ausschlussfristen haben. Das zwingt dazu, dass aufgrund der allgemeinen vertraglichen Pflicht zur Rücksichtnahme auf die Interessen des Vertragspartners (§ 241 Abs. 2 BGB) in Verbindung mit dem Verwirkungsverbot gem. § 9 AEntG der Arbeitgeber verpflichtet ist, die Arbeitnehmer über den Inhalt von Mindestentgelttarifverträgen und den konkreten Inhalt der tariflichen Ausschlussfristen in den Mindestentgelttarifverträgen zu informieren.

93 **Erfüllt der Arbeitgeber seine Nachweispflichten** (nach dem NachwG) **nicht**, haftet er dem Arbeitnehmer auf **Schadensersatz**.[773] Schaden ist das Erlöschen eines Vergütungsanspruchs aufgrund der Ausschlussfrist. Der

771 BAG 5.11.2003 – 5 AZR 676/02, NZA 2005, 64; BAG 17.4.2002 – 5 AZR 89/01, NZA 2002, 1096.

772 BAG 30.10.2019 – 6 AZR 465/18, NZA 2020, 379.

773 BAG 17.4.2002 – 5 AZR 89/01, NZA 2002, 1096.

Arbeitnehmer kann verlangen, so gestellt zu werden, als sei der Vergütungsanspruch nicht untergegangen. Der Schadensersatzanspruch ist begründet, wenn der geltend gemachte Vergütungsanspruch dem Grunde und der Höhe nach bestand und nur deshalb erloschen ist, weil die Ausschlussfrist nicht gewahrt wurde und bei korrektem Hinweis des Arbeitgebers auf die Geltung der Ausschlussfrist der Anspruch nicht untergegangen wäre.[774] Bei einem Verstoß gegen die gesetzliche Nachweispflicht ist zugunsten der Arbeitnehmer zu vermuten, diese hätten die Ausschlussfrist beachtet, wenn sie auf die Geltung des Tarifvertrags hingewiesen worden wären.[775] Gegebenenfalls ist ein Mitverschulden (§ 254 BGB) des Arbeitnehmers zu berücksichtigen, wenn diesem die Ausschlussfrist – unabhängig vom unterlassenen Hinweis – bekannt war.[776] In einer anderen Entscheidung hat das BAG verlangt, dass der Arbeitnehmer ausdrücklich geltend machen muss, er habe nicht gewusst, dass auf das Arbeitsverhältnis Ausschlussfristen Anwendung finden und dass er bei rechtzeitigem Nachweis durch den Arbeitgeber die Ausschlussfrist beachtet hätte.[777]

4. Übersicht: Branchen-Mindestlöhne 94

Mindestlöhne im Sinne des Arbeitnehmer-Entsendegesetzes

(Stand 1. März 2021; aktueller Stand abrufbar unter: *https://www.bmas.de/SharedDocs/Downloads/DE/Arbeitsrecht/mindestloehne-gesamt-uebersicht.pdf?__blob=publicationFile&v=6*)

I. Mindestlöhne aufgrund von Rechtsverordnungen nach dem Arbeitnehmer-Entsendegesetz

Hinweis: Die Mindestlohnverordnungen für das Baugewerbe, und die Gebäudereinigung sind mit dem 31. Dezember 2020 ausgelaufen. Für die Branche Gebäudereinigung wurde bereits ein neuer Tarifvertrag geschlossen sowie ein Antrag auf Erstreckung nach § 7 Absatz 1 des Arbeitnehmer-Entsendegesetzes gestellt.

---

774 BAG 21.2.2012 – 9 AZR 486/10, Rn. 34, NZA 2012, 750.

775 BAG 21.2.2012 – 9 AZR 486/10, Rn. 35, NZA 2012, 750; BAG 5.11.2003 – 5 AZR 676/02, NZA 2005, 64; BAG 17.4.2002 – 5 AZR 89/01, NZA 2002, 1096.

776 BAG 29.5.2002 – 5 AZR 105/01, NZA 2002, 1360.

777 BAG 20.4.2011 – 5 AZR 171/10, Rn. 27, NZA 2011, 1173.

Abfallwirtschaft einschließlich Straßenreinigung und Winterdienst (8. AbfallArbbV) Laufzeit: 1 Januar 2020 bis 30. September 2022 Fundstelle: Bundesanzeiger vom 27. Dezember 2019 (BAnz AT 27.12.2019 V1)		
Geltungsbereich	**ab**	**Mindestlohn**
Bundesgebiet	01.01.2020	10,00 €
	01.10.2020	10,25 €
	01.10.2021	10,45 €

Aus- und Weiterbildungsdienstleistungen nach dem Zweiten oder Dritten Buch Sozialgesetzbuch (AusbDienstLArbbV5) Laufzeit: 1. April 2019 bis 31. Dezember 2022 Fundstelle: Bundesanzeiger vom 29. März 2019 (BAnz AT 29.03.2019 V1)			
Geltungsbereich	**ab**	**Mindestlohn I**[1)]	**Mindestlohn II**[2)]
Bundesgebiet	01.04.2019	15,72 €	15,79 €
	01.01.2020	16,19 €	16,39 €
	01.01.2021	16,68 €	17,02 €
	01.01.2022	17,18 €	17,70 €

1) Arbeitnehmer im pädagogischen Bereich sind mit der Aus- und Weiterbildung, Vermittlung oder Betreuung von Teilnehmern betraut.
2) Für Arbeitnehmer im pädagogischen Bereich bei Vorliegen einer im Anhang zur Verordnung aufgeführten Qualifikation.

Dachdeckerhandwerk (10. DachdArbbV) Laufzeit: 1. Februar 2020 bis 31. Dezember 2021 Fundstelle: Bundesanzeiger vom 30 Januar 2020 (BAnz AT 30.01.2020 V1)			
Geltungsbereich	**ab**	**Mindestlohn 1**[1)]	**Mindestlohn 2**[2)]
Bundesgebiet	01.02.2020	12,40 €	13,60 €
	01.01.2021	12,60 €	14,10 €

1) ungelernte Arbeitnehmer
2) gelernte Arbeitnehmer

Gerüstbauer-Handwerk (6. GerüstbauerArbbV) Laufzeit: 1. März 2021 bis 30. September 2021 Fundstelle: Bundesanzeiger vom 26. Februar 2021 (BAnz AT 26.02.2021 V1)		
Geltungsbereich	**ab**	**einheitlicher Mindestlohn**
Bundesgebiet	01.03.2021	12,20 €

Maler- und Lackiererhandwerk (9. MalerArbbV) Laufzeit: 1. Mai 2017 bis 30. April 2021 Fundstelle: Bundesanzeiger vom 28. April 2017 (BAnz AT 28.04.2017 V1)			
Geltungsbereich	**ab**	**Lohngruppe ungelernte Arbeitnehmer**	**Lohngruppe gelernte Arbeitnehmer**
West mit Berlin	01.05.2017	10,35 €	13,10 €
	01.05.2018	10,60 €	13,30 €
	01.05.2019	10,85 €	13,30 €
	01.05.2020	11,10 €	13,50 €
Ost	01.05.2017	10,35 €	11,85 €
	01.05.2018	10,60 €	12,40 €
	01.05.2019	10,85 €	12,95 €
	01.05.2020	11,10 €	13,50 €

Pflegebranche (4. PflegeArbbV) **Laufzeit: 1. Mai 2020 bis 30. April 2022** **Fundstelle: Bundesanzeiger vom 28. April 2020 (BAnz AT.2020 V2)**				
Geltungsbereich	**ab**	**Mindestentgelt**	**Mindestentgelt Pflegekraft**[1)]	**Mindestentgelt Pflegefachkraft**[2)]
West mit Berlin	01.05.2020	11,35 €	11,35 €	11,35 €
	01.07.2020	11,60 €	11,60 €	11,60 €
	01.04.2021	11,80 €	12,50 €	12,50 €
	01.07.2021	11,80 €	12,50 €	15,00 €
	01.09.2021	12,00 €	12,50 €	15,00 €
	01.04.2022	12,55 €	13,20 €	15,40 €

1) mit einer mindestens einjährigen Ausbildung und einer entsprechenden Tätigkeit (§ 2 Absatz 4 der 4. PflegeArbbV)

2) mit einer Qualifikation, die zur Ausübung von Tätigkeiten gemäß § 4 des Pflegeberufegesetzes berechtigt

Geltungsbereich	ab	Mindestentgelt	Mindestentgelt Pflegekraft[1]	Mindestentgelt Pflegefachkraft[2]
Ost	01.05.2020	10,85 €	10,85 €	10,85 €
	01.07.2020	11,20 €	11,20 €	11,20 €
	01.04.2021	11,50 €	12,20 €	12,20 €
	01.07.2021	11,50 €	12,20 €	15,00 €
	01.09.2021	12,00 €	12,50 €	15,00 €
	01.04.2022	12,55 €	13,20 €	15,40 €

1) mit einer mindestens einjährigen Ausbildung und einer entsprechenden Tätigkeit (§ 2 Absatz 4 der 4. PflegeArbbV)
2) mit einer Qualifikation, die zur Ausübung von Tätigkeiten gemäß § 4 des Pflegeberufegesetzes berechtigt

Steinmetz- und Steinbildhauerhandwerk (3. SteinmetzArbbV)
Laufzeit: 1. September 2019 bis 30. April 2021
Fundstelle: Bundesanzeiger vom 30. August 2019 (BAnz AT 30.08.2019 V1)

Geltungsbereich	ab	einheitlicher Mindestlohn
Bundesgebiet	01.09.2019	11,85 €
	01.05.2020	12,20 €

II. Lohnuntergrenze nach dem Arbeitnehmerüberlassungsgesetz

Lohnuntergrenze in der Arbeitnehmerüberlassung (4. Rechtsverordnung)
Laufzeit: 1. September 2020 bis 31. Dezember 2022
Fundstelle: Bundesanzeiger vom 31. August 2020 (BAnz AT 31.08.2020 V1)

Geltungsbereich	ab	Untergrenze
West	01.09.2020	10,15 €
Ost mit Berlin	01.09.2020	9,88 €
	01.10.2020	10,10 €
Bundesgebiet	01.04.2021	10,45 €
	01.04.2022	10,88 €

III. Mindestlöhne nach dem Tarifvertragsgesetz (Allgemeinverbindlicherklärung)

Die nachfolgenden Mindestlöhne aus bundesweiten Tarifverträgen finden zwingende Anwendung für Arbeitsverhältnisse zwischen einem im Ausland ansässigen Arbeitgeber und seinen im Inland beschäftigten Arbeitnehmerinnen und Arbeitnehmern.

Elektrohandwerke (Allgemeinverbindlicherklärung) Laufzeit: 1 Januar 2020 bis 31. Dezember 2024 (ohne Nachwirkung) Fundstelle: Bundesanzeiger vom 11. Dezember 2019 (BAnz AT 11.12.2019 B1)		
Geltungsbereich	**ab**	**einheitlicher Mindestlohn**
Bundesgebiet	01.01.2020	11,90 €
	01.01.2021	12,40 €
	01.01.2022	12,90 €
	01.01.2023	13,40 €
	01.01.2024	13,95 €

Schornsteinfegerhandwerk (Allgemeinverbindlicherklärung) Laufzeit: ab 1. Oktober 2018* Fundstelle: Bundesanzeiger vom 6. Februar 2019 (BAnz AT 06.02.2019 B5)		
Geltungsbereich	**ab**	**einheitlicher Mindestlohn**
Bundesgebiet	01.10.2018	13,20 €

* Der Tarifvertrag wurde zum 31. Dezember 2020 gekündigt. Für den Folge-Tarifvertrag wurde die Allgemeinverbindlicherklärung rückwirkend zum 1 Januar 2021 beantragt.

§ 2 Fälligkeit des Mindestlohns

(1) Der Arbeitgeber ist verpflichtet, der Arbeitnehmerin oder dem Arbeitnehmer den Mindestlohn

1. zum Zeitpunkt der vereinbarten Fälligkeit,

2. spätestens am letzten Bankarbeitstag (Frankfurt am Main) des Monats, der auf den Monat folgt, in dem die Arbeitsleistung erbracht wurde,

zu zahlen. Für den Fall, dass keine Vereinbarung über die Fälligkeit getroffen worden ist, bleibt § 614 des Bürgerlichen Gesetzbuchs unberührt.

(2) Abweichend von Absatz 1 Satz 1 sind bei Arbeitnehmerinnen und Arbeitnehmern die über die vertraglich vereinbarte Arbeitszeit hinausgehenden und auf einem schriftlich vereinbarten Arbeitszeitkonto eingestellten Arbeitsstunden spätestens innerhalb von zwölf Kalendermonaten nach ihrer monatlichen Erfassung durch bezahlte Freizeitgewährung oder Zahlung des Mindestlohns auszugleichen, soweit der Anspruch auf den Mindestlohn für die geleisteten Arbeitsstunden nach § 1 Absatz 1 nicht bereits durch Zahlung des verstetigten Arbeitsentgelts erfüllt ist. Im Falle der Beendigung des Arbeitsverhältnisses hat der Arbeitgeber nicht ausgeglichene Arbeitsstunden spätestens in dem auf die Beendigung des Arbeitsverhältnisses folgenden Kalendermonat auszugleichen. Die auf das Arbeitszeitkonto eingestellten Arbeitsstunden dürfen monatlich jeweils 50 Prozent der vertraglich vereinbarten Arbeitszeit nicht übersteigen.

(3) Die Absätze 1 und 2 gelten nicht für Wertguthabenvereinbarungen im Sinne des Vierten Buches Sozialgesetzbuch. Satz 1 gilt entsprechend für eine im Hinblick auf den Schutz der Arbeitnehmerinnen und Arbeitnehmer vergleichbare ausländische Regelung.

Inhaltsübersicht Rn.

1. Überblick

1 § 2 Abs. 1 MiLoG regelt die **Fälligkeit des Mindestlohns**. Der Mindestlohn ist grundsätzlich zum Zeitpunkt der vertraglich vereinbarten Fälligkeit zu zahlen (§ 2 Abs. 1 Satz 1 MiLoG). Der Arbeitgeber hat den Mindestlohn spätestens bis zum letzten Bankarbeitstag (Frankfurt am Main) des Monats zu zahlen, der auf den Monat folgt, in dem die Arbeitsleistung erbracht wurde. Eine spätere Zahlung des Mindestlohns stellt eine nach § 21 Abs. 1 Nr. 9 MiLoG bußgeldbewehrte Ordnungswidrigkeit dar. Als Ausnahme von § 2 Abs. 1 MiLoG regelt § 2 Abs. 2 MiLoG, dass unter bestimmten Voraussetzungen bei verstetigten Arbeitseinkommen die Arbeitsstunden, die über die vertraglich vereinbarte Arbeitszeit hinaus geleistet worden sind, auf ein **Arbeitszeitkonto** eingestellt werden dürfen. § 2 Abs. 1 und 2 MiLoG gelten nicht für **Wertguthabenvereinbarungen** im Sinne des SGB IV oder für eine vergleichbare ausländische Regelung (§ 2 Abs. 3 Satz 1 und 2 MiLoG), z. B. Altersteilzeitvereinbarungen.

2. Fälligkeit des Mindestlohns

Der Arbeitgeber ist verpflichtet, dem Arbeitnehmer den Mindestlohn zum Zeitpunkt der vertraglich vereinbarten Fälligkeit (§ 2 Abs. 1 Satz 1 Nr. 1 MiLoG), spätestens am letzten Bankarbeitstag (Frankfurt am Main) des Monats, der auf den Monat folgt, in dem die Arbeitsleistung erbracht wurde, zu zahlen (§ 2 Abs. 1 Satz 1 Nr. 2 MiLoG). Für den Fall, dass keine Vereinbarung über die Fälligkeit getroffen worden ist, bleibt § 614 BGB unberührt (§ 2 Abs. 1 Satz 2 MiLoG). 2

Die Zeit der Auszahlung der Arbeitsentgelte unterliegt dem **Mitbestimmungsrecht des Betriebsrats** (§ 87 Abs. 1 Nr. 4 BetrVG), so dass diese durch Betriebsvereinbarung geregelt werden kann. § 2 Abs. 1 Satz 1 Nr. 2 MiLoG enthält keine dem Mitbestimmungsrecht entgegenstehende gesetzliche Regelung, weil ein Gestaltungsspielraum verbleibt (»spätestens«).

§ 614 Satz 1 BGB bestimmt, dass die Vergütung nach der Leistung der Dienste zu entrichten ist. Ist die Vergütung nach Zeitabschnitten zu bemessen, ist sie nach dem Ablauf der einzelnen Zeitabschnitte zu entrichten (§ 614 Satz 2 BGB). Bei einer Berechnung nach Monaten ist die Vergütung somit am ersten Tag des Folgemonats fällig. Ist das ein Sonnabend, Sonntag oder gesetzlicher Feiertag, ist die Vergütung am nächsten Werktag fällig (§ 193 BGB).[778] Bei einer Bemessung nach Tagen oder Stunden, ist die Vergütung am Ende der Arbeitswoche zu entrichten.[779] Allerdings gehen einzel- oder kollektivvertragliche Regelungen vor, so dass **in der Regel die vereinbarte Fälligkeit maßgeblich** ist. 3

Allerdings sind unangemessen lange oder nicht hinreichend bestimmte Zahlungsfristen unwirksam (§ 307 Abs. 1 BGB). Spätere Zahlungsfristen als der **15. des Folgemonats** sind deshalb unwirksam.[780] Die Frist des § 2 Abs. 1 Satz 1 Nr. 2 MiLoG wird deshalb, soweit es um den Zahlungsanspruch des einzelnen Arbeitnehmers geht, in der Praxis kaum Bedeutung haben. Vielmehr hat der Arbeitgeber den Mindestlohn spätestens zum 15. des Folgemonats zu zahlen, je nach Vereinbarung auch früher. Zum Fälligkeitszeitpunkt sind nicht nur die vereinbarten Arbeitsstunden, sondern sämtliche tatsächlich geleisteten Arbeitsstunden des Vormonats zum Mindestlohnsatz auszuzahlen.[781] Für den **Bußgeldtatbestand** (§ 20, § 21 Abs. 1 Nr. 9 MiLoG) wird allerdings an den späteren Zeitpunkt des § 2 Abs. 1 Satz 1 Nr. 2 MiLoG angeknüpft.

778 BAG 15.5.2001 – 1 AZR 672/00, II. der Gründe.

779 HWK/*Krause*, § 614 BGB Rn. 2; ErfK/*Preis*, § 614 BGB Rn. 5.

780 LAG Berlin-Brandenburg 13.9.2013 – 6 Sa 182/13 (zu § 308 Nr. 1 BGB a.F.).

781 Vgl. die Gesetzesbegründung BT-Drs. 18/1558, S. 34.

3. Sonderfall: Arbeitszeitkonto

a. Allgemeine Vorgaben für ein Arbeitszeitkonto

4 Ein Arbeitszeitkonto hält fest, in welchem zeitlichen Umfang der Arbeitnehmer seine Arbeitsleistung tatsächlich erbracht hat oder aufgrund eines Entgeltfortzahlungstatbestands (z. B. § 616 Satz 1 BGB, § 2 Abs. 1, § 3 Abs. 1 EFZG, § 1 BUrlG) nicht erbringen musste oder er diese (bei Minusstunden oder einem negativen Zeitguthaben) noch erbringen muss.[782] Ein Arbeitszeitkonto drückt damit nur in anderer Form den Vergütungsanspruch des Arbeitnehmers aus (»Zeit ist Geld«).[783] Deshalb hat der Arbeitnehmer einen **Anspruch auf korrekte Führung des Arbeitszeitkontos**.[784] Der Arbeitgeber darf nicht ohne Befugnis korrigierend in ein Arbeitszeitkonto eingreifen und dort eingestellte Stunden streichen oder ein Zeitguthaben mit Minusstunden verrechnen. Das ist nur dann zulässig, wenn die Vereinbarung (Arbeitsvertrag, Betriebsvereinbarung, Tarifvertrag), die Grundlage für die Führung des Arbeitszeitkontos ist, diese Möglichkeit ausdrücklich eröffnet.[785] Kürzt oder streicht der Arbeitgeber zu Unrecht ein Guthaben auf einem Arbeitszeitkonto, hat der Arbeitnehmer einen Anspruch auf (Wieder-)Gutschrift der gestrichenen Stunden.[786]

5 Grundvoraussetzung für das Führen eines Arbeitszeitkontos ist eine entsprechende **Vereinbarung** im Arbeitsvertrag, in einer Betriebsvereinbarung oder in einem anwendbaren Tarifvertrag. Gibt es keine entsprechende Vereinbarung, darf kein Arbeitszeitkonto geführt werden. Wird ein Arbeitszeitkonto geführt, erhält der Arbeitnehmer ein **monatliches »verstetigtes« Arbeitsentgelt** (§ 2 Abs. 2 Satz 1 MiLoG – gemeint ist eine feststehende monatliche Arbeitsvergütung) auf der Basis der vertraglich vereinbarten wöchentlichen oder monatlichen Regelarbeitszeit. Der Anspruch auf das »verstetigte« Monatsentgelt besteht in der vereinbarten Höhe unabhängig davon, ob der Arbeitnehmer in einzelnen Monaten mehr oder weniger Stunden tatsächlich leistet. Arbeitszeitschwankungen führen nicht zu Schwankungen beim Arbeitsentgelt. Die Plus- oder Minusstunden werden vielmehr auf das

---

782 BAG 29.6.2016 – 5 AZR 617/15, Rn. 17, NZA 2016, 1152; BAG 23.9.2015 – 5 AZR 767/13, Rn. 20, NZA 2016, 295; BAG 28.7.2010 – 5 AZR 521/09, Rn. 13, NZA 2010, 1241.

783 BAG 26.1.2011 – 5 AZR 819/09, Rn. 13, NZA 2011, 640; BAG 10.11.2010 – 5 AZR 766/09, Rn. 16, NZA 2011, 876; BAG 28.7.2010 – 5 AZR 521/09, Rn. 13, NZA 2010, 1241.

784 BAG 21.3.2012 – 5 AZR 676/11, Rn. 27, NZA 2012, 870; BAG 10.11.2010 – 5 AZR 766/09, Rn. 16, NZA 2011, 876; BAG 19.3.2008 – 5 AZR 328/07, Rn. 10, NZA 2008, 1135.

785 BAG 21.3.2012 – 5 AZR 676/11, Rn. 20, NZA 2012, 870.

786 BAG 21.3.2012 – 5 AZR 676/11, Rn. 25, NZA 2012, 870.

Arbeitszeitkonto verbucht. Für den Arbeitnehmer wird ein Arbeitszeitkonto eingerichtet, welches sein Zeitguthaben (Plusstunden) oder seine Minusstunden (bei Unterschreitung der regelmäßigen Arbeitszeit) dokumentiert. Der jeweilige Stand des Arbeitszeitkontos wird als Guthaben oder Saldo bezeichnet. Arbeitet der Arbeitnehmer länger oder kürzer als die vereinbarte Regelarbeitszeit, erhält er ein positives oder negatives Guthaben (Positiv- oder Negativsaldo) auf dem Arbeitszeitkonto, welches normalerweise – je nach Vereinbarung – innerhalb eines bestimmten Zeitraums (z.B. Kalenderjahr) ausgeglichen werden muss. Ein **nicht ausgeglichenes Arbeitszeitkonto** weist, je nach Stand, Vorleistungen der einen oder anderen Seite aus. Ein negatives Zeitguthaben bedeutet im Hinblick auf das verstetigte gleichbleibende Arbeitsentgelt einen Vorschuss des Arbeitgebers.[787] Bei einem positiven Zeitguthaben geht der Arbeitnehmer mit der Arbeitszeit in Vorschuss – letztlich ist es nichts anderes als eine Art von Kredit zugunsten des Arbeitgebers, weil im Ergebnis gilt: »Zeit ist Geld.«

Bei einem positiven **Zeitguthaben** (Plusstunden) geht es der Sache nach 6
um den Vergütungsanspruch für vorgeleistete Arbeit.[788] Die Gutschrift von Arbeitsstunden setzt voraus, dass diese Stunden nicht vergütet wurden *oder* die dafür geleistete Vergütung vom Arbeitgeber wegen eines Entgeltfortzahlungstatbestands auch ohne tatsächliche Arbeitsleistung hätte erbracht werden müssen.[789] Die Belastung eines Arbeitszeitkontos mit **Minusstunden** setzt voraus, dass der Arbeitgeber diese Stunden im Rahmen einer verstetigten Vergütung entlohnt hat und der Arbeitnehmer zur Nachleistung verpflichtet ist, weil er die in Minusstunden ausgedrückte Arbeitszeit quasi als Vorschuss bereits vergütet erhalten hat.[790] Das ist vor allem der Fall, wenn der Arbeitnehmer allein darüber entscheiden kann, ob eine Zeitschuld entsteht und er damit einen Vorschuss erhält.[791] Andererseits kommt es zu keinem Vergütungsvorschuss, wenn der Arbeitnehmer aufgrund eines Entgeltfortzahlungstatbestands Vergütung ohne Arbeitsleistung beanspruchen kann (z.B. § 616 Satz 1 BGB, § 2 Abs. 1, § 3 Abs. 1 EFZG) oder der Arbeitgeber das Risiko der Nichtbeschäftigung wegen Annahmeverzugs (§ 615 BGB) zu tragen hat.[792]

Bei **Beendigung des Arbeitsverhältnisses** wird ein Arbeitszeitkonto in 7
der Regel aufgelöst, etwaige Minusstunden werden mit Vergütungsansprü-

---

787 Vgl. BAG 15.5.2013 – 10 AZR 325/12, Rn. 38, NZA-RR 2014, 519.

788 BAG 23.9.2015 – 5 AZR 767/13, Rn. 20, NZA 2016, 295; BAG 28.7.2010 – 5 AZR 521/09, Rn. 13, NZA 2010, 1241.

789 BAG 10.11.2010 – 5 AZR 766/09, Rn. 16, NZA 2011, 876.

790 BAG 26.1.2011 – 5 AZR 819/09, Rn. 13, NZA 2011, 640.

791 BAG 26.1.2011 – 5 AZR 819/09, Rn. 13, NZA 2011, 640; BAG 13.12.2000 – 5 AZR 334/99, NZA 2002, 390.

792 BAG 26.1.2011 – 5 AZR 819/09, Rn. 13, NZA 2011, 640.

chen verrechnet und Guthaben ausgezahlt. Ein negatives Zeitguthaben des Arbeitnehmers stellt einen Lohnvorschuss des Arbeitgebers dar.[793] Besteht bei Vertragsende ein Negativsaldo, das der Arbeitnehmer nicht mehr durch entsprechende Mehrarbeit ausgleichen kann, muss er dies finanziell ausgleichen. Der Arbeitgeber darf mit Vergütungsansprüchen verrechnen.[794] Ein Positivsaldo ist zugunsten des Arbeitnehmers auszuzahlen.

b. Spezielle Vorgaben nach dem Mindestlohngesetz

8 Abweichend von § 2 Abs. 1 Satz 1 MiLoG sind die über die vertraglich vereinbarte Arbeitszeit hinausgehenden und auf einem schriftlich vereinbarten Arbeitszeitkonto eingestellten Arbeitsstunden spätestens innerhalb von zwölf Kalendermonaten nach ihrer monatlichen Erfassung durch bezahlte Freizeitgewährung oder Zahlung des Mindestlohns auszugleichen, soweit der Anspruch auf den Mindestlohn für die geleisteten Arbeitsstunden nach § 1 Abs. 1 MiLoG nicht bereits durch Zahlung des verstetigten Arbeitsentgelts erfüllt ist (§ 2 Abs. 2 Satz 1 MiLoG). § 2 Abs. 2 MiLoG gilt, wie durch eine Änderung im Gesetzgebungsverfahren klargestellt, nur für »**mindestlohnrelevante Arbeitszeitkonten**«, macht hingegen »keine allgemeinen Vorgaben für sämtliche Arbeitszeitkonten«.[795]

9 Ein **mindestlohnrelevantes Arbeitszeitkonto** ist nur wirksam vereinbart, wenn die in § 2 Abs. 2 Satz 1 MiLoG benannten Vorgaben beachtet werden. Dem Arbeitszeitkonto muss eine **schriftliche Vereinbarung** zugrunde liegen (»… schriftlich vereinbarten Arbeitszeitkonto …«). Eine schriftliche Vereinbarung soll nach der Gesetzesbegründung auch vorliegen, wenn das Arbeitszeitkonto in einer Betriebs- oder Dienstvereinbarung geregelt ist oder in einem Tarifvertrag, der normativ oder aufgrund schriftlicher Bezugnahmeklausel im Arbeitsvertrag Anwendung findet.[796] Allerdings kann für ein mindestlohnrelevantes Arbeitszeitkonto nur eine Betriebs- oder Dienstvereinbarung Anwendung finden, die den Anforderungen des § 2 Abs. 2 MiLoG genügt. Ebenso ist auch die schriftliche Bezugnahme auf einen Tarifvertrag nur wirksam, wenn die Regelung im Tarifvertrag den Anforderungen des § 2 Abs. 2 MiLoG genügt. Die Regelungen des § 2 Abs. 2 MiLoG sind **nicht tarifdispositiv**, d. h., soweit sie den Mindestlohnanspruch betreffen, dürfen durch Tarifvertrag keine von § 2 Abs. 2 MiLoG zulasten der Arbeitnehmer abweichende Regelungen getroffen werden.[797]

---

793 Vgl. BAG 26.1.2011 – 5 AZR 819/09, NZA 2011, 640.

794 BAG 13.12.2000 – 5 AZR 334/99, NZA 2002, 390.

795 BT-Drs. 18/2010 (neu), S. 22.

796 BT-Drs. 18/1558, S. 35.

797 *Riechert/Nimmerjahn*, MiLoG § 2 Rn. 37.

Gibt es keine wirksame anwendbare Betriebsvereinbarung über ein Arbeitszeitkonto und wird auch nicht auf einen Tarifvertrag, der den Anforderungen des § 2 Abs. 2 MiLoG genügt, schriftlich Bezug genommen, bedarf es einer positiven **schriftlichen Vereinbarung der Arbeitsvertragsparteien**. Mangels anderer Anhaltspunkte ist auf die gesetzliche Schriftform (§ 126 BGB) abzustellen.[798] Es bedarf also der Unterschriften beider Arbeitsvertragsparteien unter einer Vertragsurkunde. Wenn über einen Vertrag mehrere gleichlautende Urkunden aufgenommen werden, genügt es, wenn jede Partei die für die andere Partei bestimmte Urkunde unterzeichnet (§ 126 Abs. 2 Satz 2 BGB). Ein bloßer Briefwechsel genügt nicht, weil sich dann die Unterschriften nicht auf derselben Urkunde befinden. Die Schriftform ist aber gewahrt, wenn der Arbeitgeber in einem von ihm unterzeichneten Schreiben, das an den Arbeitnehmer gerichtet ist, den Abschluss einer Vereinbarung über ein Arbeitszeitkonto anbietet und der Arbeitnehmer dieses Angebot annimmt, indem er dasselbe Schreiben seinerseits unterzeichnet. Die elektronische Form (§ 126a BGB) oder die Textform (§ 126b BGB) genügt nicht, weil es an Originalunterschriften fehlt. 10

Es muss eine **vertragliche Vereinbarung über die Arbeitszeit** getroffen worden sein (»vertraglich vereinbarte Arbeitszeit«). Auch für diese muss, da sie im Zusammenhang mit der Vereinbarung des Arbeitszeitkontos steht, die Schriftform gelten.[799] Einer solchen Vereinbarung bedarf es, weil lediglich die Arbeitsstunden, die über die vertragliche Arbeitszeit hinaus geleistet werden, auf dem Arbeitszeitkonto »eingestellt« werden dürfen. Wird im Arbeitsvertrag keine Arbeitszeit positiv vereinbart (diese soll sich z. B. »nach dem Arbeitsanfall« richten), ist die Vereinbarung über ein Arbeitszeitkonto unwirksam. 11

Schließlich muss für die vertraglich vereinbarte Arbeitszeit ein **»verstetigtes« Arbeitsentgelt** monatlich gezahlt werden (»Zahlung des verstetigten Arbeitsentgelts«).[800] Da die Zahlung des »verstetigten« Arbeitsentgelts im notwendigen Zusammenhang mit der Vereinbarung des Arbeitszeitskontos steht, muss in der schriftlichen Vereinbarung des Arbeitszeitkontos zugleich auch die Höhe des »verstetigten« monatlichen Arbeitsentgelts vereinbart werden.[801] Geschieht das nicht, ist die Vereinbarung des Arbeitszeitskontos unwirksam. 12

Liegt eine in diesem Sinne wirksame Vereinbarung über ein Arbeitszeitkonto vor, sind zudem weitere gesetzliche Vorgaben zu beachten: 13

---

798 HK-ArbR-*Fechner* § 2 MiLoG Rn. 11.

799 HK-ArbR-*Fechner* § 2 MiLoG Rn. 12; *Riechert/Nimmerjahn* (MiLoG § 2 Rn. 35) meinen, dass sich die Schriftform nur auf das »Ob« eines Arbeitszeitskontos bezieht, nicht aber auf die Soll-Arbeitszeit und das geschuldet Arbeitsentgelt.

800 *Riechert/Nimmerjahn*, MiLoG § 2 Rn. 27.

801 HK-ArbR-*Fechner* § 2 MiLoG Rn. 12.

- Die auf das Arbeitszeitkonto eingestellten Arbeitsstunden dürfen *monatlich* jeweils **50 % der vertraglich vereinbarten Arbeitszeit** nicht übersteigen (§ 2 Abs. 2 Satz 3 MiLoG).

Beispiel:
Ist eine Wochenarbeitszeit von 21 Stunden vereinbart, ergibt das im Monatsdurchschnitt (13 Wochen multipliziert mit 21 Stunden geteilt durch 3 Monate =) 91 Stunden. In das Arbeitszeitkonto dürfen monatlich maximal 45,5 Stunden zusätzliche Mehrarbeitsstunden eingestellt (verbucht) werden.

- Wenn eine geleistete Arbeitsstunde nach der in § 2 Abs. 2 Satz 3 MiLoG geregelten Grenze von 50 % der vertraglich vereinbarten Arbeitszeit nicht mehr auf dem Arbeitszeitkonto eingestellt werden darf, ist sie spätestens zum letzten Bankarbeitstag des Folgemonats zu vergüten.[802]
- Die auf dem Arbeitszeitkonto »eingestellten« (ins Plus gebuchten) Arbeitsstunden müssen spätestens **innerhalb von zwölf Kalendermonaten** nach ihrer monatlichen Erfassung durch die bezahlte Gewährung von Freizeit *oder* durch Zahlung des Mindestlohns ausgeglichen werden.

Die **50-%-Grenze** des § 2 Abs. 2 Satz 3 MiLoG bezieht sich ausdrücklich auf geleistete Mehrarbeit (Überstunden), also auf Plus-Stunden. Die Regelung soll verhindern, dass der Mindestlohnanspruch durch unbeschränkte Arbeitszeitflexibilisierung umgangen wird. Minusstunden können ohne Begrenzung in ein Arbeitszeitkonto eingestellt werden.
Wenn arbeitsvertraglich eine **Jahresarbeitszeit** vereinbart ist, ist diese in Monatsstunden umzurechnen. Es gilt also eine fiktive Monatsarbeitszeit von einem Zwölftel.

Beispiel:
Ist eine Jahresarbeitszeit von 600 Stunden vereinbart, gelten 50 Stunden als fiktive Monatsarbeitszeit. Damit wäre das Einstellen von maximal 25 Stunden im Monat in ein Arbeitszeitkonto zulässig.

Die **50-%-Grenze** (die auf das Arbeitszeitkonto eingestellten Arbeitsstunden dürfen monatlich jeweils 50 % der vertraglich vereinbarten Arbeitszeit nicht übersteigen, § 2 Abs. 2 Satz 3 MiLoG) **gilt nur für den Mindestlohn-Anteil am gesamten Arbeitsentgelt.**

802 So ausdrücklich die Bundesregierung in ihrer Gegenäußerung zu einer Anregung des Bundesrats, BT-Drs. 18/1558, S. 68.

Beispiel:

Vereinbarte Monatsarbeitszeit:	150 Stunden
Vereinbarter Bruttostundenlohn:	10 Euro/Stunde
Verstetigtes Monatseinkommen:	150 Stunden × 10 Euro/Stunde = 1500 Euro
Mindestlohnanspruch:	150 Stunden × 9,50 Euro = 1425 Euro
Differenz zum Mindestlohnanspruch:	1500 – 1425 = 75 Euro

Mindestlohnrelevant können 50 % der vereinbarten Arbeitszeit auf das Arbeitszeitkonto eingestellt werden, also 75 Stunden.
Außerdem wurden 75 Euro mehr als der Mindestlohnanspruch gezahlt. Dies entspricht einem mindestlohnrelevanten »Gegenwert« von 75 Euro/9,50 Euro pro Stunde = 7,9 Stunden (gerundet). Diese können zusätzlich auf das Arbeitszeitkonto eingestellt werden.
Insgesamt auf das Arbeitszeitkonto einstellbar sind somit 75 + 7,9 = 82,9 Stunden. Der Beschäftigte könnte in diesem Monat also theoretisch insgesamt 150 + 82,9 = 232,9 Stunden arbeiten (natürlich nur unter der Voraussetzung, dass dies arbeitszeitrechtlich zulässig wäre) und sein Mindestlohnanspruch würde noch erfüllt. Mindestlohnrelevante Überstunden (die Überstunden für die noch kein Mindestlohn bezahlt wurde, also alle Überstunden über die 7,9 Überstunden hinaus) sind innerhalb eines Jahres auszugleichen.
Daneben bleiben alle höheren Ansprüche aus dem Arbeitsvertrag oder einem anwendbaren Tarifvertrag bestehen.

Bei Beendigung des Arbeitsverhältnisses hat der Arbeitgeber nicht ausgeglichene Arbeitsstunden spätestens in dem auf die Beendigung des Arbeitsverhältnisses folgenden Kalendermonat auszugleichen (§ 2 Abs. 2 Satz 2 MiLoG). 14
Daneben bleiben alle höheren Ansprüche aus dem Arbeitsvertrag oder einem anwendbaren Tarifvertrag bestehen.

Bei § 2 Abs. 2 MiLoG handelt es sich um eine **Ausnahmeregelung** im Verhältnis zu § 2 Abs. 1 MiLoG. Das bedeutet: Werden die Anforderungen der Ausnahmeregelung nicht erfüllt, ist der Anspruch auf Mindestlohn nach § 2 Abs. 1 MiLoG zu den dort genannten Daten zur Zahlung fällig.[803] 15

Unabhängig von den Vorgaben des MiLoG ist bei **Leiharbeitsverhältnissen** zu beachten, dass das Arbeitszeitkonto nicht dazu dienen darf, das vom Verleiher zu tragende Beschäftigungsrisiko auf den Leiharbeitnehmer abzuwälzen (vgl. § 11 Abs. 4 Satz 2 AÜG). Regelungen, die es dem Verleiher ermöglichen, in verleihfreien Zeiten einseitig das Arbeitszeitkonto abzubauen, sind unwirksam.[804] 16

---

803 Vgl. die Bundesregierung in ihrer Gegenäußerung zu einer Anregung des Bundesrats, BT-Drs. 18/1558, S. 68.

804 BAG 16.4.2012 – 5 AZR 483/12, Rn. 24, NZA 2014, 1262.

c. Wertguthabenvereinbarungen im Sinne des SGB IV

17 Die Fälligkeitsregelung nach § 2 Abs. 1 MiLoG und die Ausgleichsregelung nach § 2 Abs. 2 MiLoG gelten nicht für Wertguthabenvereinbarungen im Sinne des SGB IV (§ 2 Abs. 3 Satz 1 MiLoG). Dabei geht es sowohl um Altersteilzeitvereinbarungen im Sinne des ATZG als auch um Langzeitkontenregelungen im Sinne des § 7b SGB IV. Diese Wertguthaben werden aufgebaut, um längere Phasen der bezahlten Freistellung zu ermöglichen. Die Auszahlung von Arbeitsentgelt, das in Wertguthaben eingebracht wird, sei – so die Gesetzesbegründung – durch die einschlägigen Regelungen im SGB IV hinreichend gesichert.[805] Entsprechendes gilt für ausländische Regelungen, wenn sie im Hinblick auf den Schutz der Arbeitnehmer vergleichbar sind (§ 2 Abs. 3 Satz 2 MiLoG).

18 **Das Ziel von Wertguthabenvereinbarungen** ist eine **längerfristige bezahlte Freistellung** von der Arbeit. Der Arbeitnehmer spart über die vereinbarte Regelarbeitszeit hinausgehende Arbeitsstunden an, um bei fortbestehendem Arbeitsverhältnis zeitweilig aus dem Beruf auszusteigen (Sabbatjahr) oder um vorzeitig bei gleichbleibendem Einkommen in (Teil-)Ruhestand einzutreten (Lebensarbeitszeitkonto). Für eine wirksame Wertguthabenvereinbarung gibt § 7b SGB IV fünf Voraussetzungen vor:

1. Der Aufbau des Wertguthabens muss aufgrund einer schriftlichen Vereinbarung erfolgen (§ 7b Nr. 1 SGB IV).
2. Die Vereinbarung muss eine längerfristige Freistellung von der Arbeit oder Verringerung der Arbeitszeit bezwecken. Eine Vereinbarung mit dem Ziel, die werktägliche oder wöchentliche Arbeitszeit flexibel zu gestalten oder betriebliche Produktions- und Arbeitszyklen auszugleichen, ist gem. § 7b Nr. 2 SGB IV ausdrücklich ausgeschlossen.
3. Es muss Arbeitsentgelt (nicht Arbeitszeit) in das Wertguthaben eingebracht werden, um es für Zeiten der Freistellung von der Arbeit oder der Verringerung der vertraglich vereinbarten Arbeitszeit zu entnehmen (§ 7b Nr. 3 SGB IV).
4. Das in der Freistellungsphase oder der Phase der Verringerung der Arbeitszeit stetig fällig werdende Arbeitsentgelt muss mit der erbrachten Arbeitsleistung aus der Arbeitsleistungsphase vor oder nach der Freistellung/Verringerung erzielt werden (§ 7b Nr. 4 SGB IV).
5. Das während der Freistellung fällige Arbeitsentgelt muss insgesamt 450 Euro monatlich übersteigen, es sei denn, die Beschäftigung wurde vor der Freistellung als geringfügige Beschäftigung ausgeübt (§ 7b Nr. 5 SGB IV).

19 Wertguthabenvereinbarungen i. S. d. § 7b SGB IV können sowohl für gesetzlich geregelte, als auch für arbeitsvertraglich vereinbarte Freistellungen

805 BT-Drs. 18/1558, S. 35.

verwendet werden. Als gesetzlich geregelte vollständige oder teilweise Freistellungen von der Arbeit oder gesetzliche geregelte Verringerungen der Arbeitszeit benennt § 7c Abs. 1 Nr. 1 a) bis c) SGB IV die Freistellung für Pflege von nahen Angehörigen (§ 3 PflegeZG), die Elternzeit nach § 15 BEEG und die Verringerung der Arbeitszeit nach § 8, § 9a TzBfG. Als Beispiele vertraglich vereinbarter Verwendungszwecke nennt § 7c Abs. 1 Nr. 2 a), b) SGB IV die vollständigen oder teilweisen Freistellungen von der Arbeit oder Verringerungen der Arbeitszeit für Zeiten, die unmittelbar vor dem Zeitpunkt liegen, zu dem der Beschäftigte eine Rente wegen Alters bezieht oder beziehen könnte (z.B. **Altersteilzeit**). Genannt wird ebenfalls die Zeit, in denen der Beschäftigte an beruflichen **Qualifizierungsmaßnahmen** teilnimmt. Denkbar sind auch andere vertragliche Verwendungszwecke, wie z.B. **Sabbatjahre.**[806]

Wertguthaben sind gem. § 7d Abs. 1 Satz 1 SGB IV als **Arbeitsentgeltguthaben** einschließlich des darauf entfallenden Arbeitgeberanteils am Gesamtsozialversicherungsbeitrag zu führen. Arbeitszeitguthaben sind in Arbeitsentgelt umzurechnen (§ 7d Abs. 1 Satz 2 SGB IV). Die Arbeitgeber sind verpflichtet, die Beschäftigten mindestens einmal jährlich in Textform über die Höhe ihres im Wertguthaben enthaltenen Arbeitsentgeltguthabens zu unterrichten (§ 7d Abs. 2 SGB IV). 20

§ 7d Abs. 3 SGB IV enthält eine Regelung zur Beschränkung der Kapitalanlagemöglichkeiten. Danach gelten für die Anlagen von Wertguthaben die §§ 80ff. SGB IV entsprechend. Wertguthaben sind so anzulegen und zu verwalten, dass ein Verlust ausgeschlossen scheint, ein angemessener Ertrag erzielt wird und eine ausreichende Liquidität gewährleistet ist.[807] Zudem sind sie getrennt von den sonstigen Mitteln des Arbeitgebers zu verwalten. Des Weiteren dürfen Wertguthaben nur bis zu einer Höhe von 20% in Aktien oder Aktienfonds angelegt werden und es muss ein Rückfluss zum Zeitpunkt der Inanspruchnahme des Wertguthabens mindestens in der Höhe des angelegten Betrags gewährleistet sein. Ein höherer Anlageteil kann jedoch durch die Tarifvertragsparteien oder die Betriebspartner aufgrund eines Tarifvertrags vereinbart werden (§ 7d Abs. 3 Satz 2 Nr. 1 SGB IV). Eine zweite Ausnahme gilt nach § 7d Abs. 3 Satz 2 Nr. 2 SGB IV für lange planbare Risikoverläufe – nämlich bei einer geplanten Freistellung in Form des vorzeitigen Ruhestands oder der Altersteilzeit.[808] 21

§ 7e SGB IV regelt die Pflicht, die Wertguthaben gegen das Risiko der **Insolvenz** des Arbeitgebers vollständig abzusichern. Wird **das Beschäftigungsverhältnis beendet**, eröffnet § 7f Abs. 1 SGB IV zwei Möglichkeiten, ein aufgebautes Wertguthaben zu erhalten: Zum einen kann der Beschäftigte 22

806 Vgl. ErfK/*Rolfs*, § 7c SGB IV Rn. 2.
807 Vgl. ErfK/*Rolfs*, § 7d SGB IV Rn. 4.
808 Vgl. ErfK/*Rolfs*, § 7d SGB IV Rn. 5.

durch schriftliche Erklärung gegenüber dem bisherigen Arbeitgeber verlangen, dass das Wertguthaben auf den neuen Arbeitgeber übertragen wird, wenn dieser mit dem Beschäftigten eine Wertguthabenvereinbarung nach § 7b SGB IV abgeschlossen und der Übertragung zugestimmt hat. Zum anderen kann der Beschäftigte durch schriftliche Erklärung gegenüber dem bisherigen Arbeitgeber verlangen, dass das Wertguthaben auf die Deutsche Rentenversicherung Bund übertragen wird, wenn das Wertguthaben einschließlich des Gesamtsozialversicherungsbeitrags einen Betrag in Höhe des Sechsfachen der monatlichen Bezugsgröße übersteigt. Daneben besteht die Möglichkeit, mit Beendigung des Arbeitsverhältnisses das Wertguthaben aufzulösen und an den Arbeitnehmer auszuzahlen, wobei in dem Fall Steuern und Sozialversicherungsbeiträge abzuziehen sind.[809]

4. Bußgeldtatbestand

23 Arbeitgeber mit Sitz im In- oder Ausland sind gem. § 20 MiLoG verpflichtet, ihren im Inland beschäftigten Arbeitnehmern ein Arbeitsentgelt mindestens in Höhe des Mindestlohns nach § 1 Abs. 2 MiLoG spätestens zu dem in § 2 Abs. 1 Satz 1 Nr. 2 genannten Zeitpunkt (letzter Bankarbeitstag Frankfurt am Main des Monats, der auf den Monat folgt, in dem die Arbeitsleistung erbracht wurde) zu zahlen. Eine spätere Zahlung des Mindestlohns stellt eine nach § 21 Abs. 1 Nr. 9 MiLoG bußgeldbewehrte Ordnungswidrigkeit dar. Die Höhe der Geldbuße beträgt maximal 500 000 Euro (§ 21 Abs. 3 MiLoG).

§ 3 Unabdingbarkeit des Mindestlohns

Vereinbarungen, die den Anspruch auf Mindestlohn unterschreiten oder seine Geltendmachung beschränken oder ausschließen, sind insoweit unwirksam. Die Arbeitnehmerin oder der Arbeitnehmer kann auf den entstandenen Anspruch nach § 1 Absatz 1 nur durch gerichtlichen Vergleich verzichten; im Übrigen ist ein Verzicht ausgeschlossen. Die Verwirkung des Anspruchs ist ausgeschlossen.

Inhaltsübersicht Rn.

809 Vgl. ErfK/*Rolfs*, § 7f SGB IV Rn. 4.

1. Überblick

1 Der Mindestlohn darf nicht – so ausdrücklich die Gesetzbegründung – durch »missbräuchliche Konstruktionen umgangen werden«.[810] § 3 Satz 1 MiLoG bestimmt, dass Vereinbarungen, die den Anspruch auf Mindestlohn unterschreiten oder seine Geltendmachung beschränken oder ausschließen, unwirksam sind (vgl. Rn. 3ff.). Der Anspruch nach dem MiLoG ist also zwingend und darf durch einzelvertragliche oder tarifvertragliche Vereinbarungen nicht unterschritten oder behindert werden. Vergütungsvereinbarungen, die zum Nachteil der Arbeitnehmer vom MiLoG abweichen, sind »unwirksam« (§ 3 Satz 1 MiLoG). Wertet man die Norm als ein gesetzliches Verbot, sind abweichende Vereinbarungen nach § 134 BGB unwirksam: Ein Rechtsgeschäft, das gegen ein gesetzliches Verbot verstößt, ist nichtig, wenn sich nicht aus dem Gesetz ein anderes ergibt.

2 Ein **Verzicht** der Arbeitnehmer auf den Mindestlohnanspruch ist grundsätzlich **unzulässig** (§ 3 Satz 2 MiLoG). Zulässig ist ein Verzicht nur im Wege des »**gerichtlichen Vergleichs**« (vgl. Rn. 10ff.). Insoweit ist im Gesetzgebungsverfahren klargestellt worden, dass ein Verzicht durch gerichtlichen Vergleich nur zulässig ist, soweit er sich auf einen bereits »entstandenen« Mindestlohnanspruch bezieht.[811] Zudem ist die Verwirkung des Mindestlohnanspruchs ausgeschlossen (§ 3 Satz 3 MiLoG; vgl. Rn. 15). Arbeitsvertragliche oder tarifvertragliche **Ausschluss- oder Verfallfristen finden keine Anwendung**, soweit es um den Mindestlohnanspruch geht (vgl. Rn. 16ff.). Da die gesetzlich geregelte Möglichkeit der Verjährung (§§ 195ff. BGB) durch § 3 MiLoG nicht ausgeschlossen ist, unterliegen die Ansprüche auf Zahlung des Mindestlohns allerdings den allgemeinen **Verjährungsvorschriften** (vgl. Rn. 48ff.). Von Bedeutung ist das Verhältnis des § 3 MiLoG zu allgemeingültigen tariflichen Branchen-Mindestlöhnen (vgl. Rn. 18ff.).

---

810 BT-Drs. 18/1558, S. 35.

811 BT-Drs. 18/2010 (neu), S. 22.

2. Zwingender Charakter des gesetzlichen Mindestlohns

3 Vereinbarungen, die den Anspruch auf den Mindestlohn unterschreiten oder seine Geltendmachung beschränken oder ausschließen, sind unwirksam (§ 3 Satz 1 MiLoG). Der Anspruch nach dem MiLoG ist zwingend und darf durch einzelvertragliche oder tarifvertragliche Vereinbarungen nicht unterschritten oder behindert werden. Der Begriff der »Vereinbarungen« ist weit auszulegen. Unwirksam (und damit verboten) sind alle Vereinbarungen,

- die den Anspruch auf den Mindestlohn unterschreiten oder
- die Geltendmachung des Mindestlohnanspruchs beschränken oder
- die Geltendmachung des Mindestlohnanspruchs ausschließen.

4 Auf die Bezeichnung der Vereinbarung kommt es nicht an, sondern auf den materiellen Inhalt. Jede außergerichtliche Vereinbarung oder einseitige Erklärung, die im Ergebnis darauf zielt, dass der Arbeitnehmer den Anspruch auf den Mindestlohn nicht mit Erfolg durchsetzen kann, ist unzulässig. Ob diese Vereinbarung oder Erklärung als Erlassvertrag (§ 397 Abs. 1 BGB), als negatives Schuldanerkenntnis (§ 397 Abs. 2 BGB), als Vergleich (§ 779 Abs. 1 BGB) oder anders bezeichnet wird, ist ohne Belang. Es geht um den umfassenden Schutz der Arbeitnehmer vor Anspruchsverlust. Nach der Gesetzesbegründung soll eine **Entgeltumwandlung nach dem Betriebsrentengesetz** (BetrAVG) möglich bleiben. Vereinbarungen nach § 1a BetrAVG seien keine Vereinbarungen, die zu einer Unterschreitung oder Beschränkung des Mindestlohnanspruchs führen.[812]

Das BAG betont, dass der Anspruch auf den Mindestlohn mit und für jede **tatsächlich geleistete Arbeitsstunde** entsteht[813] und dass für Zeiten ohne Arbeitsleistung der Anspruch nicht aus dem MiLoG, sondern aus der speziellen Anspruchsnorm (etwa aus dem EFZG) folgt.[814] Gleichwohl gebietet der **Schutzzweck** des § 3 MiLoG, dass Ausschlussfristen auch für Entgeltfortzahlungsansprüche (in Höhe des Mindestlohns) keine Anwendung finden (vgl. Rn. 16).[815] Daraus muss man die allgemeine Schlussfolgerung ziehen, dass § 3 MiLoG generell auch für Entgeltfortzahlungsansprüche (in Höhe des Mindestlohns) gilt.

---

812 BT-Drs. 18/1558, S. 35.

813 BAG 20.6.2018 – 5 AZR 377/17, Rn. 9, NZA 2018, 1494; BAG 21.12.2016 – 5 AZR 374/16, Rn. 13, NZA 2017, 378; BAG 29.6.2016 – 5 AZR 716/15, Rn. 13, NZA 2016, 1332; BAG 25.5.2016 – 5 AZR 135/16, Rn. 19, NZA 2016, 1327.

814 Vgl. BAG 25.5.2016 – 5 AZR 135/16, Rn. 19, NZA 2016, 1327.

815 BAG 20.6.2018 – 5 AZR 377/17, NZA 2018, 1494.

a. Unwirksamkeit von Vergütungsvereinbarungen unterhalb des Mindestlohns

Zulasten der Arbeitnehmer **abweichende Vergütungsvereinbarungen** (»Vereinbarungen, die den Anspruch auf den Mindestlohn unterschreiten«) sind »unwirksam« (nichtig), wie § 3 Satz 1 MiLoG ausdrücklich anordnet. Wertet man die Norm als ein gesetzliches Verbot, sind abweichende Vereinbarungen gem. § 134 BGB unwirksam. Unwirksam ist die Vergütungsvereinbarung, nicht der Arbeitsvertrag insgesamt. Anstelle der unwirksamen Vergütungsvereinbarung besteht der Anspruch auf den Mindestlohn.[816] Es wird die Auffassung vertreten, dass anstelle der unwirksamen Vergütungsvereinbarung ein Anspruch auf die übliche Vergütung gem. § 612 Abs. 2 BGB trete.[817] Die »übliche Vergütung« dürfte häufig höher sein, als der Mindestlohnanspruch (vgl. Einleitung Rn. 86ff.). Das BAG hat hinsichtlich einer sittenwidrigen Vergütungsvereinbarung vor Inkrafttreten des MiLoG, aber in Bezug auf einen Vergabemindestlohn in NRW in Höhe von 8,62 Euro (vgl. Einleitung Rn. 75) ausgeführt, dass bei der Prüfung der Sittenwidrigkeit nicht ein Mindestlohn zugrunde zu legen sei. Maßstab sei in jedem Fall die »übliche Vergütung«. Ein Mindestlohn bezeichne lediglich das Minimum der Vergütung, berücksichtige aber nicht die übliche Vergütung dieser Arbeit. Doch gerade darauf ziele die Prüfung der Sittenwidrigkeit ab.[818] Allerdings trägt der Arbeitnehmer das Risiko, die Höhe der ortsüblichen Vergütung im Einzelnen darlegen zu müssen. Gelingt ihm das nicht, hat der Arbeitnehmer jedenfalls den Anspruch auf den Mindestlohn nach dem MiLoG. 5

§ 612 Abs. 2 BGB stellt auf die »übliche Vergütung« ab. Diese **relative Grenze gilt auch weiterhin nach der Einführung des gesetzlichen Mindestlohns.**[819] Abzustellen ist nämlich auf die üblichen Verhältnisse in dem betreffenden Wirtschaftszweig und der betreffenden Wirtschaftsregion, in der der Arbeitnehmer seine Arbeitsleistung erbringt. Demgegenüber definiert der gesetzliche Mindestlohn ein Mindestniveau unabhängig von den besonde- 6

---

816 Nach *Waltermann* (AuR 2015, 166, 170) ist eine vertragliche Vergütung unterhalb des Mindestlohns gem. § 3 Satz 1 MiLoG unwirksam. Es gilt der gesetzliche Mindestlohn. Damit sei die Höhe der Vergütung i.S.d. § 612 Abs. 2 BGB bestimmt; ebenso ErfK/*Franzen*, MiLoG § 3 Rn. 1a; *Lembke* NZA 2016, 1, 9.

817 *Bayreuther*, NZA 2014, 865, 866; *Bayreuther*, in: Thüsing, § 1 MiLoG, Rn. 24; *Däubler*, NJW 2014, 1924, 1927; *Greiner*, in: Thüsing, § 3 MiLoG, Rn. 4; *Lakies*, AuR 2016, 14, 18; *Pötters/Krause*, NZA 2015, 398; a.A.: MünchArbR/*Krause*, § 61 Rn. 11; *Riechert/Nimmerjahn*, MiLoG § 3 Rn. 12ff.

818 BAG 18.11.2015 – 5 AZR 814/14, Rn. 40, NZA 2016, 494.

819 Vgl. *Bayreuther*, NZA 2014, 865, 866; *Bayreuther*, in: Thüsing, § 1 MiLoG, Rn. 32; HK-ArbR-*Däubler* § 3 MiLoG Rn. 4; ErfK/*Preis*, BGB § 612 Rn. 3c; ausführlich *Boeck*, RdA 2018, 210ff.

ren Verhältnissen in der Region oder Branche. Nach der Rechtsprechung des BAG ist es jedoch für den Arbeitnehmer nicht ganz einfach, die Bezugsgröße (d. h. die übliche Vergütung in dem betreffenden Wirtschaftszweig und der Region) darzulegen. Die Tarifvergütung ist nach der Rechtsprechung nur dann der Bezugswert, wenn diese in der Branche »üblich« ist. Die **Üblichkeit der Tarifvergütung** ist (nur) anzunehmen, wenn mehr als 50 % der Arbeitgeber eines Wirtschaftsgebiets tarifgebunden sind *oder* wenn die organisierten Arbeitgeber mehr als 50 % der Arbeitnehmer eines Wirtschaftsgebiets beschäftigen.[820] Hierzu muss der Arbeitnehmer im Prozess nähere Tatsachen vortragen, weil es sich bei der Üblichkeit der Tarifvergütung nach dem Verständnis des BAG um anspruchsbegründende Tatsachen handelt (vgl. Einleitung Rn. 86 ff.).

7 Um den Schutz des MiLoG nicht leer laufen zu lassen, muss der Arbeitnehmer deshalb bei Unwirksamkeit der Vergütungsvereinbarung wegen Unterschreitens der Mindestlohngrenze (§ 3 Satz 1 MiLoG) den Anspruch auf den Mindestlohn haben. Rechtlich kann man das ebenfalls aus § 612 Abs. 2 BGB ableiten. Dort ist geregelt: Ist die Höhe der Vergütung nicht bestimmt (oder unwirksam), ist **bei dem Bestehen einer Taxe die taxmäßige Vergütung, in Ermangelung einer Taxe die übliche Vergütung als vereinbart anzusehen**. Die »übliche« Vergütung (die allerdings je nach Wirtschaftszweig und -region unterschiedlich ausfällt) gilt im Verhältnis zur »Taxe« subsidiär, d. h. wenn es keine »Taxe« gibt. Taxen sind nach Bundes- oder Landesrecht festgelegte Vergütungssätze, wie etwa Gebührenordnungen für Rechtsanwälte (RVG), für Ärzte und Zahnärzte, für Ingenieure und Architekten oder für Steuerberater. Für Arbeitsverhältnisse bestanden bislang solche Taxen nicht.[821] Durch das MiLoG ist keine »Taxe« im eigentlichen Sinn eingeführt, weil es insoweit an der für eine Taxe (die die »übliche« Vergütung ersetzt) notwendigen Differenzierung nach Wirtschaftszweig und -region fehlt. Allerdings ist es naheliegend davon auszugehen, dass mit dem MiLoG nunmehr eine Mindest-»Taxe« festgelegt ist. Diese gilt, wenn eine »übliche« Vergütung nicht festgestellt oder vom Arbeitnehmer im Prozess nicht dargelegt oder bewiesen werden kann.[822]

Das **BAG** betont, dass der Mindestlohnanspruch aus § 1 Abs. 1 MiLoG ein gesetzlicher Anspruch ist, der eigenständig neben den arbeits- oder tarifvertraglichen Entgeltanspruch tritt.[823] Das MiLoG führt nicht dazu, dass

---

820 BAG 16.5.2012 – 5 AZR 268/11, Rn. 32, NZA 2012, 974; BAG 22.4.2009 – 5 AZR 436/08, Rn. 24, NZA 2009, 837.

821 Vgl. ErfK/*Preis*, § 612 BGB Rn. 36; HWK/*Thüsing*, § 612 BGB Rn. 37.

822 *Forst/Degen* (DB 2015, 863, 865) meinen, das MiLoG lege eine Taxe fest; ausdrücklich a. A.: *Bayreuther*, in: Thüsing, § 1 MiLoG, Rn. 26; HK-ArbR-*Däubler* § 3 MiLoG Rn. 5.

823 BAG 25.5.2016 – 5 AZR 135/16, Rn. 23, NZA 2016, 1327.

arbeitsvertragliche oder tarifvertragliche Vergütungsregelungen unwirksam werden. Das MiLoG greift in die Entgeltvereinbarungen der Arbeitsvertragsparteien und anwendbarer Entgelttarifverträge nur insoweit ein, als sie den Anspruch auf Mindestlohn unterschreiten. § 3 MiLoG führt bei Unterschreiten des gesetzlichen Mindestlohns zu einem Differenzanspruch.[824] Erreicht die vom Arbeitgeber tatsächlich gezahlte Vergütung den gesetzlichen Mindestlohn nicht, begründet dies von Gesetzes wegen einen **Anspruch auf Differenzvergütung**, wenn der Arbeitnehmer in der Abrechnungsperiode für die geleisteten Arbeitsstunden im Ergebnis nicht mindestens den in § 1 Abs. 2 MiLoG vorgesehenen Bruttolohn erhält.[825] Ob es damit ausgeschlossen ist, dass die Arbeitnehmer bei entsprechenden Darlegungen einen weitergehenden Anspruch aus § 612 Abs. 2 BGB haben können, scheint damit noch nicht geklärt, weil ein solcher Anspruch nicht Streitgegenstand der zuletzt genannten Urteile war.

b. Verzicht auf den gesetzlichen Mindestlohn grundsätzlich ausgeschlossen

Der Arbeitnehmer kann auf den entstandenen Anspruch nach § 1 Abs. 1 **8**
MiLoG (das ist der Anspruch auf den Mindestlohn) nur durch gerichtlichen Vergleich verzichten; im Übrigen ist ein Verzicht ausgeschlossen (§ 3 Satz 2 MiLoG). Der Grundsatz ergibt sich aus dem zweiten Halbsatz des § 3 Satz 2 MiLoG: Der Verzicht auf den Mindestlohnanspruch ist »ausgeschlossen«. Die *einzige* Ausnahme folgt aus dem ersten Halbsatz des § 3 Satz 2 MiLoG: Ein Verzicht ist *nur* durch gerichtlichen Vergleich zulässig, und auch nur ein Verzicht auf den »entstandenen« Mindestlohnanspruch (vgl. Rn. 10ff.).
Durch das MiLoG werden nur die **Ansprüche aufgrund tatsächlicher Arbeitsleistung** geschützt, nicht Entgeltfortzahlungsansprüche (vgl. Rn. 4). Daraus wurde geschlussfolgert, dass die Arbeitnehmer auf Ansprüche, die sich *nicht* aus tatsächlicher Arbeitsleistung ergeben, verzichten können.[826] Dem kann aufgrund der Rechtsprechung des BAG nicht gefolgt werden. Das BAG hat ausdrücklich entschieden, dass der Schutzzweck des § 3 MiLoG fordert, dass Ausschlussfristen auch für Entgeltfortzahlungsansprüche (in Höhe des Mindestlohns) keine Anwendung finden dürfen (vgl. Rn. 16).[827] Daraus muss man die allgemeine Schlussfolgerung ziehen, dass § 3 MiLoG generell auch für Entgeltfortzahlungsansprüche (in Höhe des Mindestlohns) gilt.

---

824 BAG 29.6.2016 – 5 AZR 716/15, Rn. 18, NZA 2016, 1332; BAG 25.5.2016 – 5 AZR 135/16, Rn. 22, NZA 2016, 1327.

825 BAG 29.6.2016 – 5 AZR 716/15, Rn. 19, NZA 2016, 1332; BAG 25.5.2016 – 5 AZR 135/16, Rn. 24, NZA 2016, 1327.

826 MünchArbR/*Krause*, § 61 Rn. 15; *Riechert/Nimmerjahn*, MiLoG § 3 Rn. 38.

827 BAG 20.6.2018 – 5 AZR 377/17, NZA 2018, 1494.

9 Der Begriff »**Verzicht**« ist weit auszulegen.[828] Jede außergerichtliche Vereinbarung oder einseitige Erklärung, die materiell darauf abzielt, dass der Arbeitnehmer den Anspruch nicht mehr mit Erfolg durchsetzen kann, ist unzulässig. Ob diese Vereinbarung oder Erklärung als Erlassvertrag (§ 397 Abs. 1 BGB), als negatives Schuldanerkenntnis (§ 397 Abs. 2 BGB), als Vergleich (§ 779 Abs. 1 BGB) oder anders bezeichnet wird, ist ohne Belang. Es geht um den umfassenden Schutz der Arbeitnehmer vor Anspruchsverlust. Jeglicher außergerichtliche Verzicht auf den Mindestlohnanspruch (ob ganz oder teilweise), auch durch einen **außergerichtlichen Vergleich**, ist unzulässig. Die Formulierung, dass ein Verzicht »ausgeschlossen« ist bedeutet, dass ein gleichwohl vereinbarter oder einseitig erklärter Verzicht keine Rechtswirkungen hat. Der »Verzicht« verstößt gegen ein gesetzliches Verbot (§ 134 BGB) und ist damit nichtig.

c. Ausnahme: Verzicht durch gerichtlichen Vergleich

10 Der Arbeitnehmer kann auf den entstandenen Mindestlohnanspruch nur durch »gerichtlichen Vergleich« verzichten (§ 3 Satz 2 Halbsatz 1 MiLoG). Angesichts des klaren Wortlauts des § 3 Satz 2 MiLoG (»gerichtlicher Vergleich«) ist ein Vergleich vor einer Gütestelle (§ 794 Abs. 1 Nr. 1 ZPO) oder ein Anwaltsvergleich (§ 796a ZPO) nicht ausreichend. Erforderlich ist, dass die materiell-rechtlichen (§ 779 Abs. 1 BGB) sowie die prozess-rechtlichen Wirksamkeitsvoraussetzungen (§ 794 Abs. 1 Nr. 1 ZPO) eines gerichtlichen Vergleichs vorliegen. Nach der Legaldefinition des § 779 Abs. 1 BGB ist ein **Vergleich** ein Vertrag, durch den der Streit oder die Ungewissheit der Parteien über ein Rechtsverhältnis im Wege gegenseitigen Nachgebens beseitigt wird.

11 Voraussetzung für den Abschluss eines »gerichtlichen Vergleichs« ist, dass ein **Rechtsstreit zwischen den Arbeitsvertragsparteien** anhängig ist. Das wird im Regelfall eine Klage des Arbeitnehmers auf Zahlung des Mindestlohns für einen bestimmten Zeitraum sein. Allerdings kann der Rechtsstreit (ursprünglich) auch andere Fragen betreffen (z. B. Klage auf Entfernung einer Abmahnung) oder die Klage vom Arbeitgeber eingereicht worden sein (z. B. Klage des Arbeitgebers auf Schadensersatz wegen Beschädigung von Betriebsmitteln). Auch in solchen Fällen kann im weiteren Verlauf des Rechtsstreits ein »gerichtlicher Vergleich« unter Einbeziehung von Mindestlohnansprüchen geschlossen werden.

12 Nur durch gerichtlichen (nicht durch außergerichtlichen) Vergleich kann auf den **»entstandenen« Mindestlohnanspruch** wirksam verzichtet wer-

828 *Riechert/Nimmerjahn*, MiLoG § 3 Rn. 39.

den.[829] Damit sind Ansprüche auf den Mindestlohn für Zeiträume in der Vergangenheit gemeint, die durch die Arbeitsleistung erarbeitet und gem. § 3 MiLoG zur Zahlung fällig geworden sind. Ein Verzicht durch gerichtlichen Vergleich auf erst künftig entstehende Mindestlohnansprüche – also für die Zukunft – ist unzulässig. Maßgeblich ist der Zeitpunkt des Abschlusses des gerichtlichen Vergleichs. Wird ein gerichtlicher Vergleich unter **Widerrufsvorbehalt** vereinbart,[830] ist der Zeitpunkt maßgeblich, zu dem die Widerrufsfrist endet, weil der Vergleich erst zu diesem Zeitpunkt rechtsgültig wird.

Ein **gerichtlicher Vergleich** kann in der Güteverhandlung, im Kammer- 13
termin oder im Laufe des Verfahrens geschlossen werden. Das ist auch dadurch möglich, dass die Parteien einen **schriftlichen Vergleichsvorschlag des Gerichts durch Schriftsatz gegenüber dem Gericht annehmen** (§ 46 Abs. 2 Satz 1 ArbGG i. V. m. § 495 Abs. 1, § 278 Abs. 6 Satz 1 ZPO).[831] Dass auch ein solcher Vergleich im schriftlichen Verfahren ein »gerichtlicher Vergleich« ist, hat das BAG für die vergleichbare Konstellation bei § 14 Abs. 1 Satz 2 Nr. 8 TzBfG (sachlicher Grund für eine Befristung, wenn die Befristung »auf einem gerichtlichen Vergleich beruht«) entschieden.[832] Das kann wegen der vergleichbaren Interessenlage auf den »gerichtlichen Vergleich« i. S. d. § 3 Satz 2 MiLoG übertragen werden. Dabei genügt es, wenn sich das Gericht einen Vergleichsvorschlag einer Prozesspartei ausdrücklich dadurch zu eigen macht, dass es diesen Vorschlag den Parteien als »gerichtlichen Vergleichsvorschlag« unterbreitet.[833] Ein »gerichtlicher Vergleich« liegt jedoch *nicht* bei der anderen Variante des § 278 Abs. 6 ZPO vor, wenn die Parteien von sich aus (ohne Vorschlag des Gerichts) dem Gericht einen Vergleich unterbreiten: ein solcher Vergleich ist kein »gerichtlicher Vergleich« i. S. d.

829 Das ist im Gesetzgebungsverfahren durch eine Änderung des § 3 Satz 2 MiLoG (in Anlehnung an § 4 Abs. 4 Satz 1 TVG) ausdrücklich »klargestellt« worden, BT-Drs. 18/2010 (neu), S. 22.

830 Das meint, dass ein gerichtlicher Vergleich zwischen den Parteien vereinbart wird, sich jedoch zugleich eine Seite oder sich beide Seiten vorbehalten, den Vergleich binnen einer bestimmten Frist zu widerrufen.

831 Ein gerichtlicher Vergleich kann auch dadurch geschlossen werden, dass die Parteien dem Gericht einen schriftlichen Vergleichsvorschlag unterbreiten oder einen schriftlichen Vergleichsvorschlag des Gerichts durch Schriftsatz gegenüber dem Gericht annehmen (§ 278 Abs. 1 Satz 1 ZPO). Das Gericht stellt das Zustandekommen und den Inhalt eines nach § 278 Abs. 1 Satz 1 ZPO geschlossenen Vergleichs durch Beschluss fest (§ 278 Abs. 1 Satz 2 ZPO).

832 Vgl. BAG 23. 11. 2006 – 6 AZR 394/06, NZA 2007, 466.

833 Vgl. zu § 14 Abs. 1 Satz 2 Nr. 8 TzBfG: BAG 8. 6. 2016 – 7 AZR 339/14, Rn. 17, NZA 2016, 1485; BAG 14. 1. 2015 – 7 AZR 2/14, Rn. 31, NZA 2016, 39.

§ 3 Satz 2 MiLoG, weil es an der erforderlichen Mitwirkung des Gerichts fehlt.[834]

14 In der Gesetzesbegründung heißt es ausdrücklich, dass ein Verzicht im Wege des gerichtlichen Vergleichs zulässig sei, weil dieser einen »ausreichenden Schutz« der Arbeitnehmer vor einem ungerechtfertigten Verlust des Mindestlohnanspruchs sicherstelle.[835] Es wird also maßgeblich auf den »**ausreichenden Schutz« der Arbeitnehmer** abgestellt. Dieser besteht nur bei einer Mitwirkung des Gerichts am Abschluss des Vergleichs in einer mündlichen Verhandlung oder wenn das Gericht von sich aus im schriftlichen Verfahren einen Vergleich mit einem bestimmten Inhalt vorschlägt. In dem Fall wird davon ausgegangen, dass das Gericht (der oder die Vorsitzende) die Sach- und Rechtslage abgewogen hat und auf der Grundlage zu einem bestimmten Vorschlag gekommen ist. Beim schriftlichen Vergleich liegt deshalb ein wirksamer Vergleich i. S. d. § 3 Satz 2 MiLoG nur bei einem Vergleichsvorschlag des Gerichts vor. In der mündlichen Verhandlung wird aufgrund der Anwesenheit des Gerichts (in der Güteverhandlung des oder der Vorsitzenden) unterstellt, dass das Gericht beim Zustandekommen des Vergleichs für den »ausreichenden Schutz« der Arbeitnehmer sorgt. Es dürfte nicht notwendig (allerdings durchaus ratsam) sein, im Vorspann des Vergleichs, der in der mündlichen Verhandlung geschlossen wird, ausdrücklich aufzunehmen, dass der Vergleich »auf Vorschlag des Gerichts« vereinbart wird.[836]

d. Keine Verwirkung des gesetzlichen Mindestlohnanspruchs

15 Die Verwirkung des Mindestlohnanspruchs ist ausgeschlossen (§ 3 Satz 3 MiLoG). Die Verwirkung ist ein Sonderfall der unzulässigen Rechtsausübung und soll dem Bedürfnis nach Rechtsklarheit dienen. Sie hat nicht den Zweck, Schuldner, denen gegenüber Gläubiger ihre Rechte längere Zeit nicht geltend gemacht haben, von ihrer Pflicht zur Leistung vorzeitig zu befreien. Deshalb kann allein der Zeitablauf die Verwirkung eines Rechts nicht rechtfertigen. Es müssen vielmehr zu dem **Zeitmoment** besondere Umstände so-

834 So zu § 14 Abs. 1 Satz 2 Nr. 8 TzBfG (die Interessenlage ist insoweit vergleichbar): BAG 21.3.2017 – 7 AZR 369/15, Rn. 16; NZA 2017, 706; BAG 8.6.2016 – 7 AZR 467/14, Rn. 23, NZA 2016, 1535; BAG 14.1.2015 – 7 AZR 2/14, NZA 2016, 39; BAG 15.2.2012 – 7 AZR 734/10, NZA 2012, 919; für das MiLoG: *Trümner*, in: Düwell/Schubert, MiLoG, § 3 Rn. 53; HK-ArbR-*Däubler* § 3 MiLoG Rn. 16; a. A.: ErfK/*Franzen*, MiLoG § 3 Rn. 5; *Greiner*, in: Thüsing, § 3 MiLoG, Rn. 16; BeckOK-ArbR/*Hilgenstock*, MiLoG § 3 Rn. 30; *Pötters/Krause*, NZA 2015, 398, 399; *Riechert/Nimmerjahn*, MiLoG § 3 Rn. 51.

835 BT-Drs. 18/1558, S. 35.

836 Der übliche Vorspann lautet: »Die Parteien schließen folgenden Vergleich« oder »Die Parteien schließen auf Vorschlag des Gerichts folgenden Vergleich«.

wohl im Verhalten des Gläubigers als auch des Schuldners hinzukommen (**Umstandsmoment**), die es rechtfertigen, das zu späte Geltendmachen des Rechts als unvereinbar mit dem Grundsatz von Treu und Glauben anzusehen und es daher für den Schuldner **unzumutbar** ist, die Geldschuld noch zu begleichen. Der Gläubiger muss durch seine Untätigkeit den Eindruck erzeugt haben, dass er sein Recht nicht mehr geltend machen wolle, so dass der Schuldner sich darauf einstellen durfte, nicht mehr in Anspruch genommen zu werden. Durch die Verwirkung wird das illoyal verspätete Geltendmachen von Rechten ausgeschlossen. Die Verwirkung dient dem Vertrauensschutz.[837] Da aufgrund der ausdrücklichen Regelung in § 3 Satz 3 MiLoG die Verwirkung des Mindestlohnanspruchs ausgeschlossen ist, sind alle Überlegungen, in welchen Fällen eine Verwirkung des Mindestlohnanspruchs überhaupt in Betracht käme, überflüssig.

e. Ausschlussfristen für den Mindestlohn unwirksam

Vereinbarungen, die die Geltendmachung des Mindestlohnanspruchs beschränken oder ausschließen, sind insoweit unwirksam (§ 3 Satz 1 MiLoG). 16 Zudem ist die Verwirkung des Mindestlohnanspruchs ausgeschlossen (§ 3 Satz 3 MiLoG). Aus beiden Vorschriften folgt, dass arbeitsvertragliche oder tarifvertragliche **Ausschluss- oder Verfallfristen keine Anwendung** finden, soweit es um den Mindestlohnanspruch geht.[838] Unter Ausschlussfristen (gängig ist auch die Terminologie »Verfallfristen« oder »Verfallklauseln«) versteht man Fristen, innerhalb derer ein Anspruch geltend gemacht werden muss, damit er nicht untergeht. Der Schuldner soll binnen einer bestimmten Frist darauf hingewiesen werden, welche Ansprüche gegen ihn noch geltend gemacht werden. Solche Fristen werden in vielen Arbeitsverträgen und in fast allen Tarifverträgen vereinbart. Für den gesetzlichen Mindestlohnanspruch finden sie wegen § 3 MiLoG keine Anwendung. Auch tarifvertragliche Ausschlussfristen finden für den gesetzlichen Mindestlohnanspruch grundsätzlich keine Anwendung. Das verstößt nicht gegen die durch Art. 9

837 Vgl. BAG 31.8.2004 – 5 AZR 545/04, NZA 2006, 324; BAG 25.4.2001 – 5 AZR 497/99, NZA 2001, 966.

838 Allgemeine Meinung; vgl. *Boemke*, JuS 2015, 385, 392; *Bayreuther*, NZA 2014, 865, 870; HK-ArbR-*Däubler* § 3 MiLoG Rn. 8; ErfK/*Franzen*, MiLoG § 3 Rn. 2; *Greiner*, in: Thüsing, § 3 MiLoG, Rn. 7; *Jöris/Steinau-Steinrück*, BB 2014, 2101, 2103; *Lembke*, NZA 2015, 70, 77; *Riechert/Nimmerjahn*, MiLoG, § 3 Rn. 24; *Sagan/Witschen*, jM 2014, 372, 375; *Preis/Ulber*, Ausschlussfristen und Mindestlohngesetz, S. 21ff.; *Trümner*, in: Düwell/Schubert, MiLoG, § 3 Rn. 20; Schaub/*Vogelsang*, Arbeitsrechts-Handbuch, § 66 Rn. 43; *Waltermann*, AuR 2015, 166, 170.

Abs. 3 GG geschützte Tarifautonomie.[839] Abweichendes kann bei tariflichen Branchen-Mindestlöhnen gelten (vgl. Rn. 18ff.).

Das BAG betont, dass der Anspruch auf den Mindestlohn mit und für jede **tatsächlich geleistete Arbeitsstunde** entsteht[840] und dass für Zeiten ohne Arbeitsleistung der Anspruch nicht aus dem MiLoG, sondern aus der speziellen Anspruchsnorm (etwa aus dem EFZG) folgt.[841] Gleichwohl gebietet der **Schutzzweck** des § 3 MiLoG, dass Ausschlussfristen auch für Entgeltfortzahlungsansprüche (in Höhe des Mindestlohns) keine Anwendung finden (vgl. Rn. 4).[842] Zur Frage, ob Ausschlussfristen für Vergütungsvereinbarungen oberhalb des Mindestlohns anzuwenden sind, vgl. Rn. 19ff.

17 **Unklar ist die Rechtslage bei Ausschlussfristen, die für Arbeitnehmer gelten, die vom persönlichen Anwendungsbereich des MiLoG gem. § 22 MiLoG ausgeschlossen sind.** Die Rechtsfolge des § 22 MiLoG ist an sich, dass für die Personen, für die das MiLoG (zeitweise) nicht gilt (z. B. für Langzeitarbeitslose in den ersten sechs Monaten der Beschäftigung; vgl. § 22 MiLoG Rn. 41ff.), das MiLoG insgesamt keine Anwendung findet, also auch nicht der § 3 MiLoG. Deshalb können in den Arbeitsverträgen solcher Personen nach den Maßstäben der AGB-Kontrolle wirksame Ausschlussfristen vereinbart werden. Möglicherweise verstößt diese Rechtsfolge allerdings gegen den Gleichheitssatz des Art. 3 Abs. 1 GG, weil sie ohne sachlichen Grund trotz vergleichbarer Schutzbedürftigkeit bestimmte Arbeitnehmergruppen von dem Verbot der Vereinbarung von Ausschlussfristen ausnimmt.[843] So könnten z. B. mit Langzeitarbeitslosen in den ersten sechs Monaten der Beschäftigung nicht nur Vergütungen (weit) unterhalb des gesetzlichen Mindestlohns, sondern auch noch zusätzlich Ausschlussfristen vereinbart werden. Das hätte zur Folge, dass diese Niedrigstvergütungen innerhalb kurzer Fristen verfallen würden, während bei der Anwendung des MiLoG nicht nur die Vergütung höher wäre, sondern diese zudem vor dem Verfall durch die Anwendung von Ausschlussfristen geschützt wäre. Das wäre ein merkwürdiges Ergebnis.[844]

---

839 BAG 20.6.2018 – 5 AZR 377/17, Rn. 26ff., NZA 2018, 1494.

840 BAG 20.6.2018 – 5 AZR 377/17, Rn. 9, NZA 2018, 1494; BAG 21.12.2016 – 5 AZR 374/16, Rn. 13, NZA 2017, 378; BAG 29.6.2016 – 5 AZR 716/15, Rn. 13, NZA 2016, 1332; BAG 25.5.2016 – 5 AZR 135/16, Rn. 19, NZA 2016, 1327.

841 Vgl. BAG 25.5.2016 – 5 AZR 135/16, Rn. 19, NZA 2016, 1327.

842 BAG 20.6.2018 – 5 AZR 377/17, NZA 2018, 1494; vgl. zur Entgeltfortzahlung an Feiertagen *BAG* 30.1.2019 – 5 AZR 43/18, Rn. 37, NZA 2019, 768.

843 Vgl. *Preis/Ulber*, Ausschlussfristen und Mindestlohngesetz, S. 41ff.

844 *Preis/Ulber* (Ausschlussfristen und Mindestlohngesetz, S. 42) meinen: »Dass diese Rechtsfolge unsinnig ist, ist nicht zu verkennen.« Keine Probleme sieht *Greiner*, in: Thüsing, § 3 MiLoG, Rn. 11: Wenn kein zwingender Anspruch nach dem MiLoG bestehe, müsse dieser auch nicht gesichert werden; ebenso im Ergebnis Schaub/*Vogelsang*, Arbeitsrechts-Handbuch, § 66 Rn. 43.

3. Verhältnis zu allgemeingültigen tariflichen Branchen-Mindestlöhnen

Branchen-Mindestlöhne haben Vorrang vor dem allgemeinen Mindestlohn (§ 1 Abs. 3 MiLoG). Arbeiten Arbeitnehmer in der betreffenden Branche, für die ein allgemeingültiger Branchen-Mindestlohn gilt, ist der **Branchen-Mindestlohn die spezielle Regelung gegenüber dem allgemeinen Mindestlohn**. Damit gelten auch für die Anwendung von Ausschlussfristen auf den *tariflichen* Mindestlohnanspruch die Regelungen des einschlägigen Tarifvertrags und nicht die Regelungen des MiLoG. Wenn der einschlägige Mindestlohntarifvertrag Ausschlussfristen regelt, finden diese Anwendung. § 3 MiLoG wird insoweit verdrängt und findet keine Anwendung.[845] Für Branchen-Mindestlöhne nach dem AEntG gilt nicht § 3 MiLoG, sondern § 9 AEntG (über § 13 AEntG auch für die Pflegebranche). Danach sind Ausschlussfristen für Branchen-Mindestlöhne unter bestimmten Voraussetzungen zulässig (vgl. im Einzelnen Anhang zu § 1: Branchen-Mindestlöhne, Rn. 64ff.). 18

4. Auswirkungen des Mindestlohngesetzes auf Ausschlussfristen und Verzichtsvereinbarungen für Vergütungen oberhalb des Mindestlohns

Das **BAG** betont, dass der Mindestlohnanspruch aus § 1 Abs. 1 MiLoG ein gesetzlicher Anspruch ist, der eigenständig neben den arbeits- oder tarifvertraglichen Entgeltanspruch tritt. **Anspruch auf gesetzlichen Mindestlohn haben alle Arbeitnehmer**, auch wenn ihre durch Arbeits- oder Tarifvertrag geregelte Vergütung über dem gesetzlichen Mindestlohn liegt (vgl. auch § 1 MiLoG Rn. 129ff.).[846] 19

Geht man mit dem BAG davon aus, dass der Mindestlohnanspruch ein Sockelbetrag (eine Teilmenge) eines jeden Vergütungsanspruchs ist (vgl. § 1 MiLoG Rn. 129), ergeben sich für Vergütungsvereinbarungen oberhalb des Mindestlohns aus § 3 MiLoG weitreichende Rechtsfolgen. 20

Vereinbarungen, die die Geltendmachung des Anspruchs auf den Mindestlohn beschränken oder ausschließen, sind »insoweit« (wie sie den Mindestlohn betreffen) unwirksam (§ 3 Satz 1 MiLoG). Daraus folgt, dass Ausschlussfristen (Verfallklauseln) unwirksam sind, soweit sie den Mindestlohnanspruch betreffen.

Ausschlussfristen in Tarifverträgen (die wegen § 310 Abs. 4 Satz 1 BGB in der Regel nicht der AGB-Kontrolle unterliegen) sind nur teilweise unwirk-

845 Vgl. *Preis/Ulber*, Ausschlussfristen und Mindestlohngesetz, S. 37ff.; Schaub/*Vogelsang*, Arbeitsrechts-Handbuch, § 66 Rn. 44.

846 BAG 25.5.2016 – 5 AZR 135/16, Rn. 23, NZA 2016, 1327.

sam (nämlich soweit sie den Mindestlohnanspruch betreffen), und nicht insgesamt unwirksam.[847] Im Übrigen bleiben tarifliche Verfallklauseln wirksam. Die bei arbeitsvertraglichen Verfallklauseln diskutierte Frage der Gesamtunwirksamkeit wegen fehlender Transparenz der Klausel (vgl. Rn. 21) stellt sich nicht, weil Tarifverträge nicht dem Transparenzgebot (§ 307 Abs. 1 Satz 2 BGB) unterliegen (§ 310 Abs. 4 Satz 1 BGB).[848]

Faktisch verlieren aber damit auch die tarifvertraglichen Ausschlussfristen viel von ihrer Wirkkraft, weil in den Grenzen des Verjährungsrechts jedenfalls in Höhe des Mindestlohns über Vergütungsansprüche gestritten werden kann, die eigentlich nach den tarifvertraglichen Ausschlussfristen verfallen wären.

21 Noch weitreichender sind die Folgen für **arbeitsvertragliche Ausschlussfristen**. Da für diese die AGB-Kontrolle gilt, kann ein Verstoß gegen das Transparenzgebot (§ 307 Abs. 1 Satz 2 BGB) vorliegen, wenn die Vertragsklausel nicht ausdrücklich Ansprüche nach dem MiLoG von der Ausschlussfrist ausnimmt.[849] Das Transparenzgebot verlangt, dass die Vertragsbedingungen (hier die Ausschlussfristen) »klar und verständlich« geregelt sein müssen. Eine uneingeschränkte Verfallklausel erweckt den falschen Eindruck, der Anspruch auf den Mindestlohn müsse innerhalb der vereinbarten Ausschlussfrist geltend gemacht werden. Ist die Frist abgelaufen, besteht die Gefahr, dass der Arbeitnehmer von der Geltendmachung des Mindestlohns abgehalten werde, weil er irrtümlich glaube, sein gesetzlicher Anspruch sei verfristet. Dementsprechend ist eine arbeitsvertragliche Verfallklausel insgesamt und nicht nur in Höhe des Mindestlohns unwirksam.[850]

Das hat das BAG ausdrücklich entschieden.[851] Eine arbeitsvertragliche Ausschlussfrist ist nur wirksam, wenn der Anspruch nach dem MiLoG von der Ausschlussfrist ausgenommen wird. Will der Arbeitgeber die Intransparenz der Ausschlussfrist wegen fehlender Ausnahme des gesetzlichen Mindestlohns vermeiden, werden an ihn keine unzumutbaren Anforderungen gestellt, wenn man von ihm folgenden Hinweis verlangt: »Die vertragliche Ausschlussfrist gilt nicht für Ansprüche des Arbeitnehmers, die kraft Geset-

---

847 BAG 7.7.2020 – 9 AZR 323/19, Rn. 23, NZA 2020, 1713; BAG 20.6.2018 – 5 AZR 377/17, Rn. 25, NZA 2018, 1494.

848 BAG 7.7.2020 – 9 AZR 323/19, Rn. 23, NZA 2020, 1713; *BAG* 20.6.2018 – 5 AZR 377/17, Rn. 25, NZA 2018, 1494.

849 Vgl. *Preis/Ulber*, Ausschlussfristen und Mindestlohngesetz, 2014, S. 47ff., 55ff.; HK-ArbR-*Däubler* § 3 MiLoG Rn. 11; Schaub/*Vogelsang*, Arbeitsrechts-Handbuch, § 66 Rn. 46.

850 So BAG 24.8.2016 – 5 AZR 703/15, NZA 2016, 1539, in Bezug auf eine arbeitsvertragliche Ausschlussfrist in der Pflegebranche (§ 9 Satz 3 i.V.m. § 13 AEntG); vgl. zur Gegenauffassung die Darstellung in der 4. Auflage.

851 BAG 18.9.2018 – 9 AZR 162/18, NZA 2018, 1619.

zes der Ausschlussfrist entzogen sind.« Eine entsprechende Formulierung würde, auch wenn sie den gesetzlichen Mindestlohn nicht ausdrücklich benennt, dem Transparenzgebot gerecht.[852]

Zu beachten ist: Wenn die Ausschlussfrist nach der AGB-Kontrolle unwirksam ist, gilt das für **sämtliche Vergütungsansprüche**, nicht nur solche in Höhe des Mindestlohns. Das gilt etwa auch für einen Anspruch auf Urlaubsabgeltung, der zwar nicht aus dem MiLoG folgt, aber wegen Unwirksamkeit der Ausschlussfrist trotz Fristversäumnis durchsetzbar bleibt.[853]

Umgekehrt gilt allerdings auch: Bei einer wirksamen Ausschlussfrist/Verfallklausel finden die Bestimmungen des MiLoG auf den **Anspruch auf Urlaubsabgeltung** (der sich nicht aus dem MiLoG, sondern aus § 7 Abs. 4 BUrlG ergibt) keine Anwendung.[854] Das bedeutet: Ist die Ausschlussfrist/Verfallklausel wirksam, verfällt der Anspruch auf Urlaubsabgeltung bei nicht rechtzeitiger Geltendmachung. § 3 MiLoG steht dem nicht entgegen.

Für »**Altverträge**«, also Arbeitsverträge, die vor Geltung des allgemeinen Mindestlohns vereinbart wurden, gelten *nicht* die Erwägungen zum Transparenzgebot (§ 307 Abs. 1 Satz 2 BGB).[855] Maßgeblich für die AGB-Kontrolle ist die Gesetzeslage bei Vertragsschluss Ist eine Klausel bei Vertragsschluss transparent, verliert sie ihre Wirksamkeit nicht, wenn spätere Gesetzesänderungen zu ihrer Intransparenz führen.[856]

Für die Frage, wann ein »Altvertrag« vorliegt, ist das Inkrafttreten des MiLoG als Teil des Tarifautonomiestärkungsgesetzes maßgeblich. Das Tarifautonomiestärkungsgesetz trat am 16. 8. 2014 in Kraft (vgl. Einl. Rn. 108).[857] Es kommt nicht darauf an, dass der Mindestlohn gem. § 1 Abs. 2 MiLoG erst seit 1. 1. 2015 gilt.[858]

---

852 BAG 18. 9. 2018 – 9 AZR 162/18, Rn. 51, NZA 2018, 1619.

853 BAG 18. 9. 2018 – 9 AZR 162/18, NZA 2018, 1619.

854 BAG 7. 7. 2020 – 9 AZR 323/19, Rn. 49, NZA 2020, 1713; *BAG* 22. 10. 2019 – 9 AZR 532/18, Rn. 56, NZA 2020, 513.

855 *BAG* 22. 10. 2019 – 9 AZR 532/18, Rn. 40, NZA 2020, 513; *BAG* 24. 9. 2019 – 9 AZR 273/18, Rn. 45, NZA 2020, 310; *BAG* 17. 4. 2019 – 5 AZR 331/18, Rn. 22, NZA 2019, 1050; *BAG* 30. 1. 2019 – 5 AZR 43/18, Rn. 30, NZA 2019, 768; *BAG* 17. 10. 2017 – 9 AZR 80/17, Rn. 21, NZA 2018, 57.

856 BAG 24. 9. 2019 – 9 AZR 273/18, Rn. 42, NZA 2020, 310; BAG 18. 9. 2018 – 9 AZR 162/18, Rn. 42, NZA 2018, 1619.

857 Gesetz zur Stärkung der Tarifautonomie (Tarifautonomiestärkungsgesetz) vom 11. 8. 2014, BGBl. I S. 1348. Das MiLoG war Art. 1 dieses Artikelgesetzes. Das Tarifautonomiestärkungsgesetz trat gemäß Art. 15 Abs. 1 am Tag nach der Verkündung in Kraft. Die Verkündung erfolgte im BGBl. am 15. 8. 2014.

858 Vgl. *Riechert/Nimmerjahn*, MiLoG § 3 Rn. 30; so wohl auch *BAG* 22. 10. 2019 – 9 AZR 532/18, Rn. 40, NZA 2020, 513; BAG 24. 9. 2019 – 9 AZR 273/18, Rn. 45, NZA 2020, 310; unentschieden *BAG* 18. 9. 2018 – 9 AZR 162/18, Rn. 41, NZA 2018, 1619.

22 Auch für sonstige **Verzichtsvereinbarungen** ist das MiLoG von Bedeutung. Jedenfalls in Höhe des Mindestlohns ist ein Verzicht auf Vergütungsansprüche unwirksam, wie sich aus § 3 Satz 2 MiLoG ergibt; ebenso eine Verwirkung des Anspruchs (§ 3 Satz 3 MiLoG). Nur durch »gerichtlichen Vergleich« ist ein Verzicht – begrenzt auf den bereits »entstandenen Anspruch« – zulässig.

5. Verjährung des Mindestlohnanspruchs

a. Verjährungsfrist: Drei Jahre

23 Das Recht, von einem anderen ein Tun oder Unterlassen zu verlangen (Anspruch), unterliegt der Verjährung (§ 194 Abs. 1 BGB). Nach Eintritt der Verjährung ist der Schuldner berechtigt, die Leistung zu verweigern (§ 214 Abs. 1 BGB). Die Verjährung ist also eine Einrede. Erhebt der Schuldner nicht die Einrede der Verjährung, kommt es auf die Verjährungsfrist nicht an. Der Anspruch auf Zahlung des gesetzlichen Mindestlohns (wie auch der Anspruch auf Zahlung eines Branchen-Mindestlohns) fällt unter § 194 BGB und unterliegt der regelmäßigen **Verjährungsfrist von drei Jahren** (§ 195 BGB). Diese beginnt mit dem Schluss des Jahres zu laufen, in dem der **Anspruch entstanden** ist (§ 199 Abs. 1 Nr. 1 BGB) und der Gläubiger von den anspruchsbegründenden Umständen und der Person des Schuldners **Kenntnis erlangt hat** oder ohne grobe Fahrlässigkeit erlangt haben müsste (§ 199 Abs. 1 Nr. 2 BGB).

24 Entstanden ist ein Anspruch, wenn er im Wege der Klage geltend gemacht werden kann. Das setzt grundsätzlich voraus, dass der **Anspruch zur Zahlung fällig ist**, da erst von diesem Zeitpunkt an der Gläubiger mit Erfolg die Leistung vom Schuldner fordern kann (§ 271 Abs. 2 BGB).[859] Für die Fälligkeit des Mindestlohns ist § 2 MiLoG zu beachten. Die Kenntnis des Gläubigers – hier des Arbeitnehmers – von den anspruchsbegründenden Umständen ist vorhanden, wenn er aufgrund der ihm bekannten Tatsachen gegen eine bestimmte Person eine Klage (sei es auch nur eine Feststellungsklage) erheben kann, die bei verständiger Würdigung so viel Aussicht auf Erfolg hat, dass sie dem Gläubiger zumutbar ist. Die erforderliche Kenntnis setzt keine zutreffende rechtliche Würdigung voraus, es genügt vielmehr die Kenntnis der tatsächlichen Umstände, die den Anspruch begründen sollen.[860]

---

859 BAG 24.6.2015 – 5 AZR 462/14, Rn. 19, NZA 2016, 108; BAG 23.10.2013 – 5 AZR 135/12, Rn. 24, NZA 2014, 200; BAG 28.8.2012 – 8 AZR 394/11, Rn. 28, NZA 2013, 227.

860 BAG 17.12.2014 – 5 AZR 8/13, NZA 2015, 479; BAG 13.3.2013 – 5 AZR 424/12, Rn. 24, NZA 2013, 785.

Beispiel:
Die Verjährungsfrist für den Anspruch auf den Mindestlohn für den Monat Januar 2021 beginnt mit dem 31.12.2021 (Schluss des Jahres, § 199 Abs. 1 BGB) und endet mit dem 31.12.2024. Auch beim Anspruch auf den Mindestlohn für den Monat Dezember sollte sicherheitshalber auf diese Daten abgestellt werden. Da allerdings in der Regel der Anspruch im Sinne der Verjährungsvorschriften erst entsteht, wenn dieser auch fällig ist,[861] der Mindestlohnanspruch aber häufig erst im Folgemonat fällig ist (vgl. die Kommentierung des § 2 MiLoG), kann der Anspruch auf den Mindestlohn für den Monat Dezember 2020 ggf. erst im Monat Januar 2021 im Sinne der Verjährungsvorschriften entstehen. Stellt man darauf ab, beginnt die Verjährungsfrist für den Anspruch auf den Mindestlohn für den Monat Dezember 2020 (fällig im Januar 2021) erst mit dem 31.12.2021 (Schluss des Jahres) und endet mit dem 31.12.2024. Vor Ende der Verjährungsfrist muss, um die Verjährung zu verhindern, eine Handlung erfolgen, die die Verjährung hemmt (§ 204 BGB), vor allem durch Erhebung einer Klage gegen den Arbeitgeber (vgl. Rn. 50).

b. Maßnahmen zur Verhinderung der Verjährung

Um die Verjährung zu verhindern, muss eine Handlung erfolgen, die die Verjährung hemmt oder neu beginnen lässt. Schweben zwischen dem Arbeitgeber und dem Arbeitnehmer **Verhandlungen über den Anspruch** oder die den Anspruch begründenden Umstände, ist die Verjährung gehemmt, bis der eine oder andere Teil die Fortsetzung der Verhandlungen verweigert (§ 203 Satz 1 BGB). 25

Die Verjährung wird zudem gehemmt durch bestimmte **Maßnahmen der Rechtsverfolgung**. Von Bedeutung sind hier vor allem

- die Erhebung einer Klage auf Leistung oder auf Feststellung des Anspruchs (§ 204 Abs. 1 Nr. 1 BGB),
- die Zustellung des Mahnbescheids im Mahnverfahren (§ 204 Abs. 1 Nr. 3 BGB),[862]
- die Geltendmachung der Aufrechnung des Anspruchs im Prozess (§ 204 Abs. 1 Nr. 5 BGB),
- die Zustellung eines Antrags auf Erlass eines Arrests, einer einstweiligen Verfügung oder einer einstweiligen Anordnung oder, wenn der Antrag nicht zugestellt wird, dessen Einreichung, wenn der Arrestbefehl, die einstweilige Verfügung oder die einstweilige Anordnung innerhalb eines Monats seit Verkündung oder Zustellung an den Gläubiger dem Schuldner zugestellt wird (§ 204 Abs. 1 Nr. 9 BGB),

---

861 BAG 24.6.2015 – 5 AZR 462/14, Rn. 19, NZA 2016, 108; BAG 23.10.2013 – 5 AZR 135/12, Rn. 24, NZA 2014, 200; BAG 28.8.2012 – 8 AZR 394/11, Rn. 28, NZA 2013, 227.

862 Zu Problemen, die sich bei der (rechtzeitigen) Zustellung eines Mahnbescheides stellen können: BAG 11.10.2017 – 5 AZR 694/16, NZA 2018, 390.

- die Anmeldung des Anspruchs im Insolvenzverfahren (§ 204 Abs. 1 Nr. 10 BGB).

Die **Hemmung der Verjährung endet** sechs Monate nach der rechtskräftigen Entscheidung oder anderweitigen Beendigung des eingeleiteten Verfahrens (§ 204 Abs. 2 Satz 1 BGB). Gerät das Verfahren dadurch in Stillstand, dass die Parteien es nicht betreiben, so tritt an die Stelle der Beendigung des Verfahrens die letzte Verfahrenshandlung der Parteien, des Gerichts oder der sonst mit dem Verfahren befassten Stelle (§ 204 Abs. 2 Satz 3 BGB).

Die Verjährung bleibt gehemmt, solang ein **triftiger Grund** dafür besteht, dass die Parteien ein Klageverfahren nicht betreiben. Ein solcher triftiger Grund setzt voraus, dass die Umstände für den Prozessstillstand nach außen erkennbar sind.[863] Subjektive Beweggründe einer Partei oder das bloße Abwarten eines Muster- bzw. Parallelverfahrens aus prozessökonomischen Motiven reichen nicht aus.[864] Die Hemmung beginnt erneut, wenn eine der Parteien das Verfahren weiter betreibt (§ 204 Abs. 2 Satz 4 BGB).

Ein befristeter Verzicht auf die Verjährungseinrede hat keine Auswirkungen auf die Verjährung und deren Hemmung.[865]

Zu beachten ist, dass durch eine **Kündigungsschutz- oder Entfristungsklage** *nicht* die Verjährung für Zahlungsansprüche des Arbeitnehmers gehemmt wird.[866]

26 Bei der »**Erhebung einer Klage**« ist zu beachten, dass eine Klage erst mit der Zustellung der Klageschrift beim Klagegegner erhoben ist (§ 253 Abs. 1 ZPO). Soll durch die Zustellung eine Frist gewahrt werden oder die Verjährung neu beginnen oder diese nach § 204 BGB gehemmt werden, tritt diese Wirkung allerdings bereits mit Eingang des Antrags oder der Erklärung ein, wenn die Zustellung »demnächst« erfolgt (§ 167 ZPO). In diesem Sinne reicht es aus, die Klage (oder den Antrag auf Erlass eines Mahnbescheids) bis zu dem maßgeblichen Tag (z. B. 31. 12. 2018) beim Arbeitsgericht einzureichen, wenn die Klage »demnächst« zugestellt wird. Da die Zustellung der Klage von Amts wegen durch das Gericht zu erfolgen hat, werden Verzögerungen bei der Zustellung, die durch die Sachbearbeitung des Gerichts verursacht sind, dem Kläger grundsätzlich nicht zugerechnet. Das gilt auch bei mehrmonatigen Verzögerungen, vor allem wenn eine Zustellung der Klage im Ausland erforderlich ist.[867] Verzögerungen bei der Zustellung der Klage, die dem Kläger oder dem Prozessbevollmächtigten zuzurechnen sind, gehen allerdings zulasten des Klägers. Das gilt vor allem bei Mängeln der Klage-

863 BAG 20. 5. 2020 – 10 AZR 576/18, NZA 2020, 1355.

864 BAG 13. 11. 2018 – 3 AZR 103/17, NZA 2020, 192.

865 BAG 20. 5. 2020 – 10 AZR 576/18, NZA 2020, 1355.

866 BAG 24. 6. 2015 – 5 AZR 509/13, Rn. 17, NZA 2015, 1256; BAG 24. 9. 2014 – 5 AZR 593/12, Rn. 39, NZA 2015, 35.

867 BAG 28. 8. 2012 – 8 AZR 394/11, Rn. 31, NZA 2013, 227.

schrift, etwa bei Angabe einer falschen oder unzureichenden Anschrift des Beklagten.[868]

27 Voraussetzung für eine ordnungsgemäße Klagerhebung ist jedoch, dass die **Klage hinreichend bestimmt**, d. h. individualisiert ist. Klagegegenstand, Anspruchsgrund und Klageantrag müssen »bestimmt« sein (§ 253 Abs. 2 Nr. 2 ZPO). Es bedarf der Bezeichnung des Anspruchs unter der bestimmten Angabe der verlangten Leistung. Selbst bei einem Mahnbescheid muss der durch den Mahnbescheid geltend gemachte Anspruch so konkretisiert sein, dass dieser von anderen Ansprüchen so unterschieden und abgegrenzt werden kann, dass er über einen Vollstreckungsbescheid Grundlage eines Vollstreckungstitels sein kann und dem Schuldner die Beurteilung möglich ist, ob er sich gegen den Anspruch zur Wehr setzen will oder nicht.[869] Der Anspruchsgegner muss erkennen können, »worum es geht«.[870] Werden mehrere Einzelforderungen geltend gemacht, muss deren Bezeichnung im Mahnbescheid dem Beklagten ermöglichen, die Zusammensetzung des verlangten Gesamtbetrags aus für ihn unterscheidbaren Ansprüchen zu erkennen.[871] Entsprechendes gilt für die Klage. Streitgegenstand einer Vergütungsklage (einer Klage auf Mindestlohn) ist die Zahlung der Vergütung für einzelne Zeitabschnitte. Die Klage muss für jeden Monat getrennt Anspruchsgrund und Anspruchshöhe benennen. Das bedeutet, dass anzugeben ist, für welche konkreten Monate in welcher Höhe Zahlungen verlangt werden,[872] zudem ist für jeden Monat getrennt mindestens die Zahl der Stunden anzugeben, für die der Mindeststundenlohn aus welchem Grund (weil gearbeitet worden ist, weil ein Entgeltfortzahlungsanspruch besteht oder aus welchen sonstigen Gründen) zu zahlen sein soll, damit überhaupt eine zulässige Klage vorliegt. Das wird in der Praxis nicht immer beachtet.

28 Die **Verjährung beginnt erneut**, wenn der Arbeitgeber gegenüber dem Arbeitnehmer den Anspruch durch Abschlagszahlung, Zinszahlung, Sicherheitsleistung oder in anderer Weise **anerkannt** hat (§ 212 Abs. 1 Nr. 1 BGB). Allerdings muss dieses »Anerkenntnis« innerhalb der Verjährungsfrist er-

868 BAG 28.8.2012 – 8 AZR 394/11, Rn. 32, NZA 2013, 227.

869 BGH 10.10.2013 – VII ZR 155/11, Rn. 14, NJW 2013, 3509; BGH 17.11.2010 – VIII ZR 211/09, Rn. 9, NJW 2011, 613; BGH 30.11.1999 – VI ZR 207/98, NJW 2000, 1420.

870 BGH 13.10.2015 – II ZR 281/14, Rn. 16, NJW 2016, 1083.

871 BGH 17.10.2000 – XI ZR 312/99, NJW 2001, 305, 306; BGH 17.12.1992 – VII ZR 84/92, NJW 1993, 862.

872 Der Klageantrag kann durchaus addiert die Forderungen enthalten (*Beispiel*: »Die Beklagte wird verurteilt, an den Kläger 7500 Euro brutto zu zahlen.«). Aus der Klagebegründung muss sich dann allerdings ergeben, für welchen konkreten Monat oder für welche konkreten Monate in welcher Höhe Zahlungen verlangt werden.

folgen. Ein Anerkenntnis nach Ablauf der Verjährungsfrist führt nicht dazu, dass die Verjährung neu beginnt.[873]
Die in einer **Entgeltabrechnung** enthaltenen Mitteilungen können ein (rein tatsächliches) Anerkenntnis im Sinne des § 212 Abs. 1 Nr. 1 BGB sein. Liegt ein solches vor, beginnt die Verjährungsfrist für die in den Abrechnungen ausgewiesenen Ansprüche jeweils an dem auf die Abrechnung folgenden Tag erneut zu laufen, wenn die Verjährungsfrist zu dem Zeitpunkt, zu dem der Arbeitgeber die Entgeltabrechnung erteilt, noch nicht abgelaufen ist.[874] Von Dritten im Auftrag des Arbeitgebers erstellte Entgeltabrechnungen, die ein verjährungsrechtliches Anerkenntnis im Sinne des § 212 Abs. 1 Nr. 1 BGB enthalten, können dem Arbeitgeber nach den Grundsätzen der Rechtsscheinvollmacht als eigene Handlung zuzurechnen sein.[875]

c. Einrede der Verjährung als unzulässige Rechtsausübung

29 Die Verjährungsvorschriften dienen dem Rechtsfrieden und der Sicherheit des Rechtsverkehrs. Deshalb ist es dem Schuldner, hier dem Arbeitgeber, in der Regel nicht verwehrt, die Einrede der Verjährung auch tatsächlich zu erheben. Die Rechtsordnung lässt dies ausdrücklich zu. Nur ausnahmsweise ist es dem Arbeitgeber verwehrt, die Einrede der Verjährung zu erheben, wenn diese Rechtshandlung gegen Treu und Glauben (§ 242 BGB) verstößt. Eine solche **unzulässige Rechtsausübung** ist anzunehmen, wenn der Arbeitgeber den Arbeitnehmer durch sein Verhalten von der Erhebung der Klage abgehalten oder ihn nach objektiven Maßstäben zu der Annahme veranlasst hat, es werde auch ohne Rechtsstreit eine vollständige Befriedigung seines Anspruchs zu erzielen sein. Der Schuldner (Arbeitgeber) setzt sich in Widerspruch zu seinem eigenen Verhalten, wenn er zunächst den Arbeitnehmer (Gläubiger) zur Untätigkeit veranlasst und später aus der Untätigkeit einen Vorteil herleiten will, indem er sich auf die Verjährung beruft. Das ist anzunehmen, wenn der Arbeitgeber durch positives Tun oder durch ein pflichtwidriges Unterlassen einen entsprechenden Irrtum beim Arbeitnehmer erregt hat.[876] Normalerweise besteht aber keine Pflicht des Schuldners (des Arbeitgebers), den Arbeitnehmer auf seine fehlende Leistungsbereitschaft hinzuweisen. Jeder Vertragspartner muss für die Wahrnehmung seiner Interessen grundsätzlich selbst sorgen.[877]

873 BAG 19.1.2010 – 3 AZR 191/08, Rn. 29, NZA 2011, 520.
874 BAG 19.3.2019 – 9 AZR 881/16, Rn. 30ff., NZA 2019, 1046.
875 BAG 19.3.2019 – 9 AZR 881/16, Rn. 30ff., NZA 2019, 1046.
876 BAG 7.11.2002 – 2 AZR 297/01, NZA 2003, 963.
877 BAG 7.11.2007 – 5 AZR 910/06, NZA-RR 2008, 399.

d. Vertragliche Abweichung von den gesetzlichen Verjährungsvorschriften

Zwar ist eine vertragliche Abweichung von den gesetzlichen Verjährungsvorschriften **zulasten der Arbeitnehmer**, also vor allem eine Verkürzung der gesetzlichen Verjährungsfristen, durch Individualvereinbarung in bestimmten Grenzen (vgl. § 202 BGB) an sich zulässig. Vom Arbeitgeber einseitig gestellte und vorformulierte Vertragsklauseln über die Kürzung von Verjährungsfristen unterliegen indes der Inhaltskontrolle am Maßstab der AGB-Kontrolle (§ 307 BGB). Wegen der gesetzlichen **Spezialregelung** in § 3 Satz 1 MiLoG, dass Vereinbarungen, die den Anspruch auf Mindestlohn unterschreiten oder seine Geltendmachung beschränken oder ausschließen, unwirksam sind, ist allerdings eine vertragliche Abweichung von den gesetzlichen Verjährungsvorschriften, soweit es um den Anspruch auf den Mindestlohn geht, generell **unzulässig.**[878] Zulässig wären vertragliche Regelungen (auch durch Tarifvertrag), die **zugunsten der Arbeitnehmer** von den gesetzlichen Verjährungsvorschriften abweichen – also etwa eine Vereinbarung, dass sich die Verjährungsfristen verlängern oder dass sich der Arbeitgeber gegenüber dem Mindestlohnanspruch generell nicht auf Verjährung berufen darf. 30

Unterabschnitt 2 Mindestlohnkommission

§ 4 Aufgabe und Zusammensetzung

(1) Die Bundesregierung errichtet eine ständige Mindestlohnkommission, die über die Anpassung der Höhe des Mindestlohns befindet.
(2) Die Mindestlohnkommission wird alle fünf Jahre neu berufen. Sie besteht aus einer oder einem Vorsitzenden, sechs weiteren stimmberechtigten ständigen Mitgliedern und zwei Mitgliedern aus Kreisen der Wissenschaft ohne Stimmrecht (beratende Mitglieder).

Inhaltsübersicht Rn.

878 *Riechert/Nimmerjahn*, MiLoG § 3 Rn. 34.

1. Regelungskonzept: Rechtsverordnung auf Vorschlag der Mindestlohnkommission

1 Die Höhe des Mindestlohns mit Wirkung zum 1.1.2015 war **durch Gesetz** mit 8,50 Euro festgelegt (§ 1 Abs. 2 Satz 1 MiLoG). Nach dem Regelungskonzept des MiLoG erfolgt die Anpassung der Höhe des Mindestlohns danach (im Zwei-Jahres-Turnus) auf Vorschlag der Mindestlohnkommission **durch Rechtsverordnung** der Bundesregierung, wie § 1 Abs. 2 Satz 2 MiLoG bestimmt und durch die Regelungen in den §§ 4 bis 9 MiLoG näher ausgestaltet wird. Eine Delegation der Rechtssetzungsbefugnis, die an sich dem Parlament als demokratisch gewählte Volksvertretung zukommt, durch Gesetz ist zulässig, wenn Inhalt, Zweck und Ausmaß der erteilten Ermächtigung im Gesetz bestimmt werden (Art. 80 Abs. 1 GG).

Eine eigenständige Kompetenz der Bundesregierung zur Festsetzung der Höhe des Mindestlohns unabhängig von dem Beschluss der Mindestlohnkommission (§ 9 MiLoG) besteht nach den Vorgaben des MiLoG nicht, was verfassungsrechtlich problematisch ist (vgl. Rn. 3). Unbenommen bleibt es, die **Mindestlohnhöhe durch den Gesetzgeber zu ändern**. Die Vorgaben des MiLoG zur Bestimmung der Mindestlohnhöhe stehen insoweit unter dem Vorbehalt, dass ein Gesetz – wie das MiLoG – jederzeit durch den Gesetzgeber geändert werden kann. Insoweit hat auch die Bundesregierung die Möglichkeit, einen entsprechenden Gesetzesentwurf in das Parlament einzubringen (Art. 76 Abs. 1 GG). Letztendlich verbleibt aber die Entscheidung beim Gesetzgeber, wobei die Fraktionen, die die Bundesregierung tragen, im Bundestag normalerweise die Mehrheit haben.

2 Im Hinblick auf Art. 80 Abs. 1 GG ist gegen die Verlagerung der Bestimmung der künftigen Höhe des Mindestlohns vom Parlament auf die Bundesregierung als Verordnungsgeber nichts einzuwenden, es sei denn, man geht davon aus, dass die Festsetzung der Höhe des Mindestlohns nach der verfassungsrechtlichen **Wesentlichkeitstheorie** so wesentlich ist, dass diese unmittelbar durch das Parlament getroffen werden muss und nicht an die Exekutive delegiert werden darf.[879] Aus dem Demokratie- und Rechtsstaatsprinzip folgt, dass der parlamentarische Gesetzgeber die grundlegenden oder »wesentlichen Entscheidungen« selbst treffen muss und diese nicht der Exekutive überlassen darf (sog. **Parlamentsvorbehalt**). Bezüglich des Mindestlohns kann man jedoch die Auffassung vertreten, dass die »wesentliche« Grundentscheidung darin liegt, dass es überhaupt einen gesetzlichen (staatlichen) Mindestlohn geben soll. Diese Entscheidung hat das Parlament durch Gesetz – eben das MiLoG – getroffen. Die weiteren Entscheidungen über die Anpassung der Höhe des Mindestlohns sind fortan nicht mehr so

879 Vgl. *Picker*, RdA 2014, 25, 36.

»wesentlich«, als sie nicht durch die Exekutive (Bundesregierung) getroffen werden könnten.

3 Verfassungsrechtlich problematisch ist die **Einbindung der Mindestlohnkommission in die Rechtsetzung.**[880] Außerstaatlichen Gremien fehlt jede demokratische Legitimation.[881] Vertretern von Partikularinteressen (wie Gewerkschaften und Arbeitgeberverbänden) dürfen keine echten Mitentscheidungsrechte im Gesetzgebungs- oder Verordnungsverfahren zukommen, da andernfalls die Souveränität des Gesetz- oder Verordnungsgebers verletzt würde.[882] Der Staat darf »seine Normsetzungsbefugnis nicht beliebig außerstaatlichen Stellen überlassen und die Bürgerinnen und Bürger nicht schrankenlos der normsetzenden Gewalt von Akteuren ausliefern, die ihnen gegenüber nicht demokratisch beziehungsweise mitgliedschaftlich legitimiert sind«.[883] Artikel 80 GG sieht eine solche Einbindung von Privaten – denn um nichts anderes geht es bei der Mindestlohnkommission – in die staatliche Rechtsetzung nicht vor. Zulässig wäre es allenfalls, Private in nichtentscheidender Funktion, vor allem durch Anhörung, beim Erlass von Rechtsverordnungen zu beteiligen.[884] Darüber geht jedoch das MiLoG hinaus, denn es schreibt ausdrücklich vor, dass die Rechtsverordnung »auf Vorschlag« der Mindestlohnkommission ergeht (§ 1 Abs. 2 Satz 1 MiLoG). Nach § 4 Abs. 1 MiLoG »befindet« die Mindestlohnkommission über die Anpassung der Höhe des Mindestlohns. Gemäß § 9 Abs. 1 MiLoG »beschließt« die Mindestlohnkommission über die Anpassung der Höhe des Mindestlohns, und nach der Gesetzesbegründung zu § 11 MiLoG soll der Verordnungsgeber den Beschluss der Mindestlohnkommission »nur unverändert in die Rechtsverordnung« übernehmen können: »… es besteht keine Möglichkeit zur inhaltlichen Abweichung.«[885] Die einzige Handlungsoption,

880 Vorbild scheint u. a. die »Low Pay Commission« in Großbritannien zu sein; vgl. zu dieser: *Bosch/Weinkopf*, WSI-Mitteilungen 2006, S. 125 ff.

881 Vgl. *Picker*, RdA 2014, 25, 36; kritisch auch *Höpfner*, Die Tarifgeltung im Arbeitsverhältnis, 2015, S. 491 f. *Barczak* (RdA 2014, 290, 293) hat im Ergebnis keine verfassungsrechtlichen Bedenken, aber allein deshalb, weil die Bundesregierung letztlich eine umfassende »Recht- und Zweckmäßigkeitsprüfung« vorzunehmen habe, ob sie die Rechtsverordnung zur Festsetzung des Mindestlohns erlässt oder nicht; ähnlich argumentiert *Pötters*, in: Thüsing, vor §§ 4–8 MiLoG, Rn. 7. Zweifel an der demokratischen Legitimation der Beteiligung des Tarifausschusses gem. § 5 TVG am Verfahren der Allgemeinverbindlicherklärung (diese kann nur im Einvernehmen mit dem Tarifausschuss erlassen werden) äußerte jüngst *Waltermann*, RdA 2018, 137, 147.

882 Vgl. BVerfG 12.6.2018 – 2 BvR 1738/12, 1395/13, 1068/14, 646/15, Rn. 162, NJW 2018, 2695, 2705.

883 BVerfG 10.1.2020 – 1 BvR 4/17, Rn. 14, NZA 2020, 253.

884 Vgl. *Jarass/Pieroth*, GG, Art. 80 Rn. 12.

885 BT-Drs. 18/1558, S. 39.

die dem Verordnungsgeber nach der Gesetzesbegründung verbleiben soll ist die, keine Rechtsverordnung zu erlassen, weil eine »Umsetzungspflicht des Verordnungsgebers« nicht bestehe.[886] Das folgt auch daraus, dass nach § 11 Abs. 1 Satz 1 MiLoG die Bundesregierung die Rechtsverordnung erlassen »kann«. Im Übrigen ergibt sich das aus dem **Normsetzungsermessen**, das dem Verordnungsgeber stets zukommt. Es besteht keine Pflicht des Ermächtigungsadressaten (hier der Bundesregierung), tätig zu werden.[887]

4 Soweit § 1 Abs. 2 Satz 2 MiLoG bei der Mindestlohnkommission von einer »**Kommission der Tarifpartner**« spricht, ist das verfehlt. Es geht bei dem staatlichen Mindestlohn nicht – wie bei der Allgemeinverbindlicherklärung (§ 5 TVG) oder einer Rechtsverordnung nach dem AEntG – um eine Ausdehnung von *Tarifverträgen* auf Außenseiter, sondern um einen durch das Sozialstaatsprinzip (Art. 20 GG) legitimierten staatlichen Rechtssetzungsakt. **Es geht um staatsautonomes Handeln, nicht um Tarifautonomie.** »Tarifpartner« gibt es bei einem staatlichen Mindestlohn nicht. Bei der Besetzung der Mindestlohnkommission soll nach der Gesetzesbegründung auf den »Sachverstand« der durch Art. 9 Abs. 3 GG »mit der Regelung der Arbeits- und Wirtschaftsbedingungen befassten Tarifpartner« zurückgegriffen werden,[888] an anderer Stelle ist vom »Sachverstand der tariflichen Akteure« die Rede.[889] Das überzeugt allerdings nicht. Da es bei der Festsetzung eines Mindestpreises für die Arbeitskraft durch einen staatlichen Mindestlohn (zunächst gesetzlich gem. § 1 MiLoG, sodann durch Rechtsverordnung gem. § 11 MiLoG) um die Existenzsicherung der betroffenen Arbeitnehmer und um eine Intervention des Sozialstaats in die nicht funktionierende freie Lohnfindung geht, ist eine Beteiligung von Privaten und außerstaatlichen Institutionen – auch von Arbeitgeberverbänden und Gewerkschaften – fernliegend.[890] Die »politische Last der Anpassungsentscheidung«[891] muss die Politik, wenn sie sich (zu Recht) für die Einführung eines gesetzlichen Mindestlohns entscheidet, selbst tragen. Es ist nicht sachgerecht, den »Tarifpartnern« den »Schwarzen Peter« zuzuschieben. Die »Tarifpartner« haben überdies mit einer *staatlichen* Intervention schon deshalb wenig zu tun, weil das partielle Versagen der Lohnfindung durch Tarifverträge zur Ausweitung

886 BT-Drs. 18/1558, S. 39.

887 Vgl. *Jarass/Pieroth*, GG, Art. 80 Rn. 34; vgl. auch *Barczak*, RdA 2014, 290, 293.

888 Begründung zu § 5 MiLoG: BT-Drs. 18/1558, S. 36.

889 Begründung zu § 7 MiLoG: BT-Drs. 18/1558, S. 37.

890 Ablehnend auch *Bepler*, Gutachten B zum 70. Deutschen Juristentag 2014, S. 106ff.; *Bepler*, NZA 2014, 891, 893; *Waltermann*, NZA 2014, 874, 879.

891 *Bepler*, Gutachten B zum 70. Deutschen Juristentag 2014, S. 107: »Es ist zwar nachvollziehbar, dass der Gesetzgeber die politische Last der Anpassungsentscheidung auf die Koalitionen übertragen will. Sachgerecht und der Tarifautonomie förderlich ist dies aber nicht.«.

des Niedriglohnsektors geführt hat, die gerade Anlass für die Einführung eines staatlich festgesetzten Mindestlohns war. Die Einführung des gesetzlichen Mindestlohns ist gerade ein Indiz für ein »Funktionsdefizit« oder »Leistungsdefizit« der Tarifautonomie im Bereich der Niedrigentgelte.[892]

2. Errichtung und Aufgabe der Mindestlohnkommission

Die Bundesregierung errichtet eine ständige Mindestlohnkommission. Ihre Aufgabe ist es, über die Anpassung der Höhe des Mindestlohns zu befinden (§ 4 Abs. 1 MiLoG). Die Mindestlohnkommission wird aufgrund ihrer zentralen Aufgabenstellung als **ständiges Gremium mit eigener Geschäftsstelle- und Informationsstelle** eingerichtet (§ 12 MiLoG). 5

Die Mindestlohnkommission wird **alle fünf Jahre neu berufen** (§ 4 Abs. 2 Satz 1 MiLoG). Fraglich ist, ab welchem Zeitpunkt die Fünf-Jahres-Frist beginnt. Denkbar ist es, auf den Zeitpunkt abzustellen, an dem die Kommission erstmals tagt. Da jedoch die Bundesregierung die Mindestlohnkommission gem. § 4 Abs. 1 MiLoG »errichtet« bzw. diese gem. § 4 Abs. 2 MiLoG (neu) »berufen« wird, ist es naheliegender, auf den Zeitpunkt der Errichtung oder Konstituierung der Kommission durch die Bundesregierung abzustellen, wenn man unterstellt, dass die Bundesregierung einen eigenständigen Beschluss zur Errichtung oder Berufung der Mindestlohnkommission fassen wird. Jedenfalls muss die Bundesregierung einen Beschluss über die Berufung der Mitglieder der Kommission fassen (vgl. § 5 Abs. 1 Satz 1, § 6 Abs. 1, § 7 Abs. 1 Satz 1 MiLoG). Unabhängig davon, auf welchen Zeitpunkt man abstellt, wird die Mindestlohnkommission innerhalb der fünf Jahre maximal zweimal über eine Anpassung der Höhe des Mindestlohns beschließen, weil hierfür ein Zwei-Jahres-Turnus festgelegt ist (§ 9 Abs. 1 Satz 2 MiLoG). 6

Eine erneute Berufung eines Teils der Mitglieder oder sämtlicher Mitglieder der ersten Mindestlohnkommission ist nach dem Gesetzeswortlaut nicht ausgeschlossen und deshalb zulässig.[893]

3. Zusammensetzung der Mindestlohnkommission

Die Mindestlohnkommission setzt sich aus insgesamt neun Mitgliedern zusammen (§ 4 Abs. 2 Satz 2 MiLoG). **Sieben davon sind stimmberechtigt**: die oder der Vorsitzende und sechs weitere stimmberechtigte ständige Mitglieder. Die ungerade Zahl soll sicherstellen, dass eine Mehrheitsent- 7

892 Vgl. *Bepler*, Gutachten B zum 70. Deutschen Juristentag 2014, S. 10; *Picker*, RdA 2014, 25, 27; *Waltermann*, NZA 2014, 874, 879; *Waltermann*, AuR 2015, 166, 167.

893 *Heilmann*, in: Düwell/Schubert, MiLoG, § 4 Rn. 1; *Pötters*, in: Thüsing, §§ 4–8 MiLoG, Rn. 2.

scheidung zustande kommt, wenn eine Einigung innerhalb der Kommission nicht möglich ist. Aus Kreisen der Wissenschaft werden zwei beratende Mitglieder ohne Stimmrecht bestellt. Die Berufung der stimmberechtigten Mitglieder regelt § 5 MiLoG, die Berufung des Vorsitzenden § 6 MiLoG und die Berufung die beratenden Mitglieder § 7 MiLoG. Das Verfahren der Kommission regelt § 10 MiLoG.

8 Die **erste Mindestlohnkommission** wurde am 17.12.2014 berufen (vgl. 4. Auflage Rn. 8). Vorsitzender der **zweiten Mindestlohnkommission** ist – wie schon der ersten – Jan Zilius. Die Gewerkschaften sind vertreten durch das DGB-Bundesvorstandsmitglied Stefan Körzell, den IG BAU-Vorsitzenden Robert Feiger und die stellvertretende verdi-Vorsitzende Andrea Kocsis. Für die Arbeitgeberseite sind berufen: Steffen Kampeter (BDA), Brigitte Faust (Arbeitgebervereinigung Nahrung und Genuss) und Karl-Sebastian Schulte (ZDH).
Als Wissenschaftler gehören der zweiten Mindestlohnkommission Lars P. Feld (Universität Freiburg) und Claudia Weinkopf (IAQ) an.

§ 5 Stimmberechtigte Mitglieder

(1) Die Bundesregierung beruft je drei stimmberechtigte Mitglieder auf Vorschlag der Spitzenorganisationen der Arbeitgeber und der Arbeitnehmer aus Kreisen der Vereinigungen von Arbeitgebern und Gewerkschaften. Die Spitzenorganisationen der Arbeitgeber und Arbeitnehmer sollen jeweils mindestens eine Frau und einen Mann als stimmberechtigte Mitglieder vorschlagen. Werden auf Arbeitgeber- oder auf Arbeitnehmerseite von den Spitzenorganisationen mehr als drei Personen vorgeschlagen, erfolgt die Auswahl zwischen den Vorschlägen im Verhältnis zur Bedeutung der jeweiligen Spitzenorganisationen für die Vertretung der Arbeitgeber- oder Arbeitnehmerinteressen im Arbeitsleben des Bundesgebietes. Übt eine Seite ihr Vorschlagsrecht nicht aus, werden die Mitglieder dieser Seite durch die Bundesregierung aus Kreisen der Vereinigungen von Arbeitgebern oder Gewerkschaften berufen.
(2) Scheidet ein Mitglied aus, wird nach Maßgabe des Absatzes 1 Satz 1 und 4 ein neues Mitglied berufen.

Inhaltsübersicht Rn.

1. Berufung der stimmberechtigten Mitglieder der Mindestlohnkommission

§ 5 MiLoG regelt die Berufung der stimmberechtigten Mitglieder der Mindestlohnkommission. Die Bundesregierung beruft je drei stimmberechtigte Mitglieder auf Vorschlag der Spitzenorganisationen der Arbeitgeber und der Arbeitnehmer aus Kreisen der Vereinigungen von Arbeitgebern und Gewerkschaften. **Letztlich entscheidet die Bundesregierung über die Berufung der Mitglieder der Mindestlohnkommission**, zwar »auf Vorschlag« der Spitzenorganisationen, doch eine rechtliche Bindungswirkung an die Vorschläge der Spitzenorganisationen kann aus staatsrechtlicher Sicht nicht angenommen werden. Bei der Festsetzung der Höhe des Mindestlohns, die durch Rechtsverordnung erfolgt (§ 11 MiLoG) geht es um exekutives Handeln, dass von der Bundesregierung (politisch) zu verantworten ist. Die Bundesregierung lässt sich hierbei durch die Mindestlohnkommission unterstützen. Das kann jedoch nichts daran ändern, dass es bei der Berufung der Mitglieder der Kommission und auch des Vorsitzenden (§ 6 MiLoG) letztlich um exekutives Handeln geht, das von der Bundesregierung zu verantworten ist. Außerstaatliche private Institutionen verfügen über keinerlei demokratische Legitimation. Deshalb liegt es letztlich allein in der Verantwortung der Bundesregierung, welche Person sie in die Mindestlohnkommission beruft und mit dem Vorsitz betraut. 1

Bei der Besetzung der Mindestlohnkommission soll nach der Gesetzesbegründung auf den »Sachverstand« der durch Art. 9 Abs. 3 GG »mit der Regelung der Arbeits- und Wirtschaftsbedingungen befassten Tarifpartner« zurückgegriffen werden.[894] Das überzeugt in der Begründung letztlich nicht, ist aber gleichwohl Gesetz geworden. Da es bei der Festsetzung eines staatlich vorgegebenen Mindestpreises für die Arbeitskraft durch die Vorgabe eines staatlichen Mindestlohns (zunächst gesetzlich gem. § 1 MiLoG, sodann durch Rechtsverordnung gem. § 11 MiLoG) um Existenzsicherung der betroffenen Arbeitnehmer und um eine Intervention des Sozialstaats in die nicht funktionierende freie Lohnfestsetzung geht, ist eine Beteiligung von außerstaatlichen Institutionen eher fernliegend. Vor allem die »Tarifpartner« haben mit einer staatlichen Intervention in die Lohnbeziehungen privater Personen schon deshalb wenig zu tun, weil das partielle Versagen der Lohnfindung durch Tarifverträge zur Ausweitung des Niedriglohnsektors geführt hat, die gerade Anlass für die Einführung eines staatlich festgesetzten Mindestlohns war. Aus der Koalitionsfreiheit (Art. 9 Abs. 3 GG) ergibt sich kein Recht der Koalitionen, an staatlicher Rechtsetzung mitzuwirken. 2

894 BT-Drs. 18/1558, S. 36.

a. Vorschlag der »Spitzenorganisationen«

3 Die Bundesregierung beruft je drei stimmberechtigte Mitglieder auf Vorschlag der **Spitzenorganisationen** der Arbeitgeber und der Arbeitnehmer aus Kreisen der Vereinigungen von Arbeitgebern und Gewerkschaften. In der Gesetzesbegründung heißt es bezüglich der Arbeitnehmerseite, dass diese aus Kreisen »der Einzelgewerkschaften« berufen werden sollen.[895] Das ist insofern unpräzise, als zwar die Einzelgewerkschaften dem DGB als Dachorganisation angehören, gleichwohl die »Spitzenorganisationen« in ihrem Vorschlagsrecht in der Weise frei sein dürften, als diese nicht nur Vertreter der Einzelgewerkschaften vorschlagen können, sondern auch Funktionsträger des DGB, etwa ein Mitglied des Bundesvorstandes des DGB. Gewerkschaftsintern könnte sich zum Streitpunkt entwickeln, welche drei Vertreter der Gewerkschaften für die Mindestlohnkommission vorgeschlagen werden. Die »großen Drei« (IG Metall, ver.di, IG BCE) werden sicherlich ihr Interesse bekunden – doch wäre es sachfremd, die Gewerkschaften nicht zu berücksichtigen, in deren Organisationsbereich Niedriglohnbeschäftigte überproportional vertreten sind, also die NGG und die IG BAU.

4 Ob auf Gewerkschaftsseite neben dem DGB als Spitzenorganisation noch andere Spitzenorganisationen in Betracht kommen, lässt das Gesetz offen. In den Einzelgewerkschaften[896] des DGB sind rund 6,1 Millionen Mitglieder organisiert. Der zweitgrößte Dachverband ist der dbb Beamtenbund und Tarifunion (dbb) mit rund 1,3 Millionen Mitgliedern. Der kleinste Dachverband ist mit rund 270 000 Mitgliedern der Christliche Gewerkschaftsbund Deutschlands (CGB).[897]

5 Daneben gibt es eine Reihe von Gewerkschaften, die keinem Dachverband angehören, u. a. der Marburger Bund – Verband der angestellten und beamteten Ärztinnen und Ärzte Deutschlands (MB), der Deutsche Journalistenverband (DJV), die Unabhängige Flugbegleiter Organisation (UFO), die Vereinigung Cockpit (VC) und die Gewerkschaft der Flugsicherung (GdF). Die Gewerkschaft Deutscher Lokomotivführer (GDL) ist Mitgliedsgewerkschaft in der dbb-Tarifunion.[898] Die zuletzt genannten Gewerkschaften sind nicht als »Spitzenorganisation« i. S. d. § 5 Abs. 1 MiLoG anzusehen, weil es

---

895 BT-Drs. 18/1558, S. 36.

896 Diese sind in der Reihenfolge ihrer Mitgliederzahlen: Industriegewerkschaft Metall (IG Metall), Vereinte Dienstleistungsgewerkschaft (ver.di), Industriegewerkschaft Bergbau, Chemie und Energie (IG BCE), Industriegewerkschaft Bauen-Agrar-Umwelt (IG BAU), Gewerkschaft Erziehung und Wissenschaft (GEW), Eisenbahn- und Verkehrsgewerkschaft (EVG), Gewerkschaft Nahrung-Genuss-Gaststätten (NGG), Gewerkschaft der Polizei (GdP).

897 Vgl. zu den Zahlenangaben *Dribbusch/Birke*, Die DGB-Gewerkschaften seit der Krise, 2014, S. 4 f.

898 Vgl. *Dribbusch*, WSI-Diskussionspapier Nr. 172, 2010, S. 27.

sich jedenfalls nicht um Dachverbände, d.h. um Zusammenschlüsse von Gewerkschaften handelt.

»**Spitzenorganisationen**« sind die Zusammenschlüsse von Gewerkschaften und von Vereinigungen von Arbeitgebern (§ 2 Abs. 2 TVG). In § 12 TVG wird der Begriff der »Spitzenorganisationen« weitergehend – allerdings nur i.S.d. TVG – dahingehend definiert, dass es sich um Zusammenschlüsse von Gewerkschaften oder von Arbeitgebervereinigungen handelt, die für die Vertretung der Arbeitnehmer- oder der Arbeitgeberinteressen »im Arbeitsleben des Bundesgebiets wesentliche Bedeutung« haben. In Bezug auf § 12 TVG wird wegen dieses Kriteriums (»im Arbeitsleben des Bundesgebiets wesentliche Bedeutung«) angenommen, dass »Spitzenorganisation« für die Arbeitnehmer ausschließlich der DGB ist und für die Arbeitgeber die Bundesvereinigung der Deutschen Arbeitgeberverbände (BDA).[899] Für die Arbeitgeberseite trifft das schon deshalb zu, weil die **BDA** die einzige branchenübergreifende Vereinigung von Arbeitgeberverbänden ist. Andere Arbeitgeberorganisationen, wie der Bundesverband der Deutschen Industrie (BDI) und der Zentralverband des Deutschen Handwerks (ZDH) sind keine Zusammenschlüsse von Arbeitgeberverbänden oder vertreten nur einzelne Gruppen von Arbeitgebern, wie die Industrie oder das Handwerk. 6

Ob für die Arbeitnehmerseite im Zusammenhang mit der Mindestlohnkommission nur von einer Spitzenorganisation, nämlich dem **DGB**, ausgegangen werden kann, ist zweifelhaft.[900] Aus § 5 Abs. 1 Satz 3 MiLoG, der eine Auswahlentscheidung der Bundesregierung vorsieht, wenn von den »Spitzenorganisationen« mehr als drei Personen vorgeschlagen werden, und als Kriterium die Bedeutung der jeweiligen »Spitzenorganisationen« (Plural!) für die Vertretung der Arbeitgeber- oder Arbeitnehmerinteressen im Arbeitsleben des Bundesgebiets benennt, muss man folgern, dass es mehr als eine Spitzenorganisation gibt. Zudem kann § 12 TVG nicht unbesehen auf die Mindestlohnkommission übertragen werden. Die »Spitzenorganisationen« nach dem TVG entsenden gem. § 5 Abs. 1 TVG Vertreter in den »Tarifausschuss«, dessen Einvernehmen für eine Allgemeinverbindlicherklärung erforderlich ist. Bei der Allgemeinverbindlicherklärung geht es um die Normerstreckung von Tarifverträgen, während es beim MiLoG um einen Mindestpreis für die Arbeitskraft durch staatliche Anordnung (zunächst gesetzlich gem. § 1 MiLoG, sodann durch Rechtsverordnung gem. § 11 MiLoG) geht. Will man hierbei überhaupt außerstaatliche Institutio- 7

---

899 Vgl. Däubler/*Reinecke/Rachor*, § 12 TVG Rn. 2; ErfK/*Franzen*, § 12 TVG Rn. 2. HWK/*Henssler* (§ 12 TVG Rn. 2) sieht auch den CGB als »Spitzenorganisation« an.

900 Vgl. HK-ArbR-*Däubler* § 4–12 MiLoG Rn. 3, Fußnote 4, der meint, dass jedenfalls die dbb/tarifunion mit rund 1,25 Millionen Mitglieder ebenfalls zu berücksichtigen sei.

nen beteiligen, was nicht unbedingt naheliegt, liegt es jedenfalls fern, für die Begriffsbestimmung der »Spitzenorganisationen« auf Wertungen aus einem anderen Regelungskontext, dem TVG, zurückzugreifen.

b. Einzelheiten des Vorschlags- und Berufungsverfahrens

8 Die Spitzenorganisationen der Arbeitgeber und Arbeitnehmer sollen **jeweils mindestens eine Frau und einen Mann** als stimmberechtigte Mitglieder vorschlagen (§ 5 Abs. 1 Satz 2 MiLoG). Mit dieser Vorschrift soll offenbar sichergestellt werden, dass die Mindestlohnkommission nicht nur aus Männern besteht. So hatten BDA und DGB für den Hauptausschuss nach dem MiArbG nur Männer vorgeschlagen. Interessanterweise wird hier an das Vorschlagsrecht der Spitzenorganisationen angeknüpft. Eine explizite Regelung, dass die Bundesregierung jeweils mindestens eine Frau und einen Mann berufen muss, fehlt.

9 Werden auf Arbeitgeber- oder auf Arbeitnehmerseite von den Spitzenorganisationen **mehr als drei Personen vorgeschlagen,** erfolgt die **Auswahl** zwischen den Vorschlägen im Verhältnis zur Bedeutung der jeweiligen Spitzenorganisationen für die Vertretung der Arbeitgeber- oder Arbeitnehmerinteressen im Arbeitsleben des Bundesgebiets (§ 5 Abs. 1 Satz 3 MiLoG). Dabei können – so die Gesetzesbegründung – die bekannten Verfahren demokratischer Repräsentation wie d'Hondt, Hare-Niemeyer oder Sainte Laguë zugrunde gelegt werden.[901]

10 Das Zustandekommen der Mindestlohnkommission soll auch für den Fall sichergestellt sein, dass die Spitzenorganisationen oder eine Seite ihr Vorschlagsrecht nicht ausübt. **Übt eine Seite ihr Vorschlagsrecht nicht aus**, werden die Mitglieder dieser Seite durch die Bundesregierung aus Kreisen der Vereinigungen von Arbeitgebern oder Gewerkschaften berufen (§ 5 Abs. 1 Satz 4 MiLoG). In diesem Fall – so die Gesetzesbegründung – ist das Bundesgremienbesetzungsgesetz (BGremBG) mit den dortigen Quotierungsregelungen zu beachten. Ein Fall der Nichtausübung des Vorschlagsrechts soll nach der Gesetzesbegründung auch dann vorliegen, wenn hiervon nicht »rechtzeitig« Gebrauch gemacht wird.[902] Allerdings ist der Anknüpfungspunkt für die Rechtzeitigkeit des Vorschlags unklar, weil das MiLoG keine Fristen vorgibt, binnen derer die Spitzenorganisationen ihre Vorschläge einreichen müssen.

901 BT-Drs. 18/1558, S. 36.

902 BT-Drs. 18/1558, S. 36.

2. Verfahren bei Ausscheiden eines stimmberechtigten Mitglieds

§ 5 Abs. 2 MiLoG regelt das Verfahren, wenn ein berufenes Mitglied aus der Mindestlohnkommission ausscheidet. Da die Mindestlohnkommission als ständige Einrichtung für fünf Jahre (§ 4 MiLoG) errichtet wird, besteht hier ein Regelungsbedürfnis. Mangels näherer Regelung kann dieser Fall wohl nur eintreten, wenn ein Mitglied seinerseits den Rücktritt aus der Kommission erklärt oder verstirbt. In diesem Fall wird eine Nachfolgerin oder ein Nachfolger für den Rest der verbleibenden Amtszeit der Mindestlohnkommission von der Bundesregierung berufen. Die Nachberufung richtet sich nach den in § 5 Abs. 1 Satz 1 und Satz 4 MiLoG festgelegten Regeln zur Erstberufung. Sie erfolgt also auf Vorschlag der Spitzenorganisation, deren Mitglied ausgeschieden ist. Unterbleibt ein Vorschlag dieser Spitzenorganisation, wird die Nachfolgerin oder der Nachfolger von der Bundesregierung nach Maßgabe des § 5 Abs. 1 Satz 4 MiLoG bestimmt. 11

§ 6 Vorsitz

(1) Die Bundesregierung beruft die Vorsitzende oder den Vorsitzenden auf gemeinsamen Vorschlag der Spitzenorganisationen der Arbeitgeber und der Arbeitnehmer.
(2) Wird von den Spitzenorganisationen kein gemeinsamer Vorschlag unterbreitet, beruft die Bundesregierung jeweils eine Vorsitzende oder einen Vorsitzenden auf Vorschlag der Spitzenorganisationen der Arbeitgeber und der Arbeitnehmer. Der Vorsitz wechselt zwischen den Vorsitzenden nach jeder Beschlussfassung nach § 9. Über den erstmaligen Vorsitz entscheidet das Los. § 5 Absatz 1 Satz 3 und 4 gilt entsprechend.
(3) Scheidet die Vorsitzende oder der Vorsitzende aus, wird nach Maßgabe der Absätze 1 und 2 eine neue Vorsitzende oder ein neuer Vorsitzender berufen.

Inhaltsübersicht Rn.

1. Berufung des Vorsitzenden der Mindestlohnkommission

Der Vorsitzende der Mindestlohnkommission ist von besonderer Bedeutung, weil er – so die Gesetzesbegründung – die »Aufgabe eines Mittlers«[903] (vgl. § 10 Abs. 2 Satz 3 MiLoG) und bei Nichteinigung innerhalb der Kommission letztlich die ausschlaggebende Stimme hat (§ 10 Abs. 2 Satz 4 1

903 BT-Drs. 18/1558, S. 36.

MiLoG). Das Vorschlagsrecht für die Vorsitzende oder den Vorsitzenden stehe »daher« – so die Gesetzesbegründung – den Spitzenorganisationen der Arbeitgeber und der Arbeitnehmer gemeinsam zu. Damit werde sichergestellt, dass die Vorsitzende oder der Vorsitzende bei Arbeitgebern und Arbeitnehmern »gleichermaßen Akzeptanz« besitze.[904]

2 § 6 Abs. 1 MiLoG ordnet an: Die Bundesregierung beruft die Vorsitzende oder den Vorsitzenden **auf gemeinsamen Vorschlag der Spitzenorganisationen** der Arbeitgeber und der Arbeitnehmer. Gibt es einen »gemeinsamen Vorschlag«, wird die vorgeschlagene Person für die gesamte Amtszeit der Mindestlohnkommission von fünf Jahren (§ 4 Abs. 2 Satz 1 MiLoG) berufen. Gibt es einen »gemeinsamen Vorschlag«, scheint gem. § 6 Abs. 1 MiLoG die Bundesregierung an diesen Vorschlag ohne eigenes Prüfungsrecht gebunden, d. h. sie müsste die Person berufen, selbst wenn sie diese, aus welchen Gründen auch immer, nicht für geeignet hält. Da es bei der Berufung der Mitglieder der Kommission und auch des Vorsitzenden jedoch letztlich um exekutives Handeln geht, dass von der Bundesregierung (politisch) zu verantworten ist und außerstaatliche private Institutionen über keinerlei demokratische Legitimation verfügen, muss es letztlich allein in der Verantwortung der Bundesregierung liegen, welche Person sie mit dem Vorsitz der Mindestlohnkommission betrauen will.

3 Wird von den Spitzenorganisationen **kein gemeinsamer Vorschlag** unterbreitet, beruft die Bundesregierung von sich aus jeweils eine Vorsitzende oder einen Vorsitzenden auf Vorschlag der Spitzenorganisationen der Arbeitgeber und der Arbeitnehmer (§ 6 Abs. 2 Satz 1 MiLoG). In dem Fall **wechselt der Vorsitz zwischen den Vorsitzenden nach jeder Beschlussfassung** nach § 9 MiLoG (§ 6 Abs. 2 Satz 2 MiLoG). Die Regelung hinsichtlich des »alternierenden Vorsitzes« gilt nur für den Fall, dass kein gemeinsamer Vorschlag der Spitzenorganisation für den Vorsitz vorliegt.[905] Da die Mindestlohnkommission im zweijährigen Turnus zusammentritt, um über die »Anpassung der Höhe des Mindestlohns« zu entscheiden (§ 9 Abs. 1 MiLoG), würde dementsprechend der Vorsitz nach jeder Beschlussfassung wechseln. Da jedoch § 6 Abs. 1 MiLoG vorgeht, bleibt es den Spitzenorganisationen der Arbeitgeber und der Arbeitnehmer vorbehalten, ihrerseits einen »gemeinsamen Vorschlag« hinsichtlich des Vorsitzes zu unterbreiten. In dem Fall wäre nach der gesetzlichen Konzeption der »gemeinsame Vorschlag« maßgeblich, so dass es nicht zwingend zum Wechsel des Vorsitzes kommen muss, sofern der »gemeinsame Vorschlag« auf die Person zielt, die bereits in der vorherigen Beschlussperiode den Vorsitz innehatte.

---

904 BT-Drs. 18/1558, S. 36.

905 So ausdrücklich die Bundesregierung in ihrer Gegenäußerung zur Stellungnahme des Bundesrats, BT-Drs. 18/1558, S. 68.

Nicht eindeutig ist die Regelung in § 6 Abs. 2 Satz 3 MiLoG: **Über den erstmaligen Vorsitz entscheidet das Los.** Mit dem »erstmaligen Vorsitz« ist offenbar der Vorsitzende der ersten Mindestlohnkommission gemeint, die nach dem Inkrafttreten des MiLoG zu berufen ist. Unklar ist, ob über den »erstmaligen Vorsitz« auch dann per Los zu entscheiden ist, wenn es einen »gemeinsamen Vorschlag« der Spitzenorganisationen für den Vorsitz gibt oder ob sich die Regelung allein auf § 6 Abs. 2 Satz 1 MiLoG bezieht, also auf den Fall, dass es *keinen* »gemeinsamen Vorschlag« für den Vorsitz gibt. Da es letztlich in der exekutiven Verantwortung der Bundesregierung liegt, den Vorsitzenden zu berufen, scheidet nach hiesigem Verständnis eine Entscheidung durch Los aus. Die Entscheidung über die Höhe des Mindestlohns, um die es letztlich geht und die durch die Mindestlohnkommission und das Verfahren zur Berufung der Mitglieder (einschließlich des Vorsitzes) vorbereitet wird, ist schließlich keine Tombola. Mit dem »erstmaligen Vorsitz« ist jedenfalls die Mindestlohnkommission gemeint, die gem. § 9 Abs. 1 MiLoG »erstmals« bis zum 30.6.2014 mit Wirkung zum 1.1.2017 über eine »Anpassung der Höhe des Mindestlohns« zu beschließen hat. 4

§ 5 Abs. 1 Satz 3 und 4 MiLoG gilt entsprechend (§ 6 Abs. 2 Satz 4 MiLoG). 5
Das bedeutet: Wird von Arbeitgeber- oder Arbeitnehmerseite mehr als eine Person zum Vorsitzenden vorgeschlagen, erfolgt die **Auswahl durch die Bundesregierung** zwischen den Vorschlägen im Verhältnis zur Bedeutung der jeweiligen Spitzenorganisationen für die Vertretung der Arbeitgeber- oder Arbeitnehmerinteressen im Arbeitsleben des Bundesgebiets. Wird von einer Seite kein Vorschlag unterbreitet, benennt die Bundesregierung den Vorsitzenden.

2. Verfahren bei Ausscheiden des Vorsitzenden

§ 6 Abs. 3 MiLoG regelt das Ausscheiden einer oder eines Vorsitzenden. 6
Da die Mindestlohnkommission als ständige Einrichtung für fünf Jahre (§ 4 MiLoG) errichtet wird, besteht hier, ebenso wie bei den anderen Mitgliedern der Kommission, ein Regelungsbedürfnis. Mangels näherer Regelung kann dieser Fall wohl nur eintreten, wenn der oder die Vorsitzende den Rücktritt vom Vorsitz oder aus der Kommission erklärt oder verstirbt. In diesem Fall wird nach Maßgabe des § 6 Abs. 1 und 2 MiLoG von der Bundesregierung eine neue Vorsitzende oder ein neuer Vorsitzender berufen (§ 6 Abs. 3 MiLoG), es gelten also die Regeln zur »Erstberufung«.

§ 7 Beratende Mitglieder

(1) Die Bundesregierung beruft auf Vorschlag der Spitzenorganisationen der Arbeitgeber und Arbeitnehmer zusätzlich je ein beratendes Mitglied aus Kreisen der Wissenschaft. Die Bundesregierung soll darauf hin-

wirken, dass die Spitzenorganisationen der Arbeitgeber und Arbeitnehmer eine Frau und einen Mann als beratendes Mitglied vorschlagen. Das beratende Mitglied soll in keinem Beschäftigungsverhältnis stehen zu
1. einer Spitzenorganisation der Arbeitgeber oder Arbeitnehmer,
2. einer Vereinigung der Arbeitgeber oder einer Gewerkschaft oder
3. einer Einrichtung, die von den in der Nummer 1 oder Nummer 2 genannten Vereinigungen getragen wird.

§ 5 Absatz 1 Satz 3 und 4 und Absatz 2 gilt entsprechend.

(2) Die beratenden Mitglieder unterstützen die Mindestlohnkommission insbesondere bei der Prüfung nach § 9 Absatz 2 durch die Einbringung wissenschaftlichen Sachverstands. Sie haben das Recht, an den Beratungen der Mindestlohnkommission teilzunehmen.

Inhaltsübersicht Rn.

1. Berufung der beratenden Mitglieder der Mindestlohnkommission

1 § 7 Abs. 1 Satz 1 MiLoG regelt die Berufung von zwei beratenden Mitgliedern aus Kreisen der Wissenschaft, wiederum – wie bei den stimmberechtigten Mitgliedern und dem Vorsitzenden – auf Vorschlag der Spitzenorganisationen der Arbeitgeber und Arbeitnehmer (»je ein beratendes Mitglied«). Die Bundesregierung soll darauf hinwirken, dass die Spitzenorganisationen der Arbeitgeber und Arbeitnehmer **eine Frau und einen Mann** als beratendes Mitglied vorschlagen (§ 7 Abs. 1 Satz 2 MiLoG). **Zur Wahrung der Unabhängigkeit der beratenden Mitglieder** – so die Gesetzesbegründung[906] – sollen diese in keinem Beschäftigungsverhältnis zu einer Spitzenorganisation oder einer Vereinigung der Arbeitgeber oder einer Gewerkschaft stehen und auch nicht in einem Beschäftigungsverhältnis einer Einrichtung, die von diesen Vereinigungen getragen wird (§ 7 Abs. 1 Satz 3 Nr. 1 bis 3 MiLoG).

2 Für die Berufung der beratenden Mitglieder gilt § 5 Abs. 1 Satz 3 und 4 entsprechend (§ 7 Abs. 1 Satz 4 MiLoG). Das bedeutet: Wird von den Spitzenorganisationen der Arbeitgeber oder Arbeitnehmer mehr als eine Person vorgeschlagen, erfolgt die Auswahl zwischen den Vorschlägen im Verhältnis zur Bedeutung der jeweiligen Spitzenorganisationen für die Vertretung der Arbeitgeber- oder Arbeitnehmerinteressen im Arbeitsleben des Bundesgebiets. Übt eine Seite ihr Vorschlagsrecht nicht aus, wird das beratende Mitglied durch die Bundesregierung berufen.

906 BT-Drs. 18/1558, S. 37.

Im Fall des Ausscheidens eines beratenden Mitglieds findet gem. § 7 Abs. 1 Satz 4 MiLoG für die Bestimmung eines Nachfolgers § 5 Abs. 2 MiLoG entsprechende Anwendung, der wiederum auf § 5 Abs. 1 Satz 1 und 4 MiLoG verweist. Richtigerweise hätte auf § 7 Abs. 1 Satz 1 MiLoG verwiesen werden müssen: Die Bundesregierung beruft auf Vorschlag der Spitzenorganisationen der Arbeitgeber und Arbeitnehmer zusätzlich je ein beratendes Mitglied aus Kreisen der Wissenschaft. Das bedeutet: Je danach, welches beratende Mitglied ausscheidet, hat die Seite, die das beratende Mitglied ursprünglich vorgeschlagen hat, das Vorschlagsrecht für den Nachfolger. Übt diese Seite ihr Vorschlagsrecht nicht aus, wird das beratende Mitglied durch die Bundesregierung berufen. 3

2. Zweck der Beteiligung beratender Mitglieder aus der Wissenschaft

Bei der Entscheidung über die Anpassung des Mindestlohns hat die Mindestlohnkommission gem. § 9 Abs. 2 MiLoG eine Gesamtabwägung vorzunehmen. Neben dem »Sachverstand der tariflichen Akteure« – so die Gesetzesbegründung[907] – sollen die beratenden Mitglieder die Mindestlohnkommission vor allem bei der Gesamtabwägung nach § 9 Abs. 2 MiLoG »durch die Einbringung wissenschaftlichen Sachverstands« unterstützen (§ 7 Abs. 2 Satz 1 MiLoG). § 7 Abs. 2 Satz 2 MiLoG stellt klar, dass die beratenden Mitglieder das Recht haben, an den Beratungen der Mindestlohnkommission teilzunehmen. Stimmberechtigt sind sie allerdings nicht (§ 4 Abs. 2 Satz 2 MiLoG). 4

§ 8 Rechtsstellung der Mitglieder

(1) Die Mitglieder der Mindestlohnkommission unterliegen bei der Wahrnehmung ihrer Tätigkeit keinen Weisungen.
(2) Die Tätigkeit der Mitglieder der Mindestlohnkommission ist ehrenamtlich.
(3) Die Mitglieder der Mindestlohnkommission erhalten eine angemessene Entschädigung für den ihnen bei der Wahrnehmung ihrer Tätigkeit erwachsenden Verdienstausfall und Aufwand sowie Ersatz der Fahrtkosten entsprechend den für ehrenamtliche Richterinnen und Richter der Arbeitsgerichte geltenden Vorschriften. Die Entschädigung und die erstattungsfähigen Fahrtkosten setzt im Einzelfall die oder der Vorsitzende der Mindestlohnkommission fest.

907 BT-Drs. 18/1558, S. 37.

1 § 8 MiLoG regelt die **Rechtsstellung der Mitglieder der Mindestlohnkommission**. Die Mitglieder der Mindestlohnkommission unterliegen bei der Wahrnehmung ihrer Tätigkeit **keinen Weisungen** (§ 8 Abs. 1 MiLoG). Die Tätigkeit der Mitglieder der Mindestlohnkommission ist **ehrenamtlich** (§ 8 Abs. 2 MiLoG). Die Mitglieder der Mindestlohnkommission erhalten eine **angemessene Entschädigung** für den ihnen bei der Wahrnehmung ihrer Tätigkeit erwachsenden Verdienstausfall und Aufwand sowie einen Ersatz der Fahrtkosten entsprechend den für ehrenamtliche Richterinnen und Richter der Arbeitsgerichte geltenden Vorschriften (§ 8 Abs. 3 Satz 1 MiLoG). Die Entschädigung und die erstattungsfähigen Fahrtkosten setzt im Einzelfall die oder der Vorsitzende der Mindestlohnkommission fest (§ 8 Abs. 3 Satz 2 MiLoG).

§ 9 Beschluss der Mindestlohnkommission

(1) Die Mindestlohnkommission hat über eine Anpassung der Höhe des Mindestlohns erstmals bis zum 30. Juni 2016 mit Wirkung zum 1. Januar 2017 zu beschließen. Danach hat die Mindestlohnkommission alle zwei Jahre über Anpassungen der Höhe des Mindestlohns zu beschließen.

(2) Die Mindestlohnkommission prüft im Rahmen einer Gesamtabwägung, welche Höhe des Mindestlohns geeignet ist, zu einem angemessenen Mindestschutz der Arbeitnehmerinnen und Arbeitnehmer beizutragen, faire und funktionierende Wettbewerbsbedingungen zu ermöglichen sowie Beschäftigung nicht zu gefährden. Die Mindestlohnkommission orientiert sich bei der Festsetzung des Mindestlohns nachlaufend an der Tarifentwicklung.

(3) Die Mindestlohnkommission hat ihren Beschluss schriftlich zu begründen.

(4) Die Mindestlohnkommission evaluiert laufend die Auswirkungen des Mindestlohns auf den Schutz der Arbeitnehmerinnen und Arbeitnehmer, die Wettbewerbsbedingungen und die Beschäftigung im Bezug auf bestimmte Branchen und Regionen sowie die Produktivität und stellt ihre Erkenntnisse der Bundesregierung in einem Bericht alle zwei Jahre gemeinsam mit ihrem Beschluss zur Verfügung.

Inhaltsübersicht Rn.

1. Anpassung der Höhe des Mindestlohns durch Beschluss der Mindestlohnkommission

Die Höhe des Mindestlohns kann auf Vorschlag einer ständigen Kommission der Tarifpartner (Mindestlohnkommission) durch Rechtsverordnung der Bundesregierung geändert werden (§ 1 Abs. 2 Satz 2 MiLoG). Einzelheiten der Zusammensetzung und des Verfahrens der Mindestlohnkommission regeln die §§ 4 bis 12 MiLoG. Rechtsverbindlich wird der Beschluss der Mindestlohnkommission nur dadurch, dass die Bundesregierung gem. § 11 Abs. 1 MiLoG eine entsprechende **Rechtsverordnung** erlässt. Die starke Stellung der Mindestlohnkommission ist im Hinblick auf das Demokratieprinzip (Art. 20 Abs. 1 und 2 GG) verfassungsrechtlich problematisch (vgl. § 4 MiLoG Rn. 3). 1

Nach der Anpassung der Mindestlohnhöhe zum 1.1.2017 (§ 9 Abs. 1 Satz 1 MiLoG) hat die Mindestlohnkommission **alle zwei Jahre** über Anpassungen der Höhe des Mindestlohns zu beschließen (§ 9 Abs. 1 Satz 2 MiLoG). Danach haben die Anpassungen zum 1.1.2019, 1.1.2021, 1.1.2023 usw. zu erfolgen. Zur Begründung wurde ausgeführt: *»Ein zweijähriger Zyklus entspricht den üblichen tariflichen Entgeltanpassungen und trägt dem Umstand Rechnung, dass entsprechende Daten zur Lohnentwicklung derzeit nicht jährlich zur Verfügung stehen.«*[908] 2

Die Regelung, dass die Mindestlohnkommission alle zwei Jahre zu beschließen hat, wurde wohl überwiegend dahingehend verstanden, dass auch eine Anpassung der Höhe des Mindestlohns lediglich alle zwei Jahre erfolgt. Mit Beschluss vom 26.6.2018 hatte die Mindestlohnkommission eine zweistufige Erhöhung vorgesehen (zum 1.1.2019 und zum 1.1.2020). Mit Beschluss vom 30.6.2020 hat die Mindestlohnkommission gar eine vierstufige Erhöhung vorgesehen (zum 1.1.2021, 1.7.2021, 1.1.2022 und zum 1.7.2022) (vgl. Rn. 8). Der Verordnungsgeber (die Bundesregierung) hat dies auch durch die Zweite und Dritte Mindestlohnanpassungsverordnung umgesetzt.

Das ist mit dem Wortlaut des Gesetzes vereinbar. § 9 Abs. 1 Satz 2 MiLoG sieht vor, dass die Mindestlohnkommission alle zwei Jahre über Anpassungen der Höhe des Mindestlohns »zu beschließen« hat. Es ist also nicht etwa vorgesehen, dass die »Anpassungen der Höhe des Mindestlohns« lediglich alle zwei Jahre erfolgen dürfen. Abgestellt wird vielmehr darauf, dass alle zwei Jahre der Beschluss zu erfolgen hat.

Inhalt des »Beschlusses« der Mindestlohnkommission ist die »**Anpassung der Höhe des Mindestlohns**« (§ 9 Abs. 1 MiLoG). In der Gesetzesbegründung heißt es, dass der Beschluss der Mindestlohnkommission auch da- 3

908 BT-Drs. 18/2010 (neu), S. 22.

rin bestehen könne, »die Höhe des Mindestlohns nicht zu verändern«.[909] Eine Senkung unter das für das Jahr 2015 gesetzlich bestimmte Niveau von 8,50 Euro brutto (§ 1 Abs. 2 MiLoG) scheint ausgeschlossen, obwohl eine »Anpassung der Höhe« nach dem Wortsinn sowohl eine Erhöhung als auch eine Senkung umfasst. Dass der Verordnungsgeber – der letztlich die Anpassungsentscheidung gem. § 11 MiLoG durch Rechtsverordnung rechtsverbindlich machen muss und zu verantworten hat – allerdings befugt sein könnte, sich über die gesetzliche und damit parlamentarische Grundentscheidung über die Höhe des Mindestlohns (§ 1 Abs. 2 MiLoG) durch Senkung dieses Niveaus hinwegzusetzen, ist fernliegend.[910]

2. Kriterien für die Entscheidung der Mindestlohnkommission

4 § 9 Abs. 2 MiLoG gibt der Mindestlohnkommission Kriterien vor, an denen sie sich bei ihrer Entscheidung zu orientieren hat. Die Mindestlohnkommission prüft im Rahmen einer **Gesamtabwägung**, welche Höhe des Mindestlohns geeignet ist, zu einem **angemessenen Mindestschutz** der Arbeitnehmerinnen und Arbeitnehmer beizutragen, **faire und funktionierende Wettbewerbsbedingungen** zu ermöglichen sowie **Beschäftigung nicht zu gefährden** (§ 9 Abs. 2 Satz 1 MiLoG). In der Gesetzesbegründung wird hierzu ausgeführt: *»Der Mindestlohn gewährleistet faire und funktionierende Wettbewerbsbedingungen dann, wenn er geeignet ist, einem Verdrängungswettbewerb über Lohnkosten, dem insbesondere kleinere und mittlere Unternehmen nicht standhalten können, entgegenzuwirken. Der Wettbewerb zwischen den Unternehmen soll um die besseren Dienstleistungen sowie Produkte und nicht um die niedrigsten Arbeitsentgelte stattfinden. Dabei sind auch die konjunkturelle Lage und die Produktivität zu berücksichtigen. Als gleichberechtigtes Kriterium soll die Mindestlohnkommission im Rahmen ihrer Gesamtabwägung den Erhalt von insbesondere sozialversicherungspflichtiger Beschäftigung berücksichtigen, wozu auch die Förderung von Ausbildung zur langfristigen Sicherung des Fachkräftepotenzials zählt.«*[911]

5 Die Mindestlohnkommission orientiert sich bei der Festsetzung des Mindestlohns **nachlaufend an der Tarifentwicklung** (§ 9 Abs. 2 Satz 2 MiLoG). Die Tariflöhne sind damit – so die Gesetzesbegründung – »ein wichtiger Richtwert« für die Anpassung des Mindestlohns.[912] Die Mindestlohnkommission hat in ihrer Geschäftsordnung (vgl. § 10 MiLoG Rn. 6) in § 3 Abs. 1

909 BT-Drs. 18/1558, S. 37.

910 So auch HK-ArbR-*Däubler* § 4–12 MiLoG Rn. 7; ErfK/*Franzen*, § 9 MiLoG Rn. 1; *Heilmann*, in: Düwell/Schubert, MiLoG, § 9 Rn. 8; *Riechert/Nimmerjahn*, MiLoG, § 9 Rn. 5.

911 BT-Drs. 18/1558, S. 38.

912 BT-Drs. 18/1558, S. 38.

festgelegt, dass sie die Anpassung des Mindestlohns »im Regelfall gemäß der Entwicklung des **Tarifindex** des Statistischen Bundesamts ohne Sonderzahlungen auf Basis der Stundenverdienste« festlegen will. Von diesem Prinzip könne die Mindestlohnkommission gem. § 3 Abs. 2 der Geschäftsordnung nur mit einer Zwei-Drittel-Mehrheit der stimmberechtigten Mitglieder abweichen, wenn besondere, gravierende Umstände aufgrund der Konjunktur- oder Arbeitsmarktentwicklung vorliegen und die Kommission daher im Rahmen der Gesamtabwägung (§ 9 Abs. 2 MiLoG) zum Ergebnis komme, dass die nachlaufende Orientierung am Tarifindex in dieser Situation nicht geeignet sei, die Ziele des § 9 Abs. 2 MiLoG zu erreichen.

Diese **enge Bindung an den Tarifindex des Statistischen Bundesamts** ist rechtlich nicht zu beanstanden und steht im Einklang mit den Vorgaben des § 9 Abs. 2 MiLoG, da sich die Kommission bei der Festsetzung des Mindestlohns gerade »nachlaufend an der Tarifentwicklung« zu orientieren hat, diese also nachvollziehen soll. Letztlich kann sich die Mindestlohnkommission der nach § 9 Abs. 2 MiLoG erforderlichen »Gesamtabwägung« nicht entziehen, die auch durch die Regelung in § 3 Abs. 2 der Geschäftsordnung nicht konterkariert wird. Die Regelung in der Geschäftsordnung zielt darauf ab, einen weitgehenden Konsens in der Kommission jenseits des Arbeitnehmer- und Arbeitgeber-Lagers zu erzielen. Die Suche nach einem Konsens steht nicht im Widerspruch zu § 10 Abs. 2 MiLoG, wonach bei der Beschlussfassung eine einfache Mehrheit der Stimmen der anwesenden Mitglieder genügt.

Die in § 9 Abs. 2 MiLoG genannten Kriterien dürfen in ihrer rechtlichen 6 Verbindlichkeit nicht überbewertet werden. Sie stellen Leitlinien dar für die Gesamtabwägung, an denen sich die Mindestlohnkommission bei der Festsetzung der Mindestarbeitsentgelte zu orientieren hat. Hinsichtlich des Ergebnisses besteht ein (gerichtlich) nur eingeschränkt überprüfbares **Normsetzungsermessen**, das allerdings letztlich nicht der Mindestlohnkommission, sondern dem Verordnungsgeber zusteht. Die endgültige Entscheidungsbefugnis liegt bei der Bundesregierung. Die Höhe des Mindestlohns wird nämlich nur verbindlich, wenn die Bundesregierung eine Rechtsverordnung erlässt (§ 11 Abs. 1 Satz 1 MiLoG).

3. Pflicht zur Begründung und Evaluation

Die Mindestlohnkommission hat ihren **Beschluss schriftlich zu begründen** (§ 9 Abs. 3 MiLoG). Die Begründung soll – so die Gesetzesbegrün- 7 dung – eine Auseinandersetzung mit den in § 9 Abs. 2 MiLoG genannten Kriterien sowie die wesentlichen Entscheidungsgründe beinhalten. Diese Begründungspflicht wird durch eine erst im Gesetzgebungsverfahren in § 9 Abs. 4 MiLoG geregelte Pflicht zur Evaluation (Einschätzung, Beurteilung, Bewertung) ergänzt und präzisiert: Die Mindestlohnkommission

evaluiert laufend die Auswirkungen des Mindestlohns auf den Schutz der Arbeitnehmer, auf die Wettbewerbsbedingungen und auf die Beschäftigung in Bezug auf bestimmte Branchen und Regionen sowie auf die Produktivität und stellt ihre Erkenntnisse der Bundesregierung in einem **Bericht alle zwei Jahre gemeinsam mit ihrem Beschluss** zur Verfügung. Nach der Gesetzesbegründung werde »mit dieser Evaluation zu einem frühen Zeitpunkt laufend sichergestellt, dass die Auswirkungen des Mindestlohns von der Mindestlohnkommission transparent und nachvollziehbar beleuchtet« werden.[913] Eine verspätete Vorlage des Evaluationsberichts hätte aber *keine* Rechtsfolgen für die Wirksamkeit des Beschlusses gem. § 9 Abs. 1 MiLoG und des nachgelagerten Rechtsverordnungsverfahrens gem. § 11 MiLoG. Die **Berichtspflicht** ist **keine Wirksamkeitsvoraussetzung** für den Beschluss, den Mindestlohn anzupassen.[914] Allerdings ist der Beschluss zwingend schriftlich zu begründen (»hat ... zu begründen«).[915]

Der **Erste Bericht zu den Auswirkungen des gesetzlichen Mindestlohns** (Bericht der Mindestlohnkommission an die Bundesregierung nach § 9 Abs. 4 MiLoG) ist von der Mindestlohnkommission am 28. 6. 2016 zugleich mit dem Beschluss zur Anpassung des Mindestlohns zum 1. 1. 2017 beschlossen worden.

Der **Zweite Bericht zu den Auswirkungen des gesetzlichen Mindestlohns** (Zweiter Bericht der Mindestlohnkommission an die Bundesregierung nach § 9 Abs. 4 MiLoG) ist von der Mindestlohnkommission am 26. 6. 2018 zugleich mit dem Beschluss zur Anpassung des Mindestlohns zum 1. 1. 2019 beschlossen worden.

Der **Dritte Bericht zu den Auswirkungen des gesetzlichen Mindestlohns** (Dritter Bericht der Mindestlohnkommission an die Bundesregierung nach § 9 Abs. 4 MiLoG) ist von der Mindestlohnkommission am 30. 6. 2020 zugleich mit dem Beschluss zur Anpassung des Mindestlohns zum 1. 1. 2021 (vgl. Rn. 8) beschlossen worden.

Die Beschlüsse und Berichte sind abrufbar unter
www.mindestlohn-kommission.de

4. Beschluss der Mindestlohnkommission vom 30. 6. 2020

8 Wortlaut des Beschlusses der Mindestlohnkommission vom 30. 6. 2020:

Die Mindestlohnkommission hat in ihrer Sitzung vom 30. Juni 2020 einstimmig beschlossen, den gesetzlichen Mindestlohn in folgenden Stufen zu erhöhen:

913 BT-Drs. 18/2010 (neu), S. 23.
914 *Riechert/Nimmerjahn*, MiLoG, § 9 Rn. 34.
915 *Riechert/Nimmerjahn*, MiLoG, § 9 Rn. 31.

Zum 01.01.2021	*9,50 Euro*
Zum 01.07.2021	*9,60 Euro*
Zum 01.01.2022	*9,82 Euro*
Zum 01.07.2022	*10,45 Euro,*

jeweils brutto je Zeitstunde.

Begründung

Die Mindestlohnkommission prüft im Rahmen einer Gesamtabwägung, welche Höhe des Mindestlohns geeignet ist, zu einem angemessenen Mindestschutz der Arbeitnehmerinnen und Arbeitnehmer beizutragen, faire und funktionierende Wettbewerbsbedingungen zu ermöglichen sowie Beschäftigung nicht zu gefährden. Bei der Festsetzung der Höhe des gesetzlichen Mindestlohns orientiert sie sich nachlaufend an der Tarifentwicklung. Die vorliegenden Erkenntnisse zu den Auswirkungen des gesetzlichen Mindestlohns auf die im Mindestlohngesetz genannten Kriterien hat die Kommission im Rahmen ihres Dritten Berichts an die Bundesregierung, der gemeinsam mit diesem Beschluss veröffentlicht wird, umfassend dokumentiert.

Die Beschlussfassung fällt in diesem Jahr in eine Zeit großer Unsicherheit angesichts der Corona-Pandemie und deren wirtschaftlichen Folgen. Für das Gesamtjahr 2020 wird gesamtwirtschaftlich eine deutliche Rezession erwartet, wobei es erhebliche Unterschiede zwischen einzelnen Branchen gibt. Für das Jahr 2021 gehen die aktuellen Prognosen von einer wirtschaftlichen Erholung aus. Ab 2022 ist eine Rückkehr auf das Niveau des Bruttoinlandsprodukts von vor der Pandemie zu erwarten.

Die Anpassung lässt laufende Tarifverträge im Wesentlichen unberührt. Durch die frühzeitige Ankündigung der einzelnen Anpassungsstufen bis ins Jahr 2022 haben die Tarifvertragsparteien zudem die Möglichkeit, die Entwicklung des gesetzlichen Mindestlohns bei der Fortentwicklung ihrer Tarifverträge zu berücksichtigen.

Die vorliegenden wissenschaftlichen Evaluationsstudien kommen für die Mindestlohneinführung zu dem Ergebnis, dass es bislang nur geringe negative Auswirkungen des gesetzlichen Mindestlohns auf die Beschäftigung gab. Diese betrafen unmittelbar nach Einführung des gesetzlichen Mindestlohns im Jahr 2015 vorrangig die ausschließlich geringfügige Beschäftigung (»Minijobs«). Die nachfolgenden Erhöhungen des Mindestlohns hatten keine statistisch messbaren Auswirkungen auf die Beschäftigung. Die nun beschlossene vierstufige Erhöhung des Mindestlohns dient dazu, die Lohnkostensteigerungen für die betroffenen Betriebe vor dem Hintergrund der gegenwärtigen wirtschaftlichen Krise tragfähig zu verteilen.

Der heutige Beschluss zur Erhöhung des Mindestlohns soll zu fairen und funktionierenden Wettbewerbsbedingungen beitragen, indem er einem Verdrängungswettbewerb durch niedrigste Arbeitsentgelte entgegenwirkt. Für Betriebe, die Arbeitnehmerinnen und Arbeitnehmer mit Löhnen auf Mindestlohnniveau beschäftigen, bedeutet ein höherer gesetzlicher Mindestlohn steigende Lohn- und damit Produktionskosten. Die vorliegenden Evaluationsergebnisse zeigen, dass es den Betrieben ganz überwiegend gelungen ist, sich an das höhere Lohnkostenniveau anzupassen und keine grundsätzlich nachteiligen Wirkungen auf die gesamtwirtschaftliche Wettbewerbssituation zu beobachten sind.

Für die Orientierung an der nachlaufenden Tarifentwicklung stützt sich die Mindestlohnkommission auf den Tarifindex des Statistischen Bundesamts. Konkret werden entsprechend der Definition des gesetzlichen Mindestlohns als Stundenlohn die tariflichen Stundenverdienste ohne Sonderzahlungen als Basis herangezogen.

Vor dem Hintergrund der vorliegenden Prognosen zur wirtschaftlichen Entwicklung sowie der Erkenntnisse zur Beschäftigungs- und Wettbewerbssituation hält es die Mindestlohnkommission im Rahmen einer Gesamtabwägung für vertretbar, den Mindestlohn in diesen Stufen und in diesem Umfang zu erhöhen, um den Mindestschutz der Arbeitnehmerinnen und Arbeitnehmer wirksam zu verbessern.

Einzelne Gesichtspunkte wurden in der Kommission unterschiedlich diskutiert und bewertet. Im Ergebnis hält die Kommission die beschlossene stufenweise Anhebung des gesetzlichen Mindestlohns im Rahmen der im Gesetz vorgeschriebenen Gesamtabwägung für angemessen. Bei künftigen Entscheidungen wird die Kommission erneut prüfen, welche Höhe des gesetzlichen Mindestlohns im Rahmen der Gesamtabwägung mit Blick auf die im Mindestlohngesetz genannten Kriterien tragfähig ist.

Die Mindestlohnkommission hat die Möglichkeit zur Durchführung einer Anhörung nach § 10 Abs. 3 MiLoG genutzt. Die Stellungnahmen sind in einem Ergänzungsband zum Dritten Bericht der Mindestlohnkommission enthalten.

§ 10 Verfahren der Mindestlohnkommission

(1) Die Mindestlohnkommission ist beschlussfähig, wenn mindestens die Hälfte ihrer stimmberechtigten Mitglieder anwesend ist.

(2) Die Beschlüsse der Mindestlohnkommission werden mit einfacher Mehrheit der Stimmen der anwesenden Mitglieder gefasst. Bei der Beschlussfassung hat sich die oder der Vorsitzende zunächst der Stimme zu enthalten. Kommt eine Stimmenmehrheit nicht zustande, macht die oder der Vorsitzende einen Vermittlungsvorschlag. Kommt nach Beratung über den Vermittlungsvorschlag keine Stimmenmehrheit zustande, übt die oder der Vorsitzende ihr oder sein Stimmrecht aus.

(3) Die Mindestlohnkommission kann Spitzenorganisationen der Arbeitgeber und Arbeitnehmer, Vereinigungen von Arbeitgebern und Gewerkschaften, öffentlich-rechtliche Religionsgesellschaften, Wohlfahrtsverbände, Verbände, die wirtschaftliche und soziale Interessen organisieren sowie sonstige von der Anpassung des Mindestlohns Betroffene

vor Beschlussfassung anhören. Sie kann Informationen und fachliche Einschätzungen von externen Stellen einholen.

(4) Die Sitzungen der Mindestlohnkommission sind nicht öffentlich; der Inhalt ihrer Beratungen ist vertraulich. Die Teilnahme an Sitzungen der Mindestlohnkommission sowie die Beschlussfassung können in begründeten Ausnahmefällen auf Vorschlag der oder des Vorsitzenden mittels einer Videokonferenz erfolgen, wenn

1. kein Mitglied diesem Verfahren unverzüglich widerspricht und

2. sichergestellt ist, dass Dritte vom Inhalt der Sitzung keine Kenntnis nehmen können.

Die übrigen Verfahrensregelungen trifft die Mindestlohnkommission in einer Geschäftsordnung.

Inhaltsübersicht Rn.

1. Verfahren der Mindestlohnkommission

a. Beschlussfähigkeit

Die Mindestlohnkommission ist nur beschlussfähig, wenn mindestens 1 die Hälfte ihrer stimmberechtigten Mitglieder anwesend ist (§ 10 Abs. 1 MiLoG). **Stimmberechtigt** sind der Vorsitzende *und* die sechs »weiteren stimmberechtigten« (§ 4 Abs. 1 Satz 2 MiLoG) ständigen Mitglieder (§ 5 MiLoG), nicht jedoch die beratenden Mitglieder, also **sieben Personen**. Die Hälfte von sieben ist 3,5. Da ein Mensch nicht teilbar ist, müssen also mindestens **vier stimmberechtigte Mitglieder** anwesend sein, damit die Kommission beschlussfähig ist. Theoretisch reicht es also, wenn neben dem Vorsitzenden nur die drei stimmberechtigten Mitglieder entweder der Arbeitnehmer- oder Arbeitgeber-Seite anwesend sind. Bei Anwesenheit des Vorsitzenden bedeutet das umgekehrt, dass durch kollektive Abwesenheit einer Seite die Beschlussfassung nicht verhindert werden kann.

Eine Beschlussfähigkeit ohne Anwesenheit des Vorsitzenden ist zwar nach 2 dem Wortlaut des Gesetzes theoretisch denkbar, wenn ansonsten mindestens vier stimmberechtigte Mitglieder anwesend sind. Nach der besonderen Stellung, die für den Vorsitzenden im Verfahren vorgesehen ist (siehe zur Beschlussfassung Rn. 3f.), dürfte es sich jedoch nicht um eine praktisch relevante Variante handeln.

b. Beschlussfassung der Mindestlohnkommission

3 § 10 Abs. 2 MiLoG regelt das Verfahren, wie die Beschlüsse der Mindestlohnkommission zustande kommen:[916] Die Beschlüsse der Mindestlohnkommission werden mit **einfacher Mehrheit** der Stimmen der anwesenden (stimmberechtigten) Mitglieder gefasst (§ 10 Abs. 2 Satz 1 MiLoG). Es zählen nur die positiven Ja-Stimmen. Enthaltungen, die zulässig sind, zählen im Ergebnis als Nein-Stimmen.[917] Sind alle sieben stimmberechtigten Mitglieder (vgl. Rn. 1) anwesend, sind für die einfache Mehrheit vier Stimmen erforderlich. Da sich bei der Beschlussfassung die oder der Vorsitzende zunächst der Stimme zu enthalten hat (§ 10 Abs. 2 Satz 2 MiLoG), kommt eine einfache Mehrheit im ersten Abstimmungsgang nur zustande, wenn mindestens eine Person der »anderen« Seite positiv mitstimmt.

4 Kommt eine Stimmenmehrheit nicht zustande, macht die oder der Vorsitzende einen **Vermittlungsvorschlag** (§ 10 Abs. 2 Satz 3 MiLoG). Über den Vermittlungsvorschlag findet zunächst eine **erneute Beratung** statt, wie sich aus § 10 Abs. 2 Satz 4 MiLoG ergibt, weil erst »nach Beratung über den Vermittlungsvorschlag« der Vorsitzende sein Stimmrecht ausübt. Über den Vermittlungsvorschlag haben die stimmberechtigten Mitglieder also nach einer obligatorischen Beratung abzustimmen, wobei sich die oder der Vorsitzende wiederum zunächst der Stimme zu enthalten hat (so ausdrücklich die Gesetzesbegründung).[918] Erst dann, wenn **nach Beratung und Abstimmung über den Vermittlungsvorschlag keine Stimmenmehrheit** zustande kommt, übt die oder der Vorsitzende ihr oder sein Stimmrecht aus (§ 10 Abs. 2 Satz 4 MiLoG). Die oder der Vorsitzende ist dabei – so die Gesetzesbegründung – nicht an den Vermittlungsvorschlag gebunden, sondern kann nach ihrem oder seinem Ermessen auch Vorschlägen aus der Mitte der Mindestlohnkommission zustimmen.[919]

c. Weitere Verfahrensvorschriften

5 Die Sitzungen der Mindestlohnkommission sind **nicht öffentlich**; der Inhalt ihrer Beratungen ist vertraulich (§ 10 Abs. 4 Satz 1 MiLoG). Die Pflicht der Mindestlohnkommission, ihren Beschluss zu begründen (§ 9 Abs. 3 MiLoG), bleibt davon unberührt. Die übrigen Verfahrensregelungen trifft

916 Es ist ähnlich ausgestaltet wie die Beschlussfassung in einer Einigungsstelle nach dem BetrVG, jedenfalls insoweit, als der Vorsitzende zunächst nicht mitstimmt (vgl. § 76 Abs. 3 Satz 3 BetrVG).

917 *Riechert/Nimmerjahn*, MiLoG § 10 Rn. 8.

918 BT-Drs. 18/1558, S. 38.

919 BT-Drs. 18/1558, S. 38.

die Mindestlohnkommission in einer **Geschäftsordnung** (§ 10 Abs. 4 Satz 3 MiLoG).

Die Teilnahme an Sitzungen der Mindestlohnkommission sowie die Beschlussfassung können in begründeten Ausnahmefällen auf Vorschlag der oder des Vorsitzenden gemäß § 10 Abs. 4 Satz 2 MiLoG mittels einer **Videokonferenz** erfolgen, wenn

1. kein Mitglied diesem Verfahren unverzüglich widerspricht und
2. sichergestellt ist, dass Dritte vom Inhalt der Sitzung keine Kenntnis nehmen können.

Diese Regelung wurde wegen der Corona/Covid19-Pandemie in das Gesetz eingefügt.[920]

d. Geschäftsordnung der Mindestlohnkommission

Die Geschäftsordnung (GO) der Mindestlohnkommission hat folgenden Wortlaut: 6

Das Mindestlohngesetz (im Folgenden MiLoG) legt in den §§ 4 bis 12 MiLoG die Aufgaben und die Zusammensetzung der Mindestlohnkommission fest, enthält weitere Verfahrens- und Beschlussregelungen und sieht die Einrichtung einer Geschäfts- und Informationsstelle vor. In Ergänzung zu diesen gesetzlichen Regelungen gibt sich die Mindestlohnkommission (im Folgenden MLK) folgende Geschäftsordnung.

§ 1 Sitzungen

(1) Die MLK tagt nach Bedarf, jedoch mindestens drei Mal im Jahr.

(2) Sitzungen der MLK werden durch die/den Vorsitzende/n einberufen. Auf Antrag von mindestens drei stimmberechtigten Mitgliedern hat der/die Vorsitzende eine Sitzung einzuberufen. Die Einladungsfrist beträgt im Regelfall drei Wochen.

(3) In dringenden Fällen kann die Einladungsfrist auf eine Woche verkürzt werden. Einladungen werden per Post und per E-Mail versandt.

(4) Die/der Vorsitzende leitet die Sitzungen. Ist er/sie verhindert, wird die Sitzung von dem an Lebensjahren ältesten stimmberechtigten Mitglied geleitet. Das Stimmrecht der/des Vorsitzenden geht nicht über.

(5) An den Sitzungen nehmen der Leiter/die Leiterin der Geschäftsstelle, im Verhinderungsfall dessen Stellvertretung sowie ein weiterer Mitarbeiter/eine weitere Mitarbeiterin der Geschäftsstelle als Protokollführer/in teil.

(6) Zu den Sitzungen können Gäste und Sachverständige geladen werden.

(7) Ist ein ordentliches Mitglied an der Teilnahme an einer Sitzung der MLK gehindert, hat es dies rechtzeitig vor der Sitzung der Geschäftsstelle mitzuteilen.

(8) Über jede Sitzung der MLK wird von der Geschäftsstelle eine Ergebnisniederschrift angefertigt. Sie wird durch die/den Protokollführer/in und die/den Vorsitzende/n unterzeichnet und in der nächsten Sitzung der MLK genehmigt. Die Niederschrift enthält Angaben über den Sitzungsort, den Sitzungstag, die Sitzungsteilnehmer,

920 Artikel 9 des Gesetzes zu sozialen Maßnahmen zur Bekämpfung der Corona-Pandemie (Sozialschutz-Paket II) vom 20.5.2020 (BGBl. I S. 1055, 1058).

die Tagesordnung, das Ergebnis der Beratungen sowie den Wortlaut der Beschlüsse und die Stimmenmehrheit, mit der sie gefasst sind.

§ 2 Allgemeine Beschlussfassung

(1) Nach § 4 Absatz 2 MiLoG besteht die MLK aus einer oder einem Vorsitzenden, sechs weiteren stimmberechtigten ständigen Mitgliedern und zwei Mitgliedern aus Kreisen der Wissenschaft ohne Stimmrecht (beratende Mitglieder).
(2) Die Mindestlohnkommission ist beschlussfähig, wenn mindestens die Hälfte ihrer stimmberechtigten Mitglieder anwesend ist. Die Beschlussfassung erfolgt in Sitzungen.
(3) Die Mindestlohnkommission fasst ihre Beschlüsse mit einfacher Mehrheit der anwesenden stimmberechtigten Mitglieder.

§ 3 Beschlussfassung über die Anpassung des Mindestlohns nach § 9 MiLoG

(1) Die MLK orientiert sich nach § 9 Absatz 2 MiLoG bei der Festsetzung des Mindestlohns nachlaufend an der Tarifentwicklung, um die in § 9 Absatz 2 genannten Ziele zu erreichen. Sie setzt die Anpassung des Mindestlohns daher ab dem Jahre 2018 im Regelfall gemäß der Entwicklung des Tarifindex des Statistischen Bundesamtes ohne Sonderzahlungen auf Basis der Stundenverdienste in den beiden vorhergehenden Kalenderjahren fest. Damit ist gewährleistet, dass jeweils nachlaufend eine Anpassung des Mindestlohns an die gewichteten durchschnittlichen Tariferhöhungen der beiden Vorjahre erfolgt.
(2) Von diesem Prinzip kann die MLK mit 2/3-Mehrheit der stimmberechtigten Mitglieder abweichen, wenn besondere, gravierende Umstände auf Grund der Konjunktur- oder Arbeitsmarktentwicklung vorliegen und die Kommission daher im Rahmen der in § 9 Absatz 2 MiLoG beschriebenen Gesamtabwägung zum Ergebnis kommt, dass die nachlaufende Orientierung am Tarifindex in dieser Situation nicht geeignet ist, die Ziele des § 9 Absatz 2 MiLoG zu erreichen.
(3) Für die bis zum 30. Juni 2018 mit Wirkung zum 1. Januar 2019 vorzunehmende Anpassungsentscheidung hat die Mindestlohnkommission festgestellt, dass die Tarifsteigerung seit Einführung des gesetzlichen Mindestlohnes bis zum 30. Juni 2016 gemäß der Entwicklung des Tarifindex des Statistischen Bundesamtes ohne Sonderzahlungen auf Basis der Stundenverdienste ohne die Tarifvereinbarung der Beschäftigten des öffentlichen Dienstes 3,2 Prozent beträgt. Das entspricht einem Betrag von 8,77 Euro. Dieser ist für die Anpassungsentscheidung in 2018 mit Wirkung zum 1. Januar 2019 als Basis zugrunde zu legen, damit die Tarifsteigerung für die Beschäftigten des öffentlichen Dienstes nicht doppelt in die Anpassung einfließt.[921]
(4) Vor Erlass eines Beschlusses über die Anpassung des Mindestlohns nach § 9 MiLoG kann die MLK eine Anhörung gem. § 10 Abs. 3 MiLoG durchführen. Die Anhörung kann schriftlich oder mündlich erfolgen. Wird sie durchgeführt, ist der Kreis der Anhörungsberechtigten mit einer angemessenen Frist zur Abgabe einer Stellungnahme aufzufordern.

921 § 3 Abs. 3 ist mit Beschluss der Mindestlohnkommission vom 28. Juni 2016 geändert worden

§ 4 Beschlussfassung zur Erfüllung des Evaluationsauftrages nach § 9 Absatz 4 MiLoG

(1) Die Mindestlohnkommission evaluiert die Auswirkungen des Mindestlohns gemäß § 9 Absatz 4 MiLoG auf der Grundlage interner und externer Informationen, fachlicher Einschätzungen und wissenschaftlicher Erkenntnisse.

(2) Soweit in der Mindestlohnkommission unterschiedliche Auffassungen bestehen, werden diese in dem Bericht zum Ausdruck gebracht.

§ 5 Geschäftsstelle

(1) Die MLK wird durch eine Geschäftsstelle fachlich, technisch und organisatorisch unterstützt. Diese ist bei der Bundesanstalt für Arbeitsschutz und Arbeitsmedizin (BAuA) als selbstständige Organisationseinheit eingerichtet. Der oder die Vorsitzende kann mit der Leitung der Bundesanstalt für Arbeitsschutz und Arbeitsmedizin Vereinbarungen über Grundsätze und Arbeitsweisen der Geschäftsstelle treffen, die sich aus deren Funktion ergibt (z. B. hinsichtlich Haushalt, Vergabeprozessen, Personalrecht).

(2) Die Geschäftsstelle hat insbesondere folgende Aufgaben:

- Wissenschaftliche Unterstützung bei dem Evaluationsauftrag aus § 9 Absatz 4 MiLoG; hierzu legt sie zweijährig eine Arbeitsplanung vor;
- Informationsstelle für den Mindestlohn und Aufbereitung der Daten zu den Auswirkungen des Mindestlohns;
- fachlicher Austausch mit den Behörden der Zollverwaltung und den fachlich zuständigen Bundesministerien;
- Budgetverwaltung der MLK;
- Vorbereitung, Organisation, Protokollierung der Sitzungen der MLK.

(3) Die Geschäftsstelle bereitet die Sitzungen der MLK im Auftrag der/des Vorsitzenden vor.

§ 6 Verfahren bei Stellenbesetzungen der Geschäftsstelle

(1) Die Stellenbesetzungen für das Personal der Geschäftsstelle erfolgen im Einklang mit dem Prinzip der Bestenauslese für öffentliche Ämter (Art. 33 Abs. 2 GG).

(2) Die Bundesanstalt für Arbeitsschutz und Arbeitsmedizin (BAuA) übt dabei ihren Beurteilungsspielraum in Absprache mit der/dem Vorsitzenden der MLK aus. Sie/er wird in die Erstellung des Anforderungsprofils und der Auswahl einbezogen und muss vor der endgültigen Auswahlentscheidung ihr/sein Einvernehmen erteilen.

(3) Die Mitglieder der MLK erhalten von der/dem Vorsitzenden eine Übersicht über die in die Auswahlgespräche einbezogenen Bewerber/innen und den für die vorgesehene Auswahl tragenden Erwägungen. Den Mitgliedern der MLK wird Gelegenheit gegeben, zu der Auswahlentscheidung vor Abschluss des Verfahrens Stellung zu nehmen.

(4) Bei der Einstellung der nicht-wissenschaftlichen Mitarbeiter/innen wird stattdessen der/die Leiter/in der Geschäftsstelle in Auswahlprozess und Auswahlentscheidung umfassend eingebunden.

§ 7 Unterrichtung Öffentlichkeit / Verpflichtung zur Verschwiegenheit

(1) Die/der Vorsitzende unterrichtet zu einem angemessenen Zeitpunkt die Öffentlichkeit über die Tätigkeit der MLK.

(2) Die Sitzungen der Mindestlohnkommission sind nicht öffentlich; der Inhalt der Beratungen ist vertraulich. Die Mitglieder der MLK haben über die zur Verfügung gestellten Informationen Verschwiegenheit zu bewahren. Das gilt auch für Anhörungen.

(3) Die Absätze 1 und 2 gelten für Sachverständige und Gäste entsprechend.

§ 8 Kostenerstattung

Die Mitglieder der MLK erhalten nach § 8 Absatz 3 MiLoG eine angemessene Entschädigung für den ihnen bei der Wahrnehmung ihrer Tätigkeit erwachsenden Verdienstausfall und Aufwand sowie Ersatz der Fahrtkosten entsprechend den für ehrenamtliche Richterinnen und Richter der Arbeitsgerichte geltenden Vorschriften. Entsprechende Anträge sind bei der Geschäftsstelle einzureichen.

§ 9 Inkrafttreten, Änderung der Geschäftsordnung

(1) Diese Geschäftsordnung wurde von der MLK in ihrer Sitzung am 27.1.2016 beschlossen und ist seitdem in Kraft.

(2) Die MLK kann die Geschäftsordnung mit 2/3-Mehrheit ihrer stimmberechtigten Mitglieder ändern. Die oder der Vorsitzende der Mindestlohnkommission übt sein Stimmrecht bei Entscheidungen über die Geschäftsordnung nicht aus.

2. Informationsbeschaffung durch die Mindestlohnkommission

7 Die Mindestlohnkommission »kann« gem. § 10 Abs. 3 Satz 1 MiLoG

- Spitzenorganisationen der Arbeitgeber und Arbeitnehmer,
- Vereinigungen von Arbeitgebern und Gewerkschaften,
- öffentlich-rechtliche Religionsgesellschaften,
- Wohlfahrtsverbände,
- Verbände, die wirtschaftliche und soziale Interessen organisieren sowie
- sonstige von der Anpassung des Mindestlohns Betroffene

vor der Beschlussfassung anhören (§ 10 Abs. 3 Satz 1 MiLoG). Vom Mindestlohn betroffen können – nach der Gesetzesbegründung – neben Arbeitgebern sowie Arbeitnehmern etwa auch Arbeitslose sein.[922] Art und Umfang der Anhörung stehen im **Ermessen der Mindestlohnkommission** (»kann«).[923] Ein subjektives Recht der genannten Verbände auf Anhörung folge aus der Regelung nicht.[924] Allerdings liegt es im Hinblick auf § 11 Abs. 2 MiLoG, der eine zwingende Anhörungspflicht für den Verordnungsgeber vorschreibt, nahe, dass die Mindestlohnkommission, die nach der gesetzlichen Konzeption die maßgebliche inhaltliche Entscheidung über die Anpassung des Mindestlohns treffen soll, in der Regel die genannten Institutionen vor ihrer Beschlussfassung anhört (vgl. § 11 MiLoG Rn. 6ff.). Rechtlich könnte man insoweit von einer Ermessensreduzierung auf Null ausgehen.[925]

---

922 BT-Drs. 18/1558, S. 38.

923 So auch die Gesetzesbegründung, BT-Drs. 18/1558, S. 38.

924 So ausdrücklich die Gesetzesbegründung zu der im Gesetzgebungsverfahren nochmals geänderten Fassung des § 10 Abs. 2 MiLoG: BT-Drs. 18/2010 (neu), S. 23.

925 A.A.: *Riechert/Nimmerjahn*, MiLoG § 10 Rn. 15.

Die Mindestlohnkommission kann ferner **Informationen und fachliche Einschätzungen von externen Stellen** einholen (§ 10 Abs. 3 Satz 2 MiLoG). Zu den einzuholenden Informationen gehören etwa – so die Gesetzesbegründung – Daten zur Beschäftigungssituation und der Entwicklung der Arbeitsentgelte, vor allem der Tariflöhne. Entsprechende Daten werden vor allem vom Statistischen Bundesamt durch das Gesetz über die Statistik der Verdienste und Arbeitskosten (Verdienststatistikgesetz) erhoben, das durch Artikel 4 des Tarifautonomiestärkungsgesetzes extra geändert worden ist, um die Verlässlichkeit der Daten zu verbessern. Naheliegend ist eine Beteiligung der Bundesagentur für Arbeit und der Sozialversicherungsträger. Die Mindestlohnkommission kann auch – nach der Gesetzesbegründung im Rahmen der zugewiesenen Haushaltsmittel (§ 12 Abs. 4 MiLoG) – **Gutachten** einholen. Die Behörden des Bundes und der Länder leisten der Mindestlohnkommission Amtshilfe.[926] 8

§ 11 Rechtsverordnung

(1) Die Bundesregierung kann die von der Mindestlohnkommission vorgeschlagene Anpassung des Mindestlohns durch Rechtsverordnung ohne Zustimmung des Bundesrates für alle Arbeitgeber sowie Arbeitnehmerinnen und Arbeitnehmer verbindlich machen. Die Rechtsverordnung tritt am im Beschluss der Mindestlohnkommission bezeichneten Tag, frühestens aber am Tag nach Verkündung in Kraft. Die Rechtsverordnung gilt, bis sie durch eine neue Rechtsverordnung abgelöst wird.
(2) Vor Erlass der Rechtsverordnung erhalten die Spitzenorganisationen der Arbeitgeber und Arbeitnehmer, die Vereinigungen von Arbeitgebern und Gewerkschaften, die öffentlich-rechtlichen Religionsgesellschaften, die Wohlfahrtsverbände sowie die Verbände, die wirtschaftliche und soziale Interessen organisieren, Gelegenheit zur schriftlichen Stellungnahme. Die Frist zur Stellungnahme beträgt drei Wochen; sie beginnt mit der Bekanntmachung des Verordnungsentwurfs.

Inhaltsübersicht Rn.

926 BT-Drs. 18/1558, S. 38.

1. Überblick

1 Die Beschlüsse der Mindestlohnkommission bedürfen zu ihrer Umsetzung, damit sie für alle Arbeitnehmer und Arbeitgeber verbindlich werden, einer **Rechtsverordnung der Bundesregierung**. Die Bundesregierung »kann« die von der Mindestlohnkommission vorgeschlagene Anpassung des Mindestlohns durch Rechtsverordnung, die nicht der Zustimmung des Bundesrats bedarf, verbindlich machen (§ 11 Abs. 1 Satz 1 MiLoG). Eine »Umsetzungspflicht« des Verordnungsgebers ist damit nicht verbunden.[927] Für den Verordnungsgeber besteht – wie stets für den Normgeber – ein **Ermessen**, ob er von der Rechtsverordnungsermächtigung Gebrauch macht oder nicht. Die Bundesregierung kann die Rechtsverordnung auf den Festsetzungsbeschluss der Mindestlohnkommission stützen, wenn ihr die Begründung des Beschlusses im Hinblick auf die in § 9 Abs. 2 MiLoG genannten Kriterien tragfähig erscheint.[928]

Eine eigenständige Kompetenz der Bundesregierung zur Festsetzung der Höhe des Mindestlohns unabhängig von dem Beschluss der Mindestlohnkommission (§ 9 MiLoG) besteht nach den Vorgaben des MiLoG nicht. Die starke Stellung der Mindestlohnkommission ist im Hinblick auf das Demokratieprinzip (Art. 20 Abs. 1 und 2 GG) verfassungsrechtlich problematisch (vgl. § 4 MiLoG Rn. 3).

Unbenommen bleibt es aber, die **Mindestlohnhöhe durch den Gesetzgeber zu ändern**. Insoweit hat auch die Bundesregierung die Möglichkeit, einen entsprechenden Gesetzesentwurf in das Parlament einzubringen (Art. 76 Abs. 1 GG). Letztendlich verbleibt aber die Entscheidung beim Gesetzgeber, wobei die Fraktionen, die die Bundesregierung tragen, im Bundestag normalerweise die Mehrheit haben.

2. Erlass einer Rechtsverordnung durch die Bundesregierung

2 Die **Entscheidungskompetenz** für den Erlass der Rechtsverordnung liegt bei der **Bundesregierung**. Die »Bundesregierung« besteht gem. Art. 62 GG aus dem Bundeskanzler und aus den Bundesministern gemeinsam als Kollegium; es wird auch als »Bundeskabinett« bezeichnet. Es gilt das Kollegialprinzip. Einzelheiten ergeben sich aus der Geschäftsordnung der Bundesregierung. Die Beschlussfassung erfolgt normalerweise in den Kabinettsit-

927 BT-Drs. 18/1558, S. 39.
928 BT-Drs. 18/1558, S. 39.

zungen, ein Umlaufverfahren ist nach § 20 Abs. 2 der Geschäftsordnung der Bundesregierung zulässig.[929]

3 Der Vorschlag der Mindestlohnkommission könne – so die Gesetzesbegründung – nur **»unverändert«** in die Rechtsverordnung übernommen werden, es bestehe »keine Möglichkeit zur inhaltlichen Abweichung«.[930] Diese Auffassung folgt dem Gesetzeswortlaut: Die Bundesregierung kann »die von der Mindestlohnkommission vorgeschlagene Anpassung des Mindestlohns« durch Rechtsverordnung verbindlich machen. Allerdings ist daran befremdlich und **verfassungsrechtlich nicht unproblematisch**, dass damit das Normsetzungsrecht der Exekutive eingeschränkt wird (vgl. § 4 MiLoG Rn. 3).

Der Verordnungsgeber muss im Außenverhältnis (im Verhältnis zu den Bürgern, hier gegenüber den normunterworfenen Arbeitgebern und Arbeitnehmern) seine Rechtsetzung verantworten und müsste deshalb im Rahmen seines Normsetzungsrechts an sich berechtigt sein, einen Mindestlohn in der Höhe zu erlassen, wie er es für sachgerecht hält, auch wenn sie vom Vorschlag der Mindestlohnkommission abweichen. Außerstaatliche Kommissionen oder Ausschüsse handeln nicht wie die Exekutive im Rahmen einer abgeleiteten demokratischen Legitimation. Auch Art. 80 GG sieht eine Einbindung außerstaatlicher Stellen in das staatliche Normsetzungsrecht nicht vor. Rechtfertigen lässt sich das allein dadurch, dass in der Ermächtigungsgrundlage vom demokratisch legitimierten Gesetzgeber die Bindung an das Votum außerstaatlicher Dritter positiv verankert ist. Davon abgesehen kann man die Festsetzung der Höhe des Mindestlohns nach der verfassungsrechtlichen »Wesentlichkeitstheorie« für so wesentlich halten, dass diese unmittelbar durch das Parlament getroffen werden muss und nicht an die Exekutive delegiert werden darf.[931]

Soweit dieser Kritik entgegengehalten wird, dass die Einbindung der Mindestlohnkommission und damit die »Einbindung der Tarifpartner … im Hinblick auf die Tarifautonomie geboten« sei,[932] geht das fehl. Es geht bei dem staatlichen Mindestlohn nicht (wie bei der Allgemeinverbindlicherklärung gem. § 5 TVG oder einer Rechtsverordnung nach dem AEntG) um eine Ausdehnung von *Tarifverträgen* auf Außenseiter, sondern um einen staatlichen Rechtssetzungsakt. **Es geht um staatsautonomes Handeln, nicht um Tarifautonomie.** »Tarifpartner« gibt es bei einem staatlichen

929 Allerdings ist eine positive schriftliche Stellungnahme der Mitglieder der Bundesregierung erforderlich; vgl. BVerfG 11.10.1994 – 1 BvR 337/92, BVerfGE 91, 148, 169ff.

930 BT-Drs. 18/1558, S. 39.

931 Vgl. *Picker*, RdA 2014, 25, 36.

932 *Heilmann*, in: Düwell/Schubert, MiLoG, § 11 Rn. 12.

Mindestlohn nicht. Deshalb ist eine Beteiligung von Privaten und außerstaatlichen Institutionen – auch von Arbeitgeberverbänden und Gewerkschaften – an der Festsetzung der Höhe des Mindestlohns verfehlt.[933] Die »Tarifpartner« haben überdies mit einer *staatlichen* Intervention schon deshalb wenig zu tun, weil das partielle Versagen der Lohnfindung durch Tarifverträge zur Ausweitung des Niedriglohnsektors geführt hat, die gerade Anlass für die Einführung eines staatlich festgesetzten Mindestlohns war. Die Einführung des gesetzlichen Mindestlohns ist gerade ein Indiz für ein »Funktionsdefizit« oder »Leistungsdefizit« der Tarifautonomie im Bereich der Niedrigentgelte.[934]

4 Eine vergleichbare Bindung des Verordnungsgebers an einen Kommissionsvorschlag ist auch in § 11 AEntG für die Pflegebranche und war in § 4 Abs. 3 MiArbG für die von Fachausschüssen vorgesehene Festsetzung von Mindestarbeitsentgelten vorgesehen, was allerdings nie praktisch geworden ist. Kritische Einwände gegen diese Regelungsmodelle wurden bisher nicht geäußert.[935]

5 Jedenfalls hat die Bundesregierung die Kompetenz (Befugnis) zu entscheiden, **ob sie eine Rechtsverordnung erlässt oder nicht**. Sie hat daher zu prüfen, ob die von der Mindestlohnkommission vorgeschlagene »Anpassung des Mindestlohns«, d. h. die Höhe des Mindestlohns, in Ansehung der für die Entscheidung maßgeblichen Gesichtspunkte gem. § 9 Abs. 2 und 4 MiLoG sachgerecht ist. Der Vorschlag der Kommission für die Höhe des Mindestlohns kann dabei aus Sicht der Bundesregierung sowohl zu hoch als auch zu niedrig sein, da es gem. § 9 Abs. 2 MiLoG u. a. um einen »angemessenen Mindestschutz« der Arbeitnehmer geht und sich die Höhe an der »Tarifentwicklung« orientieren soll. So oder so steht der Bundesregierung bei der Entscheidung, ob eine Rechtsverordnung erlassen wird oder nicht, wie stets bei der Normsetzung ein **Einschätzungs- und Prognosespielraum** zu.

3. Gelegenheit zur schriftlichen Stellungnahme

6 Als **formelle Voraussetzung** für den Erlass einer Rechtsverordnung ist § 11 Abs. 2 MiLoG zu beachten. Vor Erlass der Rechtsverordnung erhalten

- die Spitzenorganisationen der Arbeitgeber und Arbeitnehmer,
- die Vereinigungen von Arbeitgebern und Gewerkschaften,

---

933 Ablehnend auch *Bepler*, Gutachten B zum 70. Deutschen Juristentag 2014, S. 106ff.; *Bepler*, NZA 2014, 891, 893; *Waltermann*, NZA 2014, 874, 879.

934 Vgl. *Bepler*, Gutachten B zum 70. Deutschen Juristentag 2014, S. 10; *Picker*, RdA 2014, 25, 27; *Waltermann*, NZA 2014, 874, 879; *Waltermann*, AuR 2015, 166, 167.

935 Vgl. *Stiebert/Pötters*, RdA 2013, 101, 107.

- die öffentlich-rechtlichen Religionsgesellschaften,
- die Wohlfahrtsverbände sowie
- die Verbände, die wirtschaftliche und soziale Interessen organisieren,

Gelegenheit zur schriftlichen Stellungnahme (§ 11 Abs. 2 Satz 1 MiLoG). Für eine schriftliche Stellungnahme genügt nach der Gesetzesbegründung die Textform; ausgeschlossen sein soll lediglich eine mündliche Übermittlung der Stellungnahme.[936] Die **Frist zur Stellungnahme beträgt drei Wochen**; sie beginnt mit der Bekanntmachung des Verordnungsentwurfs (§ 11 Abs. 2 Satz 2 MiLoG). **Verstöße gegen diese Verfahrensvorschrift** führen, da es sich um eine formelle Wirksamkeitsvoraussetzung der Rechtsverordnung handelt, zur Unwirksamkeit der Rechtsverordnung. Insofern gilt nichts anderes wie für Rechtsverordnungen nach § 7 und § 7a AEntG.[937]

Im Gesetzgebungsverfahren ist der Kreis der anzuhörenden Verbände um 7 die **öffentlich-rechtlichen Religionsgesellschaften** und die **Wohlfahrtsverbände** erweitert worden. Das wurde für notwendig gehalten, weil die Anpassung des Mindestlohns auch das verfassungsrechtlich gewährleistete Selbstbestimmungsrecht der Kirchen, ihre Arbeitsbedingungen im Rahmen des sog. Dritten Weges zu regeln, berühren könne. Kirchen und ihre kirchlichen Einrichtungen beschäftigen bundesweit mehr als 1,3 Millionen sozialversicherungspflichtige Mitarbeiter, wobei vor allem im Bereich der sozialen Dienstleistungen die kirchlichen Wohlfahrtsverbände Caritas und Diakonie eine bedeutende Rolle spielen. Mit der Änderung sollte deshalb klargestellt werden, dass auch die öffentlich-rechtlichen Religionsgesellschaften vor Erlass der Rechtsverordnung Gelegenheit zur schriftlichen Stellungnahme erhalten. Kirchlichen sowie weltlichen »Wohlfahrtsverbänden« wurde »aus Gründen der Gleichbehandlung« ebenfalls ein Recht zur Stellungnahme eingeräumt.[938] Eine Anhörung der Bundesagentur für Arbeit oder der Sozialversicherungsträger ist in § 11 Abs. 2 MiLoG nicht vorgeschrieben. Allerdings kann die Mindestlohnkommission diese gem. § 10 Abs. 3 Satz 2 MiLoG beteiligen.

Die Funktion der Pflicht zur Beteiligung der genannten außerstaatlichen In- 8 stitutionen vor Erlass der Rechtsverordnung ist nicht ganz klar. Da nach der Gesetzesbegründung der Vorschlag der Mindestlohnkommission nur unverändert in die Rechtsverordnung übernommen werden darf, wäre durch die Beteiligung eine inhaltliche Einflussnahme auf die Rechtsverordnung versperrt, allenfalls könnte die Beteiligung bewirken, dass der Verordnungsgeber davon absieht, überhaupt eine Rechtsverordnung zur Anpassung des Mindestlohns zu erlassen. Da faktisch die inhaltliche Entscheidung durch

936 BT-Drs. 18/1558, S. 39.

937 Vgl. hierzu BVerwG 28.1.2010 – 8 C 19/09, Rn. 55ff., NZA 2010, 718, 722; BAG 18.4.2012 – 5 AZR 630/10, NZA 2012, 978, 979f.

938 BT-Drs. 18/2010 (neu), S. 23.

die Mindestlohnkommission fallen soll, hätte es nahegelegen, dieser zwingend vorzuschreiben, dass die in § 11 Abs. 2 MiLoG genannten Institutionen von dieser zwingend anzuhören sind. Insoweit wird jedoch in § 10 Abs. 3 MiLoG der Mindestlohnkommission ein Ermessen eingeräumt (vgl. § 10 MiLoG Rn. 6).

4. Zeitliche Geltung der Rechtsverordnung

9 Rechtsverordnungen des Bundes werden im Bundesgesetzblatt oder im Bundesanzeiger verkündet.[939] Erfolgt die Verkündung nicht im Bundesgesetzblatt, ist darauf unter Angabe der Stelle ihrer Veröffentlichung und des Tages ihres Inkrafttretens im Bundesgesetzblatt hinzuweisen.[940] In der Rechtsverordnung soll der **Tag des Inkrafttretens** bestimmt werden (Art. 82 Abs. 2 Satz 1 GG). Fehlt eine solche Bestimmung, tritt sie mit dem vierzehnten Tage nach Ablauf des Tages in Kraft, an dem das Bundesgesetzblatt ausgegeben worden (Art. 82 Abs. 2 Satz 2 GG) bzw. an dem die Verkündung im Bundesanzeiger erfolgt ist.[941] Als Spezialregelung gilt § 11 Abs. 1 Satz 2 MiLoG: Die Rechtsverordnung tritt an dem Tag, der im Beschluss der Mindestlohnkommission bezeichnet wird, in Kraft, »frühestens« aber am Tag nach Verkündung. Das schließt nicht aus, dass in der Rechtsverordnung von der Bundesregierung ein anderer Tag des Inkrafttretens festgelegt wird.

10 Die Rechtsverordnung gilt bis zu dem Zeitpunkt des **Außerkrafttretens**, der in der Rechtsverordnung normiert ist. Für Rechtsverordnungen nach dem AEntG ist entschieden worden, dass es eine **Nachwirkung** wie bei einer Allgemeinverbindlicherklärung eines Tarifvertrags gem. § 5i. V. m. § 4 Abs. 5 TVG mangels Regelung im AEntG nicht gibt.[942] § 11 Abs. 1 Satz 3 MiLoG regelt jedoch, dass die Rechtsverordnung gilt, bis sie durch eine neue Rechtsverordnung abgelöst wird. Angesichts des Normsetzungsermessens des Verordnungsgebers dürfte gleichwohl durch diese Regelung nicht ausgeschlossen sein, dass die Bundesregierung abweichend davon in der Rechtsverordnung konkrete Daten für die Geltung der Rechtsverordnung oder für das Außerkrafttreten der Rechtsverordnung (ohne Nachwirkung) bestimmt.

---

939 § 1 Abs. 1 RVVerkG.

940 § 1 Abs. 2, § 2 Abs. 3 RVVerkG.

941 § 3 RVVerkG.

942 Vgl. zu Rechtsverordnungen nach dem AEntG: BAG 20.4.2011 – 4 AZR 467/09, NZA 2011, 1105.

5. Rechtsschutz gegen die Rechtsverordnung

a. Rechtsschutzmöglichkeiten

Für den Rechtsschutz gegen die Rechtsverordnung gelten ähnliche Erwägungen wie für Rechtsverordnungen nach dem AEntG. Allerdings besteht der wesentliche Unterschied, dass alle Arbeitnehmer und Arbeitgeber, für die die Rechtsverordnung Anwendung findet, den Rechtsnormen der Rechtsverordnung unterworfen sind und diese deshalb als Normunterworfene Rechtsschutzmöglichkeiten haben. Für Tarifvertragsparteien oder für andere Koalitionen gibt es aber keine Besonderheiten, da – anders als beim AEntG – durch eine Rechtsverordnung nach dem MiLoG nicht Tarifverträge auf Außenseiter in ihrer Normwirkung erstreckt werden, sondern der Verordnungsgeber autonomes Recht setzt. 11

Gemäß Art. 80 Abs. 1 Satz 1 GG kann u. a. die Bundesregierung ermächtigt werden, Rechtsverordnungen zu erlassen. Das ist hier durch § 11 MiLoG geschehen. Die Rechtsgrundlage ist in der Verordnung anzugeben (Art. 80 Abs. 1 Satz 3 GG). Inhalt, Zweck und Ausmaß der erteilten Ermächtigung müssen im Gesetz bestimmt werden (Art. 80 Abs. 1 Satz 2 GG). Widerspricht die Rechtsverordnung dem Inhalt und Zweck der Ermächtigung, hat das zur Folge, dass die Rechtsverordnung unwirksam ist. Ob eine Rechtsverordnung durch ihre Ermächtigungsgrundlage gedeckt ist, haben die Fachgerichte im Rahmen einer Inzidentkontrolle zu prüfen und zu entscheiden. Das BVerfG muss diesbezüglich nicht angerufen werden. Das Verwerfungsmonopol nach Art. 100 Abs. 1 GG gilt für Gesetze, nicht für Rechtsverordnungen.[943] 12

Durch die Rechtsverordnung, die auf der Grundlage des § 11 MiLoG ergeht, gilt die angeordnete Höhe des Mindestlohns unmittelbar und zwingend – wie ein Gesetz – für die Arbeitnehmer und Arbeitgeber. Normunterworfene sind die Arbeitsvertragsparteien. Diese können theoretisch geltend machen, die Rechtsverordnung sei unwirksam und deshalb unanwendbar. In der Regel werden es die Arbeitgeber sein, die der Rechtsbindung auf diesem Weg entfliehen wollen. In einem **Rechtsstreit vor den Arbeitsgerichten,** z. B. Lohnklage auf den Mindestlohn, ist ggf. durch das Gericht von Amts wegen inzident zu prüfen, ob die Rechtsverordnung wirksam ist. Eine solche »**Inzidentkontrolle**« kommt auch in anderen Konstellationen in Betracht: so durch die **Sozialgerichte** bei Streitigkeiten um die Höhe der (auf den Mindestlohn) abzuführenden Sozialversicherungsbeiträge, durch die **Finanzgerichte** bei der Kontrolle der Ermittlungsbefugnisse der Finanzkontrolle Schwarzarbeit (§ 23 SchwarzArbG), durch die **Strafgerichte** bei der Kont- 13

---

943 BVerfG 1.3.1978 – 1 BvL 20/77, BVerfGE 48, 40, 45; vgl. auch BAG 22.7.2014 – 1 ABR 96/12, Rn. 20, NZA 2014, 1151; BAG 18.4.2012 – 5 AZR 630/10, Rn. 30, NZA 2012, 978.

rolle von Bußgeldbescheiden gem. § 21 MiLoG. In der Praxis wird eine gerichtliche Prüfung der Wirksamkeit der Rechtsverordnung nur stattfinden, wenn konkrete Anhaltspunkte dafür vorliegen, dass die Rechtsverordnung unwirksam sein könnte. In der Regel ist davon auszugehen, dass die Bundesregierung die Rechtsverordnung nur erlässt, wenn die gesetzlichen Voraussetzungen erfüllt sind. Der erste Anschein spricht für die Rechtmäßigkeit der Rechtsverordnung, weil die Bundesregierung als vollziehende Gewalt gem. Art. 20 Abs. 3 GG an »Gesetz und Recht« gebunden ist.[944]

14 Eine isolierte Klage jenseits eines konkreten Rechtsstreits (vor den Arbeitsgerichten oder anderen Gerichten) auf **Feststellung der Unwirksamkeit einer Rechtsverordnung** ist nur ausnahmsweise zulässig.[945] Eine solche Klage würde sich gegen den Normgeber richten, d. h. gegen denjenigen, der die Rechtsverordnung erlassen hat; hier gegen die Bundesrepublik Deutschland, vertreten durch die Bundesregierung. Bedenken gegen die Zulässigkeit einer solchen Klage bestehen, weil zwischen den Normadressaten (Normunterworfenen) – das sind hier die Arbeitnehmer und Arbeitgeber – und dem Normgeber (hier der Bundesregierung) an sich kein Rechtsverhältnis steht, das Voraussetzung für die Zulässigkeit einer Klage ist, da der Normgeber Recht setzt und die Normunterworfenen durch dieses Recht zur Normanwendung verpflichtet. An der Umsetzung der Normen durch die normunterworfenen Arbeitnehmer und Arbeitgeber ist der Normgeber aber nicht direkt beteiligt.[946]

15 Da es sich bei der Rechtsverordnung um einen Rechtssetzungsakt der Exekutive, um einen Akt öffentlicher Gewalt und damit um eine öffentlich-rechtliche Streitigkeit i. S. d. § 40 Abs. 1 Satz 1 VwGO handelt, sind für eine entsprechende Feststellungsklage – will man die Zulässigkeit einer solchen bejahen – die **Verwaltungsgerichte** zuständig, nicht die Arbeitsgerichte. Der Verwaltungsrechtsweg ist gem. § 40 Abs. 1 Satz 1 VwGO in allen öffentlich-rechtlichen Streitigkeiten nichtverfassungsrechtlicher Art gegeben, soweit die Streitigkeiten nicht durch Bundesgesetz einem anderen Gericht ausdrücklich zugewiesen sind. Eine »öffentlich-rechtliche Streitigkeit« liegt hier vor, weil die Bundesregierung aufgrund ihrer durch das Grundgesetz verliehenen Kompetenzen eine Rechtsverordnung erlässt, gegen die sich

---

944 Anders *Löwisch/Rieble* (TVG, § 5 Rn. 398) für die Allgemeinverbindlicherklärung nach § 5 TVG: »Das Prinzip der Rechtmäßigkeit der Verwaltung verpflichtet diese und berechtigt sie nicht.« Es gebe »keinen ersten Anschein der formalen Wirksamkeit von Rechtsetzung«.

945 Zulässigerweise muss ein entsprechender Feststellungsantrag dahin lauten, dass durch die Rechtsverordnung der Kläger (etwa Arbeitgeber oder Arbeitgeberverband) in seinen eigenen Rechten verletzt wird; vgl. BVerwG 28. 1. 2010, 8 C 38/09, Rn. 30, NZA 2010, 1137.

946 Vgl. BVerwG 28. 1. 2010 – 8 C 38/09, Rn. 33, NZA 2010, 1137, 1139.

eine solche Klage richten würde. Die Streitigkeit ist auch nicht durch Bundesgesetz einem anderen Gericht ausdrücklich zugewiesen. Die durch das Tarifautonomiestärkungsgesetz neu eingeführte ausschließliche Zuständigkeit der Gerichte für Arbeitssachen in § 2a Abs. 1 Nr. 5 ArbGG betrifft Allgemeinverbindlicherklärungen nach § 5 TVG sowie Rechtsverordnungen nach § 7 oder § 7a AEntG und nach § 3a AÜG, nicht aber Rechtsverordnungen nach dem MiLoG (vgl. Einleitung Rn. 115f.), so dass es insoweit bei der Parallelzuständigkeit der Verwaltungsgerichte verbleibt.[947]

Das BVerwG hat als Zulässigkeitserfordernis für eine Feststellungsklage ein »Rechtsverhältnis« i. S. d. § 43 Abs. 1 VwGO[948] bei **Klagen einzelner Arbeitgeber** gegen eine Verordnung nach dem AEntG über zwingende Arbeitsbedingungen für die Branche Briefdienstleistungen vom 28. 12. 2007 bejaht. Durch die gesetzlich angeordnete zwingende Wirkung und die mögliche Verdrängung anderer Tarifverträge könne die Koalitionsfreiheit der Arbeitgeber beeinträchtigt sein, die Mitglied in einem konkurrierenden Arbeitgeberverband sind. Jedenfalls sei die Berufsausübungsfreiheit (Art. 12 Abs. 1 GG) berührt, weil die Erstreckung von Mindestlohntarifregelungen das Recht des Arbeitgebers einschränke, die Arbeitsbedingungen privatautonom zu gestalten.[949] Überträgt man diesen Gedankengang auf Rechtsverordnungen nach dem MiLoG, wäre ein Klagerecht einzelner Arbeitgeber gegen eine Rechtsverordnung nach § 11 MiLoG vor den Verwaltungsgerichten zu bejahen, weil durch die zwingende Wirkung des Mindestlohns die privatautonomen Gestaltungsmöglichkeiten beschränkt werden.[950] 16

Zulässige Klageart wäre in dem Fall eine **Feststellungsklage** gegen den Normgeber, die ausnahmsweise in Betracht kommt, wenn eine Rechtsver- 17

---

947 *Latzel/Serr* (ZfA 2011, 391, 397ff.) haben für Rechtsverordnungen nach dem AEntG geltend gemacht, für Klagen einzelner Arbeitgeber gegen diese sei nicht der Rechtsweg zu den Verwaltungsgerichten eröffnet, weil die Mindestlohnverordnungen rein privatrechtsgestaltend seien. Diesen Gedanken könnte man zwar auf Rechtsverordnungen nach dem MiLoG übertragen, dem ist jedoch nicht zu folgen. Der Umstand, dass eine Rechtsverordnung privatrechtsgestaltend wirkt, ändert nichts daran, dass es sich um einen Rechtssetzungsakt der öffentlichen Gewalt handelt und deshalb die Zuständigkeit der Verwaltungsgerichte gem. § 40 Abs. 1 Satz 1 VwGO gegeben ist.

948 § 43 Abs. 1 VwGO: Durch Klage kann die Feststellung des Bestehens oder Nichtbestehens eines Rechtsverhältnisses oder der Nichtigkeit eines Verwaltungsakts begehrt werden, wenn der Kläger ein berechtigtes Interesse an der baldigen Feststellung hat (Feststellungsklage).

949 BVerwG 28. 1. 2010 – 8 C 19/09, Rn. 27, NZA 2010, 718.

950 Vgl. *Löwisch*, NZA 2014, 948, 949f.; unklar *Riechert/Nimmerjahn* (MiLoG § 11 Rn. 46): die Rechtsverordnung nach § 11 MiLoG schaffe keine neue Pflichtenlage. Allerdings werde der durch das MiLoG vorgegebene Handlungsbefehl zur Zahlung des Mindestlohns durch die Rechtsverordnung modifiziert.

ordnung unmittelbar Rechte und Pflichten der Betroffenen begründet, ohne dass eine Konkretisierung oder Individualisierung durch Verwaltungsvollzug vorgesehen und möglich ist. Das hat das BVerwG[951] für Rechtsverordnungen nach dem AEntG angenommen[952] und wäre auf Rechtsverordnungen nach § 11 MiLoG übertragbar. Aus der Rechtsverordnung ergibt sich unmittelbar die Pflicht für die Arbeitgeber, den Mindestlohn an die Arbeitnehmer in der Höhe zu zahlen, die in der Rechtsverordnung vorgeschrieben ist (§ 20 MiLoG). Einer weiteren Umsetzung oder Konkretisierung oder Individualisierung durch Maßnahmen des Verwaltungsvollzugs bedarf es darüber hinaus nicht. Die verwaltungsgerichtliche Feststellungsklage sei auch – so das BVerwG – nicht subsidiär gegenüber der Möglichkeit, sich gegen Leistungsklagen von Arbeitnehmern auf Lohnzahlung vor den Arbeitsgerichten zu wehren und in diesen Verfahren eine inzidente Kontrolle der Wirksamkeit der Rechtsverordnung herbeizuführen. Das würde die Arbeitgeber nicht davor schützen, von der zuständigen Behörde mit Sanktionen wegen der Nichtgewährung des Mindestlohns belangt zu werden.[953] Auch dieser Gedankengang ist auf Rechtsverordnungen nach dem MiLoG übertragbar, da das MiLoG – wie das AEntG – (öffentlich-rechtliche) Sanktionen bei Nichtgewährung des Mindestlohns vorsieht (§ 19 und § 21 MiLoG).

b. Materieller Prüfungsmaßstab: Evidenzkontrolle

18 Im Ergebnis ist die Prüfung der Wirksamkeit der Rechtsverordnung der Bundesregierung im Wesentlichen auf formelle Fehler begrenzt. Die Bundesregierung hat im Rahmen der Kriterien, die auch für die Mindestlohnkommission gelten, eine »Gesamtabwägung« vorzunehmen (§ 9 Abs. 2 MiLoG) und zu entscheiden, ob sie die Rechtsverordnung erlässt oder nicht. Da es dabei um Wertungen und Prognosen des Verordnungsgebers auf dem Gebiet der Arbeitsmarkt- und Sozialpolitik geht, besteht ein **weiter Beurteilungs- und Gestaltungsspielraum** des Verordnungsgebers.[954] Die gerichtliche Kontrolle ist deshalb auf eine Evidenzkontrolle begrenzt.[955] Die Gestaltungsfreiheit des Verordnungsgebers ist nur dann überschritten, wenn die Verordnung angesichts der Zwecke des MiLoG und der hierbei zu berücksichtigenden wechselseitigen Interessen der Teilnehmer am Arbeitsmarkt schlechterdings unvertretbar und unverhältnismäßig ist.[956] Da sich

951 BVerwG 28.1.2010 – 8 C 19/09, Rn. 30ff., NZA 2010, 718.

952 Dagegen *Latzel/Serr*, ZfA 2011, 391, 413ff., die auf den Rechtsschutz durch eine Feststellungsklage vor den Arbeitsgerichten verweisen.

953 BVerwG 28.1.2010 – 8 C 19/09, Rn. 30ff., NZA 2010, 718.

954 *Riechert/Nimmerjahn*, MiLoG, § 11 Rn. 30.

955 *Riechert/Nimmerjahn*, MiLoG, § 11 Rn. 28ff.

956 *Riechert/Nimmerjahn*, MiLoG, § 11 Rn. 35.

die Anpassung des Mindestlohns nach der Wertung des Gesetzgebers »nachlaufend an der Tarifentwicklung« orientieren soll (§ 9 Abs. 2 Satz 2 MiLoG), ist eine Verordnung, die bei der Mindestlohnanpassung der **Tariflohnentwicklung** folgt, in keinem Fall unvertretbar oder unverhältnismäßig.[957]

6. Mindestlohnanpassungsverordnung zum 1.1.2017

Durch die Mindestlohnanpassungsverordnung der Bundesregierung vom 15.11.2016 (BGBl. I S. 2530) wurde mit Wirkung zum 1.1.2017 der Mindestlohn auf 8,84 Euro brutto erhöht (siehe hierzu 3. Auflage § 11 Rn. 19). 19

7. Mindestlohnanpassungsverordnung zum 1.1.2019

Durch die Zweite Mindestlohnanpassungsverordnung der Bundesregierung vom 13.11.2018 (BGBl. I S. 1876) wurde mit Wirkung zum 1.1.2019 der Mindestlohn auf 9,19 Euro brutto, zum 1.1.2020 auf 9,35 Euro brutto erhöht (siehe hierzu 4. Auflage § 11 Rn. 20). 20

8. Mindestlohnanpassungsverordnung zum 1.1.2021

Durch die Dritte Mindestlohnanpassungsverordnung der Bundesregierung vom 9.11.2020 (BGBl. I S. 1876) wurde mit Wirkung zum 1.1.2021 der Mindestlohn stufenweise in vier Schritten erhöht (jeweils brutto je Zeitstunde): 21

Zum 1.1.2021	9,50 Euro,
zum 1.7.2021	9,60 Euro,
zum 1.1.2022	9,82 Euro,
zum 1.7.2022	10,45 Euro.

Den Spitzenorganisationen der Arbeitgeber und Arbeitnehmer, den Vereinigungen von Arbeitgebern und Gewerkschaften, den öffentlich-rechtlichen Religionsgesellschaften, den Wohlfahrtsverbänden sowie den Verbänden, die wirtschaftliche und soziale Interessen organisieren, wurde zuvor gem. § 11 Abs. 2 MiLoG Gelegenheit zur schriftlichen Stellungnahme innerhalb einer Frist von drei Wochen gegeben, und zwar durch Veröffentlichung des Entwurfs der Mindestlohnanpassungsverordnung nebst Begründung im Bundesanzeiger (BAnz AT 9.9.2020 B1). In der **Begründung** des Verordnungsentwurfs heißt es:

957 *Riechert/Nimmerjahn*, MiLoG, § 11 Rn. 36.

A. Allgemeiner Teil

I. Zielsetzung und Notwendigkeit der Regelungen

Mit Artikel 1 des Tarifautonomiestärkungsgesetzes vom 11. August 2014 (BGBl. I S. 1348) wurde zum 1 Januar 2015 ein allgemeiner gesetzlicher Mindestlohn in Höhe von brutto 8,50 Euro je Zeitstunde eingeführt. Anspruch auf den Mindestlohn haben alle Arbeitnehmerinnen und Arbeitnehmer im Sinne des Mindestlohngesetzes (MiLoG).

Der Mindestlohn gilt auch für die im Inland beschäftigten Arbeitnehmerinnen und Arbeitnehmer von im Ausland ansässigen Arbeitgebern. Das MiLoG setzt damit die Vorgaben der Richtlinie 96/71/EG des Europäischen Parlaments und des Rates vom 16. Dezember 1996 über die Entsendung von Arbeitnehmern im Rahmen der Erbringung von Dienstleistungen (ABL. L 018 vom 21. 1. 1997, S. 1) in der Fassung der Richtlinie (EU) 2018/957 des Europäischen Parlaments und des Rates vom 28. Juni 2018 (ABL. L 173 vom 9. 7. 2018, S. 16) um. Der Mindestlohn schützt damit die Rechte der in die Bundesrepublik Deutschland entsandten Arbeitnehmerinnen und Arbeitnehmer und trägt zu einem fairen Wettbewerb zwischen den im Inland und im Ausland ansässigen Unternehmen bei.

Der zur Einführung auf brutto 8,50 Euro je Zeitstunde festgelegte Mindestlohn hat es einem alleinstehenden Vollzeitbeschäftigten ermöglicht, bei einer regelmäßigen Wochenarbeitszeit von 40 Stunden ein Monatseinkommen oberhalb der Pfändungsfreigrenze gemäß § 850c Absatz 1 Satz 1 der Zivilprozessordnung zu erzielen. Der Gesetzgeber hat sich für die Höhe des Mindestlohns bei seiner Einführung an der Pfändungsfreigrenze orientiert, da diese ein auf die Situation der Arbeitnehmerinnen und Arbeitnehmer zugeschnittenes pauschaliertes Existenzminimum darstellt, welches ihnen einen moderaten Selbstbehalt sichert. Berücksichtigt sind dabei Sonderkosten, welche Arbeitnehmerinnen und Arbeitnehmern typischerweise durch die Erwerbstätigkeit entstehen.

Die Entscheidung über die Anpassung der Höhe des Mindestlohns wird vom MiLoG einer ständigen Kommission der Tarifpartner (Mindestlohnkommission) überantwortet. Die mit der Einführung des Mindestlohns verfolgten Ziele werden institutionell abgesichert, indem für die Anpassungen des Mindestlohns auf den Sachverstand der durch Artikel 9 Absatz 3 des Grundgesetzes mit der Regelung der Arbeits- und Wirtschaftsbedingungen betrauten Tarifpartner zurückgegriffen wird. Die Beschlüsse der Kommission bedürfen der Umsetzung durch Rechtsverordnung der Bundesregierung. Die Kommission hat erstmals bis zum 30. Juni 2016 mit Wirkung zum 1 Januar 2017 über die Anpassung des Mindestlohns zu beschließen. Mit einem entsprechenden Beschluss war eine Anhebung auf brutto 8,84 Euro je Zeitstunde vorgeschlagen worden. Dieser Beschluss wurde durch die erste Mindestlohnanpassungsverordnung der Bundesregierung vom 15. November 2016 (BGBl. I S. 2530) für alle Arbeitgeber und Arbeitnehmerinnen und Arbeitnehmer verbindlich gemacht. Seitdem hat die Mindestlohnkommission alle zwei Jahre über Anpassungen der Mindestlohnhöhe zu beschließen. Die Kommission hat mit Beschluss vom 26. Juni 2018 vorgeschlagen, den Mindestlohn für die Zeit ab 1 Januar 2019 in zwei Stufen anzupassen. Mit der Zweiten Mindestlohnanpassungsverordnung vom 13. November 2018 (BGBl. I S. 1876) hat die Bundesregierung diesen Beschluss umgesetzt und den gesetzlichen Mindestlohn ab 1 Januar 2019 auf brutto 9,19 Euro je Zeitstunde und ab 1 Januar 2020 auf brutto 9,35 Euro je Zeitstunde erhöht. Die Mindestlohnkommission hat turnusmäßig in ihrer Sitzung am 30. Juni 2020 einen einstimmigen Beschluss gefasst, mit dem die Anpassung des Mindestlohns für die Zeit ab 1 Januar 2021 in vier Stufen auf brutto 10,45 Euro je Zeitstunde vorgeschlagen wird. Dazu soll die Mindestlohnhöhe zunächst auf brutto 9,50 Euro je Zeitstunde und in weiteren Schritten zum 1. Juli 2021 auf brutto 9,60 Euro je Zeitstunde, zum 1 Januar 2022 auf brutto 9,82 Euro je Zeitstunde sowie zum 1. Juli 2022 auf brutto 10,45 Euro je Zeitstunde festgesetzt werden. Die Mindestlohnkommission hat der Bundesregierung auch einen Bericht zu den Auswirkungen des gesetzlichen Mindestlohns nach § 9 Absatz 4 MiLoG zur Verfügung gestellt.

II. Wesentlicher Inhalt des Entwurfs

Die MiLoV3 setzt auf Grundlage des Beschlusses der Mindestlohnkommission vom 30. Juni 2020 die Höhe des Mindestlohns ab 1 Januar 2021 auf brutto 9,50 Euro je Zeitstunde, ab 1. Juli 2021 auf brutto 9,60 Euro je Zeitstunde, ab 1 Januar 2022 auf brutto 9,82 Euro je Zeitstunde und ab 1. Juli 2022 auf brutto 10,45 Euro je Zeitstunde fest. Von der ersten und zweiten Erhöhung werden geschätzt jeweils 1,95 Millionen Beschäftigungsverhältnisse profitieren. Von der dritten Erhöhung werden geschätzt 2,09 Millionen und von der vierten Erhöhung geschätzt 3,85 Millionen Beschäftigungsverhältnisse profitieren. Die Zahlen sind nicht überschneidungsfrei und daher nicht zu summieren.

III. Alternativen

Keine

IV. Vereinbarkeit mit dem Recht der Europäischen Union und völkerrechtlichen Verträgen

Die MiLoV3 ist mit dem Recht der Europäischen Union und völkerrechtlichen Verträgen vereinbar.

V. Verordnungsfolgen

Die stufenweise Anpassung des Mindestlohns zum 1 Januar 2021, zum 1. Juli 2021, zum 1. Januar 2022 und zum 1. Juli 2022 trägt zu einem angemessenen Mindestschutz der Arbeitnehmerinnen und Arbeitnehmer bei und ermöglicht faire und funktionierende Wettbewerbsbedingungen. Negative Beschäftigungseffekte sind nicht zu erwarten.

1 Nachhaltigkeitsaspekte
Die MiLoV3 steht im Einklang mit der Nachhaltigkeitsstrategie der Bundesregierung. Die Erhöhung des Mindestlohns verbessert die Einkommenssituation der Arbeitnehmerinnen und Arbeitnehmer im Niedriglohnbereich. Frauen profitieren hiervon überdurchschnittlich, ebenso Beschäftigte in Ostdeutschland. Der Mindestlohn leistet einen Beitrag zur fairen Einkommensverteilung und fördert damit die wirtschaftliche und soziale Teilhabe.

2 Haushaltsausgaben ohne Erfüllungsaufwand
Keine

3 Erfüllungsaufwand

3.1 Erfüllungsaufwand für Bürgerinnen und Bürger
Die MiLoV3 enthält keine Vorgaben für Bürgerinnen und Bürger.

3.2 Erfüllungsaufwand für die Wirtschaft
Mit dem Inkrafttreten der Verordnung wird der Erfüllungsaufwand für die Wirtschaft nicht erhöht, geändert oder aufgehoben.

3.3 Erfüllungsaufwand der Verwaltung
Mit dem Inkrafttreten der Verordnung wird der Erfüllungsaufwand für die Verwaltung nicht erhöht, geändert oder aufgehoben. Es bleibt beim bisherigen Personalaufwand der für die Durchführung des MiLoG zuständigen Bundesbehörden.

4 Weitere Kosten
Soweit durch die Verordnung eine Anhebung der Arbeitsentgelte erforderlich wird, kommt es bei den betreffenden Arbeitgebern zu höheren Lohnkosten von geschätzt 228,42 Millionen Euro im Jahr 2021 und rund 1112,76 Millionen Euro im Jahr 2022.
Als Folge der MiLoV3 könnten bei vollständiger Überwälzung der Lohnerhöhungen die Preise für Waren und für Dienstleistungen geringfügig ansteigen. Die Verbraucherpreise sind in einigen Branchen, die vom gesetzlichen Mindestlohn besonders betroffen sind, überdurchschnittlich gestiegen, ohne dass dies einen spürbaren Effekt auf den Gesamtpreisindex hatte. Erhebliche Auswirkungen auf das gesamtwirtschaftliche Preisniveau sind nicht zu erwarten.

5 Weitere Verordnungsfolgen
Die gleichstellungspolitischen Auswirkungen der Mindestlohnerhöhung wurden geprüft. Die Verordnung ist geschlechtsneutral formuliert. Nach dem Ergebnis der Relevanzprüfung ist die Verordnung insgesamt gleichstellungspolitisch ausgewogen; sie läuft gleichstellungspolitischen Zielen nicht zuwider.

Von der Erhöhung des allgemeinen Mindestlohns werden Frauen in besonderem Maße profitieren, da sie überproportional von niedrigen Löhnen betroffen sind. Bei Einführung des Mindestlohns im Jahr 2015 bezogen den Mindestlohn von brutto 8,50 Euro je Zeitstunde weitaus mehr Frauen (rund 60 Prozent) als Männer (rund 40 Prozent). Dies hat sich auch durch die bisherigen Anpassungen des Mindestlohns zum 1 Januar 2017 auf brutto 8,84 Euro je Zeitstunde sowie zum 1 Januar 2019 auf brutto 9,19 Euro je Zeitstunde und zum 1 Januar 2020 auf brutto 9,35 Euro je Zeitstunde kaum geändert. Demografische Auswirkungen der Erhöhung des Mindestlohns sind nicht zu erwarten.

VI. Befristung; Evaluierung

Nach § 11 Absatz 1 Satz 3 MiLoG gilt die Rechtsverordnung, bis sie durch eine neue Rechtsverordnung abgelöst wird.

Die Mindestlohnkommission evaluiert nach § 9 Absatz 4 MiLoG laufend die Auswirkungen des Mindestlohns auf den Schutz der Arbeitnehmerinnen und Arbeitnehmer, die Wettbewerbsbedingungen und die Beschäftigung in Bezug auf bestimmte Branchen und Regionen sowie die Produktivität und stellt ihre Erkenntnisse der Bundesregierung in einem Bericht alle zwei Jahre gemeinsam mit ihrem Beschluss zur Verfügung. Ihren Ersten Bericht hat die Mindestlohnkommission der Bundesregierung gemeinsam mit ihrem Anpassungsbeschluss am 28. Juni 2016 zur Verfügung gestellt, den Zweiten Bericht mit dem Anpassungsbeschluss am 26. Juni 2018 und den aktuellen Dritten Bericht am 30. Juni 2020.

Daneben ist das MiLoG nach § 23 MiLoG im Jahr 2020 zu evaluieren. Im Rahmen dieser Mindestlohnevaluation wurden vom Bundesministerium für Arbeit und Soziales fünf Forschungsprojekte vergeben, die die Wirkungen des Mindestlohns untersuchen. Es wird erwartet, dass ein Gesamtbericht im vierten Quartal 2020 vorliegen wird.

B. Besonderer Teil

Zu § 1 (Höhe des Mindestlohns)

Mit § 1 wird der Anpassungsbeschluss der Mindestlohnkommission von der Bundesregierung für alle Arbeitgeber sowie Arbeitnehmerinnen und Arbeitnehmer rechtsverbindlich umgesetzt (vergleiche § 11 Absatz 1 Satz 1 MiLoG). Die stimmberechtigten Mitglieder der Mindestlohnkommission haben in der Sitzung am 30. Juni 2020 einstimmig beschlossen, die Höhe des Mindestlohns ab dem 1 Januar 2021 auf zunächst brutto 9,50 Euro je Zeitstunde und in weiteren Schritten ab dem 1. Juli 2021 auf brutto 9,60 Euro je Zeitstunde, ab dem 1 Januar 2022 auf brutto 9,82 Euro je Zeitstunde und ab 1. Juli 2022 auf brutto 10,45 Euro je Zeitstunde festzusetzen. Den Anpassungsbeschluss hat die Mindestlohnkommission nach § 9 Absatz 3 MiLoG schriftlich begründet.

Die beschlossene Anpassung ist nach Einschätzung der Bundesregierung im Rahmen einer Gesamtabwägung geeignet, zu einem angemessenen Mindestschutz der Arbeitnehmerinnen und Arbeitnehmer beizutragen, faire und funktionierende Wettbewerbsbedingungen zu ermöglichen sowie Beschäftigung nicht zu gefährden (vergleiche § 9 Absatz 2 Satz 1 MiLoG). Die Mindestlohnkommission hat sich für die Anpassung der Höhe des Mindestlohns auch nachlaufend an der Tarifentwicklung orientiert (vergleiche § 9 Absatz 2 Satz 2 MiLoG):

Im zweiten Beschluss der Mindestlohnkommission nach § 9 MiLoG wurde vereinbart, dass für die bis zum 30. Juni 2020 vorzunehmende Anpassungsentscheidung im Hinblick auf die Orientierung an der Entwicklung des Tarifindex des Statistischen Bundesamts ohne Sonderzahlungen auf Basis der Stundenverdienste von dem Wert ausgegangen wird, der ohne Berücksichtigung des Tarifabschlusses im öffentlichen Dienst zu Stande gekommen wäre (9,29 Euro). Hierdurch soll eine Doppelanrechnung des Abschlusses im öffentlichen Dienst vermieden werden, der zu dem Zeitpunkt des zweiten Beschlusses zwar bereits beschlossen, aber noch nicht ausgezahlt und somit auch noch nicht im Tarifindex enthalten war, gleichwohl aber für den zweiten Beschluss berücksichtigt wurde. Würde man ausgehend von diesem Wert die Entwicklung des Tarifindex zwischen Dezember 2017 und Dezember 2019 heranziehen und damit in gleicher Weise wie beim zweiten Beschluss vorgehen, würde sich eine Höhe des Mindestlohns von 9,82 Euro ergeben. Auf dieses Niveau soll der Mindestlohn nach dem Vorschlag der Kommission ein Jahr nach Beginn des Zweijahreszeitraums, für den der Beschluss gefasst wurde, angehoben werden. Im Jahr 2021 bleibt der Mindestlohn mit 9,50 Euro (ab dem 1 Januar 2021) und 9,60 Euro (ab 1. Juli 2021) noch unter dieser Höhe, ab dem 1. Juli 2022 steigt er hingegen auf 10,45 Euro und übersteigt damit den Wert, der sich bei einer strikten Nachzeichnung der Tariflohnentwicklung ergeben hätte, deutlich.

Ein solches Vorgehen entspricht gleichwohl der in § 9 Absatz 2 Satz 2 MiLoG vorgegebenen Orientierung an der Tariflohnentwicklung. Diese bildet lediglich im Rahmen der Prüfung der Kriterien des § 9 Absatz 2 Satz 1 MiLoG einen Richtwert für die Anpassung (BT-Drs. 18/1558, S. 38) und hat damit die Funktion der Mindestlohnkommission einen Orientierungsmaßstab dafür zu geben, wie die von den Prüfungskriterien des § 9 Absatz 2 Satz 1 MiLoG angesprochenen Belange zu einem Ausgleich in praktischer Konkordanz gebracht werden können. Eine strenge Indizierung ist vom Gesetz hingegen nicht gefordert.

Nach Einschätzung der Bundesregierung ist die vorgeschlagene Anpassung des Mindestlohns, die sich nachlaufend an der Tariflohnentwicklung orientiert, auch unter Berücksichtigung der Begründung des Anpassungsbeschlusses und des von der Mindestlohnkommission vorgelegten Evaluationsberichts bei Gesamtabwägung geeignet, zu einem angemessenen ***Mindestschutz der Arbeitnehmerinnen und Arbeitnehmer*** *beizutragen. Mit der Orientierung* *an der Tariflohnentwicklung stellt die Kommission sicher, dass die Arbeitnehmerinnen und Arbeitnehmer, die ein Arbeitsentgelt in Höhe des Mindestlohns erhalten, an den Einkommenszuwächsen der Branchen teilhaben, für die funktionierende Tarifstrukturen bestehen. Dabei gewährleistet die sich an der Tarifentwicklung orientierende Erhöhung des Mindestlohns auch künftig einen angemessenen Mindestschutz der Arbeitnehmerinnen und Arbeitnehmer. So wird ein Beitrag dazu geleistet, unterdurchschnittliche Lohnsteigerungen, wie sie nach Auffassung der Mindestlohnkommission teilweise in Branchen mit hoher Mindestlohnbetroffenheit bestanden, zu vermeiden.*

Es erscheint vor dem Hintergrund der durch die Corona-Pandemie bedingten wirtschaftlichen Unsicherheiten nachvollziehbar, den Mindestlohn in mehreren, zunächst kleineren Schritten zu erhöhen, sodass der Wert, der sich bei einer strikten Nachzeichnung der nachlaufenden Tariflohnentwicklung ergäbe (9,82 Euro), erst ein Jahr nach Beginn des Zweijahreszeitraums, für den der Beschluss gefasst wurde, erreicht wird. Die Kommission kommt zu der Einschätzung, dass für das Gesamtjahr 2020 gesamtwirtschaftlich eine deutliche Rezession zu erwarten ist, im Jahr 2021 eine wirtschaftliche Erholung ansteht und erst 2022 eine Rückkehr auf das Niveau des Bruttoinlandsprodukts von vor der Pandemie zu erwarten ist. Diese Einschätzung deckt sich mit der Frühjahrsprojektion der Bundesregierung 2020. Angesichts dieser Annahmen zur wirtschaftlichen Entwicklung erscheint es plausibel, im Jahr 2021 den Mindestlohn nur in geringem Umfang und in zwei Schritten von 15 Cent (zum 1 Januar 2021) und 10 Cent (zum 1. Juli 2021) zu erhöhen. Dies entspricht einer Erhöhung von 1,6 Prozent beziehungsweise 2,67 Prozent, jeweils gerechnet vom aktuellen Wert von 9,35 Euro. Durch die darauffolgende, etwas stärkere Erhöhung von 22 Cent (5,03 Prozent im Vergleich zum jetzigen Niveau) zum 1 Januar 2022 wird der Wert erreicht, der sich bei einer Nachzeichnung der nachlaufenden Tariflohnentwicklung ergäbe. Zusammen mit der abschließenden deutlichen Erhöhung um 63 Cent auf 10,45 Euro (entspricht 11,76 Prozent Steigerung gegenüber der derzeitigen Höhe von 9,35 Euro) spiegeln diese Schritte die zu erwartende Rückkehr auf das Niveau des Bruttoinlandsprodukts von vor der Pandemie wider. Angesichts der mit Blick auf die wirtschaftliche Situation geübten Zurückhaltung bei den Erhöhungsschritten im Jahr 2021 erscheint es angemessen, im Jahr 2022 den Arbeitnehmerschutz stärker in den Vordergrund zu stellen und auch eine deutlich über dem sich bei einer Nachzeichnung der Tariflohnentwicklung ergebenden Niveau liegende Mindestlohnhöhe im zweiten Quartal 2022 zu befürworten. Auf den gesamten Zeitraum von zwei Jahren gerechnet ergibt sich im Ergebnis eine Steigerung von 5,26 Prozent; dieser Wert liegt damit nur geringfügig über dem Wert, der sich bei einer strikten Nachzeichnung der Tariflohnentwicklung ergeben hätte.

Der Mindestlohn hat es bei seiner Einführung einem alleinstehenden Vollzeitbeschäftigten ermöglicht, bei einer regelmäßigen Wochenarbeitszeit von 40 Stunden ein Monatseinkommen oberhalb der am 1 Januar 2015 geltenden

Pfändungsfreigrenze von netto 1049,99 Euro zu erzielen. Die Pfändungsfreigrenze ist mit der Bekanntmachung über Pfändungsfreigrenzen für Arbeitseinkommen vom 4. April 2019 (BGBl. I S. 443) mit Wirkung zum 1. Juli 2019 für Arbeitnehmerinnen und Arbeitnehmer ohne Unterhaltspflichten von netto 1139,99 Euro monatlich auf netto 1179,99 Euro monatlich erhöht worden. Die Erhöhung des Mindestlohns auf zunächst brutto 9,50 Euro je Zeitstunde stellt sicher, dass der Mindestlohn auch zum Zeitpunkt des Wirksamwerdens dieser Erhöhung am 1 Januar 2021 einem alleinstehenden Vollzeitbeschäftigten ermöglicht, bei einer regelmäßigen Wochenarbeitszeit von 40 Stunden ein Monatseinkommen oberhalb der derzeit geltenden Pfändungsfreigrenze zu erzielen. Durch die von der Mindestlohnkommission vorgeschlagene Erhöhung wird der vom Gesetzgeber geforderte Mindestschutz in einem Verhältnis wie zur Einführung des Mindestlohns gewährleistet.

*Die vorgeschlagene Anpassung des Mindestlohns, die sich nachlaufend an der Tariflohnentwicklung orientiert, ist nach Einschätzung der Bundesregierung auch unter Berücksichtigung der Begründung des Anpassungsbeschlusses und des von der Mindestlohnkommission vorgelegten Evaluationsberichts bei Gesamtabwägung zudem geeignet, **faire und funktionierende Wettbewerbsbedingungen** zu ermöglichen. Für Betriebe, die Arbeitnehmerinnen und Arbeitnehmer mit Löhnen auf Mindestlohnniveau beschäftigen, bedeutet ein höherer gesetzlicher Mindestlohn steigende Lohn- und damit Produktionskosten. Die vorliegenden Evaluationsergebnisse zeigen, dass es den Betrieben ganz überwiegend gelungen ist, sich an das höhere Lohnkostenniveau anzupassen und keine grundsätzlich nachteiligen Wirkungen auf die gesamtwirtschaftliche Wettbewerbssituation zu beobachten sind.*

Zwar sind nach Einführung des Mindestlohns die Arbeitskosten (das heißt die Summe aus Bruttolohnsumme und Lohnnebenkosten) leicht überdurchschnittlich gestiegen. Die Entwicklung der gesamtwirtschaftlichen Arbeitskosten ist allerdings vorrangig auf die bis dato gute konjunkturelle Lage und die damit verbundenen Lohnzuwächse zurückzuführen. Eine Anhebung des Mindestlohns, die sich an der Tariflohnentwicklung orientiert, wird das Verhältnis des durch diese Anpassung induzierten Anstiegs der Arbeitskosten zur gesamtwirtschaftlichen Lohnsumme deshalb nicht wesentlich verändern. Die vorgeschlagene Anpassung des Mindestlohns trägt zudem durch Einschränkung des Lohnunterbietungswettbewerbs zu fairen und funktionierenden Wettbewerbsbedingungen zwischen tarifgebundenen und nicht tarifgebundenen Arbeitgebern bei.

Die Lohnstückkosten, die das Verhältnis von Arbeitnehmerentgelt und Produktivität ausdrücken, zeigen keinen mindestlohninduzierten Anstieg. Seit etwa 2011 ist ein vergleichsweise geringer Anstieg der Produktivität zu verzeichnen, was unter anderem an der Integration zusätzlicher Personen in den Arbeitsmarkt infolge der Arbeitsmarktreformen in den 2000er Jahren sowie Beschäftigungsverschiebungen hin zu weniger arbeitsproduktiven Bereichen,

insbesondere der Dienstleistungsbranche, liegen dürfte. Das geringere Produktivitätswachstum wiederum führt zu einem Anstieg der Lohnstückkosten. Dieser seit 2011 anhaltende Trend setzte sich auch in den Jahren 2015 bis 2019 fort, ohne dass ein Einfluss durch den Mindestlohn erkennbar ist.
Das Gleiche gilt für die Wettbewerbssituation. Nennenswerte Auswirkungen des Mindestlohns auf die Marktstruktur – etwa durch eine veränderte Unternehmensdynamik oder Wettbewerbsintensität – lassen sich nicht feststellen. Auch bei der Entwicklung der Insolvenzverfahren sind keine Unterschiede zwischen den vom gesetzlichen Mindestlohn besonders betroffenen Branchen und der Gesamtzahl aller Insolvenzen erkennbar. Sofern sich in naher Zukunft an diesem Befund etwas ändern sollte, wäre es näherliegend, dass die teilweise erwartete Steigerung der Zahl der Insolvenzen im Hotel- und Gaststättengewerbe eher die Folge des durch die Covid-19-Pandemie bedingten »Lockdowns« als von gestiegenen Lohnkosten sein würde.
Der Mindestlohn wirkt auch Wettbewerbsverzerrungen entgegen, die entstehen, wenn ausländische Unternehmen Arbeitnehmerinnen und Arbeitnehmer in der Bundesrepublik Deutschland einsetzen und diese zu den im Herkunftsland geltenden niedrigeren Löhnen beschäftigen. Soll diese Zielsetzung des Mindestlohns nachhaltig erreicht werden, bedarf es bei einem als konkretem Betrag vorgeschriebenen Mindestlohn der regelmäßigen betragsmäßigen Anpassung. Vor diesem Hintergrund ist die vorgeschlagene Erhöhung geeignet, weiterhin zu einem fairen und funktionierenden Wettbewerb zwischen im Inland und im Ausland ansässigen Unternehmen und zugleich zum Schutz der Arbeitnehmerinnen und Arbeitnehmer beizutragen.
Nach Einschätzung der Bundesregierung bestehen unter Berücksichtigung der Begründung des Anpassungsbeschlusses und des von der Mindestlohnkommission vorgelegten Evaluationsberichts keine Hinweise, dass die vorgeschlagene Anpassung des Mindestlohns, die sich auch nachlaufend an der Tariflohnentwicklung orientiert, gesamtwirtschaftlich ***negative Beschäftigungswirkungen*** *entfaltet.*
Die ***Arbeitslosenquote*** *war in Deutschland nach Einführung des Mindestlohns im Jahr 2015 auf 6,4 Prozent gesunken. Nach der Anpassung des Mindestlohns zum 1 Januar 2017 sank dieser Wert auf 5,7 Prozent im Jahresdurchschnitt 2017 und nach der Anpassung zum 1 Januar 2019 auf 5 Prozent im Jahresdurchschnitt 2019. Gleichzeitig hat die Gesamtbeschäftigung in diesem Zeitraum weiter zugenommen. Dies geht vorwiegend auf die positive Entwicklung bei den sozialversicherungspflichtig Beschäftigten zurück. Die Zahl der sozialversicherungspflichtig Beschäftigten betrug im Juni 2019 rund 33,41 Millionen. Dies stellt einen Anstieg um rund 0,5 Millionen sozialversicherungspflichtig Beschäftigte beziehungsweise um 1,6 Prozent gegenüber dem Vorjahr dar. Die Anzahl der ausschließlich geringfügig entlohnten Beschäftigten ist zwischen Juni 2018 und Juni 2019 von 4,74 auf 4,648 Millionen Personen zurückgegangen, wobei der Rückgang an ausschließlich geringfügig Beschäftigten zuvor im*

Jahr 2015 besonders groß war. Zum Teil handelte es sich dabei um Umwandlungen in sozialversicherungspflichtige Beschäftigungsverhältnisse. Die seit März 2020 zu beobachtenden steigenden Arbeitslosenzahlen und der Rückgang der Gesamtbeschäftigung sind weitestgehend auf den Corona-bedingten wirtschaftlichen Abschwung zurückzuführen.
Die Jahre 2018 und 2019 brachten eine robuste Konjunktur- und Arbeitsmarktentwicklung. So stieg das nominale Bruttoinlandsprodukt (BIP) gegenüber dem jeweiligen Vorjahr um 3,1 Prozent im Jahr 2018 und um 2,7 Prozent im Jahr 2019. Für 2020 schätzt die Bundesregierung in ihrer Frühjahrsprojektion 2020 eine Veränderung des BIP von minus 4,7 Prozent gegenüber 2019. Für 2021 erwartet die Bundesregierung einen Anstieg des BIP um 6,8 Prozent. Die Projektgruppe Gemeinschaftsdiagnose stimmt dieser Projektion zu. Für 2020 erwartet der Sachverständigenrat einen Rückgang um 4,5 Prozent. Für 2021 wird ein Anstieg von 6,6 Prozent prognostiziert. Nach der Frühjahrsprojektion der Bundesregierung wird auch von einer Erholung auf dem Arbeitsmarkt im Jahr 2021 ausgegangen.
Die Zahl der registrierten Arbeitslosen sank von 2,7 Millionen Personen im Juni 2015 auf 2,2 Millionen Personen im Juni 2019. Die Zahl der Erwerbstätigen mit Arbeitsort Deutschland stieg im selben Zeitraum von 43,1 Millionen Personen im Jahresdurchschnitt auf 45,23 Millionen Personen.
Die Gemeinschaftsdiagnose der Institute folgt der Projektion der Bundesregierung und geht von einem Rückgang der Erwerbstätigen im Inland auf 44,88 Millionen Personen für 2020 und von einer Erholung 2021 auf 45,04 Millionen Personen aus. Der Sachverständigenrat prognostiziert für beide Jahre einen Rückgang. Zunächst auf 44,76 Millionen Personen im Jahresdurchschnitt 2020 und für 2021 auf 44,58 Millionen Personen.
Die Frühjahrsprojektion der Bundesregierung erwartet für 2020 im Jahresdurchschnitt eine Arbeitslosenzahl von 2,62 Millionen Personen (Arbeitslosenquote 5,8 Prozent). Für 2021 wird erwartet, dass die Zahl der registrierten Arbeitslosen im Jahresdurchschnitt auf rund 2,46 Millionen (Arbeitslosenquote von 5,4 Prozent) sinkt.
Insgesamt ist angesichts der prognostizierten Konjunktur- und Arbeitsmarktentwicklung und unter Berücksichtigung der Ergebnisse der bislang für die Beschäftigungswirkungen des Mindestlohns vorliegenden Datenanalysen davon auszugehen, dass eine Mindestlohnerhöhung, die sich an der Tariflohnentwicklung orientiert, keine spürbaren negativen Beschäftigungseffekte haben wird. Die vierstufige Erhöhung des Mindestlohns in dem genannten Umfang ist nach Auffassung der Bundesregierung zudem besonders geeignet, die wirtschaftlich schwierigen Rahmenbedingungen sachgerecht zu reflektieren und dazu beizutragen, die Lohnkostensteigerungen für die betroffenen Betriebe vor dem Hintergrund der gegenwärtigen wirtschaftlichen Krise tragfähig zu verteilen. Sie gewährleistet für die Arbeitgeber die Kalkulierbarkeit und Vorhersehbarkeit der Mindestlöhne und schafft hierdurch Planungssicherheit. Das gilt insbeson-

dere vor dem Hintergrund, dass auch tarifvertragliche Entgeltanpassungen, an welchen sich der Zweijahres-Rhythmus der Beschlüsse der Mindestlohnkommission orientiert, ebenfalls häufig zeitlich gestufte Anpassungen vorsehen.

Zu § 2 (Inkrafttreten, Außerkrafttreten)
In § 2 wird das Inkrafttreten der MiLoV3 geregelt. Die Verordnung tritt entsprechend dem Beschluss der Mindestlohnkommission zum 1 Januar 2021, frühestens aber am Tag nach ihrer Verkündung in Kraft (vergleiche § 11 Absatz 1 Satz 2 MiLoG). Mit dem Inkrafttreten der MiLoV3 tritt die Zweite Mindestlohnanpassungsverordnung vom 13. November 2018 (BGBl. I S. 1876) außer Kraft. Die MiLoV3 gilt, bis sie durch eine neue Rechtsverordnung abgelöst wird (vergleiche § 11 Absatz 1 Satz 3 MiLoG).

§ 12 Geschäfts- und Informationsstelle für den Mindestlohn; Kostenträgerschaft

(1) Die Mindestlohnkommission wird bei der Durchführung ihrer Aufgaben von einer Geschäftsstelle unterstützt. Die Geschäftsstelle untersteht insoweit fachlich der oder dem Vorsitzenden der Mindestlohnkommission.
(2) Die Geschäftsstelle wird bei der Bundesanstalt für Arbeitsschutz und Arbeitsmedizin als selbständige Organisationseinheit eingerichtet.
(3) Die Geschäftsstelle informiert und berät als Informationsstelle für den Mindestlohn Arbeitnehmerinnen und Arbeitnehmer sowie Unternehmen zum Thema Mindestlohn.
(4) Die durch die Tätigkeit der Mindestlohnkommission und der Geschäftsstelle anfallenden Kosten trägt der Bund.

Inhaltsübersicht Rn.

1. Geschäftsstelle der Mindestlohnkommission

1 Die »umfassende Aufgabenstellung der Mindestlohnkommission« – so die Gesetzesbegründung – erfordert fachliche und technische Unterstützung. Die Mindestlohnkommission wird bei der Umsetzung ihrer Aufgaben von einer **Geschäftsstelle** unterstützt (§ 12 Abs. 1 Satz 1 MiLoG). Das bedeutet, die Tätigkeit der Mindestlohnkommission wird durch technische und organisatorische Hilfestellung bei der Vor- und Nachbereitung der Sitzungen, durch die Erledigung sonstiger Verwaltungsarbeiten und in Form erforder-

licher wissenschaftlicher Zuarbeit unterstützt.[958] Die Geschäftsstelle untersteht fachlich der oder dem Vorsitzenden der Mindestlohnkommission (§ 12 Abs. 1 Satz 2 MiLoG). Diese Regelung folgt aus der »Unabhängigkeit der Mindestlohnkommission«.[959] Die Besetzung der Stellen und der Tätigkeitsbereich der Mitarbeiter werden – so die Gesetzesbegründung – im Einvernehmen mit der oder dem Vorsitzenden unter Beachtung der maßgeblichen gesetzlichen Bestimmungen geregelt. Die oder der Vorsitzende stimmt sich dabei mit den Kommissionsmitgliedern ab.[960]

2 Die Geschäftsstelle wird bei der **Bundesanstalt für Arbeitsschutz und Arbeitsmedizin** als selbstständige Organisationseinheit eingerichtet (§ 12 Abs. 2 MiLoG). Über das Verwaltungshandeln der Geschäftsstelle, als Teil der Bundesanstalt für Arbeitsschutz und Arbeitsmedizin, führt das Bundesministerium für Arbeit und Soziales die Rechtsaufsicht. Sie erstreckt sich darauf, dass Gesetze und sonstiges Recht beachtet werden.[961]

2. Informationsstelle der Mindestlohnkommission

3 Neben der organisatorischen Unterstützung der Mindestlohnkommission legt § 12 Abs. 3 MiLoG fest, dass die Geschäftsstelle als Informationsstelle für den Mindestlohn Arbeitnehmer sowie Unternehmen zum Thema Mindestlohn **informiert und berät**. Dazu richtet sie z. B. eine **Telefonhotline** ein oder erstellt **Internetseiten**.[962] Das Bundesministerium für Arbeit und Soziales hat eine »Mindestlohn-Hotline« eingerichtet unter der Telefonnummer 030/60280028. Zudem gibt es die **Mindestlohn-Website** *www.der-mindestlohn-wirkt.de.*

Die Erkenntnisse der Informationsstelle zu Schwierigkeiten bei der Einhaltung und Prüfung des Mindestlohns soll das Bundesministerium für Arbeit und Soziales bei einer eventuellen Ausweitung der Dokumentationspflicht nach § 17 Abs. 3 MiLoG berücksichtigen.[963] Die Informationsstelle ist auch für den fachlichen Austausch mit den Behörden der Zollverwaltung und den fachlich zuständigen Bundesministerien zuständig.[964]

---

958 BT-Drs. 18/1558, S. 39.
959 BT-Drs. 18/1558, S. 39.
960 BT-Drs. 18/1558, S. 39.
961 BT-Drs. 18/1558, S. 39.
962 BT-Drs. 18/1558, S. 39.
963 BT-Drs. 18/1558, S. 39.
964 BT-Drs. 18/1558, S. 39.

3. Kostenträgerschaft

Die durch die Tätigkeit der Mindestlohnkommission und der Geschäftsstelle anfallenden Kosten trägt der Bund (§ 12 Abs. 4 MiLoG). Dementsprechend hat der Bund die erforderlichen Haushaltsmittel bereit zu stellen. Ein entsprechender Haushaltstitel im Bundeshaushalt ist also einzurichten. Zu den Kosten gehören Aufwandsentschädigungen und Reisekosten für die Mitglieder der Mindestlohnkommission sowie die Kosten für die Geschäfts- und Informationsstelle, die im Rahmen der Aufgabenwahrnehmung dort anfallen, und die Kosten für die Vergabe von Forschungsaufträgen.[965] 4

Abschnitt 2
Zivilrechtliche Durchsetzung

§ 13 Haftung des Auftraggebers

§ 14 des Arbeitnehmer-Entsendegesetzes findet entsprechende Anwendung.

Inhaltsübersicht Rn.

1. Sicherung des Mindestlohnanspruchs durch Haftung des Auftraggebers

a. Keine eigenständige Regelung im Mindestlohngesetz

Im ursprünglichen Gesetzentwurf des MiLoG war noch eine eigenständige Regelung der Haftung der Auftraggeber für den Mindestlohn vorgesehen.[966] Das wurde im Gesetzgebungsverfahren geändert. Die Regelung zur Haftung des Auftraggebers in § 13 MiLoG wird nunmehr durch Verweis auf die entsprechende Vorschrift des § 14 AEntG an die dortige Rechtslage an- 1

965 BT-Drs. 18/1558, S. 40.
966 BT-Drs. 18/1558, S. 40.

geglichen. In der Gesetzesbegründung heißt es hierzu: »Die dortige Ausgestaltung der Haftung – wie sie insbesondere durch die Rechtsprechung stattgefunden hat – hat sich über Jahre bewährt.«[967] **§ 14 AEntG hat folgenden Wortlaut:**

Ein Unternehmer, der einen anderen Unternehmer mit der Erbringung von Werk- oder Dienstleistungen beauftragt, haftet für die Verpflichtungen dieses Unternehmers, eines Nachunternehmers oder eines von dem Unternehmer oder einem Nachunternehmer beauftragten Verleihers zur Zahlung des Mindestentgelts an Arbeitnehmer oder Arbeitnehmerinnen (oder zur Zahlung von Beiträgen an eine gemeinsame Einrichtung der Tarifvertragsparteien nach § 8) wie ein Bürge, der auf die Einrede der Vorausklage verzichtet hat. Das Mindestentgelt im Sinne des Satzes 1 umfasst nur den Betrag, der nach Abzug der Steuern und der Beiträge zur Sozialversicherung und zur Arbeitsförderung oder entsprechender Aufwendungen zur sozialen Sicherung an Arbeitnehmer oder Arbeitnehmerinnen auszuzahlen ist (Nettoentgelt).

Voraussetzung für die direkte Anwendung der Haftungsnorm des § 14 AEntG ist, dass es einen allgemeingültigen Branchen-Tarifvertrag (oder für die Pflegebranche eine Rechtsverordnung nach § 11 AEntG) gibt und der Anwendungsbereich dieses Tarifvertrages oder der Rechtsverordnung gegeben ist. § 14 AEntG regelt eine Haftung, die – wie jede Haftungsnorm – einen Primäranspruch voraussetzt (das wird durch den Verweis in § 14 AEntG auf § 8 AEntG deutlich). Da § 13 MiLoG die entsprechende Anwendung des § 14 AEntG anordnet, bedeutet dies, dass auch der **allgemeine Mindestlohnanspruch nach dem MiLoG** über § 14 AEntG abgesichert wird, ohne dass ein Mindestlohn-Tarifvertrag nach dem AEntG Anwendung finden muss.

b. Regelungszweck

2 Hintergrund für die Regelung ist, dass ein Unternehmer die von ihm vertraglich übernommene Erbringung von Werk- und Dienstleistungen auf ein anderes Unternehmen verlagert. Der Unternehmer soll sich dadurch nicht der gesetzlich angeordneten Pflicht zur Zahlung des Mindestlohns, die für die Erbringung der Werk- oder Dienstleistung eingesetzt werden, entziehen. Zwar steht es ihm frei, einen Auftrag nicht selbst durch eigene Arbeitnehmer ausführen zu lassen, doch soll er darauf hinwirken, dass die von ihm beauftragten Subunternehmer sich ebenso legal verhalten, wie er es tun müsste, indem auch diese den Mindestlohn an die Arbeitnehmer zahlen. Da der Mindestlohn zur Existenzsicherung der Arbeitnehmer dient, liegt es

967 BT-Drs. 18/2010 (neu), S. 23.

zugleich im öffentlichen Interesse, durch geeignete Sicherungsinstrumente (wie einer Haftungsregelung) für die effektive Durchsetzung des Mindestlohnanspruchs zu sorgen.

Die Vorschrift regelt eine **verschuldensunabhängige Haftung des Generalunternehmers** (Hauptunternehmers), der einen anderen unterbeauftragt (Subunternehmer), allerdings beschränkt auf die Zahlung des Mindestlohns, so wie sie dem Arbeitnehmer tatsächlich zufließen müsste (**Nettolohnhaftung**). Die in § 14 AEntG ebenfalls geregelte Haftung für die Zahlung von Beiträgen an eine gemeinsame Einrichtung der Tarifvertragsparteien hat im Zusammenhang mit dem MiLoG keine Bedeutung. Die durch § 13 MiLoG vorgeschriebene »entsprechende Anwendung« des § 14 AEntG geht insoweit ins Leere. Die Arbeitnehmer haben gegen ihren Arbeitgeber (den Subunternehmer) den Anspruch auf Zahlung des Mindestlohns gem. § 1 MiLoG. Für diesen Anspruch soll auch der Hauptunternehmer einstehen, vor allem um sicherzustellen, dass der Arbeitnehmer tatsächlich den Mindestlohn erhält. Der Hauptunternehmer soll sich mit der Unterbeauftragung nicht des Risikos entledigen können, den Mindestlohn zahlen zu müssen. Das Risiko würde er ansonsten auch tragen, wenn er selbst den Auftrag ausführen und nicht Subunternehmer einschalten würde. Indem die betroffenen Arbeitnehmer mit dem Hauptunternehmer einen weiteren Schuldner erhalten, soll sichergestellt werden, dass sie den rechtlich garantierten Mindestlohnanspruch tatsächlich durchsetzen können.[968] Der **präventive Zweck** der Haftungsregelung ist es, den Hauptunternehmer zu veranlassen, bei der Vergabe von Aufträgen an Nachunternehmer auf deren Zuverlässigkeit zu achten.[969] Generalunternehmer sollen (auch im eigenen Interesse) darauf achten, dass ihre Subunternehmer die gesetzlichen Pflichten einhalten. Die Regelung soll dazu beitragen, dass die Hauptunternehmer angesichts der drohenden Bürgenhaftung davon absehen, solche Nachunternehmer zu beauftragen, deren Vertragsangebote mit der Verpflichtung zur Zahlung der Mindestlöhne unvereinbar sind.[970] 3

Die Gleichstellung mit einem Bürgen, der auf die Einrede der Vorausklage verzichtet hat, ist an die Regelung in § 349 HGB angelehnt, nach der dem Bürgen, für den die Bürgschaft ein Handelsgeschäft ist, die Einrede der Vorausklage ebenfalls nicht zusteht. Im Ergebnis handelt es sich um eine **Durchgriffshaftung** zulasten des Unternehmers, weil dieser unmittelbar von den begünstigen Arbeitnehmern in Anspruch genommen werden kann, ohne dass diese zuvor vergeblich versucht haben müssen, den Hauptschuldner 4

968 Vgl. zum AEntG: BVerfG 20.3.2007 – 1 BvR 1047/05, NZA 2007, 609, 610.

969 Vgl. BAG 16.5.2012 – 10 AZR 190/11, Rn. 21, NZA 2012, 980; BAG 8.12.2010 – 5 AZR 95/10, Rn. 20, NZA 2011, 514.

970 Vgl. BVerfG 20.3.2007 – 1 BvR 1047/05, NZA 2007, 609, 610.

(ihren Arbeitgeber) in Anspruch zu nehmen.[971] Die sonst für den Bürgen mögliche Einrede der Vorausklage (§ 771 BGB) ist kraft Gesetzes ausgeschlossen.

5 § 14 AEntG gilt nicht nur für aus dem Ausland entsandte, sondern für **alle Arbeitnehmer** von Subunternehmen. Die Vorschrift erfasst sowohl inländische als auch ausländische Unternehmen. § 14 AEntG ist nicht in die öffentlich-rechtlichen Kontroll- und Sanktionsregelungen der §§ 14 bis 21 MiLoG einbezogen. Es handelt sich um eine rein **privatrechtliche Norm**, wie auch die Überschrift des Abschnitts 2 (Zivilrechtliche Durchsetzung) deutlich macht.

c. Europa- und verfassungsrechtliche Zulässigkeit

6 Es bestehen keine durchgreifenden europa- und verfassungsrechtlichen Bedenken gegen die Regelung einer Haftung des Auftraggebers.[972] Da es um eine flankierende Maßnahme zur Sicherung des Anspruchs der Arbeitnehmer auf den Mindestlohn geht, bestehen schon deshalb **keine europarechtlichen Bedenken**, weil die Einschränkung der Dienstleistungsfreiheit – sofern man eine solche überhaupt annehmen will – durch zwingende Gründe des Arbeitnehmerschutzes gerechtfertigt ist. Das hat der EuGH grundsätzlich in den Entscheidungen vom 25.10.2001 (Finalarte)[973] und vom 24.1.2002 (Portugaia)[974] festgestellt. Sofern man darüber hinaus überhaupt Raum für eine selbstständige Bewertung des § 13 MiLoG/§ 14 AEntG annehmen will, ist diese europarechtlich nicht zu beanstanden.[975]
An einer Beeinträchtigung der Dienstleistungsfreiheit (Art. 56 AEUV) fehlt es schon deshalb, weil die Regelung unterschiedslos auf In- und Ausländer anwendbar ist, ausländische Unternehmer somit nicht diskriminiert. Jedenfalls ist die Beschränkung der Dienstleistungsfreiheit – wollte man eine solche annehmen – durch zwingende Gründe des Arbeitnehmerschutzes gerechtfertigt. Die drohende Haftung soll bei dem Generalunternehmer ein eigenes Vollzugsinteresse wecken, dass die Subunternehmer die Pflicht zur Zahlung des Mindestlohns einhalten. Insofern stellt § 13 MiLoG/§ 14 AEntG eine Regelung dar, die die materiellen Normen über den Mindestlohn über eine verfahrensmäßige Sicherung effektiv absichern soll. Zum Schutz der begünstigten Arbeitnehmer erhalten sie einen weiteren Schuldner, wodurch

---

971 Vgl. *Lelley*, in: Thüsing, § 13 MiLoG Rn. 8.

972 *Riechert/Nimmerjahn*, MiLoG § 13 Rn. 7ff.

973 EuGH 25.10.2001 – C-49/98, C-50/98, C-52/98 bis 54/98 und C-68/98 bis C-71/98 (Finalarte), NZA 2001, 1377.

974 EuGH 24.1.2002 – C-164/99 (Portugaia) NZA 2002, 207.

975 Anders aber *Rieble/Lessner*, ZfA 2002, 29ff.

sichergestellt werden soll, dass sie auch faktisch den rechtlich garantierten Mindestlohn erhalten.

Das BAG hatte mit Urteil vom 6.11.2002 die Frage der Vereinbarkeit des § 1a AEntG a.F. (nunmehr § 14 AEntG) mit der Dienstleistungsfreiheit dem EuGH zur Entscheidung vorgelegt.[976] Der EuGH hielt die Regelung mit der Dienstleistungsfreiheit grundsätzlich für vereinbar. Es hat dem vorlegenden Gericht aufgegeben zu prüfen, ob die Regelung zur Haftung der Auftraggeber bei objektiver Betrachtung den Schutz der (entsandten) Arbeitnehmer gewährleistet. Entscheidend ist, ob die Regelung den begünstigten Arbeitnehmern einen tatsächlichen Vorteil verschafft, der deutlich zu ihrem sozialen Schutz beiträgt. Soweit der deutsche Gesetzgeber auch das Ziel gehabt haben sollte, einen unlauteren Wettbewerb zu verhindern, wies der EuGH darauf hin, dass nicht unbedingt ein Widerspruch zwischen dem Ziel des Schutzes eines fairen Wettbewerbs auf der einen Seite und dem Ziel der Sicherstellung des Arbeitnehmerschutzes auf der anderen Seite bestehen muss.[977] Das BAG hat mit Urteil vom 12.1.2005 entschieden, dass die Bürgenhaftung mit der Freiheit des Dienstleistungsverkehrs vereinbar ist.[978] 7

Verfassungsrechtlich bestehen ebenfalls **keine Bedenken**.[979] Grundsätzlich gelten die allgemeinen Erwägungen zur Verfassungsmäßigkeit eines gesetzlichen Mindestlohns (vgl. Einleitung Rn. 24ff.). Sofern man in § 13 MiLoG/§ 14 AEntG einen weitergehenden Eingriff in den Schutzbereich der **Berufsfreiheit** der betroffenen Unternehmer (Art. 12 Abs. 1 GG) sehen will, ist dieser jedenfalls gerechtfertigt. Die Regelung zur Haftung der Auftraggeber für den Mindestlohnanspruch verfolgt ein legitimes arbeits- und sozialpolitisches Ziel: Die Regelung ergänzt und dient der Sicherung des Mindestlohnanspruchs.[980] Der Haupteinwand, der in Haftung genommene Unternehmer bürge ohne eigenes Verschulden für einen Pflichtenverstoß Dritter, ohne dass ihm Mittel gegeben seien, diesen zu verhindern, greift nicht durch. Eine Haftung für das Verschulden Dritter ohne eigenes Verschulden ist dem Recht nicht fremd, wie § 278 BGB zeigt.[981] Der Hauptunternehmer erweitert durch die Einschaltung eines Dritten seinen Geschäftsbereich und vermeidet gleichzeitig die Notwendigkeit, für die Erbringung von Werk- oder Dienstleistungen eigene Arbeitnehmer einzustellen. Der 8

976 BAG 6.11.2002 – 5 AZR 617/01 (A), NZA 2003, 490.

977 EuGH 12.10.2004 – C-60/03 (Wolf & Müller), Rn. 38, 42, NZA 2004, 1211.

978 BAG 12.1.2005 – 5 AZR 617/01, NZA 2005, 627.

979 BVerfG 20.3.2007 – 1 BvR 1047/05, NZA 2007, 609; BAG 6.11.2002 – 5 AZR 617/01 (A), NZA 2003, 490; BAG 20.7.2004 – 9 AZR 345/03, AP AEntG § 1 Nr. 19; BAG 12.1.2005 – 5 AZR 617/01, NZA 2005, 627; a.A.: *Pütz*, Die Auftraggeberhaftung auf den Mindestlohn, S. 124ff.

980 Vgl. zum AEntG: BVerfG 20.3.2007 – 1 BvR 1047/05, NZA 2007, 609.

981 Vgl. *Däubler*, NJW 1999, 601, 607.

Hauptunternehmer behält im Falle seiner Inanspruchnahme Ausgleichsansprüche zum verantwortlichen Subunternehmer (vgl. §§ 769, 774 BGB); er hat auch Möglichkeiten, auf die Subunternehmen Einfluss zu nehmen, sowie Möglichkeiten zur eigenen Absicherung, z. B. Einbehalt des Werklohns bis zur endgültigen Abnahme als Sicherung für etwaige Ansprüche aus § 13 MiLoG/§ 14 AEntG.[982]

2. Anwendungsbereich: Erbringen von Werk- oder Dienstleistungen

9 Gemäß § 13 MiLoG i. V. m. § 14 Satz 1 AEntG haftet ein **Unternehmer**, der einen anderen Unternehmer mit der Erbringung von Werk- oder Dienstleistungen beauftragt, für die Verpflichtungen

- dieses Unternehmers,
- eines Nachunternehmers oder
- eines von dem Unternehmer oder einem Nachunternehmer beauftragten Verleihers

zur Zahlung des Mindestlohns wie ein Bürge, der auf die Einrede der Vorausklage verzichtet hat.

Der Begriff **Erbringung von Werk- oder Dienstleistungen** ist weit auszulegen. Es kommt auf die tatsächliche Erbringung an, nicht auf die Bezeichnung oder Wirksamkeit der Verträge.[983] Die Begriffe sind umfassend zu verstehen und nicht begrenzt auf Werk- und Dienstverträge im Sinne der entsprechenden BGB-Vorschriften. Erfasst wird die Erbringung von Werk- oder Dienstleistungen aller Art, etwa auch Werklieferungsverträge oder Geschäftsbesorgungsverträge.[984] Die Leistungen müssen **im räumlichen Geltungsbereich des MiLoG** erbracht werden, also in Deutschland.[985] Auf den Sitz des Auftraggebers kommt es allerdings nicht an, dieser kann auch seinen Sitz im Ausland haben.[986]

3. Haftungsadressat: Unternehmer

10 Haftungsadressat ist **jeder Unternehmer, der einen anderen Unternehmer** mit der Erbringung von Werk- oder Dienstleistungen **beauftragt**. Erfasst

---

982 BVerfG 20. 3. 2007 – 1 BvR 1047/05, NZA 2007, 609, 612.

983 Vgl. *Koberski/Asshoff/Eustrup/Winkler*, AEntG, § 14 Rn. 22; *Reinfelder*, in: Düwell/Schubert, MiLoG, § 13 Rn. 6.

984 Vgl. *Reinfelder*, in: Düwell/Schubert, MiLoG, § 13 Rn. 6; *Riechert/Nimmerjahn*, MiLoG, § 13 Rn. 28; *Heuschmid/Hlava*, NJW 2015, 1719, 1720; *Hlava*, SR 2016, 17, 25.

985 Vgl. *Reinfelder*, in: Düwell/Schubert, MiLoG, § 13 Rn. 6.

986 Vgl. *Riechert/Nimmerjahn*, MiLoG, § 13 Rn. 23.

werden damit vor allem Unternehmer, die von einem Dritten mit der Erbringung von Werk- oder Dienstleistungen beauftragt werden, die diese Leistungen jedoch nicht selbst ausführen, sondern mit deren Ausführung andere Unternehmer unterbeauftragen – also sog. Haupt- oder Generalunternehmer, die zur Leistungserbringung Subunternehmer einschalten. Nach dem **Wortlaut** wird jeder Unternehmer erfasst, der einen anderen Unternehmer mit der Erbringung solcher Leistungen beauftragt, also auch der Unternehmer, der im eigenen Interesse jemand anderes mit der Erbringung von Werk- oder Dienstleistungen beauftragt. Der Wortlaut der Norm stellt darauf ab, dass jemand als »Unternehmer« am Markt auftritt.

Nach dem Gesetzeswortlaut und dem Schutzzweck der Norm greift die Haftung des (Haupt-)Unternehmers auch im Fall der **Insolvenz des Nachunternehmers.**[987] Bei der Zahlung von Insolvenzgeld soll jedoch nach der Rechtsprechung des BAG – entgegen den üblichen Grundsätzen (vgl. Rn. 20) – die Haftung nach § 14 AEntG nicht auf die Bundesagentur für Arbeit übergehen (vgl. Rn. 21).

Es wird vertreten, dass **öffentlich-rechtliche Körperschaften** (vor allem 11
Bund, Länder und Gemeinden), selbst wenn sie wie ein Unternehmen am Markt auftreten, nicht in den Anwendungsbereich der Norm fallen sollen.[988] Aus dem Wortlaut kann man das indes nicht ableiten. Auch eine öffentlich-rechtliche Körperschaft kann als Unternehmer am Markt auftreten. Hintergrund für diese Betrachtung ist vielmehr, dass etwa eine Gemeinde, die Leistungen, die im öffentlichen Interesse liegen (z. B. Straßenbauarbeiten), nicht mit eigenen Arbeitnehmern ausführt, sondern die Leistungserbringung an einen privaten Unternehmer vergibt, nicht für die Mindestlohnansprüche dieses Unternehmers eintreten soll. Das kann man so sehen, folgt jedoch nicht zwingend aus dem Wortlaut des § 14 AEntG.[989] Geht man davon aus, dass der Staat nicht in den Anwendungsbereich der Norm fällt, gilt das jedenfalls nur für den Bund, die Bundesländer, die Kreise und Gemeinden sowie für die sonstigen Körperschaften und Anstalten des öffentlichen Rechts. Es gilt nicht für privatwirtschaftliche Unternehmen, bei denen der

---

987 Vgl. *Bayreuther*, NZA 2015, 961, 966; *Hlava*, SR 2016, 17, 29; *Reinfelder*, in: Düwell/Schubert, MiLoG, § 13 Rn. 27; *Riechert/Nimmerjahn*, MiLoG, § 13 Rn. 53; HWK/*Sittard* § 13 MiLoG Rn. 8; Schaub/*Vogelsang*, Arbeitsrechts-Handbuch, § 162 Rn. 44; a. A.: *Bissels/Falter/Krings*, DB 2015, 1962, 1964f.; *Kühn/Reich* BB 2014, 2938, 2939; *Mohr*, in: Thüsing, § 14 AEntG Rn. 6.

988 Vgl. *Koberski/Asshoff/Eustrup/Winkler*, AEntG, § 14 Rn. 20; *Reinfelder*, in: Düwell/Schubert, MiLoG, § 13 Rn. 10.

989 Vgl. ErfK/*Franzen*, § 14 AEntG Rn. 3.

Bund oder andere Körperschaften oder Anstalten öffentlichen Rechts Anteilseigner oder Gesellschafter sind.[990]

12 Die Durchgriffshaftung gilt für »**Unternehmer**«. Leitbild ist der Generalunternehmer (Hauptunternehmer),[991] der eigentlich selbst (gegenüber seinem Auftraggeber) die Erbringung der Werk- oder Dienstleistung schuldet, die Leistungserbringung jedoch ganz oder teilweise auf Subunternehmer delegiert, sich also aufgrund eigener Interessen zur Erfüllung eigener Vertragspflichten Dritter bedient.[992] Dem General-/Hauptunternehmer soll die Möglichkeit versperrt werden, sich durch die Beauftragung von (ausländischen) Subunternehmen der Pflicht zur Zahlung des Mindestlohns zu entziehen. Zwar genießen die Arbeitnehmer gegenüber ihren Vertragspartnern (Arbeitgebern), also auch gegenüber Subunternehmen, den Schutz nach dem MiLoG (AEntG), doch soll durch die Durchgriffshaftung der Generalunternehmer insoweit in die Pflicht genommen werden, als er zur Vermeidung seiner Haftung Subunternehmer auswählt, die ihrerseits die Pflicht zur Zahlung des Mindestlohns auch faktisch garantieren.

Die Anwendung der Vorschrift setzt voraus, dass (1) ein Unternehmer (2) eine eigene vertragliche Pflicht zur Erbringung von Werk- oder Dienstleistungen übernommen hat und (3) zur Erfüllung dieser Pflicht einen anderen Unternehmer beauftragt. Wird keine eigene vertragliche Verpflichtung an einen Auftragnehmer weitergereicht, besteht keine Haftung. Wenn etwa ein Produktionsunternehmen ein Unternehmen mit Malerarbeiten am Fabrikgebäude beauftragt, hat dieses nicht für die Mindestlohnansprüche der beim Malerunternehmen beschäftigten Arbeitnehmer einzustehen, weil keine eigene vertragliche Pflicht gegenüber Kunden auf ein anderes Unternehmen verlagert, sondern lediglich für einen **betrieblichen Eigenbedarf** ein Auftrag an Dritte vergeben wurde.[993]

Auch wenn ein Produktionsunternehmen für den Transport der produzierten Waren ein Logistikunternehmen einschaltet, hat dieses in der Regel nicht für die Mindestlohnansprüche der beim Logistikunternehmen beschäftigten Arbeitnehmer einzustehen. Mit den Logistikdienstleistungen wird normalerweise keine eigene vertragliche Verpflichtung weitergegeben, falls das Produktionsunternehmen sich nicht durch Vertrag mit einem (Zwischen- oder End-)Abnehmer dazu verpflichtete, die von ihm produzierten Waren

990 Vgl. *Reinfelder*, in: Düwell/Schubert, MiLoG, § 13 Rn. 10; *Riechert/Nimmerjahn*, MiLoG, § 13 Rn. 26.

991 Vgl. die Gesetzesbegründung zu § 1a AEntG: BT-Drs. 14/45, S. 17f.; ebenso die Gesetzesbegründung zum AEntG 2009 (im Gesetzentwurf der Bundesregierung noch § 10 AEntG) BT-Drs. 16/10486, S. 17.

992 Vgl. BAG 28. 3. 2007 – 10 AZR 76/06, NZA 2007, 613.

993 Vgl. ErfK/*Franzen*, § 13 MiLoG Rn. 2; *Reinfelder*, in: Düwell/Schubert, MiLoG, § 13 Rn. 13, 20; *Riechert/Nimmerjahn*, MiLoG § 13 Rn. 19.

selbst zu liefern. Wenn der Logistikdienstleister die von ihm eingegangen Vertragspflichten an ein anderes Transportunternehmen weitergibt, hat dieser hingegen für die Mindestlohnansprüche einzustehen. Ebenso verhält es sich bei einer Weiterreichung des Auftrags an jeden weiteren Transportunternehmer in der »Nachunternehmerkette«.

Sind die Voraussetzungen gegeben, hat der ursprünglich beauftragte Unternehmer dafür einzustehen, dass die von ihm beauftragten Sub-Unternehmer (und Sub-Sub-Unternehmer) den Mindestlohn zahlen. Würde er keine Subunternehmer beauftragen, hätte er für die bei ihm beschäftigten Arbeitnehmer genauso für den Mindestlohn einzustehen. Der ursprüngliche Unternehmer hat für die Zahlung des Mindestlohns auch einzustehen, wenn der von ihm beauftragte Unternehmer wiederum einen anderen Unternehmer für die Erledigung des Auftrags einsetzt. Damit trägt der Unternehmer am Anfang der Leistungskette das Risiko der Mindestlohnvergütung für alle nachfolgend in dieses Verhältnis eingebundenen Unternehmer. Der Pflicht zur Haftungsübernahme liegt im Kern ein »Veranlasserprinzip« zugrunde: Derjenige, der durch die Weitergabe seines eigenen Auftrags an einen anderen Unternehmer eine zusätzliche Partei in die Leistungsabwicklung einbezieht, soll das Lohnrisiko, soweit es um den gesetzlichen Mindestlohn geht, trotz der Weitergabe des Auftrags in jedem Fall mittragen.

Das BAG hat zur Vorgängernorm des § 14 AEntG (§ 1a AEntG a.F., der 13
allein auf die »Erbringung von Bauleistungen« abstellte) ausdrücklich entschieden, dass der Begriff des Unternehmers einschränkend auszulegen ist.[994] Rechtlich kann man insoweit auf den Begriff des Unternehmers in § 14 Abs. 1 BGB verweisen.[995] Danach ist »Unternehmer« eine natürliche oder juristische Person oder eine rechtsfähige Personengesellschaft, die bei Abschluss eines Rechtsgeschäfts **in Ausübung ihrer gewerblichen oder selbstständigen beruflichen Tätigkeit** handelt. Darunter fallen auch Freiberufler, Handwerker, Landwirte und Kleingewerbetreibende.[996] Ein **Bauträger**, der Gebäude im eigenen Namen und auf eigene Rechnung errichten lässt, um sie während oder nach der Bauphase zu veräußern, fällt unter den Begriff des »Unternehmers« i. S. d. § 14 AEntG und haftet deshalb für die Mindestlohnansprüche.[997] Das gilt folglich auch für § 13 MiLoG.

Andererseits werden **Privatpersonen** vom Begriff des »Unternehmers« *nicht* 14
erfasst.[998] **Private Bauherren**, die keine eigenen Bauarbeitnehmer beschäfti-

994 Vgl. BAG 16.5.2012 – 10 AZR 190/11, NZA 2012, 980; BAG 28.3.2007 – 10 AZR 76/06, NZA 2007, 613; BAG 12.1.2005 – 5 AZR 617/01, NZA 2005, 627.

995 Vgl. BAG 16.5.2012 – 10 AZR 190/11, Rn. 14, NZA 2012, 980.

996 Vgl. BAG 16.5.2012 – 10 AZR 190/11, Rn. 14, NZA 2012, 980.

997 BAG 16.5.2012 – 10 AZR 190/11, NZA 2012, 980.

998 BAG 16.5.2012 – 10 AZR 190/11, Rn. 18, NZA 2012, 980.

gen, sind keine »Unternehmer« im Sinne der der Haftungsregelung.[999] Auch Unternehmer, die als Bauherren einen anderen Unternehmer mit der Erbringung von Bauleistungen beauftragen, fallen nicht unter die Haftungsregelung, selbst wenn sie selbst einen Baubetrieb unterhalten.[1000]

Erforderlich ist eine besondere **Verantwortungsbeziehung zwischen Auftraggeber und Nachunternehmer**. Eine solche liegt nicht vor, wenn ein Bauherr den Auftrag zur Errichtung eines Gebäudes an einen Generalunternehmer vergibt, um das zu errichtende Gebäude zu vermieten und zu verwalten.[1001]

Der Wortlaut der Haftungsregelung scheint darüber insofern hinauszugehen, als er generell auf einen »Unternehmer, der einen anderen Unternehmer … beauftragt« abstellt. Doch ist eine Anwendung der Norm auf Privatleute – etwa auf Bauherren, die für ein eigenes Bauvorhaben Unternehmer beauftragen – vom Regelungszweck der Norm nicht mehr gedeckt.[1002]

Die Anwendung der Vorschrift setzt voraus, dass (1) ein Unternehmer (2) eine eigene vertragliche Pflicht zur Erbringung von Werk- oder Dienstleistungen übernommen hat und (3) zur Erfüllung dieser Pflicht einen anderen Unternehmer beauftragt. Wird keine eigene vertragliche Verpflichtung an einen Auftragnehmer weitergereicht, besteht keine Haftung. Erfasst wird nur der Unternehmer, der sich zur Erbringung einer Werk- oder Dienstleistung verpflichtet hat und diese nicht mit eigenen Arbeitnehmern ausführt, sondern sich zur Erfüllung seiner Verpflichtung eines oder mehrerer Subunternehmer bedient.[1003]

Wenn etwa ein Produktionsunternehmen ein Unternehmen mit Malerarbeiten am Fabrikgebäude beauftragt, hat dieses nicht für die Mindestlohnansprüche der beim Malerunternehmen beschäftigten Arbeitnehmer einzustehen, weil keine eigene vertragliche Pflicht gegenüber Kunden auf ein anderes Unternehmen verlagert worden ist, sondern lediglich für einen betrieblichen Eigenbedarf ein Auftrag an Dritte vergeben worden ist.[1004]

Auch wenn ein Produktionsunternehmen für den Transport der produzierten Waren ein Logistikunternehmen einschaltet, hat dieses in der Regel nicht für die Mindestlohnansprüche der beim Logistikunternehmen beschäftigten Arbeitnehmer einzustehen. Mit den Logistikdienstleistungen wird normalerweise keine eigene vertragliche Verpflichtung weitergegeben, falls das

999 BAG 12.1.2005 – 5 AZR 617/01, NZA 2005, 627.

1000 BAG 28.3.2007 – 10 AZR 76/06, NZA 2007, 613.

1001 *BAG* 16.10.2019 – 5 AZR 241/18, NZA 2020, 112.

1002 Vgl. BAG 28.3.2007 – 10 AZR 76/06, NZA 2007, 613; BAG 12.1.2005 – 5 AZR 617/01, NZA 2005, 627.

1003 *BAG* 16.10.2019 – 5 AZR 241/18, Rn. 12, NZA 2020, 112.

1004 Vgl. ErfK/*Franzen*, § 13 MiLoG Rn. 2; *Reinfelder* in: Düwell/Schubert, MiLoG, § 13 Rn. 13, 20.

Produktionsunternehmen sich nicht durch Vertrag mit einem (Zwischen- oder End-)Abnehmer dazu verpflichtet hat, die von ihm produzierten Waren selbst zu liefern. Wenn der Logistikdienstleister die von ihm eingegangen Vertragspflichten an ein anderes Transportunternehmen weitergibt, hat dieser hingegen für die Mindestlohnansprüche einzustehen. Ebenso verhält es sich bei der einer Weiterreichung des Auftrags an jeden weiteren Transportunternehmer in der »Nachunternehmerkette«.

Sind die Voraussetzungen gegeben, hat der ursprünglich beauftragte Unternehmer für die Einhaltung des gesetzlichen Mindestlohns auch bei von ihm beauftragten Subunternehmern einzustehen. Würde er keine Subunternehmer beauftragen, hätte er für die bei ihm beschäftigten Arbeitnehmer genauso für den Mindestlohn einzustehen. Der ursprüngliche Unternehmer hat für die Zahlung des Mindestlohns auch einzustehen, wenn der von ihm beauftragte Unternehmer wiederum einen anderen Unternehmer für die Erledigung des Auftrags einsetzt. Damit trägt der Unternehmer am Anfang der Leistungskette das Risiko der Mindestlohnvergütung für alle nachfolgend in dieses Verhältnis eingebundenen Unternehmer. Der Pflicht zur Haftungsübernahme liegt im Kern ein »Veranlasserprinzip« zugrunde. Derjenige, der durch die Weitergabe seines eigenen Auftrags an einen anderen Unternehmer eine zusätzliche Partei in die Leistungsabwicklung einbezieht, soll das Lohnrisiko, soweit es um den gesetzlichen Mindestlohn geht, trotz der Weitergabe des Auftrags in jedem Fall mittragen.

Die Haftung ist nicht beschränkt auf die Verpflichtungen des unmittelba- **15**
ren Vertragspartners des Unternehmers, sondern besteht ggf. auch für alle Verbindlichkeiten der nachfolgenden Unternehmen (»Sub-Subunternehmer«)[1005] sowie eines beauftragten Verleihers (**Kettenhaftung**).[1006] Das ergibt sich aus dem Wortlaut des § 14 Satz 1 AEntG, nach dem der Unternehmer für die Verpflichtungen des von ihm beauftragten Unternehmers oder eines Nachunternehmers sowie auch eines von dem Unternehmer oder einem Nachunternehmer beauftragten Verleihers haftet. Der Generalunternehmer haftet für alle Nachunternehmer unbeschränkt. Das legt auch der Sinn und Zweck der Vorschrift nahe. Der Unternehmer, der durch die Einschaltung eines Dritten seinen Geschäftsbereich einerseits erweitert und sich andererseits von der Notwendigkeit befreit, selbst Arbeitnehmer einzustellen, soll für die Mindestlohnansprüche der Arbeitnehmer des Nachunternehmers einstehen müssen.

Was die **interne Haftungsaufteilung** zwischen den Unternehmern und **16**
Nachunternehmern angeht, geht die Forderung gegen den Hauptschuldner

1005 BAG 17.8.2011 – 5 AZR 490/10, Rn. 17, NZA 2012, 563.

1006 Vgl. *Lelley*, in: Thüsing, § 13 MiLoG Rn. 17; *Koberski/Asshoff/Eustrup/Winkler*, AEntG, § 14 Rn. 32; *Reinfelder*, in: Düwell/Schubert, MiLoG, § 13 Rn. 15; *Riechert/Nimmerjahn*, MiLoG § 13 Rn. 37; ErfK/*Franzen*, § 14 AEntG Rn. 4.

auf den Unternehmer über (§ 774 Abs. 1 Satz 1 BGB) und kann diesen in voller Höhe in Regress nehmen. Die Mitbürgen, d. h. die anderen Unternehmen in der Auftragskette, kann er jedoch nicht vollumfänglich, sondern nur anteilig in Regress nehmen. Es findet ein gesamtschuldnerischer Ausgleich aller am Leistungsvorhaben Beteiligten wie beim Mitbürgenausgleich statt (§§ 774 Abs. 2, 426 BGB).[1007] Da jedoch gem. § 426 Abs. 1 Satz 1 BGB die Gesamtschuldner im Verhältnis zueinander nur dann zu gleichen Anteilen haften, »soweit nicht ein anderes bestimmt ist«, hat derjenige allein einzustehen, der gerade den Gesetzesverstoß begangen hat.

17 Der Unternehmer, der andere mit der Erbringung von Werk- oder Dienstleistungen beauftragt, kann vom Arbeitnehmer **unmittelbar** in Anspruch genommen werden. Dieser kann nicht darauf verweisen, dass zunächst gegen den Hauptschuldner (den Arbeitgeber) vorgegangen werden muss. Die Einrede der Vorausklage (vgl. § 771 BGB) ist dem Unternehmer kraft Gesetzes verwehrt. Auch auf ein Verschulden, etwa bei der Auswahl des Nachunternehmers, kommt es nicht an.

18 Da der Hauptunternehmer **»wie ein Bürge«** einzustehen hat, finden die diesbezüglichen Regelungen des BGB (§§ 765 ff. BGB), abgesehen von § 771 BGB, Anwendung. Der Hauptunternehmer haftet vor allem nur dann, wenn die Hauptschuld gegen den Vertragsarbeitgeber besteht. Die Haftung ist vom Bestehen der Hauptschuld abhängig (akzessorisch) und besteht nur, soweit die Hauptschuld besteht (§ 767 BGB). Hauptschuld ist der Anspruch des Arbeitnehmers auf den Mindestlohn.[1008] Die Bürgenhaftung lässt die Grundsätze der Darlegungs- und Beweislast unberührt und führt für den Bürgen zu keinen Erleichterungen.[1009]

19 Da die **Hauptschuld (noch) bestehen muss**, darf der Arbeitsentgeltanspruch nicht – etwa aufgrund der Anwendung von Ausschlussfristen – verfallen sein. Allerdings ist für den Anspruch auf den Mindestlohn zu beachten, dass gem. § 3 Satz 3 MiLoG Ausschlussfristen unwirksam sind. Vereinbarungen, die den Anspruch auf Mindestlohn unterschreiten oder seine Geltendmachung beschränken oder ausschließen, sind insoweit unwirksam (§ 3 Satz 1 MiLoG). Ein Verzicht ist nur hinsichtlich des entstandenen Anspruchs auf den Mindestlohn und nur durch gerichtlichen Vergleich zulässig (§ 3 Satz 2 MiLoG). Eine Verwirkung des Anspruchs auf den Mindestlohn ist ausgeschlossen (§ 3 Satz 3 MiLoG). Diese Vorgaben müssen, da der Arbeitnehmer durch § 3 MiLoG umfassend vor dem Verlust des Mindestlohnanspruchs geschützt werden soll, auch im Verhältnis zum Unternehmer i. S. d. § 13 MiLoG/§ 14 AEntG gelten. Der Unternehmer i. S. d. § 13 MiLoG/§ 14 AEntG kann allerdings gem. § 768 Abs. 1 BGB die dem Hauptschuldner zustehen-

1007 Vgl. *Rieble/Lessner*, ZfA 2002, 29, 40 f.

1008 Vgl. *Lelley*, in: Thüsing, § 13 MiLoG Rn. 17.

1009 BAG 30. 10. 2019 – 10 AZR 567/17, Rn. 46, NZA 2020, 334.

den Einreden geltend machen, also auch die **Einrede der Verjährung**. Auch die Einreden der Anfechtbarkeit und Aufrechenbarkeit gem. § 770 BGB stehen ihm zu. Soweit der Unternehmer i. S. d. § 14 AEntG den Arbeitnehmer befriedigt, geht die Forderung dieser Gläubiger gegen den Hauptschuldner gem. § 774 Abs. 1 Satz 1 BGB auf ihn über.

4. Haftungsbegünstigte: Arbeitnehmer und Rechtsnachfolger

Die Haftung des Unternehmers besteht gegenüber den **Arbeitnehmern der Nachunternehmer und deren Subunternehmern**. Haftungsbegünstigt sind die Arbeitnehmer, die im Zusammenhang mit der Erfüllung des Vertrags (Dienst- oder Werkleistung) tätig wurden, den der Nachunternehmer (oder Sub-Sub-Unternehmer) mit dem Hauptunternehmer (oder innerhalb der Haftungskette) geschlossen hat (vgl. Rn. 9). Andere Arbeitnehmer, die mit der Erfüllung dieser Werk- oder Dienstleistung nichts zu tun haben, werden nicht erfasst, weil es am notwendigen Verantwortungszusammenhang zum Auftraggeber fehlt.[1010] 20

Im Falle des Anspruchsübergangs aufgrund der **Gewährung von Sozialleistungen** (§ 115 SGB X) wird auch der Sozialleistungsträger durch § 13 MiLoG/§ 14 AEntG begünstigt. Relevant ist dies vor allem bei der Beantragung von **Insolvenzgeld**. Gemäß § 169 SGB III gehen die Arbeitsentgeltansprüche in diesem Fall kraft Gesetzes auf die Bundesagentur für Arbeit über. Mit der Forderung geht auch der Anspruch gegen den Bürgen über (§§ 401, 412 BGB). Nimmt umgekehrt der Arbeitnehmer eines insolventen Nachunternehmers den Unternehmer (i. S. d. § 13 MiLoG/§ 14 AEntG) in Anspruch, geht mit dem Arbeitsentgeltanspruch auch der Anspruch auf Insolvenzgeld gegen die Bundesagentur für Arbeit auf den Unternehmer über (§ 170 SGB III i. V. m. § 774 Abs. 1 Satz 1 BGB).[1011]

Das **BAG** sieht das anders: Gemäß § 169 Satz 1 SGB III gehen mit dem Antrag auf Insolvenzgeld auf die Bundesagentur für Arbeit die Ansprüche auf Arbeitsentgelt über, die einen Anspruch auf Insolvenzgeld begründen. Das sei der (Mindest-)Lohnanspruch des Arbeitnehmers gegen seinen Arbeitgeber (vgl. § 165 Abs. 1 SGB III), nicht aber die Haftung nach § 14 AEntG. Letztere begründe keinen Anspruch auf Insolvenzgeld. Die Haftung nach § 14 AEntG sei im Verhältnis zum Mindestlohnanspruch des Arbeitnehmers gegen seinen Arbeitgeber auch kein Nebenrecht i. S. d. § 401 BGB.[1012] Bei **Insolvenz des Nachunternehmers** erlösche die Haftung des Hauptunter- 21

1010 Vgl. *Reinfelder*, in: Düwell/Schubert, MiLoG, § 13 Rn. 20.

1011 Vgl. *Riechert/Nimmerjahn*, MiLoG, § 13 Rn. 54; *Heuschmid/Hlava*, NJW 2015, 1719, 1720f.

1012 BAG 8. 12. 2010 – 5 AZR 95/10, NZA 2011, 514, 515; a. A.: *Riechert/Nimmerjahn*, MiLoG, § 13 Rn. 54; *Heuschmid/Hlava*, NJW 2015, 1719, 1720f.

nehmers nach § 14 AEntG mit der Zahlung des Insolvenzgeldes durch die Bundesagentur für Arbeit. Im Umfang der Zahlung des Insolvenzgeldes seien die Mindestlohnansprüche der Arbeitnehmer und damit der Sicherungszweck des § 14 AEntG erfüllt. Es gebe keinen Anhaltspunkt dafür, das Gesetz habe eine »Doppelsicherung« der Mindestlohnansprüche oder einen Vorrang der Haftung des Hauptunternehmers gegenüber der Sozialversicherung gewollt.[1013]

22 Für Entgeltklagen (auch für die Klage gem. § 14 AEntG) ist die deutsche Gerichtsbarkeit eröffnet (§ 15 AEntG). § 15 AEntG gilt allerdings nicht im Anwendungsbereich des MiLoG, so dass auf die allgemeinen Regeln der örtlichen Zuständigkeit abzustellen ist (vgl. § 1 MiLoG Rn. 105ff.). Zuständig sind jedenfalls die **Arbeitsgerichte.**[1014]

5. Haftungsumfang: Nettolohnhaftung

23 Der Haftungsumfang ergibt sich aus § 14 Satz 1 und Satz 2 AEntG. Der Hauptunternehmer haftet für die Verpflichtungen zur Zahlung des **Mindestlohns** an den Arbeitnehmer. Es handelt sich also um den ursprünglichen Arbeitsentgeltanspruch des Arbeitnehmers. Neben seinem eigentlichen Arbeitgeber, gegen den der Anspruch nach wie vor besteht, kann er als weiteren Schuldner wahlweise den Unternehmer i. S. d. § 13 MiLoG/§ 14 AEntG auf die Zahlung des Arbeitsentgelts in der Höhe des Mindestentgelts in Anspruch nehmen.

24 Bei dem Anspruch auf den Mindestlohn handelt es sich gegenüber dem Arbeitgeber an sich um einen Anspruch auf den Bruttobetrag. Gegenüber dem Unternehmer i. S. d. § 13 MiLoG/§ 14 AEntG gilt kraft Gesetzes eine abweichende Regelung. Gemäß § 14 Satz 2 AEntG umfasst das Mindestentgelt i. S. d. § 14 Satz 1 AEntG nur den Betrag, der nach Abzug der Steuern und der Beiträge zur Sozialversicherung und zur Arbeitsförderung oder entsprechender Aufwendungen zur sozialen Sicherung an den Arbeitnehmer auszuzahlen ist. Die Forderung des Arbeitnehmers gegen den Unternehmer i. S. d. § 13 MiLoG/§ 14 AEntG ist also auf das **Nettoentgelt** gerichtet, nicht auf die Bruttovergütung.

25 Mit der Begrenzung auf das **Nettoentgelt** soll über § 14 AEntG nur das Arbeitsentgelt gesichert werden, das dem Arbeitnehmer im Falle der Zahlung durch den Arbeitgeber tatsächlich zufließt, ihm als Geldbetrag also zur Verfügung stehen würde. Die Norm enthält eine Sonderregelung, die eine Nettolohnklage in Höhe der sich im Jahr des Tätigwerdens ergebenden Vergütung zulässt.[1015]

1013 BAG 8. 12. 2010 – 5 AZR 95/10, NZA 2011, 514, 516.
1014 BAG 11. 9. 2002 – 5 AZB 3/02, NZA 2003, 62.
1015 *BAG* 16. 10. 2019 – 5 AZR 241/18, Rn. 11, NZA 2020, 112.

Die Regelung in § 14 Satz 2 AEntG mit der Begrenzung der Haftung auf das Nettoentgelt setzt voraus, dass das Arbeitsverhältnis deutschem Sozialversicherungsrecht unterliegt. Unterliegt das Arbeitsverhältnis, etwa wegen einer nur kurzzeitigen Entsendung, nicht dem deutschen, sondern dem ausländischen Sozialversicherungsrecht, sind die vom Arbeitnehmer zu tragenden Anteile zur ausländischen Sozialversicherung, nicht aber – fiktive – Beiträge zur deutschen Sozialversicherung zu berücksichtigen.[1016]

Über § 13 MiLoG/§ 14 AEntG ist nur der **Mindestlohn** gesichert, wie er sich 26
aus dem MiLoG ergibt. Eine weitergehende Haftung (über den Mindestlohn hinaus) sieht § 14 AEntG nicht vor. Auch dann nicht, falls dem Arbeitnehmer gegenüber dem Arbeitgeber aufgrund vertraglicher Vereinbarung ein höherer Entgeltanspruch zustehen würde.[1017]

Der Haftung nach § 13 MiLoG/§ 14 AEntG unterliegt nur der Anspruch des 27
Arbeitnehmers auf den Mindestlohn **für tatsächlich geleistete Arbeit**.[1018] Nicht erfasst werden

- Annahmeverzugsansprüche des Arbeitnehmers gegen den Arbeitgeber,[1019]
- Ansprüche gegen den Arbeitgeber auf Verzugszinsen wegen verspäteter Lohnzahlung,[1020]
- Ansprüche auf Entgeltfortzahlung an Feiertagen und im Krankheitsfall,[1021]
- Ansprüche auf Urlaubsentgelt oder zusätzliches Urlaubsgeld,[1022]
- Ansprüche auf Auslösung oder sonstige Aufwendungsersatzansprüche (z. B. Reisekosten).[1023]

1016 BAG 17.8.2011 – 5 AZR 490/10, NZA 2012, 563.

1017 Vgl. *Lelley*, in: Thüsing, § 13 MiLoG Rn. 18; *Riechert/Nimmerjahn*, MiLoG § 13 Rn. 36; ErfK/*Franzen*, § 14 AEntG Rn. 5.

1018 BAG 12.1.2005 – 5 AZR 617/01, NZA 2005, 627, 634.

1019 BAG 12.1.2005 – 5 AZR 617/01, NZA 2005, 627, 634.

1020 BAG 12.1.2005 – 5 AZR 617/01, NZA 2005, 627, 634.

1021 Vgl. *Lelley*, in: Thüsing, § 13 MiLoG Rn. 18; *Reinfelder*, in: Düwell/Schubert, MiLoG, § 13 Rn. 31; *Koberski/Asshoff/Eustrup/Winkler*, AEntG, § 14 Rn. 31. Der Anspruch auf Fortzahlung des Entgelts an Feiertagen ist keine zwingend geltende Eingriffsnorm i.S.d. Art. 9 Rom-I-VO (Art. 34 EGBGB); der Anspruch auf Entgeltfortzahlung im Krankheitsfall ist nur dann eine zwingend geltende Eingriffsnorm i.S.d. Art. 9 Rom-I-VO (Art. 34 EGBGB), wenn die Arbeitsverhältnisse dem deutschen Sozialversicherungsrecht unterliegen; vgl. BAG 18.4.2012 – 10 AZR 200/11, NZA 2012, 1152.

1022 Vgl. *Deckers*, NZA 2008, 321, 324.

1023 Vgl. *Deckers*, NZA 2008, 321, 324f.

Abschnitt 3
Kontrolle und Durchsetzung durch staatliche Behörden

§ 14 Zuständigkeit

Für die Prüfung der Einhaltung der Pflichten eines Arbeitgebers nach § 20 sind die Behörden der Zollverwaltung zuständig.

Inhaltsübersicht Rn.

1. Öffentlich-rechtliche Kontrolle

1 Wird ein gesetzlicher Mindestlohn eingeführt, muss kontrolliert werden, dass dieser tatsächlich eingehalten wird. Andernfalls kämen die illegal handelnden Unternehmen in den Genuss von Wettbewerbsvorteilen zulasten der Unternehmen, die sich regelkonform verhalten.[1024] Erforderlich ist eine umfassende Kontrolle der tatsächlichen Gewährung des Mindestlohns und der tatsächlichen Arbeitszeiten. Am effektivsten und zugleich am einfachsten wäre es, wenn auf betrieblicher Ebene über die Einhaltung des Mindestlohns gewacht werden könnte. »*Als quasi natürliche Kontrollinstanz böte sich der Betriebsrat an.*« Gerade im Niedriglohnsektor existieren jedoch ganz überwiegend keine Betriebsräte.[1025] Nach den Regelungen des AEntG gibt es Möglichkeiten, Branchenmindestlöhne durch öffentlich-rechtliche Kontroll- und Sanktionsbefugnisse effektiv durchzusetzen. Aufgrund der Kontrollmöglichkeiten und der befürchteten Sanktionen bei Nichtzahlung des Mindestlohns kann man von einer hohen effektiven Regulierungswirkung sprechen.[1026] Die Kontrolle und Durchsetzung des gesetzlichen Mindestlohns durch staatliche Behörden wird in Anlehnung an die Vorschriften des AEntG in das MiLoG übernommen.

2 Jeder Arbeitnehmer hat den privatrechtlichen Anspruch auf Zahlung eines Arbeitsentgelts mindestens in Höhe des Mindestlohns durch den Arbeitgeber. Dem Anspruch der Arbeitnehmer entspricht eine Pflicht der Arbeitgeber, den Mindestlohnanspruch tatsächlich zu erfüllen. Die tatsächliche

---

1024 Vgl. *Brenke/Wagner*, Wirtschaftsdienst 2013, S. 751–757.

1025 Vgl. *Brenke/Wagner*, Wirtschaftsdienst 2013, S. 751ff.

1026 Vgl. *Bosch/Weinkopf/Worthmann*: Tarifstandards und Mindestlöhne im Bauhauptgewerbe – wieweit werden sie eingehalten?, in: Bispinck (Hrsg.), Zwischen »Beschäftigungswunder« und »Lohndumping«? – Tarifpolitik in und nach der Krise, 2011, S. 135–149; *Bosch/Weinkopf*, Wirkungen der Mindestlohnregelungen in acht Branchen, 2012.

Rechtsgewährung ist jedoch von der privatrechtlichen Durchsetzung abhängig. Die Durchsetzung des zwingenden Mindestlohns (vgl. § 3 MiLoG), der der Existenzsicherung der Arbeitnehmer dient, ist jedoch auch im öffentlichen Interesse. Deshalb besteht auch ein öffentliches Interesse an der tatsächlichen Durchsetzung des Mindestlohns. Deswegen werden die privatrechtlichen Pflichten durch ein öffentlich-rechtlich ausgestaltetes System der **Kontrolle und Durchsetzung durch staatliche Behörden** (§§ 14 bis 18 MiLoG) flankiert. Die Behörden der Zollverwaltung können bei Verstößen gegen bestimmte Pflichten des MiLoG **Bußgelder** verhängen (§ 21 MiLoG). Diese Vorschriften wurden weitgehend parallel entwickelt zur Kontrolle von Branchen-Tarifverträgen nach dem AEntG (§§ 16 bis 23 AEntG) und zur Kontrolle der Einhaltung der Lohnuntergrenze für die Leiharbeit (§§ 17a bis 18 AÜG).

2. Zuständigkeit

Die Arbeitgeber mit Sitz im In- oder Ausland sind verpflichtet, ihren im Inland beschäftigten Arbeitnehmern ein Arbeitsentgelt mindestens in Höhe des Mindestlohns nach § 1 Abs. 2 MiLoG spätestens zu dem in § 2 Abs. 1 Satz 1 Nr. 2 genannten Zeitpunkt zu zahlen (§ 20 AEntG). Für die Einhaltung dieser Pflichten durch die Arbeitgeber sind die **Behörden der Zollverwaltung** zuständig. Diese sind auch zuständig für die Kontrolle der Branchenmindestlöhne nach dem AEntG (§§ 16ff. AEntG) und der Lohnuntergrenze nach dem AÜG (§§ 17ff. AÜG). Operative Einheiten sind die Hauptzollämter einschließlich ihrer Dienststellen (Zollämter). Die Rechts- und Fachaufsicht liegt bei der Generalzolldirektion als Oberbehörde. Zollintern hat die Aufgaben die Abteilung **Finanzkontrolle Schwarzarbeit (FKS)** übernommen, die Ende 2003 eingerichtet wurde und mit mittlerweile knapp 7000 Bediensteten flächendeckend im Bundesgebiet tätig ist.[1027] 3

Zuständige Bundesbehörde ist die Generalzolldirektion. Die einzelnen **Kontrollbefugnisse und Pflichten der Arbeitgeber** ergeben sich aus den §§ 15 bis 18 MiLoG. Verstöße gegen die Pflichten aus dem MiLoG können gem. § 19 MiLoG durch Ausschluss von der Vergabe öffentlicher Aufträge und gem. § 21 MiLoG durch Bußgelder sanktioniert werden. Die Behörden der Zollverwaltung können von verschiedenen Behörden unterstützt werden (vgl. § 15 MiLoG) und unterrichten ihrerseits andere Behörden (§ 18 MiLoG). 4

1027 Vgl. *Maschmann*, NZA 2014, 929. Grundsätzliche Bedenken gegen diese »Bundesarbeitspolizei« werden von *Maschmann* (NZA 2014, 929) und *Löwisch/Rieble* (TVG, § 4 Rn. 121) geltend gemacht. Es handele sich dabei um einen unzulässigen Übergriff in die Polizeihoheit der Länder.

3. Zulässigkeit

5 Die Verankerung der öffentlich-rechtlichen Kontrolle ist **europarechtlich** nicht zu beanstanden. Der EuGH hat bereits mit dem Urteil Arblade[1028] – hieran anknüpfend das Urteil vom 25.10.2001 (Finalarte)[1029] – ausgeführt, dass es die Garantie der Dienstleistungsfreiheit nicht ausschließt, dass ein Mitgliedstaat ein Unternehmen, das in einem anderen Mitgliedstaat ansässig ist und vorübergehend Arbeiten im ersten Staat ausführt, verpflichtet, während des Zeitraums der Betätigung im Hoheitsgebiet des ersten Mitgliedstaats Personal- und Arbeitsunterlagen an einem zugänglichen und klar bezeichneten Ort im Hoheitsgebiet dieses Staats bereitzuhalten hat, wenn diese Maßnahme erforderlich ist, um eine effektive Kontrolle der Beachtung der zur Wahrung des Arbeitnehmerschutzes gerechtfertigten Regelung zu ermöglichen. Auch die Erteilung zusätzlicher Auskünfte kann verlangt werden.[1030] Ebenso ist die Verpflichtung, Unterlagen in deutscher Sprache bereitzuhalten, gerechtfertigt.[1031] Auch **verfassungsrechtlich** sind öffentlich-rechtliche Kontroll- und Sanktionsbefugnisse bei Regelungen, die auch im öffentlichen Interesse liegen, nicht zu beanstanden.

§ 15 Befugnisse der Behörden der Zollverwaltung und anderer Behörden; Mitwirkungspflichten des Arbeitgebers

Die §§ 2 bis 6, 14, 15, 20, 22 und 23 des Schwarzarbeitsbekämpfungsgesetzes sind entsprechend anzuwenden mit der Maßgabe, dass

1. **die dort genannten Behörden auch Einsicht in Arbeitsverträge, Niederschriften nach § 2 des Nachweisgesetzes und andere Geschäftsunterlagen nehmen können, die mittelbar oder unmittelbar Auskunft über die Einhaltung des Mindestlohns nach § 20 geben, und**
2. **die nach § 5 Absatz 1 des Schwarzarbeitsbekämpfungsgesetzes zur Mitwirkung Verpflichteten diese Unterlagen vorzulegen haben.**

§ 6 Absatz 3 sowie die §§ 16 bis 19 des Schwarzarbeitsbekämpfungsgesetzes finden entsprechende Anwendung.

1028 EuGH 23.11.1999 – C-369/96, C-376/96 (Arblade), NZA 2000, 85.

1029 EuGH (5. Kammer) 25.10.2001 – C-49/98, C-50/98, C-52/98 bis 54/98 und C-68/98 bis C-71/98 (Finalarte), NZA 2001, 1377.

1030 EuGH (5. Kammer) 25.10.2001 – C-49/98, C-50/98, C-52/98 bis 54/98 und C-68/98 bis C-71/98 (Finalarte), NZA 2001, 1377.

1031 EuGH 18.7.2007 – C-490/04 (Kommission ./. Deutschland), Rn. 70, NZA 2007, 917.

Inhaltsübersicht Rn.

1. Kontrollbefugnisse der Behörden

§ 15 MiLoG normiert die Befugnisse der Behörden der Zollverwaltung und anderer Behörden bei der Überwachung des Mindestlohns und regelt Duldungs- und Mitwirkungspflichten der Arbeitgeber. Die Vorschrift entspricht weitgehend der Regelung des § 17 AEntG und des § 17a AÜG (soweit es um die Einhaltung der Lohnuntergrenze für die Leiharbeit nach § 3a AÜG geht). Gegenstand und Umfang der Prüfungen sowie die Befugnisse der Behörden der Zollverwaltung und anderer Behörden werden in § 15 MiLoG in der Weise geregelt, dass auf die entsprechende Anwendung der §§ 2 bis 6, 14, 15, 20, 22 und 23 SchwarzArbG und auf die §§ 16 bis 19 SchwarzArbG verwiesen wird. Aus dieser Verweisung auf die Regelungen des SchwarzArbG ergeben sich im Einzelnen die nachfolgenden gesetzlichen Rechte und Pflichten. 1

2. Prüfungsaufgaben der Behörden

Die Behörden der Zollverwaltung prüfen gem. § 2 Abs. 1 Satz 1 Nr. 1 bis 8 SchwarzArbG, ob 2

- sich die aus den Dienst- oder Werkleistungen ergebenden Meldepflichten nach dem Sozialversicherungsrecht (§ 28a SGB IV) erfüllt werden oder wurden,
- aufgrund der Dienst- oder Werkleistungen oder der Vortäuschung von Dienst- oder Werkleistungen Sozialleistungen nach dem SGB II und SGB III zu Unrecht bezogen werden oder wurden,
- die Angaben des Arbeitgebers, die für die Sozialleistungen nach dem SGB II und SGB III erheblich sind, zutreffend bescheinigt wurden,
- Ausländer und Ausländerinnen nicht entgegen § 4a Abs. 4 und Satz 1 und 2 AufenthG beschäftigt oder beauftragt werden oder wurden oder entgegen § 284 Abs. 1 SGB III beschäftigt werden oder wurden,

- Arbeitnehmer und Arbeitnehmerinnen ohne erforderliche Erlaubnis nach § 1 Abs. 1 Satz 1 AÜG ver- oder entliehen werden oder wurden und entgegen den Bestimmungen nach § 1 Abs. 1 Satz 5 und 6, § 1a oder § 1b AÜG ver- oder entliehen werden oder wurden,
- die Arbeitsbedingungen nach Maßgabe des MiLoG, des AEntG und des § 8 Abs. 5 AÜG in Verbindung mit einer Rechtsverordnung nach § 3a Abs. 2 Satz 1 AÜG eingehalten werden oder wurden
- Arbeitnehmer und Arbeitnehmerinnen zu ausbeuterischen Arbeitsbedingungen beschäftigt werden oder wurden und
- die Arbeitskraft im öffentlichen Raum entgegen § 5a SchwarzArbG[1032] angeboten oder nachgefragt wird oder wurde.

3 Die **Prüfung der Erfüllung steuerlicher Pflichten** obliegt den zuständigen Landesfinanzbehörden. Die Behörden der Zollverwaltung sind zur Mitwirkung an Prüfungen der Landesfinanzbehörden berechtigt. Die Behörden der Zollverwaltung prüfen zur Erfüllung ihrer Mitteilungspflicht nach § 6 Abs. 1 Satz 1, Abs. 4 Nr. 4 SchwarzArbG, ob Anhaltspunkte dafür bestehen, dass Steuerpflichtige den sich aus den Dienst- oder Werkleistungen ergebenden steuerlichen Pflichten nicht nachgekommen sind.

4 Die nach Landesrecht für die Verfolgung und Ahndung von Ordnungswidrigkeiten nach diesem Gesetz zuständigen Behörden prüfen gem. § 2 Abs. 3 Nr. 1 und 2 SchwarzArbG, ob

- der Verpflichtung zur Anzeige vom Beginn des selbstständigen Betriebs eines stehenden Gewerbes (§ 14 GewO) nachgekommen oder ob die erforderliche Reisegewerbekarte (§ 55 GewO) erworben wurde,
- ein zulassungspflichtiges Handwerk als stehendes Gewerbe selbstständig betrieben wird und ob die Eintragung in die Handwerksrolle vorliegt.

5 Die Behörden der Zollverwaltung werden **bei ihren Prüfungen von anderen Behörden unterstützt** – und zwar gem. § 2 Abs. 4 Nr. 1 bis 20 SchwarzArbG von

- den Finanzbehörden,
- der Bundesagentur für Arbeit,

1032 § 5a SchwarzArbG regelt Folgendes:
(1) Es ist einer Person verboten, ihre Arbeitskraft als Tagelöhner im öffentlichen Raum aus einer Gruppe heraus in einer Weise anzubieten, die geeignet ist, Schwarzarbeit oder illegale Beschäftigung zu ermöglichen. Ebenso ist es einer Person verboten, ein unzulässiges Anbieten der Arbeitskraft dadurch nachzufragen, dass sie ein solches Angebot einholt oder annimmt.
(2) Die Behörden der Zollverwaltung können eine Person, die gegen das Verbot des unzulässigen Anbietens und Nachfragens der Arbeitskraft verstößt, vorübergehend von einem Ort verweisen oder ihr vorübergehend das Betreten eines Ortes verbieten.

- der Bundesnetzagentur für Elektrizität, Gas, Telekommunikation, Post und Eisenbahnen,
- den Einzugsstellen, d. h. den Krankenkassen (§ 28i SGB IV),
- den Trägern der Rentenversicherung,
- den Trägern der Unfallversicherung,
- den gemeinsamen Einrichtungen und den zugelassenen kommunalen Trägern nach dem SGB II sowie von der Bundesagentur für Arbeit als verantwortliche Stelle für die zentral verwalteten IT-Verfahren nach § 50 Abs. 3 SGB II,
- den nach dem Asylbewerberleistungsgesetz (AsylbLG) zuständigen Behörden,
- den in § 71 Abs. 1 bis 3 AufenthG genannten Behörden,
- dem Bundesamt für Güterverkehr,
- den nach Landesrecht für die Genehmigung und Überwachung des Gelegenheitsverkehrs mit Kraftfahrzeugen nach § 46 des Personenbeförderungsgesetzes zuständigen Behörden,
- den nach Landesrecht für die Genehmigung und Überwachung des gewerblichen Güterkraftverkehrs zuständigen Behörden,
- den für den Arbeitsschutz zuständigen Landesbehörden,
- den Polizeivollzugsbehörden des Bundes und der Länder auf Ersuchen im Einzelfall,
- den nach Landesrecht für die Verfolgung und Ahndung von Ordnungswidrigkeiten nach diesem Gesetz zuständigen Behörden,
- den nach § 14 GewO für die Entgegennahme der Gewerbeanzeigen zuständigen Stellen,
- den nach Landesrecht für die Überprüfung der Einhaltung der Vergabe- und Tariftreuegesetze der Länder zuständigen Prüfungs- oder Kontrollstellen,
- den nach Landesrecht für die Entgegennahme der Anmeldung von Prostituierten nach § 3 des Prostituiertenschutzgesetzes und für die Erlaubniserteilung an Prostitutionsgewerbetreibende nach § 12 des Prostituiertenschutzgesetzes zuständigen Behörden,
- den nach Landesrecht für die Erlaubniserteilung nach § 34a GewO zuständigen Behörden und
- den gemeinsamen Einrichtungen der Tarifvertragsparteien im Sinne des § 4 Abs. 2 TVG.

a. Mitführungs- und Vorlagepflicht von Ausweispapieren

Gemäß § 2a Abs. 1 Nr. 1 bis 11 SchwarzArbG sind bei der Erbringung von Dienst- oder Werkleistungen die in folgenden Wirtschaftsbereichen oder Wirtschaftszweigen tätigen Personen verpflichtet, ihren **Personalausweis,** 6

Pass, Passersatz oder Ausweisersatz mitzuführen und den Behörden der Zollverwaltung auf Verlangen vorzulegen:

- im Baugewerbe,
- im Gaststätten- und Beherbergungsgewerbe,
- im Personenbeförderungsgewerbe,
- im Speditions-, Transport- und damit verbundenen Logistikgewerbe,
- im Schaustellergewerbe,
- bei Unternehmen der Forstwirtschaft,
- im Gebäudereinigungsgewerbe,
- bei Unternehmen, die sich am Auf- und Abbau von Messen und Ausstellungen beteiligen,
- in der Fleischwirtschaft,
- im Prostitutionsgewerbe[1033],
- im Wach- und Sicherheitsgewerbe.[1034]

7 Gemäß § 2a Abs. 2 SchwarzArbG **hat der Arbeitgeber jeden Arbeitnehmer nachweislich und schriftlich auf die Pflicht nach § 2a Abs. 1 SchwarzArbG hinzuweisen**, diesen Hinweis für die Dauer der Erbringung der Dienst- oder Werkleistungen aufzubewahren und auf Verlangen bei den Prüfungen nach § 2 Abs. 1 SchwarzArbG vorzulegen. Die Vorlagepflichten nach § 2a Abs. 1 und Abs. 2 SchwarzArbG bestehen auch gegenüber den nach Landesrecht für die Verfolgung und Ahndung von Ordnungswidrigkeiten nach dem SchwarzArbG zuständigen Behörden in den Fällen des § 2 Abs. 3 SchwarzArbG.

b. Befugnisse bei der Prüfung von Personen

8 Die Behörden der Zollverwaltung sowie die sie unterstützenden Behörden sind befugt, **Geschäftsräume, mit Ausnahme von Wohnungen, und Grundstücke** des Arbeitgebers und des Auftraggebers von Dienst- oder Werkleistungen, des Entleihers sowie des Selbstständigen **während der Arbeitszeiten** der dort tätigen Personen **oder während der Geschäftszeiten zu betreten** (§ 3 Abs. 1 und 2 SchwarzArbG). Dabei sind sie befugt

- von den Personen, die in den Geschäftsräumen und auf den Grundstücken tätig sind, Auskünfte über ihre Beschäftigungsverhältnisse oder ihre tatsächlichen oder scheinbaren Tätigkeiten einzuholen und

1033 Die Einbeziehung des Prostitutionsgewerbes erfolgte mit Wirkung zum 1.7.2017. Faktisch hat der Mindestlohn in diesem Gewerbe kaum Bedeutung, und zwar schon deshalb, weil die meisten Prostituierten als Selbstständige tätig sind, für die der Mindestlohn nicht gilt (vgl. § 22 MiLoG).

1034 Die Einbeziehung des Wach- und Sicherheitsgewerbes erfolgte mit Wirkung zum 18.7.2019 durch das Gesetz gegen illegale Beschäftigung und Sozialleistungsmissbrauch vom 11.7.2019 (BGBl. I S. 1066).

- Einsicht in Unterlagen zu nehmen, die von den Personen mitgeführt werden und von denen anzunehmen ist, dass aus ihnen Umfang, Art oder Dauer ihrer Beschäftigungsverhältnisse oder ihrer tatsächlichen oder scheinbaren Tätigkeiten hervorgehen oder abgeleitet werden können.

Ist eine Person zur Ausführung von Dienst- oder Werkverträgen bei Dritten tätig oder bietet eine Person im öffentlichen Raum Dienst- oder Werkleistungen an, gelten die zuvor genannten Befugnisse entsprechend.

Um die Prüfungen durchzuführen, sind die Behörden der Zollverwaltung 9
sowie die sie unterstützenden Behörden ermächtigt, die **Personalien** von Selbstständigen sowie der Personen zu überprüfen, die in den Geschäftsräumen oder auf dem Grundstück des Arbeitgebers, des Auftraggebers von Dienst- oder Werkleistungen oder des Entleihers tätig sind. Sie können zu diesem Zweck die genannten Personen anhalten, sie nach ihren Personalien (Vor-, Familien- und Geburtsnamen, Ort und Tag der Geburt, Beruf, Wohnort, Wohnung und Staatsangehörigkeit) befragen und verlangen, dass sie mitgeführte Ausweispapiere zur Prüfung aushändigen (§ 3 Abs. 3 SchwarzArbG).

Die Bediensteten der Zollverwaltung dürfen gem. § 3 Abs. 5 SchwarzArbG 10
Beförderungsmittel anhalten. Führer von Beförderungsmitteln haben auf Verlangen zu halten und den Zollbediensteten zu ermöglichen, in das Beförderungsmittel zu gelangen und es wieder zu verlassen. Die Zollverwaltung unterrichtet die Polizeivollzugsbehörden der Länder über groß angelegte Kontrollen.

c. Befugnisse bei der Prüfung von Geschäftsunterlagen

Um die Prüfungen durchzuführen, sind die Behörden der Zollverwaltung 11
und die sie unterstützenden Stellen gem. § 4 Abs. 1 SchwarzArbG befugt, Geschäftsräume, mit Ausnahme von Wohnungen, und Grundstücke des Arbeitgebers, des Auftraggebers von Dienst- oder Werkleistungen, des Entleihers sowie des Selbstständigen während der Geschäftszeiten zu betreten und dort **Einsicht in die Lohn- und Meldeunterlagen, in Bücher und andere Geschäftsunterlagen zu nehmen**, aus denen Umfang, Art oder Dauer von tatsächlich bestehenden oder vorgespiegelten Beschäftigungsverhältnissen oder Tätigkeiten hervorgehen oder abgeleitet werden können.

Um die Prüfungen durchzuführen, sind die Behörden der Zollverwaltung 12
zudem befugt, Einsicht in die Unterlagen zu nehmen, aus denen die Vergütung der tatsächlich erbrachten oder vorgetäuschten Dienst- oder Werkleistungen hervorgeht, die natürliche oder juristische Personen oder Personenvereinigungen in Auftrag gegeben haben (§ 4 Abs. 3 SchwarzArbG). Entsprechendes gilt für Unterlagen, aus denen die Vergütung von Leiharbeitsverhältnissen hervorgeht.

Die Behörden der Zollverwaltung sind ferner befugt, bei dem Auftraggeber, der nicht Unternehmer i. S. d. § 2 UStG 1999 ist, Einsicht in die Rechnungen, einen Zahlungsbeleg oder eine andere beweiskräftige Unterlage über ausgeführte Werklieferungen oder sonstige Leistungen im Zusammenhang mit einem Grundstück zu nehmen (§ 4 Abs. 4 SchwarzArbG).

13 Die im SchwarzArbG genannten Behörden können neben den dort geregelten Rechten auch gem. § 15 Satz 1 Nr. 1 MiLoG **Einsicht nehmen** in

- Arbeitsverträge,
- Niederschriften nach § 2 NachwG und
- andere Geschäftsunterlagen, die mittelbar oder unmittelbar Auskunft über die Einhaltung des Mindestlohns nach § 20 MiLoG geben.

d. Duldungs- und Mitwirkungspflichten

14 Arbeitgeber, tatsächlich oder scheinbar beschäftigte Arbeitnehmer, Auftraggeber von Dienst- oder Werkleistungen, tatsächlich oder scheinbar selbstständig tätige Personen und Dritte sowie Entleiher, die bei einer Prüfung angetroffen werden, haben die **Prüfung zu dulden und dabei mitzuwirken**, vor allem für die Prüfung erhebliche Auskünfte zu erteilen und die in § 3 und § 4 SchwarzArbG genannten Unterlagen vorzulegen und das Betreten der Grundstücke und der Geschäftsräume zu dulden (§ 5 Abs. 1 SchwarzArbG).

15 Die nach § 5 Abs. 1 SchwarzArbG zur Mitwirkung Verpflichteten sind auch verpflichtet, **Arbeitsverträge, Niederschriften nach § 2 NachwG und andere Geschäftsunterlagen**, die mittelbar oder unmittelbar Auskunft über die Einhaltung des Mindestlohns nach § 20 MiLoG geben, vorzulegen (§ 15 Satz 1 MiLoG).

16 **Auskünfte**, die die verpflichtete Person oder einen ihrer in § 15 Abgabenordnung bezeichneten Angehörigen[1035] der Gefahr aussetzen würden, wegen einer Straftat oder Ordnungswidrigkeit verfolgt zu werden, können verweigert werden (§ 5 Abs. 1 Satz 2 SchwarzArbG). Die zur Mitwirkung an einer Prüfung verpflichteten Arbeitnehmer haben **keinen Anspruch auf Vorankündigung der Prüfung** und der zu beantwortenden Fragen und auch **keinen Anspruch auf Hinzuziehung eines Zeugenbeistands.**[1036]

1035 Angehörige sind danach Verlobte, Ehegatten oder Lebenspartner, Verwandte und Verschwägerte gerader Linie, Geschwister, Kinder der Geschwister, Ehegatten oder Lebenspartner der Geschwister und Geschwister der Ehegatten oder Lebenspartner, Geschwister der Eltern, Personen, die durch ein auf längere Dauer angelegtes Pflegeverhältnis mit häuslicher Gemeinschaft wie Eltern und Kind miteinander verbunden sind (Pflegeeltern und Pflegekinder).

1036 BayObLG 22. 5. 2002 – 3 ObOWi 22/02, AP SGB III § 304 Nr. 1.

Ausländer sind gem. § 5 Abs. 3 SchwarzArbG ferner verpflichtet, ihren Pass, Passersatz oder Ausweisersatz und ihren Aufenthaltstitel, ihre Duldung oder ihre Aufenthaltsgestattung den Behörden der Zollverwaltung auf Verlangen vorzulegen und, sofern sich Anhaltspunkte für einen Verstoß gegen ausländerrechtliche Vorschriften ergeben, zur Übermittlung an die zuständige Ausländerbehörde zu überlassen. Werden die Dokumente einbehalten, erhält der betroffene Ausländer eine Bescheinigung, welche die einbehaltenen Dokumente und die Ausländerbehörde bezeichnet, an die die Dokumente weitergeleitet werden. Der Ausländer ist verpflichtet, unverzüglich mit der Bescheinigung bei der Ausländerbehörde zu erscheinen. Darauf ist in der Bescheinigung hinzuweisen. Gibt die Ausländerbehörde die einbehaltenen Dokumente zurück oder werden Ersatzdokumente ausgestellt oder vorgelegt, behält die Ausländerbehörde die Bescheinigung ein. 17

In Datenverarbeitungsanlagen **gespeicherte Daten** haben der Arbeitgeber und der Auftraggeber sowie der Entleiher gem. § 5 Abs. 5 SchwarzArbG auszusondern und den Behörden der Zollverwaltung auf deren Verlangen auf automatisiert verarbeitbaren Datenträgern oder in Listen zu übermitteln. Der Arbeitgeber und der Auftraggeber sowie der Entleiher dürfen automatisiert verarbeitbare Datenträger oder Datenlisten, die die erforderlichen Daten enthalten, ungesondert zur Verfügung stellen, wenn die Aussonderung mit einem unverhältnismäßigen Aufwand verbunden wäre und überwiegende schutzwürdige Interessen der betroffenen Person nicht entgegenstehen. In diesem Fall haben die Behörden der Zollverwaltung die Daten zu trennen und die nicht zu übermittelnden Daten zu löschen. Soweit die übermittelten Daten für Zwecke der Ermittlung von Straftaten oder Ordnungswidrigkeiten, für die Ermittlung von steuerlich erheblichen Sachverhalten oder für die Festsetzung von Sozialversicherungsbeiträgen oder Sozialleistungen nicht benötigt werden, sind die Datenträger oder Listen nach Abschluss der Prüfungen nach § 2 Abs. 1 SchwarzArbG auf Verlangen des Arbeitgebers oder des Auftraggebers zurückzugeben oder die Daten unverzüglich zu löschen. 18

3. Unterrichtung und Zusammenarbeit der Behörden

Die Behörden der Zollverwaltung und die sie unterstützenden Stellen sind verpflichtet, einander die für deren Prüfungen erforderlichen Informationen einschließlich personenbezogener Daten sowie die Ergebnisse der Prüfungen zu übermitteln, soweit deren Kenntnis für die Erfüllung der Aufgaben der Behörden oder Stellen erforderlich ist (§ 6 Abs. 1 SchwarzArbG). Die Behörden der Zollverwaltung einerseits und die Strafverfolgungsbehörden und die Polizeivollzugsbehörden andererseits sind verpflichtet, einander die erforderlichen Informationen, einschließlich personenbezogener Daten, für die Verhütung und Verfolgung von Straftaten und Ordnungswidrigkeiten, 19 die in Zusammenhang mit einem der in § 2 Abs. 1 SchwarzArbG genannten Prüfgegenstände stehen, zu übermitteln. An Strafverfolgungsbehörden und Polizeivollzugsbehörden sind darüber hinaus Informationen einschließlich personenbezogener Daten zu übermitteln, sofern tatsächliche Anhaltspunkte dafür vorliegen, dass diese Informationen für die Verhütung und Verfolgung von Straftaten oder Ordnungswidrigkeiten, die nicht in Zusammenhang mit einem der in § 2 Abs. 1 SchwarzArbG genannten Prüfgegenstände stehen, erforderlich sind.

20 Die Behörden der Zollverwaltung dürfen gem. § 6 Abs. 2 SchwarzArbG zur Wahrnehmung ihrer Aufgaben nach § 2 Abs. 1 SchwarzArbG sowie zur Verfolgung von Straftaten oder Ordnungswidrigkeiten die Dateisysteme der Bundesagentur für Arbeit über erteilte Arbeitsgenehmigungen-EU und Zustimmungen zur Beschäftigung über im Rahmen von Werkvertragskontingenten beschäftigte ausländische Arbeitnehmer sowie über Leistungsempfänger nach dem SGB III automatisiert abrufen; die Strafverfolgungsbehörden sind zum automatisierten Abruf nur berechtigt, soweit dies zur Verfolgung von Straftaten oder Ordnungswidrigkeiten erforderlich ist. § 79 Abs. 2 bis 4 SGB X gilt entsprechend. Entsprechendes gilt für Daten aus den Datenbeständen der Träger der Rentenversicherung, der Einrichtungen und kommunalen Träger nach dem SGB II und der Bundesagentur für Arbeit über Leistungsempfänger nach dem SGB II.

21 Gemäß § 6 Abs. 4 SchwarzArbG unterrichten die Behörden der Zollverwaltung die jeweils zuständigen Stellen, wenn sich bei den Prüfungen **Anhaltspunkte für Verstöße gegen bestimmte gesetzliche Bestimmungen** ergeben (**Unterrichtungspflicht**). Die gesetzlichen Bestimmungen werden namentlich aufgeführt, es geht um Verstöße gegen

- das SchwarzArbG,
- das AÜG,
- Bestimmungen des SGB IV und SGB VII zur Zahlung von Beiträgen,
- Steuergesetze,
- das AufenthG,
- die Mitwirkungspflicht nach § 60 Abs. 1 Satz 1 Nr. 2 SGB I gegenüber einem Sozialleistungsträger oder die Meldepflicht nach § 8a AsylbLG,
- Bundeskindergeldgesetz,
- die HwO oder GewO,
- das GüKG,
- das Personenbeförderungsgesetz (PBefG),
- sonstige Strafgesetze,
- das AEntG,
- das MiLoG,
- die Arbeitsschutzgesetze oder
- die Vergabe- und Tariftreuegesetze der Länder.

4. Ermittlungsbefugnisse

Die Behörden der Zollverwaltung haben bei der Verfolgung von Straftaten und Ordnungswidrigkeiten, die mit einem der in § 2 Abs. 1 SchwarzArbG genannten Prüfungsgegenstände unmittelbar zusammenhängen, **die gleichen Befugnisse wie die Polizeivollzugsbehörden** nach der StPO und dem OWiG. Die Beamten der Zollverwaltung sind insoweit Ermittlungspersonen der Staatsanwaltschaft (§ 14 SchwarzArbG). 22

5. Ergänzende Vorschriften

Ferner finden die **Datenschutzbestimmungen** des SchwarzArbG Anwendung. § 15 Satz 1 und 2 MiLoG verweisen auf § 15 sowie auf die §§ 16 bis 19 SchwarzArbG. Hinsichtlich der **Entschädigung von Zeugen und Sachverständigen**, die von den Behörden der Zollverwaltung herangezogen werden, wird auf die Anwendung des Justizvergütungs- und Justizentschädigungsgesetzes (JVEG) verwiesen (§ 20 SchwarzArbG). Soweit das SchwarzArbG nichts anderes bestimmt, gelten für das **Verwaltungsverfahren** der Behörden der Zollverwaltung nach dem MiLoG und dem SchwarzArbG sinngemäß die Vorschriften der AO (§ 15 Satz 1 MiLoG i. V. m. § 22 SchwarzArbG). In öffentlich-rechtlichen Streitigkeiten über Verwaltungshandeln der Behörden der Zollverwaltung nach dem MiLoG und dem SchwarzArbG ist der **Rechtsweg zu den Finanzgerichten** gegeben (§ 15 Satz 1 MiLoG i. V. m. § 23 SchwarzArbG). Beim Erlass von **Bußgeldbescheiden** gem. § 21 MiLoG ist allerdings das Verfahren nach dem OWiG maßgeblich (vgl. § 21 MiLoG Rn. 1 ff.). 23

6. Praktischer Ablauf von Prüfungen

Bei der Prüfung, ob der Arbeitgeber den Arbeitnehmern den **Mindestlohn** zahlt, ist von folgenden Grundsätzen auszugehen (vgl. zur Berechnung des Mindestlohns auch § 1 MiLoG Rn. 20 ff.): 24

Vom Arbeitgeber gezahlte Zulagen oder Zuschläge werden nicht als Bestandteile des Mindestentgelts berücksichtigt. Hierzu zählen vor allem Mehrarbeitszuschläge, Nachtzuschläge, Sonn- und Feiertagszuschläge, Auslösungen, Erschwerniszuschläge. Bei Arbeitnehmern, die aus dem Ausland für eine vorübergehende Tätigkeit in Deutschland entsandt werden, werden Zahlungen, die im Arbeitsvertrag als Differenzausgleich zwischen dem heimischen Lohn und dem nach dem AEntG geschuldeten tariflichen Branchen-Mindestlohn ausgewiesen sind (»**Entsendezulage**«), als Bestandteil des Mindestlohns berücksichtigt. Ob das allerdings auch für den Anspruch nach dem MiLoG gilt, ist zweifelhaft.

25 Zahlt der Arbeitgeber dem Arbeitnehmer einen (z. B. monatlichen) Gesamtbetrag, mit dem der Arbeitnehmer auch seine Aufwendungen für Unterkunft und/oder Verpflegung selbst bestreiten soll, ist von dem Gesamtbetrag die nach der Sachbezugsverordnung jeweils niedrigste Stufe für Unterkunfts- bzw. Verpflegungsleistungen abzuziehen. Gewährt der Arbeitgeber zusätzlich zum Lohn geldwerte Sachleistungen wie z. B. Unterkunft und/ oder Verpflegung, wird deren Geldwert nicht als Lohnbestandteil berücksichtigt. Zahlt der Arbeitgeber den Lohn nur abzüglich von Kosten für arbeitgeberseitige Leistungen (z. B. Unterkunft, Verpflegung) aus, ist lediglich dieser tatsächlich ausgezahlte Betrag als Mindestlohnzahlung zu berücksichtigen.

a. Personenbefragung

26 Bei der Personenbefragung ist zu klären, welche Zahlungen der Arbeitnehmer erhält, ob darin nicht zu berücksichtigende Bestandteile enthalten sind, wie viele Arbeitsstunden im Abrechnungszeitraum geleistet wurden, welche Auszahlungsmodalitäten vereinbart wurden sowie ob und ggf. in welcher Höhe Sozialversicherungsbeiträge und Steuern abgeführt werden. Sofern die Abführung von Sozialversicherungsbeiträgen und Steuern behauptet wird, ist dies durch prüfbare Unterlagen zu belegen. Werden solche nicht vorgelegt, ist der Nettolohn als Berechnungsgrundlage für den Mindestlohn zugrunde zu legen.

b. Prüfung der Geschäftsunterlagen

27 An die Personenbefragung hat sich normalerweise die Prüfung der Geschäftsunterlagen anzuschließen. Soweit bei der Personenbefragung Angaben gemacht wurden, sind diese anhand der Geschäftsunterlagen zu überprüfen sowie noch fehlende Angaben zur Feststellung des Bruttolohns zu ermitteln. Für die Ermittlung des Mindeststundenlohns sind die tatsächlich geleisteten Arbeitsstunden zu berücksichtigen, auch wenn ein Verstoß gegen das ArbZG vorliegt; in diesem Fall sind die für die Verfügung und Ahndung dieser Verstöße nach Landesrecht zuständigen Behörden (das sind in der Regel die Gewerbeaufsichtsämter oder die Ämter für Arbeitsschutz) zu unterrichten. Bereits vor den Prüfungen sollte Kontakt mit den für die Kontrolle des ArbZG zuständigen Behörden aufgenommen und deren Beteiligung angeregt werden. Werden Akkordlöhne gezahlt, sind die Abrechnungszeiträume und die in dieser Zeit geleisteten Arbeitsstunden zur Ermittlung des Mindestlohns zu berücksichtigen. Da das MiLoG keine Zuschläge für Überstunden oder Sonn- und Feiertagsarbeit vorsieht, ist auch bei diesen Arbeitsstunden nur vom Mindestlohn auszugehen. Bei Arbeitgebern, die im Rahmen von Werkverträgen aufgrund bilateraler Regierungsvereinbarun-

gen in Deutschland tätig sind, sind für die Ermittlung des Mindestlohns der gezahlte Nettolohn sowie die (ggf. nach Heimatrecht) abgeführten Steuern und Sozialversicherungsbeiträge zu berücksichtigen; diese sind ebenfalls nur bei nachgewiesener Zahlung berücksichtigungsfähig.

7. Bußgeldtatbestand

Ein Verstoß gegen die Pflichten gem. § 15 MiLoG kann als Ordnungswidrigkeit gem. § 21 Abs. 1 Nr. 1 bis 3 MiLoG mit einer Geldbuße von bis zu 30 000 Euro geahndet werden (§ 21 Abs. 3 MiLoG). 28

§ 16 Meldepflicht

(1) Ein Arbeitgeber mit Sitz im Ausland, der eine Arbeitnehmerin oder einen Arbeitnehmer oder mehrere Arbeitnehmerinnen oder Arbeitnehmer in den in § 2a des Schwarzarbeitsbekämpfungsgesetzes genannten Wirtschaftsbereichen oder Wirtschaftszweigen im Anwendungsbereich dieses Gesetzes beschäftigt, ist verpflichtet, vor Beginn jeder Werk- oder Dienstleistung eine schriftliche Anmeldung in deutscher Sprache bei der zuständigen Behörde der Zollverwaltung nach Absatz 6 vorzulegen, die die für die Prüfung wesentlichen Angaben enthält. Wesentlich sind die Angaben über

1. **den Familiennamen, den Vornamen und das Geburtsdatum der von ihm im Geltungsbereich dieses Gesetzes beschäftigten Arbeitnehmerinnen und Arbeitnehmer,**
2. **den Beginn und die voraussichtliche Dauer der Beschäftigung,**
3. **den Ort der Beschäftigung,**
4. **den Ort im Inland, an dem die nach § 17 erforderlichen Unterlagen bereitgehalten werden,**
5. **den Familiennamen, den Vornamen, das Geburtsdatum und die Anschrift in Deutschland der oder des verantwortlich Handelnden und**
6. **den Familiennamen, den Vornamen und die Anschrift in Deutschland einer oder eines Zustellungsbevollmächtigten, soweit diese oder dieser nicht mit der oder dem in Nummer 5 genannten verantwortlich Handelnden identisch ist.**

Änderungen bezüglich dieser Angaben hat der Arbeitgeber im Sinne des Satzes 1 unverzüglich zu melden.

(2) Der Arbeitgeber hat der Anmeldung eine Versicherung beizufügen, dass er die Verpflichtungen nach § 20 einhält.

(3) Überlässt ein Verleiher mit Sitz im Ausland eine Arbeitnehmerin oder einen Arbeitnehmer oder mehrere Arbeitnehmerinnen oder Arbeitnehmer zur Arbeitsleistung einem Entleiher, hat der Entleiher in

den in § 2a des Schwarzarbeitsbekämpfungsgesetzes genannten Wirtschaftsbereichen oder Wirtschaftszweigen unter den Voraussetzungen des Absatzes 1 Satz 1 vor Beginn jeder Werk- oder Dienstleistung der zuständigen Behörde der Zollverwaltung eine schriftliche Anmeldung in deutscher Sprache mit folgenden Angaben zuzuleiten:

1. **den Familiennamen, den Vornamen und das Geburtsdatum der überlassenen Arbeitnehmerinnen und Arbeitnehmer,**
2. **den Beginn und die Dauer der Überlassung,**
3. **den Ort der Beschäftigung,**
4. **den Ort im Inland, an dem die nach § 17 erforderlichen Unterlagen bereitgehalten werden,**
5. **den Familiennamen, den Vornamen und die Anschrift in Deutschland einer oder eines Zustellungsbevollmächtigten des Verleihers,**
6. **den Familiennamen, den Vornamen oder die Firma sowie die Anschrift des Verleihers.**

Absatz 1 Satz 3 gilt entsprechend.

(4) Der Entleiher hat der Anmeldung eine Versicherung des Verleihers beizufügen, dass dieser die Verpflichtungen nach § 20 einhält.

(5) Das Bundesministerium der Finanzen kann durch Rechtsverordnung im Einvernehmen mit dem Bundesministerium für Arbeit und Soziales ohne Zustimmung des Bundesrates bestimmen,

1. **dass, auf welche Weise und unter welchen technischen und organisatorischen Voraussetzungen eine Anmeldung, eine Änderungsmeldung und die Versicherung abweichend von Absatz 1 Satz 1 und 3, Absatz 2 und 3 Satz 1 und 2 und Absatz 4 elektronisch übermittelt werden kann,**
2. **unter welchen Voraussetzungen eine Änderungsmeldung ausnahmsweise entfallen kann, und**
3. **wie das Meldeverfahren vereinfacht oder abgewandelt werden kann, sofern die entsandten Arbeitnehmerinnen und Arbeitnehmer im Rahmen einer regelmäßig wiederkehrenden Werk- oder Dienstleistung eingesetzt werden oder sonstige Besonderheiten der zu erbringenden Werk- oder Dienstleistungen dies erfordern.**

(6) Das Bundesministerium der Finanzen kann durch Rechtsverordnung ohne Zustimmung des Bundesrates die zuständige Behörde nach Absatz 1 Satz 1 und Absatz 3 Satz 1 bestimmen.

Inhaltsübersicht Rn.

1. Überblick

Die Meldepflichten nach § 16 MiLoG gegenüber der »zuständigen Behörde der Zollverwaltung« sind angelehnt an die entsprechende Regelung in § 18 AEntG und § 17b AÜG (soweit es um die Einhaltung der Lohnuntergrenze für die Leiharbeit nach § 3a AÜG geht). **Zuständige Behörde der Zollverwaltung ist die Generalzolldirektion** (siehe die geänderte Verordnung zur Bestimmung der zuständigen Behörde nach § 16 Abs. 6 MiLoG, Wortlaut siehe Anhang). Abweichend von § 18 AEntG wird die Verpflichtung der Arbeitgeber mit Sitz im Ausland sowie der Entleiher zur Anmeldung entsandter Arbeitnehmer auf die in § 2a SchwarzArbG genannten Branchen beschränkt, obwohl das MiLoG für alle Branchen gilt. Nach der Gesetzesbegründung sei »eine Beschränkung auf wesentliche vom Missbrauch betroffene Sachverhalte geboten«. Die in § 2a SchwarzArbG aufgeführten Branchen seien dafür »ein tauglicher Anknüpfungstatbestand«.[1037] Die in § 2a Abs. 1 Nr. 1 bis 10 SchwarzArbG genannten Wirtschaftsbereiche oder Wirtschaftszweige (man könnte auch einfacher von Branchen sprechen) sind: 1

- das Baugewerbe,
- das Gaststätten- und Beherbergungsgewerbe,
- das Personenbeförderungsgewerbe,
- das Speditions-, Transport- und damit verbundene Logistikgewerbe,
- das Schaustellergewerbe,
- Unternehmen der Forstwirtschaft,
- das Gebäudereinigungsgewerbe,
- Unternehmen, die sich am Auf- und Abbau von Messen und Ausstellungen beteiligen,
- die Fleischwirtschaft,
- das Prostitutionsgewerbe[1038],
- das Wach- und Sicherheitsgewerbe.[1039]

Für das **Baugewerbe**, das **Gebäudereinigungsgewerbe, für Sicherheitsdienstleistungen** und die **Fleischwirtschaft** (Schlachten und Fleischverarbeitung) ist zu beachten, dass diese in das AEntG einbezogen sind (§ 4 Abs. 1 AEntG). Sofern für diese Branchen allgemeingültige Branchen-Mindestlöhne gelten (das gilt derzeit lediglich für das Bauhaupt- und Baunebengewerbe sowie die Gebäudereinigung) richten sich die Melde- und Do-

---

1037 BT-Drs. 18/1558, S. 40.

1038 Die Einbeziehung des Prostitutionsgewerbes erfolgte mit Wirkung zum 1.7.2017. Faktisch hat der Mindestlohn in diesem Gewerbe kaum Bedeutung, und zwar schon deshalb, weil die meisten Prostituierten als Selbstständige tätig sind, für die der Mindestlohn nicht gilt (vgl. § 22 MiLoG).

1039 Die Einbeziehung des Wach- und Sicherheitsgewerbes erfolgte mit Wirkung zum 18.7.2019 durch das Gesetz gegen illegale Beschäftigung und Sozialleistungsmissbrauch vom 11.7.2019 (BGBl. I S. 1066).

kumentationspflichten sowie Kontrollrechte der Behörden nach den §§ 16 bis 23 AEntG. Der allgemeingültige Tarifvertrag für die **Fleischwirtschaft** endete mit dem 31.12.2017, so dass in der Fleischwirtschaft der allgemeine Mindestlohn gilt und sich die Melde- und Dokumentationspflichten aus dem MiLoG ergeben.

2 Die Meldepflichten sind, wie für die entsprechende Vorschrift im AEntG entschieden ist, **europarechtskonform** (vgl. auch § 14 MiLoG Rn. 5).[1040] Da die Kontrolle von Arbeitgebern mit Sitz im Ausland, die ihre Arbeitskräfte für oftmals nur kurze Zeiträume und mit wechselnden Arbeitsstellen nach Deutschland zur Arbeitsleistung entsenden, sehr erschwert ist, schafft § 16 MiLoG eine Grundlage für die Überprüfung der Einhaltung der Pflicht zur Zahlung des Mindestlohns, den alle Arbeitgeber mit Sitz im In- oder Ausland gem. § 20 MiLoG zu zahlen haben. Die durch die Vorschrift für Arbeitgeber ohne Sitz in Deutschland begründeten Meldepflichten belasten diese Arbeitgeber nicht zusätzlich und diskriminieren sie nicht gegenüber inländischen Arbeitgebern. Anders als inländische Arbeitgeber unterliegen nämlich die ausländischen Arbeitgeber wegen des fehlenden Geschäftssitzes in Deutschland regelmäßig keinerlei gewerbe- und handwerksrechtlichen Meldepflichten. § 16 MiLoG schafft hierfür einen Ausgleich, benachteiligt aber nicht die ausländischen Arbeitgeber. Das entspricht auch der Rechtsprechung des EuGH.[1041]

2. Meldepflichten der Arbeitgeber mit Sitz im Ausland

3 Ein Arbeitgeber mit Sitz im Ausland, der einen Arbeitnehmer oder mehrere Arbeitnehmer in den in § 2a SchwarzArbG genannten Wirtschaftsbereichen oder Wirtschaftszweigen im Anwendungsbereich dieses Gesetzes beschäftigt (vgl. Rn. 1) ist verpflichtet, **vor Beginn** jeder Werk- oder Dienstleistung eine **schriftliche Anmeldung in deutscher Sprache** bei der zuständigen Behörde der Zollverwaltung nach § 16 Abs. 6 MiLoG vorzulegen. Diese muss die für die Prüfung wesentlichen Angaben enthalten (§ 16 Abs. 1 Satz 1 MiLoG).

4 Die **wesentlichen Angaben** sind (§ 16 Abs. 1 Satz 2 Nr. 1 bis 6 MiLoG):
- Familienname, Vorname und Geburtsdatum der in Deutschland beschäftigten Arbeitnehmer,
- Beginn und voraussichtliche Dauer der Beschäftigung,
- Ort der Beschäftigung,

1040 OLG Karlsruhe 25.7.2001 – 3 Ss 159/00; OLG Düsseldorf 16.3.2000 – 2 b Ss (OWi) 2/00 – (OWi) 9/00 I, AP NZA-RR 2001, 461.

1041 EuGH 25.10.2001 – C-49/98, C-50/98, C-52/98 bis 54/98 und C-68/98 bis C-71/98 (Finalarte), NZA 2001, 1377; EuGH 23.11.1999 – C-369/96, C-376/96 (Arblade u. a.), NZA 2000, 85.

- Ort in Deutschland, an dem die nach § 17 MiLoG erforderlichen Unterlagen bereitgehalten werden,
- Familiennamen, Vorname, Geburtsdatum und Anschrift in Deutschland der oder des verantwortlich Handelnden und
- Familienname, Vorname und Anschrift in Deutschland einer oder eines Zustellungsbevollmächtigten, soweit diese oder dieser nicht mit dem zuvor genannten verantwortlich Handelnden identisch ist.

Änderungen sind vom Arbeitgeber unverzüglich zu melden (§ 16 Abs. 1 Satz 3 MiLoG).

Der Arbeitgeber hat gem. § 16 Abs. 2 MiLoG der Anmeldung eine **Versicherung beizufügen**, dass er die Verpflichtungen nach § 20 MiLoG einhält. Die »Versicherung« ist, da sie der Anmeldung beizufügen ist, in schriftlicher Form und in deutscher Sprache abzugeben. Sie soll den Arbeitgeber (in Ergänzung der ohnehin bindenden materiell-rechtlichen Vorschrift des § 20 MiLoG) nochmals auf die Einhaltung der Pflicht zur Zahlung des Mindestlohns eindringlich hinweisen. Bei der Versicherung handelt es sich nicht um eine eidesstattliche Versicherung. Sie schneidet aber dem Arbeitgeber die Möglichkeit ab, im Rahmen eines Bußgeldverfahrens nach § 21 MiLoG einzuwenden, er habe im Falle der Nichtzahlung des Mindestlohns nicht schuldhaft gehandelt. Denn durch die Versicherung ist die Verpflichtung zur Zahlung des Mindestlohns (unabhängig von der ohnehin bestehenden gesetzlichen Pflicht) dem Arbeitgeber deutlich und offenbar geworden. 5

3. Meldepflichten von Entleihern

Überlässt ein **Verleiher mit Sitz im Ausland** einen Arbeitnehmer oder mehrere Arbeitnehmer zur Arbeitsleistung einem Entleiher, **hat der Entleiher** in den in § 2a SchwarzArbG genannten Wirtschaftsbereichen oder Wirtschaftszweigen (vgl. Rn. 1) unter den Voraussetzungen des § 16 Abs. 1 Satz 1 MiLoG **vor Beginn** jeder Werk- oder Dienstleistung der zuständigen Behörde der Zollverwaltung gem. § 16 Abs. 3 Nr. 1 bis 6 MiLoG eine **schriftliche Anmeldung in deutscher Sprache** mit folgenden Angaben zuzuleiten: 6

- Familienname, Vorname und Geburtsdatum der überlassenen Arbeitnehmer,
- Beginn und Dauer der Überlassung,
- Ort der Beschäftigung,
- Ort im Inland, an dem die nach § 17 MiLoG erforderlichen Unterlagen bereitgehalten werden,
- Familienname, Vorname und Anschrift in Deutschland einer oder eines Zustellungsbevollmächtigten des Verleihers,
- Familienname, Vorname oder die Firma sowie die Anschrift des Verleihers.

7 **Änderungen** bezüglich dieser Angaben hat der Entleiher unverzüglich zu melden (§ 16 Abs. 3 Satz 2 i. V. m. § 16 Abs. 1 Satz 3 MiLoG). Der Entleiher hat der Anmeldung eine **Versicherung des Verleihers beizufügen**, dass dieser die Verpflichtungen nach § 20 MiLoG einhält (§ 16 Abs. 4 MiLoG).

4. Rechtsverordnungsermächtigungen

8 Das Bundesministerium der Finanzen kann durch Rechtsverordnung im Einvernehmen mit dem Bundesministerium für Arbeit und Soziales ohne Zustimmung des Bundesrats gem. § 16 Abs. 5 Nr. 1 bis 3 MiLoG bestimmen,

- dass eine Anmeldung, eine Änderungsmeldung und die Versicherung abweichend von § 16 Abs. 1 Satz 1 und 3 MiLoG, § 16 Abs. 2 und 3 Satz 1 und 2 MiLoG und § 16 Abs. 4 MiLoG **elektronisch übermittelt werden können**; ebenso kann es die Art und Weise und die technischen und organisatorischen Voraussetzungen festlegen;
- unter welchen Voraussetzungen eine **Änderungsmeldung ausnahmsweise entfallen kann**, und
- wie das **Meldeverfahren vereinfacht oder abgewandelt werden kann**, sofern die entsandten Arbeitnehmer im Rahmen einer regelmäßig wiederkehrenden Werk- oder Dienstleistung eingesetzt werden oder sonstige Besonderheiten der zu erbringenden Werk- oder Dienstleistungen dies erfordern.

Auf dieser Grundlage ist die **Mindestlohnmeldeverordnung** (MiLoMeldV) ergangen (Wortlaut siehe Anhang).

Zudem ist die Verordnung zu den Dokumentationspflichten nach den §§ 16 und 17 MiLoG und den §§ 18 und 19 AEntG in Bezug auf bestimmte Arbeitnehmergruppen (**Mindestlohndokumentationspflichten-Verordnung** – MiLoDokV) zu beachten (Wortlaut siehe Anhang).

Danach gilt

- die Pflicht zur Abgabe einer schriftlichen Anmeldung (§ 16 Abs. 1 oder Abs. 3 MiLoG),
- die Pflicht zur Abgabe einer Versicherung (§ 16 Abs. 2 oder Abs. 4 MiLoG) sowie
- die Pflicht zum Erstellen und Bereithalten von Dokumenten (§ 17 Abs. 1 und Abs. 2 MiLoG)

nur für Arbeitnehmer bis zu einem »verstetigtem regelmäßigen Monatsentgelt« **bis 2958 Euro** brutto. Für die Ermittlung des verstetigten Monatsentgelts sind ungeachtet ihrer Anrechenbarkeit auf den gesetzlichen Mindestlohnanspruch sämtliche verstetigte monatliche Zahlungen des Arbeitgebers zu berücksichtigen, die regelmäßiges monatliches Arbeitsentgelt sind.

Für Arbeitnehmer, deren verstetigtes regelmäßiges Monatsentgelt **bis zu 2000 Euro** beträgt, gelten die genannten Pflichten ebenfalls nicht, **wenn**

der Arbeitgeber dieses Monatsentgelt für die letzten vollen zwölf Monate nachweislich gezahlt hat; Zeiten ohne Anspruch auf Arbeitsentgelt bleiben bei der Berechnung des Zeitraums von zwölf Monaten unberücksichtigt.
Die genannten Pflichten gelten ebenfalls **nicht für im Betrieb des Arbeitgebers arbeitende Ehegatten**, eingetragene Lebenspartner, Kinder und Eltern des Arbeitgebers oder, wenn der Arbeitgeber eine juristische Person oder eine rechtsfähige Personengesellschaft ist, des vertretungsberechtigten Organs der juristischen Person oder eines Mitglieds eines solchen Organs oder eines vertretungsberechtigten Gesellschafters der rechtsfähigen Personengesellschaft.
Allerdings muss der Arbeitgeber auch für die zuvor genannten Arbeitnehmer die Unterlagen im Inland in deutscher Sprache bereithalten, aus denen sich die Erfüllung der genannten Voraussetzungen (Monatsentgelt, nahestehende Person) ergibt.

Das Bundesministerium der Finanzen kann gem. § 16 Abs. 6 MiLoG durch 9
Rechtsverordnung ohne Zustimmung des Bundesrats die **zuständige Behörde** nach § 16 Abs. 1 Satz 1 und § 16 Abs. 3 Satz 1 MiLoG **bestimmen**. Auf dieser Grundlage ist die **Verordnung zur Bestimmung der zuständigen Behörde nach § 16 Abs. 6 MiLoG** (MiLoGMeldStellV) ergangen (Wortlaut siehe Anhang). Zuständige Behörde der Zollverwaltung ist die Generalzolldirektion.

5. Bußgeldtatbestand

Ein Verstoß gegen die Pflichten gem. § 16 MiLoG kann als **Ordnungswid-** 10
rigkeit gem. § 21 Abs. 1 Nr. 4 bis 6 MiLoG mit einer Geldbuße von bis zu 30 000 Euro geahndet werden (§ 21 Abs. 3 MiLoG).

§ 17 Erstellen und Bereithalten von Dokumenten

(1) Ein Arbeitgeber, der Arbeitnehmerinnen und Arbeitnehmer nach § 8 Absatz 1 des Vierten Buches Sozialgesetzbuch oder in den in § 2a des Schwarzarbeitsbekämpfungsgesetzes genannten Wirtschaftsbereichen oder Wirtschaftszweigen beschäftigt, ist verpflichtet, Beginn, Ende und Dauer der täglichen Arbeitszeit dieser Arbeitnehmerinnen und Arbeitnehmer spätestens bis zum Ablauf des siebten auf den Tag der Arbeitsleistung folgenden Kalendertages aufzuzeichnen und diese Aufzeichnungen mindestens zwei Jahre beginnend ab dem für die Aufzeichnung maßgeblichen Zeitpunkt aufzubewahren. Satz 1 gilt entsprechend für einen Entleiher, dem ein Verleiher eine Arbeitnehmerin oder einen Arbeitnehmer oder mehrere Arbeitnehmerinnen oder Arbeitnehmer zur Arbeitsleistung in einem der in § 2a des Schwarzarbeitsbekämpfungsgesetzes genannten Wirtschaftszweigen überlässt. Satz 1 gilt nicht

für Beschäftigungsverhältnisse nach § 8a des Vierten Buches Sozialgesetzbuch.

(2) Arbeitgeber im Sinne des Absatzes 1 haben die für die Kontrolle der Einhaltung der Verpflichtungen nach § 20 in Verbindung mit § 2 erforderlichen Unterlagen im Inland in deutscher Sprache für die gesamte Dauer der tatsächlichen Beschäftigung der Arbeitnehmerinnen und Arbeitnehmer im Geltungsbereich dieses Gesetzes, mindestens für die Dauer der gesamten Werk- oder Dienstleistung, insgesamt jedoch nicht länger als zwei Jahre, bereitzuhalten. Auf Verlangen der Prüfbehörde sind die Unterlagen auch am Ort der Beschäftigung bereitzuhalten.

(3) Das Bundesministerium für Arbeit und Soziales kann durch Rechtsverordnung ohne Zustimmung des Bundesrates die Verpflichtungen des Arbeitgebers oder eines Entleihers nach § 16 und den Absätzen 1 und 2 hinsichtlich bestimmter Gruppen von Arbeitnehmerinnen und Arbeitnehmern oder der Wirtschaftsbereiche oder den Wirtschaftszweigen einschränken oder erweitern.

(4) Das Bundesministerium der Finanzen kann durch Rechtsverordnung im Einvernehmen mit dem Bundesministerium für Arbeit und Soziales ohne Zustimmung des Bundesrates bestimmen, wie die Verpflichtungen des Arbeitgebers, die tägliche Arbeitszeit bei ihm beschäftigter Arbeitnehmerinnen und Arbeitnehmer aufzuzeichnen und diese Aufzeichnungen aufzubewahren, vereinfacht oder abgewandelt werden kann, sofern Besonderheiten der zu erbringenden Werk- oder Dienstleistungen oder Besonderheiten des jeweiligen Wirtschaftsbereiches oder Wirtschaftszweiges dies erfordern.

Inhaltsübersicht Rn.

1. Überblick

1 Die Pflichten zum Erstellen und Bereithalten von Dokumenten gem. § 17 MiLoG sind an die entsprechende Regelung in § 19 AEntG und § 17c AÜG angelehnt (soweit es um die Einhaltung der Lohnuntergrenze für die Leiharbeit nach § 3a AÜG geht). Abweichend von § 19 AEntG wird die Verpflichtung der Arbeitgeber sowie der Entleiher, Beginn, Ende und Dauer der täglichen Arbeitszeit der Arbeitnehmer aufzuzeichnen und diese Aufzeichnungen mindestens zwei Jahre aufzubewahren, **auf bestimmte Arbeitnehmergruppen beschränkt**. Eine Aufzeichnungspflicht besteht für

geringfügig Beschäftigte (§ 8 Abs. 1 SGB IV) – mit Ausnahme der geringfügig Beschäftigten in Privathaushalten (§ 8a SGB IV) – und für die in § 2a SchwarzArbG genannten Branchen (zu diesen vgl. § 16 Rn. 1).

Geringfügig beschäftigte Arbeitnehmer (vgl. § 1 Rn. 6ff.) gehören – worauf in der Gesetzesbegründung ausdrücklich hingewiesen wird – zu der Gruppe von Beschäftigten, deren Bruttolöhne sich durch den Mindestlohn am stärksten erhöhen werden.[1042] Künftig ist die Zahl der Arbeitsstunden begrenzt, wenn der Status der geringfügigen Beschäftigung beibehalten werden soll. Aufgrund der statusrechtlich relevanten Verdienstobergrenze kommt der tatsächlich geleisteten Arbeitszeit eine besondere Bedeutung zu. Für kurzfristig Beschäftigte (§ 8 Abs. 1 Nr. 2 SGB IV) hat die Aufzeichnung der Arbeitszeit – vor allem die Zahl der gearbeiteten Tage – aufgrund der sozialversicherungsrechtlichen Rahmenbedingungen ebenfalls eine besondere Bedeutung.[1043] 2

Die in **§ 2a SchwarzArbG aufgeführten Branchen** (§ 16 Rn. 1) zeichnen sich – so die Gesetzesbegründung – durch eine hohe arbeitszeitliche Fluktuation aus, so dass eine Bezugnahme hierauf »ein tauglicher Anknüpfungstatbestand« sei. Um die Zahlungsverpflichtung für diese Gruppen prüfbar zu machen, bedürfe es daher einer Aufzeichnungs- und Dokumentationspflicht.[1044] 3

2. Aufzeichnungs- und Aufbewahrungspflichten

Eine generelle Pflicht im Arbeitsrecht, die Arbeitszeiten der Arbeitnehmer aufzuzeichnen, gibt es nicht. Deshalb ist es erforderlich, zur effektiven Durchsetzung des Mindestlohns hier Aufzeichnungspflichten vorzusehen. Allerdings regelt § 17 MiLoG insoweit nur eine eingeschränkte Pflicht, nämlich für geringfügig Beschäftigte und **für die in § 2a SchwarzArbG genannten Branchen.** 4

Jedoch ist ein Urteil des EuGH vom 14.5.2019 zu beachten. Danach sind die Mitgliedstaaten der EU verpflichtet, die Arbeitgeber dazu zu verpflichten, ein System der Arbeitszeiterfassung einzuführen, dass objektiv, verlässlich und zugänglich ist.[1045] **Eine entsprechende gesetzliche Neuregelung wurde bislang nicht eingeführt. Welche Folgen sich aus dem Urteil nach dem geltenden Recht ergeben, wird unterschiedlich beurteilt.**[1046]

1042 BT-Drs. 18/1558, S. 41.
1043 BT-Drs. 18/1558, S. 41.
1044 BT-Drs. 18/1558, S. 41.
1045 EuGH 14.5.2019 – C-55/18, NZA 2019, 683.
1046 Vgl. dazu nur *Bayreuther*, NZA 2020, 1ff.; *Ulber*, Vorgaben des EuGH zur Arbeitszeiterfassung, HSI-Schriftenreihe Band 32, 2020.

Nach § 17 Abs. 1 Satz 1 MiLoG ist ein Arbeitgeber, der **geringfügig Beschäftigte** (§ 8 Abs. 1 SGB IV) oder Arbeitnehmer in den **in § 2a SchwarzArbG genannten Branchen** (vgl. § 16 MiLoG Rn. 1) beschäftigt, verpflichtet,

- **Beginn, Ende und Dauer der täglichen Arbeitszeit** (einschließlich der Pausen)[1047] dieser Arbeitnehmer
- spätestens bis zum Ablauf des siebten auf den Tag der Arbeitsleistung folgenden Kalendertages

aufzuzeichnen und

- diese Aufzeichnungen **mindestens zwei Jahre** beginnend ab dem für die Aufzeichnung maßgeblichen Zeitpunkt **aufzubewahren**.

Diese Pflichten gelten gem. § 17 Abs. 1 Satz 3 MiLoG *nicht* für geringfügig Beschäftigte in **Privathaushalten** (§ 8a SGB IV).

5 **Regelungsziel** ist eine **effiziente Kontrolle**, dass der Mindestlohn auch tatsächlich an die Arbeitnehmer für die gesamte Arbeitszeit gezahlt wird. Nur durch die Aufzeichnung der täglichen Arbeitszeit der Arbeitnehmer können die Aufsichtsbehörden die Stundenzahl, für die der Mindestlohn zu zahlen ist, zuverlässig feststellen und mithilfe der Lohnabrechnungsunterlagen den tatsächlichen Stundenlohn ermitteln.[1048] Die Aufzeichnungspflichten nach dem ArbZG reichen hierzu nicht aus. § 16 Abs. 2 ArbZG verpflichtet die Arbeitgeber nicht generell, Arbeitszeitnachweise zu führen, sondern nur für den Fall, dass die tägliche Arbeitszeit der Arbeitnehmer acht Stunden übersteigt. Liegen keine Arbeitszeitnachweise vor – was häufig vorkommt –, hat der Betrieb entweder entsprechende Aufzeichnungen versäumt oder er war aufgrund der Arbeitszeitgestaltung nicht nachweispflichtig. Welche dieser beiden Alternativen zutrifft, müsste von den Aufsichtsbehörden nachgewiesen werden, was in der Praxis allerdings schwierig wäre. Deshalb ist eine gesonderte Aufzeichnungspflicht notwendig. Diese erfasst alle tatsächlichen täglichen Arbeitszeiten, unabhängig von der Dauer und der vertraglichen Vereinbarungen.

6 Besondere **Formvorschriften für die »Aufzeichnungen« der Arbeitszeit** sieht das Gesetz nicht vor. In Betracht kommen Stundenzettel, Stempeluhrkarten, Lohnlisten und ähnliche Unterlagen, auf denen die vom Arbeitnehmer geleistete Arbeitszeit festgehalten wird. Die Arbeitszeit kann auch durch elektronische Datenverarbeitungsanlagen und sonstige Zeiterfassungssysteme aufgezeichnet werden, wenn die dort gespeicherten Daten bei einer Kontrolle jederzeit abrufbar sind.[1049] Es wird für zulässig gehalten, die **Aufzeichnungspflicht auf den Arbeitnehmer zu übertragen**.[1050]

1047 Vgl. *Maschmann*, NZA 2014, 929, 936.

1048 So auch *Joussen*, in: Thüsing, § 17 MiLoG Rn. 10.

1049 Vgl. *Maschmann*, NZA 2014, 929, 936; *Riechert/Nimmerjahn*, MiLoG, § 17 Rn. 48.

1050 *Riechert/Nimmerjahn*, MiLoG, § 17 Rn. 50 m. w. N.

Verantwortlich dafür, dass die Arbeitszeit tatsächlich aufgezeichnet wird, bleibt aber auch in dem Fall der Arbeitgeber, wie sich aus § 17 i. V. m. mit der Bußgeldvorschrift (§ 21 Abs. 1 Nr. 7 MiLoG) ergibt. Der Arbeitgeber muss deshalb durch **geeignete organisatorische Maßnahmen** sicherstellen, dass die Arbeitnehmer Beginn und Ende ihrer täglichen Arbeitszeit auch tatsächlich aufzeichnen.[1051] Dazu hat er die erforderlichen Aufzeichnungsmittel zur Verfügung zu stellen, die Mitarbeiter anzuleiten und anzuweisen, die Aufzeichnungen regelmäßig durch Stichproben zu überprüfen und bei Unterlassungen die entsprechenden Maßnahmen zu treffen.[1052]

Als **Zeitpunkt**, bis zu dem der Arbeitgeber seiner **Aufzeichnungspflicht** 7
nachkommen muss, sieht das Gesetz einen Zeitraum von **längstens sieben Tagen** vor. Damit werde – so die Gesetzesbegründung – »zugleich den Erfordernissen einer effektiven Kontrolle als auch den Bedürfnissen der betrieblichen Praxis nach Flexibilität Rechnung getragen«.[1053] Ab diesem Zeitpunkt läuft auch die zweijährige Frist für die Aufbewahrung der Aufzeichnung.

Für die **Fleischwirtschaft** ist das Gesetz zur Sicherung von Arbeitnehmerrechten in der Fleischwirtschaft (GSA Fleisch) zu beachten.[1054] Zur Fleischwirtschaft im Sinne dieses Gesetzes gehören Betriebe i. S. v. § 6 Abs. 9 AEntG (§ 2 Abs. 1 Satz 2 GSA Fleisch).[1055]

§ 2 Abs. 2 GSA Fleisch bestimmt jedoch, dass § 6 bis § 6b GSA Fleisch *nicht* auf das **Fleischerhandwerk** anzuwenden sind.[1056] Zum Fleischerhandwerk

---

1051 *Riechert/Nimmerjahn*, MiLoG, § 17 Rn. 50.

1052 Vgl. *Maschmann*, NZA 2014, 929, 936.

1053 BT-Drs. 18/1558, S. 41.

1054 Artikel 30 des Gesetzes zur Änderung des Bundesversorgungsgesetzes und anderer Vorschriften vom 17.7.2017 (BGBl. I S. 2541, 2572), zuletzt geändert durch das Gesetz zur Verbesserung im Arbeitsschutz (Arbeitsschutzkontrollgesetz) vom 22.12.2020 (BGBl. I S. 3334).

1055 Betriebe der Fleischwirtschaft sind danach Betriebe und selbstständige Betriebsabteilungen, in denen überwiegend geschlachtet oder Fleisch verarbeitet wird (Betriebe der Fleischwirtschaft) sowie Betriebe und selbstständige Betriebsabteilungen, die ihre Arbeitnehmer und Arbeitnehmerinnen überwiegend in Betrieben der Fleischwirtschaft einsetzen (§ 6 Abs. 9 Satz 1 AEntG). Das Schlachten umfasst dabei alle Tätigkeiten des Schlachtens und Zerlegens von Tieren mit Ausnahme von Fischen (§ 6 Abs. 9 Satz 2 AEntG). Die Verarbeitung umfasst alle Tätigkeiten der Weiterverarbeitung von beim Schlachten gewonnenen Fleischprodukten zur Herstellung von Nahrungsmitteln sowie deren Portionierung und Verpackung (§ 6 Abs. 9 Satz 3 AEntG). Nicht erfasst ist die Verarbeitung, wenn die Behandlung, die Portionierung oder die Verpackung beim Schlachten gewonnener Fleischprodukte direkt auf Anforderung des Endverbrauchers erfolgt (§ 6 Abs. 9 Satz 4 AEntG).

1056 Geändert durch das Gesetz zur Verbesserung im Arbeitsschutz (Arbeitsschutzkontrollgesetz) vom 22.12.2020 (BGBl. I S. 3334).

im Sinne des GSA Fleisch gehören Unternehmer der Fleischwirtschaft, die in der Regel nicht mehr als 49 Personen tätig werden lassen[1057] und

1. ihre Tätigkeiten nach § 1 Abs. 2 der Handwerksordnung handwerksmäßig betreiben und in die Handwerksrolle des zulassungspflichtigen Handwerks oder in das Verzeichnis des zulassungsfreien Handwerks oder handwerksähnlichen Gewerbes eingetragen sind oder
2. juristische Personen oder rechtsfähige Personengesellschaften sind, deren Mitglieder oder Gesellschafter ausschließlich Unternehmer im vorgenannten Sinne sind.

Die Pflichten zum Erstellen von Dokumenten nach § 17 Abs. 1 MiLoG, § 19 Abs. 1 AEntG und § 17c Abs. 1 AÜG werden dahingehend abgewandelt, dass Arbeitgeber und Entleiher verpflichtet sind, den Beginn der täglichen Arbeitszeit der Arbeitnehmer sowie Leiharbeitnehmer jeweils **unmittelbar bei Arbeitsaufnahme** sowie Ende und Dauer der täglichen Arbeitszeit jeweils **am Tag der Arbeitsleistung** elektronisch und manipulationssicher aufzuzeichnen und diese Aufzeichnung elektronisch aufzubewahren (§ 6 Abs. 1 GSA Fleisch).[1058]

Die tägliche Arbeitszeit umfasst auch Zeiten, die die Arbeitnehmerin oder der Arbeitnehmer für Vor- und Nachbereitungshandlungen im Betrieb benötigt, soweit diese fremdnützig sind und nicht zugleich der Befriedigung eines eigenen Bedürfnisses der Arbeitnehmerin oder des Arbeitnehmers dienen (§ 6 Abs. 2 Satz 1 GSA Fleisch). Zeiten für Vor- und Nachbereitungshandlungen sind (nach § 6 Abs. 2 Satz 2 GSA Fleisch) insbesondere Zeiten, die die Arbeitnehmerin oder der Arbeitnehmer jeweils einschließlich der hierfür erforderlichen innerbetrieblichen Wegezeiten benötigt für

1. das Auf- und Abrüsten von Arbeitsmitteln einschließlich der Entgegennahme und des Abgebens der Arbeitsmittel (Rüstzeiten),
2. das An- oder Ablegen der Arbeitskleidung einschließlich der Entgegennahme und des Abgebens der Arbeitskleidung (Umkleidezeiten), wenn das Tragen einer bestimmten Arbeitskleidung vom Arbeitgeber an-

1057 Bei der Bestimmung der Anzahl der in der Regel tätigen Personen sind auch die bei Nachunternehmern tätigen Arbeitnehmerinnen und Arbeitnehmer, Leiharbeitnehmerinnen und Leiharbeitnehmer sowie Selbstständige mitzuzählen (§ 2 Abs. 2 Satz 3 GSA Fleisch). Nicht berücksichtigt werden bei der Bestimmung der Anzahl der in der Regel tätigen Personen solche Personen, die ausschließlich mit dem Verkauf und damit in unmittelbarem Zusammenhang stehenden Tätigkeiten befasst sind, sowie Auszubildende in der Ausbildung zur Fachverkäuferin oder zum Fachverkäufer im Lebensmittelhandwerk mit Schwerpunkt Fleischwirtschaft (§ 2 Abs. 2 Satz 4 GSA Fleisch).

1058 Geändert durch das Gesetz zur Verbesserung im Arbeitsschutz (Arbeitsschutzkontrollgesetz) vom 22.12.2020 (BGBl. I S. 3334).

geordnet wird oder gesetzlich vorgeschrieben ist und das Umkleiden im Betrieb erfolgt, und

3. das Waschen vor Beginn oder nach Beendigung der Arbeit (Waschzeiten), wenn das Waschen aus hygienischen oder gesundheitlichen Gründen notwendig ist.

Die **Aufzeichnungen sind mindestens zwei Jahre aufzubewahren**. Die 8
Frist beginnt ab dem Zeitpunkt, der für die Aufzeichnung maßgeblich ist. Das ist kürzer als die Frist für die Verjährung von Ordnungswidrigkeiten nach dem MiLoG, denn diese beträgt drei Jahre (§ 31 Abs. 2 Nr. 1 OWiG).[1059] Für die Art und Weise der Aufbewahrung macht das MiLoG keine Vorgaben. Der Arbeitgeber kann deshalb bestimmen, wo und wie er die Aufzeichnungen aufbewahrt. Es muss jedoch gewährleistet sein, dass die Aufzeichnungen dem Zoll ohne Weiteres zur Verfügung gestellt werden können.[1060] Auch eine elektronische Aufbewahrung (Speicherung) der Aufzeichnungen scheint denkbar. Da es um die Aufbewahrung der Aufzeichnungen geht, die innerhalb der Sieben-Tages-Frist gefertigt wurden, muss jedoch sicher sein, dass tatsächlich diese aufbewahrt werden. Das bedeutet, es muss sichergestellt sein, dass die Aufzeichnungen über die tatsächliche Arbeitszeit nicht nachträglich manipuliert werden können. Eine tabellarische Zusammenfassung der Belege genügt jedenfalls nicht, weil nach dem Gesetzeswortlaut *diese* Aufzeichnungen aufzubewahren sind, also in der Form, in der die Aufzeichnungen erstellt worden sind.[1061]

Die genannten Pflichten gelten gem. § 17 Abs. 1 Satz 2 MiLoG entsprechend 9
für einen **Entleiher**, dem ein Verleiher einen Arbeitnehmer oder mehrere Arbeitnehmer zur Arbeitsleistung in einem der in **§ 2a SchwarzArbG genannten Wirtschaftszweige** überlässt. Im Gesetzgebungsverfahren ist durch eine Änderung klargestellt worden, dass die Entleiher zur Aufzeichnung und Dokumentation der Arbeitszeit nur in den in § 2a SchwarzArbG genannten Branchen verpflichtet sind. Arbeitgeber aus diesen Branchen treffen die Aufzeichnungs- und Dokumentationspflichten mithin nicht nur beim Einsatz eigener Arbeitnehmer, sondern auch beim Einsatz entliehener Arbeitnehmer.[1062]

3. Bereithalten der Unterlagen in Deutschland

Arbeitgeber i. S. d. § 17 Abs. 1 MiLoG haben die für die Kontrolle der Ein- 10
haltung der Verpflichtungen nach § 20 MiLoG i. V. m. § 2 MiLoG erforderlichen Unterlagen im Inland (d. h. in Deutschland) **in deutscher Sprache**

1059 Vgl. *Maschmann*, NZA 2014, 929, 936.
1060 Vgl. *Maschmann*, NZA 2014, 929, 936.
1061 *Riechert/Nimmerjahn*, MiLoG, § 17 Rn. 51.
1062 BT-Drs. 18/2010 (neu), S. 23.

für die gesamte Dauer der tatsächlichen Beschäftigung der Arbeitnehmer in Deutschland, mindestens aber für die Dauer der gesamten Werk- oder Dienstleistung, insgesamt jedoch nicht länger als **zwei Jahre** bereitzuhalten (§ 17 Abs. 2 Satz 1 MiLoG). Auf Verlangen der Prüfbehörde sind die Unterlagen **auch am Ort der Beschäftigung** bereitzuhalten (§ 17 Abs. 2 Satz 2 MiLoG). Sinnvoll ist das vor allem, wenn der Ort der Beschäftigung und der normale Aufbewahrungsort weit auseinanderliegen.

11 Bei den Unterlagen geht es um den **Arbeitsvertrag**, ggf. um die Niederschrift über die wesentlichen Arbeitsbedingungen nach § 2 NachwG, um **Lohnabrechnungen, Arbeitszeitnachweise** sowie alle Belege, die sich auf die tatsächliche Zahlung der Arbeitsvergütung beziehen (**Lohnzahlungsnachweise**), z.B. Überweisungsträger, Kontoauszüge, Quittungen.[1063] Die Zollbeamten müssen in der Lage sein, ihre Kontrollaufgaben im Detail wahrzunehmen.[1064] Enthält das ausgezahlte Arbeitsentgelt Bestandteile, die nicht auf den Mindestlohn angerechnet werden dürfen (vgl. § 1 MiLoG Rn. 39ff.), wie etwa Zuschläge für Überstunden oder für Arbeit an Sonn- und Feiertagen oder für Arbeit unter erschwerten Bedingungen oder Ersatz für besondere Aufwendungen, müssen die Belege so vollständig sein, dass die Beamten ermitteln können, in welcher Höhe der Mindestlohn gezahlt worden ist.[1065] Soweit sich Arbeitgeber auf die Führung eines **Arbeitszeitkontos** gem. § 2 Abs. 2 MiLoG berufen wollen, müssen sie auch die diesbezüglichen Unterlagen bereithalten. Das sind die schriftliche Vereinbarung über die Führung des Arbeitszeitkontos sowie das Arbeitszeitkonto (für jeden Arbeitnehmer).

12 Die Pflicht, die Unterlagen bereitzuhalten, besteht für die gesamte **Dauer der tatsächlichen Beschäftigung** des Arbeitnehmers in Deutschland, mindestens aber für die Dauer der gesamten Werk- oder Dienstleistung, insgesamt jedoch nicht länger als zwei Jahre. Wird ein Arbeitnehmer nicht für die gesamte Zeit einer Werk- oder Dienstleistung vom Ausland nach Deutschland entsandt, richtet sich die Dauer der Bereithaltungspflicht nicht nach der individuellen, gemeldeten Aufenthaltszeit, sondern vielmehr nach der »Dauer der gesamten Werk- oder Dienstleistung«. Die Werkleistung ist erst mit der Fertigstellung des Werkes, also mit der Abnahme, abgeschlossen. Die Dauer der »gesamten Dienstleistung« richtet sich danach, wann die Dienstleistung bestimmungsgemäß beendet ist. Die »gesamte Dauer der tatsächlichen

---

1063 Vgl. EuGH 18.7.2007 – C-490/04 (Kommission ./. Deutschland), Rn. 66, 76, NZA 2007, 917.

1064 Vgl. *Maschmann*, NZA 2014, 929, 936; *Joussen*, in: Thüsing, § 17 MiLoG Rn. 16; *Riechert/Nimmerjahn*, MiLoG, § 17 Rn. 55.

1065 Vgl. *Maschmann*, NZA 2014, 929, 936; *Riechert/Nimmerjahn*, MiLoG, § 17 Rn. 55.

Beschäftigung« erfasst auch den Fall einer Anschlussbeschäftigung des Arbeitnehmers im Rahmen einer anderen Werk- oder Dienstleistung.[1066]

Aus der Pflicht, die **Unterlagen in deutscher Sprache** bereitzuhalten, kann eine Pflicht zur Übersetzung der Unterlagen folgen.[1067] Das stellt zwar eine Beschränkung des freien Dienstleistungsverkehrs (Art. 56 AEUV) dar, ist aber gerechtfertigt. Die Regelung soll es den zuständigen Behörden ermöglichen, am Ort der Beschäftigung Kontrollen vorzunehmen, die erforderlich sind, um die Einhaltung der Vorschriften des MiLoG zum Schutz der Arbeitnehmer, vor allem derjenigen über die Entlohnung und die Arbeitszeit, zu gewährleisten. Solche Kontrollen würden in der Praxis übermäßig erschwert, wenn nicht gar unmöglich gemacht, wenn diese Unterlagen in der Sprache des Sitzstaats des Arbeitgebers vorgelegt werden könnten, die die Beamten des Aufnahmemitgliedstaats womöglich nicht beherrschen.[1068] 13

4. Rechtsverordnungsermächtigungen

Das **Bundesministerium für Arbeit und Soziales** kann durch Rechtsverordnung ohne Zustimmung des Bundesrats die Verpflichtungen des Arbeitgebers oder eines Entleihers nach § 16 MiLoG (Meldepflicht) und § 17 Abs. 1 und Abs. 2 MiLoG (Dokumentations- und Vorhaltepflicht) hinsichtlich bestimmter Gruppen von Arbeitnehmern oder der Wirtschaftsbereiche oder den Wirtschaftszweigen **einschränken oder erweitern** (§ 17 Abs. 3 MiLoG). Durch die Formulierung »bestimmter Gruppen von Arbeitnehmern« wurde klargestellt, dass die Möglichkeit, vor allem die Dokumentationspflichten »im Sinne größerer Flexibilität spezifischen Bedürfnissen der Praxis anzupassen«, nicht nur hinsichtlich der verschiedenen Formen der geringfügigen Beschäftigung nach § 8 Abs. 1 SGB IV, sondern auch bezüglich weiterer Arbeitnehmergruppen (z. B. leitende Angestellte) gegeben ist.[1069] Eine Ausweitung kann nach der Gesetzesbegründung erforderlich sein, wenn dem Verordnungsgeber Anhaltspunkte dafür vorliegen, dass auch in weiteren Bereichen eine Kontrolle des Mindestlohns aufgrund fehlender Aufzeichnungs-, Dokumentations- oder Meldepflichten erschwert ist.[1070] Liegen die besonderen Anforderungen für eine Gruppe oder einen Wirtschaftsbereich aufgrund besonderer Umstände nicht mehr vor, kann der Verordnungsgeber den Anwendungsbereich beschränken.[1071] 14

1066 *Riechert/Nimmerjahn*, MiLoG, § 17 Rn. 59.

1067 *Joussen*, in: Thüsing, § 17 MiLoG Rn. 17.

1068 Vgl. EuGH 18.7.2007 – C-490/04 (Kommission ./. Deutschland), Rn. 71, NZA 2007, 917.

1069 BT-Drs. 18/2010 (neu), S. 23.

1070 BT-Drs. 18/1558, S. 41.

1071 BT-Drs. 18/1558, S. 41.

Auf dieser Grundlage war die Verordnung zu den Dokumentationspflichten nach den §§ 16 und 17 MiLoG in Bezug auf bestimmte Arbeitnehmergruppen (Mindestlohndokumentationspflichten-Verordnung – MiLoDokV) vom 18. 12. 2014 ergangen (Wortlaut siehe Anhang). Diese Verordnung wurde abgelöst durch die Verordnung zu den Dokumentationspflichten nach den §§ 16 und 17 MiLoG und den §§ 18 und 19 AEntG in Bezug auf bestimmte Arbeitnehmergruppen (**Mindestlohndokumentationspflichten-Verordnung** – MiLoDokV) vom 29. 7. 2015 (Wortlaut siehe Anhang).
Danach gilt

- die Pflicht zur Abgabe einer schriftlichen Anmeldung (§ 16 Abs. 1 oder Abs. 3 MiLoG),
- die Pflicht zur Abgabe einer Versicherung (§ 16 Abs. 2 oder Abs. 4 MiLoG) sowie
- die Pflicht zum Erstellen und Bereithalten von Dokumenten (§ 17 Abs. 1 und Abs. 2 MiLoG)

nur für Arbeitnehmer bis zu einem »verstetigtem regelmäßigen Monatsentgelt« **bis 2958 Euro** brutto. Für die Ermittlung des verstetigten Monatsentgelts sind ungeachtet ihrer Anrechenbarkeit auf den gesetzlichen Mindestlohnanspruch sämtliche verstetigte monatliche Zahlungen des Arbeitgebers zu berücksichtigen, die regelmäßiges monatliches Arbeitsentgelt sind.
Für Arbeitnehmer, deren verstetigtes regelmäßiges Monatsentgelt **bis zu 2000 Euro** beträgt, gelten die genannten Pflichten ebenfalls nicht, **wenn der Arbeitgeber dieses Monatsentgelt für die letzten vollen zwölf Monate nachweislich gezahlt hat**; Zeiten ohne Anspruch auf Arbeitsentgelt bleiben bei der Berechnung des Zeitraums von zwölf Monaten unberücksichtigt.
Die genannten Pflichten gelten ebenfalls **nicht für im Betrieb des Arbeitgebers arbeitende Ehegatten**, eingetragene Lebenspartner, Kinder und Eltern des Arbeitgebers oder, wenn der Arbeitgeber eine juristische Person oder eine rechtsfähige Personengesellschaft ist, des vertretungsberechtigten Organs der juristischen Person oder eines Mitglieds eines solchen Organs oder eines vertretungsberechtigten Gesellschafters der rechtsfähigen Personengesellschaft.
Allerdings muss der Arbeitgeber auch für die zuvor genannten Arbeitnehmer die Unterlagen im Inland in deutscher Sprache bereithalten, aus denen sich die Erfüllung der genannten Voraussetzungen (Monatsentgelt, nahestehende Person) ergibt.

15 Die Verordnungsermächtigung in § 17 Abs. 4 MiLoG ermöglicht dem **Bundesministerium der Finanzen** im Einvernehmen mit dem Bundesministerium für Arbeit und Soziales, die Art und Weise der Erfüllung der Dokumentationspflichten »im Sinne größerer Flexibilität spezifischen Bedürfnissen der Praxis anzupassen«, wenn Besonderheiten der Werk- oder Dienstleistungen oder Besonderheiten des jeweiligen Wirtschaftsbereiches

oder Wirtschaftszweiges im Hinblick auf ihre Kontrollsituation dies erfordern.[1072]
Auf dieser Grundlage ist die **Verordnung zur Abwandlung der Arbeitszeitaufzeichnung nach dem Mindestlohngesetz und dem Arbeitnehmer-Entsendegesetz** (Mindestlohnaufzeichnungsverordnung – MiLoAufzV) vom 26.11.2014 ergangen (Wortlaut siehe Anhang).

5. Bußgeldtatbestand

Ein Verstoß gegen die Pflichten gem. § 17 MiLoG kann als **Ordnungswidrigkeit** gem. § 21 Abs. 1 Nr. 7 und 8 MiLoG mit einer Geldbuße von bis zu 30 000 Euro geahndet werden (§ 21 Abs. 3 MiLoG). 16

§ 18 Zusammenarbeit der in- und ausländischen Behörden

(1) Die Behörden der Zollverwaltung unterrichten die zuständigen örtlichen Landesfinanzbehörden über Meldungen nach § 16 Absatz 1 und 3.
(2) Die Behörden der Zollverwaltung und die übrigen in § 2 des Schwarzarbeitsbekämpfungsgesetzes genannten Behörden dürfen nach Maßgabe der datenschutzrechtlichen Vorschriften auch mit Behörden anderer Vertragsstaaten des Abkommens über den Europäischen Wirtschaftsraum zusammenarbeiten, die diesem Gesetz entsprechende Aufgaben durchführen oder für die Bekämpfung illegaler Beschäftigung zuständig sind oder Auskünfte geben können, ob ein Arbeitgeber seine Verpflichtungen nach § 20 erfüllt. Die Regelungen über die internationale Rechtshilfe in Strafsachen bleiben hiervon unberührt.
(3) Die Behörden der Zollverwaltung unterrichten das Gewerbezentralregister über rechtskräftige Bußgeldentscheidungen nach § 21 Absatz 1 bis 3, sofern die Geldbuße mehr als zweihundert Euro beträgt.

§ 18 MiLoG regelt entsprechend der Regelung in § 20 AEntG und in § 18 AÜG (soweit es um die Einhaltung der Lohnuntergrenze für die Leiharbeit nach § 3a AÜG geht) die Zusammenarbeit der in- und ausländischen Behörden: 1

- Die Behörden der Zollverwaltung haben die zuständigen örtlichen **Landesfinanzbehörden** über die Meldungen der Arbeitgeber und Entleiher nach § 16 Abs. 1 und 3 MiLoG zu unterrichten (§ 18 Abs. 1 MiLoG). Damit sollen diese etwaigen steuerrechtlichen Folgerungen aus der Erbringung von Werk- oder Dienstleistungen in Deutschland ziehen.

1072 BT-Drs. 18/2010 (neu), S. 24.

- Die Behörden der Zollverwaltung und die übrigen in § 2 SchwarzArbG genannten Behörden (vgl. § 15 MiLoG Rn. 5) dürfen nach Maßgabe der datenschutzrechtlichen Vorschriften auch mit **Behörden anderer Vertragsstaaten** des Abkommens über den Europäischen Wirtschaftsraum zusammenarbeiten, die diesem Gesetz entsprechende Aufgaben ausführen oder für die Bekämpfung illegaler Beschäftigung zuständig sind oder Auskünfte geben können, ob ein Arbeitgeber seine Verpflichtungen nach § 20 MiLoG (den Mindestlohn rechtzeitig zu zahlen) erfüllt (§ 18 Abs. 2 MiLoG). Die Regelungen über die internationale Rechtshilfe in Strafsachen bleiben hiervon unberührt.
- Die Behörden der Zollverwaltung haben das Gewerbezentralregister über rechtskräftige **Bußgeldentscheidungen** nach § 21 Abs. 1 bis 3 MiLoG zu unterrichten, sofern die Geldbuße mehr als 200 Euro beträgt (§ 18 Abs. 3 MiLoG). Durch die Unterrichtungspflicht soll sichergestellt werden, dass das Gewerbezentralregister über Verstöße ausländischer Gewerbetreibender sowie inländischer Unternehmen gegen das MiLoG umfassend informiert ist und ggf. die notwendigen Maßnahmen einleiten kann.

§ 19 Ausschluss von der Vergabe öffentlicher Aufträge

(1) Von der Teilnahme an einem Wettbewerb um einen Liefer-, Bau- oder Dienstleistungsauftrag der in den §§ 99 und 100 des Gesetzes gegen Wettbewerbsbeschränkungen genannten Auftraggeber sollen Bewerberinnen oder Bewerber für eine angemessene Zeit bis zur nachgewiesenen Wiederherstellung ihrer Zuverlässigkeit ausgeschlossen werden, die wegen eines Verstoßes nach § 21 mit einer Geldbuße von wenigstens zweitausendfünfhundert Euro belegt worden sind.
(2) Die für die Verfolgung oder Ahndung der Ordnungswidrigkeiten nach § 21 zuständigen Behörden dürfen öffentlichen Auftraggebern nach § 99 des Gesetzes gegen Wettbewerbsbeschränkungen und solchen Stellen, die von öffentlichen Auftraggebern zugelassene Präqualifikationsverzeichnisse oder Unternehmer- und Lieferantenverzeichnisse führen, auf Verlangen die erforderlichen Auskünfte geben.
(3) Öffentliche Auftraggeber nach Absatz 2 fordern im Rahmen ihrer Tätigkeit beim Gewerbezentralregister Auskünfte über rechtskräftige Bußgeldentscheidungen wegen einer Ordnungswidrigkeit nach § 21 Absatz 1 oder Absatz 2 an oder verlangen von Bewerberinnen oder Bewerbern eine Erklärung, dass die Voraussetzungen für einen Ausschluss nach Absatz 1 nicht vorliegen. Im Falle einer Erklärung der Bewerberin oder des Bewerbers können öffentliche Auftraggeber nach Absatz 2 jederzeit zusätzlich Auskünfte des Gewerbezentralregisters nach § 150a der Gewerbeordnung anfordern.

(4) Bei Aufträgen ab einer Höhe von 30 000 Euro fordert der öffentliche Auftraggeber nach Absatz 2 für die Bewerberin oder den Bewerber, die oder der den Zuschlag erhalten soll, vor der Zuschlagserteilung eine Auskunft aus dem Gewerbezentralregister nach § 150a der Gewerbeordnung an.

(5) Vor der Entscheidung über den Ausschluss ist die Bewerberin oder der Bewerber zu hören.

Inhaltsübersicht Rn.

1. Überblick

§ 19 MiLoG regelt in Anlehnung an die Regelung in § 21 AEntG, dass bei Verstößen gegen das Mindestlohngesetz Unternehmen von der Vergabe öffentlicher Aufträge ausgeschlossen werden sollen. Voraussetzung ist, dass sie wegen eines Verstoßes nach § 23 MiLoG mit einer Geldbuße von wenigstens 2500 Euro belegt worden sind. Im ursprünglichen Gesetzentwurf, war noch – wie in § 21 Abs. 1 Satz 2 AEntG – vorgesehen, dass auch schon vor Ausführung eines Bußgeldverfahrens ein solcher Ausschluss möglich sein sollte, wenn im Einzelfall angesichts der Beweislage kein vernünftiger Zweifel an einer schwerwiegenden Verfehlung bestehe. Wegen der besonderen Tragweite dieser Sanktion wird das – aufgrund einer Änderung im Gesetzgebungsverfahren – auf die Fälle beschränkt, in denen das Bußgeldverfahren gem. § 21 MiLoG abgeschlossen, d. h. ein Bußgeldbescheid ergangen ist.[1073] Die ggf. weitergehenden Regelungen zu Tariftreueerklärungen und Vergabemindestlöhnen in den Vergabegesetzen der Bundesländer bleiben von der Regelung in § 19 MiLoG unberührt (vgl. Einleitung Rn. 59 ff.). 1

§ 19 MiLoG ergänzt die in § 21 MiLoG normierten Bußgeldvorschriften. Während die Auferlegung einer Geldbuße von der Wirkung her – je nach Höhe – eine »verschmerzbare« Sanktion darstellt, ist der (zeitlich begrenzte) Ausschluss vom Wettbewerb um öffentliche Aufträge für die betroffenen Unternehmen häufig von größerer Bedeutung. Diese **vergaberechtliche Reaktion** stellt deshalb eine effektive Form der Sanktion dar, um die tatsächliche Durchsetzung der Pflichten nach dem MiLoG zu bewirken.[1074] Da es 2

1073 BT-Drs. 18/2010 (neu), S. 24.

1074 Nach *Riechert/Nimmerjahn* (MiLoG, § 19 Rn. 13) steht der vergabespezifische Aspekt im Vordergrund, da es sich bei Unternehmen, die ihren Pflichten aus dem MiLoG nicht nachkommen, um für die Ausführung eines öffentlichen Auftrags ungeeignete, weil nicht gesetzestreue und somit unzuverlässige

um einen Eingriff in die wirtschaftliche Betätigungsfreiheit der Unternehmen geht (Art. 12 Abs. 1 GG), muss dieser klar geregelte Tatbestandsmerkmale enthalten. § 19 MiLoG knüpft hierbei an die Höhe der Geldbuße an, die gem. § 21 MiLoG verhängt worden ist.

2. Tatbestandsvoraussetzungen

3 Von der Teilnahme an einem Wettbewerb um einen Liefer-, Bau- oder Dienstleistungsauftrag der in §§ 99 und 100 GWB genannten Auftraggeber sollen Bewerber für eine angemessene Zeit bis zur nachgewiesenen Wiederherstellung ihrer Zuverlässigkeit ausgeschlossen werden, die wegen eines Verstoßes nach § 21 MiLoG mit einer **Geldbuße von wenigstens 2500 Euro** belegt worden sind (§ 19 Abs. 1 MiLoG).

4 Die Regelung zum Ausschluss vom Wettbewerb bezieht sich auf die Vergabe öffentlicher Aufträge in einem Vergabeverfahren (§§ 97–186 GWB). **Öffentliche Aufträge** sind entgeltliche Verträge zwischen öffentlichen Auftraggebern oder Sektorenauftraggebern und Unternehmen über die Beschaffung von Leistungen, die die Lieferung von Waren, die Ausführung von Bauleistungen oder die Erbringung von Dienstleistungen zum Gegenstand haben (§ 103 Abs. 1 GWB). Unternehmen können u. a. unter den Voraussetzungen des § 124 GWB vom Vergabeverfahren ausgeschlossen werden. In dem Zusammenhang werden Verstöße gegen Mindestlohnvorschriften (§ 21 AEntG, § 19 MiLoG) ausdrücklich erwähnt, die gem. § 124 Abs. 2 GWB »unberührt« bleiben, also neben dem GWB anzuwenden sind. Bei Unternehmen, die mit einer Geldbuße gem. § 21 MiLoG von wenigstens 2500 Euro belegt wurden, wird von der Unzuverlässigkeit der Unternehmen auch im vergaberechtlichen Sinne ausgegangen. Ohnedies spricht es gegen die Zuverlässigkeit und Gesetztreue eines Unternehmens, wenn es gesetzlichen Verpflichtungen (wie hier nach dem MiLoG) nicht nachkommt.

5 Die Begriffe Liefer-, Bau- oder Dienstleistungsauftrag werden in § 103 GWB definiert. **Lieferaufträge** sind gem. § 103 Abs. 2 GWB Verträge zur Beschaffung von Waren, die vor allem Kauf oder Ratenkauf oder Leasing, Miet- oder Pachtverhältnisse mit oder ohne Kaufoption betreffen. Die Verträge können auch Nebenleistungen umfassen. **Bauaufträge** sind Verträge über die Ausführung oder die gleichzeitige Planung und Ausführung eines Bauvorhabens oder eines Bauwerkes für den öffentlichen Auftraggeber nach näherer Maßgabe des § 103 Abs. 3 GWB. Als **Dienstleistungsaufträge** gelten die Verträge über die Erbringung von Leistungen, die nicht unter § 103 Abs. 2 oder Abs. 3 fallen (§ 103 Abs. 4 GWB).

Unternehmen handelt. Das werde insbesondere daran deutlich, dass die Vergabesperre nach § 19 Abs. 1 MiLoG jedenfalls dann aufzuheben sei, wenn die Wiederherstellung der Zuverlässigkeit des Bewerbers nachgewiesen ist.

Auftraggeber i. S. d. § 99 und 100 GWB sind nicht nur öffentliche Auftraggeber, sondern auch bestimmte gemeinnützige und sonstige Unternehmen. Nach § 99 GWB sind die **öffentlichen Auftraggeber**: 6

- **Gebietskörperschaften** sowie deren Sondervermögen (§ 99 Nr. 1 GWB),
- andere juristische Personen des öffentlichen und des privaten Rechts (§ 99 Nr. 2 GWB), die zu dem besonderen Zweck gegründet wurden, **im Allgemeininteresse liegende Aufgaben nichtgewerblicher Art** zu erfüllen, sofern sie überwiegend von Stellen nach § 99 Nr. 1 oder 3 GWB einzeln oder gemeinsam durch Beteiligung oder auf sonstige Weise finanziert werden, ihre Leitung der Aufsicht durch Stellen nach § 99 Nr. 1 oder 3 GWB unterliegt oder mehr als die Hälfte der Mitglieder eines ihrer zur Geschäftsführung oder zur Aufsicht berufenen Organe durch Stellen nach § 99 Nr. 1 oder 3 GWB bestimmt worden sind. Dasselbe gilt, wenn diese juristische Person einer anderen juristischen Person des öffentlichen oder privaten Rechts einzeln oder gemeinsam mit anderen die überwiegende Finanzierung gewährt, über deren Leitung die Aufsicht ausübt oder die Mehrheit der Mitglieder eines zur Geschäftsführung oder Aufsicht berufenen Organs bestimmt hat,
- **Verbände**, deren Mitglieder unter § 98 Nrn. 1 oder 2 GWB fallen (§ 99 Nr. 3 GWB),
- natürliche oder juristische Personen des privaten Rechts sowie juristische Personen des öffentlichen Rechts, soweit sie nicht unter § 99 Nr. 2 GWB fallen, in den Fällen, in denen sie für **Tiefbaumaßnahmen**, für die **Errichtung von Krankenhäusern, Sport-, Erholungs- oder Freizeiteinrichtungen, Schul-, Hochschul- oder Verwaltungsgebäuden** oder für damit in Verbindung stehende Dienstleistungen und Wettbewerbe von Stellen, die unter § 99 Nr. 1, 2 oder 3 GWB fallen, Mittel erhalten, mit denen diese Vorhaben zu mehr als 50 % finanziert werden (§ 99 Nr. 4 GWB).

§ 100 GWB definiert die **Sektorenauftraggeber**. Das sind öffentliche Auftraggeber gem. § 99 Nr. 1 bis 3 GWB, die eine Sektorentätigkeit gem. § 102 GWB ausüben sowie bestimmte natürliche oder juristische Personen des privaten Rechts nach näherer Maßgabe des § 100 Abs. 1 Nr. 2 GWB, die eine Sektorentätigkeit gem. § 102 GWB ausüben. **Sektorentätigkeiten** im Bereich **Wasser** sind die Bereitstellung oder das Betreiben fester Netze zur Versorgung der Allgemeinheit im Zusammenhang mit der Gewinnung, der Fortleitung und der Abgabe von Trinkwasser sowie die Einspeisung von Trinkwasser in diese Netze (§ 102 Abs. 1 GWB). **Sektorentätigkeiten** im Bereich **Elektrizität** sind die Bereitstellung oder das Betreiben fester Netze zur Versorgung der Allgemeinheit im Zusammenhang mit der Erzeugung, der Fortleitung und der Abgabe von Elektrizität sowie die Einspeisung von Elektrizität in diese Netze (§ 102 Abs. 2 GWB). **Sektorentätigkeiten** im Bereich von **Gas und Wärme** sind die Bereitstellung oder das Betreiben fester

Netze zur Versorgung der Allgemeinheit im Zusammenhang mit der Erzeugung, der Fortleitung und der Abgabe von Gas und Wärme sowie die Einspeisung von Gas und Wärme in diese Netze (§ 102 Abs. 3 GWB). **Sektorentätigkeiten** im Bereich **Verkehrsleistungen** sind die Bereitstellung oder das Betreiben von Netzen zur Versorgung der Allgemeinheit mit Verkehrsleistungen (§ 102 Abs. 4 GWB). Zudem geht es um **Sektorentätigkeiten** im Bereich **Häfen und Flughäfen** (§ 102 Abs. 5 GWB) und im Bereich fossiler Brennstoffe (§ 102 Abs. 6 GWB).

7 Der Ausschluss von der Teilnahme am Wettbewerb soll bei Bewerbern erfolgen, die wegen eines Verstoßes nach § 21 MiLoG mit einer **Geldbuße** von wenigstens 2500 Euro belegt worden sind. Das Tatbestandsmerkmal »mit einer Geldbuße … belegt« ist bereits mit der Verhängung der Geldbuße durch den Bußgeldbescheid der zuständigen Verwaltungsbehörde erfüllt. Bei einem gerichtlichen Verfahren muss nicht erst der Ausgang dieses Verfahrens abgewartet werden.

3. Rechtsfolge

8 Rechtsfolge ist der **Ausschluss vom Wettbewerb für eine angemessene Zeit** bis zur nachgewiesenen Wiederherstellung der Zuverlässigkeit des Bewerbers. In § 21 SchwarzArbG ist ein Ausschluss vom Wettbewerb bis zur Dauer von drei Jahren vorgesehen. Eine solche Präzisierung fehlt im MiLoG, als Orientierungsmarke kann sie aber dienen. Da der Ausschluss vom Wettbewerb erfolgen »soll«, ist dies der Regelfall.[1075] Lediglich in Ausnahmefällen ist von der fortbestehenden Zuverlässigkeit des rechtswidrig handelnden Bewerbers auszugehen, wenn es hierfür konkrete Anhaltspunkte gibt; dann unterbleibt der Ausschluss vom Wettbewerb. Die Umschreibung »für eine angemessene Zeit« für die Dauer des Ausschlusses vom Wettbewerb hat keine selbstständige Bedeutung.[1076] Vielmehr ist für die Zeitdauer des Ausschlusses vom Wettbewerb der **Nachweis der Wiederherstellung der Zuverlässigkeit des Bewerbers** entscheidend. Dieser Nachweis ist vom Bewerber zu erbringen. In welcher Weise dieser Nachweis erfolgen kann und an welche tatsächlichen Umstände dieser anzuknüpfen hat, ist im MiLoG nicht geregelt. Der Bewerber hat die Möglichkeit, gem. § 150 GewO **Auskunft über den Inhalt des Gewerbezentralregisters** zu erhalten. Damit kann er ggf. nachweisen, dass es seit dem letzten Verstoß nicht zu neuen Verstößen gekommen ist und deshalb Zweifel an seiner Zuverlässigkeit nicht mehr berechtigt sind.

Bei weiteren Verstößen gegen das MiLoG (oder vergleichbar gegen das AEntG) ist jedenfalls von der fortbestehenden Unzuverlässigkeit des be-

1075 *Riechert/Nimmerjahn*, MiLoG, § 19 Rn. 23.

1076 Es wird die Auffassung vertreten, dass die Vergabesperre auf maximal drei Jahre zu begrenzen sei; vgl. *Riechert/Nimmerjahn*, MiLoG, § 19 Rn. 26 m. w. N.

treffenden Unternehmers auszugehen. Bei weiteren Verstößen, die mit Geldbußen gem. § 21 MiLoG (oder § 23 AEntG) belegt worden sind, kann die Geldbuße auch weniger als 2500 Euro betragen, weil allein durch die weiteren Verstöße weiterhin Zweifel an der Zuverlässigkeit des Bewerbers bestehen. Die Höhe der Geldbuße von mindestens 2500 Euro ist lediglich Voraussetzung für den Erstausschluss vom Wettbewerb.

Das **Gewerbezentralregister** wird gem. § 149 Abs. 1 GewO beim Bundesamt für Justiz geführt. In das **Gewerbezentralregister** sind gem. § 149 Abs. 2 Satz 1 Nr. 1 bis 4 GewO einzutragen: 9

- die vollziehbaren und die nicht mehr anfechtbaren **Entscheidungen einer Verwaltungsbehörde, durch die wegen Unzuverlässigkeit oder Ungeeignetheit ein Antrag auf Zulassung** (Erlaubnis, Genehmigung, Konzession, Bewilligung) zu einem Gewerbe oder einer sonstigen wirtschaftlichen Unternehmung abgelehnt oder eine erteilte Zulassung zurückgenommen oder widerrufen, die Ausübung eines Gewerbes, die Tätigkeit als Vertretungsberechtigter einer Gewerbetreibenden oder als mit der Leitung eines Gewerbebetriebs beauftragte Person oder der Betrieb oder die Leitung einer sonstigen wirtschaftlichen Unternehmung untersagt, ein Antrag auf Erteilung eines Befähigungsscheines nach § 20 des Sprengstoffgesetzes abgelehnt oder ein erteilter Befähigungsschein entzogen oder im Rahmen eines Gewerbebetriebs oder einer sonstigen wirtschaftlichen Unternehmung die Befugnis zur Einstellung oder Ausbildung von Auszubildenden entzogen oder die Beschäftigung, Beaufsichtigung, Anweisung oder Ausbildung von Kindern und Jugendlichen verboten oder die Führung von Kraftverkehrsgeschäften untersagt wird,
- **Verzichte auf eine Zulassung** zu einem Gewerbe oder einer sonstigen wirtschaftlichen Unternehmung während eines Rücknahme- oder Widerrufsverfahrens,
- **rechtskräftige Bußgeldentscheidungen**, vor allem auch solche wegen einer Steuerordnungswidrigkeit, die bei oder in Zusammenhang mit der Ausübung eines Gewerbes oder dem Betrieb einer sonstigen wirtschaftlichen Unternehmung oder bei der Tätigkeit in einem Gewerbe oder einer sonstigen wirtschaftlichen Unternehmung von einem Vertreter oder Beauftragten i. S. d. § 9 OWiG oder von einer Person, die in einer Rechtsvorschrift ausdrücklich als Verantwortlicher bezeichnet ist, begangen worden ist, wenn die Geldbuße mehr als 200 Euro beträgt,
- **rechtskräftige strafgerichtliche Verurteilungen** wegen einer Straftat nach den §§ 10 und 11 SchwarzArbG, nach den §§ 15 und 15a AÜG oder nach § 266a Abs. 1, 2 und 4 StGB, die bei oder im Zusammenhang mit der Ausübung eines Gewerbes oder dem Betrieb einer sonstigen wirtschaftlichen Unternehmung begangen worden ist, wenn auf Freiheitsstrafe von mehr als drei Monaten oder Geldstrafe von mehr als 90 Tagessätzen erkannt worden ist.

10 Der Ausschluss von der Teilnahme am Wettbewerb ist **kein Verwaltungsakt**, weil es sich bei der Vergabe von öffentlichen Aufträgen nicht um öffentlichrechtliches, sondern um privatrechtliches Handeln handelt.[1077] § 19 Abs. 5 MiLoG regelt gleichwohl ausdrücklich, dass **vor der Entscheidung über den Ausschluss die Bewerber anzuhören** sind. Für das Vergabeverfahren ist ein besonderes Nachprüfungsverfahren in den §§ 155 bis 184 GWB geregelt. Im Rahmen dessen kann der nicht berücksichtige Bewerber, auch soweit es um § 19 MiLoG geht, um Rechtsschutz nachsuchen. Er muss dann geltend machen und nachweisen, dass er trotz des Verstoßes gegen § 21 MiLoG nicht vom Vergabeverfahren ausgeschlossen werden durfte. Unternehmen können u. a. unter den Voraussetzungen des § 124 GWB vom Vergabeverfahren ausgeschlossen werden. In dem Zusammenhang werden in Bezug auf Verstöße gegen Mindestlohnvorschriften ausdrücklich § 21 AEntG und § 19 MiLoG erwähnt, die gem. § 124 Abs. 2 GWB »unberührt« bleiben, also neben dem GWB anzuwenden sind.

4. Auskunftspflichten

11 Die für die Verfolgung oder Ahndung der Ordnungswidrigkeiten nach § 21 MiLoG zuständigen **Behörden der Zollverwaltung** den öffentlichen Auftraggebern nach § 99 GWB (vgl. Rn. 6) und solchen Stellen, die von öffentlichen Auftraggebern zugelassene Präqualifikationsverzeichnisse oder Unternehmer- und Lieferantenverzeichnisse führen, dürfen »auf Verlangen« – also nicht von sich aus – die erforderlichen Auskünfte geben (§ 19 Abs. 2 MiLoG). Die Vorschrift regelt damit nicht ein umfassendes Recht zur Datenweitergabe, sondern nur zum Erteilen der Auskunft. Die Befugnis zur Auskunftserteilung ist durch den Grundsatz der Erforderlichkeit beschränkt.
Der Begriff der »Präqualifikationsverzeichnisse« geht zurück auf § 97 Abs. 4a GWB a. F. Auftraggeber konnten danach Präqualifikationssysteme einrichten oder zulassen, mit denen die Eignung von Unternehmen nachgewiesen werden konnte. In § 122 Abs. 3 GWB ist nunmehr geregelt, dass der Nachweis der Eignung und des Nichtvorliegens von Ausschlussgründen ganz oder teilweise durch die Teilnahme an Präqualifizierungssystemen erbracht werden kann. Bei der **Präqualifikation** geht es darum, dass Unternehmen ihre Eignung zur Ausführung öffentlicher Aufträge periodisch aufgrund standardisierter Anforderungen für bestimmte Auftragsarten und/oder Auftragsklassen nachweisen, so dass der Auftraggeber bei der konkreten Auftragsvergabe weitgehend auf individuelle Eignungsprüfungen verzichten kann. Das Ergebnis der Präqualifikation ist eine in der Regel zeitlich befristete Zertifizierung oder Zulassung als Bieter. Die Präqualifikation ist damit eine Vorstufe für spätere Vergabeverfahren, selbst jedoch kein

1077 *Riechert/Nimmerjahn*, MiLoG, § 19 Rn. 7.

Vergabeverfahren. Es endet nicht mit der Vergabe eines Auftrags.[1078] Alle präqualifizierten Unternehmen sind in der bundesweiten **Datenbank** *www.pq-vol.de* gelistet.

Öffentliche Auftraggeber nach § 19 Abs. 2 MiLoG fordern im Rahmen ihrer Tätigkeit beim Gewerbezentralregister **Auskünfte über rechtskräftige Bußgeldentscheidungen** wegen einer Ordnungswidrigkeit nach § 21 Abs. 1 oder Abs. 2 MiLoG an *oder* verlangen von Bewerberinnen oder Bewerbern eine Erklärung, dass die Voraussetzungen für einen Ausschluss nach § 19 Abs. 1 MiLoG nicht vorliegen (§ 19 Abs. 3 Satz 1 MiLoG). Bei einer Erklärung der Bewerberin oder des Bewerbers können öffentliche Auftraggeber nach § 19 Abs. 2 MiLoG **jederzeit zusätzlich Auskünfte des Gewerbezentralregisters** nach § 150a GewO anfordern (§ 19 Abs. 3 Satz 2 MiLoG). Gemäß § 150a Abs. 1 GewO werden aus dem Gewerbezentralregister (vgl. Rn. 9) Auskünfte erteilt, u. a. für die Verfolgung bestimmter Ordnungswidrigkeiten (u. a. nach § 21 MiLoG, § 23 AEntG, § 16 AÜG) und für die Vorbereitung von vergaberechtlichen Entscheidungen über strafgerichtliche Verurteilungen und Bußgeldentscheidungen nach § 21 Abs. 1 SchwarzArbG, § 21 Abs. 1 und 2 MiLoG, § 23 Abs. 1 und 2 AEntG. Auskunftsberechtigt sind die Behörden und öffentlichen Auftraggeber i. S. d. § 99 GWB (vgl. Rn. 6). 12

Bei Aufträgen ab einer Höhe von 30 000 Euro fordert der öffentliche Auftraggeber nach § 19 Abs. 2 MiLoG für die Bewerberin oder den Bewerber, die oder der den Zuschlag erhalten soll, vor der Zuschlagserteilung eine **Auskunft aus dem Gewerbezentralregister** nach § 150a GewO (§ 19 Abs. 4 MiLoG).

§ 20 Pflichten des Arbeitgebers zur Zahlung des Mindestlohns

Arbeitgeber mit Sitz im In- oder Ausland sind verpflichtet, ihren im Inland beschäftigten Arbeitnehmerinnen und Arbeitnehmern ein Arbeitsentgelt mindestens in Höhe des Mindestlohns nach § 1 Absatz 2 spätestens zu dem in § 2 Absatz 1 Satz 1 Nummer 2 genannten Zeitpunkt zu zahlen.

Inhaltsübersicht Rn.

1078 *Opitz* in: Burgi/Dreher, Beck'scher Vergaberechtskommentar, § 122 GWB Rn. 101.

1. Pflicht zur Zahlung des Mindestlohns

1 Der Mindestlohn ist ein **Mindestentgeltsatz i. S. d. § 2 Nr. 1 AEntG.**[1079] § 20 MiLoG regelt die Verpflichtung der Arbeitgeber, den Arbeitnehmern ein Arbeitsentgelt mindestens in Höhe des Mindestlohns spätestens zu dem in § 2 Abs. 1 Satz 1 Nr. 2 MiLoG genannten Zeitpunkt zu zahlen. An diese Grundverpflichtung der Arbeitgeber knüpfen die Bußgeldvorschriften des § 21 MiLoG an. Diese Pflicht gilt zwingend für alle Arbeitgeber mit Sitz im In- oder Ausland, die mindestens einen Arbeitnehmer im Inland beschäftigen. Die Grundverpflichtung gilt nicht gegenüber Arbeitnehmern, die nicht im Inland, d.h. in Deutschland, beschäftigt werden.[1080] Die Verpflichtung der Arbeitgeber zur Zahlung des Mindestlohns durch § 20 MiLoG ist die Kehrseite des Anspruchs auf den Mindestlohn, die die Arbeitnehmer gem. § 1 MiLoG haben. Die ausdrückliche Festschreibung der Pflicht der Arbeitgeber zur Zahlung des Mindestlohns durch § 20 MiLoG ist erforderlich, um hieran bei einem Verstoß die Sanktion durch Verhängung eines Bußgeldes nach § 21 MiLoG zu knüpfen. Neben der zivilrechtlichen Verpflichtung durch Schaffung eines Rechtsanspruchs der Arbeitnehmer (§ 1 MiLoG) bedarf es für eine Einordnung als Ordnungswidrigkeit einer öffentlich-rechtlich angeordneten Verpflichtung. Darin besteht die Funktion des § 20 MiLoG.
Zum anderen wird durch § 20 MiLoG klargestellt, dass es sich bei dem gesetzlichen Mindestlohn um einen Mindestentgeltsatz i. S. d. § 2 Nr. 1 AEntG handelt, der als **zwingendes Recht auch für Arbeitnehmer** gilt, **die aus dem Ausland für eine Arbeitstätigkeit nach Deutschland entsandt werden**, also nur zeitweise und nicht gewöhnlich in Deutschland Arbeitsleistungen erbringen.[1081] Das bedeutet: Der Schutz des MiLoG ist auf entsandte Arbeitnehmer auch dann anzuwenden, wenn im Übrigen für diese das Recht des Entsende- oder Heimatstaats gilt. Das heißt, die entsandten Arbeitnehmer haben zwingend den Anspruch auf den Mindestlohn nach dem deutschen Recht, wenn und so lange sie in Deutschland tätig sind. Je nachdem, in welcher Branche die (entsandten) Arbeitnehmer tätig sind, können auch allgemeingültige **Branchen-Mindestlöhne** Anwendung finden.[1082]

1079 BT-Drs. 18/1558, S. 42.

1080 BT-Drs. 18/1558, S. 42.

1081 Vgl. ErfK/*Franzen*, MiLoG § 20 Rn. 1; *Riechert/Nimmerjahn*, MiLoG, § 20 Rn. 4; Schaub/*Vogelsang*, Arbeitsrechts-Handbuch, § 66 Rn. 21.

1082 Vgl. zum AEntG BAG 25.6.2002 – 9 AZR 405/00, NZA 2003, 275.

2. Persönlicher Anwendungsbereich: In- und ausländische Arbeitgeber und Arbeitnehmer

Das MiLoG und die sich aus seiner Anwendung ergebenden Pflichten gelten gleichermaßen für Arbeitgeber mit Sitz im In- oder Ausland, wie § 20 MiLoG eindeutig formuliert. Daraus wird deutlich, dass sowohl Entsendungsfälle erfasst werden, als auch reine Inlandssachverhalte. Maßgeblich ist der tatsächliche Arbeitsort in Deutschland. Dieses **Arbeitsortprinzip** dient dazu, die Diskriminierung ausländischer Arbeitgeber und Arbeitnehmer zu verhindern. Es ist auch dann eingehalten, wenn – abhängig vom Sitz des Arbeitgebers – zwar auch im Inland unterschiedliche Arbeitsbedingungen gelten, jedoch nur die niedrigsten dieser Arbeitsbedingungen auf den ausländischen Arbeitgeber erstreckt werden. 2

Da das MiLoG **keine Mindestdauer für die Tätigkeit im Inland** vorsieht, gilt der Mindestlohn auch für kurzzeitige Tätigkeiten in Deutschland. Auf die Dauer der Arbeitszeit, die in Deutschland erbracht wird, kommt es nicht an.[1083] Das bedeutet, dass der Mindestlohn auch für ausländische LKW-Fahrer gilt, sobald diese die Grenze zu Deutschland passieren. Das gilt auch für sogenannte **Transitfahrten**, bei denen Deutschland nur durchfahren wird, der Zielort aber in einem anderen Staat ist.[1084] Während in § 6 Abs. 1 AEntG a. F. für bestimmte Tätigkeiten vorgesehen war, dass »die Dauer der Entsendung acht Tage« übersteigen muss, gab es eine solche zeitliche Grenze im MiLoG nicht.[1085] In der Literatur wird das teilweise anders beurteilt.[1086] Eine Verfassungsbeschwerde von Transport- und Logistikunternehmen aus Österreich, Polen und Ungarn wurde nicht zur Entscheidung angenommen. Die Verfassungsbeschwerde war unzulässig. Es sei zunächst der fachgerichtliche Rechtsweg zu beschreiten.[1087]

Nach der Rechtsprechung des EuGH zur Entsende-Richtlinie gilt, dass ein Arbeitnehmer nur dann als in das Hoheitsgebiet eines anderen Mitglieds-

---

1083 Vgl. *Junker*, EuZA 2015, 399f.; HK-ArbR-*Däubler* § 20 MiLoG Rn. 7ff.; MünchArbR/*Krause*, § 61 Rn. 10; *Riechert/Nimmerjahn*, MiLoG, § 20 Rn. 13ff.; Schaub/*Vogelsang*, Arbeitsrechts-Handbuch, § 66 Rn. 21; vgl. auch BeckOK-ArbR/*Greiner*, MiLoG, § 22 Rn. 2ff., der allerdings die Anwendbarkeit des MiLoG auf Transitfahrten teleologisch reduzieren will; ebenso *Bayreuther*, in: Thüsing, § 1 MiLoG, Rn. 74.

1084 HK-ArbR-*Däubler* § 20 MiLoG Rn. 8; *Riechert/Nimmerjahn*, MiLoG, § 20 Rn. 26; umfassend dazu *Mankowski*, RdA 2017, 273ff.

1085 MünchArbR/*Krause*, § 61 Rn. 10; *Riechert/Nimmerjahn*, MiLoG, § 20 Rn. 17; *Mankowski*, RdA 2017, 273ff.

1086 Vgl. *Forst* ZESAR 2015, 205ff.; ErfK/*Franzen*, MiLoG, § 20 Rn. 2; *Moll/Katerndahl*, DB 2015, 555ff.; *Sittard*, NZA 2015, 78ff.; HWK/*Sittard* § 20 MiLoG Rn. 3f.

1087 BVerfG 25.6.2015 – 1 BvR 555/15, NZA 2015, 864.

staats der EU entsandt angesehen werden kann, wenn seine Arbeitsleistung eine **hinreichende Verbindung zu diesem Hoheitsgebiet** (also etwa Deutschland) aufweist.[1088] Im Anwendungsbereich des MiLoG dürfte diese Rechtsprechung indes keine direkte Anwendung finden.

Zum 30.7.2020 ist das AEntG geändert worden, teilweise auch mit Auswirkungen auf das MiLoG.[1089] Für Transitfahrten gilt allerdings uneingeschränkt das MiLoG, weil die nachfolgend genannte Spezialregelung insoweit nicht gilt.

Nach § 24 Abs. 1 AEntG (Sonderregeln für bestimmte Tätigkeiten von Arbeitnehmern und Arbeitnehmerinnen, die bei Arbeitgebern mit Sitz im Ausland beschäftigt sind) gilt danach Folgendes:

Die Arbeitsbedingungen nach § 2 Abs. 1 Nr. 1 und 2, § 5 Satz 1 Nr. 1 bis 3 und § 13b AEntG sowie nach **§ 20 MiLoG** sind auf Arbeitnehmer und Arbeitnehmerinnen, die von Arbeitgebern mit Sitz im Ausland im Inland beschäftigt werden, *nicht* anzuwenden, wenn

1. die Arbeitnehmer und Arbeitnehmerinnen **Erstmontage- oder Einbauarbeiten** erbringen, die
   a) Bestandteil eines Liefervertrages sind,
   b) für die Inbetriebnahme der gelieferten Güter unerlässlich sind und
   c) von Facharbeitern oder Facharbeiterinnen oder angelernten Arbeitern oder Arbeiterinnen des Lieferunternehmens ausgeführt werden sowie
2. die Dauer der Beschäftigung im Inland acht Tage innerhalb eines Jahres nicht übersteigt.

Das gilt nicht für Bauleistungen im Sinne des § 101 Abs. 2 SGB III (§ 24 Abs. 1 Satz 2 AEntG).

Nach § 24 Abs. 2 AEntG gilt Folgendes:

Die Arbeitsbedingungen nach § 2 Abs. 1 Nr. 1 und 2, § 5 Satz 1 Nr. 1 bis 4 und § 13b AEntG sowie nach **§ 20 MiLoG** sind *nicht* anzuwenden auf Arbeitnehmer und Arbeitnehmerinnen sowie Leiharbeitnehmer und Leiharbeitnehmerinnen, die von Arbeitgebern oder Entleihern mit Sitz im Ausland vorübergehend im Inland beschäftigt werden und, ohne im Inland Werk- oder Dienstleistungen für ihren Arbeitgeber gegenüber Dritten zu erbringen,

1. für ihren Arbeitgeber Besprechungen oder Verhandlungen im Inland führen, Vertragsangebote erstellen oder Verträge schließen,

---

1088 EuGH 1.12.2020 – C-815/18, NZA 2021, 33; EuGH 19.12.2019 – C-16/18, NZA 2020, 225.

1089 Durch das Gesetz zur Umsetzung der Richtlinie (EU) 2018/957 des Europäischen Parlaments und des Rates vom 28.6.2018 zur Änderung der Richtlinie 96/71/EG über die Entsendung von Arbeitnehmern im Rahmen der Erbringung von Dienstleistungen vom 10.7.2020 (BGBl. I S. 1657).

2. als Besucher an einer Messeveranstaltung, Fachkonferenz oder Fachtagung teilnehmen, ohne Tätigkeiten nach § 2a Abs. 1 Nr. 8 SchwarzArbG zu erbringen,
3. für ihren Arbeitgeber einen inländischen Unternehmensteil gründen oder
4. als Fachkräfte eines international tätigen Konzerns oder Unternehmens zum Zweck der betrieblichen Weiterbildung im inländischen Konzern- oder Unternehmensteil beschäftigt werden.

Vorübergehend ist eine Beschäftigung, wenn der Arbeitnehmer oder die Arbeitnehmerin nicht mehr als 14 Tage ununterbrochen und nicht mehr als 30 Tage innerhalb eines Zeitraums von zwölf Monaten im Inland tätig ist (§ 24 Abs. 2 Satz 2 AEntG).

Wo im Ausland der Arbeitgeber seinen Sitz hat (innerhalb der EU oder au- 3
ßerhalb), ist unerheblich. Der Anwendungsbereich des MiLoG ist nicht auf Unternehmen beschränkt, die in der EU ihren Sitz haben, sondern erstreckt sich auf alle Unternehmen, die ihren Sitz im Ausland haben, also auch auf **Drittstaaten** (Staaten außerhalb der EU).[1090]

Unerheblich ist, ob das Arbeitsverhältnis bereits im Ausland (im Entsende- 4
staat) ausgeführt wurde, ob es nur zum Zweck der Entsendung begründet wurde oder ob es anschließend im Entsendestaat fortgesetzt werden soll. In allen Fällen findet das MiLoG Anwendung, ansonsten selbstverständlich auch auf reine **Inlandssachverhalte** (ein Arbeitnehmer wird ausschließlich in Deutschland beschäftigt). Letzteres dürfte in der Praxis der Regelfall sein. Ansonsten ist bei **Entsendungsfällen** der Vertragstyp, der der Entsendung des Arbeitnehmers zugrunde liegt, unerheblich. Dem MiLoG unterfallen sowohl Entsendungen auf der Grundlage von Werk- oder Dienstverträgen, wie auch auf der Grundlage von Arbeitnehmerüberlassungs- oder Dienstverschaffungsverträgen. Daher fallen auch Werkvertragsarbeitnehmer aus Mittel- und Osteuropa (MOE) außerhalb der EU-Mitgliedstaaten unter den Anwendungsbereich des MiLoG. Je danach, in welcher Branche die Arbeitnehmer tätig sind, können auch Branchenmindestlohntarifverträge nach dem AEntG Anwendung finden.[1091]

Erfasst werden **alle Arbeitnehmer, die in Deutschland beschäftigt wer-** 5
den. Soweit auf das Arbeitsverhältnis nach dem deutschen internationalen Arbeitsrecht bei Entsendung nach Deutschland das Arbeitsrecht eines Drittstaats Anwendung findet, wird dieses Recht durch die zwingenden Bestimmungen des MiLoG durchbrochen. Ob es sich bei den in Deutschland Beschäftigten um Arbeitnehmer oder um Selbstständige handelt (z. B. »Ein-Mann-Unternehmen«), beurteilt sich nach deutschem Recht.

1090 *Riechert/Nimmerjahn*, MiLoG, § 20 Rn. 6.

1091 Vgl. zum AEntG BAG 25.6.2002 – 9 AZR 405/00, NZA 2003, 275.

Wenn ein ausländischer Arbeitnehmer einen **Arbeitsvertrag in deutscher Sprache** unterschreibt, obwohl er die deutsche Sprache nicht hinreichend beherrscht, geschieht das auf sein eigenes Risiko. Der sprachunkundige Arbeitnehmer wird ebenso behandelt, wie derjenige, der einen Vertrag ungelesen unterschreibt. Auch dieser erklärt sich mit dem Inhalt des Vertrags aus Sicht des Vertragspartners einverstanden.[1092]

3. Vorgaben des internationalen Arbeitsrechts

6 Ob der Arbeitsvertrag eines nach Deutschland aus dem Ausland entsandten Arbeitnehmers dem deutschen Recht oder dem Recht eines anderen Staats unterliegt, ist eine Frage des Internationalen Arbeitsrechts als Teil des Internationalen Privatrechts bzw. des Arbeitskollisionsrechts. Maßgeblich waren insoweit die Regelungen der Art. 27 bis Art. 37 EGBGB. Diese Bestimmungen sind mit Wirkung vom 17.12.2009 durch die Vorschriften der Rom-I-VO[1093] abgelöst worden, die gem. Art. 28 der Rom-I-VO allerdings nur für Arbeitsverträge gelten, die nach diesem Zeitpunkt abgeschlossen werden. Für die Altverträge bleibt es bei der Anwendbarkeit des EGBGB, so dass für längere Zeit zwei verschiedene Kollisionsordnungen nebeneinander bestehen bleiben, die sich allerdings inhaltlich nicht wesentlich unterscheiden. Die Rom-I-VO ist unabhängig davon anwendbar, ob es um das Recht eines Mitgliedstaats der EU geht oder um einen Drittstaat. Die Rom-I-VO enthält allseitige Kollisionsnormen.[1094]

7 Die Bestimmung des Arbeitsverhältnisstatuts und damit die Festlegung des Rechts, das auf Arbeitsverhältnisse anwendbar ist, kann entweder durch Rechtswahl der Arbeitsvertragspartner (sog. subjektive Anknüpfung) oder durch objektive Anknüpfung erfolgen.

Ausgangspunkt ist zunächst, dass es den Arbeitsvertragsparteien grundsätzlich freisteht, dass Recht zu wählen, das Anwendung finden soll (**Grundsatz der freien Rechtswahl** – Art. 3 Abs. 1, Art. 8 Abs. 1 Rom-I-VO/Art. 27 EGBGB).[1095] Die Rechtswahl kann ausdrücklich oder konkludent erfolgen (muss aber »eindeutig« sein, Art. 3 Abs. 1 Satz 2 Rom-I-VO/Art. 27 Abs. 1 Satz 2 EGBGB), auch nachträglich. Die Rechtswahl kann durch den Arbeitsvertrag, ebenso durch Tarifvertrag oder Betriebsvereinbarung erfolgen.[1096]

1092 Vgl. BAG 19.3.2014 – 5 AZR 252/12 (B), NZA 2014, 1076.

1093 Verordnung (EG) Nr. 593/2008 des Europäischen Parlaments und des Rates vom 17.6.2008 über das auf vertragliche Schuldverhältnisse anzuwendende Recht (Rom I).

1094 BAG 15.12.2016 – 6 AZR 430/15, Rn. 39, NZA 2017, 502; BAG 23.3.2016 – 5 AZR767/14, Rn. 21, NZA 2017, 78.

1095 Vgl. BAG 23.4.1998 – 2 AZR 489/97, NZA 1998, 995.

1096 Vgl. MünchArbR/*Oetker*, § 13 Rn. 14ff.

Die Rechtswahl muss nicht ausdrücklich erfolgen. Sie kann sich mittelbar aus den Bestimmungen des Vertrags oder aus den Umständen des Falls ergeben. Bei Arbeitsverträgen können etwa Gerichtsstandsklauseln, vertragliche Bezugnahmen auf ein bestimmtes Recht oder die Vereinbarung eines für beide Parteien gemeinsamen Erfüllungsorts Hinweise auf die getroffene Wahl geben. Speziell bei Arbeitsverträgen stellt die Bezugnahme auf Tarifverträge und sonstige Regelungen am Sitz des Arbeitgebers ein gewichtiges Indiz für eine konkludente Rechtswahl dar.[1097] Die im Vertrag vereinbarte Währung für die Vergütung ist ein deutliches Indiz für eine konkludente Rechtswahl.[1098] Im Verhalten der Parteien liegt regelmäßig eine konkludente Rechtswahl, wenn sie sich ausschließlich auf Rechtsvorschriften eines bestimmten Staats beziehen.[1099] Das gilt erst recht, wenn im Vertrag ausschließlich deutsches Recht zitiert wird.[1100]

Es wäre also möglich, dass die Arbeitsvertragsparteien die Geltung deutschen Arbeitsrechts vereinbaren, was aber die Ausnahme sein dürfte. Im Regelfall fehlt es auch an einer Rechtswahl hinsichtlich des Rechts des Heimatstaats.

Bei der Rechtswahl ist zu beachten, dass sie inhaltlich durch Art. 8 Abs. 1 Satz 2 Rom-I-VO/Art. 30 Abs. 1 EGBGB beschränkt ist (sog. **kollisionsrechtliches Günstigkeitsprinzip**). Dem Arbeitnehmer darf durch die Rechtswahl nicht der Schutz entzogen werden, der ihm aufgrund zwingender Bestimmungen zu gewähren ist. »Zwingende Bestimmungen« sind solche, die vertraglich nicht ausgeschlossen werden dürfen und dem Schutz des Arbeitnehmers dienen. Diese Anwendung zwingender Bestimmungen setzt voraus, dass sie zu günstigeren Ergebnissen führt als das gewählte Recht. Dafür ist ein Günstigkeitsvergleich vorzunehmen. Die zwingenden Bestimmungen sind den entsprechenden Regelungen der gewählten Rechtsordnung gegenüberzustellen.[1101]

Haben die Arbeitsvertragsparteien – wie häufig – keine Rechtswahl getroffen, greifen die sog. **objektiven Anknüpfungskriterien** des Art. 8 Abs. 2 Rom-I-VO/Art. 30 Abs. 2 EGBGB. Danach unterliegen Arbeitsverträge und Arbeitsverhältnisse dem Recht des Staats, in dem der Arbeitnehmer in Erfüllung des Vertrags **gewöhnlich seine Arbeit verrichtet**, selbst wenn 8

1097 Vgl. BAG 12.12.2001 – 5 AZR 255/00, NZA 2002, 734.

1098 BAG 15.12.2016 – 6 AZR 430/15, Rn. 46, NZA 2017, 502; BAG 23.3.2016 – 5 AZR767/14, Rn. 27, NZA 2017, 78.

1099 BAG 15.12.2016 – 6 AZR 430/15, Rn. 47, NZA 2017, 502; BAG 23.3.2016 – 5 AZR767/14, Rn. 28, NZA 2017, 78.

1100 BAG 15.12.2016 – 6 AZR 430/15, Rn. 47, NZA 2017, 502.

1101 Vgl. BAG 15.12.2016 – 6 AZR 430/15, Rn. 51, NZA 2017, 502; BAG 19.3.2014 – 5 AZR 252/12 (B), Rn. 23, NZA 2014, 1076; BAG 13.11.2007 – 9 AZR 134/07, Rn. 52, NZA 2008, 761.

er vorübergehend in einen anderen Staat entsandt ist (Art. 8 Abs. 2 Rom-I-VO/Art. 30 Abs. 2 Nr. 1 EGBGB). Wenn ein Arbeitnehmer gewöhnlich seine Arbeitsleistung in Deutschland erbringt (wenn auch an wechselnden Orten), bleibt deutsches Arbeitsrecht auch dann maßgebend, wenn er vorübergehend im Ausland eingesetzt wird. Auch ein auf das Arbeitsverhältnis anwendbarer Tarifvertrag bleibt bei vorübergehendem Einsatz der Arbeitnehmer im Ausland anwendbar.[1102]

Wenn also für Arbeitnehmer deutsches Arbeitsrecht Anwendung findet, gilt das MiLoG auch dann, wenn sie **vorübergehend im Ausland tätig** werden. Das gilt auch bei grenzüberschreitenden Tätigkeiten, etwa von LKW-Fahrern. Findet auf die Arbeitnehmer deutsches Arbeitsrecht Anwendung, ist auch für grenzüberschreitende Tätigkeiten und Tätigkeiten im Ausland der Mindestlohn nach deutschem Arbeitsrecht zu zahlen.

Kann das anzuwendende Recht danach nicht bestimmt werden, unterliegt der Vertrag dem Recht des Staats, in dem sich die **Niederlassung** befindet, die den Arbeitnehmer eingestellt hat (Art. 8 Abs. 3 Rom-I-VO/Art. 30 Abs. 2 Nr. 2 EGBGB). Ergibt sich aus der Gesamtheit der Umstände, dass der Arbeitsvertrag oder das Arbeitsverhältnis **engere Verbindungen zu einem anderen Staat aufweist** (als dem des gewöhnlichen Arbeitsorts oder der Niederlassung), ist das Recht dieses anderen Staats anzuwenden (Art. 8 Abs. 4 Rom-I-VO/Art. 30 Abs. 2 EGBGB).[1103] Es ist auf die »Gesamtheit der Umstände« abzustellen. Dabei ist nicht allein die Zahl der Kriterien maßgebend, die für eine Verbindung zu dem einen oder zu dem anderen Staat sprechen. Vielmehr ist eine Gewichtung der Kriterien vorzunehmen. Als Gesichtspunkte kommen primär in Betracht die gemeinsame Staatsangehörigkeit und der Sitz des Arbeitgebers, des Weiteren ein gemeinsamer gewöhnlicher Aufenthalt oder Wohnort der Parteien, nachrangig der Ort des Vertragsabschlusses, die Vertragssprache und die für die Entgeltzahlung vereinbarte Währung. Wesentliche Kriterien sind, in welchem Staat die Versteuerung des Arbeitseinkommens erfolgt und welches Sozialversicherungsrecht einschlägig ist.[1104]

9 In der Regel gilt bei entsandten Arbeitnehmern wegen der Anknüpfung an das **Recht des gewöhnlichen Arbeitsorts** (Art. 8 Abs. 2 Rom-I-VO/Art. 30 Abs. 2 Nr. 1 EGBGB) das Recht des Entsendestaats, also nicht deutsches Recht. Da auch zumeist die anderen Voraussetzungen nicht gegeben sind,

1102 Vgl. BAG 20.6.2007 – 10 AZR 302/06, NZA-RR 2008, 24.

1103 Vgl. BAG 24.8.1989 – 2 AZR 3/89, NZA 1990, 841.

1104 Vgl. BAG 18.9.2019 – 5 AZR 81/19, Rn. 30; BAG 21.3.2017 – 7 AZR 207/15, Rn. 87; BAG 22.10.2015 – 2 AZR 720/14, Rn. 30ff., NZA 2016, 473; BAG 10.4.2014 – 2 AZR 741/13, Rn. 43, AP GVG § 20 Nr. 8; BAG 13.11.2007 – 9 AZR 134/07, NZA 2008, 761, 765; BAG 12.12.2001 – 5 AZR 255/00, NZA 2002, 734, 737.

ist die Rechtsfolge bei typischen Entsendungsfällen die Anwendung des Arbeitsrechts des Entsende- bzw. Heimatstaats.[1105]

Deutsches Arbeitsrecht findet aber auch in diesen Fällen Anwendung, sofern es um sog. Eingriffsnormen geht (Art. 9 Abs. 1 Rom-I-VO/Art. 34 EGBGB). »**Eingriffsnormen« sind zwingende Vorschriften**, deren Einhaltung von einem Staat als so entscheidend für die Wahrung seines öffentlichen Interesses, vor allem seiner politischen, sozialen oder wirtschaftlichen Organisation, angesehen wird, dass sie ungeachtet des nach der Maßgabe der Rom-I-VO anzuwendenden Rechts auf alle Sachverhalte anzuwenden ist, die in ihren Anwendungsbereich fallen. Erforderlich ist, dass die Vorschrift nicht nur auf den Schutz von Individualinteressen der Arbeitnehmer gerichtet ist, sondern mit ihr zumindest auch öffentliche Gemeinwohlinteressen verfolgt werden.[1106] Solche Eingriffsnormen gelten auch dann, wenn ansonsten für den Arbeitsvertrag an sich ausländisches Recht zur Anwendung käme. Genau diese Anordnung der zwingenden Wirkung des Mindestlohns ergibt sich aus § 20 MiLoG. Das bedeutet: **Der Schutz des MiLoG ist auf entsandte Arbeitnehmer auch dann anzuwenden, wenn im Übrigen auf diese das Recht des Entsende- bzw. Heimatstaats anzuwenden ist**, d. h. die entsandten Arbeitnehmer haben, wenn und so lange sie in Deutschland tätig sind, zwingend den Anspruch auf den Mindestlohn nach dem deutschen Recht.[1107] 10

Wegen der Besonderheiten des Einzelfalls hat der Oberste Gerichtshof (OGH) der Republik Österreich bei einem österreichischen Fahrer, der bei einer österreichischen Firma beschäftigt war, für **Flughafentransfers zwischen Salzburg in Österreich und München in Deutschland** die Anwendung des deutschen MiLoG für die in Deutschland absolvierten Fahrtzeiten verneint: »Der Zweck des deutschen Mindestlohngesetzes, Arbeitnehmer vor unangemessen niedrigen Löhnen zu schützen, betrifft vorrangig Arbeitnehmer, die ständig bzw. längerfristig und nicht nur vorübergehend ihre Arbeitstätigkeit in Deutschland verrichten. Denn sie kommen nicht unerheblich mit den deutschen Lebenshaltungskosten in Berührung.« Das sei in dem Streitfall nicht gegeben.[1108]

1105 Vgl. *Deinert*, RdA 1996, 339, 341.

1106 BAG 7.5.2020 – 2 AZR 692/19, Rn. 48; BAG 18.4.2012 – 10 AZR 200/11, NZA 2012, 1152; BAG 13.11.2007 – 9 AZR 134/07, NZA 2008, 761; BAG 12.1.2005 – 5 AZR 617/01, NZA 2005, 627; BAG 12.12.2001 – 5 AZR 255/00, NZA 2002, 734; BAG 25.6.2002 – 9 AZR 405/00, NZA 2003, 275.

1107 LAG Berlin-Brandenburg 17.8.2020 – 21 Sa 1900/19 (Revision beim BAG anhängig – 5 AZR 505/20).

1108 OGH Wien 29.11.2016 – 9 ObA 53/16h, NZA-RR 2017, 180.

4. Verdrängung ungünstiger Tarifverträge

11 Aus der durch § 20 MiLoG angeordneten zwingenden Wirkung des Mindestlohns und aus § 1 Abs. 3 MiLoG folgt, dass nicht nur **Arbeitsverträge**, sondern auch **Tarifverträge verdrängt** werden, die ungünstiger als der gesetzliche Mindestlohn sind, also vom Mindestlohn in der jeweiligen Höhe nach unten abweichen. Der Mindestlohn ist vom Arbeitgeber auch dann zu zahlen, wenn er nach § 3 TVG an einen Tarifvertrag gebunden ist. Allgemeingültige Tarifverträge aufgrund Allgemeinverbindlicherklärung (§ 5 TVG) oder aufgrund Rechtsverordnung nach dem AEntG werden ebenfalls verdrängt, soweit die Höhe der Branchenmindestlöhne die Höhe des gesetzlichen Mindestlohns unterschreitet, wie sich aus § 1 Abs. 3 MiLoG ergibt.
Das **Günstigkeitsprinzip** bleibt bestehen. Das bedeutet: Höhere Löhne als der gesetzliche Mindestlohn sind zu gewähren, unabhängig davon, auf welchem Geltungsgrund (Arbeitsvertrag, Tarifvertrag) diese beruhen. Damit verbleibt ein weiter Gestaltungsspielraum für die Tarifvertragsparteien. Die Einführung des gesetzlichen Mindestlohns ist auch angesichts der durch Art. 9 Abs. 3 GG geschützten Koalitionsfreiheit und Tarifautonomie verfassungsrechtlich nicht zu beanstanden (vgl. Einleitung Rn. 24ff.).

5. Rechtsdurchsetzung

12 Der Pflicht des Arbeitgebers, den Mindestlohn zu zahlen (§ 20 MiLoG), steht der **individualrechtliche Anspruch der Arbeitnehmer** gegen den Arbeitgeber auf Zahlung gegenüber (§ 1 MiLoG). Dieser individualrechtliche Anspruch ist von den Arbeitnehmern bei Nichtgewährung im Einzelfall geltend zu machen, ggf. einzuklagen (vgl. § 1 MiLoG Rn. 103ff.). Zugunsten der Arbeitnehmer ist geregelt, dass ein Verzicht auf den Mindestlohn in der Regel unzulässig, die Verwirkung ausgeschlossen ist und Ausschluss-/Verfallfristen unwirksam sind (§ 3 MiLoG). Die zivilrechtliche Durchsetzung des Mindestlohnanspruchs wird um eine Haftung des Auftraggebers ergänzt (§ 13 MiLoG).

13 Die zivilrechtlichen Regelungen werden durch die öffentlich-rechtlich geregelten Kontroll- und Sanktionsbefugnisse in den § 16 bis § 21 MiLoG ergänzt. Ein Verstoß gegen die Pflichten gem. § 20 MiLoG kann als **Ordnungswidrigkeit** gem. § 21 Abs. 1 Nr. 9 MiLoG mit einer **Geldbuße** von bis zu 500 000 Euro geahndet werden (§ 21 Abs. 3 MiLoG). Ordnungswidrig handelt gem. § 21 Abs. 2 Nr. 1 und 2 MiLoG auch, wer **Werk- oder Dienstleistungen in erheblichem Umfang ausführen lässt**, indem er als Unternehmer einen anderen Unternehmer beauftragt, von dem er weiß oder fahrlässig nicht weiß, dass dieser bei der Erfüllung dieses Auftrags entgegen § 20 MiLoG das dort genannte Arbeitsentgelt nicht oder nicht rechtzeitig zahlt oder einen Nachunternehmer einsetzt oder zulässt, dass ein Nachunterneh-

mer tätig wird, der entgegen § 20 MiLoG das dort genannte Arbeitsentgelt nicht oder nicht rechtzeitig zahlt. Auch in diesem Fall kann die Ordnungswidrigkeit mit einer Geldbuße von bis zu 500 000 Euro geahndet werden (§ 21 Abs. 3 MiLoG).

§ 21 Bußgeldvorschriften

(1) Ordnungswidrig handelt, wer vorsätzlich oder fahrlässig

1. **entgegen § 15 Satz 1 in Verbindung mit § 5 Absatz 1 Satz 1 Nummer 1 oder 3 des Schwarzarbeitsbekämpfungsgesetzes eine Prüfung nicht duldet oder bei einer Prüfung nicht mitwirkt,**
2. **entgegen § 15 Satz 1 in Verbindung mit § 5 Absatz 1 Satz 1 Nummer 2 des Schwarzarbeitsbekämpfungsgesetzes das Betreten eines Grundstücks oder Geschäftsraums nicht duldet,**
3. **entgegen § 15 Satz 1 in Verbindung mit § 5 Absatz5 Satz 1 des Schwarzarbeitsbekämpfungsgesetzes Daten nicht, nicht richtig, nicht vollständig, nicht in der vorgeschriebenen Weise oder nicht rechtzeitig übermittelt,**
4. **entgegen § 16 Absatz 1 Satz 1 oder Absatz 3 Satz 1 eine Anmeldung nicht, nicht richtig, nicht vollständig, nicht in der vorgeschriebenen Weise oder nicht rechtzeitig vorlegt oder nicht, nicht richtig, nicht vollständig, nicht in der vorgeschriebenen Weise oder nicht rechtzeitig zuleitet,**
5. **entgegen § 16 Absatz 1 Satz 3, auch in Verbindung mit Absatz 3 Satz 2, eine Änderungsmeldung nicht, nicht richtig, nicht vollständig, nicht in der vorgeschriebenen Weise oder nicht rechtzeitig macht,**
6. **entgegen § 16 Absatz 2 oder 4 eine Versicherung nicht, nicht richtig oder nicht rechtzeitig beifügt,**
7. **entgegen § 17 Absatz 1 Satz 1, auch in Verbindung mit Satz 2, eine Aufzeichnung nicht, nicht richtig, nicht vollständig oder nicht rechtzeitig erstellt oder nicht oder nicht mindestens zwei Jahre aufbewahrt,**
8. **entgegen § 17 Absatz 2 eine Unterlage nicht, nicht richtig, nicht vollständig oder nicht in der vorgeschriebenen Weise bereithält oder**
9. **entgegen § 20 das dort genannten Arbeitsentgelt nicht oder nicht rechtzeitig zahlt.**

(2) Ordnungswidrig handelt, wer Werk- oder Dienstleistungen in erheblichem Umfang ausführen lässt, indem er als Unternehmer einen anderen Unternehmer beauftragt, von dem er weiß oder fahrlässig nicht weiß, dass dieser bei der Erfüllung dieses Auftrags

1. **entgegen § 20 das dort genannte Arbeitsentgelt nicht oder nicht rechtzeitig zahlt oder**

2. einen Nachunternehmer einsetzt oder zulässt, dass ein Nachunternehmer tätig wird, der entgegen § 20 das dort genannte Arbeitsentgelt nicht oder nicht rechtzeitig zahlt.

(3) Die Ordnungswidrigkeit kann in den Fällen des Absatzes 1 Nummer 9 und des Absatzes 2 mit einer Geldbuße bis zu fünfhunderttausend Euro, in den übrigen Fällen mit einer Geldbuße bis zu dreißigtausend Euro geahndet werden.

(4) Verwaltungsbehörden im Sinne des § 36 Absatz 1 Nummer 1 des Gesetzes über Ordnungswidrigkeiten sind die in § 14 genannten Behörden jeweils für ihren Geschäftsbereich.

(5) Für die Vollstreckung zugunsten der Behörden des Bundes und der bundesunmittelbaren juristischen Personen des öffentlichen Rechts sowie für die Vollziehung des dinglichen Arrestes nach § 111e der Strafprozessordnung in Verbindung mit § 46 des Gesetzes über Ordnungswidrigkeiten durch die in § 14 genannten Behörden gilt das Verwaltungs-Vollstreckungsgesetz des Bundes.

Inhaltsübersicht Rn.

1. Grundlagen des Rechts der Ordnungswidrigkeiten

1 Verstöße gegen bestimmte Vorschriften des MiLoG werden gem. § 21 MiLoG als **Ordnungswidrigkeit** (nicht als Straftat) geahndet. Ist der Tatbestand verwirklicht, ist Rechtsfolge die Auferlegung einer **Geldbuße**, deren maximale Höhe in § 21 Abs. 3 MiLoG bestimmt ist. Die Tatbestände der Ordnungswidrigkeiten sind abschließend in § 21 Abs. 1 und Abs. 2 MiLoG normiert.

Daneben kann sich der Arbeitgeber **nach anderen Strafnormen strafbar** machen.[1109] Die Vorwürfe nach § 266a StGB (Vorenthalten und Veruntreuung von Sozialversicherungsbeiträgen) und der Unterschreitung des Mindestlohns (§ 21 MiLoG) stehen im Verhältnis der Tatmehrheit zueinander (§ 53 StGB).[1110] Sieht die Staatsanwaltschaft nach der Erfüllung von Auflagen von der Verfolgung eines Vergehens des Vorenthaltens und der Veruntreuung von Sozialversicherungsbeiträgen (§ 266a StGB) nach § 153a Abs. 1

1109 Zur Strafbarkeit bei untertariflicher Bezahlung: *Metz*, NZA 2011, 782ff.

1110 Zur Strafbarkeit nach § 266a StGB bei Nichtzahlung eines Mindestlohns nach dem AEntG: BGH 12.9.2012 – 5 StR 363/12, NJW 2012, 3385.

StPO endgültig ab, bleibt die Verfolgung einer Ordnungswidrigkeit nach § 21 MiLoG zulässig.[1111]

Die Einzelheiten des Bußgeldverfahrens sowie die Grundlagen der Ahndung 2
ergeben sich – soweit § 21 MiLoG keine spezielle Regelung enthält – aus dem **Gesetz über die Ordnungswidrigkeiten (OWiG)**. Für die Einleitung eines Ermittlungsverfahrens bedarf es eines **Anfangsverdachts** (§ 46 Abs. 1 OWiG, § 152 Abs. 2 StPO). Dieser besteht, sofern »zureichende tatsächliche Anhaltspunkte« für eine Ordnungswidrigkeit vorliegen. Der Verdacht muss weder dringend noch hinreichend sein, bloße Vermutungen genügen jedoch nicht.[1112] Der **Versuch einer Ordnungswidrigkeit** kann nur geahndet werden, wenn das Gesetz es ausdrücklich bestimmt (§ 13 Abs. 2 OWiG). Der Versuch einer Ordnungswidrigkeit nach § 21 MiLoG ist, da nicht ausdrücklich geregelt, nicht bußgeldbewehrt. **Täter** einer Ordnungswidrigkeit ist eine natürliche Person. Sofern jemand als **vertretungsberechtigtes Organ** einer juristischen Person (z. B. Geschäftsführer einer GmbH) oder als Mitglied eines solchen Organs oder als vertretungsberechtigter Gesellschafter einer Personenhandelsgesellschaft handelt, kann gegen diesen persönlich eine Geldbuße festgesetzt werden (§ 9 OWiG). Unter den Voraussetzungen des § 30 OWiG kann auch gegen die **juristische Person** oder Personenvereinigung eine Geldbuße verhängt werden.

Die Verfolgung von Ordnungswidrigkeiten **verjährt** gem. § 31 Abs. 2 Nr. 1 3
OWiG in drei Jahren bei Ordnungswidrigkeiten, die mit Geldbuße im Höchstmaß von mehr als 15 000 Euro bedroht sind. Die Verjährung beginnt, sobald die Handlung beendet ist (§ 31 Abs. 3 Satz 1 OWiG). Bei **echten Unterlassungsdelikten** wie den in § 21 Abs. 1 und Abs. 2 AEntG genannten Delikten (z. B. Nichtzahlung des Mindestlohns) ist die Handlung nicht bereits dann beendet, wenn die Handlungspflicht erstmals hätte erfüllt werden müssen, aber nicht erfüllt wurde; diesen Zeitpunkt markiert vielmehr die Vollendung.[1113] Beendet ist das echte Unterlassungsdelikt in der Regel erst mit dem Ende der Ordnungswidrigkeit des Täterverhaltens. Das wiederum kann auf dem Wegfall der Handlungspflicht beruhen. Entsprechend beginnt etwa bei § 21 Abs. 1 Nr. 9 MiLoG (Nichtzahlung des Mindestlohns) die Verjährungsfrist grundsätzlich erst mit dem Wegfall der Pflicht zur Zahlung des Mindestlohns. Erst dann ist die Tat beendet. Beendet ist die Tat vor allem, wenn der Lohnanspruch des Arbeitnehmers verjährt und daher nicht mehr durchsetzbar ist. Es ist nicht Aufgabe des Rechts der Ordnungswidrigkeiten, Zahlungsansprüche, die zivilrechtlich nicht mehr durchsetzbar sind, durch Geldbußen zu sanktionieren. Die Zahlungsunfähigkeit (etwa im Falle der

---

1111 Vgl. zu § 23 AEntG: BGH 15.3.2012 – 5 StR 288/11, NJW 2012, 2051.

1112 Vgl. *Maschmann*, NZA 2014, 929, 937.

1113 Vgl. BGH 4.4.1979 – 3 StR 488/78, BGHSt 28, 371, 379f.

Insolvenz) oder die Zahlungsunwilligkeit führt dagegen nicht zur Beendigung der Tat.

4 Wenn einer der Tatbestände gem. § 21 Abs. 1 oder Abs. 2 MiLoG erfüllt ist, kann gegen den Täter eine Geldbuße verhängt werden. Die Höhe der Geldbuße wird durch einen **Bußgeldbescheid** festgesetzt (§ 65 OWiG). Der Mindestsatz liegt gem. § 17 Abs. 1 OWiG bei 5 Euro. Die maximale Höhe ergibt sich aus § 21 Abs. 3 MiLoG. Droht das Gesetz für vorsätzliches und fahrlässiges Handeln eine Geldbuße an, ohne im Höchstmaß zu unterscheiden, kann fahrlässiges Handeln im Höchstmaß nur mit der Hälfte des angedrohten Höchstbetrags der Geldbuße geahndet werden (§ 17 Abs. 2 OWiG).

5 Grundlage für die **Zumessung der Geldbuße** sind die Bedeutung der Ordnungswidrigkeit und der Vorwurf, der den Täter trifft (§ 17 Abs. 3 Satz 1 OWiG). Auch die wirtschaftlichen Verhältnisse des Täters kommen in Betracht; bei geringfügigen Ordnungswidrigkeiten bleiben sie jedoch in der Regel unberücksichtigt (§ 17 Abs. 3 Satz 2 OWiG). Die Geldbuße soll den **wirtschaftlichen Vorteil**, den der Täter aus der Ordnungswidrigkeit gezogen hat, übersteigen (§ 17 Abs. 4 Satz 1 OWiG). Reicht das gesetzliche Höchstmaß hierzu nicht aus, kann es überschritten werden (§ 17 Abs. 4 Satz 2 OWiG). Bei der Zumessung der Geldbuße wegen Nichtgewährung des Mindestlohns kommt dieser Vorschrift erhebliche Bedeutung zu. Zum wirtschaftlichen Vorteil gehören auch ersparte Aufwendungen, wie hier vor allem durch die **Nichtzahlung des Mindestlohns**. Um diesen Vorteil zu ermitteln ist auf die Zahl der betroffenen Arbeitnehmer abzustellen, auf die von diesen Arbeitnehmern bei Nichtgewährung des Mindestlohns geleisteten Arbeitsstunden sowie auf die Höhe der Mindestlohnunterschreitung. Daneben kann für den wirtschaftlichen Vorteil auch ein **Marktvorteil** zu berücksichtigen sein, der dem Täter dadurch zukommt, dass er durch die Nichtzahlung des Mindestlohns im Vergleich zu Mitbewerbern preiswertere Angebote unterbreiten konnte und dadurch mehr Aufträge erhalten haben kann. Ein Marktvorteil lässt sich nicht exakt ermitteln, eine Schätzung ist jedoch möglich und zulässig.[1114]

6 Ist dem Betroffenen nach seinen wirtschaftlichen Verhältnissen nicht zuzumuten, die Geldbuße sofort zu zahlen, wird ihm eine Zahlungsfrist bewilligt oder es wird ihm gestattet, die Geldbuße in bestimmten Teilbeträgen zu zahlen (§ 18 Satz 1 OWiG). Dabei kann angeordnet werden, dass die Vergünstigung, die Geldbuße in bestimmten Teilbeträgen zu zahlen, entfällt, wenn der Betroffene einen Teilbetrag nicht rechtzeitig zahlt (§ 18 Satz 2 OWiG).

7 Der Betroffene kann gegen den **Bußgeldbescheid** innerhalb von zwei Wochen nach Zustellung schriftlich oder zur Niederschrift bei der Verwaltungsbehörde, die den Bußgeldbescheid erlassen hat, **Einspruch** einlegen (§ 67

1114 Vgl. zur vergleichbaren Vorschrift im AEntG: ErfK/*Franzen*, § 23 AEntG Rn. 4.

Abs. 1 OWiG). Bei einem Einspruch gegen den Bußgeldbescheid entscheidet das **Amtsgericht**, in dessen Bezirk die Verwaltungsbehörde ihren Sitz hat (§ 68 Abs. 1 OWiG).

Da die **Vollstreckung** der Bußgeldbescheide im Ausland problematisch ist, 8
kommt der Anordnung und Vollziehung eines dinglichen Arrestes wegen des Verfalls von Vermögensvorteilen bei Arbeitgebern mit Sitz im Ausland besondere Bedeutung zu. Gemäß § 29a OWiG kann eine Verfallsanordnung ergehen und bei hinreichendem Verdacht zur Sicherstellung einer zu erwartenden Verfallsanordnung ein **dinglicher Arrest** in das bewegliche und unbewegliche Vermögen des Unternehmens angeordnet, seine Vollziehung zugelassen und eine Werklohnforderung des Unternehmens gegen die Bauherren gepfändet, eine Zahlung an das Unternehmen untersagt und den Werklohnschuldnern die Verfügung über die Forderung untersagt werden.
§ 29a Abs. 1 OWiG bestimmt:

Hat der Täter durch eine mit Geldbuße bedrohte Handlung oder für sie etwas erlangt und wird gegen ihn wegen der Handlung eine Geldbuße nicht festgesetzt, so kann gegen ihn die Einziehung eines Geldbetrages bis zu der Höhe angeordnet werden, die dem Wert des Erlangten entspricht.
Die Anordnung der Einziehung eines Geldbetrages bis zu der in Absatz 1 genannten Höhe kann sich gegen einen anderen, der nicht Täter ist, richten, wenn

1. *er durch eine mit Geldbuße bedrohte Handlung etwas erlangt hat und der Täter für ihn gehandelt hat,*
2. *ihm das Erlangte*
   a) *unentgeltlich oder ohne rechtlichen Grund übertragen wurde oder*
   b) *übertragen wurde und er erkannt hat oder hätte erkennen müssen, dass das Erlangte aus einer mit Geldbuße bedrohten Handlung herrührt, oder*
3. *das Erlangte auf ihn*
   a) *als Erbe übergegangen ist oder*
   b) *als Pflichtteilsberechtigter oder Vermächtnisnehmer übertragen worden ist.*

Satz 1 Nummer 2 und 3 findet keine Anwendung, wenn das Erlangte zuvor einem Dritten, der nicht erkannt hat oder hätte erkennen müssen, dass das Erlangte aus einer mit Geldbuße bedrohten Handlung herrührt, entgeltlich und mit rechtlichem Grund übertragen wurde.

Bei der Bestimmung des Wertes des Erlangten sind die Aufwendungen des Täters oder des anderen abzuziehen (§ 29a Abs. 3 Satz 1 OWiG). Außer Betracht bleibt jedoch das, was für die Begehung der Tat oder für ihre Vorbereitung aufgewendet oder eingesetzt worden ist (§ 29a Abs. 3 Satz 2 OWiG). Umfang und Wert des Erlangten einschließlich der abzuziehenden Aufwendungen können geschätzt werden (§ 29a Abs. 4 Satz 1 OWiG). Wird

gegen den Täter ein Bußgeldverfahren nicht eingeleitet oder wird es eingestellt, so kann die Einziehung selbständig angeordnet werden (§ 29a Abs. 5 OWiG).
Voraussetzung ist also jeweils, dass der Täter **»etwas erlangt«** hat. Damit wird bei der Bestimmung des Umfangs des Verfalls auf das Bruttoprinzip abgestellt, das die Abschöpfung sämtlicher unmittelbar aus der Tat erlangten **geldwerten Vorteile** (ohne Abzug der hierbei erbrachten eigenen Leistungen, anfallenden Aufwendungen oder gewinnmindernden Kosten) ermöglichen soll.[1115] Der Gegenansicht, die bei Mindestlohnverstößen von vornherein nur die Differenz zwischen dem gesetzlichen Mindestlohn und den tatsächlich gezahlten Beträgen abschöpft,[1116] ist nicht zu folgen. Entscheidend ist, dass sich der Arbeitgeber mit dem Mindestlohnverstoß einen (durch die Abschöpfung der bloßen Lohnersparnis nicht erfassten) **geldwerten Marktvorteil** verschafft. Die konsequente Anwendung des Bruttoprinzips muss dem Umstand Rechnung tragen, dass der Arbeitgeber den jeweils in Rede stehenden Auftrag in der Regel nur deshalb erhält, weil er mit dem Mindestlohnverstoß kalkulieren kann. Bei der Berechnung des Erlangten ist daher vom vollen Wert der eingesetzten Arbeitskraft auszugehen und **der gesamte Mindestlohn**[1117] oder zumindest der im Entgelt des Auftraggebers enthaltene Lohnanteil zugrunde zu legen.[1118] Die tatsächlich gezahlten Löhne haben hierbei außer Betracht zu bleiben.[1119]
Zur Sicherung der Ausführung und Vollstreckung des Bußgeldverfahrens kann gem. § 132 StPO i. V. m. § 46 Abs. 1 OWiG eine Sicherheitsleistung und die Bestimmung eines Zustellungsbevollmächtigten angeordnet werden.

2. Ordnungswidrigkeiten gem. § 21 Abs. 1 MiLoG

9 § 21 Abs. 1 Nr. 1 bis 9 MiLoG erfasst verschiedene Tatbestände. Sie setzen **vorsätzliches oder fahrlässiges Handeln** voraus. **Vorsätzlich** ist der Verstoß, wenn der Arbeitgeber mit Wissen und Wollen gegen die Bestimmung des Gesetzes verstößt. **Fahrlässig** handelt der Arbeitgeber, wenn er die gebotene Sorgfalt außer Acht ließ, zu der er nach den Umständen und seinen persönlichen Verhältnissen im Einzelfall verpflichtet und fähig gewesen ist, und deshalb die Tatbestandsverwirklichung nicht erkennt (unbewuss-

---

1115 OLG Düsseldorf 30.8.2013 – IV-1 Ws 13/13 OWi, 1 Ws 13/13 OWi, NStZ 2014, 339.

1116 OLG Stuttgart 5.9.2002 – 5 Ss 358/01; OLG Köln 19.8.2011, III-1 RBs 215/11.

1117 OLG Frankfurt am Main 14.9.2010 – 2 Ws 81/10.

1118 OLG Düsseldorf 30.8.2013 – IV-1 Ws 13/13 OWi, 1 Ws 13/13 OWi, NStZ 2014, 339.

1119 OLG Düsseldorf 30.8.2013 – IV-1 Ws 13/13 OWi, 1 Ws 13/13 OWi, NStZ 2014, 339.

te Fahrlässigkeit). Das gleiche gilt, wenn er die Tatbestandsverwirklichung für möglich hält, jedoch pflichtwidrig und vorwerfbar im Vertrauen darauf handelt, dass sie nicht eintreten werde (bewusste Fahrlässigkeit). Der Einwand des Täters, er habe nichts von seinen gesetzlichen Pflichten gewusst, ist irrelevant und greift ohnedies wegen § 16 Abs. 2 und Abs. 4 MiLoG nicht. Bei der **Bemessung der Höhe der Geldbuße** ist allerdings relevant, ob der Täter fahrlässig oder vorsätzlich gehandelt hat. Droht das Gesetz für vorsätzliches und fahrlässiges Handeln eine Geldbuße an, ohne im Höchstmaß zu unterscheiden, kann fahrlässiges Handeln im Höchstmaß nur mit der Hälfte des angedrohten Höchstbetrags der Geldbuße geahndet werden (§ 17 Abs. 2 OWiG).

§ 21 Abs. 1 Nr. 1 bis 8 MiLoG regelt Verstöße im Zusammenhang mit den 10 Prüfungs- und Kontrollrechten gem. §§ 15 bis 17 MiLoG. Die **Höhe der Geldbuße** beträgt in diesen Fällen gem. § 21 Abs. 3 MiLoG bis zu 30 000 Euro (bei Fahrlässigkeit 15 000 Euro, § 17 Abs. 2 OWiG). Ordnungswidrig handelt danach, wer vorsätzlich oder fahrlässig entgegen diesen Vorschriften, ggf. in Verbindung mit den Vorschriften des SchwarzArbG,

- eine Prüfung nicht duldet,
- bei einer Prüfung nicht mitwirkt,
- das Betreten eines Grundstücks oder Geschäftsraums nicht duldet,
- Daten nicht, nicht richtig, nicht vollständig, nicht in der vorgeschriebenen Weise oder nicht rechtzeitig übermittelt,
- eine Anmeldung nicht, nicht richtig, nicht vollständig, nicht in der vorgeschriebenen Weise oder nicht rechtzeitig vorlegt oder nicht, nicht richtig, nicht vollständig, nicht in der vorgeschriebenen Weise oder nicht rechtzeitig zuleitet,
- eine Änderungsmeldung nicht, nicht richtig, nicht vollständig, nicht in der vorgeschriebenen Weise oder nicht rechtzeitig macht,
- eine Versicherung nicht, nicht richtig oder nicht rechtzeitig beifügt,
- eine Aufzeichnung nicht, nicht richtig, nicht vollständig oder nicht rechtzeitig erstellt oder nicht oder nicht mindestens zwei Jahre aufbewahrt,
- eine Unterlage nicht, nicht richtig, nicht vollständig oder nicht in der vorgeschriebenen Weise bereithält.

Gemäß § 21 Abs. 1 Nr. 9 MiLoG handelt ordnungswidrig, wer vorsätzlich 11 oder fahrlässig entgegen § 20 MiLoG das dort genannte Arbeitsentgelt, d.h. den **Mindestlohn nicht oder nicht rechtzeitig zahlt**. Das gilt für Arbeitgeber mit Sitz im In- oder im Ausland. Der Tatbestand ist nach dem Wortlaut des Gesetzes bereits dann erfüllt, wenn **ein Arbeitnehmer** unterhalb des Mindestlohns bezahlt wird. Die Zahl der Arbeitnehmer, denen der Mindestlohn nicht (oder nicht rechtzeitig) gezahlt wurde, ist erst bei der Festsetzung der Höhe der Geldbuße von Bedeutung. Die Höhe der Abweichung der tatsächlich gezahlten Vergütung vom Mindestlohn ist für die Erfüllung des Tatbestands unerheblich. Auch die **nicht rechtzeitige Zahlung des Min-**

destlohns ist eine Ordnungswidrigkeit. Die Zahlung des Mindestlohns muss spätestens am letzten Bankarbeitstag (Frankfurt am Main) des Monats, der auf den Monat folgt, in dem die Arbeitsleistung erbracht wurde, erfolgen (§ 20i. V. m. § 2 Abs. 1 Satz 1 Nr. 2 MiLoG). Deshalb schließt eine Nachzahlung bzw. nachträgliche Gewährung des Mindestlohns die Erfüllung des Tatbestands nicht aus.

Durch das MiLoG werden die **Ansprüche aufgrund tatsächlicher Arbeitsleistung** geschützt, nicht Entgeltfortzahlungsansprüche. Deshalb findet insoweit auch § 21 Abs. 1 Nr. 9 MiLoG *keine* Anwendung. Der Anspruch auf den Mindestlohn entsteht mit jeder tatsächlich geleisteten Arbeitsstunde.[1120] Für Zeiten ohne Arbeitsleistung, aber mit fortbestehendem Vergütungsanspruch, folgt der Anspruch nicht aus dem MiLoG, sondern aus der speziellen Anspruchsnorm, etwa aus dem EFZG.[1121] Auch bei Ansprüchen aus Annahmeverzug (§ 615 BGB), etwa nach einer unwirksamen Kündigung, besteht kein Anspruch aus dem MiLoG, sondern aus §§ 611a, 615 BGB. Der Bußgeldtatbestand (Nichtzahlung des Mindestlohns) ist in Fällen der Nichtarbeit (bei gleichwohl bestehendem Entgeltfortzahlungsanspruch) *nicht* erfüllt.

12 Die **Höhe der Geldbuße** beträgt sowohl bei der Nichtzahlung wie auch bei der nicht rechtzeitigen Zahlung gem. § 21 Abs. 3 AEntG bis zu 500 000 Euro (bei Fahrlässigkeit 250 000 Euro, § 17 Abs. 2 OWiG). Bei der Bemessung der Höhe der Geldbuße ist zu berücksichtigen, ob der Arbeitgeber den Mindestlohn gar nicht (in der zutreffenden Höhe) gezahlt hat oder lediglich verspätet. Bei der **Berechnung des Mindestlohns** sind ungeachtet ihrer Bezeichnung alle Zahlungen des Arbeitgebers an den Arbeitnehmer zu berücksichtigen, die Teil der Arbeitsvergütung sind (vgl. im Einzelnen § 1 MiLoG Rn. 20 ff.). Alle **gesetzlichen Abgaben**, die der Arbeitgeber allein zu tragen hat, sind nicht Teil des Bruttolohns – auch dann nicht, wenn sie letztlich in irgendeiner Form (auch) dem Arbeitnehmer zugutekommen. Bei **flexibler Arbeitszeit** mit diskontinuierlichem Arbeitsanfall sind, wenn das Entgelt in monatlich gleichbleibender Höhe gezahlt wird, die tatsächlich geleisteten Stundenlöhne in der Weise zu ermitteln, dass das jeweils in einer Planperiode geleistete Entgelt durch die in diesem Zeitraum erbrachte tatsächliche Stundenzahl dividiert wird.[1122]

1120 BAG 21.12.2016 – 5 AZR 374/16, Rn. 13, NZA 2017, 378; BAG 29.6.2016 – 5 AZR 716/15, Rn. 13, NZA 2016, 1332; BAG 25.5.2016 – 5 AZR 135/16, Rn. 19, NZA 2016, 1327.

1121 Vgl. BAG 25.5.2016 – 5 AZR 135/16, Rn. 19, NZA 2016, 1327.

1122 Vgl. zur vergleichbaren Vorschrift im AEntG: OLG Karlsruhe 5.2.2002 – 2 Ss 162/00, NStZ-RR 2002, 277.

3. Ordnungswidrigkeiten gem. § 21 Abs. 2 MiLoG

Ordnungswidrig handelt, wer **Werk- oder Dienstleistungen in erheblichem Umfang ausführen lässt**, indem er als Unternehmer einen anderen Unternehmer beauftragt, von dem er **weiß oder fahrlässig nicht weiß**, dass dieser bei der Erfüllung dieses Auftrags 13

- entgegen § 20 MiLoG den Mindestlohn nicht oder nicht rechtzeitig zahlt (§ 21 Abs. 2 Nr. 1 MiLoG) oder
- einen Nachunternehmer einsetzt oder zulässt, dass ein Nachunternehmer tätig wird, der entgegen § 20 MiLoG den Mindestlohn nicht oder nicht rechtzeitig zahlt (§ 21 Abs. 2 Nr. 2 MiLoG).

Der Begriff **Werk- oder Dienstleistungen in erheblichem Umfang** wird im MiLoG nicht definiert. Bei einem Auftragsvolumen ab 10 000 Euro bezogen auf einen Auftraggeber und einen Auftragnehmer kann von einer Werk- oder Dienstleistung »in erheblichem Umfang« ausgegangen werden.[1123] 14

Für die Verwirklichung des Tatbestands reicht die **fahrlässige Begehungsweise** (vgl. zum Begriff der Fahrlässigkeit Rn. 6) durch den Hauptunternehmer. Beim Abschluss des Vertrags kommt der Hauptunternehmer seiner Sorgfaltspflicht in der Regel dann nach, wenn er sich von seinem Vertragspartner schriftlich zusichern lässt, dass dieser den Mindestlohn zahlen und dies auch von eventuellen Nachunternehmen verlangen wird. Treten allerdings bei oder nach Vertragsschluss objektive Anhaltspunkte für Verstöße des Vertragspartners oder der von diesem eingesetzten Nachunternehmen auf, muss der Hauptunternehmer dem nachgehen. Dabei ist zu berücksichtigen, dass die Kontrollmöglichkeiten des Hauptunternehmers in Bezug auf das Nachunternehmen und dessen Subunternehmen aus rechtlichen sowie aus Wettbewerbsgesichtspunkten begrenzt sind und sich der organisatorische und bürokratische Mehraufwand der Unternehmen in vertretbaren Grenzen halten muss. Der Hauptunternehmer wird aber seinen Vertragspartner auffordern müssen, den bestehenden Verdacht auszuräumen und die Einhaltung der Arbeitsbedingungen nachzuweisen.[1124] 15

Die **Höhe der Geldbuße** beträgt in diesem Fall gem. § 21 Abs. 3 MiLoG bis zu 500 000 Euro (bei Fahrlässigkeit bis zu 250 000 Euro, § 17 Abs. 2 OWiG). Da in diesem Fall bei der Zumessung der individuellen Geldbuße ein wirtschaftlicher Vorteil als Anhaltspunkt im Regelfall nicht in Betracht kommt, sollte das Auftragsvolumen bezogen auf einen Auftraggeber und einen Auf- 16

1123 So zur vergleichbaren Vorschrift im AEntG: ErfK/*Franzen*, § 23 AEntG Rn. 6; differenzierend *Riechert/Nimmerjahn*, MiLoG, § 21 Rn. 55.

1124 So die Gesetzesbegründung zur vergleichbaren Vorschrift im AEntG, BT-Drs. 13/8994, S. 72; andererseits wird vertreten, dass eine Pflicht zur Überwachung des beauftragen Unternehmers nicht bestehe; so *Riechert/Nimmerjahn*, MiLoG, § 21 Rn. 58.

tragnehmer berücksichtigt werden. Bei einem Auftragsvolumen von bis zu 10 000 Euro erscheint eine Geldbuße in Höhe von 4000 Euro als Richtwert angemessen. Bei Auftragsvolumina zwischen 10 000 und 25 000 Euro sollten entsprechend höhere Geldbußen ausgesprochen werden. Bei Auftragsvolumina über 25 000 Euro sollte jedoch die individuelle Geldbuße im Regelfall nicht höher als rund 30 % des Auftragsvolumens sein. Auch bei diesen Verstößen ist gem. § 17 Abs. 3 OWiG auf den jeweiligen Einzelfall abzustellen.

4. Zuständige Behörden

17 Verwaltungsbehörden i. S. d. § 36 Abs. 1 Nr. 1 OWiG sind die in § 14 MiLoG genannten Behörden, also die **Behörden der Zollverwaltung** (§ 21 Abs. 4 MiLoG). Für die Vollstreckung zugunsten der Behörden des Bundes und der bundesunmittelbaren juristischen Personen des öffentlichen Rechts sowie für die Vollziehung des dinglichen Arrestes nach § 111e StPO i. V. m. § 46 OWiG durch die Behörden der Zollverwaltung gilt das Verwaltungs-Vollstreckungsgesetz (VwVG) des Bundes (§ 21 Abs. 1 MiLoG). Nach § 111e StPO kann, unter den dort genannten Voraussetzungen, der Vermögensarrest in das bewegliche und unbewegliche Vermögen des Betroffenen zur Sicherung der Vollstreckung angeordnet werden.

Abschnitt 4
Schlussvorschriften

§ 22 Persönlicher Anwendungsbereich

(1) Dieses Gesetz gilt für Arbeitnehmerinnen und Arbeitnehmer. Praktikantinnen und Praktikanten im Sinne des § 26 des Berufsbildungsgesetzes gelten als Arbeitnehmerinnen und Arbeitnehmer im Sinne dieses Gesetzes, es sei denn, dass sie

1. **ein Praktikum verpflichtend aufgrund einer schulrechtlichen Bestimmung, einer Ausbildungsordnung, einer hochschulrechtlichen Bestimmung oder im Rahmen einer Ausbildung an einer gesetzlichen geregelten Berufsakademie leisten,**
2. **ein Praktikum von bis zu drei Monaten zur Orientierung für eine Berufsausbildung oder für die Aufnahme eines Studiums leisten,**
3. **ein Praktikum von bis zu drei Monaten begleitend zu einer Berufs- oder Hochschulausbildung leisten, wenn nicht zuvor ein solches Praktikumsverhältnis mit demselben Ausbildenden bestanden hat oder**

4. **an einer Einstiegsqualifizierung nach § 54a des Dritten Buches Sozialgesetzbuch oder an einer Berufsausbildungsvorbereitung nach §§ 68 bis 70 des Berufsbildungsgesetzes teilnehmen.**

Praktikantin oder Praktikant ist unabhängig von der Bezeichnung des Rechtsverhältnisses, wer sich nach der tatsächlichen Ausgestaltung und Durchführung des Vertragsverhältnisses für eine begrenzte Dauer zum Erwerb praktischer Kenntnisse und Erfahrungen einer bestimmten betrieblichen Tätigkeit zur Vorbereitung auf eine berufliche Tätigkeit unterzieht, ohne dass es sich dabei um eine Berufsausbildung im Sinne des Berufsbildungsgesetzes oder um eine damit vergleichbare praktische Ausbildung handelt.

(2) Personen im Sinne von § 2 Absatz 1 und 2 des Jugendarbeitsschutzgesetzes ohne abgeschlossene Berufsausbildung gelten nicht als Arbeitnehmerinnen und Arbeitnehmer im Sinne dieses Gesetzes.

(3) Von diesem Gesetz nicht geregelt wird die Vergütung von zu ihrer Berufsausbildung Beschäftigten sowie ehrenamtlich Tätigen.

(4) Für Arbeitsverhältnisse von Arbeitnehmerinnen und Arbeitnehmern, die unmittelbar vor Beginn der Beschäftigung langzeitarbeitslos im Sinne des § 18 Absatz 1 des Dritten Buches Sozialgesetzbuch waren, gilt der Mindestlohn in den ersten sechs Monaten der Beschäftigung nicht. Die Bundesregierung hat den gesetzgebenden Körperschaften zum 1. Juni 2016 darüber zu berichten, inwieweit die Regelung nach Satz 1 die Wiedereingliederung von Langzeitarbeitslosen in den Arbeitsmarkt gefördert hat, und eine Einschätzung darüber abzugeben, ob diese Regelung fortbestehen soll.

Inhaltsübersicht Rn.

1. Überblick

1 § 22 MiLoG definiert den »persönlichen Anwendungsbereich« des MiLoG, regelt der Sache nach aber Ausnahmen vom Mindestlohn. Über die **Ausnahmen vom Mindestlohn gab es eine rege Debatte.**[1125] Letztendlich sieht das Gesetz nur wenige Ausnahmeregelungen vor. Vor allem für geringfügig Beschäftigte (»Mini-Jobs«) gilt der Mindestlohn uneingeschränkt, auch für Erntehelfer und Saisonbeschäftigte, erwerbstätige Rentner, Schüler, Studenten sowie für Branchen, für die von interessierter Seite Ausnahmen vorgeschlagen wurden (z.B. Taxifahrer, Hotel- und Gastronomiegewerbe, Landwirtschaft).

Auch für **Ausländer** und **Flüchtlinge/Geflüchtete**, die in Deutschland arbeiten, gilt der Mindestlohn uneingeschränkt (vgl. § 1 Rn. 2).

2. Geltung des Mindestlohngesetzes für (volljährige) »Arbeitnehmer und Arbeitnehmerinnen«

2 Das MiLoG gilt gem. § 22 Abs. 1 Satz 1 MiLoG »für Arbeitnehmerinnen und Arbeitnehmer« (so auch schon § 1 Abs. 1 MiLoG). Grundvoraussetzung ist die freiwillige Begründung eines privat-rechtlichen Arbeitsverhältnisses. Deshalb gilt das MiLoG *nicht* für Strafgefangene[1126] und Sicherungsverwahrte.[1127]

Im Wesentlichen gilt der Mindestlohn nur für **Volljährige**, weil Minderjährige ohne abgeschlossene Berufsausbildung gem. § 22 Abs. 2 MiLoG nicht als Arbeitnehmer im Sinne des MiLoG gelten (vgl. Rn. 15f.). Wegen der Anwendbarkeit nur für »Arbeitnehmer« sind vom Mindestlohn alle Personen

---

1125 Vgl. *Amlinger/Bispinck/Schulten*: Niedriglohnsektor – Jeder Dritte ohne Mindestlohn? Ausnahmen vom geplanten Mindestlohn und ihre Konsequenzen, WSI-Report 12/2014.

1126 OLG Hamburg 15.7.2015 – 3 Ws 59/15 Vollz.

1127 OLG Hamburg 18.9.2015 – 3 Ws 79/15 Vollz.

ausgenommen, die nicht als Arbeitnehmer tätig sind. Der Mindestlohn gilt *nicht* für **Selbstständige**, auch nicht für »arbeitnehmerähnliche Personen« (die ebenfalls Selbstständige sind).[1128]

Heimarbeiter nach dem Heimarbeitsgesetz (HAG) sind arbeitnehmerähnliche Personen, so dass für diese das MiLoG *nicht* gilt.[1129] Es gelten allerdings die Schutzvorschriften des HAG (vgl. Einl. Rn. 42). Auch qualifizierte Angestelltentätigkeiten, die eine höherwertige Qualifikation erfordern, können unter den Schutzbereich des HAG fallen.[1130]

Bei **Maßnahmen der Arbeitsförderung ist zu unterscheiden**. Mit Wirkung zum 1.4.2012 wurde das SGB III geändert, u.a. wurden die Arbeitsbeschaffungsmaßnahmen (ABM) im SGB III ersatzlos gestrichen.[1131] Mit Wirkung vom **1.1.2019** wurde durch **§ 16i SGB II (Teilhabe am Arbeitsmarkt)** ein ähnliches Instrument wie die früheren Arbeitsbeschaffungsmaßnahmen (ABM) eingeführt.[1132] Zur Förderung von Teilhabe am Arbeitsmarkt können Arbeitgeber für die Beschäftigung von zugewiesenen erwerbsfähigen Leistungsberechtigten Zuschüsse zum Arbeitsentgelt erhalten, wenn sie mit einer erwerbsfähigen leistungsberechtigten Person ein sozialversicherungspflichtiges Arbeitsverhältnis begründen (§ 16i Abs. 1 SGB II).[1133] Diese Arbeitnehmer haben mindestens einen Anspruch auf den allgemeinen Mindestlohn, je nach Branche, in der sie beschäftigt werden, auf den entsprechenden Branchen-Mindestlohn.

Daneben können erwerbsfähigen Leistungsberechtigten zur Erhaltung oder Wiedererlangung ihrer Beschäftigungsfähigkeit Arbeitsgelegenheiten zugewiesen werden, wenn die darin verrichteten Arbeiten zusätzlich sind, im öffentlichen Interesse liegen und wettbewerbsneutral sind (§ 16d SGB II). Den erwerbsfähigen Leistungsberechtigten ist während einer Arbeitsgelegenheit zuzüglich zum Arbeitslosengeld II eine angemessene Entschädigung für Mehraufwendungen zu zahlen (sog. Ein-Euro- oder MAE-Jobs).[1134] Ent-

---

1128 Vgl. *Däubler*, NJW 2014, 1924, 1926; allgemein zu arbeitnehmerähnlichen Personen *Deinert*, in: Deinert/Heuschmid/Zwanziger, Arbeitsrecht, § 3 Rn. 203ff.

1129 Vgl. *Riechert/Nimmerjahn*, MiLoG § 22 Rn. 13.

1130 Zur Tätigkeit eines Programmierers in einem Homeoffice: BAG 14.6.2016 – 9 AZR 305/15, NZA 2016, 1453.

1131 Artikel 2 des Gesetzes zur Verbesserung der Eingliederungschancen am Arbeitsmarkt vom 20.12.2011 (BGBl. I. S. 2854).

1132 § 16i SGB II wurde neu eingefügt durch das Zehnte Gesetz zur Änderung des Zweiten Buches Sozialgesetzbuch – Schaffung neuer Teilhabechancen für Langzeitarbeitslose auf dem allgemeinen und sozialen Arbeitsmarkt (Teilhabechancengesetz – 10. SGB II-ÄndG) vom 17.12.2018 (BGBl. I S. 2583).

1133 § 16i SGB II tritt zum 1.1.2025 außer Kraft (§ 81 SGB II).

1134 MAE = Mehraufwandsentschädigung, die zusätzlich zum Arbeitslosengeld II gezahlt wird. Dieser Zusatzbetrag beträgt häufig nur ein Euro pro Stunde, deshalb auch die Bezeichnung »Ein-Euro-Jobs«.

scheidend ist bei dieser Variante, dass diese Arbeiten **kein Arbeitsverhältnis im Sinne des Arbeitsrechts** begründen (§ 16d Abs. 7 Satz 2 SGB II). Bei diesen »Arbeitsgelegenheiten« besteht also ein öffentlich-rechtliches Beschäftigungsverhältnis besonderer Art.

Hiervon zu unterscheiden ist § 16e SGB II: Danach können Arbeitgeber für die Beschäftigung von zugewiesenen erwerbsfähigen Leistungsberechtigten durch Zuschüsse zum Arbeitsentgelt gefördert werden, wenn zwischen dem Arbeitgeber und der erwerbsfähigen leistungsberechtigten Person ein **Arbeitsverhältnis** begründet wird. Diese Arbeitnehmer haben mindestens einen Anspruch auf den allgemeinen Mindestlohn, je nach Branche, in der sie beschäftigt werden, auf den entsprechenden Branchen-Mindestlohn.

Ein Arbeitsverhältnis besteht *nicht* bei **ehrenamtlich Tätigen** (vgl. Rn. 11 ff.) und bei Tätigkeiten aufgrund einer Vereinsmitgliedschaft. Als Rechtsgrundlage für die Leistung von Diensten in persönlicher Abhängigkeit kommt auch die **Mitgliedschaft in einem Verein** in Betracht. Der Mitgliedsbeitrag (§ 58 Nr. 2 BGB) kann in der Leistung von Diensten bestehen.[1135] Das Bestehen vereinsrechtlicher Arbeitspflichten darf aber nicht dazu führen, dass zwingende arbeitsrechtliche Schutzbestimmungen umgangen werden.[1136]

In der Regel gilt der Mindestlohn *nicht* für in **Werkstätten beschäftigte behinderte Menschen**. Diese stehen nämlich zu den Werkstätten in einem arbeitnehmerähnlichen Rechtsverhältnis, wie sich aus § 221 SGB IX ergibt. Der Inhalt des arbeitnehmerähnlichen Rechtsverhältnisses wird unter Berücksichtigung des zwischen den behinderten Menschen und dem Rehabilitationsträger bestehenden Sozialleistungsverhältnisses durch **Werkstattverträge** zwischen den behinderten Menschen und dem Träger der Werkstatt näher geregelt (§ 221 Abs. 3 SGB IX).[1137] Wegen der Ausgestaltung als arbeitnehmerähnliches Rechtsverhältnis sind die Beschäftigten keine Arbeitnehmer, somit findet das MiLoG keine Anwendung.[1138] Allerdings wird durch § 221 Abs. 1 SGB IX nicht generell eine Beschäftigung als Arbeitnehmer ausgeschlossen (»wenn sie nicht Arbeitnehmer sind«), so dass – je nach Ausgestaltung des Rechtsverhältnisses – eine Beschäftigung im Rahmen eines Arbeitsverhältnisses möglich ist und in dem Fall das MiLoG Anwendung fände.[1139] In **Inklusionsbetrieben** (früher Integrationsprojekten) nach § 215

1135 Vgl. zu Scientology BAG 26.9.2002 – 5 AZB 19/01, NZA 2002, 1412; zu Rote-Kreuz-Schwestern BAG 6.7.1995 – 5 AZB 9/93, NZA 1996, 33.

1136 Vgl. BAG 6.7.1995 – 5 AZB 9/93, NZA 1996, 33, 35.

1137 Zur Kündigung eines Werkstattvertrags vgl. BAG 17.3.2015 – 9 AZR 994/13, NZA 2015, 1071.

1138 LAG Schleswig-Holstein 11.1.2016 – 1 Sa 224/15, NZA-RR 2016, 291.

1139 § 221 Abs. 1 SGB IX hat folgenden Wortlaut: Behinderte Menschen im Arbeitsbereich anerkannter Werkstätten stehen, wenn sie nicht Arbeitnehmer sind, zu

Abs. 1 SGB IX erfolgt die Beschäftigung schwerbehinderter Menschen in der Regel in einem Arbeitsverhältnis, so dass das MiLoG Anwendung findet.[1140]

a. Abgrenzung des Arbeitsverhältnisses von anderen Rechtsverhältnissen

Für die Frage, wer als Arbeitnehmer tätig ist, gelten die allgemeinen Ab- 3
grenzungskriterien.[1141] **Arbeitnehmer** ist, wer aufgrund eines privatrechtlichen Vertrags im Dienste eines anderen zur Leistung weisungsgebundener, fremdbestimmter Arbeit in persönlicher Abhängigkeit verpflichtet ist.[1142] Der Arbeitnehmer erbringt seine vertraglich geschuldete Leistung im Rahmen einer von Dritten vorgegebenen Arbeitsorganisation. Seine Eingliederung in die Arbeitsorganisation zeigt sich darin, dass er einem **Weisungsrecht** unterliegt, das Inhalt, Ausführung, Zeit, Dauer und Ort der Tätigkeit betreffen kann. Arbeitnehmer ist derjenige Mitarbeiter, der nicht im Wesentlichen frei seine Tätigkeit gestalten und seine Arbeitszeit bestimmen kann. Der Grad der persönlichen Abhängigkeit hängt dabei auch von der Eigenart der jeweiligen Tätigkeit ab. Letztlich kommt es für die Beantwortung der Frage, welches Rechtsverhältnis im konkreten Fall vorliegt, auf eine Gesamtwürdigung aller maßgebenden Umstände des Einzelfalls an. Der jeweilige Vertragstyp ergibt sich aus dem wirklichen Geschäftsinhalt. Die zwingenden gesetzlichen Regelungen für Arbeitsverhältnisse können nicht dadurch abbedungen werden, dass die Parteien ihrem Arbeitsverhältnis eine andere Bezeichnung geben. Der **objektive Geschäftsinhalt** ist den ausdrücklich getroffenen Vereinbarungen und der praktischen Durch-

den Werkstätten in einem arbeitnehmerähnlichen Rechtsverhältnis, soweit sich aus dem zugrunde liegenden Sozialleistungsverhältnis nichts anderes ergibt.

1140 § 215 Abs. 1 SGB IX hat folgenden Wortlaut: Inklusionsbetriebe sind rechtlich und wirtschaftlich selbständige Unternehmen oder unternehmensinterne oder von öffentlichen Arbeitgebern im Sinne des § 154 Absatz 2 SGB IX geführte Betriebe oder Abteilungen zur Beschäftigung schwerbehinderter Menschen auf dem allgemeinen Arbeitsmarkt, deren Teilhabe an einer sonstigen Beschäftigung auf dem allgemeinen Arbeitsmarkt auf Grund von Art oder Schwere der Behinderung oder wegen sonstiger Umstände voraussichtlich trotz Ausschöpfens aller Fördermöglichkeiten und des Einsatzes von Integrationsfachdiensten auf besondere Schwierigkeiten stößt.

1141 Vgl. zu diesen *Deinert*, in: Deinert/Heuschmid/Zwanziger, Arbeitsrecht, § 3 Rn. 1 ff.

1142 Vgl. nur BAG 14.6.2016 – 9 AZR 305/15, Rn. 15, NZA 2016, 1453; BAG 11.8.2015 – 9 AZR 98/14, Rn. 16, NZA-RR 2016, 288; BAG 29.8.2012 – 10 AZR 499/11, Rn. 14, NZA 2014, 1433.

führung des Vertrags zu entnehmen. Widersprechen sich Vereinbarung und tatsächliche Durchführung, ist Letztere maßgebend.[1143]

Regeln die Vertragspartner grundlegende Fragen ihrer Vertragsbeziehung in einem **Rahmenvertrag**, ist für die rechtliche Einordnung des Vertrags maßgeblich, ob der Rahmenvertrag der einen Partei das Recht zubilligt, frei über die Annahme der künftigen Einzelverträge zu entscheiden, oder ob einer Partei ein Weisungsrecht zustehen soll, das diese berechtigt, die zu erbringende Leistung einseitig und für die andere Partei verbindlich festzulegen.[1144]

Im Zusammenhang mit Änderungen bei der Leiharbeit und Werkverträgen wurde der **Begriff des Arbeitnehmers in § 611a Abs. 1 BGB definiert.**[1145] Die Regelung hat – anknüpfend an die Rechtsprechung – folgenden Wortlaut:

Durch den Arbeitsvertrag wird der Arbeitnehmer im Dienste eines anderen zur Leistung weisungsgebundener, fremdbestimmter Arbeit in persönlicher Abhängigkeit verpflichtet. Das Weisungsrecht kann Inhalt, Durchführung, Zeit und Ort der Tätigkeit betreffen. Weisungsgebunden ist, wer nicht im Wesentlichen frei seine Tätigkeit gestalten und seine Arbeitszeit bestimmen kann. Der Grad der persönlichen Abhängigkeit hängt dabei auch von der Eigenart der jeweiligen Tätigkeit ab. Für die Feststellung, ob ein Arbeitsvertrag vorliegt, ist eine Gesamtbetrachtung aller Umstände vorzunehmen. Zeigt die tatsächliche Durchführung des Vertragsverhältnisses, dass es sich um ein Arbeitsverhältnis handelt, kommt es auf die Bezeichnung im Vertrag nicht an.

Aus der neuesten **Rechtsprechung** sei nur auf folgende Entscheidungen verwiesen:

Die tatsächliche Durchführung von Kleinstaufträgen (»Mikrojobs«) durch Nutzer einer **Online-Plattform** (»Crowdworker«) auf der Grundlage einer mit deren Betreiber (»Crowdsourcer«) getroffenen Rahmenvereinbarung kann ergeben, dass die rechtliche Beziehung als Arbeitsverhältnis zu qualifizieren ist.[1146]

Die Arbeitnehmereigenschaft hängt nach § 611a BGB davon ab, dass der Beschäftigte weisungsgebundene, fremdbestimmte Arbeit in persönlicher

---

1143 Vgl. nur BAG 14.6.2016 – 9 AZR 305/15, Rn. 15, NZA 2016, 1453; BAG 11.8.2015 – 9 AZR 98/14, Rn. 16, NZA-RR 2016, 288; BAG 15.2.2012 – 10 AZR 301/10, Rn. 13, NZA 2012, 731.

1144 BAG 21.5.2019 – 9 AZR 295/18, Rn. 26, NZA 2019, 1411.

1145 Gesetz zur Änderung des Arbeitnehmerüberlassungsgesetzes und anderer Gesetze vom 21.2.2017 (BGBl. I. S. 258), das am 1.4.2017 in Kraft getreten ist. Artikel 2 dieses Gesetzes regelt den neuen § 611a BGB.

1146 BAG 1.12.2020 – 9 AZR 102/20.

Abhängigkeit leistet. Zeigt die tatsächliche Durchführung eines Vertragsverhältnisses, dass es sich hierbei um ein Arbeitsverhältnis handelt, kommt es auf die Bezeichnung im Vertrag nicht an. Die dazu vom Gesetz verlangte Gesamtwürdigung aller Umstände kann ergeben, dass »**Crowdworker**« als Arbeitnehmer anzusehen sind. Für ein Arbeitsverhältnis spricht es, wenn der Auftraggeber die Zusammenarbeit über die von ihm betriebene Online-Plattform so steuert, dass der Auftragnehmer seine Tätigkeit nach Ort, Zeit und Inhalt nicht frei gestalten kann. So lag der vom BAG entschiedene Fall. Der Kläger leistete aus Sicht des BAG in arbeitnehmertypischer Weise weisungsgebundene und fremdbestimmte Arbeit in persönlicher Abhängigkeit. Zwar war er vertraglich nicht zur Annahme von Angeboten der Beklagten verpflichtet. Die Organisationsstruktur der von der Beklagten betriebenen Online-Plattform sei aber darauf ausgerichtet gewesen, dass über einen Account angemeldete und eingearbeitete Nutzer kontinuierlich Bündel einfacher, Schritt für Schritt vertraglich vorgegebener Kleinstaufträge annehmen, um diese persönlich zu erledigen. Erst ein mit der Zahl durchgeführter Aufträge erhöhtes Level im Bewertungssystem ermöglichte es den Nutzern der Online-Plattform, gleichzeitig mehrere Aufträge anzunehmen, um diese auf einer Route zu erledigen und damit faktisch einen höheren Stundenlohn zu erzielen. Durch dieses Anreizsystem wurde – so das BAG – der Kläger dazu veranlasst, in dem Bezirk seines gewöhnlichen Aufenthaltsorts kontinuierlich Kontrolltätigkeiten zu erledigen.[1147]

Es ist deutlich darauf hinzuweisen, dass in Normalfall des »Crowdworkings« die meisten Umstände eher dafür sprechen dürften, dass eine selbstständige Tätigkeit vorliegt. Lediglich wenn, eher atypisch, der »Crowdsourcer« die Tätigkeit so gestaltet, dass er sich weitgehende einseitige Weisungs- oder Bestimmungsrechte vorbehält, kann die tatsächliche Vertragsdurchführung dafür sprechen, dass (ausnahmsweise) ein Arbeitsverhältnis vorliegt.

Die für ein Arbeitsverhältnis typische persönliche Abhängigkeit einer als Freiberuflerin geführten **Telefonsexdienstleisterin** (Sex-Hotline) kann sich aus ihrer Eingliederung in eine fremde betriebliche Arbeitsstruktur ergeben. Das ist dann der Fall, wenn sie durch eine einseitige Steuerung und Kontrolle der Betriebsabläufe in einer Weise ihrer Selbstständigkeit beraubt wird, die über die mögliche Einflussnahme bei einem freien Dienstvertrag hinausgeht.[1148]

1147 BAG 1.12.2020 – 9 AZR 102/20.

1148 LAG Köln 25.8.2020 – 9 Ta 98/20, NZA-RR 2020, 633.

aa. Null-Stunden-Verträge

4 Eine mögliche Gestaltungsvariante aus Arbeitgebersicht scheinen **Null-Stunden-Verträge** (»zero-hours contracts«) zu sein.[1149] Hier ist zwischen dem Null-Stunden-Arbeitsvertrag und der Null-Stunden-Rahmenvereinbarung zu unterscheiden. Die »**Rahmenvereinbarung**« wird vom BAG als Gestaltungsinstrument grundsätzlich anerkannt.[1150] Hierbei vereinbart ein Unternehmen mit einem potentiellen Mitarbeiter zunächst nur eine »Rahmenvereinbarung«, durch die der Vertragspartner noch nicht zur Arbeitsleistung verpflichtet wird, sondern das Recht hat, diese abzulehnen. Durch diese »Rahmenvereinbarung« kommt noch kein Arbeitsverhältnis zustande, vielmehr werden nur die Arbeitsbedingungen für den Fall vereinbart, dass es zu Arbeitseinsätzen kommt. Erst mit dem jeweiligen Arbeitseinsatz kommt ein Arbeitsvertrag zustande. Dabei ist (für den jeweiligen Arbeitseinsatz) die Schriftform für Befristungsvereinbarungen (§ 14 Abs. 4 TzBfG) zu beachten. Im Hinblick auf das MiLoG stellen sich keine besonderen Fragen. Der Arbeitnehmer hat für den jeweiligen Arbeitseinsatz Anspruch auf den **Mindestlohn** für die tatsächlich erbrachten Arbeitsstunden.

5 Während sich die »Rahmenvereinbarung« gerade dadurch auszeichnet, dass eine konkrete Arbeitsleistung noch nicht zugesagt wird und der potentielle Mitarbeiter berechtigt ist, die Leistung abzulehnen, kommt beim **Null-Stunden-Arbeitsvertrag** ein Arbeitsvertrag mit wechselseitigen Rechten und Pflichten zustande, wenn dem Vertragspartner nicht das Recht zusteht, die Erbringung der Arbeitsleistung abzulehnen. Da im Arbeitsvertrag aber gerade keine Arbeitszeit, kein zeitlicher Mindestumfang vereinbart ist (deshalb »Null-Stunden-Vertrag«), soll der Arbeitnehmer nur für die tatsächlich erbrachten Arbeitsstunden Vergütung erhalten.[1151] Für die Arbeitsstunden hat der Arbeitnehmer Anspruch auf den **Mindestlohn**.

Darüber hinaus stellt sich die Frage, ob eine solche Vertragsgestaltung, die das Wirtschafts- und Beschäftigungsrisiko im vollen Umfang auf den Arbeitnehmer verlagert, zulässig ist. Die BAG-Rechtsprechung ist hier uneinheitlich.[1152] Jedenfalls sind die Vorgaben des § 12 TzBfG zur »Arbeit auf Abruf« zu beachten.[1153] Die wöchentliche Arbeitszeit beträgt danach

---

1149 Vgl. *Forst*, NZA 2014, 998ff.; *Bieder*, RdA 2015, 388ff.; *Bepler*, FA 2016, 362ff.

1150 Vgl. BAG 15.2.2012 – 10 AZR 111/11, NZA 2012, 733; BAG 16.4.2003 – 7 AZR 187/02, NZA 2004, 40; BAG 31.7.2002 – 7 AZR 181/01, DB 2003, 96. Dagegen hält *Bieder* (RdA 2015, 388, 389ff.) Rahmenverträge im Arbeitsrecht für unwirksam.

1151 Vgl. *Forst*, NZA 2014, 998, 999.

1152 Vgl. *Lakies*, Inhaltskontrolle von Arbeitsverträgen, Rn. 548ff.

1153 Vgl. *Forst*, NZA 2014, 998, 1002.

mindestens 20 Stunden (§ 12 Abs. 1 Satz 3 TzBfG).[1154] Ist im Arbeitsvertrag die Dauer der Arbeitszeit nicht vereinbart, kann sich aber auch aus der tatsächlichen Handhabung in Verbindung mit schlüssigen (konkludenten) Erklärungen des Arbeitgebers eine Konkretisierung der Arbeitszeit auf eine bestimmte Arbeitszeit oder Mindestarbeitszeit ergeben.[1155] Eine Konkretisierung der Leistungspflicht des Arbeitnehmers in Form einer stillschweigenden Vertragsergänzung setzt aber voraus, dass über den bloßen Zeitablauf hinaus Umstände vorliegen, die ein schutzwürdiges Vertrauen des Arbeitnehmers auf Beibehaltung des bisherigen Leistungsinhalts für die Zukunft begründen.[1156] Um die Anwendung des § 12 Abs. 1 Satz 3 TzBfG (Mindeststundenzahl von 20 Stunden wöchentlich seit 1.1.2019; vorher zehn Stunden) zu vermeiden, wird es für zulässig gehalten, **Arbeitsverträge mit einem sehr geringen Mindestumfang** (»Ein-Stunden-Arbeitsvertrag«) zu vereinbaren.[1157] Sachgerecht ist es, darauf abzustellen, in welchem zeitlichen Umfang der Arbeitnehmer in der Vergangenheit im Durchschnitt zur Arbeit herangezogen worden ist. Diese Durchschnittsarbeitszeit ist dann für die Zukunft in jedem Fall zu vergüten, unabhängig davon, ob der Arbeitnehmer auch weiterhin in diesem Umfang zur Arbeit herangezogen wird.[1158] Im Hinblick auf den **Mindestlohn** ist aber auf jeden Fall die abgeleistete Arbeitszeit mit dem Mindestlohn zu vergüten, auch wenn im Arbeitsvertrag weniger Stunden vereinbart sind.

bb. Werkverträge

Wird ein »**Werkvertrag**« begründet, kann aufgrund der tatsächlichen Vertragsausführung nach der objektiven Rechtslage ein Arbeitsverhältnis vorliegen. Nach § 631 BGB wird der Unternehmer durch einen Werkvertrag zur Herstellung des versprochenen Werkes verpflichtet. Gegenstand des Werkvertrags ist die Herstellung oder Veränderung einer Sache oder ein anderer durch Arbeit oder Dienstleistung herbeizuführender Erfolg. Für die Abgrenzung zum Dienstvertrag ist maßgebend, ob ein bestimmtes Arbeitsergebnis 6

1154 Früher zehn Stunden; neu geregelt mit Wirkung seit dem 1.1.2019 durch das Gesetz zur Weiterentwicklung des Teilzeitrechts v. 11.12.2018 (BGBl. I S. 2384).

1155 Vgl. BAG 26.9.2012 – 10 AZR 336/11, Rn. 14, DB 2013, 290; BAG 17.8.2011 – 10 AZR 202/10, Rn. 19, NZA 2012, 265.

1156 Vgl. BAG 26.9.2012 – 10 AZR 336/11, Rn. 14, DB 2013, 290; BAG 7.12.2005 – 5 AZR 535/04, Rn. 17, NZA 2006, 423.

1157 Vgl. *Bieder*, RdA 2015, 388, 399, der rechtspolitisch allerdings einen weitergehenden gesetzlichen Schutz der Arbeitnehmer vor solchen Vertragsgestaltungen fordert.

1158 Vgl. *Bepler*, FA 2016, 362, 366f., der vom Durchschnitt einen Abschlag von 10% vornehmen will.

bzw. ein bestimmter Arbeitserfolg oder ob nur eine bestimmte Dienstleistung als solche geschuldet wird. Gegenstand eines Dienstvertrags und eines Arbeitsvertrags ist dagegen nicht ein bestimmter Leistungserfolg, sondern die Tätigkeit als solche. Bei einem Arbeitsverhältnis wird die vereinbarte Tätigkeit weisungsgebunden, d.h. in persönlicher Abhängigkeit geleistet. Welches Rechtsverhältnis vorliegt, ist anhand einer Gesamtwürdigung aller maßgebenden Umstände des Einzelfalls zu ermitteln, der objektive Geschäftsinhalt ist den ausdrücklich getroffenen Vereinbarungen und der praktischen Durchführung des Vertrags zu entnehmen. Widersprechen sich Vereinbarung und tatsächliche Durchführung, ist Letztere maßgebend. Ob ein Werkvertrag, ein Dienst- oder ein Arbeitsverhältnis besteht, zeigt der wirkliche Geschäftsinhalt. Zwingende gesetzliche Regelungen für Arbeitsverhältnisse können nicht dadurch abbedungen werden, dass Parteien ihrem Arbeitsverhältnis eine andere Bezeichnung geben; ein abhängig beschäftigter Arbeitnehmer wird nicht durch Auferlegung einer Erfolgsgarantie zum Werkunternehmer.[1159]

cc. Umschulung/Fortbildung

7 Eine **Beschäftigung zur Umschulung oder Fortbildung** ist *kein* Arbeitsverhältnis, wenn der Umschulungs- oder Fortbildungszweck im Vordergrund steht.[1160] Wenn dagegen die Leistung abhängiger Arbeit im Vordergrund steht und der Umschulungs- oder Fortbildungszweck nur ein Nebenaspekt ist, besteht ein Arbeitsverhältnis. Je nach Ausgestaltung findet das MiLoG Anwendung oder nicht.[1161] Für die berufliche Fortbildung (vgl. § 53 BBiG) und die berufliche Umschulung (vgl. § 58 BBiG) findet die Regelung über »andere Vertragsverhältnisse« i. S. d. § 26 BBiG *keine* Anwendung, weil die Vorschrift für solche Vertragsverhältnisse gilt, in denen *erstmals* berufliche Fertigkeiten, Kenntnisse und Fähigkeiten angeeignet werden sollen (ohne dass es sich um eine Berufsausbildung im engeren Sinn handelt). Das ist bei der Fortbildung und Umschulung gerade nicht der Fall.[1162]

8 Die berufliche **Umschulung** (§ 1 Abs. 5 BBiG) soll zu einer anderen als der zuvor erlernten beruflichen Tätigkeit befähigen. Umschulungsmaßnahmen können in überbetrieblichen Einrichtungen oder auf der Grundlage vertraglicher Regelungen mit Unternehmen stattfinden. Auf betriebliche Umschulungsverhältnisse sind die Vorschriften des BBiG über Berufsaus-

1159 Vgl. zur Abgrenzung zum Werkvertrag BAG 25. 9. 2013 – 10 AZR 282/12, NZA 2013, 1348.

1160 Vgl. zum Umschulungsvertrag BAG 19. 1. 2006 – 6 AZR 638/04, DB 2006, 1739.

1161 Vgl. *Däubler*, NJW 2014, 1924, 1926.

1162 BAG 15. 3. 1991 – 2 AZR 516/90, NZA 1992, 452.

bildungsverhältnisse *nicht* anwendbar.[1163] Schließt der Arbeitnehmer mit seinem Arbeitgeber einen Umschulungsvertrag, ohne dass das Arbeitsverhältnis ausdrücklich gekündigt oder beendet wird, ruht es für die Dauer der Umschulung und lebt nach Beendigung der Umschulung automatisch wieder auf.[1164]

Die berufliche **Fortbildung** (§ 1 Abs. 4 BBiG) soll es ermöglichen, die 9
berufliche Handlungsfähigkeit zu erhalten und anzupassen oder zu erweitern und beruflich aufzusteigen. Dementsprechend wird unterschieden zwischen der Fortbildung, die einen beruflichen Aufstieg ermöglicht (**Aufstiegsfortbildung**) und einer Fortbildung, die die beruflichen Kompetenzen den technischen bzw. wirtschaftlichen Entwicklungen anpassen soll (**Anpassungsfortbildung**). Anpassungsfortbildungen enden in der Regel ohne Prüfung, allenfalls mit einem Zertifikat oder einer Teilnahmebestätigung. Aufstiegsfortbildungen sind geordnete Bildungsgänge, die in der Regel mit einer Prüfung bei der zuständigen Stelle abschließen. Die Fortbildung kann in einem bestehenden Arbeitsverhältnis stattfinden, in einem gesonderten Vertragsverhältnis oder berufsbegleitend in gesonderten Fortbildungsmaßnahmen entsprechender Fortbildungsträger. Findet die Fortbildung in einem bestehenden Arbeitsverhältnis statt, findet das MiLoG Anwendung.

dd. »Einfühlungs-/Schnupperverhältnis«

Seit einigen Jahren wird über die rechtliche Einordnung von sog. »**Ein-** 10
fühlungsverhältnissen« diskutiert. Dabei soll es sich um unentgeltliche Probearbeiten handeln, teilweise ist auch von »**Schnupperverhältnissen**« die Rede. Da ein Ausbildungszweck nicht beabsichtigt ist, stellen sich keine Abgrenzungsfragen zum Volontär oder Praktikanten oder allgemein zu »anderen Vertragsverhältnissen« i. S. d. § 26 BBiG (vgl. Rn. 17 ff.). Vielmehr geht es darum, ob nicht ein »verschleiertes« Arbeitsverhältnis vorliegt, weil eine *unentgeltliche* Arbeitsleistung rechtlich nicht vorgesehen ist. Zweck des Einfühlungsverhältnisses soll das Kennenlernen des Arbeitsplatzes sein und die Klärung, ob der Betreffende in den Betrieb »passt«. Der Betreffende soll in den Betrieb aufgenommen werden, ohne Pflichten zu übernehmen. Im Rahmen der Vertragsfreiheit soll ein Einfühlungsverhältnis zulässig sein, wenn der Betreffende keine Pflicht zur Arbeitsleistung hat, keinem Weisungsrecht des potentiellen Arbeitgebers unterliegt und das Einfühlungsverhältnis maximal für die Dauer von einer Woche eingegangen wird.[1165]

1163 BAG 19.1.2006 – 6 AZR 638/04, DB 2006, 1739.

1164 BAG 19.1.2006 – 6 AZR 638/04, DB 2006, 1739.

1165 Vgl. *Bertzbach*, FA 2002, 340 ff.; *Löw*, RdA 2007, 124 ff.; weitergehend *Dollmann*, ArbRB 2006, 306 ff. (auch mehrere Wochen sind zulässig, zwei Monate indes »eindeutig zu lang«).

b. Ehrenamtlich Tätige

aa. Grundlagen

11 Der Mindestlohn gilt nicht für ehrenamtlich Tätige, weil diese nicht in einem Arbeitsverhältnis stehen. § 22 Abs. 3 MiLoG bestimmt, dass vom MiLoG die Vergütung von ehrenamtlich Tätigen nicht geregelt wird. § 22 Abs. 3 MiLoG hat – so auch die Gesetzesbegründung – nur »klarstellenden Charakter«. Die dort genannten Personen werden »bereits statusrechtlich nicht in einem Arbeitsverhältnis beschäftigt«.[1166] Von einer »ehrenamtlichen Tätigkeit« i. S. d. § 22 Abs. 3 MiLoG sei immer dann auszugehen, wenn sie nicht von der Erwartung einer adäquaten finanziellen Gegenleistung, sondern von dem Willen geprägt sei, sich für das Gemeinwohl einzusetzen. Liege diese Voraussetzung vor, seien auch **Aufwandsentschädigungen** für ehrenamtliche Tätigkeiten, unabhängig von ihrer Höhe, unschädlich.[1167]

Auch **ehrenamtliche Übungsleiter** und andere ehrenamtlich tätigen Mitarbeiter (vor allem in Sportvereinen) fallen nicht unter das MiLoG. Wer etwa für einen **Sportverein** ausschließlich ehrenamtlich tätig ist, für den gilt das MiLoG nicht, auch wenn er eine sogenannte **Übungsleiterpauschale** erhält.[1168] Das MiLoG findet allerdings Anwendung, wenn der »Übungsleiter« (Trainer) in einem Arbeitsverhältnis mit dem Verein steht, etwa als geringfügig Beschäftigter.

Durch die Ausübung unentgeltlicher ehrenamtlicher Tätigkeit wird normalerweise **kein Arbeitsverhältnis** begründet.[1169] Mit dem Arbeitsverhältnis ist typischerweise die Vereinbarung oder jedenfalls die berechtigte Erwartung einer angemessenen Gegenleistung für die versprochenen Dienste verbunden. Das Arbeitsverhältnis ist auf den Austausch von Arbeit und Lohn

---

1166 BT-Drs. 18/1558, S. 43.

1167 So Beschlussempfehlung und Bericht des Ausschusses für Arbeit und Soziales, BT-Drs. 18/2010 (neu), S. 15.

1168 Nach § 3 Nr. 26 EStG sind steuerfrei: Einnahmen aus nebenberuflichen Tätigkeiten als Übungsleiter, Ausbilder, Erzieher, Betreuer oder vergleichbaren nebenberuflichen Tätigkeiten, aus nebenberuflichen künstlerischen Tätigkeiten oder der nebenberuflichen Pflege alter, kranker oder behinderter Menschen im Dienst oder im Auftrag einer juristischen Person des öffentlichen Rechts, die in einem Mitgliedstaat der Europäischen Union oder in einem Staat belegen ist, auf den das Abkommen über den Europäischen Wirtschaftsraum Anwendung findet, oder einer unter § 5 Abs. 1 Nr. 9 des Körperschaftsteuergesetzes fallenden Einrichtung zur Förderung gemeinnütziger, mildtätiger und kirchlicher Zwecke (§§ 52 bis 54 der Abgabenordnung) bis zur Höhe von insgesamt 2400 Euro im Jahr. Mit Wirkung ab dem 1. 1. 2021 wurde der Übungsleiterfreibetrag von 2400 Euro auf 3000 Euro erhöht.

1169 Vgl. zur ehrenamtlichen Tätigkeit für eine Telefonseelsorge BAG 29. 8. 2012 – 10 AZR 499/11, NZA 2012, 1433.

gerichtet. Ob eine berechtigte Vergütungserwartung besteht, richtet sich nach der Art der Arbeit und nach den Umständen, unter denen sie geleistet wird (§ 612 Abs. 1 BGB). Auch wenn die **Erwerbsabsicht** keine notwendige Bedingung für die Arbeitnehmereigenschaft ist, spricht ihr Fehlen doch im Rahmen einer Gesamtwürdigung gegen die Annahme eines Arbeitsverhältnisses. Typischerweise verfolgt ein Arbeitnehmer das Ziel, für seine Arbeit ein Entgelt zu erhalten. Dass neben diesem materiellen Interesse oftmals auch immaterielle Interessen eine Rolle spielen, schließt nicht aus, die Erwerbsabsicht als wesentliches Merkmal zur Abgrenzung von Tätigkeiten heranzuziehen, die vorwiegend auf ideellen Beweggründen beruhen.[1170] Allerdings darf die Beauftragung zu ehrenamtlicher Tätigkeit nicht zur Umgehung zwingender arbeitsrechtlicher Schutzbestimmungen führen, was im Einzelfall zu prüfen, aber bei ehrenamtlicher karitativer Tätigkeit in der Regel nicht anzunehmen ist.[1171]

Letztlich kommt es für die Beantwortung der Frage, ob ein **Arbeitsverhältnis oder** ein **Ehrenamt** vorliegt, auf eine Gesamtwürdigung aller Umstände des Einzelfalls an. Der jeweilige Vertragstyp ergibt sich aus dem wirklichen Geschäftsinhalt. Eine als ehrenamtlich oder freiwillig bezeichnete Tätigkeit kann in Wahrheit ein Arbeitsverhältnis sein. Ergibt sich bei einer Gesamtbetrachtung aller Umstände des Einzelfalls, dass der vermeintlich ehrenamtlich Tätige tatsächlich als Arbeitnehmer einzuordnen ist (so vor allem, wenn er einem umfangreichen Weisungsrecht seines Auftraggebers unterliegt), ist die Vereinbarung der Ehrenamtlichkeit unwirksam. Das hat zur Folge, dass (nach der objektiven Rechtslage) ein Arbeitsverhältnis besteht und das allgemeine Arbeitsrecht Anwendung findet. Findet das Arbeitsrecht Anwendung, gilt auch das MiLoG.

Auch sogenannte »unechte Freiwilligendienste«, die außerhalb des BFDG (vgl. Rn. 12) als Praktika oder Minijobs ausgestaltet sind, werden grundsätzlich vom Mindestlohn erfasst. **»Quasifreiwillige«**, das heißt Personen, die aus einer gemeinnützigen Motivation heraus tätig werden, zugleich aber z. B. als »Minijobber« angemeldet sind, sind in der Regel Arbeitnehmer, so dass das MiLoG Anwendung findet.

Problematisch ist die Anwendbarkeit des MiLoG auf **Volunteer-Programme bei Sportgroßveranstaltungen**.[1172] Die Tätigkeiten der Volunteers umfassen Hilfsleistungen in verschiedenen Veranstaltungsbereichen, von der Akkreditierung bis zu Zuschauerdiensten. Sie erhalten für ihre Tätigkeit Kleidung, Essensgutscheine und kostenfreie Nutzung des öffentlichen Per-

---

1170 BAG 29.8.2012 – 10 AZR 499/11, Rn. 16, NZA 2012, 1433.

1171 Vgl. das Urteil zur »Telefonseelsorge« BAG 29.8.2012 – 10 AZR 499/11, NZA 2012, 1433.

1172 Vgl. dazu umfassend *Jedlitschka*, NZA-RR 2017, 513ff.

sonennahverkehrs. Volunteers sind **ehrenamtlich Tätige** und keine Arbeitnehmer. Deshalb gilt das MiLoG für sie nicht.[1173]

bb. Freiwilligendienste

12 Zu den ehrenamtlich Tätigen zählen auch Personen, die einen Dienst nach dem BFDG oder einen sonstigen Freiwilligendienst leisten.[1174] Diese Personen sind jedenfalls keine Arbeitnehmer. Der Mindestlohn gilt also *nicht* für **Freiwilligendienste**. Dies sind:[1175]

- Bundesfreiwilligendienst im Sinne des BFDG[1176],
- freiwilliges soziales Jahr im Sinne des JFDG,
- freiwilliges ökologisches Jahr im Sinne des JFDG,
- europäischer Freiwilligendienst im Sinne der Verordnung (EU) Nr. 1288/2013 des Europäischen Parlaments und des Rates vom 11.12.2013 zur Einrichtung von »Erasmus+«, dem Programm der Union für allgemeine und berufliche Bildung, Jugend und Sport,
- Dienste im Ausland i.S.v. § 5 BFDG,
- entwicklungspolitischer Freiwilligendienst »weltwärts«[1177] im Sinne der Richtlinie des Bundesministeriums für wirtschaftliche Zusammenarbeit und Entwicklung vom 1.8.2007 (BAnz 2008, S. 1297),
- Freiwilligendienst aller Generationen i.S.v. § 2 Abs. 1a SGB VII,
- internationaler Jugendfreiwilligendienst im Sinne der Richtlinie des Bundesministeriums für Familie, Senioren, Frauen und Jugend vom 20.12.2010 (GMBl. S. 1778).

1173 *Jedlitschka*, NZA-RR 2017, 513ff.

1174 So die Gesetzesbegründung, BT-Drs. 18/1558, S. 43, die auf § 32 Abs. 4 Satz 1 Nr. 2 d) EStG Bezug nimmt. Diese Norm gilt allerdings nur für Personen, die noch nicht das 25. Lebensjahr vollendet haben, während es für den Bundesfreiwilligendienst keine Altersgrenze gibt.

1175 Vgl. *Riechert/Nimmerjahn*, MiLoG § 22 Rn. 159.

1176 Gemäß § 2 Abs. 1 Nr. 8 und Nr. 8a ArbGG sind die Arbeitsgerichte allerdings zuständig für

- bürgerliche Rechtsstreitigkeiten zwischen den Trägern des freiwilligen sozialen oder ökologischen Jahres oder den Einsatzstellen und **Freiwilligen nach dem Jugendfreiwilligendienstegesetz** und für
- bürgerliche Rechtsstreitigkeiten zwischen dem Bund oder den Einsatzstellen des Bundesfreiwilligendienstes oder deren Trägern und **Freiwilligen nach dem Bundesfreiwilligendienstegesetz**.

1177 Vgl. hierzu BAG 9.4.2019 – 9 AZB 2/19, NZA 2020, 67: kein Arbeitsverhältnis, keine arbeitnehmerähnliche Person, keine Zuständigkeit der Arbeitsgerichte bei Rechtsstreitigkeiten.

cc. Sportler

Amateursportler fallen – so die Gesetzesbegründung – nicht unter den Arbeitnehmerbegriff, wenn ihre ehrenamtliche sportliche Betätigung und nicht die finanzielle Gegenleistung für ihre Tätigkeit im Vordergrund stünde.[1178] 13
Soweit im Gesetzgebungsverfahren auch »**Vertragssportler**« als solche bezeichnet werden, die ehrenamtlich tätig seien,[1179] liegt ein Missverständnis vor. »Vertragssportler« sind normalerweise solche, die sich aufgrund eines Vertrags zur Erbringung von sportlichen Leistungen und der Teilnahme an sportlichen Wettbewerben zugunsten eines Sportvereins – d. h. des Vertragspartners – verpflichten und als Gegenleistung ein Entgelt (oder Sachbezüge) erhalten. Bei Profisportlern ist unbestritten, dass es sich dabei um Arbeitsverhältnisse handelt. Auch für »Vertragssportler« gilt im Grundsatz nichts anderes. Entscheidend ist die vertragliche Bindung, die dazu führt, dass sie gegen Entgelt weisungsabhängige Tätigkeiten für den Verein erbringen. »Vertragssportler« können also durchaus einen Anspruch auf den Mindestlohn haben, wenn diese nicht ohnedies aufgrund der vertraglich zugesagten Vergütung oberhalb dieses Mindestniveaus liegen.

Für die Beantwortung der Frage, ob für **Sportler** der Mindestlohn nach § 1 Abs. 1 MiLoG zu zahlen ist, ist zwischen drei Gruppen zu unterscheiden:

- Profisportler sind Arbeitnehmer und haben damit Anspruch auf den Mindestlohn.
- Reine Amateure mit ausschließlich vereinsrechtlicher Bindung sind *keine* Arbeitnehmer; sie sind für ihren Verein ehrenamtlich und unentgeltlich tätig und erhalten allenfalls eine Aufwandsentschädigung.
- Problematisch ist die Einordnung der Sportler, die nicht dem Profibereich zuzuordnen sind, die aber aufgrund einer vertraglichen Vereinbarung über eine Aufwandsentschädigung hinaus Geld oder geldwerte Leistungen für ihre Tätigkeit erhalten. Diese werden als »Vertragsspieler« oder »Vertragsamateure« bezeichnet.

Im Fußball war früher von »Vertragsamateuren« die Rede, heute heißen sie »Vertragsspieler«, so § 8 Nr. 2 der Spielordnung des DFB: *Vertragsspieler ist, wer über sein Mitgliedschaftsverhältnis hinaus einen schriftlichen Vertrag mit seinem Verein abgeschlossen hat und über seine nachgewiesenen Auslagen hinaus Vergütungen oder andere geldwerte Vorteile von mindestens Euro 250,00 monatlich erhält.*

Das BAG hat in einer älteren Entscheidung gemeint, dass Vertragsamateure dann Arbeitnehmer sind, wenn sie aufgrund der jeweiligen Vertragsgestal-

---

1178 So Beschlussempfehlung und Bericht des Ausschusses für Arbeit und Soziales, BT-Drs. 18/2010 (neu), S. 15.

1179 So Beschlussempfehlung und Bericht des Ausschusses für Arbeit und Soziales, BT-Drs. 18/2010 (neu), S. 15.

tung und Vertragsabwicklung ihre Leistung für den Verein in einer für ein Arbeitsverhältnis typischen persönlichen Abhängigkeit erbringen, die über die bereits durch die Vereinsmitgliedschaft begründete Weisungsgebundenheit hinausgeht.[1180] Jedenfalls dann, wenn ein »Vertragsspieler« neben dem Vertrag als »Vertragsspieler« auch einen Vertrag als geringfügig Beschäftigter hat, ist er als Arbeitnehmer anzusehen und hat einen Anspruch auf den Mindestlohn, weil eine geringfügige Beschäftigung in der Regel in einem Arbeitsverhältnis erbracht wird.

c. Auszubildende

14 Da Auszubildende keine Arbeitnehmer sind, findet das MiLoG für Auszubildende keine Anwendung. Das stellt § 22 Abs. 3 MiLoG klar: das MiLoG regelt nicht die Vergütung von »zu ihrer Berufsausbildung Beschäftigten«.[1181] Auch für Auszubildende, die einen **dualen Studiengang** absolvieren, gilt das MiLoG nicht.[1182] Auszubildende haben einen Anspruch auf eine **»angemessene« Ausbildungsvergütung und seit 1.1.2020 einen Anspruch auf eine Mindestausbildungsvergütung** (vgl. Einleitung Rn. 43 ff.). Der Mindestlohn gilt auch nicht für die **»Assistierte Ausbildung«**.[1183] Die Agentur für Arbeit kann förderungsberechtige junge Menschen und deren Ausbildungsbetriebe während einer betrieblichen Berufsausbildung oder einer Einstiegsqualifizierung (begleitende Phase) durch Maßnahmen der Assistierten Ausbildung fördern. Die Maßnahme kann auch eine vorgeschaltete Phase enthalten, die die Aufnahme einer betrieblichen Berufsausbildung unterstützt (Vorphase).

d. Minderjährige ohne abgeschlossene Berufsausbildung

15 Der Mindestlohn gilt *nicht* für Minderjährige ohne abgeschlossene Berufsausbildung.[1184] § 22 Abs. 2 MiLoG regelt insoweit: Personen i. S. d. § 2 Abs. 1

1180 BAG 10.5.1990 – 2 AZR 607/89, AP BGB § 611 Abhängigkeit Nr. 51.

1181 § 22 Abs. 3 MiLoG hat nur »klarstellenden Charakter«, BT-Drs. 18/1558, S. 43.

1182 So Beschlussempfehlung und Bericht des Ausschusses für Arbeit und Soziales, BT-Drs. 18/2010 (neu), S. 24.

1183 Die Assistierte Ausbildung wurde erstmals mit Wirkung zum 1.5.2015 durch Artikel 1b des Fünften Gesetzes zur Änderung des Vierten Buches Sozialgesetzbuch und anderer Gesetze vom 15.4.2015 (BGBl. I S. 583) in das SGB III eingefügt; neu geregelt durch das Gesetz zur Förderung der beruflichen Weiterbildung im Strukturwandel und zur Weiterentwicklung der Ausbildungsförderung vom 20.5.2020 (BGBl. I S. 1044) mit Wirkung vom 29.5.2020: §§ 74, 75 75a SGB III.

1184 Kritisch *Amlinger/Bispinck/Schulten*: Jugend ohne Mindestlohn? – Zur Diskussion um Ausnahme- und Sonderregelungen für junge Beschäftigte, WSI-Report 14/2014.

und 2 JArbSchG (das sind alle, die noch nicht 18 Jahre alt sind) ohne abgeschlossene Berufsausbildung gelten *nicht* als Arbeitnehmer im Sinne des MiLoG. Wird im Laufe der Beschäftigung das 18. Lebensjahr vollendet, hat die Person ab diesem Zeitpunkt Anspruch auf den Mindestlohn.[1185]
In der Gesetzesbegründung wurde darauf abgestellt, dass die Regelung auf eine nachhaltige Integration junger Menschen in den Arbeitsmarkt gerichtet sei. Durch die Ausnahme werde sichergestellt, dass der Mindestlohn keinen Anreiz setze, zugunsten einer Beschäftigung, die mit dem Mindestlohn bezahlt wird, auf eine Berufsausbildung zu verzichten.[1186] Durch die Altersgrenze von 18 Jahren sollen Fehlanreize verhindert werden, dass junge Menschen nach Abschluss der Sekundarstufe I von einer weiterführenden Schulausbildung oder einer Berufsausbildung deshalb absehen, um stattdessen eine mit dem Mindestlohn vergütete Beschäftigung anzunehmen. »Typischerweise werden von jungen Menschen nach Abschluss der Sekundarstufe I wichtige Weichen für ihren späteren beruflichen Werdegang gestellt.«[1187] Ob der Mindestlohn tatsächlich negative Anreize setzt, keine Berufsausbildung aufzunehmen, ist ungeklärt. Einerseits sind die Beschäftigungschancen für ungelernte Arbeitskräfte perspektivisch ungünstig,[1188] andererseits bestehen geringere Anreize für die Aufnahme einer Berufsausbildung in Branchen, in denen es geringe Lohndifferenzen zwischen Fachkräften und ungelernten Arbeitskräften gibt, wie etwa in der Hotelbranche und der Gastronomie.[1189]

Diese Ausnahmeregelung wird zum Teil für verfassungswidrig gehalten.[1190] **16**
Eine Verfassungsbeschwerde wurde nicht zur Entscheidung angenommen. Es sei zunächst der Rechtsweg zu den Fachgerichten zu beschreiten.[1191] Auch wird geltend gemacht, es handele sich dabei um eine europarechtlich unzulässige Altersdiskriminierung. Die Regelung sei unverhältnismäßig, weil sie auch Jugendliche erfasse, die sich die Ausbildung durch einen Minijob finanzieren müssen. Da es sich notwendigerweise um ausbildungsbegleitende Tätigkeiten handelt, bestehe keine Gefahr, dass die nicht existenzsichernde

---

1185 Vgl. Schaub/*Vogelsang*, Arbeitsrechts-Handbuch, § 66 Rn. 7.

1186 BT-Drs. 18/1558, S. 42.

1187 BT-Drs. 18/1558, S. 43.

1188 Vgl. *Schmillen/Stüber*, IAB-Kurzbericht 1/2014.

1189 Vgl. *Pfeifer/Walden/Wenzelmann*, BWP 2/2014, 48ff.

1190 Vgl. *Preis/Ulber*, in: *Fischer-Lescano/Preis/Ulber*, Verfassungsmäßigkeit des Mindestlohns, 2015, S. 59ff., 188ff. Vgl. auch *Preis*, Schriftliche Stellungnahme zur öffentlichen Anhörung am 30.6.2014, Ausschussdrucksache 18(11)148, S. 76: Die Ausnahme für Jugendliche erweise sich als »nicht folgerichtiges, zweckwidriges, ungeeignetes und unverhältnismäßiges Mittel«; so auch *Schubert/Jerchel*, in: Düwell/Schubert MiLoG, § 22 Rn. 52; anders jedoch *Barczak*, RdA 2014, 290, 298, Fn. 128; BeckOK-ArbR/*Greiner*, MiLoG § 22 Rn. 48.

1191 BVerfG 25.6.2015 – 1 BvR 37/15, NZA 2015, 866.

Tätigkeit der Ausbildung vorgezogen werde. Vielmehr hätte die Ausnahme auf Jugendliche begrenzt werden müssen, die eine Vollzeitbeschäftigung annehmen wollen. Daher gebe es ein milderes Mittel, so dass die Regelung unverhältnismäßig und damit europarechtswidrig sei.[1192]

e. »Andere Vertragsverhältnisse« i. S. d. § 26 BBiG

17 Mit der gesetzlichen Definition in § 22 Abs. 1 Satz 2 MiLoG, dass Praktikanten als Arbeitnehmer »gelten«, wird zugleich klargestellt, dass Praktikanten keine Arbeitnehmer sind (vgl. Rn. 30). Zudem wird in § 22 Abs. 1 Satz 2 MiLoG wegen der Praktikanten auf § 26 BBiG Bezug genommen (»im Sinne des«). Daraus folgt zugleich, dass die »anderen Vertragsverhältnisse« i. S. d. § 26 BBiG keinen Anspruch auf den Mindestlohn haben, weil ausschließlich für »Praktikanten«, nicht aber generell für »andere Vertragsverhältnisse« i. S. d. § 26 BBiG die Einbeziehung in das MiLoG gesetzlich angeordnet worden ist.[1193] Für Volontariate wurde das in der Gesetzesbegründung ausdrücklich klargestellt.[1194] Das ist auch rechtssystematisch stimmig, weil »andere Vertragsverhältnisse« (§ 26 BBiG) vom Schutzbedürfnis her mit Auszubildenden vergleichbar sind, die auch keinen Anspruch auf den Mindestlohn haben (§ 22 Abs. 3 MiLoG). Rechtsverhältnisse i. S. d. § 26 BBiG, die auf eine praktische Ausbildung abzielen, welche mit der Berufsausbildung im Sinne des BBiG vergleichbar ist, sind weder Arbeitsverhältnisse noch Praktikumsverhältnisse. Deshalb haben sie keinen Anspruch auf den Mindestlohn nach dem MiLoG.

aa. Erfasste Vertragsverhältnisse

18 Das BBiG enthält eine Sonderregelung für »andere Vertragsverhältnisse«. § 26 BBiG gilt für Personen, die eingestellt werden, um berufliche Fertigkeiten, Kenntnisse, Fähigkeiten oder berufliche Erfahrungen zu erwerben, wobei es sich allerdings nicht um eine Berufsausbildung im Sinne des BBiG handelt. Für Berufsausbildungsverhältnisse gilt das BBiG unmittelbar. Zudem darf auch nicht ein Arbeitsverhältnis vereinbart sein. In dem Fall gelten die arbeitsrechtlichen Normen. Es geht also um Personen, die **weder Arbeitnehmer noch Auszubildende** sind. § 26 BBiG betrifft

---

1192 Vgl. *Brors*, NZA 2014, 938, 941 f.; HK-ArbR-*Fechner* § 22 MiLoG Rn. 30; *Schubert/Jerchel*, in: Düwell/Schubert, MiLoG, § 22 Rn. 53; *Ulber*, AuR 2014, 404, 406; *Waltermann*, AuR 2015, 166, 172; a. A.: BeckOK-ArbR/*Greiner*, MiLoG, § 22 Rn. 48 ff.

1193 Vgl. *Schubert/Jerchel*, in: Düwell/Schubert MiLoG § 22 Rn. 14, 24; Schaub/*Vogelsang*, Arbeitsrechts-Handbuch, § 66 Rn. 11.

1194 BT-Drs. 18/2010 (neu), S. 24; so auch BT-Drs. 18/1558, S. 42.

- Personen, die eingestellt werden, um berufliche Fertigkeiten, Kenntnisse, Fähigkeiten oder berufliche Erfahrungen zu erwerben,
- ohne dass es sich um eine Berufsausbildung handelt (§§ 1 Abs. 3, 10 BBiG) und
- ohne dass nach der objektiven Rechtslage ein Arbeitsverhältnis besteht.

§ 26 BBiG gilt nur für solche Personen, die sich nicht wie in einem Arbeits- 19
verhältnis überwiegend zur Leistung von Arbeit nach Weisung des Arbeitgebers verpflichtet haben, sondern bei denen der **Ausbildungs- oder Lernzweck** im Vordergrund steht.[1195] **Arbeitnehmer** ist, wer aufgrund eines privatrechtlichen Vertrags im Dienst eines anderen zur Leistung weisungsgebundener, fremdbestimmter Arbeit in persönlicher Abhängigkeit verpflichtet ist (vgl. Rn. 3ff.). Der Arbeitnehmer erbringt seine vertraglich geschuldete Leistung im Rahmen einer von Dritten bestimmten Arbeitsorganisation. Seine Eingliederung in die Arbeitsorganisation zeigt sich darin, dass er einem Weisungsrecht unterliegt, das Inhalt, Ausführung, Zeit, Dauer und Ort der Tätigkeit betreffen kann. Demgegenüber steht bei den »anderen Vertragsverhältnissen« ein Ausbildungszweck im Vordergrund, ohne dass es sich um eine systematische Berufsausbildung im Sinne des BBiG handelt.[1196] Zwar stellen auch Personen, die zur Ausbildung eingestellt sind, in einem gewissen Umfang ihre Arbeitskraft nach Weisung des Arbeitgebers zur Verfügung. Wesentlicher Inhalt und Schwerpunkt ihres Vertragsverhältnisses ist jedoch die Ausbildung für eine spätere qualifiziertere Tätigkeit.

Es kommt auf die Gewichtung der vertraglichen Pflichten an. **Überwiegt** 20
der Ausbildungszweck, ohne dass es sich um eine Berufsausbildung i. S. d. § 1 Abs. 3 BBiG handelt, wird das Vertragsverhältnis von § 26 BBiG erfasst. Steht die **Arbeitsleistung** und nicht der Ausbildungszweck **im Vordergrund**, liegt – unabhängig davon, wie der Vertrag bezeichnet ist – objektiv ein Arbeitsverhältnis vor. In dem Fall finden die allgemeinen arbeitsrechtlichen Normen Anwendung.[1197] Bei **Trainees** steht nicht der Lernzweck im Vordergrund, so dass diese als **Arbeitnehmer** anzusehen sind.[1198] Sind die Personen nach der tatsächlichen Vertragshandhabung Arbeitnehmer, haben sie einen Anspruch auf den **Mindestlohn** (§§ 1 Abs. 1, 22 Abs. 1 Satz 1 MiLoG).

Zu diesen anderen Vertragsverhältnissen gehört u. a. die **Berufsausbil-** 21
dungsvorbereitung (§ 68 BBiG) sowie auch die **betriebliche Einstiegsqualifizierung**, die gem. § 54a SGB III durch die Bundesagentur für Arbeit fi-

1195 BAG 5.12.2002 – 6 AZR 216/01, DB 2004, 141.

1196 Vgl. BAG 13.3.2003 – 6 AZR 564/01.

1197 BAG 1.12.2004 – 7 AZR 129/04, NZA 2005, 779.

1198 Vgl. *Riechert/Nimmerjahn*, MiLoG § 22 Rn. 47; *Picker/Sausmikat*, NZA 2014, 942, 947; *Orlowski*, Praktikanten- und Volontärverträge, S. 381 m. w. N.

nanziell gefördert werden kann und der Vorbereitung auf einen anerkannten Ausbildungsberuf dient.[1199]

22 Unter § 26 BBiG fallen vor allem **Volontäre**. Das sind Personen, die sich gegenüber dem Vertragspartner (als Quasi-Ausbildenden) zur Leistung von Diensten verpflichten, während sich der Vertragspartner zur Ausbildung verpflichtet, ohne dass mit der Ausbildung eine vollständig abgeschlossene Fachausbildung in einem anerkannten Ausbildungsberuf beabsichtigt ist. Es geht dabei vor allem um die Ausbildung in bestimmten Spezialbereichen, etwa im Journalismus, im Kultur- und Medienbereich, in der Denkmalpflege und im Museumswesen.[1200] Volontäre können sich in einem Arbeitsverhältnis, aber auch in einem anderen Vertragsverhältnis i. S. d. § 26 BBiG befinden. Ein Volontariatsverhältnis als anderes Vertragsverhältnis i. S. d. § 26 BBiG besteht, wenn aufgrund des Ausbildungsvertrags oder einschlägiger tariflicher Vorschriften ein geordneter Ausbildungsgang vorgeschrieben ist und die Dauer der Ausbildung der gesetzlichen Mindestanforderung für staatlich anerkannte Ausbildungsberufe von mindestens zwei Jahren entspricht.[1201]

bb. Rechtsfolge: Vergütungsanspruch nach § 17 Abs. 1 BBiG

23 Besteht ein anderes Vertragsverhältnis i. S. d. § 26 BBiG, geht das Gesetz von einem Schutzbedürfnis der betreffenden Personen aus. Deshalb finden die **Schutznormen für die Auszubildenden**, nämlich die §§ 10 bis 16 und § 17 Abs. 1, 6 und 7 sowie die §§ 18 bis 23 und 25 BBiG, mit bestimmten Maßgaben Anwendung. Daraus folgt u. a., dass ein **Anspruch auf eine angemessene Ausbildungsvergütung** (§ 17 Abs. 1 BBiG) und auf Fortzahlung der Vergütung (§ 19 BBiG) besteht. Ein Anspruch auf die Mindestausbildungsvergütung (§ 17 Abs. 2 BBiG) besteht ausdrücklich nicht.

Ein Anspruch auf den Mindestlohn nach dem MiLoG besteht nicht, weil die Personen, die in einem anderen Vertragsverhältnis i. S. d. § 26 BBiG stehen, weder Arbeitnehmer noch Praktikanten i. S. d. § 22 Abs. 1 Satz 2 MiLoG sind. Für **Volontariate** wurde das in der Gesetzesbegründung ausdrücklich klargestellt.[1202] Das ist auch rechtssystematisch stimmig, weil »andere Vertragsverhältnisse« i. S. d. § 26 BBiG vom Schutzbedürfnis her **mit Auszubildenden vergleichbar** sind, die auch keinen Anspruch auf den Mindestlohn haben (§ 22 Abs. 3 MiLoG). Für **Redaktionsvolontäre bei Tageszeitungen**

1199 Vgl. *Lakies/Nehls*, BBiG, § 26 Rn. 7a.

1200 Vgl. *Orlowski*, Praktikanten- und Volontärverträge, S. 189, 194ff. m. w. N.

1201 BAG 1.12.2004 – 7 AZR 129/04, NZA 2005, 779.

1202 So Beschlussempfehlung und Bericht des Ausschusses für Arbeit und Soziales, BT-Drs. 18/2010 (neu), S. 24.

liegt allerdings der Tariflohn deutlich oberhalb des gesetzlichen Mindestlohns.[1203]

Die **Ausbildung für einen anerkannten Ausbildungsberuf** darf gem. § 4 Abs. 2 BBiG nur nach der Ausbildungsordnung (§§ 4, 5 BBiG) ausgeführt werden. Das hat zur Folge, dass für einen anerkannten Ausbildungsberuf die Ausbildung zwingend in einem Berufsausbildungsverhältnis stattzufinden hat, es dürfen nicht etwa andere Vertragsverhältnisse, ein »Anlernvertrag« oder Ähnliches vereinbart werden. Gleichwohl vereinbarte »**Anlernverträge**« für einen anerkannten Ausbildungsberuf sind entsprechend den Regeln über das Arbeitsverhältnis auf fehlerhafter Vertragsgrundlage (sog. faktisches Arbeitsverhältnis) wie ein Arbeitsverhältnis zu behandeln, mit den entsprechenden vergütungsrechtlichen Konsequenzen (ortsübliche Vergütung wie im Arbeitsverhältnis, § 612 Abs. 2 BGB).[1204] 24

3. Sonderregelung für Praktikanten

a. Grundsätzliche Geltung des Mindestlohns für Praktikanten

Für Praktikanten enthält das MiLoG eine Sonderregelung, die im Gesetzgebungsverfahren nochmals modifiziert wurde.[1205] Der Mindestlohn gilt für Arbeitnehmer (§ 22 Abs. 1 Satz 2 MiLoG) und damit an sich nicht für Praktikanten, weil diese keine Arbeitnehmer sind. Kraft gesetzlicher Anordnung »gelten« jedoch Praktikanten (i. S. d. § 26 BBiG) als Arbeitnehmer im Sinne des MiLoG (§ 22 Abs. 1 Satz 2 MiLoG). Von diesem Grundsatz gelten wiederum Ausnahmen (»es sei denn«). Praktikanten werden also, von den ausdrücklich im Gesetz genannten Ausnahmen abgesehen, vom Anwendungsbereich des MiLoG erfasst, so dass **Praktikanten grundsätzlich einen Anspruch auf den Mindestlohn haben**. Mit der Formulierung »es sei denn« wird dieses **Regel-Ausnahme-Verhältnis** deutlich herausgestellt.[1206] Damit sollen auch – so die Gesetzesbegründung – Rechtsunsicherheiten im Hinblick auf die Verteilung der Darlegungs- und Beweislast vermieden werden.[1207] Weil **Minderjährige** ohne abgeschlossene Berufsausbildung nicht als Arbeitnehmer im Sinne des MiLoG gelten (§ 22 Abs. 2 MiLoG), muss das auch für Praktikanten gelten, so dass Minderjährige, die ein **Praktikum** absolvieren, generell vom Mindestlohn ausgenommen sind. 25

Die Fallkonstellationen, in denen der Mindestlohn für Praktikanten *nicht* gilt, werden in § 22 Abs. 1 Satz 2 Nr. 1 bis 4 MiLoG abschließend aufge- 26

1203 Vgl. *Picker/Sausmikat*, NZA 2014, 942, 946.
1204 BAG 27.7.2010 – 3 AZR 317/08, DB 2011, 943.
1205 BT-Drs. 18/2010 (neu), S. 24.
1206 Vgl. *Schubert/Jerchel*, in: Düwell/Schubert, MiLoG § 22 Rn. 28.
1207 BT-Drs. 18/2010 (neu), S. 24.

zählt. Zusammenfassend und vereinfacht gesagt (vgl. zu den Ausnahmen Rn. 33ff.): Der Mindestlohn gilt *nicht* für **Pflichtpraktika** während der Schul-, Hochschul- oder Berufsausbildung und für **freiwillige Praktika** während der Schul-, Hochschul- oder Berufsausbildung oder für Orientierungspraktika vor der Ausbildung von jeweils bis zu einer Dauer von drei Monaten. Für ein **Praktikum nach Abschluss einer Berufs- oder Hochschulausbildung** besteht ab dem ersten Tag der Anspruch auf den Mindestlohn.[1208] Das gilt in der Regel auch für »Praktika« nach dem »**Bachelor**«-Abschluss, weil es sich dabei bereits um einen vollwertigen Hochschulabschluss handelt. Die Drei-Monats-Grenze des § 22 Abs. 1 Satz 2 Nr. 2 und Nr. 3 MiLoG gilt nur für Praktika vor oder während einer Berufs- oder Hochschulausbildung. Ein **Praktikum zwischen Abschluss des Bachelor- und Beginn des Master-Studiums** kann allerdings unter die Ausnahmevorschrift des § 22 Abs. 1 Satz 2 Nr. 3 MiLoG (vgl. Rn. 38) fallen.[1209] Ist nach der Masterstudienordnung ein vorheriges Praktikum verpflichtend vorgeschrieben, gilt die Ausnahmevorschrift des § 22 Abs. 1 Satz 2 Nr. 1 MiLoG (vgl. Rn. 34).[1210]

27 »Aus Gründen der Rechtsklarheit«[1211] wird in § 22 Abs. 1 Satz 3 MiLoG das **Praktikumsverhältnis definiert**: Praktikantin oder Praktikant ist unabhängig von der Bezeichnung des Rechtsverhältnisses, wer sich nach der tatsächlichen Ausgestaltung und Durchführung des Vertragsverhältnisses für eine begrenzte Dauer zum Erwerb praktischer Kenntnisse und Erfahrungen einer bestimmten betrieblichen Tätigkeit zur Vorbereitung auf eine berufliche Tätigkeit unterzieht, ohne dass es sich dabei um eine Berufsausbildung im Sinne des BBiG oder um eine damit vergleichbare praktische Ausbildung handelt. In Abgrenzung dazu wird in der Gesetzesbegründung ausdrücklich ausgeführt, dass Rechtsverhältnisse i. S. d. § 26 BBiG, die auf eine praktische Ausbildung abzielen, welche mit der Berufsausbildung im Sinne des BBiG vergleichbar ist, weder Arbeits- noch Praktikumsverhältnisse sind. Damit fallen etwa **Volontariate** nicht unter den Anwendungsbereich des MiLoG.[1212]

28 Neben der gesetzlichen Definition des Praktikantenverhältnisses wurde zudem für Praktikanten ausdrücklich eine **Nachweispflicht** hinsichtlich der wesentlichen Vertragsbedingungen neu in das NachwG eingefügt, was

1208 Vgl. *Picker/Sausmikat*, NZA 2014, 942, 947; Schaub/*Vogelsang*, Arbeitsrechts-Handbuch, § 66 Rn. 14.

1209 Vgl. ErfK/*Franzen*, MiLoG, § 22 Rn. 11; Schaub/*Vogelsang*, Arbeitsrechts-Handbuch, § 66 Rn. 15.

1210 Vgl. ErfK/*Franzen*, MiLoG, § 22 Rn. 11.

1211 BT-Drs. 18/2010 (neu), S. 24.

1212 BT-Drs. 18/2010 (neu), S. 24; *Riechert/Nimmerjahn*, MiLoG § 22 Rn. 46.

ebenfalls erst im Gesetzgebungsverfahren erfolgte.[1213] Durch die Änderung wurden Praktikanten, die gem. § 22 Abs. 1 MiLoG als Arbeitnehmer gelten, in den Geltungsbereich des NachwG einbezogen (§ 1 Satz 2 NachwG). Dadurch werde – so die Gesetzesbegründung – diesen Personen die Durchsetzung ihrer Ansprüche, vor allem aus dem MiLoG, erleichtert und für beide Partner des Praktikumsvertrags »Rechtsklarheit und Rechtssicherheit geschaffen«.[1214]

Wer einen Praktikanten einstellt, hat unverzüglich nach Abschluss des Praktikumsvertrags, spätestens vor Aufnahme der Praktikantentätigkeit, die wesentlichen Vertragsbedingungen **schriftlich niederzulegen**, die Niederschrift zu unterzeichnen und dem Praktikanten auszuhändigen (§ 2 Abs. 1a Satz 1 NachwG). In die Niederschrift sind gem. § 2 Abs. 1a Satz 2 Nr. 1 bis Nr. 7 NachwG mindestens aufzunehmen: 29

- der Name und die Anschrift der Vertragsparteien,
- die mit dem Praktikum verfolgten Lern- und Ausbildungsziele,
- Beginn und Dauer des Praktikums,
- Dauer der regelmäßigen täglichen Praktikumszeit,
- Zahlung und Höhe der Vergütung,
- Dauer des Urlaubs,
- ein in allgemeiner Form gehaltener Hinweis auf die Tarifverträge sowie auf die Betriebs- oder Dienstvereinbarungen, die auf das Praktikumsverhältnis anzuwenden sind.

b. Abgrenzung Praktikanten und Arbeitnehmer

Mit der gesetzlichen Definition, dass **Praktikanten** als Arbeitnehmer »gelten« (§ 22 Abs. 1 Satz 2 MiLoG), wird zugleich klargestellt, dass Praktikanten **keine Arbeitnehmer** sind. Das folgt auch daraus, dass für Praktikanten ausdrücklich auf § 26 BBiG Bezug genommen wird (»im Sinne des«). Die »anderen Vertragsverhältnisse« i. S. d. § 26 BBiG sind nämlich keine Arbeitsverhältnisse (vgl. Rn. 17 ff.). Ohne die ausdrückliche gesetzliche Anordnung in § 22 Abs. 1 Satz 2 MiLoG hätten Praktikanten keinen Anspruch auf den Mindestlohn, da sie keine Arbeitnehmer sind. 30

Da Praktikanten als Arbeitnehmer »gelten« (§ 22 Abs. 1 Satz 2 MiLoG), kommt es für die Anwendung des MiLoG letztlich nicht darauf an, ob das als Praktikum bezeichnete Rechtsverhältnis tatsächlich ein Praktikums- oder nicht vielmehr ein Arbeitsverhältnis ist. Beim Praktikantenverhältnis muss 31

1213 Artikel 3a Tarifautonomiestärkungsgesetz, neu eingefügt im Gesetzgebungsverfahren; zur Begründung vgl. BT-Drs. 18/2010 (neu), S. 26.

1214 BT-Drs. 18/2010 (neu), S. 26.

der **Ausbildungszweck** im Vordergrund stehen.[1215] Ein **Praktikant** ist – in Abgrenzung zum Arbeitnehmer – in der Regel lediglich vorübergehend in einem Betrieb praktisch tätig, um sich die zur Vorbereitung auf einen Beruf notwendigen praktischen Kenntnisse und Erfahrungen anzueignen. Allerdings findet in einem Praktikantenverhältnis – im Unterschied zu Auszubildenden – keine systematische Berufsausbildung statt. Wenn in dem Vertragsverhältnis die **Arbeitsleistung im Vordergrund** steht und nicht der Ausbildungszweck, liegt – unabhängig davon, wie der Vertrag bezeichnet ist – objektiv ein Arbeitsverhältnis vor. Das hat zur Folge, dass die allgemeinen arbeitsrechtlichen Normen Anwendung finden.[1216] Der »**Scheinpraktikant**« ist Arbeitnehmer.[1217] Daraus wird abgeleitet, dass es der Sonderregelung im MiLoG für Praktikanten nicht bedurft hätte.[1218] Das mag theoretisch zutreffen, doch ist nicht zu übersehen, dass es bei der praktischen Handhabung von Praktika Graubereiche gibt und es für den »Scheinpraktikanten« faktisch schwierig ist, seinen Arbeitnehmerstatus rechtlich durchzusetzen. Wer annimmt, dass eine »Generation Praktikum entgegen allen Unkenrufen tatsächlich nie existiert« habe, sieht das freilich anders.[1219]

32 Die Sonderregelung für »Praktikanten« gilt nicht für **Traineeprogramme**, die sich zumeist an Hochschulabsolventen richten, die keine oder wenig Berufserfahrung haben. Anders als »Schnupperpraktika«, die meist nur mehrere Wochen dauern, sind Traineeprogramme in der Regel auf mehrere Monate, gar auf ein Jahr oder länger angelegt. Trotz begleitender Qualifizierungsangebote steht die **Arbeitsleistung im Vordergrund**. Trainees sind daher in der Regel Arbeitnehmer, die Anspruch auf den Mindestlohn haben (§§ 1 Abs. 1, 22 Abs. 1 Satz 1 MiLoG).[1220]

c. Ausnahmen vom Mindestlohn für Praktikanten

33 Die Fallkonstellationen, in denen der Mindestlohn für Praktikanten nicht gilt, werden in § 22 Abs. 1 Satz 2 Nr. 1 bis 4 MiLoG abschließend aufgezählt. Diese Praktikanten haben aber, soweit sie unter § 26 BBiG fallen, einen Anspruch auf eine »angemessene« Vergütung gem. § 17 BBiG.[1221]

1215 BAG 29.4.2015 – 9 AZR 78/14, Rn. 18; BAG 13.3.2003 – 6 AZR 564/01; LAG Köln 31.5.2006, 3 Sa 225/06, NZA-RR 2006, 525.

1216 BAG 1.12.2004 – 7 AZR 129/04, NZA 2005, 779.

1217 *Picker/Sausmikat*, NZA 2014, 942, 944.

1218 *Picker/Sausmikat*, NZA 2014, 942, 944.

1219 So *Picker/Sausmikat*, NZA 2014, 942, 944.

1220 Vgl. *Picker/Sausmikat*, NZA 2014, 942, 947; Schaub/*Vogelsang*, Arbeitsrechts-Handbuch, § 66 Rn. 14.

1221 Vgl. die Gesetzesbegründung BT-Drs. 18/1558, S. 42.

aa. Pflichtpraktika

Der Mindestlohn gilt gem. § 22 Abs. 1 Satz 2 Nr. 1 MiLoG *nicht* für ein Praktikum, das **verpflichtend** aufgrund 34

- einer schulrechtlichen Bestimmung,
- einer Ausbildungsordnung,
- einer hochschulrechtlichen Bestimmung oder
- im Rahmen einer Ausbildung an einer gesetzlichen geregelten **Berufsakademie**

geleistet wird. Auf die Dauer des Praktikums kommt es nicht an, anders ist es bei den Praktika gem. § 22 Abs. 1 Satz 2 Nr. 2 und 3 MiLoG.

Die umfangreiche Aufzählung und die offenen Formulierungen machen deutlich, dass ausbildungsbegleitende Pflichtpraktika aller Art erfasst werden und dass für diese kein Anspruch auf Zahlung des Mindestlohns besteht.[1222] Schon für § 26 BBiG wurde stets angenommen, dass für Praktika, die Teil eines Hochschul- oder Universitätsstudiums sind, die Norm *keine* Anwendung findet und damit kein Vergütungsanspruch besteht – auch nicht gem. § 17 BBiG.[1223]

Nicht ausdrücklich geregelt sind **Anpassungspraktika nach dem Berufsqualifikationsfeststellungsgesetz** (BQFG). Das Gesetz über die Feststellung der Gleichwertigkeit von Berufsqualifikationen (Berufsqualifikationsfeststellungsgesetz – BQFG)[1224] sieht im Rahmen des förmlichen Verfahrens zur Feststellung der Gleichwertigkeit im Ausland erworbener beruflichen Qualifikationen in einem nicht reglementierten Ausbildungsberuf die Möglichkeit vor, Defizite bei den berufspraktischen Kenntnissen durch eine individuelle betriebliche Anpassungsqualifizierung auszugleichen, wenn wesentliche Unterschiede zwischen den nachgewiesenen Berufsqualifikationen und der entsprechenden inländischen Berufsbildung vorliegen (§ 4 Abs. 2 Nr. 3 BQFG). Sie erfolgt in der Regel in der Form eines Praktikums. Die zuständige Anerkennungsstelle legt im Rahmen eines Zwischenbescheids nach dem BQFG Ausbildungsinhalt und erforderliche Dauer des Praktikums auf der Grundlage der beruflichen Ausbildungsordnungen fest. Ähnliches gilt bei reglementierten Berufen, bei denen fehlende berufspraktische Kenntnisse im Rahmen eines Anpassungslehrgangs erworben werden müssen (§ 11 BQFG).

1222 Vgl. *Sagan/Witschen*, jM 2014, 372, 379.

1223 Vgl. BAG 25.3.1981 – 5 AZR 353/79, NJW 1981, 2534, BAG 19.6.1974 – 4 AZR 436/73, DB 1974, 1920.

1224 Zuletzt geändert durch Art. 1 des Gesetzes zur Modernisierung des Berufsqualifikationsfeststellungsgesetzes und des Fernunterrichtsschutzgesetzes vom 3.12.2020 (BGBl. I S. 2702).

Nach einem Positionspapier der Bundesministerien für Arbeit und Soziales (BMAS), für Bildung und Forschung (BMBF) sowie der Finanzen (BMF) mit dem Titel »Gemeinsame Auslegung und Praxishinweise zur Anwendung des Mindestlohngesetzes im Kontext der Anerkennung ausländischer Berufsqualifikationen« sollen betriebliche Phasen einer Anpassungsqualifizierung nach dem BQFG wie Pflichtpraktika nach § 22 Abs. 1 Satz 2 Nr. 1 MiLoG zu werten sein und wie diese nicht unter die Mindestlohnpflicht fallen.[1225] Nach Sinn und Zweck der Ausnahmeregelung scheint eine analoge Anwendung auf solche Anpassungspraktika durchaus möglich.[1226]

35 Unter den Begriff der »**schulrechtlichen Bestimmungen**« fallen etwa die üblichen **Betriebs- oder Schülerpraktika**, die von Schülern geleistet werden. Auch insoweit wurde bereits in der Vergangenheit davon ausgegangen, dass § 26 BBiG auf Betriebs- oder Schülerpraktika keine Anwendung findet und deshalb kein Vergütungsanspruch (auch nicht gem. § 17 BBiG) besteht.[1227] Derartige Praktika werden nach Erlassen der Schulverwaltungen vorgenommen. Bei diesen Betriebspraktika handelt es sich um Schulveranstaltungen, die in dem Betrieb als Unterrichtsort durchgeführt werden und die weder ein Ausbildungs- noch ein Beschäftigungsverhältnis des Schülers zu dem Betriebsinhaber begründen. Die Einzelheiten der mit der Ausführung verbundenen Pflichten und Rechtsbeziehungen ergeben sich aus dem Schulrecht und den für Betriebspraktika erlassenen Richtlinien.[1228] Sofern die Praktikanten **minderjährig** sind, hätten sie auch gem. § 22 Abs. 2 MiLoG keinen Anspruch auf den Mindestlohn.

36 Unter den Begriff der »**hochschulrechtlichen Bestimmung**« (§ 22 Abs. 1 Satz 2 Nr. 1 MiLoG) fallen neben Studien- und Prüfungsordnungen auch Zulassungsordnungen, die die Absolvierung eines Praktikums als Voraussetzung zur Aufnahme eines bestimmten Studiums verpflichtend vorschreiben (sog. **Vorpraktika**).[1229] Ein **Praktikum zwischen Abschluss des Bachelor- und Beginn des Master-Studiums** fällt unter § 22 Abs. 1 Satz 2 Nr. 1 MiLoG, wenn nach der Masterstudienordnung ein vorheriges Praktikum verpflichtend vorgeschrieben ist.[1230] Ferner sind damit auch Praktika umfasst, die auf

---

1225 *https://www.bq-portal.de/aktuelles/neuigkeiten-zur-anwendung-des-mindestlohngesetzes-im-kontext-der-beruflichen-anerkennung.*

1226 Vgl. Wissenschaftlicher Dienst des Deutschen Bundestages, Mindestlohnfreiheit von Anpassungspraktika nach dem Berufsqualifikationsfeststellungsgesetz, WD 6-3000-002/17.

1227 Vgl. *Riechert/Nimmerjahn*, MiLoG § 22 Rn. 62.

1228 Vgl. *Scherer*, NZA 1986, 284ff.

1229 Vgl. *Ulber*, AuR 2014, 404, 405.

1230 Vgl. ErfK/*Franzen*, MiLoG, § 22 Rn. 11; *Riechert/Nimmerjahn*, MiLoG § 22 Rn. 72.

der Grundlage des jeweiligen Hochschulgesetzes eines Landes erfolgen.[1231] Ein Praktikum wird ebenso verpflichtend aufgrund einer hochschulrechtlichen Bestimmung geleistet, wenn es im Rahmen von Kooperationsverträgen zwischen Hochschulen und Unternehmen erfolgt. Damit sind vor allem auch Praktika, die im Rahmen von **dualen Studiengängen** absolviert werden, vom Anwendungsbereich des Mindestlohns ausgenommen.[1232]

bb. Praktika zur Orientierung

Der Mindestlohn gilt gem. § 22 Abs. 1 Satz 2 Nr. 2 MiLoG *nicht* für ein Praktikum **von bis zu drei Monaten zur Orientierung** für eine Berufsausbildung oder für die Aufnahme eines Studiums, auch als **Schnupperpraktika** bezeichnet.[1233] Abzustellen ist auf »Monate«, nicht auf *Kalender*monate.[1234] Deswegen muss ein solches Praktikum nicht etwa mit dem 1. eines Monats beginnen. Auch eine Dauer beispielsweise vom 15.4. bis 14.7. wäre zulässig. Wenn die Praktikumszeit von insgesamt drei Monaten nicht überschritten wird, kann das Praktikum auch in mehreren Abschnitten geleistet werden.[1235] 37

Im ursprünglichen Gesetzentwurf war für diese Konstellation und für die ausbildungsbegleitenden freiwilligen Praktika (§ 22 Abs. 1 Satz 2 Nr. 3 MiLoG) nur eine Dauer von sechs Wochen vorgesehen. Das wurde im Gesetzgebungsverfahren auf drei Monate verlängert, um – so die Gesetzesbegründung – »den Belangen der Praxis Rechnung zu tragen«.[1236]

Als Ausnahmevorschrift ist die Regelung eng auszulegen. Das bedeutet, dass bei einem Praktikum, dass für einen längeren Zeitraum als drei Monate vereinbart wird, ab dem ersten Tag ein Anspruch auf den Mindestlohn besteht und nicht erst nach drei Monaten.[1237] Das folgt bereits aus dem gegenüber § 22 Abs. 4 MiLoG unterschiedlichen Wortlaut. Es heißt nämlich nicht, dass der Mindestlohn »in den ersten drei Monaten« des Praktikums nicht gilt, sondern bei einem Praktikum »von bis zu drei Monaten«.

1231 Vgl. die Gesetzesbegründung, BT-Drs. 18/2010 (neu), S. 24.

1232 Vgl. die Gesetzesbegründung, BT-Drs. 18/2010 (neu), S. 24; ausführlich *Koch-Rust/Kolb/Rosentreter*, NZA 2015, 402ff.

1233 Vgl. *Ulber*, AuR 2014, 404, 405; *Schubert/Jerchel*, in: Düwell/Schubert, MiLoG § 22 Rn. 34.

1234 *Riechert/Nimmerjahn*, MiLoG § 22 Rn. 88.

1235 *BAG* 30.1.2019 – 5 AZR 556/17, Rn. 12, NZA 2019, 773.

1236 BT-Drs. 18/2010 (neu), S. 24.

1237 Vgl. *Greiner*, NZA 2016, 594, 598; *Riechert/Nimmerjahn*, MiLoG § 22 Rn. 89; *Schubert/Jerchel*, in: Düwell/Schubert MiLoG § 22 Rn. 37; a.A.: ErfK/*Franzen*, MiLoG § 22 Rn. 12; *Pötters*, in: Thüsing, § 22 MiLoG Rn. 28.

Wird ein solches Praktikum, das zunächst auf drei Monate angelegt war, **über diese Zeit hinaus verlängert** oder tatsächlich fortgeführt, besteht rückwirkend ab dem ersten Tag des Praktikums (und nicht erst ab dem Zeitpunkt der Verlängerung) der Anspruch auf den Mindestlohn, da sich ansonsten die Mindestlohnpflicht dadurch leicht umgehen ließe, dass zunächst stets nur Drei-Monats-Praktika vereinbart werden.[1238]
Ist das Praktikum auf maximal drei Monate angelegt, sind **Unterbrechungen des Praktikums aus persönlichen Gründen des Praktikanten** zulässig, wenn die einzelnen Abschnitte sachlich und zeitlich zusammenhängen. In solchen Fällen kann das Praktikum um die Dauer der Unterbrechungszeit verlängert werden, darf aber die Höchstdauer von drei Monaten insgesamt nicht überschreiten.[1239]

cc. Ausbildungsbegleitende freiwillige Praktika

38 Der Mindestlohn gilt gem. § 22 Abs. 1 Satz 2 Nr. 3 MiLoG *nicht* für ein Praktikum **von bis zu drei Monaten** (nicht *Kalender*monate), das **begleitend zu einer Berufs- oder Hochschulausbildung** geleistet wird, wenn nicht zuvor ein solches Praktikumsverhältnis mit demselben Ausbildenden bestanden hat. In Abgrenzung zu § 22 Abs. 1 Satz 2 Nr. 1 MiLoG, nach denen Pflichtpraktika vom Mindestlohn ausgenommen sind, geht es bei § 22 Abs. 1 Satz 2 Nr. 3 MiLoG um **freiwillige Praktika**, für die ebenfalls der Mindestlohn nicht gilt, allerdings nur, wenn diese von vornherein auf drei Monate begrenzt sind.
Unter § 22 Abs. 1 Satz 2 Nr. 3 MiLoG kann auch ein **Praktikum zwischen Abschluss des Bachelor- und Beginn des Master-Studiums** fallen, da die Hochschulausbildung insoweit als eine Einheit gesehen werden muss.[1240] Ist nach der Masterstudienordnung ein vorheriges Praktikum verpflichtend vorgeschrieben, gilt die Ausnahmevorschrift des § 22 Abs. 1 Satz 2 Nr. 1 MiLoG.[1241]

39 Um Umgehungen zu verhindern, gilt diese Ausnahme jedoch nur, »**wenn nicht zuvor ein solches Praktikumsverhältnis mit demselben Ausbildenden bestanden hat**«. Da diese Formulierung sich nur auf Praktika gem. § 22

1238 Vgl. *Bayreuther*, NZA 2015, 385, 387 f.; *Jöris/Steinau-Steinrück*, BB 2014, 2101, 2102; *Riechert/Nimmerjahn*, MiLoG § 22 Rn. 92; *Schubert/Jerchel*, in: Düwell/Schubert MiLoG § 22 Rn. 37; *Sagan/Witschen*, jM 2014, 372, 379; a. A.: ErfK/*Franzen*, MiLoG § 22 Rn. 12; BeckOK-ArbR/*Greiner*, MiLoG § 22 Rn. 36; *Lembke*, NZA 2015, 70, 77; Schaub/*Vogelsang*, Arbeitsrechts-Handbuch, § 66 Rn. 16.

1239 BAG 30.1.2019 – 5 AZR 556/17, NZA 2019, 773.

1240 Vgl. ErfK/Franzen, MiLoG, § 22 Rn. 11.

1241 Vgl. ErfK/*Franzen*, MiLoG, § 22 Rn. 11.

Abs. 1 Satz 2 Nr. 3 MiLoG (»ein solches Praktikumsverhältnis«) bezieht, können zuvor andere Praktika als ein solches gem. § 22 Abs. 1 Satz 2 Nr. 3 MiLoG durchaus absolviert worden sein.[1242] Unschädlich ist es also, wenn bei »demselben Ausbildenden« zuvor ein bezahltes oder unbezahltes Praktikum anderer Art (z.B. ein Pflicht- oder Orientierungspraktikum) oder eine Berufsausbildung im Sinne des BBiG absolviert wurde oder zuvor ein Arbeitsverhältnis bestanden hat.[1243] Allerdings ist die Formulierung »zuvor« nicht so zu verstehen, dass es nur auf die letzten drei Jahre vor Beginn des Praktikums ankommt, wie es das BAG[1244] in seiner umstrittenen – mittlerweile vom BVerfG für verfassungswidrig erklärten – Rechtsprechung zur sachgrundlosen Befristung gem. § 14 Abs. 2 Satz 2 TzBfG vertreten hat.[1245] Die Formulierung »zuvor« meint also »niemals zuvor«.[1246]

dd. Einstiegsqualifizierung und Berufsausbildungsvorbereitung

Der Mindestlohn gilt gem. § 22 Abs. 1 Satz 2 Nr. 4 MiLoG *nicht* für Personen, 40
die an einer **Einstiegsqualifizierung** nach § 54a SGB III oder an einer **Berufsausbildungsvorbereitung** nach §§ 68 bis 70 BBiG teilnehmen. Solche Maßnahmen sind schon – so die Gesetzesbegründung – keine Praktika,[1247] so dass schon deshalb der Mindestlohn für diese Personen nicht gilt, weil die Teilnehmer an solchen Maßnahmen auch keine Arbeitnehmer sind. Gleichwohl wollte man das im Gesetz ausdrücklich klarstellen. Damit wurde vor allem im Hinblick auf entsprechende Integrations- und Förderprogramme, etwa in der Chemiebranche und in der Metall- und Elektrobranche, einem praktischen Bedürfnis nach Rechtssicherheit entsprochen, wie es in der Gesetzesbegründung heißt.[1248] Die genannten Personen haben aber, wenn sie unter § 26 BBiG fallen, einen Anspruch auf eine angemessene Ausbildungsvergütung nach § 17 BBiG.

1242 Vgl. *Greiner*, NZA 2016, 594, 599; BeckOK-ArbR/*Greiner*, MiLoG § 22 Rn. 39; *Pötters*, in: Thüsing, § 22 MiLoG Rn. 33; *Riechert/Nimmerjahn*, MiLoG § 22 Rn. 107.

1243 Vgl. *Sagan/Witschen*, jM 2014, 372, 379.

1244 Vgl. BAG 6.4.2011 – 7 AZR 716/09, NZA 2011, 905; BAG 21.9.2011 – 7 AZR 375/10, NZA 2012, 255, 257ff.

1245 BVerfG 6.6.2018 – 1 BvL 7/14, 1 BvR 1375/14.

1246 Vgl. *Bayreuther*, NZA 2014, 865, 871; BeckOK-ArbR/*Greiner*, MiLoG § 22 Rn. 38; *Pötters*, in: Thüsing, § 22 MiLoG Rn. 33; *Riechert/Nimmerjahn*, MiLoG § 22 Rn. 110; *Schubert/Jerchel*, in: Düwell/Schubert, MiLoG § 22 Rn. 44; Schaub/*Vogelsang*, Arbeitsrechts-Handbuch, § 66 Rn. 15; *Sagan/Witschen*, jM 2014, 372, 379.

1247 BT-Drs. 18/2010 (neu), S. 24.

1248 BT-Drs. 18/2010 (neu), S. 24.

Der Mindestlohn gilt auch nicht, wenn bei einer von der Agentur für Arbeit geförderten **Assistierten Ausbildung** in einer ausbildungsvorbereitenden Phase betriebliche Praktika stattfinden (§ 75a Abs. 2 SGB III; vgl. Rn. 14).

4. Sonderregelung für Langzeitarbeitslose

41 Für Arbeitsverhältnisse von Arbeitnehmern, die unmittelbar vor Beginn der Beschäftigung langzeitarbeitslos i. S. d. § 18 Abs. 1 SGB III waren, **gilt der Mindestlohn in den ersten sechs Monaten der Beschäftigung nicht** (§ 22 Abs. 4 Satz 1 MiLoG).[1249] Ab Beginn des siebten Monats der Beschäftigung besteht der Anspruch auf den vollen Mindestlohn. Die Regelung sei – so die Gesetzesbegründung – darauf gerichtet, den Beschäftigungschancen von Langzeitarbeitslosen vor allem in der Einführungsphase des Mindestlohns in besonderem Maße Rechnung zu tragen. Vor allem von Gewerkschaften wurde die Gefahr eines »Drehtüreffekts« betont, d. h. dass Langzeitarbeitslose jeweils nur für sechs Monate unterhalb des Mindestlohns beschäftigt und dann nicht weiterbeschäftigt würden.

42 Dass die Regelung nicht unproblematisch ist, kam bereits im ursprünglichen Gesetzentwurf dadurch zum Ausdruck, dass eine Überprüfung der Regelung nach zwei Jahren vorgesehen war: Es sollte geprüft werden, ob diese Regelung zu einer nachhaltigen Integration von Langzeitarbeitslosen in den Arbeitsmarkt beiträgt oder lediglich zu kurzfristigen Beschäftigungsmöglichkeiten für Langzeitarbeitslose führt.[1250] Die **Überprüfungsfrist** gem. § 22 Abs. 4 Satz 2 MiLoG wurde im Gesetzgebungsverfahren nochmals verkürzt. »Angesichts der Ausführungen der Sachverständigen in der Anhörung des Deutschen Bundestages hinsichtlich der Ausnahme der Langzeitarbeitslosen von einem Anspruch auf den Mindestlohn in den ersten sechs Monaten ihrer Beschäftigung erscheint es sachgerecht, diesen Sachverhalt so früh wie möglich zu überprüfen.«[1251] Nach der geänderten Regelung, die Gesetz wurde, sollte die Bundesregierung den gesetzgebenden Körperschaften den Bericht bereits zum 1. 6. 2016 und eine Einschätzung abgeben, ob die Regelung fortbestehen soll. Die Bundesregierung sollte zuvor die Mindestlohnkommission um eine Stellungnahme bitten.[1252]

Das Bundesministerium für Arbeit und Soziales hat dem Bundestagsausschuss für Arbeit und Soziales am 21. 6. 2016 als Unterrichtung durch das Bundesministerium für Arbeit und Soziales den Bericht des IAB »Mindestlohnbegleitforschung – Überprüfung der Ausnahmeregelung für Langzeit-

1249 Kritisch *Amlinger/Bispinck/Schulten*: Kein Mindestlohn für Langzeitarbeitslose?, WSI-Report 15/2014.

1250 BT-Drs. 18/1558, S. 43.

1251 BT-Drs. 18/2010 (neu), S. 25.

1252 BT-Drs. 18/1558, S. 43.

arbeitslose – Endbericht« vorgelegt.[1253] Danach wurde die Ausnahmeregelung nur in sehr wenigen Fällen angewandt. Lediglich 1,4% der Langzeitarbeitslosen haben vor der Beschäftigungsaufnahme eine Bescheinigung ihrer Langzeitarbeitslosigkeit angefragt. Es finden sich auch keine Belege, dass Arbeitgeber verstärkt Langzeitarbeitslose unterhalb des Mindestlohns einstellen.[1254] Fazit: »*Insgesamt lässt sich festhalten, dass die Ausnahmeregelung bislang keine Wirkung auf dem deutschen Arbeitsmarkt entfaltet hat. Eine plausible Erklärung hierfür ist, dass sie bisher nur in sehr geringem Umfang genutzt wird.*«[1255]

Auf der Grundlage der IAB-Studie hat die Bundesregierung (gebildet aus CDU/CSU und SPD) dem Deutschen Bundestag und dem Bundesrat im Februar 2017 ihren Bericht und ihre Einschätzung zur Regelung für Langzeitarbeitslose zugeleitet.[1256] Darin heißt es abschließend:

»*Aus Sicht der Bundesregierung gibt es damit unter den bestehenden Rahmenbedingungen weder zwingende Gründe für eine Beibehaltung der Regelung noch zwingende Gründe für eine Abschaffung. Angesichts der Unsicherheiten über die weiteren Entwicklungen der Wirtschaft und des Arbeitsmarktes in den kommenden Jahren hält es die Bundesregierung für sinnvoll, Arbeitgebern weiterhin Anreize zu geben, Langzeitarbeitslosen einen Einstieg in den Arbeitsmarkt zu ermöglichen. Die Bundesregierung empfiehl daher, zum jetzigen Zeitpunkt keine gesetzlichen Änderungen vorzunehmen. Nach Auffassung der Bundesregierung soll die weitere Entwicklung jedoch beobachtet und gegebenenfalls eine erneute Evaluation unter veränderten Bedingungen durchgeführt werden.*«

Die damalige Bundesarbeitsministerin Andrea Nahles (SPD) hatte sich für die Aufhebung der Ausnahmevorschrift ausgesprochen. Hierüber konnte innerhalb der Bundesregierung aber keine Einigkeit erzielt werden.[1257]

Wer »**langzeitarbeitslos**« ist, ist gesetzlich definiert. Langzeitarbeitslose sind »Arbeitslose, die ein Jahr und länger arbeitslos sind« (§ 18 Abs. 1 Satz 1 SGB III). § 18 Abs. 2 SGB III[1258] findet nach einer Änderung im Gesetzgebungsverfahren ausdrücklich keine Anwendung, stattdessen regelt § 18 **43**

1253 Ausschussdrucksache 18(11)687 = IAB-Forschungsbericht 8/2016 (*www.iab.de*); zusammenfassend IAB-Kurzbericht 23/2016.

1254 Vgl. auch Erster Bericht der Mindestlohnkommission zu den Auswirkungendes gesetzlichen Mindestlohns (*www.mindestlohn-kommission.de*), S. 95f., Rn. 141.

1255 Ausschussdrucksache 18(11)687, S. 119 = IAB-Forschungsbericht 8/2016 (*www.iab.de*).

1256 BT-Drs. 18/11118; BR-Drs. 130/17.

1257 *Riechert/Nimmerjahn*, MiLoG § 22 Rn. 201.

1258 Die Bestimmung regelt, dass für Leistungen, die Langzeitarbeitslosigkeiten voraussetzen, Unterbrechungen der Arbeitslosigkeit durch Krankheit, Weiterbildungsmaßnahmen usw. (§ 18 Abs. 2 Nr. 1 bis 6 SGB III) unberücksichtigt bleiben.

Abs. 1 Satz 2 SGB III, dass die Teilnahme an einer Maßnahme zur Aktivierung und beruflichen Eingliederung (§ 45 SGB III) sowie Zeiten einer Erkrankung oder sonstiger Nichterwerbstätigkeit bis zu sechs Wochen die Dauer der Arbeitslosigkeit nicht unterbrechen.[1259] Dadurch wird klargestellt, dass nicht jede Unterbrechung der Verfügbarkeit wegen Teilnahme an einer Maßnahme, wegen Krankheit oder sonstiger Nicht-Erwerbstätigkeit zur Unterbrechung der Dauer der Arbeitslosigkeit führt. Zeiten der Teilnahme an Maßnahmen zur Aktivierung und beruflichen Eingliederung nach § 45 SGB III unterbrechen die Dauer der Arbeitslosigkeit nicht, da die Agenturen für Arbeit und die Jobcenter diese Maßnahmen mit dem Ziel erbringen, unmittelbar die berufliche Eingliederung von Arbeitsuchenden zu unterstützen.[1260] Die Ausnahme für Zeiten einer Erkrankung entspricht der Regelung zur Leistungsfortzahlung in § 146 Abs. 1 SGB III, die bei unverschuldeter Arbeitsunfähigkeit wegen Krankheit die Fortzahlung des Arbeitslosengeldes vorsieht, obwohl die betreffende Person den Vermittlungsbemühungen nicht zur Verfügung steht. Das Gleiche soll für kurze Zeiten sonstiger Nicht-Erwerbstätigkeit gelten. Darunter fallen beispielsweise Urlaub, die kurzfristig verzögerte Arbeitslosmeldung nach Beendigung der Hilfebedürftigkeit, die kurzzeitige Betreuung von Kindern oder die Pflege naher Angehöriger, die Teilnahme an einer ärztlich verordneten Maßnahme der medizinischen Vorsorge oder Rehabilitation, die Teilnahme an einer Veranstaltung, die staatspolitischen, kirchlichen oder gewerkschaftlichen Zwecken dient oder sonst im öffentlichen Interesse liegt sowie die Ausübung einer ehrenamtlichen Tätigkeit.[1261]

44 Als **Ausnahme** vom Regelfall (Anspruch auf den Mindestlohn) ist die Vorschrift eng auszulegen. Deshalb genügt für die Suspendierung vom Mindestlohnanspruch nicht die bloße Behauptung des Arbeitnehmers bei der Einstellung, er sei langzeitarbeitslos gewesen.[1262] Vielmehr hat der Arbeitnehmer das durch eine entsprechende **Bescheinigung** der Arbeitsagentur oder des Jobcenters nachzuweisen. Der Arbeitnehmer ist jedoch bei der Einstellung nicht verpflichtet anzugeben, dass er langzeitarbeitslos war.[1263] Eine entsprechende Mitteilung der Arbeitsagentur oder des Jobcenters an den Arbeitgeber ist nur zulässig, wenn der Arbeitslose ausdrücklich zustimmt, weil es sich um personenbezogene Daten handelt.[1264]

1259 Artikel 8 Tarifautonomiestärkungsgesetz in der neuen Fassung des Gesetzgebungsverfahrens; vgl. zur Begründung BT-Drs. 18/2010 (neu), S. 27.

1260 Vgl. die Gesetzesbegründung, BT-Drs. 18/2010 (neu), S. 27.

1261 Vgl. die Gesetzesbegründung, BT-Drs. 18/2010 (neu), S. 27.

1262 Vgl. HK-ArbR-*Fechner* § 22 MiLoG Rn. 41; Schaub/*Vogelsang*, Arbeitsrechts-Handbuch, § 66 Rn. 9.

1263 Vgl. Schaub/*Vogelsang*, Arbeitsrechts-Handbuch, § 66 Rn. 9.

1264 Vgl. ErfK/*Franzen*, MiLoG § 22 Rn. 15; a. A.: *Riechert/Nimmerjahn*, MiLoG, § 22 Rn. 198.

Die Sonderregelung für Langzeitarbeitslose gilt *nicht* für Personen, die **im Ausland langzeitarbeitslos** waren. § 22 Abs. 4 Satz 1 MiLoG verlangt ausdrücklich, dass die Personen langzeitarbeitslos i. S. d. § 18 Abs. 1 SGB III sein müssen. Danach sind Langzeitarbeitslose »Arbeitslose, die ein Jahr und länger arbeitslos sind«. Der Begriff der »Arbeitslosen« wird wiederum in § 16 SGB III definiert. Voraussetzung ist u. a., dass sie den Vermittlungsbemühungen der Agentur für Arbeit zur Verfügung stehen und sich dort arbeitslos gemeldet haben; diese Personen müssen also dem deutschen Arbeitsmarkt zur Verfügung stehen. Das ist bei Personen, die im Ausland arbeitslos waren, nicht der Fall.[1265] 45

5. Keine Ausnahmeregelung für die »Saisonarbeit«

Für die »**Saisonarbeit**« (z. B. im Hotel- und Gaststättengewerbe, in Touristikbetrieben, in der Landwirtschaft, »Erntehelfer«) gibt es keine Ausnahmeregelung im MiLoG, es wurden lediglich die Zeitgrenzen für die geringfügige Beschäftigung in Form der kurzfristigen Beschäftigung (§ 8 Abs. 1 Nr. 2 SGB IV) auf drei (statt zwei) Monate ausgeweitet. Das bedeutet: »Saisonarbeiter« können bis zu drei Monaten oder 70 Arbeitstagen im Jahr sozialversicherungsfrei beschäftigt werden, es sei denn, die Beschäftigung wird berufsmäßig ausgeübt und ihr Entgelt übersteigt 450 Euro im Monat (vgl. § 1 Rn. 7). Davon abgesehen haben »Saisonarbeiter« wie alle anderen Arbeitnehmer Anspruch auf den allgemeinen (ungekürzten) Mindestlohn. Zur Anrechnung von Sachbezügen/Sachleistungen (»Kost und Logis«) auf den Mindestlohn vgl. § 1 Rn. 56ff. 46

6. Verfassungsrechtliche Rechtfertigung der Ausnahmeregelungen

Über die Ausnahmen vom Mindestlohn gab es eine rege Debatte, die auch seit der Geltung des Gesetzes nicht beendet ist. Rechtlich muss auch bei privatrechtlichen begünstigenden Normen der Gesetzgeber den Gleichheitssatz (Art. 3 Abs. 1 GG) beachten. Europarechtlich folgt das aus Art. 20 GRC (Gleichheit vor dem Gesetz) und aus dem Grundsatz der Nichtdiskriminierung (Art. 21 GRC). Für die abstrakt-generelle Normsetzung des Gesetzgebers ist jedoch die Notwendigkeit einer Typisierung als sachliche 47

1265 Vgl. *Eichenhofer*, AuR 2014, 450; HK-ArbR-*Fechner* § 22 MiLoG Rn. 38; *Pötters*, in: Thüsing, § 22 MiLoG Rn. 57; *Schubert/Jerchel*, in: Düwell/Schubert, MiLoG, § 22 Rn. 65; Schaub/*Vogelsang*, Arbeitsrechts-Handbuch, § 66 Rn. 8; a. A.: *Riechert/Nimmerjahn*, MiLoG, § 22 Rn. 188; BeckOK-ArbR/*Greiner*, MiLoG § 22 Rn. 64 (aus seiner Sicht aufgrund europarechtskonformer Auslegung).

Rechtfertigung von Ungleichbehandlungen gerechtfertigt.[1266] Gerade bei einer Neuregelung komplexer Sachverhalte ist zudem der Gestaltungsspielraum des Gesetzgebers zu beachten. Wenn der Gesetzgeber meint, aus arbeitsmarktpolitischen Gründen sollten bestimmte Personengruppen vom Mindestlohn ausgenommen werden, mag man das politisch anders bewerten – verfassungsrechtlich ist es jedoch hinnehmbar.[1267] Bei evidenter Fehleinschätzung und empirisch nachweisbarer Verfehlung des gesetzlich angestrebten Ziels könnte eine Pflicht zur »Nachkorrektur« in Betracht kommen. Das BVerfG spricht von einer Pflicht des Gesetzgebers, die Entwicklung zu beobachten und ggf. nachzubessern.[1268] Insoweit schreibt § 23 MiLoG vor, dass das Gesetz im Jahr 2020 zu evaluieren sei. Speziell für die Ausnahmeregelung für Langzeitarbeitslose regelt § 22 Abs. 4 Satz 2 MiLoG: Die Bundesregierung hatte den gesetzgebenden Körperschaften zum 1.6.2016 darüber zu berichten, inwieweit die Regelung die Wiedereingliederung von Langzeitarbeitslosen in den Arbeitsmarkt gefördert hat, und eine Einschätzung darüber abzugeben, ob diese Regelung fortbestehen soll (vgl. Rn. 42).

§ 23 Evaluation

Dieses Gesetz ist im Jahr 2020 zu evaluieren.

1 § 23 MiLoG sieht die Evaluation (Einschätzung, Beurteilung, Bewertung) des MiLoG im Jahr 2020 vor. In der Gesetzesbegründung heißt es hierzu:

»Die Evaluation überprüft, ob die für die Arbeit der Mindestlohnkommission geschaffenen Regelungen geeignet sind, einen angemessenen Mindestlohn für alle Arbeitnehmerinnen und Arbeitnehmer zu gewährleisten, und ob die vorgesehenen Rahmenbedingungen ausreichend und angemessen sind, um den Gesetzeszweck zu erfüllen. Evaluiert werden soll, inwieweit der Mindestlohn geeignet ist, zu einem angemessenen Mindestschutz der Arbeitnehmerinnen

---

1266 Vgl. *Jarass/Pieroth*, GG, Art. 3 Rn. 36; ErfK/*Schmidt*, Art. 3 GG Rn. 45, jeweils m. w. N.

1267 Vgl. *Grzeszick*, ZRP 2014, 66ff.; *Barczak*, RdA 2014, 290, 298. Tendenziell so auch *Preis/Ulber*, in: *Fischer-Lescano/Preis/Ulber*, Verfassungsmäßigkeit des Mindestlohns, 2015, S. 59ff., 181ff., die allerdings die Ausnahme für Jugendliche als verfassungs- und europarechtswidrig ansehen. *Fischer-Lescano* (in: *Fischer-Lescano/Preis/Ulber*, Verfassungsmäßigkeit des Mindestlohns, 2015, S. 17ff.) hält die Ausnahmeregelungen überwiegend für gleichheitswidrig.

1268 BVerfG 19.3.2013 – 2 BvR 2628/10, 2883/10, 2155/11, BVerfGE 133, 168, 236; BVerfG 10.6.2009 – 1 BvR 706, 814, 819, 832, 837/08, BVerfGE 123, 186, 266; BVerfG 16.3.2004 – 1 BvR 1778/01, BVerfGE 110, 141, 158, 166; BVerfG 8.4.1997 – 1 BvR 48/94, BVerfGE 95, 267, 314.

und Arbeitnehmer beizutragen sowie faire und funktionierende Wettbewerbsbedingungen zu ermöglichen. Dabei sind die Auswirkungen auf die Beschäftigung zu überprüfen, wozu auch die Förderung von Ausbildung zur langfristigen Sicherung des Fachkräftepotenzials zählt. Außerdem sollen die Auswirkungen auf die Integration von Langzeitarbeitslosen in den Arbeitsmarkt untersucht werden. Zudem soll die Entwicklung von Scheinselbständigkeit und Schwarzarbeit betrachtet werden. Der gewählte Zeitpunkt erlaubt die Analyse des gesetzlichen Rahmens unter wechselnden ökonomischen Bedingungen und ist erforderlich, um die Verfügbarkeit einer breiten Erfahrungsbasis sicherzustellen. Eine Evaluation ist zudem erst dann sinnvoll, wenn mit einem Beschluss der Mindestlohnkommission ein zentrales Element des Gesetzes erstmalig Wirkung entfaltet hat.«[1269]

Folgende Evaluationsberichte sind veröffentlicht worden (abrufbar unter *https://www.bmas.de/DE/Presse/Pressemitteilungen/2020/mindestlohn-evaluation.html*):

- Gesamtbericht zur Evaluation des allgemeinen gesetzlichen Mindestlohns nach § 23 Mindestlohngesetz
- Auswirkungen des gesetzlichen Mindestlohns auf Praktikumsverhältnisse
- Fiskalische Wirkungen der Einführung eines gesetzlichen Mindestlohns
- Der gesetzliche Mindestlohn und Arbeitnehmerschutz
- Entwicklung des Tarifgeschehens vor und nach Einführung des gesetzlichen Mindestlohns
- Allgemeiner gesetzlicher Mindestlohn: seine Kontrolle und Durchsetzung sowie bürokratische Kosten für Arbeitgeber
- Entwicklung von Schwarzarbeit und illegaler Beschäftigung seit der Einführung des gesetzlichen Mindestlohnes zum 1 Januar 2015 – Qualitative Erhebung

1269 *BT-Drs. 18/1558, S. 43.*

Verordnungen zum Mindestlohngesetz

1. Verordnung zur Abwandlung der Pflicht zur Arbeitszeitaufzeichnung nach dem Mindestlohngesetz und dem Arbeitnehmer-Entsendegesetz (Mindestlohnaufzeichnungsverordnung – MiLoAufzV)

vom 26. November 2014 (BGBl. I S. 1824)

Auf Grund des § 17 Absatz 4 des Mindestlohngesetzes vom 11. August 2014 (BGBl. I S. 1348) und des § 19 Absatz 4 des Arbeitnehmer-Entsendegesetzes, der durch Artikel 6 Nummer 12 Buchstabe c des Gesetzes vom 11. August 2014 (BGBl. I S. 1348) angefügt worden ist, verordnet das Bundesministerium der Finanzen im Einvernehmen mit dem Bundesministerium für Arbeit und Soziales:

§ 1 Vereinfachung und Abwandlung der Pflicht zur Arbeitszeitaufzeichnung

(1) Abweichend von § 17 Absatz 1 Satz 1 des Mindestlohngesetzes und § 19 Absatz 1 Satz 1 des Arbeitnehmer-Entsendegesetzes genügt ein Arbeitgeber,
1. soweit er Arbeitnehmerinnen und Arbeitnehmer mit ausschließlich mobilen Tätigkeiten beschäftigt,
2. diese keinen Vorgaben zur konkreten täglichen Arbeitszeit (Beginn und Ende) unterliegen und
3. sich ihre tägliche Arbeitszeit eigenverantwortlich einteilen,

seiner Aufzeichnungspflicht, wenn für diese Arbeitnehmerinnen und Arbeitnehmer nur die Dauer der tatsächlichen täglichen Arbeitszeit aufgezeichnet wird.

(2) Bei einer ausschließlich mobilen Tätigkeit im Sinne des Absatzes 1 handelt es sich um eine Tätigkeit, die nicht an Beschäftigungsorte gebunden ist. Eine ausschließlich mobile Tätigkeit liegt insbesondere bei der Zustellung von Briefen, Paketen und Druckerzeugnissen, der Abfallsammlung, der Straßenreinigung, dem Winterdienst, dem Gütertransport und der Personenbeförderung vor. Arbeitnehmerinnen und Arbeitnehmer unterliegen im Sinne des Absatzes 1 keinen Vorgaben zur konkreten täglichen Arbeitszeit, wenn die Arbeit lediglich innerhalb eines bestimmten zeitlichen Rahmens geleistet werden muss, ohne dass die konkrete Lage (Beginn und Ende) der Arbeitszeit durch den Arbeitgeber festgelegt wird. Eine eigenverantwortliche Einteilung der Arbeitszeit im Sinne des Absatzes 1 liegt vor, wenn Arbeitnehmerinnen oder Arbeitnehmer während ihrer täglichen Arbeitszeit regelmäßig nicht durch ihren Arbeitgeber oder Dritte Arbeitsaufträge entgegennehmen oder für entsprechende Arbeitsaufträge zur Verfügung stehen müssen. Die zeitliche Ausführung des täglichen Arbeitsauftrages muss in der Verantwortung der Arbeitnehmerinnen und Arbeitnehmer liegen.

§ 2 Inkrafttreten

Diese Verordnung tritt am 1. Januar 2015 in Kraft.

2. Verordnung zur Bestimmung der zuständigen Behörde nach § 16 Absatz 6 des Mindestlohngesetzes (MiLoGMeldStellV)

vom 24. November 2014 (BGBl. I S. 1823), geändert durch Artikel 9 Absatz 15 des Gesetzes zur Neuorganisation der Zollverwaltung vom 3. Dezember 2015 (BGBl. I S. 2178, 2184)

Auf Grund des § 16 Absatz 6 des Mindestlohngesetzes vom 11. August 2014 (BGBl. I S. 1348) verordnet das Bundesministerium der Finanzen:

§ 1 Meldestelle

Die Generalzolldirektion ist zuständige Behörde der Zollverwaltung im Sinne von § 16 Absatz 1 Satz 1 und Absatz 3 Satz 1 des Mindestlohngesetzes.

§ 2 Inkrafttreten

Diese Verordnung tritt am 1. Januar 2015 in Kraft.

3. Verordnung über Meldepflichten nach dem Mindestlohngesetz, dem Arbeitnehmer-Entsendegesetz und dem Arbeitnehmerüberlassungsgesetz (Mindestlohnmeldeverordnung – MiLoMeldV)

vom 26. November 2014 (BGBl. I S. 1825), geändert durch die Verordnung zur Änderung der Mindestlohnverordnung vom 31. Oktober 2016 (BGBl. I S. 2494)

Auf Grund des § 16 Absatz 5 Nummer 2 und 3 des Mindestlohngesetzes vom 11. August 2014 (BGBl. I S. 1348), des § 18 Absatz 5 Nummer 2 und 3 des Arbeitnehmer-Entsendegesetzes vom 20. April 2009 (BGBl. I S. 799) und des § 17b Absatz 3 Nummer 2 und 3 des Arbeitnehmerüberlassungsgesetzes, der durch Artikel 1 Nummer 3 des Gesetzes vom 20. Juli 2011 (BGBl. I S. 1506) eingefügt worden ist, verordnet das Bundesministerium der Finanzen im Einvernehmen mit dem Bundesministerium für Arbeit und Soziales:

§ 1 Meldung

(1) Der Arbeitgeber mit Sitz im Ausland soll die Meldungen nach § 16 Absatz 1 des Mindestlohngesetzes und § 18 Absatz 1 des Arbeitnehmer-Entsendegesetzes sowie die Versicherung nach § 16 Absatz 2 des Mindestlohngesetzes und § 18 Absatz 2 des Arbeitnehmer-Entsendegesetzes elektronisch übermitteln. Für die elektronische Übermittlung hat er das Internetportal zu nutzen, dass die Zollverwaltung zur Verfügung stellt.
(2) Absatz 1 gilt entsprechend für Verleiher
1. bei Meldungen
   a) nach § 16 Absatz 3 des Mindestlohngesetzes,
   b) § 18 Absatz 3 des Arbeitnehmer-Entsendegesetzes,
   c) § 17b Absatz 1 des Arbeitnehmerüberlassungsgesetzes sowie
2. bei der Versicherung
   a) nach § 16 Absatz 4 des Mindestlohngesetzes,
   b) § 18 Absatz 4 des Arbeitnehmer-Entsendegesetzes,
   c) § 17b Absatz 2 des Arbeitnehmerüberlassungsgesetzes.

(3) Bei der elektronischen Übermittlung nach den Absätzen 1 und 2 hat die Zollverwaltung Verfahren einzusetzen, die dem jeweiligen Stand der Technik entsprechen sowie die Vertraulichkeit und Integrität der Daten gewährleisten. Bei Nutzung allgemein zugänglicher Netze sind die Daten über das Internet-Portal Ende-zu-Ende zu verschlüsseln. Jede Meldung sowie

die darin enthaltenen Datensätze sind systemseitig mit einem eindeutigen Kennzeichen zur Identifizierung zu versehen.

§ 2 Abwandlung der Anmeldung

(1) Abweichend von der Meldepflicht nach § 16 Absatz 1 Satz 1 und 2 des Mindestlohngesetzes und § 18 Absatz 1 Satz 1 und 2 des Arbeitnehmer-Entsendegesetzes ist in den Fällen, in denen ein Arbeitgeber mit Sitz im Ausland Arbeitnehmerinnen und Arbeitnehmer

1. an einem Beschäftigungsort
    a) zumindest teilweise vor 6 Uhr oder nach 22 Uhr oder
    b) in Schichtarbeit,
2. an mehreren Beschäftigungsorten am selben Tag oder
3. in ausschließlich mobiler Tätigkeit

beschäftigt, eine Einsatzplanung vorzulegen.

(2) In den Fällen des Absatzes 1 Nummer 1 und 2 hat der Arbeitgeber in der Einsatzplanung für jeden Beschäftigungsort die dort eingesetzten Arbeitnehmerinnen und Arbeitnehmer mit Geburtsdatum auszuweisen. Die Angaben zum Beschäftigungsort müssen die Ortsbezeichnung, die Postleitzahl und, soweit vorhanden, den Straßennamen sowie die Hausnummer enthalten. Der Einsatz der Arbeitnehmerinnen und Arbeitnehmer am Beschäftigungsort wird durch die Angabe von Datum und Uhrzeiten konkretisiert. Die Einsatzplanung kann einen Zeitraum von bis zu drei Monaten umfassen. Beim Einsatz von Arbeitnehmerinnen und Arbeitnehmern im Geltungsbereich von Tarifverträgen für Bergbauspezialarbeiten auf Steinkohlebergwerken gilt der Schacht als Ort der Beschäftigung.

(3) In den Fällen des Absatzes 1 Nummer 3 hat der Arbeitgeber in der Einsatzplanung den Beginn und die voraussichtliche Dauer der Werk- oder Dienstleistung, die voraussichtlich eingesetzten Arbeitnehmerinnen und Arbeitnehmer mit Geburtsdatum sowie die Anschrift, an der Unterlagen bereitgehalten werden, zu melden. Die Einsatzplanung kann je nach Auftragssicherheit einen Zeitraum von bis zu sechs Monaten umfassen. Sofern die Unterlagen im Ausland bereitgehalten werden, ist der Einsatzplanung eine Versicherung beizufügen, dass die Unterlagen auf Anforderung der Behörden der Zollverwaltung für die Prüfung in deutscher Sprache im Inland bereitgestellt werden. Diesen Unterlagen sind auch Angaben zu den im gemeldeten Zeitraum tatsächlich erbrachten Werk- oder Dienstleistungen sowie den jeweiligen Auftraggebern beizufügen.

(4) Bei einer ausschließlich mobilen Tätigkeit im Sinne des Absatzes 1 Nummer 3 handelt es sich um eine Tätigkeit, die nicht an Beschäftigungsorte gebunden ist. Eine ausschließlich mobile Tätigkeit liegt insbesondere bei der Zustellung von Briefen, Paketen und Druckerzeugnissen, der Abfallsammlung, der Straßenreinigung, dem Winterdienst, dem Gütertransport

und der Personenbeförderung vor. Das Erbringen ambulanter Pflegeleistungen wird einer ausschließlich mobilen Tätigkeit gleichgestellt.
(5) Die Absätze 1 bis 4 gelten entsprechend für Angaben des Entleihers auf Grund des § 16 Absatz 3 des Mindestlohngesetzes, des § 18 Absatz 3 des Arbeitnehmer-Entsendegesetzes und des § 17b Absatz 1 des Arbeitnehmerüberlassungsgesetzes.

§ 3 Änderungsmeldung

(1) Eine Abweichung der Beschäftigung von den in der gemeldeten Einsatzplanung nach § 2 Absatz 2 gemachten Angaben müssen Arbeitgeber oder Entleiher entgegen § 16 Absatz 1 Satz 3 und Absatz 3 Satz 2 des Mindestlohngesetzes, § 18 Absatz 1 Satz 3 und Absatz 3 Satz 2 des Arbeitnehmer-Entsendegesetzes und § 17b Absatz 1 Satz 2 des Arbeitnehmerüberlassungsgesetzes nur melden, wenn der Einsatz am gemeldeten Ort um mindestens acht Stunden verschoben wird.
(2) Eine Abweichung der Beschäftigung von den in der gemeldeten Einsatzplanung nach § 2 Absatz 3 gemachten Angaben müssen Arbeitgeber oder Entleiher entgegen § 16 Absatz 1 Satz 3 und Absatz 3 Satz 2 des Mindestlohngesetzes, § 18 Absatz 1 Satz 3 und Absatz 3 Satz 2 des Arbeitnehmer-Entsendegesetzes und § 17b Absatz 1 Satz 2 des Arbeitnehmerüberlassungsgesetzes nicht melden.

§ 4 Inkrafttreten, Außerkrafttreten

Diese Verordnung tritt am 1. Januar 2015 in Kraft. Gleichzeitig tritt die Arbeitnehmer-Entsendegesetz-Meldeverordnung vom 10. September 2010 (BGBl. I S. 1304) außer Kraft.

4. Verordnung zu den Dokumentationspflichten nach den §§ 16 und 17 des Mindestlohngesetzes und den §§ 18 und 19 des Arbeitnehmer-Entsendegesetzes in Bezug auf bestimmte Arbeitnehmergruppen (Mindestlohndokumentationspflichten-Verordnung – MiLoDokV)

vom 29. Juli 2015 (BAnz. AT 31.7.2015 V1)

Auf Grund des § 17 Absatz 3 des Mindestlohngesetzes vom 11. August 2014 (BGBl. I S. 1348) und des § 19 Absatz 3 des Arbeitnehmer-Entsendegesetzes vom 20. April 2009 (BGBl. I S. 799), der durch Artikel 6 Nummer 12 Buchstabe c des Gesetzes vom 11. August 2014 (BGBl. I S. 1348) angefügt worden ist, verordnet das Bundesministerium für Arbeit und Soziales:

§ 1

(1) Die Pflicht zur Abgabe einer schriftlichen Anmeldung nach § 16 Absatz 1 oder 3 des Mindestlohngesetzes, die Pflicht zur Abgabe einer Versicherung nach § 16 Absatz 2 oder 4 des Mindestlohngesetzes sowie die Pflicht zum Erstellen und Bereithalten von Dokumenten nach § 17 Absatz 1 und 2 des Mindestlohngesetzes werden vorbehaltlich des Absatzes 3 dahingehend eingeschränkt, dass sie nicht gelten für Arbeitnehmer und Arbeitnehmerinnen, deren verstetigtes regelmäßiges Monatsentgelt brutto 2958 Euro überschreitet. Für die Ermittlung des verstetigten Monatsentgelts sind ungeachtet ihrer Anrechenbarkeit auf den gesetzlichen Mindestlohnanspruch nach den §§ 1 und 20 des Mindestlohngesetzes sämtliche verstetigte monatliche Zahlungen des Arbeitgebers zu berücksichtigen, die regelmäßiges monatliches Arbeitsentgelt sind. Satz 1 und Satz 2 gelten entsprechend für Arbeitnehmer und Arbeitnehmerinnen, deren verstetigtes regelmäßiges Monatsentgelt brutto 2000 Euro überschreitet, wenn der Arbeitgeber dieses Monatsentgelt für die letzten vollen zwölf Monate nachweislich gezahlt hat; Zeiten ohne Anspruch auf Arbeitsentgelt bleiben bei der Berechnung des Zeitraums von zwölf Monaten unberücksichtigt.
(2) Die in Absatz 1 Satz 1 genannten Pflichten nach § 16 Absatz 1 bis 4 und § 17 Absatz 1 und 2 des Mindestlohngesetzes sowie die entsprechenden Pflichten nach § 18 Absatz 1 bis 4 und nach § 19 Absatz 1 und 2 des Arbeitnehmer-Entsendegesetzes werden vorbehaltlich des Absatzes 3 dahingehend eingeschränkt, dass sie nicht gelten für im Betrieb des Arbeitgebers arbeitende Ehegatten, eingetragene Lebenspartner, Kinder und Eltern des

Arbeitgebers oder, wenn der Arbeitgeber eine juristische Person oder eine rechtsfähige Personengesellschaft ist, des vertretungsberechtigten Organs der juristischen Person oder eines Mitglieds eines solchen Organs oder eines vertretungsberechtigten Gesellschafters der rechtsfähigen Personengesellschaft.

(3) In Bezug auf die in Absatz 1 oder 2 genannten Arbeitnehmer und Arbeitnehmerinnen hat deren Arbeitgeber diejenigen Unterlagen im Inland in deutscher Sprache bereit zu halten, aus denen sich die Erfüllung der in Absatz 1 oder 2 genannten Voraussetzungen ergibt.

§ 2

Diese Verordnung tritt am 1. August 2015 in Kraft. Gleichzeitig tritt die Mindestlohndokumentationspflichten-Verordnung vom 18. Dezember 2014 (BAnz AT 29.12.2014 V1) außer Kraft.

5. Verordnung zur Anpassung der Höhe des Mindestlohns (Mindestlohnanpassungsverordnung – MiLoV)

vom 15.11.2016 (BGBl. I S. 2530)

Auf Grund des § 11 des Mindestlohngesetzes vom 11. August 2014 (BGBl. I S. 1348) verordnet die Bundesregierung:

§ 1 Höhe des Mindestlohns

Der Mindestlohn beträgt brutto 8,84 Euro je Zeitstunde.

§ 2 Inkrafttreten

Diese Verordnung tritt am 1. Januar 2017 in Kraft.

6. Zweite Verordnung zur Anpassung der Höhe des Mindestlohns (Zweite Mindestlohnanpassungsverordnung – MiLoV2)

vom 13.11.2018 (BGBl. I S. 1876)

Auf Grund des § 11 des Mindestlohngesetzes vom 11. August 2014 (BGBl. I S. 1348), das zuletzt durch Artikel 2 Absatz 4 des Gesetzes vom 18. Juli 2017 (BGBl. I S. 2739) geändert worden ist, verordnet die Bundesregierung:

§ 1 Höhe des Mindestlohns

Der Mindestlohn beträgt ab

a) 1. Januar 2019 9,19 Euro brutto je Zeitstunde,
b) 1. Januar 2020 9,35 Euro brutto je Zeitstunde.

§ 2 Inkrafttreten

Diese Verordnung tritt am 1. Januar 2019 in Kraft. Gleichzeitig tritt die Mindestlohnanpassungsverordnung vom 15. November 2016 (BGBl. I S. 2530) außer Kraft.

7. Dritte Verordnung zur Anpassung der Höhe des Mindestlohns (Dritte Mindestlohnanpassungsverordnung – MiLoV3)

vom 9. 11. 2020 (BGBl. I S. 2356)

Auf Grund des § 11 des Mindestlohngesetzes vom 11. August 2014 (BGBl. I S. 1348) verordnet die Bundesregierung:

§ 1 Höhe des Mindestlohns

Der Mindestlohn beträgt

1. ab 1. Januar 2021 9,50 Euro brutto je Zeitstunde,
2. ab 1. Juli 2021 9,60 Euro brutto je Zeitstunde,
3. ab 1. Januar 2022 9,82 Euro brutto je Zeitstunde,
4. ab 1. Juli 2022 10,45 Euro brutto je Zeitstunde.

§ 2 Inkrafttreten

Diese Verordnung tritt am 1. Januar 2021 in Kraft. Gleichzeitig tritt die Zweite Mindestlohnanpassungsverordnung vom 13. November 2018 (BGBl. I S. 1876) außer Kraft.

Stichwortverzeichnis

Die fett gedruckten Zahlen/Wörter verweisen auf die Paragrafen des Mindestlohngesetzes oder auf die Einleitung (Einl.) oder auf den Anhang zu § 1, die mager gedruckten Zahlen auf die jeweiligen Randnummern.

Kompetenz verbindet

Altmann / Schneppendahl

Kündigungsschutzgesetz

Basiskommentar zu KSchG,
§§ 622,623 und 626 BGB,
§§ 102, 103 BetrVG
6., überarbeitete und aktualisierte Auflage
2021. 437 Seiten, kartoniert
€ 39,90
ISBN 978-3-7663-6986-4

Kompakt und – auch für Nichtjuristen – verständlich erläutert der Basiskommentar das Kündigungsschutzgesetz. Ergänzend behandeln die Autorinnen weitere wesentliche Vorschriften zum Kündigungsschutz, wie die §§ 622, 623 und 626 BGB, ferner die §§ 102 und 103 BetrVG über die Beteiligung des Betriebsrats bei Kündigungen.

Aus dem Inhalt:

- Kündigungsgründe nach dem Kündigungsschutzgesetz und bei außerordentlichen/fristlosen Kündigungen
- Kündigungsschutzprozess
- Mitwirkungsmöglichkeiten des Betriebsrats im Rahmen des Anhörungsverfahrens
- Besonderer Kündigungsschutz für Betriebsräte und andere Gremienmitglieder

Zu beziehen über den gut sortierten Fachbuchhandel oder direkt beim Verlag unter E-Mail: kontakt@bund-verlag.de

Bund-Verlag

Kompetenz verbindet

Fischer / Mittländer / Steiner

Arbeitszeitgesetz

Basiskommentar zum ArbZG
2021. 191 Seiten, kartoniert
€ 34,90
ISBN 978-3-7663-6869-0

Das Arbeitszeitgesetz (ArbZG) schützt Beschäftigte vor Gefährdungen der Gesundheit durch Überlastung. Dafür regelt es vor allem die maximale Arbeitszeit. Seine Vorgaben gelten auch für mobile Arbeit und Homeoffice. Bei ständiger Erreichbarkeit verwischen die Grenzen zwischen Arbeitszeit und Freizeit. Dem setzt das ArbZG zur Wahrung des Gesundheitsschutzes Grenzen.

Der neue Basiskommentar erläutert alle Regelungen auf neuestem Stand und liefert einen systematischen und kompakten Überblick. Im Vordergrund steht, was für Betriebs- und Personalräte besonders wichtig ist.

Der Kommentar erläutert die neueste Rechtsprechung zur Arbeitszeiterfassung und berücksichtigt dabei die viel diskutierte Entscheidung des EuGH und die ersten dazu ergangenen deutschen Entscheidungen. Der Kommentar erläutert auch die im Rahmen der Corona-Pandemie ergangene arbeitszeitliche Rechtsprechung.

Zu beziehen über den gut sortierten Fachbuchhandel oder
direkt beim Verlag unter E-Mail: kontakt@bund-verlag.de

Bund-Verlag